Zirkus-Spielen

Ein Handbuch
für Artistik, Akrobatik, Jonglieren, Äquilibristik, Improvisieren und Clownspielen

Die Deutsche Bibliothek – CIP-Einheitsaufnahme

Zirkus-Spielen: ein Handbuch für Artistik, Akrobatik, Jonglieren, Äquilibristik, Improvisieren und Clownspielen/ Hrsg.: Rudi Ballreich; Udo von Grabowiecki. Geleitw.: Clown Dimitri; E.J. Kiphard.– Stuttgart: Hirzel; Lichtenau-Scherzheim: AOL-Verl., 1992
    ISBN 3-7776-0486-0 (Hirzel)
    ISBN 3-89111-044-8 (AOL-Verl.)
NE: Ballreich, Rudi [Hrsg.]

Jede Verwertung des Werkes außerhalb der Grenzen des Urheberrechtsgesetzes ist unzulässig und strafbar. Dies gilt insbesondere für Übersetzung, Nachdruck, Mikroverfilmung oder vergleichbare Verfahren sowie für die Speicherung in Datenverarbeitungsanlagen.
© 1992 S. Hirzel Verlag, Birkenwaldstraße 44, 7000 Stuttgart 1; AOL-Verlag, Waldstraße 17-18, 7585 Lichtenau-Scherzheim.

Layout und Gestaltung: Peter Malz
Satz: Otto Cirek
Druck: Kurz & Co., Stuttgart

Zirkus-Spielen

Ein Handbuch
für Artistik, Akrobatik, Jonglieren, Äquilibristik, Improvisieren und Clownspielen

Herausgegeben von
Rudi Ballreich und Udo von Grabowiecki

Mit Geleitworten von
Clown Dimitri und Prof. Dr. E. J. Kiphard

Mitarbeiter:
(in der Reihenfolge der Beiträge)
Rudi Ballreich
Udo von Grabowiecki
Martin Bukovsek
Alfred Schachl
Jamen McMillan
Peter Tschachotin
Kalle Krause
Mascha Dimitri
Susanne Ballreich
Tilman Antons
Sabine Leibfried
Christian Giersch
Frank Greiner
Iris Faigle

S. Hirzel Verlag/AOL-Verlag

Für mich ist der Zirkus eine Schule der Genauigkeit und Strenge bei der Arbeit.
Ich wünschte mir, eine Seele zu haben, die ebenso beschwingt und edel ist wie der Körper der Clowns und Akrobaten. J. COCTEAU

Gehen Sie in den Zirkus. Es ist ein gewaltiges rundes Becken, in dem alles sich kreisförmig bewegt. Unentwegt. In steter Folge.
Gehen Sie in den Zirkus. Lösen Sie sich von Ihren Rechtecken, von Ihren geometrischen Fenstern, und reisen Sie in das Land der sich bewegenden Kreise. Sprengen Sie die Grenzen, wachsen Sie, streben Sie nach Freiheit – das ist so menschlich!
Das Runde ist Befreiung. Es gibt weder Anfang noch Ende. F. LEGER

Was uns im Zirkus festlich stimmt, ist der Ernst seiner Spielfreude. Da wird die ernste, die harte Arbeit zum gelösten und *erlösenden, zum festlichen Spiel.* C. ZUCKMAYER

Mit dem Angenehmen, mit dem Guten, mit dem Vollkommenen ist es dem Menschen nur ernst; aber mit der Schönheit spielt er ... *Der Mensch soll mit der Schönheit nur spielen, und er soll nur mit der Schönheit spielen. Denn, um es endlich auf einmal herauszusagen, der Mensch spielt nur, wo er in voller Bedeutung des Wortes Mensch ist, und er ist nur da ganz Mensch, wo er spielt.* F. SCHILLER

Dimitri CLOWN

Liebe Leser des Buches "Zirkus-spielen"

Was mir an den Zirkusnummern in diesem Buch besonders gut gefällt, ist, daß sie weder Wettkampf noch Konkurrenzkampf sind. Sie sind Spiele, dazu da, um das Publikum zu ergötzen, um es zu unterhalten und um es in Staunen zu versetzen über das, was der Mensch alles fertigbringt, wenn er es mit Disziplin und viel Geduld übt.

Ob ganz oben als Trapezkünstler, ob beim Seiltänzer oder beim Bodenakrobaten, beim Jongleur oder beim Clown, bei allen finden wir Geschick und Freude am Spiel. Der Clown ist natürlich durch seine Komik und Menschlichkeit das Bindeglied zwischen allen Nummern, und er sollte eigentlich am meisten können. Die Clowns sind auch Artisten, die sich aber auch noch dem Musikalischen und Komödiantischen verschrieben haben. Ein Zirkus ohne Clown ist fade und traurig.

Ja, wir brauchen das Lachen wie unser tägliches Brot.

Eigentlich sollte man die artistischen Disziplinen von Lehrern und Künstlern direkt lernen. Weil das heute nicht immer möglich ist, müssen auch Bücher wie das vorliegende aushelfen. Die vielen fachlichen Anregungen und Informationen, die in diesem Buch stehen können aber nur fruchtbar werden, wenn sie zu viel Fleiß und Kreativität anspornen.

Ich wünsche viel Freude und »toi, toi, toi.«

Euer Clown Dimitri

Geleitwort

Unser Alltag ist arm an außergewöhnlichen, spannenden und aus der Eintönigkeit herausragenden Ereignissen. Vor allem den Jugendlichen mangelt es an herausfordernden, risikoreichen Situationen, in denen sie sich bewähren können. Viele junge Menschen sind ständig auf der Suche nach Nervenkitzel, um der Langeweile zu entfliehen. Nur so lassen sich die heute immer beliebteren Risikosportarten wie Bungee Jumping, Freiklettern, Drachenfliegen, Rennfahren, Tauchen und Survival Training erklären. Sie ermöglichen den erlebnishungrigen jungen Menschen die bewußte Konfrontation mit der Gefahr, mit dem Abenteuer. Aber die Gelegenheiten dazu sind leider viel zu begrenzt. Deshalb suchen viele Kinder und Jugendliche nach anderen, häufig kriminellen Gelegenheiten, um ihren Mut zu beweisen, z. B. beim Autoknacken, bei Überfällen und anderen Gewalttaten.

Im Bemühen, diese fatale Entwicklung in andere, konstruktive Bahnen zu lenken, versuchen Lehrer und Sozialpädagogen den Jugendlichen neue, nicht minder abenteuerliche Alternativen anzubieten. Eine davon ist das Erlernen von Zirkuskünsten innerhalb offener Freizeitangebote, wie sie von Jugendämtern, Sportvereinen und auch an Schulen zunehmend als Workshops oder Arbeitsgemeinschaften abgehalten werden. Daneben gibt es ständige Kinderzirkusgruppen sowie Zirkusschulen. Hier können Kinder und Jugendliche ihren Reiz- und Erlebnishunger auf sinnvolle Weise befriedigen.

Die Zirkuswelt mit ihrem exotischen Flair übt eine fast magische Anziehungskraft auf Kinder aus. Aber auch Jugendliche – das zeigt sich in der Praxis immer deutlicher – fühlen sich von den artistischen Körper- und Bewegungskünsten, wie sie im Zirkus geübt werden, mehr und mehr angezogen. Während Kinder zunächst Zirkus spielen, indem sie Seiltänzerinnen, Dompteure und Clowns darstellen, wollen Jugendliche das Jonglieren oder akrobatische Kunstfertigkeiten erlernen, um sie dann vor dem Publikum zu präsentieren. Der pädagogische Wert des »sanften Abenteuers« Zirkus liegt in der Erziehung zur Selbsterziehung.

Die Motivation geht vom Kinde aus. Es erzieht sich selbst dazu, standhaft, beständig und tragfähig zu sein, Haltung zu bewahren, um damit anderen Halt zu geben und den Zusammenhalt in der Gruppe zu unterstützen, so z. B. beim Bau einer Menschenpyramide. Dabei nimmt jeder Mitwirkende ein kalkulierbares Risiko auf sich. Die Pyramide kann wackeln und in sich zusammenfallen. Aber irgendwann steht sie – ein Werk der Gemeinschaftsleistung. Das sind Spitzenerlebnisse, Highlights und Sternstunden der Bewährung, des Abenteuers.

Gerade im Hinblick auf die Verhütung der bei unseren Kindern und Jugendlichen weitverbreiteten Haltungsschwächen kommt den akrobatischen und äquilibristischen Zirkuspraktiken eine volksgesundheitlich immens hohe Bedeutung zu. Statt des heute leider vielfach anzutreffenden Gehen- und Hängenlassens, des Abschlaffens bis hin zur muskulären und psychischen Haltlosigkeit, lernen die Jugendlichen plötzlich aus eigenem Antrieb, ihre Haltemuskulatur zu straffen und sich innerlich und äußerlich aufzurichten. Die oft depressiv gefärbte Antriebs- und Auftriebsschwäche mancher dieser »Schlaffies« macht auf diese Weise mit der Zeit einem positiven Lebens- und Kraftgefühl Platz, das mit einem ausgewogenen und stabilen psycho-physischen Gleichgewicht einhergeht.

Das gilt fast ohne Einschränkung auch für die Förderung behinderter Kinder. Hier haben sich – wie am Beispiel integrativer Kinderzirkusgruppen zu belegen ist – die selbstdisziplinierenden und selbststärkenden Erfolgserlebnisse im Laufe fortschreitender zirzensischer Trainingsarbeit therapeutisch als höchst effektiv erwiesen.

Das vorliegende Buch, an dem ein Team hervorragender Fachleute mitgewirkt hat, präsentiert die ganze Palette zirzensischer Künste, von der Akrobatik und Äquilibristik über Jonglieren und Zaubern bis zum Clownspiel. In Anbetracht der Bandbreite und Einsatzmöglichkeit artistischer Kunstfertigkeiten aller Art und ihres hohen Motivationswerts verdient dieses Buch eine weitgehende Beachtung. Es bedeutet eine vielfältige Bereicherung der sportpädagogischen, sozialpädagogischen und erlebnispädagogischen Fachliteratur. Ich wünsche ihm eine weite Verbreitung und pädagogisch-therapeutische Nutzung.

Prof. Dr. Jonny Kiphard (ehemaliger Zirkusartist)

Vorwort

Ursprünglich sollte nur das vergriffene Buch »Circus Calibastra – Kunterbunt im Manegenrund« bearbeitet und erweitert werden. Geplant war, das Clownspielen und andere Themen ausführlicher darzustellen und einige Gebiete neu hinzuzufügen. Mitarbeiter des »Circus Calibastra« wollten Beiträge schreiben, Mascha Dimitri und Kalle Krause, die uns durch Kurse geholfen hatten, sagten ihre Mitarbeit zu. Udo von Grabowiecki, der sich schon seit vielen Jahren an der Sporthochschule und im Deutschen Turnerbund für die zirzensischen Disziplinen eingesetzt und bereits viel Material für ein Artistikbuch zusammengetragen hatte, war bereit, einzelne Zirkusdisziplinen zu beschreiben.

Die Arbeit entfaltete eine eigene Dynamik! Sehr schnell zeigte sich, daß von dem alten Buch fast nichts mehr übrigbleiben würde und daß sich die ganze Unternehmung umfassender und vollständiger als ursprünglich geplant entwickelte. 14 Autoren schrieben über 30 Beiträge, in denen fast alle Zirkusbereiche dargestellt werden. Viele Kapitel sind ausführlich und genau, einige sind kürzer gehalten. Sie sollen nur hinweisen und anregen.

Es entstand ein umfassendes Handbuch für Pädagogen, Jugendleiter, Vereinstrainer und alle, die sich aktiv mit den Zirkuskünsten auseinandersetzen wollen. Die wichtigsten Disziplinen werden in diesem Buch von erfahrenen Praktikern durch Zeichnungen, Fotos und Beschreibungen so dargestellt, daß jeder Interessierte genaue Anleitungen zum Üben findet.

Methodische Hinweise helfen den Pädagogen, mit Kindern und Jugendlichen Zirkus zu spielen. Die Übungen sind so angeordnet, daß sie von einem spielerischen Einstieg bis zum anspruchsvollen Können führen. In einigen Gebieten kommen die Übungsvorschläge sogar an die Grenze heran, ab der es nicht mehr weit bis zum professionellen Artisten ist.

Einige Gebiete sind in diesem Buch erstmalig so beschrieben, daß sie im Sportunterricht, im Schullandheim, in Jugendgruppen oder Sportvereinen ohne Probleme geübt werden können.

Das Buch hat zwei »Unterströmungen« bzw. zwei Ideale, die an verschiedenen Stellen immer wieder hervortreten. Zum einen will es darauf hinweisen, daß die körperlichen Bewegungen in einem innigen Wechselverhältnis verflochten sind mit dem seelischen und geistigen Erleben und Befinden eines Menschen und daß die Schulung der Körpergeschicklichkeit eine unmittelbare Auswirkung auf das Gesamtbefinden des Menschen hat. Bewegung kann Therapie sein, ja sogar Heilung bewirken. Das ist in der heutigen Zeit besonders wichtig.

Andererseits ist das Buch durchzogen von dem Grundgedanken, daß der Mensch nicht vollständig Mensch ist, wenn er sich die Fähigkeiten der Phantasie nicht erhalten oder neu erworben hat. In diesem Zusammenhang geht es darum, die sportlich-körperlichen Bewegungen aus dem reinen Wettkampf- und Leistungsdrill zu befreien und sie spielerisch-künstlerisch zu gestalten. Die Zirkusdisziplinen fordern dazu in einer besonderen Weise heraus.

Es ist schön, daß Clown Dimitri und Prof. E. J. Kiphard diesem Buch ein Geleitwort mit auf den Weg geben. »Jonny« Kiphard, wie ihn viele Sportpädagogen nennen, war früher Zirkusartist. Er hat aber seine spielerische und artistische Begabung in den Dienst der Pädagogik und Therapie gestellt und als Sportprofessor und Begründer der Mototherapie (Bewegungstherapie mit behinderten Kindern) viele Pädagogen und Therapeuten angeregt. Dimitri ist einer der großen Clowns unserer Zeit. Er verbindet hohes artistisches und musikalisches Können mit einem feinen und sehr differenzierten Humor.

Die inhaltlichen Beiträge sind aber nur ein Bereich dieses Buches. Weil wir uns sehr kurzfristige Termine gesetzt hatten, begann das Korrigieren, Kleben und Setzen schon, bevor das ganze Manuskript vorlag. Das brachte einige Schwierigkeiten mit sich. Durch manchen Fehler wurde erst die nötige Erfahrung gemacht. All' diese Prozesse hätten nie zu einem fruchtbaren Ergebnis geführt, wenn nicht Sibylle Wessinger mit dem Tippen und Anneliese Weber und andere Freunde mit dem Korrigieren so treu zur Seite gestanden hätten. Peter Malz hat das Layout gestaltet und den einzelnen Autoren beim Zeichnen geholfen. Bis zum Schluß war er bereit, auf Gestaltungswünsche einzugehen. Otto Cirek mußte als Setzer manchen Schnitzer ausbügeln, der den Autoren oder dem

Bearbeiter unterlaufen war. Diesen Freunden sei herzlich gedankt. Ohne sie wäre das Buch nicht entstanden. Ein extra Dank geht an den S. Hirzel Verlag. Er hat dafür gesorgt, daß dieses Buch in einer so schönen Aufmachung entstehen konnte.

Besonders bedanken möchte ich mich auch bei meiner Frau und bei meinen Kindern. Sie mußten während der Arbeit an diesem Buch oft zurückstehen. Dasselbe gilt für die Familie von Udo von Grabowiecki. Weil dem Buch viel fehlen würde ohne seine grundlegenden Darstellungen zur Akrobatik und weil er sein lange geplantes Artistikbuch zu einem großen Teil für dieses Handbuch bearbeitet hat, wird er als Mitherausgeber genannt.

Die innere Motivation für die Arbeit mit Bewegungs- und Ausdrucksschulung stammt bei mir aus der Begegnung mit meiner 1990 verstorbenen Schauspiellehrerin Gertrud Schneider-Wienecke. Durch sie habe ich erfahren, daß durch scheinbar einfache Bewegungsübungen körperliche, seelische und auch geistige Ordnung und Heilung bei Menschen angeregt werden kann. Daß der Mensch nur dann ganz Mensch ist, wenn er spielen kann, hat sie in besonderer Weise durch ihre Lebendigkeit und Ausdrucksfähigkeit gezeigt. Dieses Buch gibt hoffentlich viele praktische Anregungen, wie sich diese menschlichen Grundfähigkeiten in der Arbeit mit Kindern und Jugendlichen entwickeln lassen.

Rudi Ballreich

Zur Benutzung des Buches!

Die Autoren der einzelnen Artikel haben sich darum bemüht, die vielen Übungen durch Bilder, Zeichnungen und Beschreibungen so darzustellen, daß die Leser genau erfahren können, was zu tun ist. Bei manchen schwierigen Bewegungsabläufen, z.B. in der Akrobatik oder beim Trapez, war das gar nicht so einfach. Wer sich an die anspruchsvolleren Übungen dieses Buches heranwagt, sollte wissen, ob er über die nötigen Voraussetzungen verfügt und ob er der Bewegungsablauf auch wirklich klar verstanden ist. Jeder ist selbst für die Umsetzung dieser Anregungen verantwortlich!

Weil einige Gebiete in unserem Zirkusbuch erstmalig beschrieben werden und weil viele Übungen neu und für »Anfänger« vielleicht nicht sofort umsetzbar sind, ist es uns ein großes Anliegen, mit den Benutzern dieses Buches ins Gespräch zu kommen. Verbesserungs- und Erweiterungsvorschläge, unverständliche Stellen und eventuelle Fehler interessieren uns. Auch die Adressen und Literaturangaben sollten ergänzt werden. Wir freuen uns über Zuschriften. (Die Adressen finden sich im Anhang.)

Rudi Ballreich   Udo von Grabowiecki

Inhaltsübersicht

Geleitworte
Clown Dimitri
Prof. Dr. E. J. Kiphard

Vorwort

Inhaltsübersicht

Kinderzirkus heute
Inhaltsverzeichnis
Circus Calibastra – ein Beispiel (R. Ballreich) . . . 1
Zirkus in Schule, Verein und Ausbildung
   (R. Ballreich/U. v. Grabowiecki) 26

Akrobatik
Inhaltsverzeichnis. 36
Spielerische Bodenakrobatik (U. v. Grabowiecki) . 37
Pyramiden (U. v. Grabowiecki) 65
Wurf- und Schleuderakrobatik (U. v. Grabowiecki) . 84
Trapez (M. Bukovsek/U. v. Grabowiecki) 98

Handgeschicklichkeiten
Inhaltsverzeichnis. 112
Jonglieren (U. v. Grabowiecki/A. Schachl) 113
Devil-Stick (A. Schachl) 138
Diabolo (A. Schachl) 142
Zigarrenkisten (A. Schachl) 148
Huttricks (A. Schachl) 151
Tellerdrehen (A. Schachl) 154
Bänderschwingen (A. Schachl) 156
Stabfechten (J. McMillan/A. Schachl) 158

Äquilibristik
Inhaltsverzeichnis. 166
Rollbrett-Balance (U. v. Grabowiecki) 167
Einradfahren (R. Ballreich/U. v. Grabowiecki/
   P. Tschachotin) 173
Balancierkugel/Lauftrommel (A. Schachl) 178
Leiterakrobatik (A. Schachl) 179
Stelzenlaufen (K. Krause) 181
Drahtseilbalance (M. Dimitri) 186

Verschiedene Manegenkünste
Inhaltsverzeichnis. 194
Tanzen (S. Ballreich) 195
Feuerspucken/Fakirkünste (T. Antons/R. Ballreich/
   M. Bukovsek) 199
Manegenzauberei (M. Bukovsek) 206
Tiere im Kinderzirkus (S. Leibfried) 209

Improvisieren und Clownspielen
Inhaltsverzeichnis. 214
Spielen und Improvisieren (R. Ballreich) 215
Clownspielen (R. Ballreich) 260

Die Gestaltung der Aufführungen
Inhaltsverzeichnis. 314
Warum Aufführungen wichtig sind (R. Ballreich) . .315
Zirkus-Atmosphäre (R. Ballreich) 316
Programmgestaltung (R. Ballreich) 318
Musik zu Zirkusnummern (Chr. Giersch/
   F. Greiner) 325
Kostüme (I. Faigle) 331
Schminken (I. Faigle) 334
Finanzierungsfragen (R. Ballreich) 336

Anhang
Inhaltsverzeichnis. 340
Jonglier- und Artistikläden 341
Kinder- und Jugendzirkusgruppen 344
Kinder- und Jugendzirkusfestivals. 350
Wichtige Zirkusadressen 350
Fortbildungsmöglichkeiten 351
Allgemeine Literaturhinweise 353
Über die Autoren 356

Inhaltsverzeichnis

CIRCUS CALIBASTRA – EIN BEISPIEL

Kinderzirkus konkret 1

Ein Kinderzirkus entsteht 1
Zirkusatmosphäre. 2
Zirkusdisziplinen 2
Begabungen. 4
Die Schule. 4

Wie sich ein Zirkusstück entwickelt . . 6
Idee 6
Das Üben der Clowns 7
Einteilung der Zirkusdisziplinen 7
Kostüme 8
Musik 8
Licht 8
Die Aufführungen 8

Aufführungen 11
Wie Augustine den Drachen bezwang! . . 11
Die Suche nach den verlorenen
    Träumen 12
Im Hexenwald 14
Zirkusreise um die Welt 15
Kunterbunt im Manegenrund 17

**Vom pädagogischen Wert
    der Zirkuskünste** 20
Ausbildung sozialer Fähigkeiten 20
Konzentrationsübungen
    am eigenen Leib. 20
Entwicklung seelischer Kräfte 21
Tänzerische Beweglichkeit 24
Spielerisches Improvisieren 24

ZIRKUS IN SCHULE, VEREIN UND AUSBILDUNG

Zirkuskünste im Wandel der Zeiten . . . 26
Artistik in Ägypten und China – Mittelalterliche Gaukler – Zirkus und Varieté – Spezialisierung – Theaterzirkus – Körpertheater – Artistik als Sport – Artistik als Kunst

Erzieherische Werte 28
Körperbeherrschung 28
Körperkraft – Beherrschung der Schwerkraft – Tiefensensibilität – Balancierfähigkeit

Soziale Prozesse 29
Zusammenarbeit – Vertrauen – Anerkennung

Persönlichkeitsbildung 30
Selbstsicherheit – Kreativität

Spielerisch erziehen 30

Zirkusspielen in der Schule 31
Den ganzen Menschen ansprechen – Zirkus im Sportlehrplan – Schulzirkus-Aufführungen

Zirkuselemente im Sportverein 32
Nur lustige Nummern an Vereinsfesten? – Wettkampftraining – zweckfreies Üben – Aufführungsgruppe

Ausbildungssituation 34

Ausblick 34
Literaturhinweise 34

Circus Calibastra

Kinderzirkus konkret

Wenn die Clowns in der Manege ihre Späße treiben und Artisten waghalsige Kunststücke vorführen, dann leuchten die Augen der Kinder. Aber auch erwachsene Zuschauer erleben oft die Anziehungskraft der Zirkuswelt. Ein geheimnisvoller Zauber geht von den Aktionen in der Manege aus. Manches Kind träumt davon, als witziger Clown die Menschen zum Lachen oder als geschickter Artist zum Staunen bringen zu können. Die Tiere, das Leben auf Reisen, die Beweglichkeit und Spielfreude der Zirkusleute, das alles spricht Kinder direkt im Herzen an. Manche Kinderaugen blicken den abreisenden Zirkuswagen sehnsuchtsvoll hinterher. Nur für wenige Kinder öffnet sich der Vorhang, so daß sie selbst mit ihren Fähigkeiten und Kunststücken im Manegenrund die Zuschauer unterhalten können. Einer 7. Waldorfschulklasse sollte dieser Wunsch in Erfüllung gehen. Wie sie einen Zirkus gründete, der immer größer wurde, bald auch Tiernummern im Programm hatte und jetzt sogar im richtigen Zirkuszelt auftritt, davon handeln die nachfolgenden Texte. Auch einige Geschichten, die dieser Zirkus im Laufe der letzten Jahre spielte, werden erzählt. Die Bilder zeigen Ausschnitte aus diesen Zirkusstücken. Welche Rolle die Eltern und Lehrer bei dieser Unternehmung haben, was alles geübt wird und welche pädagogischen Ziele sich damit verbinden lassen, wird ebenfalls berichtet.

Ein Kinderzirkus entsteht

Es begann in einem Schullandheim. Eine verträumte Klasse sollte durch Jonglieren, Akrobatik, Einradfahren und Improvisationsspiele aufgeweckt werden. Die Zirkusidee entwickelte aber eine Eigendynamik – bei den Schülern und auch bei den Lehrern. Viele Kinder übten mit Begeisterung und Ausdauer die neuerlernten Bewegungen; manches schlummernde Talent kam zum Vorschein. Der Lehrer und auch die Schüler untereinander lernten sich völlig neu sehen. Tatsächlich kam bei den Schülern sehr viel in Bewegung. Der Name »Circus Calibastra« wurde gefunden. Das Engagement war so groß, daß sich daraus ein richtiges Zirkusprogramm entwickelte, das zu Hause in der Schule vorgeführt wurde. Was sich aber da vor den vielen neugierigen Zuschauern abspielte, war für die Lehrer und auch die spielenden Kinder eine große Überraschung: 40 Schüler und Schülerinnen gestalteten in pausenlosem Einsatz ein 2½stündiges Programm, bei dem ständig neue Höhepunkte kamen. Mit das Erstaunlichste war der schnelle Umbau und die rasche Aufeinanderfolge der Nummern. Außer dem Klassenlehrer, der als Zirkusdirektor die ganze Sache zusammenhielt, war kein Lehrer sichtbar. Die Schüler organisierten fast alles selbst.

Eine Überraschung waren die Clowns. Lustige und manchmal auch anrührende Szenen forderten die Gefühle der Zuschauer heraus. Die meisten Darbietungen waren in spielerische Handlungen verpackt. Es war keine Leistungsschau, die Schüler zeigten vielmehr ihre Bewegungs- und Spielfreude. Das übertrug sich auf das Publikum. Hinterher wurde immer wieder gefragt, wie es möglich war, so viele unterschiedliche Szenen zu gestalten. Das Rezept war einfach: In Improvisationsspielen, z. B. anhand der Erzählung von Siegfried Lenz »So war es mit dem Zirkus« (Aus: So zärtlich war Suleyken), probierten die Schüler verschiedene Zirkusrollen aus. Unter den vielen Vorschlägen suchten sie sich das heraus, was sie ansprach. Sie hatten selbst auch eigene Ideen, die ins Programm einflossen.

– So gab es einen eindrucksvollen Fakir, der große Feuerflammen spuckte, über echte Scherben lief und sich auf ein Nagelbrett legte,
– Augustine, deren Hund »Krümel« über mehrere Kinder sprang,
– einen Bären, der Fahrrad fuhr und Schoppen trank,
– Einradfahrer, die Angst vor dem Räuber Hotzenplotz hatten,
– eine Einbrecher-Pantomime,
– wilde Raubkatzen, die kaum zu bändigen waren,
– Zauberer, die Gegenstände verschwinden ließen und wieder herzauberten,
– Akrobaten, Jongleure und viele Clownsnummern.

Der krönende Auftakt und Abschluß aber war der Musikumzug der ganzen Zirkustruppe. Voran wurde die große Trommel getragen. Cellisten wurden auf einem fahrbaren Podest geschoben. Viele Kinder mit Geigen, Flöten, Clownstrompeten und Rhythmusinstrumenten folgten. Verstärkt durch das Orchester entstand so eine echte Zir-

»Zauberei: Ich werde dieses rote Tuch durch alle Ohren hindurchzaubern!«

kusstimmung, mit einer hierfür vom Musiklehrer bearbeiteten Zirkusmusik, die seither jede Aufführung einleitet und beschließt.

Die Schüler wuchsen bei diesen Vorführungen über sich selbst hinaus. Der begeisterte Zuspruch des Publikums und die eigene Spiel- und Bewegungsfreude bewirkten, daß viele Kinder weiterüben wollten.

Bald kamen Teilnehmer aus anderen Klassen dazu. Die Einladung, im »Traumtheater Salome« aufzutreten, machte den Kinderzirkus im größeren Umkreis bekannt. Von den Eintrittsgeldern konnten echte Zirkusgeräte angeschafft werden. Neue Lehrer und neue Disziplinen kamen dazu. So wuchs der Circus Calibastra ständig weiter.

Zirkusatmosphäre

Jedes Jahr, meistens kurz vor den Sommerferien, zeigt nun seither der Circus Calibastra das, was die Schüler ein Jahr lang geübt haben. Daß jetzt die Aufführungen meistens in einem großen, gemieteten Zirkuszelt stattfinden, ist nur möglich durch die großzügigen Spenden einiger Firmen.

Der besondere Zirkusduft von Sägemehl und Pferdedung, das Leben im Zelt und um das Zelt während der Aufführungstage, Tiere, übende Clowns und Akrobaten auf den Wiesen, die herbeiströmenden Menschen, die Musik des Zirkusorchesters und das Lachen und der Beifall des Publikums – all das hat eine eigene Atmosphäre; es verdichtet sich zu einem tiefen Erlebnis bei den darstellenden Schülern. Für wenige Tage im Jahr bilden alle Beteiligten (Schüler, mithelfende Eltern und Lehrer) ein echtes Zirkusunternehmen. Diese Entwicklung war nicht geplant, aber die Fruchtbarkeit der Arbeit rechtfertigte den Einsatz.

Zirkusdisziplinen

Seit 1985 besteht der Circus Calibastra. Ca. 90 Schüler und Schülerinnen im Alter von 12 bis 18 Jahren treffen sich regelmäßig an einem Nachmittag in der Woche und üben 2–3 Stunden. Die Schwerpunkte sind Akrobatik, Folkloretanz, Jonglieren, Balance. Das Clownspielen üben die Schüler, die sich dazu hingezogen fühlen, an Extrawochenenden.

Folgende Disziplinen kommen in den Programmen regelmäßig vor:
- Pyramiden
- Partner- und Bodenakrobatik
- Salto-Akrobatik
- Trapez
- Trampolinspringen
- Seilspringen
- Stockfechten
- Degenfechten
- Jonglieren mit Tüchern, Bällen, Ringen, Keulen, Tellern, Hüten
- Diabolo
- Devil Sticks
- Drahtseilbalance
- Einradfahren
- Kugelbalance
- Stelzenlaufen
- Folkloretänze
- Trommeltanz
- Rock'n'Roll-Akrobatik
- Schuhplattler
- Arbeit mit Eseln, Pferden, Ziegen
- eine »gemischte Raubtiergruppe«
- Feuerspucken
- Maskentreiben
- Clownspielen
- Zaubern

Begabungen

Daß es die Kinder bei einer solchen Unternehmung nicht immer leicht haben, sondern auch Krisen durchlaufen, soll nicht verschwiegen werden. Manche Übungen brauchen Monate oder sogar Jahre, bis sie gelingen, und einige Schüler springen einen Salto oder Überschlag nie, obwohl sie es gerne möchten. Jeder muß, seinen Stärken entsprechend, die Bereiche finden, wo er sich entfalten kann. Wichtig ist es aber, daß jeder Schüler nach Möglichkeit das Jonglieren erlernt, beim Bodenturnen und in der Akrobatik regelmäßig übt und Sicherheit gewinnt, sich im Tanzen von der Musik in Schwingung bringen läßt und durch Balanceübungen sein Gleichgewichtsgefühl entwickelt.

Die freiwillig teilnehmenden Kinder sind sehr unterschiedlich bewegungsbegabt. Manche scheinen wirklich »zwei linke Hände« zu haben, anderen gelingt nicht einmal ein einfacher Purzelbaum. Einige Schüler springen dagegen nach kurzem Üben schon den Salto oder erlernen das Jonglieren mit 3 Bällen an einem Nachmittag. Gemeinsam ist aber allen, daß sie die Bewegung und das Spiel suchen und daran Freude haben. Diese innere Beteiligung ist es, die sich auf die zuschauenden Kinder und Erwachsenen überträgt. Etwas von der spielerischen und phantasievollen Lebendigkeit, die dem Menschen und besonders dem Kind eigen ist, wird jedesmal aufs neue erlebbar, wenn die jungen Darsteller als Clowns, Akrobaten und Artisten die Manege betreten.

Die Schule

Ohne unsere Schule hätte sich ein solches Projekt nicht verwirklichen lassen. Die Michael Bauer Schule ist eine Waldorfschule mit einem Förderklassenzug parallel zu den üblichen Großklassen. Im Zirkus wie auch in anderen Arbeitsgemeinschaften üben Schüler aus beiden Bereichen zusammen. Das Angebot an Schulräumen und Turngeräten macht es den teilweise hierfür zeitlich entlasteten Lehrern möglich, auf der menschenkundlichen Grundlage der Waldorfpädagogik in der Zirkus-AG das Erlernen von Körpergeschicklichkeit zu fördern.

Fester Bestandteil der gedanklichen Grundlagen des Waldorflehrers ist die Einsicht, daß der Mensch zur Freiheit veranlagt ist. Diese Freiheit setzt aber auch eine körperlich-seelische Beweglichkeit und die Fähigkeit zum Improvisieren und Spielen voraus. Schiller beschreibt diese Zusammenhänge in dem bekannten Satz: »Der Mensch spielt nur, wo er in voller Bedeutung des Wortes Mensch ist, und er ist nur da ganz Mensch, wo er spielt.« Aufgrund dieser Überlegungen darf sich eine Arbeitsgemeinschaft »Zirkus« von der Gewißheit getragen fühlen, daß sie ihren Teil zu einer »Erziehung zur Freiheit« beiträgt.

Der Fakir läuft nicht nur über Glasscherben. Er kann auch Feuer spucken.

Der große und der kleine Drache haben sich wiedergefunden.

Luftige Wesen auf hohen Rädern.

Wie sich ein Zirkus-Stück entwickelt

Im folgenden wird zunächst an einem Beispiel ausführlich gezeigt, wie sich das Zirkusprojekt 1989 »Die Suche nach den verlorenen Träumen« aus einer unscheinbaren Idee heraus entwickelt hat. Anschließend werden die Geschichten anderer Zirkusprogramme erzählt.

Idee

Eine Clowns- und Gauklertruppe durchzieht die 4 Elementarreiche: Erde, Wasser, Luft, Feuer. Sie gehen einen Weg zu einem bestimmten Ziel. In jedem dieser Reiche werden sie geprüft, ob sie die Bewegungsformen, die dort gelten, auch beherrschen.
Aus dieser Grundidee entwickelte sich eine märchenhafte Geschichte. Sie war nicht sofort da. Viele Anregungen kamen zusammen, die zu der bunten und vielseitigen Handlung geführt haben (siehe Seite 12).

Das Üben der Clowns

Die Clownsgruppe beschäftigte sich intensiv mit den 4 Elementen. Bewegungen, Stimmungen, Töne und Geräusche wurden in vielfältigsten Improvisationen daraufhin untersucht, ob sie erdig, wäßrig, luftig oder feurig sind. Aus den Improvisationsübungen entstanden Szenen:
Die verträumte und einfallsreiche Vorstellung vor dem König
Streit und Boxkampf im Erdreich
Bade- und Angelabenteuer im Wasserreich
Drahtseilflieger im Luftreich
Feuerspucken und Feuerwehr im Feuerreich.
Diese Szenen gaben der ganzen Handlung erst Lebendigkeit. Viele Einfälle kamen von den Schülern, so gestalteten sie das Stück mit.

Einteilung der Zirkusdisziplinen

Ist eine Rolle eine wäßrige Bewegung? Hat ein Salto mehr mit der Luft oder mehr mit dem Feurigen zu tun? Solchen Fragen gingen die Zirkuslehrer nach und untersuchten dabei alle Übbereiche nach ihren Bewegungsqualitäten. Die vorherrschenden Bewegungsformen bestimmten, welchem Element eine Übung zugeordnet wurde. Gleichzeitig mußte aber bedacht werden, daß möglichst alle geübten Bereiche in der Aufführung gezeigt werden und daß auch alle Schüler gerecht zum Einsatz kommen. Bei dieser Arbeit zeigte es sich deutlich, daß ein Kinderzirkus nicht rein dramaturgischen Gesetzen gehorchen kann bei der Entwicklung eines Stückes: Die Handlung muß notwendigerweise so verlaufen, daß

Große Tränen im Reich des Wassermanns.

viele Schüler in vielen Szenen mit dem auftreten können, was sie das ganze Jahr geübt haben; das prägt die Eigenart solcher Zirkus-Theaterstücke.

Die Zuordnung der einzelnen Übungen zu den 4 Elementarreichen erfüllte diese mit Bewegung. Jetzt ging es aber darum, diese Darstellungen szenisch umzusetzen, Gestalten zu erfinden, die diese Bewegungen ausführen:

z.B. Zwerge, die sich durch verschiedene Rollen und Akrobatik fortbewegen,

phosphoreszierende Wasserwesen, die auf dem Einrad fahren,

Schmetterlinge, die auf dem Drahtseil schweben,

Wachen der Feuerkönigin, die durch einen brennenden Reifen springen.

Kostüme

Das Gestalten und Nähen der Kostüme war Aufgabe der Eltern. Ca. 15 Mütter hörten sich die Geschichte an, erfuhren z.B., daß 12 Kinder im Erdreich als Purzelzwerge auftreten sollen oder daß 4 Schüler im Feuerreich als Wächter einen Stockkampf austragen. Es begann ein eifriges Phantasieren, Zeichnen, Vorschlagen und Entwerfen. Manche Nummer wurde noch einmal geändert, weil ein guter Kostümvorschlag die Phantasie in neue Bahnen lenkte. Ein emsiges Arbeiten setzte ein, um die mehr als 200 Kostüme anzufertigen.

Erst die passenden Kostüme gaben den einzelnen Reichen ihre Farben, ihre Eigenarten und Gestalten. So haben auch die Eltern das Programm maßgeblich mitgeprägt.

Musik

Der damalige Leiter unseres Zirkusorchesters verfolgte die Entwicklung dieses Projekts von Anfang an mit und brachte auch eigene Ideen mit ein. Als die einzelnen Szenen feststanden, suchte er entsprechende Musik heraus. Aus Griegs Peer-Gynt-Suiten stammte die Zwergenmusik, aus Bizets Carmen die Untermalung für das Feuerreich, die beiden Drachen tanzten beim Wiedersehen einen Boogie-Woogie usw. Immer wieder wurden die Szenen mit der Musik geprobt. Manches stimmte sofort, anderes benötigte viele Vorschläge, bis es zusammenpaßte. Durch diese Arbeit bekam das Zirkusstück einen tragenden musikalischen Unterbau.

Jedes Jahr zeigt es sich erneut, welche Hilfe die differenzierte musikalische Begleitung der Szenen durch das Zirkusorchester darstellt. Die Musik hilft den Schülern, in die Stimmung und das Tempo einer Szene hineinzukommen. Das gibt ihnen einen Halt. Ein Orchester kann auf Pannen, Verzögerungen usw. sofort reagieren, mit einem Kassettenrekorder wäre das in dieser Weise unmöglich. Die Eltern, Lehrer, Freunde und ehemaligen Schüler, die im Zirkusorchester mitspielen, tragen so ihren Teil zum Ganzen bei.

Licht

Es war klar, daß dieses Stück sehr von Stimmungen geprägt sein sollte. Dem Beleuchter waren dadurch schwierige Aufgaben zugewiesen. Szene für Szene wurde mit ihm abgestimmt. Manche szenische Idee ließ sich nicht realisieren, weil es zu dunkel oder zu hell geworden wäre. Erst kurz vor der Aufführung waren die letzten technischen Probleme bewältigt.

Die Aufführungen

Aus einer Grundidee war ein 2½stündiges Stück entstanden. 80 Kinder erfüllten die 4 Elementarreiche und das Ringen der Clowns und Gaukler um die richtigen Bewegungen mit Leben. Szenische Ideen, Kostüme, artistische Bewegungen, spielerisches Improvisieren, Musik und Beleuchtung verschmolzen zu einem Gesamtgebilde.

Die darstellenden Schüler, die kostümbildenden Mütter, die Musiker und das Publikum schufen und erlebten so einen Gang durch 4 elementare Qualitäten. Alles vereinigte sich am Ende zu einem Bild, einer Handlung, einem Zirkus-Stück: Für die Schüler, Eltern und Lehrer war ein Phantasieprozeß erlebbar, der aus dem sozialen und künstlerischen Zusammenwirken der vielen Beteiligten gespeist wurde. Die Zuschauer erlebten davon nur die sichtbaren Szenen in der Manege.

Als Auftakt und Abschluß zieht die ganze Zirkustruppe mit vielen Instrumenten durch die Manege.

Augustine ist traurig; nichts will ihr mehr gelingen.

Aufführungen

Jahr für Jahr zeigt es sich erneut, wie wichtig die Zirkusvorstellungen sind. Die Tatsache, daß die geübten Bewegungs-Kunststücke vor einem großen Publikum gezeigt werden sollen, daß die Mütter dafür Kostüme gestalten und das Zirkusorchester Musik einstudiert, bewirkt bei den Kindern, daß sie intensiver und wesentlich konzentrierter üben. Bewegungsformen, die nie gelingen wollten, werden auf einmal gekonnt. Manche Kinder machen in den Wochen vor den Aufführungen erstaunliche Fortschritte.

Ein anderer Aspekt ist das Erlebnis, an einer solchen Gemeinschaftsproduktion beteiligt zu sein. Die vielfältigsten Bewegungsformen – auch wenn sie von anderen gezeigt werden – wirken tief auf die Kinder. Beweglichkeit, Körpergeschicklichkeit und spielerische Lebendigkeit prägen sich als anstrebenswerte Ziele in die Seele ein. Durch die Freude und den Beifall der Zuschauer werden diese Erlebnisse bestätigt.

Die Programmgestaltung des »Circus Calibastra« hat sich im Laufe der Jahre entwickelt. Am Anfang standen Nummernprogramme, dann fügten sich die Darstellungen immer mehr zu Geschichten, zu Zirkus-Theaterstücken zusammen. Dadurch wurde die Aneinanderreihung von »immer größeren Sensationen« vermieden. Artistik und Akrobatik fügen sich in die Spielhandlung ein. Nicht die einzelne Nummer tritt in den Vordergrund, sondern das Gesamterlebnis des Zirkus-Stückes. Der Zuschauer wird nicht nur von der artistischen Einzelleistung beeindruckt, sondern – wenn es gelingt – auch von der Dramatik des Spielverlaufs. So ist es auch möglich, durch Bilder und Geschichten etwas von der Bedeutung der Zirkuskünste zu zeigen.

Wie Augustine den Drachen bezwang!

1½ Jahre nach der Gründung des Circus Calibastra bekamen wir das Angebot, im »Traumtheater Salome« auftreten zu dürfen. Es konnte sich in 4 Wochen Vorbereitungszeit nur darum handeln, hauptsächlich alte Nummern wieder zum Leben zu erwecken. Weil »Salome« Artistik und Akrobatik in eine Handlung einbindet, und die Bühne so eingerichtet ist, daß Theater gespielt werden kann, wollten wir das auch versuchen:

Augustine tritt auf und will ihre Nummer zeigen. Aber sie weiß nicht mehr, wie es geht. Am Abend vorher hat sie eine Vorstellung des »Traumtheater Salome« gesehen und ist dadurch so sehr in eine Traumwelt entrückt worden, daß sie ihre eigenen Fähigkeiten völlig vergißt. Um ihre verlernten Kunststücke wiederzufinden, wandert die heulende Clownin mit einem treuen Führer und ihrem Hund »Krümel« zum Zwergenkönig. Kleine, flinke Wesen tanzen herein, turnen, purzeln und bauen Pyramiden. Indem er sie in seine Jonglage einbezieht, schafft es der Zwergenkönig, daß die traurige Augustine die Geschicklichkeit ihrer Hände wiedererlangt. – Sie kommen dann ins Reich der schönen Prinzessin, wo die Clownin von frechem Gesindel geneckt wird. Die Prinzessin verhilft ihr dazu, auf Brett und Rolle das Gleichgewicht wiederzufinden. Sie ziehen weiter zum unterirdischen König. Furien, Zauberer, Feuerjongleure und ein Fakir zeigen ihre Künste. Indem sie einem Flohdompteur hilft, sein Meistertier wiederzufinden, das unter die Zuschauer gehüpft war, verliert Augustine ihre Angst vor dem Publikum. Sie ist sogar bereit, ihre Hundeclownerei vorzuführen.

Eine glückliche Augustine verläßt den König und steigt hinunter in die Höhle eines bösen Drachen. Dort soll sie die Quelle der glitzernden Sternenkugeln aus der Macht des Untiers befreien. Von Nebelschwaden eingehüllt, tanzt der Drache umher. Augustine balanciert auf Brett und Rolle, jongliert und bringt so den Drachen dazu, sich mit dem Schwingen des Brettes mitzuwiegen. Ihr Spiel mit Geschicklichkeit, Gleichgewicht und ihre Freude und Lebendigkeit besänftigen das Untier. Vom Hin- und Herwiegen schläft es ein. Augustine tritt an die Quelle und entzaubert ihr große, glänzende Seifenblasen. Eine leise Musik erklingt und alle Mitspieler versammeln sich um die Quelle der glitzernden Sternenkugeln.

Königinnen der Lüfte tanzen auf dem Seil.

Die Suche nach den verlorenen Träumen

Ein König ist in Not. Ein Drache hat ihm seine Traumkugel gestohlen. Er kann nicht mehr träumen und hat keine Einfälle mehr. Darunter leidet sein Land. Eine Clowns- und Gauklertruppe kommt an seinen Hof und zeigt ihre Kunststücke. Dabei hören die wandernden Künstler von den Schwierigkeiten des Königs, und sie merken: »Was der König nicht mehr kann, fällt uns leicht: Wir können träumen und wir haben viele Einfälle.« Weil ihnen der König leid tut, wollen sie ausziehen und die geraubte Traumkugel zurückgewinnen. Ihre Spielfähigkeiten sollen ihnen gegen die finstere Macht des Drachen helfen.

Der Weg führt sie zuerst in das Reich des Erdriesen. Zwerge, die sehr gekonnt am Boden purzeln oder sich zu Pyramiden auftürmen, und ein gewaltiger Riese, der sich ständig verwandelt, fordern von ihnen: »Wenn ihr durch unser Land ziehen wollt, müßt ihr zeigen, daß ihr euch genauso geschickt bewegen könnt wie wir.« Ihre Akrobatik, das Beherrschen der Kräfte der Schwere hilft ihnen, diese Prüfung zu bestehen.

Danach kommen sie in ein Land, das vom Wassermann beherrscht wird. Geschmeidige Fischwesen rollen und biegen sich, leuchtende Bänder schwingen durch die Dunkelheit. Ringjonglierende Gestalten entsteigen dem Maul eines phosphoreszierenden Riesenfisches. Auch dieser Herrscher fordert von ihnen eine Probe ihres Könnens. Nach einigem Mühen und Tränen gelingt ihnen schließlich die Prüfung. Als sie dem Wassermann ihre Geschichte erzählen, wird er davon so gerührt, daß er helfen will: ein glitzerndes und schillerndes Drachenkind mit liebem Kopf und treuherzigen Augen tanzt herein. Es ist das verschollene Kind jenes bösen Drachen, der die Traumkugel gestohlen hat. Der alte Drache war nämlich erst verbittert und gemein geworden, nachdem sein Kind verschollen war und nicht wiederkam. Der Wassermann schickt den Gauklern den kleinen Drachen mit: »Vielleicht könnt ihr den Alten dadurch besänftigen!«

Nachdem sie auch noch im Reich der Schmetterlingskönigin gezeigt haben, daß sie sich leicht und luftig bewegen können – sogar auf dem Drahtseil –, gelangen sie in das Feuerreich. Feuerspucken und temperamentvolle Salti öffnen ihnen die Türe zur Höhle des Drachen.

Eingehüllt in Rauchschwaden tanzt das große Untier drohend umher. Die Gaukler schicken den kleinen Wasserdrachen hinein. Der Alte erkennt sein Kind und wird zusehends freundlicher, bis schließlich beide einen Freudentanz in der Manege vollführen.

Dadurch gelangen die Suchenden an ihr Ziel: die gestohlene Traumkugel wird zurückgebracht. Der König kann nun wieder träumen, und das Land gedeiht.

Verwirrte Drahtseilflieger kommen wieder auf der Erde an.

Am Ziel der langen Reise verzaubern bunte Seifenblasen das Publikum.

Wer wird denn Angst vor so einem kleinen Wassermann haben…?

Wenn die »Clowns-Feuerwehr« anrückt…

Im Hexenwald

Angeregt durch eine Vorstellung der Schweizer Clownin Gardi Hutter wollten sich die Schüler auch einmal im Hexenclown-Spielen erproben. Das Übwochenende fand auf der Schwäbischen Alb in einem alten Bauernhaus statt. Teilweise wurde im Hinterhof geübt, wo auch viel Gerümpel herumlag. Das war die richtige Umgebung. Aus Improvisationen entwickelte sich ein kleines Hexenstück.

Sehr vital und mit viel Kraft mußten der Hexentanz auf Besen und die Zaubereien dargestellt werden. Der Spaß der Schüler machte die Hexenrollen erst lebendig.

»Hexentanz im Hinterhof«. Nächtliche Clownsprobe auf der Schwäbischen Alb.

Pipa, die kleine Hexe, wird von ihrer Meisterin alleine gelassen und will nun selbst einmal Zauberkunststücke ausprobieren. Sie holt das große Zauberbuch und macht sich an die Arbeit. In einen Krug füllt sie zum Erstaunen der Zuschauer viel Wasser hinein, das aber nicht herausläuft, als sie den Krug umdreht. Strahlend und erschöpft lehnt sie sich zurück und nimmt dabei den Schwamm aus dem Krug, um sich die Stirne abzuwischen! Auch andere Tricks gelingen ihr auf ähnliche Weise.

2 Clowns schleichen vorsichtig und ängstlich heran. Sie wollen das Zaubern erlernen. Clowns und Hexe erschrecken voreinander und verstecken sich. Nach einigem Hin und Her freunden sie sich aber an und beschließen, gemeinsam zu zaubern. Beim Blättern im staubigen und vergilbten Zauberbuch stoßen sie auf »Froschkönig«. Das begeistert sie. So ein kleiner Froschkönig, das wäre etwas Nettes. Das Publikum hilft beim Zauberspruch – da erscheint ein großer Drache. Die 3 verstecken sich im Zuber und unter Decken und bibbern vor Angst.

Sie wissen nicht, wie sie diesen schrecklichen Drachen wieder zurückverwandeln können. Eine Glasharfe und eine Flaschenorgel helfen ihnen schließlich, durch feine Klänge den Drachen einzuschläfern. Die Clowns verlassen den Zauberwald. Ihre neue Freundin Pipa nehmen sie mit in den Zirkus.

Hugo und Max in Amerika.

Zirkusreise um die Welt

Das Besondere an diesem Programm waren die Tiere der Jugendfarm Elsental, die mancher Szene Echtheit verliehen. Auch die Chöre und Tänze aus den einzelnen Erdteilen schufen im Verein mit den treffenden Kostümen und der passenden Musik die richtige Stimmung. Selbst in der Pause konnten Darsteller und Zuschauer die Weltreise fortsetzen: es gab kulinarische Kostproben aus den verschiedenen Erdteilen.

Der Zirkusdirektor ist einfach in den Urlaub gefahren. Die Clowns stehen allein in der Manege und wissen nicht, was sie tun sollen. Hugo, der einen dicken Bauch hat und auch einen zerbeulten Hut trägt, wird zum Direktor gewählt. Aber die menschliche Pyramide kracht zusammen, weil sich Hugo stolz dagegenlehnt; bei der Zauberei bleibt das Tuch in den Ohren stecken und auch sonst geht einiges schief. Da hat Maxi eine Idee: »Laßt uns doch auch in Urlaub fahren! Wir reisen um die Welt!« Dieser Einfall wird mit Begeisterung aufgenommen. Singend begibt sich die 12köpfige Clownstruppe auf den Weg durch verschiedene Erdteile.

In Amerika treffen sie auf reitende und lassoschwingende Cowboys und auf jonglierende Gangster. Hugo kauft sich eine Gitarre, Cowboyhut und Sonnenbrille. Als er von Maxi zum Rock'n'Roll-Tanzen aufgefordert wird, geht natürlich zunächst alles schief. Zu guter Letzt gelingt aber eine flotte Rock'n'Roll-Akrobatik. Ein melancholischer Cowboychor und ein einsamer Reiter verabschieden sie von Amerika.

In Asien treffen sie Gleichgewichtskünstler auf der Balancierkugel und auf dem Drahtseil, flinke Jongleure mit Diabolo, Devil Stick, Tüchern und Bällen und auch auf geschickte Bodenakrobatinnen. Otto und Egon, die sich auch am Drahtseil versuchen wollen, machen Bekanntschaft mit ihrer eigenen Angst, schaffen es dann aber sogar, auf dem Seil zu jonglieren. Der chinesische Chor sorgt für einen stimmungsvollen Abschied.

Afrika erwartet sie mit einem echten Arbeits- und Jagdtanz – von Trommelmusik begleitet. Auf einem Kamel reiten zwei Zauberer in die Manege und ein Feuerspucker zeigt seine Künste.

Schließlich gelangen sie nach Rußland und Ungarn. Kosaken reiten durch die Manege. Es wird temperamentvoll getanzt und gesungen. Pünktchen begegnet in der Pußta einem Esel und versucht, auf ihm zu reiten. Das ist aber gar nicht so einfach. Ein ungarischer Mädchentanz führt die Reisenden wieder zurück in ihre Heimat.

Dort findet ein großes Fest statt. Schuhplattler machen den Anfang, die Saltogruppe zeigt ihre Bewegungsfreude durch Sprünge und Rollen und ein melancholischer Clown läßt zum Abschluß große Seifenblasen entstehen.

Friedliche Begegnung im Zirkuszelt. Eine Szene aus Amerika.

Arbeits- und Jagdbewegungen, getanzt zu echter Trommelmusik.

Hawaiimädchen bringen Südseezauber in die Manege.

Kunterbunt im Manegenrund

Nach der »Zirkusreise um die Welt« und der phantasievollen »Suche nach den verlorenen Träumen« entstand das Bedürfnis, wieder einmal »richtigen Zirkus« zu gestalten. Aber muß es deswegen gleich ein Nummernprogramm sein? Aus den Clownsproben entwickelte sich eine Handlung, die im Zirkus selbst stattfindet und eine Auseinandersetzung zwischen dem Direktor und den Clowns zum Thema hat:

Wilhelmine legt den Direktor Biwaldi herein. Sie schafft es, das unter einem Hut verborgene Glas Wasser auszutrinken, ohne den Hut zu berühren. So gewinnt sie die Wette und der Zirkusdirektor muß, wie er es versprochen hat, die Clowns eine Woche lang Zirkusdirektor sein lassen. Wäre er der Sieger gewesen, hätten ihn die Clowns eine Woche bedienen müssen. »Ich werde euch auch noch hereinlegen! Ohne mich wird es kunterbunt im Manegenrund!«, ruft er und stapft wütend hinaus.

Nun jagt eine Idee die andere. Weil Pünktchen verkleidet die anderen erschreckt, wollen sich alle verkleiden. Deshalb findet ein Karnevalsfest statt mit maskierten Gestalten, Riesen-Stelzenvögeln, Tänzen, Kosaken-Voltigieren, einem armbrustschießenden Clown und vielen andern Szenen.

Dann entdecken einige Clowns verschiedene Hüte und jonglieren damit. Cowboys tauchen auf, knallen mit Ochsenpeitschen und Pistolen, zeigen Akrobatik, Sträflinge und Polizisten liefern sich eine Verfolgungsjagd übers Trampolin.

Plötzlich wird ein Sultan mit seinem Gefolge angekündigt. Orientalische Musik untermalt den farbenprächtigen und prunkvollen Zug des »Sultan von Biwaldo«. Dieser hohe Besuch wird natürlich von den Clowns bestaunt. Sie hofieren und bedienen ihn und zeigen ihm Kunststücke. Daß sie beim Vorsingen einschlafen, ist natürlich peinlich. Aber als ihnen nun der »Sultan von Biwaldo« auch ein Kunststück verspricht, sind sie gespannt. Der Sultan tritt hinter ein Tuch – Trommelwirbel steigern die Spannung – und tritt als Zirkusdirektor Biwaldi wieder hervor. Die Clowns machen lange Gesichter. Diese Runde hat der Direktor gewonnen.

Als Versöhnung feiern alle zusammen ein großes Fest: das Finale.

Gefährliche Raubtierdressur ohne Gitter.

Degenfechten. Duell zwischen Seeräubern und Matrosen.

Exotische Stelzenvögel und tanzende Zottelwesen.

Vom pädagogischen Wert der Zirkuskünste

Wenn man über Jahre hinweg mit Kindern die Zirkuskünste übt, vertieft sich die Frage nach dem pädagogischen Sinn dieses Tuns. Daß die Kinder eine innere Beziehung zur Zirkuswelt haben und daß sie oft freudig und ausdauernd Jonglieren, Einradfahren und Balancieren üben, ist schnell zu sehen. Aber welche Kräfte in den Kindern durch diese Tätigkeiten gestärkt und entwickelt werden, ist nicht so leicht zu fassen. In den folgenden Ausführungen sind dazu einige Gedanken entwickelt.

Ausbildung sozialer Fähigkeiten

Es liegt auf der Hand, daß bei einer Gemeinschaftsunternehmung »Zirkus« soziale Fähigkeiten in vielfältigster Weise gefördert und herangebildet werden. Beim Üben von Pyramiden, Partnerakrobatik, beim Clownspielen in Gruppen und bei den Tänzen muß sich jeder einzelne mit den anderen zu einem Ganzen zusammenfinden. Gleichzeitig sind Wahrnehmung der anderen und Wachheit der eigenen Person gegenüber dafür notwendige Voraussetzungen. Es sind oft schmerzliche Lernprozesse, bis ein Schüler endlich begriffen hat, wie er sich im rechten Moment in der richtigen Weise in die Gruppe einfügen sollte.

Dadurch, daß sich die Akrobatik auf der Ebene des körperlichen Einsatzes abspielt, erfordert sie auch die Wachheit dem eigenen Körper gegenüber. Daß dies in einem Bezug zur Gruppe geschieht, ist in diesem Alter sehr wichtig. Wenn der Schüler nur für sich und seine Leistung üben würde, könnten bei großer Begabung sehr leicht Eitelkeit und Überheblichkeit entstehen. Nummern mit mehreren Personen gelingen aber nur durch das gute Zusammenspiel aller Beteiligten. Von Anfang an wird deshalb im Circus Calibastra großer Wert darauf gelegt, daß die Schüler sich gegenseitig helfen und in kleinen Gruppen selbständig arbeiten. Bei der großen Anzahl von Kindern ist das gar nicht anders möglich. Das hat dazu geführt, daß die älteren Schüler jetzt auch tragend in die Verantwortung für das Üben mit eingetreten sind. Einige von ihnen betreuen Übgruppen mit jüngeren. Das ist wiederum für die nachkommenden Schüler sehr wichtig. Sie sehen, wie diszipliniert die »Älteren« arbeiten und schauen zu ihnen als Vorbild auf. Das sind wesentliche Erziehungsfaktoren. Außerdem ist es für das Schulganze bedeutungsvoll. Ab der Mittelstufe bis zur oberen Klasse lernen sich die Schüler untereinander kennen und schätzen, denn der »Zirkus« verbindet die einzelnen Klassen. Bei den Aufführungen haben viele Schüler oft außer ihren Auftritten auch noch zusätzliche Aufgaben: Für andere im richtigen Moment etwas bereitstellen, auf- und abbauen, beim Umkleiden oder Schminken helfen, aufräumen usw. Das ist ein vielfältiges Gebiet, wo soziale Fähigkeiten geübt werden.

Die Mitwirkung bei Schul- und Gemeindefesten fügt eine solche Unternehmung auch in größere soziale Zusammenhänge ein.

Konzentrationsübungen am eigenen Leib

Schwieriger ist die Frage zu beantworten, welche Wirkungen artistische Bewegungsübungen auf Kinder haben. Hierzu kann die Betrachtung einer Methode der Waldorfpädagogik eine gute Hilfe sein.

Rudolf Steiner hat beim Aufbau der Waldorfschule die Lehrer mehrfach darauf hingewiesen, daß sich die Denkfähigkeiten der Schüler gesünder und kräftiger entwickeln, wenn die Kinder geistige Wachheit und Beweglichkeit zunächst durch das Tätigsein des eigenen Leibes erüben, d.h. statt Konzentration auf abstrakte Begriffe Konzentration auf die eigenen Körperbewegungen.

»Alles, was im Menschen sogenannte geistige und seelische Bildung ist, die zur Abstraktion hin will, die geht ja nur auf unnatürliche Weise hervor aus einem direkten Unterricht. Bildung soll hervorgehen aus der Art und Weise, wie man sich mit dem Körper bewegen kann.«*

---

* R. Steiner, *Der pädagogische Wert der Menschenerkenntnis*, Dornach 1965

Matrosen- und Seeräuberpyramiden erfordern äußerste Konzentration.

So beginnt es schon in der ersten Klasse damit, daß die Schüler im rhythmischen Teil des Hauptunterrichts jeden Morgen in vielfältigster Weise Körpergeschicklichkeit üben: Fingerspiele, rhythmisches Klatschen und Stampfen, Orientierungsübungen am Körper usw. Das geschieht alles noch spielerisch, aber die Kinder müssen dabei innerlich sehr wach werden. Diese innere Wachheit und Beweglichkeit wird aber gerade durch die äußeren Bewegungs-Anforderungen angeregt.

Dies ist der eigentliche Hintergrund, warum an den Waldorfschulen so großer Wert auf handwerkliche und künstlerische Betätigungen gelegt wird:

Ein Denken, das darin geschult ist, durch die Bewegungen der Glieder sich in äußeren Tätigkeiten zu verwirklichen, ist kräftiger und beweglicher, es lebt mehr in den Dingen, als ein Denken, das nur distanziert betrachten und verstehen will.

Also eigentlich in allen Fächern, im Gartenbau, im Malen, Zeichnen, im Häkeln und Stricken usw., selbst in der Methode des Rechnen- und Schreibenlernens wird diese Konzentration auf den eigenen Leib, auf die eigene Bewegung geübt.

Entwicklung seelischer Kräfte

Turnerische und zirkusartistische Übungen fügen sich nahtlos in dieses Lernkonzept ein:

Pyramiden und Akrobatik erfordern eine Auseinandersetzung mit den Schwerekräften und der Statik. Standfestigkeit und Haltekraft sind erforderlich, wenn ein akrobatisches Gebilde von mehreren Personen stabil sein soll. Beim Üben muß sich die Seele mit den Gesetzen der Statik auseinandersetzen und sie beherrschen lernen.

Sprungakrobatik und Bodenturnen sehen nur dann schön aus, wenn durch beständiges Üben Elastizität und Kraft des Körpers wachsen, so daß aus Bewegungsfreude und Kraftfülle heraus Sprünge und Rollen entstehen. Oft muß der Zugang zur eigenen Vitalität und Spannkraft erst errungen werden.

»Ich will jetzt die Ansage machen!«

Square Dance im Manegenrund

Die drei Akrobaten mit ihrer Zugabe.

Balancieren, Jonglieren und Hulahup – das will schon geübt sein.

Das Jonglieren mit Tüchern, Bällen, Ringen und Keulen verlangt in besonderer Weise innere Wachheit für die Bewegung. Neue Tricks gelingen erst dann, wenn das Bewußtsein die Glieder ganz klar führen kann. Bei diesem flinken und rhythmischen Zugreifen und Loslassen von Gegenständen ist das gar nicht so einfach. Durch die Tätigkeit der Hände wird das innere Aufwachen stark gefördert. Erst wenn man mit einem beweglichen Denken klar weiß, was die Hände tun sollen, oder wenn man sich intuitiv in die Bewegung einfühlen kann, wird die Übung gelingen.

Balancieren auf der Kugel, auf dem Einrad, Drahtseil oder auf hohen Stelzen erfordert Mut, denn der feste und sichere Halt unter den Füßen geht zunächst verloren. Durch beständiges Üben kann aber eine Sicherheit auf höherer Ebene wiedergewonnen werden. Innerlich wird dabei geübt, durch schnelles Ausgleichen bei unvorhergesehenen Situationen die eigene Mitte zu finden und zu halten.

Allerdings muß man beachten, daß der bewußtseinsweckende Moment bei diesem Üben immer nur so lange da ist, wie die Bewegungsabfolge noch nicht sicher beherrscht wird. Ist das geschehen, geht manches »fast wie von selbst«. Es wird zu einer Fähigkeit, die ohne größere Bewußtseinsanstrengungen einsetzbar ist. Deshalb sollten die Übungen eine schrittweise Steigerung enthalten, damit die innere, lebendige Beteiligung, der Wille und das Bewußtsein immer neu ergriffen werden.

Durch diese Tätigkeiten werden einerseits seelisch-geistige Kräfte im Menschen aufgeweckt, andererseits verändert sich dadurch auch das Verhältnis des Menschen zu seinem Leib, zu sich selbst und zur Welt. Es ist ein Unterschied, ob ein Mensch in seinem Leib geschickt ist, ob er Sprungkraft und Leichtigkeit fühlen kann, ob er die Gesetze der Trägheit, der Schwere und des Gleichgewichts meistert, oder ob er von ihnen beherrscht wird und seinen Leib plump und unbeweglich erlebt. Das Erüben von Körpergeschicklichkeit ist ein ständiges Überwinden der eigenen Trägheit und der Schwere des Leibes. Jedes Gelingen einer Übung stärkt das Selbstbewußtsein und gibt Kraft.

Diese Bewegungsschulung wirkt aber nicht nur auf der Ebene des Körpererlebens.
– Standfestigkeit ist auch eine seelische Kraft, die hilft, mit Problemen und Widerständen besser umzugehen.
– Erlebnisse der eigenen Vitalität bilden in der Seele das Fundament für ein gesundes Selbstbewußtsein, für Durchsetzungsvermögen und tatkräftiges Handeln.
– Wachheit für Bewegungen schult das Konzentrationsvermögen. Sich in schwierige Bewegungen einfühlen zu können, fördert überhaupt innere Verständnismöglichkeiten für sachliche und menschliche Zusammenhänge.
– Durch schnelles Reagieren immer wieder zur eigenen Mitte hin den Ausgleich zu finden, ist eine Fähigkeit, die in jeder Lebenssituation wichtig sein kann: sich nicht von außen bestimmen zu lassen, sondern aus dem eigenen Zentrum heraus Entscheidungen zu fällen und das Leben zu gestalten.

Tänzerische Beweglichkeit

Alle bisher besprochenen Bewußtseins- und Bewegungsleistungen kommen beim Folkloretanz zusammen:
– kräftige Schritte verbinden mit dem Boden,
– temperamentvolle Sprünge und Schwünge regen die Lebensfreude an,
– flinke Wechsel der Schrittfolgen verlangen Wachheit in den Füßen,
– bei Kreistänzen wird ein Gleichgewichtsgefühl für die Gruppenform erübt.

Aber durch Musik, Tanzstile und Kostüme der einzelnen Völker kommt etwas Neues hinzu. Ein seelisches Mitschwingen und Mitempfinden entsteht. Andere Farben, andere Stimmungen werden in der Seele angesprochen, je nachdem, ob ein Kasatschok, ein Square Dance oder eine Polka getanzt wird. Musik und Tanz regen Gefühl und Bewegung unmittelbar an.

Spielerisches Improvisieren

Spontan und direkt reagiert der Clown auf neue Situationen. Er ist mit seinen Empfindungen und Einfällen wie eine frische und unerschöpfliche Quelle. Weil er auf die Welt reagiert, bevor sein Verstand alles begriffen hat, geht auch so vieles schief.

Um wenigstens etwas an die Spielfreude und innere Lebendigkeit eines Clowns heranzukommen, ist es nötig,
– die körperliche Ausdrucksfähigkeit zu schulen,
– das Erleben der Sinne für das Staunen über Töne, Gerüche, Farben, Formen usw. zu öffnen,
– durch vielfältigste Improvisationsaufgaben die Phantasie und Spielfähigkeit zu entwickeln.

Wenn es einem Schüler gelingt, wenigstens in Ansätzen die innere Offenheit und Lebendigkeit eines Clowns zu erleben, dann wird sein Spiel die Herzen der Zuschauer – besonders der Kinder – erreichen.

In sich selbst hat er aber dabei den improvisierenden Menschen erfahren. Das kann ihm später helfen, den Zwängen der Umstände und Situationen eine innere lebendige Kraft entgegenzustellen.

All diese wichtigen Gesichtspunkte sind aber nur für das Bewußtsein der Erwachsenen, für die Erzieher wichtig. Die Kinder üben und spielen »Zirkus« aus Freude und aus einem Überschuß an Lebendigkeit heraus. Wenn Erwachsene diesem bunten Spiel zuschauen, werden sie häufig daran erinnert, wie sachlich, starr und kalt für sie die Welt geworden ist. Clowns und Artisten erinnern sie an eine andere Welt, die sie weitgehend verloren haben, die sie aber auch gerne wiederfinden würden.

Zirkus in Schule, Verein und Ausbildung
Rudi Ballreich und Udo von Grabowiecki

Zirkuskünste im Wandel der Zeiten

Artistik in Ägypten und China

Ausgrabungen in Ägypten und China förderten Skulpturen und Bildwerke zutage, die Jongleure und Akrobaten zeigen. Die ältesten Beispiele dieser Geschicklichkeitsdarstellungen sind ca. 4000 Jahre alt. In Ägypten waren die Tänzerinnen, Artisten und Akrobaten fest eingebunden in gesellschaftliche und religiöse Zusammenhänge. In China reichten jahrtausendalte Traditionen ungebrochen bis in unser Jahrhundert. Die artistischen Bewegungskünste hatten und haben dort ein besonders hohes Ausbildungsniveau. Auch die Entwicklung einer so ausgefeilten Kampf- und Bewegungskunst wie das »Tai Chi Chuan« war nur möglich, weil in China eine lebendige Tradition über die Zusammenhänge von Bewegung, Atmung, Körperhaltung und Kraftentfaltung vorhanden war. Aus der Erkenntnis dieser inneren Zusammenhänge der Bewegung bezogen die chinesischen Artisten den Hintergrund ihrer Ausbildung (M. CHIA, 1983).

In China ist durch die Tradition der Peking-Oper auch die Verbindung des Artisten mit dem Kämpfer, Tänzer und Schauspieler erhalten geblieben. Artistik war noch keine Spezialdisziplin, sondern eingebunden in gesamtmenschliche – auch spielerische – Ausdrucksmöglichkeiten. Interessanterweise war der Artist in China ein angesehener Künstler.

Mittelalterliche Gaukler

In Europa führten im Mittelalter und in der beginnenden Neuzeit die Gaukler und Wanderschauspieler als »fahrendes Volk« Theater, Jonglieren und Akrobatik vor, sogar vereinzelt vor Königshäusern. Von Stadt zu Stadt, von Jahrmarkt zu Jahrmarkt zogen sie und zeigten ihre Künste. Wohl gab es schon Spezialisten für einzelne Disziplinen, aber meistens mußten sie mehrere Fähigkeiten beherrschen, um davon leben zu können (N. GORDON, 1987).

Beim Volk waren sie beliebt, aber die »bessere Gesellschaft« sah die wandernden Schausteller als Außenseiter an und behandelte sie nicht gerade zuvorkommend. Auch ihre Künste waren von dieser Diskriminierung betroffen. Die Kirche wetterte gegen die Gaukler und Narren. Sie wurden oft verbannt und nur heimlich beerdigt. Die religiöse Obrigkeit brachte alles, was mit diesem Bereich zu tun hatte, mit Einflüssen des Teufels in Verbindung. Nicht nur in religiös stark geprägten Gegenden wirkt diese Einstellung heute noch nach. Verständnislosigkeit, Kopfschütteln und abschätziges Lächeln findet man nicht selten auch in unseren Tagen in ganz Europa gegenüber den Künstlern auf der Straße.

Zirkus und Varieté

Erst 1768 wurde in London durch den Kunstreiter Philipp Astley der erste Zirkus der Welt gegründet, so wie wir ihn im Prinzip heute noch haben. Im Laufe der folgenden Jahrzehnte verbanden sich viele wandernde Schauspieler und Artisten mit den neuentstehenden Zirkusunternehmen. Bald entwickelten sich die ersten varietéartigen Theater. Auch die bürgerlichen Theaterbühnen hatten sich im Kulturleben als feste Spielstätten etabliert. Die wandernden Schaupielgruppen verschwanden nach und nach von der Straße.

Spezialisierung

Mit dieser Entwicklung wurde auch eine Spezialisierung eingeleitet. Die Artisten im Zirkus und im Varieté hatten meistens keine besondere schauspielerische Ausbildung, und die Schauspieler an den öffentlichen Bühnen verfügten nur über geringe artistische Darstellungsmöglichkeiten. Das Theater veränderte sich vom körperbetonten Spiel der Commedia dell'arte zum klassischen Sprechtheater. Gleichzeitig entwickelten sich einige Sportdisziplinen zum Wettkampfsport. Hier ging es um die Steigerung der menschlichen Geschicklichkeitsleistung. Das führte zum heutigen Leistungssport.

Die bewegungsmäßige »sportliche Leistung« des mittelalterlichen Gauklers war noch eng verbunden mit schauspielerischem und tänzerischem Ausdruck. Beim Zirkus- und Varietéartisten war und ist das nur noch teilweise der Fall, beim Leistungssportler wird die Bewegung heute oft nur auf das Meß- und Zählbare reduziert. Allein bei akrobatischen und künstlerischen Sportdisziplinen wie etwa Eiskunstlauf, Boden- und Geräteturnen, Trickski- bzw. Skikunstlauf, Synchronschwimmen und

Sportakrobatik zählten neben der Schwierigkeit auch noch die Ausdrucksfähigkeit und der künstlerische Eindruck.

Theaterzirkus – Körpertheater

In den letzten Jahren begann eine andere Entwicklung:
- Theaterformen entstanden, die im Gegensatz zum klassischen Sprechtheater sehr stark den körperlichen Ausdruck hervorhoben (Peter Brook, Georgio Strehler, Living Theatre, Schwarzes Theater, »Freies Theater«).*
- Die Varietétheater, die sich nach dem 2. Weltkrieg nicht mehr richtig etablieren konnten, beginnen sich wieder stärker zu entwickeln, z.B. in Berlin, Frankfurt, Hamburg, München, Stuttgart.
- Im Zirkus traten spielerische, theaterartige Aufführungsformen sehr erfolgreich in den Vordergrund (Zirkus Roncalli, Traumtheater Salome). Immer wieder wird der Versuch gewagt, eine Verbindung zwischen Schauspiel, Artistik und Tanz herzustellen.
- Jonglieren, Einradfahren, Akrobatik usw. finden auf einmal ein starkes öffentliches Interesse. Auf Jonglierfestivals drängen sich die Menschen; in jeder größeren Stadt werden Jonglierläden eröffnet, und auf den Einkaufsstraßen zeigt das neue »fahrende Volk«, die Straßenkünstler, seine Kunststücke. Was 200 Jahre lang fast nur im Zirkus und im Varieté von Artisten gezeigt wurde, erscheint nun auf einmal als Freitzeitbeschäftigung breiterer Bevölkerungsteile. Im Unterschied zum etablierten Sportbetrieb, wie er in Schulen und Vereinen häufig angeboten wird, betrachten die Freizeitartisten ihre Tätigkeit als spielerische und zweckfreie sportliche Beschäftigung, bei der es ihnen nicht um Leistung, sondern um Spaß an den eigenen Bewegungsmöglichkeiten geht. Witzige oder auch stimmungsvolle Szenen, die dabei entstehen, werden häufig »nur« als lockeres Spiel gesehen.

Artistik als Sport

Natürlich entstehen auch in diesem Bereich »Profis«. Auf der einen Seite sind es traditionellerweise die Zirkus- und Varietéartisten, auf der anderen Seite haben sich aber einige Bereiche schon zu wettkampfartigen Disziplinen weiterentwickelt. Die spielerische Betätigung wird dabei dann bis zur Perfektion gesteigert. Seit Anfang der 70er Jahre gibt es in der Sportakrobatik Weltcups und Meisterschaften und seit einigen Jahren auch Zirkus-Weltmeisterschaften.

Das zweckfreie Spielen mit Jongliergegenständen begegnet allerdings auch manchen Widerständen. So hat das Ministerium für Kultus und Sport verfügt:»Jonglieren ist Kunst, also fällt es nicht in unseren Bereich, sondern in den des Ministeriums für Wissenschaft und Kunst, etwaige Jonglierfestivals finanziell zu unterstützen.« (So gesagt im April 1991, anläßlich des 2. Stuttgarter Jonglierfestivals).

Auch unter Sportlern kann es zum Streit kommen, wenn es darum geht, ob Jonglieren und Akrobatik als sportliche Betätigungen anzusehen sind.

So mußten sich z.B. Teilnehmer von Akrobatik- und Jonglierfortbildungen Mitte der 80er Jahre noch massiv gegenüber anderen Sportlern verteidigen, daß ihr Üben genauso als Freizeitaktivität anerkannt wird und mindestens den gleichen Anspruch auf Aus- und Fortbildung hat, wie etwa Kunstradfahren, Segelfliegen, Badminton oder Fechten.

Die Zirkusdisziplinen werden heute immer noch an vielen Stellen nur in Verbindung mit der artistisch-künstlerischen Darstellungsform gesehen. Weil ihnen größtenteils der Wettkampfcharakter abgeht und alles mehr spielerisch und »zum Spaß« geschieht, wird die Verbindung zum Sport nicht gezogen.

Dabei besteht doch eigentlich kein Unterschied zwischen dem Sportler, der einen 5 Gramm schweren Zelluloidball auf einer genormten Tischtennisplatte mit einem Schläger zu seinem Partner zurückschlägt und einem Hobby-Jongleur, der auf der Wiese versucht, in rasendem Tempo die Keulen des Partners aufzufangen und sie dann präzise nach hinten zum nächsten Partner weiterzuleiten. Besonders wenn man die Körperaktivität eines Schachspielers, Seglers, Fischers, Skatspielers, Curlers, Keglers mit der eines schweißüberströmten Parterre-Akrobaten, eines Tempojongleurs oder eines Gleichgewichtskünst-

---

* Zu dieser »Neuentdeckung des Körperlichen« gehören auch die vielen neuen Körpertherapien, die sich im Zusammenhang mit der mehr sprechorientierten Psychoanalyse entwickelt haben. Siehe dazu: H. Petzold, 1987.

lers auf der Rola vergleicht, wird deutlich, daß letztere Aktivitäten schon sehr viel mit Sport zu tun haben.

Jeder Jongleur kennt den »sportlichen« Wert seines Trainings. Dieser ist mit dem Wert jeder anderen Sportart vergleichbar.

Das Üben eines Schulkindes in der Schulzirkus-AG (Akrobatik, Jonglage, Balancieren, Einradfahren, Üben am Trapez…) und das Training eines Wettkampfturners sind prinzipiell nicht verschieden.

Es ist deutlich: Jonglieren, Akrobatik und andere zirzensische Künste sind sehr wohl eine sportliche Betätigung, aber bei den heutigen »Freizeitartisten« in erster Linie zweckfrei und spielerisch, ohne Wettkampfabsichten.

Artistik als Kunst

Andererseits können artistische Nummern, dargeboten im Zirkus oder auch auf der Straße, sehr wohl die Bezeichnung »Kunst« für sich beanspruchen. Denn die »Körper-Kunstwerke« der Zirkusartisten sind prinzipiell nichts anderes als z.B. eine Kür eines Eiskunstläufers, einer Bodenturnerin oder eine Ballett- bzw. Tanzchoreographie.

Nicht mehr die sportliche Leistung oder der Spaß an der Bewegung steht im Vordergrund, sondern die Art der Darstellung. Und hier beginnt der Bereich der Kunst: Raumaufteilung, Spannungssteigerung, Verbindung mit Musik, Kostümen, Umsetzung von musikalischen Inhalten in Bewegung und umgekehrt, szenisches Spiel…

Die zirzensischen Bewegungsdisziplinen haben die Eigenart, daß sie auf der einen Seite eindeutig spielerisch-sportliche Betätigungen sind, die aber andererseits durch sich selbst zur Darstellung, d.h. zur künstlerisch gestalteten Vorführung drängen. Weil sie auch in früheren Zeiten schon im Zusammenhang mit dem Schauspielerischen und Tänzerischen vorgeführt wurden, und weil es die spezifischen Bewegungen des Jonglierens und der Partnerakrobatik geradezu herausfordern, entsteht meistens von selbst eine spielerische Atmosphäre beim Üben und besonders bei der Vorführung. Weil Kinder sich sehr gerne bewegen und auf phantasievolles Spielen besonders gut ansprechen, sind sie meistens schnell für Kinderzirkus-Aktivitäten zu begeistern. Dabei zeigt sich aber, daß die artistischen Disziplinen keine bloße Spielerei sind, sondern daß sie erstaunlich viele erzieherische Werte fördern und anregen können.

Erzieherische Werte

Über die mangelhafte motorische Entwicklung der heutigen Kinder wird vielfach geklagt. Aber wird auch genügend dagegen getan? Hier sollen die besonderen pädagogischen Möglichkeiten angedeutet werden, die das Üben in einer Parterre-Akrobatikgruppe bietet.*

Körperbeherrschung
Körperkraft

Wenn man als Untermann jemanden halten soll, erfordert das meistens eine gehörige Portion Körperkraft und Durchhaltevermögen. Weil aber ein Partner gehalten wird, kann man nicht einfach aufgeben, wenn die eigene Kraft nachläßt. Die Verantwortung für den anderen bewirkt, daß man meistens länger als bei einer Soloübung durchhält. So werden durch spielerische akrobatische Übungen mit der Zeit »von alleine« Kraft, Körperspannung, Dehnfähigkeit usw. geübt. Wenn sich diese Grundlagen der Bewegungsfähigkeit entwickeln, ist es wesentlich leichter, Überschläge, Salto, Handstand usw. zu erlernen. Manche dieser Bewegungsformen können sogar als partnerakrobatische Aufgabe eingeführt werden.

Beherrschung der Schwerkraft

Bei der Akrobatik ist in besonderer Weise eine Auseinandersetzung mit der Schwerkraft nötig, die den Körper ständig nach unten zieht. Wenn man lernt, einen Partner zu tragen, entfaltet man den Willen, der es dann erleichtert, auch den eigenen Körper aufrecht zu halten. Mit der Notwendigkeit, die Wirbelsäule gegen die äußeren Kräfte aufzurichten, um den oder die Partner halten bzw.

In ähnlicher Weise könnten auch die Jonglier- und Balancekünste untersucht werden. Aus Platzgründen muß dies einer späteren Ausarbeitung vorbehalten bleiben. Vgl. auch das Kapitel: »Vom pädagogischen Wert der Zirkuskünste« (S. 20).

(er)tragen zu können, richten sich mit der Zeit auch die inneren Kräfte auf (KIPHARD, 1986). Die Stärkung dieser Kräfte ist in der Pubertätszeit, wenn der Körper disproportioniert, schwerfälliger und ungelenk wird, besonders wichtig.

Tiefensensibilität
Wenn zwei oder drei Akrobaten gemeinsam eine Position aufbauen, dann ist es für jeden nötig, auch das Gewicht und die Bewegungen der anderen fast so zu fühlen, als ob es der eigene Körper wäre. Die Partner bilden in bezug auf die Schwerkraft ein Kraftgebilde, das von jedem innerlich erfühlt und gehalten werden sollte. Das Körperbewußtsein dehnt sich in einem gewissen Sinne über den eigenen Körper hinaus auch auf die anderen aus. Bei Positionsveränderungen gelingt das richtige Timing nur, wenn alle Beteiligten das einheitliche Gebilde erfühlen. Die Kraftabstimmung und die Tiefensensibilität sind dann besonders gefordert, wenn man aus bestimmten Positionen heraus den Partner nicht sehen kann.
Es ist klar, daß sich diese Sensibilität erst nach und nach ausbildet. Aber es trägt entscheidend zur Körperbeherrschung bei, wenn man solch ein feines Gefühl für die Schwerkraftverhältnisse des eigenen und der fremden Körper entwickelt.

Balancierfähigkeit
Wie bei allen Balancekünsten (Drahtseil, Einradfahren, Rollbrett, Leiter-, Stelzenlaufen und anderen Äquilibristikdisziplinen) spielt auch bei der Partnerakrobatik der Gleichgewichtssinn eine entscheidende Rolle. Die Schwerelinie, die der aufrechte Mensch in sich fühlt und an der sich der Gleichgewichtssinn orientiert, wird bei einem akrobatischen Gebilde oft nach außen verlagert. Die beteiligten Personen orientieren sich an einer gemeinsamen Schwerelinie und halten daran das Gleichgewicht (PRÖMM, 1965). Das ständige gemeinsame Ringen darum, die Balance, d.h. den Ausgleich der Kräfte zu erhalten, stellt an den Gleichgewichtssinn hohe Anforderungen. Aber indem auf der körperlichen Ebene geübt wird, den Körper so zu beherrschen, daß er ein Gleichgewicht mit den anderen bildet, schult der Akrobat auch eine innere Kraft, die ins alltägliche Leben überstrahlen kann, um inneres Gleichgewicht und Stabilität zu erlangen.

All diese körperlichen Fähigkeiten, die sich im spielerischen Umgang mit Akrobatik entwickeln, bilden eine Grundlage für vielfältige sportliche und auch andere Betätigungen.

Soziale Prozesse
Zusammenarbeit
Akrobatik verlangt einen hautnahen Kontakt. Dabei tritt man sich auch einmal auf die Zehen oder gerät sonstwie ungeschickt aneinander. Weil aber manche Positionen gefährlich sind, wenn sie nicht von allen gestützt und gehalten werden, ist das Verantwortungsgefühl aller Beteiligten der Sache gegenüber notwendig. Jeder muß die Bereitschaft zu echter Zusammenarbeit mitbringen. Jeder muß bereit sein, sich ein- und unterzuordnen, was nicht sofort gelingt, sondern auch gelernt werden muß. Die Prozesse, die stattfinden, bis ein schwieriges akrobatisches Gebilde steht, haben viel mit grundlegenden sozialen Fähigkeiten zu tun (Kommunikationsfähigkeit, Kooperationsbereitschaft). Jeder muß sich auf den anderen verlassen können, sonst wird es in manchen Situationen gefährlich.

Vertrauen
Auch Geduld ist nötig: tragen, getragen werden, auf jemanden »bauen«. Man muß auch vertrauen können, sich blind auf jemanden verlassen, besonders beim Geworfen- und Aufgefangenwerden.
Kinder, Jugendliche und auch Erwachsene werden durch diese Erfahrungen verstehen lernen, was es heißt, voll auf den anderen angewiesen zu sein und dabei die notwendige Selbstdisziplin und Verantwortung zu zeigen. Sie werden erkennen, welche Wohltat und Zufriedenheit darin liegt, sich gegenseitig respektieren und vertrauen zu können – und dabei noch viele schöne partnerakrobatische Gebilde zustande zu bringen.

Anerkennung

Das Schöne dabei ist, daß viele Übungen in einer ungezwungenen und offenen Situation möglich sind. Jungen und Mädchen können dabei auch gemeinsam üben. Die sozialen Beziehungen werden sehr angeregt, weil ständig ein gegenseitiges Helfen und Sichern nötig ist. Oft kommen bei diesen Übungen Kinder miteinander in Kontakt, die normalerweise wenig füreinander übrig haben. In einer Klassengemeinschaft sind diese Erfahrungen sehr wertvoll. Schwerfällige, aber kräftige Kinder werden als Untermann oder -frau auf einmal sehr wichtig und finden die Anerkennung, um die sie sonst vergeblich buhlen. Zarte und kleine Kinder, die sonst immer abseits stehen, sind auf einmal als Spitze der Pyramide gefragt. Plötzlich sind sie »die Größten« und werden von allen beklatscht, wenn sie oben sicher stehen. Die Kinder erleben sich durch diese Erfahrungen neu – aber sie werden auch von den anderen neu gesehen, und weil es Körpererfahrungen sind, wirken sie sehr elementär.

Persönlichkeitsbildung

Selbstsicherheit

Charakterqualitäten wie Durchhaltekraft, Konzentrations- und Koordinationsvermögen sind Voraussetzungen für das Gelingen akrobatischer Übungen.

Wer andere halten will, muß aber auch Leistungswille und ein starkes Rückgrat ausbilden. Disziplin dem Partner und sich selbst gegenüber ist notwendig, wenn man ein zuverlässiges Mitglied einer Akrobatikgruppe sein möchte. Man muß lernen, Ängste zu überwinden und Konflikte zu lösen – anstatt davonzulaufen. Mißlingen und Erfolg – beides muß bewältigt werden.

Die Tatsache, daß man lernt, als Mitglied einer Akrobatikgruppe »seinen Mann zu stehen«, stärkt und fördert Selbstbewußtsein und Selbstsicherheit. Selbständiges Entscheiden über das Wagen und Bestehen von scheinbar gefährlichen Übungen kann wichtig sein für die Einschätzung der eigenen Möglichkeiten. Wenn die Hilfestellung sicher ist, sollten die Kinder die Chance haben, ihre Angstgrenzen zu überschreiten. Auch das gibt Selbstvertrauen und stärkt die Persönlichkeit.

Kreativität

In dem Moment, wo es um die Gestaltung eines Auftrittes geht, werden noch ganz andere Kräfte angeregt. Nun soll eine Übung auch noch schön aussehen. Die Bewegungen müssen klar und sauber geführt werden, die Artistik muß durch eine passende Musik, Choreographie, Kulisse und durch Kostüme »eingekleidet« werden. Manchmal ergeben sich aus diesen phantasieanregenden Überlegungen und Versuchen auch gespielte Szenen mit bestimmten Gestalten (Tiere, Phantasiewesen, Charakter-Typen). Diese Arbeit ist mehr spielerisch. Sie regt die kreativen Fähigkeiten an.

Spielerisch erziehen

Beim Zirkusspielen lassen sich viele wichtige Erziehungsziele scheinbar mühelos und »spielerisch« erreichen. Warum? Weil sich die Kinder mit Freude innerlich in eine andere Welt begeben, sie »spielen« Zirkus. Diese Phantasie beflügelt sie, gibt ihnen Kraft und motiviert sie manchmal zu erstaunlichen Anstrengungen. Das haben die Zirkusdisziplinen den traditionellen Sportarten voraus.

Heute kann man ja wieder ohne vorgehaltene Hand über Werte wie »Entwicklung eines positiven Körpergefühls« oder »Sinn für das Schöne«, für Harmonie, für Ausgewogenheit und Fluß der Bewegung sprechen. Diese ästhetischen Erziehungswerte innerhalb des Schulsports sind bisher fast ausschließlich der Mädchen-Gymnastik vorbehalten geblieben. Durch Zirkusspielen kann man diese Werte ohne große Mühe auch Jungen schmackhaft machen.

Die letzten Abschnitte haben anhand von Partnerakrobatik eine Palette von Zielen und Werten aufgezeigt. Beim artistischen Umgang mit den verschiedenartigsten Geräten wird außerdem noch die Koordinations- und die Reaktionsfähigkeit in besonderer Weise entwickelt. So kann man durch die verschiedenen Zirkusdisziplinen jeweils andere Erziehungsziele ansteuern – und meist freudvoll erreichen.

Es ist hoffentlich deutlich geworden, daß die Bedeutung der Zirkusdisziplinen für die Bewegungserziehung nicht hoch genug angesetzt werden kann.

Die Erfahrungen mit Lernbehinderten, geistig und körperlich Behinderten, Koordinationsgeschwächten, mit Randgruppen wie Kindern von Ausländerschulen, Gefängnisgruppen, ja sogar mit Hochbegabten und schließlich mit älteren Menschen zeigen eindeutig, daß sich diese Tätigkeiten eigentlich in allen Bereichen (Institutionen wie Lebensbereichen) positiv auswirken.

Bei einer so schönen Verschmelzung von spielerischer Sportakrobatik, zweckfreiem gymnastisch-tänzerischem Bewegen und partnerschaftlichem Bodenturnen muß man sich um so mehr fragen, warum diese interessanten und spielerisch-motivierenden Tätigkeiten nicht fester in Schule, Verein und Universtiät verankert werden. Es ist auch nicht zu verstehen, warum es in diesem Bereich so viele Widerstände gibt, was Fortbildung und eventuelle personelle und finanzielle Unterstützung angeht.

In den folgenden Betrachtungen soll gezeigt werden, daß in den Sport-Lehrplänen der Schulen, im Trainingsangebot der Sportvereine und in den Ausbildungsrichtlinien der Sportinstitute diese Werte nicht oder kaum gesehen werden. Es sollen dabei auch Wege angedeutet werden, wie die Zirkuskünste in der Schule, in den Vereinen und in der Sportlehrerausbildung den ihnen entsprechenden Platz finden könnten.

Zirkusspielen in der Schule

In der Schule wurden Artistik, Akrobatik, Jonglieren oder andere zirzensische Künste noch zu keiner Zeit als Bestandteil schulsportlichen Tuns aufgenommen. Vereinzelt sah man nach dem Zweiten Weltkrieg »geselliges Bodenturnen«, bei dem leichte und »bewegte« Partnerakrobatik eher durch partnerturnerische Übungen charakterisiert waren: Zughocke und -kippe, 2er- und 3er-Rolle, Partnerrad und -überschläge vor- und rückwärts, Krabbelformen mit Partner, Zug-, Wurf- und Schleudersituationen..., um nur einige Formen zu nennen. Im österreichischen Schulturnen sowie in Militärschulen waren Bodenkunststücke, gauklerische Bewegungskünste ohne Gerät sowie Volks- und Bauernspiele häufiger Gegenstand des Turnunterrichts (vgl. DERBOLAV 1937, FETZ 1960).

Seit den 60er Jahren arbeitet KIPHARD im psychomotorischen, d.h. im therapeutischen Bereich mit Zirkusinhalten. Die therapeutische Wirkung ist seitdem unbestritten (vgl. KIPHARD 1982 und 1984).

In den vergangenen 10 Jahren hat sich durch die Umformung und Ausbreitung einiger Zirkusdisziplinen als Freizeitsport vieles verändert. In Frankreich gibt es derzeit ca. 80 kleine private Zirkusschulen. In Deutschland sind über 150 Kinder-, Jugend- und Schulzirkusse länger als 5 Jahre zusammen. Wie Pilze schießen diese Aktivitäten aus dem Boden.

Den ganzen Menschen ansprechen

Die Verbindung von Spiel und Sport, von bunter und stimmungsvoller Darstellung und teilweise mühsam erübter Geschicklichkeit kommt einem wichtigen Trend der heutigen Zeit entgegen: Der Mensch will wieder als Ganzes gesehen und gelebt werden. Die Trennung von Körper (Bewegung), Seele (Ausdruck) und Geist (Phantasie, Kreativität) will überwunden werden. Für die Bewegungsdisziplinen bedeutet das, die Körpergeschicklichkeit mit emotionalem Ausdruck und einer phantasievollen Szenerie zu verbinden. Das ist beim Zirkusspielen in einer besonderen Weise möglich. Beim Üben sind die einzelnen Bereiche noch getrennt, aber für die Aufführung schlüpfen die Kinder ganz in ihre Rollen hinein. Sie spielen als ganze Menschen »Artist«, »Akrobat«, »Clown«. Durch ihre Phantasie leben sie in einer anderen Welt, in der Zirkus-Welt. Dadurch werden oft aufgestaute Gefühle und Hemmungen befreit; Willenskräfte, die bisher versteckt waren, können sich entfalten.

Zirkus im Sportlehrplan

Es ist schon seltsam, daß die erzieherischen Möglichkeiten, die im Zirkusspielen verborgen sind, nicht stärker genutzt werden. Im Rahmen von Projekttagen oder bei Schullandheimaufenthalten wird zwar immer wieder Jonglieren oder Akrobatik angeboten, an einigen Schulen gibt es sogar Zirkus-AGs. Aber warum findet diese Bewegungskultur keinen Platz in den Lehrplänen des Faches

»Sport«? Manche »normale« Turnübung könnte mit viel mehr Anreiz und Spaß geübt werden, wenn sie als Partnerakrobatik eingeführt würde. Der Handstand auf den Knien eines Partners bringt einen vielfachen Bewegungsanreiz, weil in dieser Lage länger verharrt wird und die Hilfestellung dafür sorgt, daß der Übende lange oben bleiben kann.

Es kann sich ja nicht darum handeln, ein neues Fach »Zirkus« in der Schule einzuführen! Aber die besonderen Möglichkeiten, die in den zirzensischen Künsten stecken, sollten endlich erkannt und auf breiter Basis genützt werden. Der Sportlehrer sollte sich aus den vielen Bewegungsmöglichkeiten – wann immer er will und je nach Kompetenz – auch der Akrobatik bedienen können, um z. B. einen pfiffigeren Weg zu Überschlagsformen am Boden zu entdecken. Das ist in erster Linie eine Frage der Lehrerausbildung, d. h. wie die Zirkuskünste in den Lehrplankommissionen gewichtet werden.

Wer auf einige Jahre Kinder-, Jugend- oder Schulzirkus zurückblicken kann, wird feststellen, daß eigentlich fast alle pädagogischen Lernziele eines Sportunterrichts in einer sonst kaum denkbaren Weise erreicht werden können – dazu noch relativ spielerisch! Das soll nun nicht heißen, daß ab jetzt nur noch Zirkus und nichts anderes mehr gemacht werden soll, aber es ist wirklich an der Zeit, daß die Beurteilung dieser Bewegungsbereiche revidiert wird, bzw. daß endlich hingeschaut wird, welche pädagogischen Möglichkeiten darin verborgen sind.

Für die Lehrbarmachung artistischer und akrobatischer Inhalte »in spielerischer Form« ist auch die Tatsache bedeutsam, daß man – außer vielleicht Einrädern und speziellen Handgeschicklichkeitsgeräten – alles bis auf seltene Ausnahmen in einer normal ausgestatteten Sporthalle vorfinden bzw. auch durchführen kann. Bei Einführungs- und Fortbildungslehrgängen für Pädagogen hat es sich sogar gezeigt, daß man auch in schlecht ausgestatteten Turnhallen mit etwas Einfallsreichtum und Engagement ganz gut zurechtkommen kann.

Schulzirkus-Aufführungen

Natürlich wird dem Lehrer einiges abverlangt, wenn er eine ganze Zirkusaufführung organisieren soll. Das muß er aber nicht unbedingt tun. Er kann es auch beim spielerischen Üben im Turnunterricht belassen, u.U. noch mit einem abschließenden »Vorzeigen«. Wenn er aber doch ein Programm zusammenstellen will, dann müssen die einzelnen Darstellungen »ein Gesicht« bekommen: Bestimmte Rollen für die Spieler, Kostüme, Musik, Beleuchtung, Choreographie usw. müssen gefunden werden; Verhandlungen mit den Eltern (Mithilfe), dem Hausmeister (Raumfrage, Geräte, evtl. Reparaturen), bei größeren Projekten auch mit Behörden, der Presse … sind notwendig. All das wird nur gelingen, wenn mehrere Kollegen zusammen eine solche Unternehmung tragen. Die Tatkraft und die Einsatzbereitschaft der Lehrer strahlt dann meistens auf die Schüler aus. Auch bei ihnen werden Kräfte mobilisiert, die sonst nie in Erscheinung getreten wären. In einer solchen Unternehmung geschieht »Erziehung im Leben«, weil die Organisation wirklich den vollen Einsatz von Lehrern, Schülern und auch Eltern verlangt. Das ist dann schon Ernst, auch wenn die Schüler diesen Ernst nur spielen, weil sie »Zirkus machen«.*

Deutlich ist, daß Akrobatik, Jonglieren, Einradfahren usw. nicht unbedingt zu Wettkämpfen taugen, sondern eher eine spielerische und phantasievolle Darstellung verlangen. Aber gerade Phantasie und Spiel sind Werte, die den heutigen Sportbetrieb mit seiner Leistungsbetonung in allen drei Bereichen (Schule, Verein, Sporthochschule) in eine wichtige Richtung erweitern können.

Zirkuselemente im Sportverein

Nur lustige Nummern an Vereinsfesten?

In den Turnvereinen spielten in der Vergangenheit eigentlich nur Pyramidenbau und vereinzelt Partner- und Positionsakrobatik eine Rolle. Die Disziplinen wurden der Schwerathletik zugeordnet und nannten sich »Rasenkraftsport« und »Kunstkraftsport«. Als Vorbild dieser statischen Pyramiden dienten meist griechische und römische Gips- und Bronzestatuen.

* Literaturhinweis zu Schulzirkus-Aktivitäten finden sich im Anhang (Zirkusspielen in Pädagogik und Therapie).

Auch heute noch wird dieses Tun ohne Wettkampf-Hintergedanken gerne dazu verwendet, verschiedene Veranstaltungen damit zu bereichern. Auf Vereins- und Turnfesten, bei Gymnastik-Shows, größeren Meisterschaften oder sogar bei internationalen Sportveranstaltungen ist clowneske, gut gemachte Partnerakrobatik wieder gerne gesehen. Die »Supernummern« werden seit einigen Jahren direkt von Meistern der Sportakrobatik gezeigt, und so scheint sich neben dem Jonglieren damit ein zweiter Hauptzweig aus den zirzensischen Künsten abzuspalten und selbständig weiter zu entwickeln: die Parterre- und Partner-Akrobatik mit einer Mischung aus Jazztanz, Bodenturnen und Gymnastik bis zu rein positionsakrobatischen und pyramidischen Choreographien, die oft in spielerisch-clowneske Gruppenformationen verpackt sind und auch Handwurf-, Schleuder- und Fußstoßnummern beinhalten.

Allerdings sind die meisten Vereine noch weit davon entfernt, den erzieherischen Wert (im sportlichen Sinne verstanden) der Zirkusdisziplinen zu erkennen. Diese werden häufig nur als bloße Spielerei gesehen, die als lustige Nummer an Vereinsfesten ihren Platz haben können. Aber echte Übungszeiten für Partnerakrobatik, Jonglieren oder Einradfahren einzurichten, übersteigt im Moment noch das Vorstellungsvermögen der meisten Vorstandsmitglieder. Nur in Einzelfällen gibt es Übungsleiter, die mit ihrem Engagement so weit gehen und mit den Kindern etwas Akrobatik und Artistik zusätzlich üben.

Wettkampftraining – zweckfreies Üben

Das Sportangebot wird in den meisten Vereinen fast nur als Training für die nächsten Meisterschaften verstanden. Zweckfreie Übangebote, die in einem spielerischen Rahmen ablaufen, haben leider noch keinen Platz. Fehlende Räumlichkeiten und zu wenige entsprechend ausgebildete Übungsleiter sind die äußeren Gründe, warum in dieser Richtung so wenig geschieht. Es wird auch nicht das nötige Geld bereitgehalten, um engagierte Übungsleiter zu bezahlen und gute Referenten angemessen zu honorieren.

An dieser Situation wird sich nur etwas ändern, wenn sich die verantwortlichen Vereinsleiter mit den Möglichkeiten und dem Wert der Akrobatik, des Jonglierens usw. vertraut machen und in ihren Vereinen neue Schwerpunkte setzen. In der Praxis wird das wohl nur durch Druck von unten geschehen, d.h. wenn begeisterte Übungsleiter den Stein ins Rollen bringen. Es würde vielen Vereinen gut tun, neben dem Wettkampfturnen auch noch diese mehr spielerische Form des Bewegens anzubieten. Das spricht sicher auch Kinder an, die bisher noch keinen Zugang zu den Vereinen gefunden haben, z.B. solche, die sich nicht bei Wettkämpfen messen wollen, sich aber trotzdem gerne bewegen.

Vereine, die sich in dieser Richtung verändern, können sich auch als Untersektion einem Sportakrobatikverband anschließen oder sich dort eingliedern lassen. Wenn man bereit ist, eine neue Sparte mit Akrobatik aufzumachen, sollte man aber darauf achten, daß es nicht gleich wieder um Wettkampftraining geht, sondern daß es die Möglichkeit gibt, spielerisch und zweckfrei akrobatisch zu üben. Diese Veränderungen werden aber nur möglich sein, wenn die Übungsleiter offiziell mehr Gelegenheiten angeboten bekommen, sich mit spielerischer Akrobatik und Artistik, Parterre-, Partner- und Bodenakrobatik sowie Sportakrobatik vertraut zu machen. Auch die methodischen Umsetzungsmöglichkeiten, wie man von der spielerischen Akrobatik zum Boden- und Geräteturnen kommt – oder auch umgekehrt – sollten gelernt werden. Vielleicht kann dieses Buch eine Hilfe sein, das eine oder andere »Kunststück« zu probieren!

Aufführungsgruppe

Als Ausblick: Wie wäre es, wenn der Verein eine feste Aufführgruppe hätte, bestehend aus begeisterten Teilnehmern der Akrobatik- und Jonglierstunden, die nicht nur bei Vereinsfesten auftritt, sondern auch bei kommunalen Veranstaltungen, im Altersheim, in Kindergärten, Gefängnissen, Ferien- und Freizeiteinrichtungen, Therapie- und Kurzentren, Krankenhäusern, sozialen und religiösen Einrichtungen ... Ein Verein, der mit einer solchen Mischung aus Spiel und Sport an die Öffentlichkeit tritt, bekäme bestimmt ein völlig neues Ansehen.

Ausbildungssituation

In den USA gibt es seit wenigen Jahren Cheerleader-College-Meisterschaften in Großgruppen-Partnerakrobatik, die absolut zirkusreife Nummern in einer sehenswerten Lässigkeit, gepaart mit einem hohen Perfektionsgrad in der Ausführung, zeigen. In Deutschland wird Akrobatik und Jonglieren immer häufiger im allgemeinen Hochschulsport angeboten. In der eigentlichen Sportlehrerausbildung werden diese Inhalte aber nur sehr selten in separaten Veranstaltungen vermittelt. Das hat natürlich seinen Grund darin, daß die Lehrplanmacher im Kultusministerium Artistik für Schüler als nicht wichtig erachten, also müssen die Sportlehrer auch nicht dafür ausgebildet werden. Daran wird sich aber nur etwas ändern, wenn Lehrende und Sportstudierende selbst aktiv werden und sich dort weiterbilden, wo das heute möglich ist: bei Lehrerfortbildungen in den staatlichen Fortbildungsakademien, Sportkreisen, bei Turnerjugendtreffs, Landesturnfesten, kirchlichen Jugendleiterfortbildungen, Berufsbildungswerken, schließlich auch in Workshops von regionalen und überregionalen Jonglierfestivals. Dort wird nicht nur die »Kunst« des Jonglierens vermittelt, sondern noch ein Dutzend anderer Zirkusdisziplinen.

Erfreulich ist, daß an manchen Orten das ehemals abschätzige Lächeln einiger Lehrkräfte und Institutsleiter gegenüber den Zirkusdisziplinen einer Aufgeschlossenheit und Unterstützung gewichen ist. Die Zahl der Ausbildungsinstitutionen, an denen von hauptamtlichen Lehrkräften Artistik betrieben und unterrichtet wird, steigt stetig. Einige Professoren beteiligen sich sogar aktiv an der Weiterentwicklung durch ideelle wie finanzielle Unterstützung dieser Bewegungsdisziplinen. Das ist ein guter Schritt in die richtige Richtung.

Ausblick

Die westeuropäische Gesellschaft wird zwar noch geraume Zeit Hochleistungssport in Teilen gutheißen, propagieren, unterstützen und organisieren, aber es sind deutliche Anzeichen und Bestrebungen einer Reserviertheit gegenüber so stark unterstützter Leistungsoptimierung sichtbar geworden. Neben dem Problemfeld des Dopings und des Sponsorings ist es vor allem die aufwendige Forschung, die millionenschwere Ausgaben benötigt, um z.B. einen Bob oder Ski um Bruchteile einer Sekunde schneller zu machen. Diese Entwicklung könnte in eine Sackgasse führen, denn die natürliche menschliche Bewegung wird dadurch von Geld, Chemie und Technik erstickt.

Auf der anderen Seite steht das Bedürfnis vieler Menschen, ihre immer größer werdende Freizeit sinnvoll zu gestalten. Viele suchen dabei nach sportlichen Möglichkeiten, um einen Ausgleich zur Arbeit zu haben und um sich gesund zu erhalten. Erfreulich ist, daß sich mit Beginn der 70er Jahre viele Bewegungsformen ausgebreitet haben, die bisher noch nicht als Sport bezeichnet wurden (Surfen, Skateboardfahren...) (U. v. GRABOWIECKI, 1984).

Auch Artistik, Akrobatik, Jonglieren und Einradfahren tragen neben den vielen anderen neuen Sportaktivitäten dazu bei, den Sportbegriff in positiver Hinsicht auszuweiten. Vielleicht wird es die Zukunft unserer Freizeitgesellschaft mit sich bringen, daß der Spaß am Spielen und Bewegen und die Möglichkeit, die eigenen Gefühls- und Ausdrucksfähigkeiten mit diesem Tun zu verbinden, die zirzensischen Künste wieder stärker ins Bewußtsein bringt. Durch die folgenden praktischen Anleitungen sollte es möglich sein, viele Übungen gemeinsam mit anderen auszuführen, dabei viel Freude zu erleben und es mit innerer Überzeugung bald auch anderen weiterzuvermitteln.

Literaturhinweise

Chia, M.: Tao-Yoga, Praktisches Lehrbuch zur Erweckung der heilenden Urkraft Chi, Interlaken 1983 (Übungen und Beschreibungen, die einen Einblick in die alten chinesischen Traditionen ermöglichen).
Derbolav, W.: Bodenkunstturnen, ein uraltes Turngut, Graz 1937.
Fetz, F.: Die geselligen Bodenübungen, Wien 1960.
Gordon, N.: Der Medicus, München 1987 (Die mittelalterliche Welt der »Fahrenden« wird in diesem Roman lebendig).
v. Grabowiecki, U.: Spielerische Akrobatik für Jedermann. In: Sportpädagogik, Heft 5/84.
Kiphard, E. J.: Sportakrobatik – die Wiederentdeckung der Körperkünste. In: Praxis der Psychomotorik. Heft 2/86.
Kiphard, E. J.: Clownerie und Zirkusspiel als pädagogische Elemente. In: Praxis der Psychomotorik. Heft 3/84.
Kiphard, E. J.: Kinderzirkus – eine Möglichkeit zur Sozialisation milieugeschädigter Kinder und Jugendlicher. In: Motorik, Heft 4/82.
Petzold, H.: Die neuen Körpertherapien, Paderborn 1987.
Prömm, P.: Bewegungsbild und menschliche Gestalt, Stuttgart 1965.

Inhaltsverzeichnis

SPIELERISCHE BODENAKROBATIK

Grundlagen 37
Die Gruppe 37
Erwärmung und Dehnung 37
Körperspannung 38

Partner- und Positionsakrobatik 39
Einstieg 39
Leichte Übungen 40
Positionen erfinden 41
Schwierigere Positionen 42
Kniehandstand auf Doppeldecker – Kniehandstand mit Einbücken und Grätschen – Handstand auf der Schulter – Handstand auf der Partnerhand – Handstand an 4 Armen – Drei auf Liegestütz rücklings – Kniestand auf den Schultern – Nackenhang (»Fahne«) – Rücken an Rücken – Stand auf Knie und Schulter – Vom Fuß-Schulterstand zum Hand-Handstand – Handstand auf 2 Knien – Stand auf Bückstand – Aufschwingen zum Handstand – Hintübergebeugt – Stand auf den Oberschenkeln – Stand auf der Bank – Stand auf dem Bückstand – Kniehandstand

Abbildungen ohne Kommentar 47

Adagio-Akrobatik 51
Fußgestützte Akrobatik 52
»Flieger« vorwärts – »Flieger« rückwärts – Stand auf den Füßen - Aufstiegsmöglichkeiten auf die Füße – Handstand auf den Füßen - Doppelsitz – »Paket« auf den Füßen – Offene Beinwaage

Abbildungen ohne Kommentar 55

Dynamische Akrobatik 57
Laufvariationen 57
Krebs – Doppelhäschen – Doppeltrommler – »2-stöckiger Schubkarren« – »Doppelköpfige Sphinx« – »Raupenlaufen« – »Leichenzug« – »Römisches Wagenrennen«

Rollen 58
Doppelrolle zu dritt – Doppelrolle vorwärts und rückwärts – Dreierrolle – Hüftsitzrolle – Gegensprungrolle – »Gewargel«

Überschläge 60
Doppelüberschlag – Zugüberschlag – Doppelrad – Zwillingsrad – Partner-Felgrolle – Hüftaufschwung – Hochziehen

Unfallverhütung 62
Literaturhinweise 64

PYRAMIDEN

Pyramidentypen 66
Angelehnte und freie Pyramiden – An und auf Geräten – Auf beweglichen Geräten – Mit Brett oder Matte – Verwandlungspyramiden – Pyramiden mit »Dynamik« – Mit Jongliergeräten – Bewegliche Pyramiden – Kommunizierende Pyramiden – Verbindung mit Sprüngen – Geometrische Anordnungen – Symmetrien – Verschiedene Körperpositionen

Voraussetzungen 68
Niedersprungtechniken und Abgangsarten 68
Soloabsprung – Mit frontaler Hilfe – Mit doppelter seitlicher Hilfe – Frontale und seitliche Hilfe – Abgang der Mittelmänner – Zurückgehen auf die Partnerschulter – Bewußtes Zusammenstürzen

Pyramiden 70
»Bank-Pyramiden« 70
Bückstandpyramiden 70
Kniestandpyramiden 71
Schulterstandpyramiden 71
Pyramiden »mit Hand und Fuß« 72
Pyramiden mit Zusatzgeräten 72
Flachpyramiden 72
Kreuzpyramiden 73
Hochpyramiden 73

Aufschultern 73
»Treppe« – »Kopf-Knoten« – »Schienbeinkatapult« – Aufstieg von schräg vorne – Aufspringen von schräg vorne – »Wadensprung« – »Zwischenstation Gesäß« – Aufstieg über den Schultersitz – Hocke rückwärts – »Trittbrett« – »Aufreißer« – »Partnertreppe« – »Sukzessives Aufspringen« Beidbeiniger Hocksprung von hinten – Auf »Drei Mann-hoch«

Abbildungen ohne Kommentar 78

Hinweise 82
Praktische Tips 82
Altersfrage 83
Kraftübungen zu Hause 83
Literaturhinweise 83

WURF- UND SCHLEUDER-AKROBATIK

Einleitung 84
Griffe 84
Rückwärtssalti 84
Wandsalto – Handwurfsalto – Stangenwurfsalto – »Carré«-Salto – »Carré-Sitz-Salto – Schultersitz-Wurf-Salto – Salto vom Barrenholm – Salto von der Schulter eines Partners – Oberschenkelwurfsalto rückwärts – Schultersitz-Stoß-Salto – Schupfsalto rückwärts – Frontaler Fußstoßsalto rückwärts – Seitlicher Fußstoßsalto rückwärts – »Rola-Salto«

Salti vorwärts 90
Schienbeinkatapult – Schienbeinsalto vorwärts – Liegestützsalto vorwärts – Überwurfsalto vorwärts – Geworfener Standsalto

Überschläge, Hocken, Grätschen, Rollen, Kippen 92
Riesenüberschlag – Schiebe-Nackenüberschlag – Hüftstoß-Überschlag – Zughocke, -grätsche – Schleuderhandstand auf die Schulter – Pendelschwingen in den Handstand – Hochziehen aus dem Liegen in den Handstand

Schleuderbank/Schleuderbrett 95
Zimmer- und Wiesenakrobatik 96
Literaturhinweise 97

TRAPEZ

Einleitung 98
Absicherung 98
Schwierigkeitsgrade 99

Stillhängendes Solotrapez 99
Positionen im Hang 99
Kniehang – Kniehang mit einem Knie – Sturzhang – Umkipper – Schwan/Nest – Fesselhang – Hand-Fessel-Hang (parallel) – Hand-Fessel-Hang (diagonal) – Zehenhang – Fersenhang – Hang mit einer Hand – »Hang rücklings« – Hangwaage rücklings – Hangwaage vorlings – Nackenhang

Stand- und Sitzpositionen 101
Vogel – Freier Stand – Freier Stand auf einem Bein – Flieger – Rückenwaage – Arabeske – »Drachenflieger« – »Krokodil«

Positionen über dem Trapez 103
Sturzhang über dem Trapez – Handstand – Handstand auf einer Hand – Kopfstand

Auflösen von Figuren 104

Stillhängendes Trapez zu zweit 104
Hangsituationen 104
Absicherung 104
Abbildungen ohne Kommentar 104

Frei schwingendes Solotrapez mit dynamischen Übungen 105
Schwingendes Solotrapez mit Äquilibristik 105
Stillhängendes, mehrstöckiges Trapez . 106
Schwingendes Trapez in Verbindung mit Geräten 106
Stufenbarren und zwei Kästen 106
Minitrampolin 108
Vom hohen Kasten 108
Hüftaufschwung aus dem Stand – Hüftaufschwung vorne – Mühlumschwung vorwärts – Schwungholen – Salto rückwärts

Das Gerät 110
Installierung 110
Bezugsquellen 110

Spielerische Bodenakrobatik Udo von Grabowiecki

Grundlagen

Mit dem Begriff »spielerisch« soll zunächst signalisiert werden, daß viele der folgenden partnerakrobatischen Übungen und Positionen zunächst von fast jedermann leistbar sind. Gleichzeitig soll das gefährliche Moment entschärft werden, das meistens mit »Akrobatik« verbunden wird, denn wir üben ja hier gemeinsam und mit Sicherheits- und Hilfestellung, also mit einem kalkulierten Risiko von praktisch Null.

Die Gruppe

In einer Gruppe sollten nicht mehr als max. 20–25 Teilnehmer sein, da sonst der Übungsleiter besonders anfangs nicht oft genug bei jedem einzelnen herumkommt, um individuell anzuleiten, zu motivieren und korrigieren zu können.

Vom Alter her muß die Gruppe nicht unbedingt homogen sein. Partnerakrobatik kann man bei entsprechender Sachkenntnis durchaus mit Kindern ab dem Grundschulalter lohnend anbieten. Im Sekundarbereich wird es immer gut sein, Kinder aus Unter-, Mittel- und Oberstufe zu haben. Das Üben mit schweren Partnern als Obermann kann oft sehr mühsam werden, wenn man bestimmte Techniken üben will. Auch ist es als Anschauung bei Demonstrationen für die ganze Gruppe gut, wenn das, was der Übungsleiter vorzeigt und erklärt, leicht, aber deutlich akzentuiert aussieht. In einem ersten Anfreunden mit Partnerakrobatik kann man, natürlich je nach Gruppenzusammensetzung, nach athletischen Fähigkeiten sowie Vorerfahrung und Motivation zwischen 10 und 20 Positionen ausprobieren. Die relativ große Spanne muß flexibel gehandhabt werden, weil in der Regel für jede Gruppe andere Bedingungen gelten. Zeit zum Perfektionieren sollte je nach Wunsch der Teilnehmer einberaumt werden.

Erwärmung und Dehnung

Für die einfachsten Übungen müßte man nicht unbedingt eine 20minütige Aufwärmung vorschalten, denn die unten aufgeführten »Grundpositionen« gehören schon noch zur Alltagsmotorik wie z. B. eine schwere Schublade tragen oder einen dicken Sessel verschieben ... Da wärmt man sich ja auch nicht vorher auf. Nur kann es sein, daß

man sich nach wenigen Übungen auch in ungewöhnlichen Positionen versucht, wobei weder Anfangs- noch Endposition genau bekannt sind. Also sind Unkontrolliertheit und Orientierungslosigkeit beim Zurückfinden in den Stand schon vorprogrammiert. Somit sind ungewohnte Belastungen nicht auszuschließen. Aus diesem Grund ist es dennoch ratsam, eine angemessene gymnastische Vorbereitung der Teilnehmer mit Erwärmung und Dehnung vorzunehmen. Bei den Dehnungen ist insbesondere der Schulter- und Handgelenksbereich sowie Rumpf, Oberschenkelvorderseite und die gesamte Rückseite der Beine zu beachten. Genaue Erklärungen zur Durchführung einiger Übungen würden diesen Rahmen sprengen, daher nur kurz 3 wesentliche Dehnungspositionen:

– Seitlich am Boden liegen; wenn links, dann linker Arm locker zur Unterstützung des Kopfes nach vorne legen; linkes Bein rechtwinklig beugen, aber am Boden lassen; rechtes Bein nach hinten abwinkeln, dann mit der Hand den Fußrist waagrecht so nach hinten ziehen, daß die Oberschenkel-Vorderseite in Verlängerung des Rumpfes gedehnt wird. Das zu dehnende Bein soll also parallel zum Boden gehalten werden – und dabei kein Hohlkreuz machen, sondern Bauch einziehen und anspannen – So wirkt es am besten. Nach ca. 20 sec. die andere Oberschenkel-Vorderseite dehnen (Abb. 1).

Abb. 1

– Auf den Rücken liegen, 1 Bein bleibt gestreckt am Boden, das andere Knie so weit wie möglich an die Brust heranziehen (Hände fassen an der Kniekehle). Durch Streckung dieses gebeugten Beines wird die Beinrückseite gedehnt. Bei zusätzlichem Anziehen des Fußes wird die Wade gleich mitgedehnt (Abb. 2 a+b).

Abb. 2   a   b

– Den linken Arm gebeugt hinter den Kopf nehmen und den Ellbogen mit der rechten Hand nach rechts ziehen; dabei ruhig auch in die Flankendehnung gehen.

Zur weiteren Aufwärmung eignen sich viele der üblichen Bewegungsspiele.

Körperspannung

Um ein Gefühl für Körperspannung zu bekommen, läßt man den Partner aus der Bauchlage von 4 Helfern mit total gestrecktem Körper über die Hände in den Handstand hochführen. Dort »klopft« man ihn richtiggehend »ab«, ob er auch alle Muskeln angespannt hat.

In einem 2. Durchgang pendelt man den Partner im Handstand oder im Stand zwischen 3–5 anderen Teilnehmern nur leicht hin und her. Der Körper soll möglichst nirgends nachgeben, d. h. keinen Arm-Rumpfwinkel, keinen Bein-Rumpfwinkel zeigen sondern völlig gerade und gespannt bleiben. Dabei die Bauchmuskulatur anspannen und das Atmen nicht vergessen.

In einem weiteren Durchgang läßt man bei einem Teilnehmer, den man im Liegestütz an den Beinen hält, hie und da eines los. Es soll dabei so wenig wie möglich Richtung Boden fallen! Durch Aneinanderdrücken der Fußspitzen geht die Körperspannung mindestens bis zur Hüfte hoch. Als Erschwerung kann der Helfer aber die Beine leicht auseinander halten und dann eines kurz loslassen … (Abb. 3 a+b)

Abb. 3   a   b

Ebenfalls kann man einen Partner einige Meter durch die Halle tragen, indem er lediglich von einem Helfer an der Schulter, vom anderen an den Waden gehalten wird. Er soll sich wie ein Brett anspannen und das durch das Gehen auftretende Wippen im Rumpf und an den Hand- bzw. Fußgelenken durch die Körperspannung ausgleichen (Abb. 4).

Abb. 4

Häufig verwendete Griffe

1. Griff mit eingehakten Fingern (Abb. 5 a–c)
2. Hand in Hand als Halte- und Zug-Griff (Abb. 6 a–c)
3. Einfacher und doppelter Handgelenksgriff (Abb. 7 a–c)
4. Ellbogengriff als Stütz- und Zuggriff (Abb. 8 a+b)
5. Stützgriff Hand auf Hand (Abb. 9 a–d)

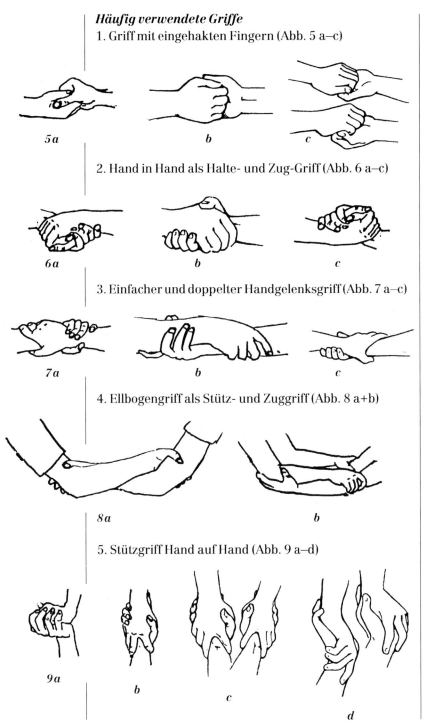

6. Fuß auf Hand (Abb. 10 a–d)
7. Hand auf Kopf (Abb. 11)

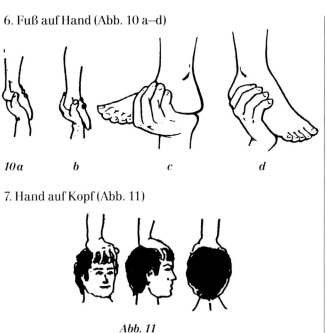

Abb. 11

Partner- und Positionsakrobatik

Eines der Ziele der »spielerischen Bodenakrobatik« soll sein, freudvolle Körpererfahrung in vertrauenserweckender Umgebung machen zu können, nicht etwa verbissen alle Positionen möglichst gleich alleine »stehen« zu wollen. Das sollte sich der Übungsleiter immer wieder vergegenwärtigen, um im richtigen Moment möglichst auch richtig anzuleiten, umzulenken, auszugleichen, usw. Durch das Spiel mit dem Gleichgewicht werden viele pädagogische Zielsetzungen so »spielerisch« erreicht, daß es schade wäre, in dieser Anfangsphase schon Leistungs- und Wettbewerbsgedanken mit hineinzubringen.

Einstieg

Als Einstieg könnte man durchaus induktiv vorgehen, d.h. den Schülern das Gefühl geben, selbst an der Erarbeitung des Unterrichtsstoffs teilzuhaben, z.B. indem man ihnen vorschlägt, Zahlen, Buchstaben, Initialen oder ein Wort mit einer Kleingruppe darzustellen. Es können auch geometrische Formen sein (runde, ovale, vier- oder dreieckige Formen). Auch kann man die Anzahl der Bodenkontakte vorgeben. Beispiel: »Baut ein

Gebilde zu viert, bei dem nur 1 Hand und 2 Füße den Boden berühren dürfen«.

Nachdem sich dann die ersten ›wilden Knäuel‹ auf 4 Füßen und 2 Händen gebildet haben, kann man diese »Gebilde« in Richtung einer erkennbar symmetrischen schönen und geometrisch klar gegliederten Form ausbauen lassen. Natürlich wird man nicht gleich ein unsymmetrisches, chaotisches aber ›erfolgreiches‹ Gebilde tadeln ...

Bei diesem ganzen Spiel mit den Positionen und den Partnern sollte man darauf achten, daß bei längerem Üben mit derselben Gruppe möglichst alle einmal an allen wichtigen Positionen und dort auch bei der Hilfestellung waren, sofern gravierende konstitutionelle Vorraussetzungen nicht dagegensprechen. Auf Dauer ist es einfach günstig und sinnvoll, wenn alle ein gleiches Erfahrungsniveau erreicht haben, will man doch noch einige Zeit sinnvoll miteinander »arbeiten«...

Von Zeit zu Zeit empfiehlt es sich, vor oder nach einer solchen offenen Phase (oder in sie hinein) bereits bekannte, erprobte und gekonnte Positionen neben den soeben neukreierten Ideen anhand von Zeichnungen und bunten Skizzen auf Tafel, Matten und Plakaten sowie Fotos oder Videoaufzeichnungen nochmals durchzusprechen. Bei verständlich gemalten Positionen erübrigen sich genauere Erklärungen, was viel Zeit und auch Nerven spart.

Durch Nachahmung wird beim Kind erfahrungsgemäß das Erfinden angeregt, und das (noch unbefriedigende) eigene Bemühen wird dadurch positiv beeinflußt. Folge: Innerer Antrieb, also Motivation, entsteht und erleichtert das Lernen und Behalten. Als Gedächtnisstütze kann man die »Spontankreationen« auf den Malplakaten festhalten und sich damit gleichzeitig ein Repertoire schaffen. Zu Hause kann dann alles im vorstrukturierten Zettelkasten ergänzt werden.

Leichte Übungen
Die folgenden einfachen Positionen sind für die Kinder wichtig als Eingewöhnung und für den Übungsleiter/Lehrer dafür gedacht, daß man sie variieren und bald mit anderen Positionen kombinieren kann. Außerdem lernt der Lehrer beiläufig und mühelos die Fähigkeiten und Voraussetzungen seiner Schützlinge kennen und einschätzen.

– Stehen auf der »Bank«. Rückenmitte ist verboten! (Abb. 12 a+b)

Abb. 12 a b

– Knien auf der »Bank«. (Abb. 13 a–c)

Abb. 13 a b c

– »Bank« auf der »Bank«: gleiche Blickrichtung oder dagegen. (Abb. 14 a–d)

Abb. 14a b c d

– Stand auf Partner im Liegestütz. (Abb. 15 a–c)

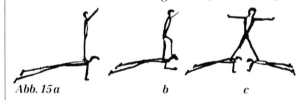

Abb. 15a b c

– Liegestütz rücklings auf 2–3 Partnern im Bückstand. (Abb. 16)

Abb. 16

▎Beim Bückstand »Brust raus«, damit die Standfläche eben wird.

Abb. 17

– Sitzen auf Armen und Beinen des Untermannes (Abb. 17). Hilfe an Hand und Achsel.

– Als weitere Gewöhnung stellt man 4 bis max. 8 Kinder zu einem »Parcours« von Bank-, Bück- und Stützstellungen auf. Alle dürfen dann 1–2mal auf jedem Partner stehen und vorsichtig zum nächsten weitergehen. Wichtig dabei ist, daß immer mindestens 1 Helfer mitgeht und eine Hand oder Schulter unterstützt, und daß die Kinder nur auf ganz bestimmten Partien des Rückens gehen bzw. verweilen oder balancieren dürfen: Schulterpartie und Becken bei Bankstellungen, Lendenwirbelbereich bei Bückstellungen.

Von einer Bankposition über die nächste Bank zum Bückstand hochsteigen, dort auch einmal ½ oder ¼ Drehung machen, dann wieder über die nächste Position vorsichtig zum Liegestütz rücklings auf Schulter bzw. Knie laufen (Abb. 18, 1–8).

Abb. 18

Positionen erfinden

Ausgehend von den Grund-Positionen stehen, sitzen, knien, liegen, hängen und stützen kann man fragen, wie sich die einzelnen Elemente miteinander verbinden lassen. Dadurch kann eine Gruppe angeregt werden, erfinderisch zu denken und zu handeln, um dann mit den Grundpositionen zu experimentieren. Der Übungsleiter kann durch Fragen die Richtung der Lösungsmöglichkeiten angeben. Solche »zentrale Strukturfragen« könnten sein:

■ Was, wer, wieviel, wie, worauf, wo, wohin, wie anders?
– Worauf kann mein Partner auf mir/uns stehen, sitzen, knien, sich stützen …
– Mit welchem Körperteil kann ich auf meinem Partner stehen, sitzen, knien …
– Wie kann sich ein Partner an uns hängen?
– Welche Positionen kann ich mit anderen **kombinieren?**
– Wie kommt man in die jeweilige Position?
– Wie kann ich die Grundpositionen variieren?
– Wie kann ich sinnvoll Winkelstellungen von Gliedmaßen verändern (Bein-Rumpf, Arm-Rumpf, Knie, Ellbogen usw.), um weitere Partner »aufzunehmen«?

Durch diese Arbeitsweise wird sich bald eine Fülle von neuen, fast ungeahnten Möglichkeiten der Positionsvielfalt auftun.

Schüler wie Erwachsene – besonders diejenigen, die glauben, sie seien überhaupt nicht kreativ – entdecken dabei, was sie auf diese Weise erreichen und entwickeln können.

Beispiele:
– Mit den Füßen oder Händen auf den Füßen des Partners hängen, stützen oder stehen, wobei der Untermann auf dem Rücken liegt und die Füße (und Arme) nach oben streckt (Abb. 19 a–c).

Abb. 19a   b   c

– Untermann liegt auf dem Bauch und klappt die Unterschenkel und Unterarme ab (Abb. 20 a–d).

Abb. 20a   b   c   d

– Man kann einen Schulterstand auf den Armen zweier sich gegenüberstehender oder kniender Partner machen (Hilfestellung: Klammergriff am Oberschenkel) (Abb. 21).

Abb. 21

– Kopfstand in den Händen des Partners (Hilfe an Schulter und Oberschenkel) (Abb. 22 a–c).

Abb. 22a   b   c

– Schwebestütz oder Handstand auf den Händen eines Partners, der in Kerzenposition die Unterarme beugt (Abb. 23 a–d).

Abb. 23   a   b   c   d

– Ein Partner wird in der Hangwaage vorlings, im Sturzhang oder in der Hangwaage rücklings gehalten, wobei die Haltenden selbst auf 1 oder 2 Bank- oder Bückstand-Partner stehen (Abb. 24 a–d).
Manchmal müssen an den Seiten 2 Partner etwas ziehen, um auszugleichen.

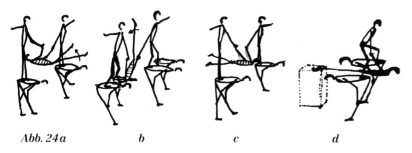

Abb. 24a   b   c   d

Schwierigere Positionen

Im folgenden werden aus Praktikabilitätsgründen die Abkürzungen »O« für Obermann und »U« für Untermann verwendet. In der Sportakrobatik gilt diese Bezeichnung gleichermaßen für Frauen/Mädchen und Männer/Jungen. Bei den Zeichnungen steht »H« für Hilfestellung.

● Für alle Stand- und Stützsituationen auf einem Partner (Hand- und Kniestand, Handstütz, Stand, ...) gilt:
> Absolute Spannung halten und steif wie ein Brett sein. Eine notwendige Voraussetzung, die man immer wieder in die gymnastische Vorbereitung mit einbauen kann. Das Ausbalancieren übernimmt U, das vertrauensvolle Umfallen verhindert die Hilfestellung.

Eine weitere wichtige Voraussetzung für »Kopf-Abwärts-Positionen« ist der sogenannte »Päckchenhandstand«.

In der Kauerstellung werden die Hände gespreizt aufgesetzt. Jetzt die Schultern leicht vor die Hände drücken, Beine strecken und das Gesäß senkrecht über die Hände bringen, dabei auf die gedachte Linie zwischen den Händen sehen, ohne den Kopf sehr in den Nacken zu nehmen. Die Hilfestellung (an Knie und Oberarm/Schulter) begleitet nach Erreichen der »Päckchen-Position« den Partner bis zum Handstand und über das »Päckchen« wieder sanft in die Kauerstellung. Beherrscht man diese Lage, so lassen sich, wenn die Endposition »Handstand« spannungsvoll ist, manch hochmotivierende Positionen als »Welturaufführungen« spielerisch gestalten (Abb. 25 a–i).

Abb. 25

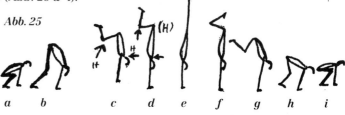

a   b   c   d   e   f   g   h   i

– Knieschulterstand auf »Doppeldecker« (Abb. 26 a–f):

Abb. 26

a   b   c   d   e   f

Wenn U bereit ist, kann sich der Mittelmann vertrauensvoll in seine Hände begeben, indem er sich gegrätscht über U stellt, sich mit den Händen an dessen Knie festhält, um sich nach hinten zu lehnen (Abb. 26 a–c). Dann geht er mit seinen Füßen auf die Knie von U. Jetzt kann O entweder durch einen wohldosierten Sprung mit anschließendem Abstützen auf den Knien des Mittelmannes den Handstand versuchen (Abb. 26 d+e). Dann wird er an der Schulter weich abgefangen und geht in den genüßlichen spannungsvollen Handstand (Abb. 26 f).

– Die 2. Möglichkeit von O ist ein langsames Einspringen aus dem Bank- Stand eines weiteren Partners oder von einem kleinen Kästchen aus (Abb. 27 a–c). Fortgeschrittene springen von ganz unten ab. Beim Abgang

Abb. 27a   b   c

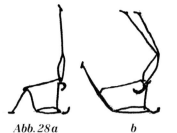

Abb. 28a   b   c   d   e   f

Abb. 33

des Mittelmannes sieht es gut aus, wenn er seitlich mit seitwärts gestreckten Armen abgeht.

– Knie-Handstand mit Einbücken und Grätschen (ist in der Endposition natürlich kein Handstand mehr):
Nach dem ›normalen‹ Kniehandstand nimmt O den Kopf auf die Brust, bückt langsam ein und grätscht die Beine, während U mit den Händen in Richtung Schulterblätter vorkrabbelt, so daß das Gleichgewicht gehalten wird. U kann selbst ausgleichen, indem er mit seinen gestreckten Beinen die Füße von O kopfwärts oder fußwärts drückt (Abb. 28 a–f). Zum Schluß kann O mit seinen Händen an seine Knöchel fassen.

– Wer einen guten und festen Handstand kann, soll es ruhig mit dem Handstand auf der Schulter (Abb. 29 a–c) oder auf den Händen des Partners versuchen (Abb. 30a–c). Beim Handstand auf den Händen schwingt O

Mit einigem Geschick kann U den Handstand von O in die Streckung bringen (Abb. 33)

Die 2 Kästen oder der Mattenwagen werden bald durch zwei oder einen Partner ersetzt. (Abb. 33 a–g)

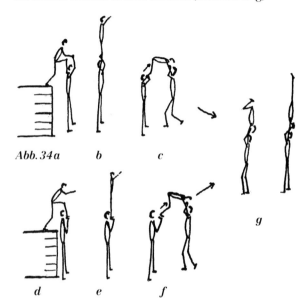

Abb. 34a   b   c

d   e   f   g

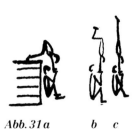

Abb. 29a   b   c   Abb. 30a   b   c

von hinten über das »Päckchen« auf und kann jederzeit wieder problemlos auf den Kastentisch zurück. Im Hocksitz mit aufgestützten Ellbogen ist es für den Anfang nicht schwer, und mit zusätzlicher Hilfestellung spart es viel Kraft (Abb. 31 a–c). Später erfolgt dann das Aufschwingen auf den stehenden Partner (Abb. 32 a–c).

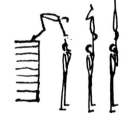

Abb. 31a   b   c   Abb. 32a   b   c

- Wer die Möglichkeit hat, ein kleines Schwimmbad in Schul- oder Vereinsnähe zu haben, ist gut dran, da sich insbesondere Handstände auf Partnern im Wasser ohne viel Risiko gut trainieren lassen.
- Bei all diesen Handständen soll U ständig Blickkontakt zu den Füßen von O halten, um frühzeitig ausgleichen zu können.

Ein drohendes Überfallen nach hinten muß rechtzeitig vom Untermann durch Rückwärtslaufen verhindert werden, da ein Abgang im Gesichtsfeld des Untermannes besser abgesichert werden kann. Auch ist es ratsam, Handstandüberfallen mit Abdrehen (½ Drehung) zum sicheren Stand z.B. vom 5teiligen Kasten auf Weichboden zu üben.

Da der Handstand auf den Händen eines Partners mit zum Inbegriff von Partnerakrobatik gehört, hier noch 2 weitere Hinführungen, die immer wieder geübt werden sollten, wenn man sie erfolgreich zeigen will:

– Aufschwingen, über das »Päckchen« oder gegrätscht, in den Hand-Handstand auf dem liegenden Partner.

1 oder 2 Helfer sichern an Hüfte und Schultern (je nach Können). Anfangs nicht weiter als bis ins »Päckchen« gehen (Abb. 35 a–e). Dasselbe gilt für die nächste Übung.

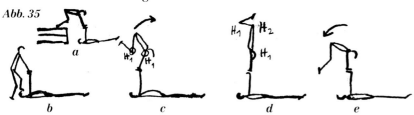

Abb. 35

– Über den Stand auf der Schulter auf demselben Partner in den Handstand schwingen, bei gebeugten oder gestreckten Armen (Abb. 36 a–f).

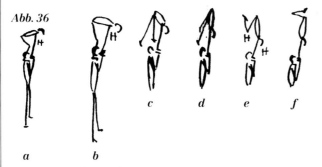

Abb. 36

Das gegrätschte Aufschwingen in den Handstand hat sich als gängig durchgesetzt, da wohl die Schultervorlage und der dadurch entstehende exzentrische Druck/Zug auf die Arme von U störender wirken, als wenn das Gesäß beim Grätschaufschwingen sofort über den Punkt kommt. Außerdem sieht es spektakulärer aus, und man kann während des Aufschwingens gut ausbalancieren. Beim Hand-Handstand kann man hie und da schon mit Longe arbeiten.

– Handstand an 4 Armen:

Eine erstaunlich stabile Handstandposition erreicht man durch das (gegrätschte oder gehockte) Aufschwingen in Vorlage gegen die Hände eines Untermannes, wobei sich O selbst an den Oberarmen des anderen Untermannes abstützt. Die Situation ist ähnlich wie beim »simplen« Kniehandstand, nur besticht die Höhe, wenn man den Handstand auf 2 stehenden Partnern machen kann. Der Abgang erfolgt schräg nach hinten rechts oder links des Untermannes, über den O aufgestiegen ist (Abb. 37 a–e).

Abb. 37a

Auf einem Partner im Liegestütz rücklings können 3 andere im Stand, Schulter- oder Handstand auf Knie und Schulter (Abb. 38 a–f)

– Drei auf Liegestütz rücklings

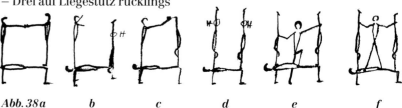

Abb. 38a

Die Hilfestellung begleitet im Knie-Klammergriff und verhindert durch »Umbauchen« eine unkontrolliert harte Landung beim Abgehen. Ein weiterer (leichter) Obermann sorgt für die Handstand-Stabilität, indem er auf U den 1. Fuß auf das Schambein (Abb. 38 e) – oder auch auf einen Oberschenkel – und den 2. Fuß auf das Brustbein setzt (Abb. 38 e+f).

Abb. 39

● Diese letzte Position sollte erst einmal isoliert geübt werden (Abb. 39 a+b), damit U glaubt, daß er das Gewicht in dieser Position gut aushalten kann. Beim Abgang ist darauf zu achten, daß nicht abgesprungen wird, sondern mit leichter Vorlage vorsichtig »abgestiegen« wird.

Die Partner auf den Schultern sowie der in der Mitte sollten nicht schwerer als U sein. Der Partner auf den Knien

Abb. 40a   b   c

wirkt auch bei größerem Gewicht für U nicht sonderlich störend.

▌Nach Beendigung dieser Position tut es dem Untermann gut, wenn er mit den Ellbogen eine »Gegenbewegung« macht (Abb. 40).

Es beeindruckt immer wieder, wenn die Teilnehmer gerade bei dieser Position erkennen, wie relativ mühelos man das 3fache seines Gewichts auf spielerisch-akrobatische Weise (er)tragen kann!

– Kniestand auf den Schultern (Abb. 41 a–c):

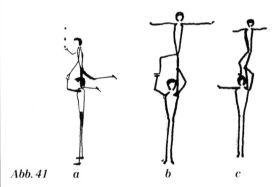

Abb. 41   a   b   c

▌Beim Stand auf den Schultern werden die Knie zusammengehalten und dabei an den Kopf des Untermannes angelehnt (Vorlage): O steht zu ⅔ mit dem Fuß auf der Schulter. Der Untermann drückt mit seinen beiden Händen den Partner an den oberen Waden kräftig auf seine Schultern und bildet so eine Einheit mit ihm.

Zu den verschiedenen Techniken des »Aufschulterns« siehe Kapitel »Pyramiden«.

– Nackenhang (auch »Fahne« genannt): der 1. Fuß wird an Oberschenkel/Hüftbeuge (Abb. 42 a) oder auf die geschlossenen Knie von U gesetzt (Abb. 42 d), z.B. linker Fuß auf linken Oberschenkel. Beide Partner geben sich die Hand am Unterarm; dann legt O den anderen Fuß um den Hals, balanciert aus und kann bald frei hängen/stehen (Abb. 42 c+d).

Abb. 42a   b   c   d

Als Höhepunkt dieser Nummer könnten beide z.B. ihre Handgeschicklichkeit zeigen (Bälle, Keulen, Ringe, Diabolo, Devilstick, …).

– Zu zweit (oder zu dritt) Rücken an Rücken alle auf demselben kleinen Kästchen sitzen; die Partner machen auf den Oberschenkeln einen Hand- oder Schulterstand und werden von U möglichst nur mit 1 Hand gehalten (an einem Gürtel oder Seil um den Bauch o.ä.) (Abb. 43). Dann pressen sie die Rücken aneinander und stehen ca. 10 cm auf, so daß jetzt der kleine Kasten weggezogen werden kann! Mit dem freien Arm kann man noch jonglieren oder Ringe drehen. Zum Schluß kann jetzt noch jemand durchkriechen oder bei normalem Hallenboden ohne Matten in Volleyball-Hechtbaggermanier unter die Partner durchschießen!

– U sitzt auf einem kleinen Kasten; auf seinen Knien steht der erste O und jongliert oder dreht Ringe, er wird an einem Gürtel/Seil oder an den Oberschenkeln gehalten (Abb. 44 a–d).

Abb. 43

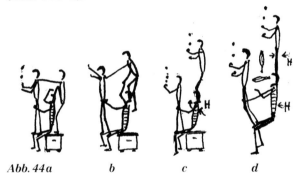

Abb. 44a   b   c   d

Der 2. Obermann klettert von hinten auf die Schultern und jongliert ebenfalls. U hat ggf. auch noch eine Hand frei …!

● Achtung: Einer muß für das Wegziehen des Kästchens zuständig sein, 2 weitere sichern O ab, der anfangs nur mit Hilfe rückwärts abgehen darf!

– Dasselbe kann dann mit 2 Partnern auf den Knien und mit oder ohne Obermann auf der Schulter versucht werden. Die Oberschenkel werden dabei ganz schön heiß (Kraftausdauer)! U kann unter der Schulter gestützt werden, um zu ermessen, ob er die Partner (aus)halten kann (Abb. 45).

Abb. 45

45

– Vom Fuß-Schulterstand mit zusätzlichem Hand-Hand-Stütz (Abb. 46 a+b) über den Fuß-Schulterstand (Abb. 46 c), mit oder ohne festhalten an den Handgelenken, zum Hand-Handstand (Abb. 46 d–f).

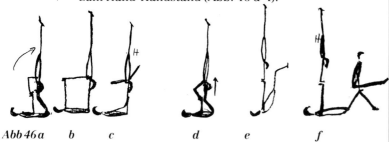

Abb 46 a   b   c   d   e   f

Der Handstand kann von der Kopfseite oder der Fußseite aufgeschwungen werden (Abb. 47 a–h).

Abb. 47

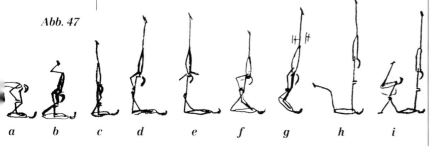

a   b   c   d   e   f   g   h   i

> Von der Fußseite ist der Griff für den Handstand etwas unangenehmer (Hände leicht seitlich drehen, bis eine bequeme Handstellung gefunden ist), dafür kann aber U das Gesicht des Partners gut beobachten und sehen, wie O im Handstand »kämpft« und dabei echte Freude empfindet.

● 2 Hilfestellungen sichern mit Klammergriff jeweils am Oberschenkel! Beim Fuß-Schulterstand sollte U die Füße etwas nach außen drücken, damit der Hals von O durch sein Gewicht nicht unangenehm gedrückt wird. Ein weiterer Partner kann auf den frei gewordenen Knien noch einen Schwebestütz machen (Abb. 46 f), ein Turner kann sogar einen Spitzwinkelstütz zeigen (Abb. 47 i).

Natürlich kann man auch gleich von der Kopfseite in die gestreckten Arme einen Handstand machen (vgl. Abb. 35), aber für den Anfänger ist das Gefühl schon sensationell genug, wenn er über die sichere Position, die der zusätzliche Fußstütz bietet, in den Handstand hochgestoßen wird.

– Handstand auf 2 Knien
Der Handstand kann wieder von beiden Seiten aufgeschwungen werden. Die Hilfe erfolgt von den Untermännern an Schulter und Oberschenkel oder am Hosenbund von O (Abb. 48).

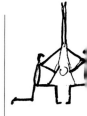

Abb. 48

> Der Schultergriff soll so erfolgen, daß ein Abrutschen verhindert werden kann. Ein weiterer Helfer sollte anfangs unbedingt an der Rückenseite von O stehen, um zum einen ein Überfallen zu verhindern und zum anderen als »eleganten Abgang« bei einem Überschlag helfen zu können.

– Stand auf Bückstand:
Um die Endposition zu erreichen, kann nach dem Motto »warum denn einfach, wenn's auch kompliziert geht«, wie folgt verfahren werden:

> In dem Moment, wo O leicht dosiert auf dem Partner abspringt, was aus diesen stabilen Positionen durchaus geht, nimmt U blitzschnell die jeweils nächste Position ein (Abb. 49 a–d).

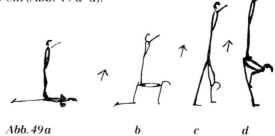

Abb. 49 a   b   c   d

– Auf dem Rücken des Partners aufschwingen zum Hand-Handstand durch eine Beinschwungbewegung nach rückwärts oben mit anschließendem Armdruck, vergleichbar der Schwungstemme rückwärts am Barren oder Reck. U hilft, indem er einen Schritt rückwärts geht und dabei kurzzeitig tief in die Hocke geht, um O »aufzuladen« (Abb. 50 a–h).

Abb. 50

 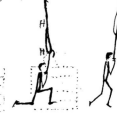

a   b   c   d   e   f   g

– Hintübergebeugt:
Bei genügender Dehnfähigkeit ist diese stabile Position problemlos erreichbar, sie muß nur erwiesenermaßen locker erreichbar sein. Dann kann man darauf die verschiedensten Positionen draufsetzen ... Aus begreiflichen Gründen sollte das Gewicht auf dem Gesäß das eigene Körpergewicht nicht übersteigen (Abb. 51 a–e).

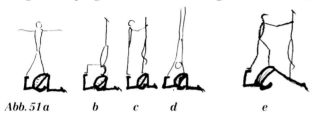

Abb. 51 a   b   c   d   e

Hier noch einige Beispiele, wie man mit konstitutionellen Unterschieden umgehen kann und auch gewichtigen Partnern das herrliche Gefühl des »Oben-Seins« geben kann: Generell gesagt: Wenn/weil 1 Untermann allein ein zu großes Gewicht nicht halten kann, wird es einfach auf 2 verteilt.
– Stand auf dem Oberschenkel zweier Untermänner:
Hierbei könnte noch ein weiterer Partner auf die Schultern (Abb. 52 a+b).

Abb. 52 a   b

– Stand auf der Bank (Abb. 53 a–c)

Abb. 53 a   b   c

– Stand auf dem Bückstand (Abb. 54 a–c)

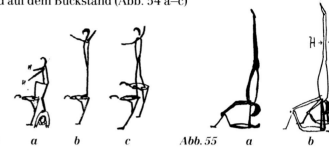

Abb. 54   a   b   c   Abb. 55   a   b

– Beim Kniehandstand (Abb. 55 a) wird ein größeres Gewicht ebenfalls auf 2 Untermänner verteilt, die jeweils mit beiden Händen eine Schulter abstützen (Abb. 55 b).

> Psychologisch wichtig ist in solchen Situationen, daß über eine vertrauenserweckende Atmosphäre erst gar keine Angst aufkommt und daß die Ermutigung auch ankommt. Z.B. wirkt der Versuch überzeugend, einen älteren Jungen einen Kniehandstand auf einem jüngeren und kleineren Mädchen machen zu lassen. Mit gestreckten Armen von U und einer guten Hilfestellung für O kann das nicht mißlingen. So wird auch der ungelenkigere und schwerere Proband nach anfänglichem Zögern merken, wie er Vertrauen in die »Kleineren« haben kann, und wie sie auch ihn ohne weiteres (er)tragen können.

Abbildungen ohne Kommentar
Weitere Möglichkeiten von Positionsakrobatik verschiedener Schwierigkeit bieten die Bücher von HUISMAN, FODERO/FURBLUR sowie IGNASCHENKO.
Eine Liste der Vereine mit Sportakrobatik, allerdings als Wettkampfsport, ist beim deutschen Sportakrobatik-Bund in Hattingen erhältlich.
Eine Reihe ähnlicher und weiterführender Positionen sind aus Platzgründen nur zeichnerisch dargestellt.

1. Zu zweit mit Kopf nicht unten

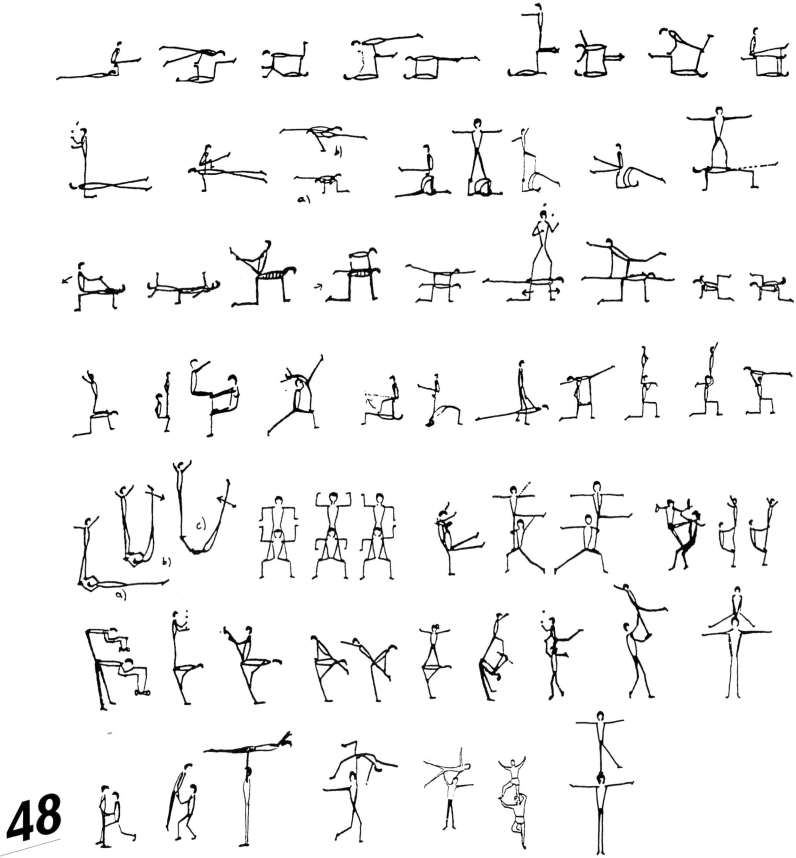

2. Zu zweit mit Kopf unten

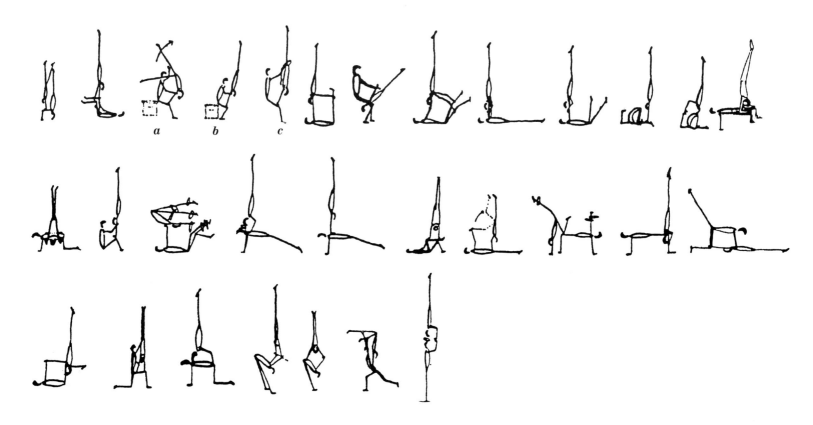

a   b   c

3. Zweistöckig; zu dritt mit Kopf nicht unten

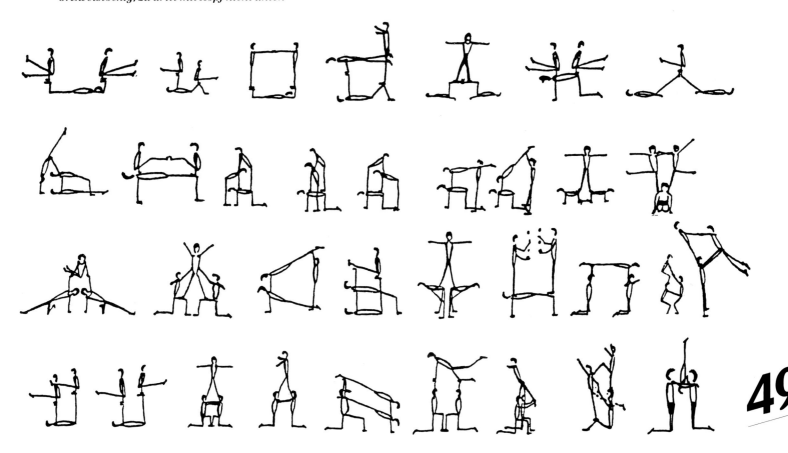

4. Zweistöckig; zu dritt mit Kopf unten

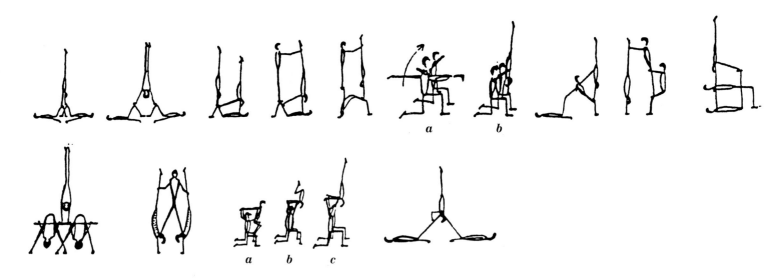

5. Zweistöckig zu viert

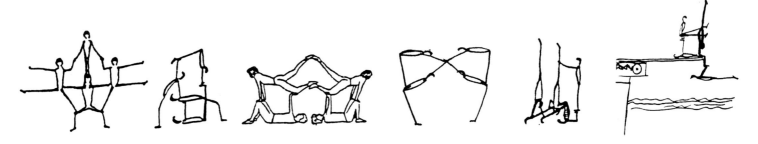

6. Zweistöckig (3 Partner)

7. Dreistöckig (3–6 Partner)

Adagio-Akrobatik

Verbindet man Positionen miteinander, möglichst fließend und in langsamem, getragenem Tempo (Adagio), so bekommt die bisher erarbeitete Partnerakrobatik einen neuen Reiz. Die eingangs genannten offenen Anregungen bilden eine gute Grundlage, die die Teilnehmer zu solchen Reihungen und Übergängen hinführen. Man nennt diese Unterdisziplin »Adagio-Akrobatik«, weil dort meist langsam in die verschiedenen Gleichgewichtslagen ›gegangen‹ und ›gekommen‹ wird. Oft werden derartige Wechsel verschiedener Gleichgewichtspositionen bei Auftritten von einem gemischten Paar vorgetragen, das sich bei romantischer Musik geschmeidig in meist metallicfarbenen Kostümen bewegt. Beim Üben in dieser Disziplin soll daran erinnert werden, daß gleich von Anfang an immer eine, meist aber 2 Hilfestellungen dabei sein sollen. Noch sind wir im Bereich der »spielerischen Akrobatik« ...

Beispiele:
– Aufschwingen in den Handstand zum Rücken des Partners und hochziehen lassen zum Sitz; übergehen zum Stand auf den Oberschenkeln, ¼ Drehung zum Nackenstand (Abb. 56 g), weitere ¼ Drehung mit Gesicht zum Partner. Stand auf den Oberschenkeln, Abgang über die Brücke mit Schritt-Flickflack auf den Boden (Abb. 56 a–m).

Abb. 56   a   b   c   d   e   f   g

h   i   j   k   l   m

– Hochdrücken zum Stand auf den Händen, wobei O anfangs mit einem kleinen Sprung nachhelfen kann, auf halbem Wege in dieser unstabilen Gleichgewichtslage verharren (Abb. 57 a–d).

Sitz auf den Füßen und absenken zum Schwebestütz auf den Händen (Abb. 57 g), aufsetzen der Füße (in der Hocke) und hochdrücken zum Stand auf den Füßen (h–j).

O muß sich steif machen, dann kann die Hilfestellung besser an den Oberschenkeln ausbalancieren, ansonsten erfolgt Hilfe von je 2teiligen Kästen mit einer Hand im »Grußgriff«, mit der anderen unter der Schulter abstützen (k–n).

Freier Hocksprung (einfach vertrauensvoll Knie hochziehen ohne abzuspringen) zum flüchtigen Sitz wie vorher oder/und gleich Abgang durch einen kleinen Fußstoß nach vorne (Abb. 57 a–n).

– Einhocken zum »Frosch« rücklings und hochziehen zum Stand rücklings auf den Füßen. Absenken und aufschwingen zum Knie-Handstand auf einem 2. Partner (Abb. 58 a–g).

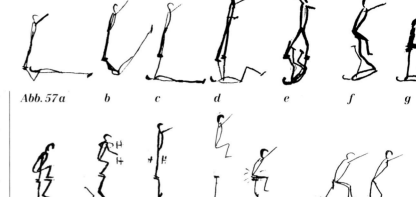

Abb. 57 a   b   c   d   e   f   g

h   i   j   k   l   m   n

Abb. 58 a   b   c   d   e   f   g

Dieser legt sich zurück auf den Rücken, so kann O einen Knie-Schulterstand machen. Abgrätschen in den Grätschstand (Abb. 58 h+i).

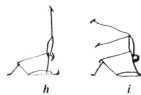

h   i

Der erste Partner rückt näher und empfängt O mit Sitz auf seinen Knien.
O gibt die Hände über sich nach hinten, holt Schwung durch vorwippen und macht eine Felgrolle rw. zum Hand-Handstand (Abb. 58 j–q).

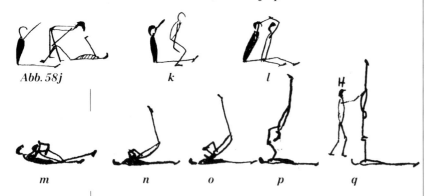

Abb. 58j   k   l   m   n   o   p   q

Absenken in den fußgestützen Schulterstand und Übergang zum freien Fuß-Schulterstand. Langsames Abhocken zum Frosch (r–z); ab hier entweder bei Abb. 58 e oder bei Abb. 56 f weitermachen.

r   s   t   u   v   w   x   y   z

– Von der Beinwaage rücklings zum Hand-Schulterstand, dann weiter zum Knie-Schulterstand; über den Frosch hochziehen zum Kniestand rücklings (Abb. 59 a–j);

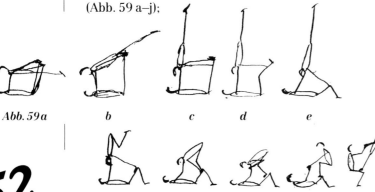

Abb. 59a   b   c   d   e
f   g   h   i   j

¼ Drehung zum Nackenstand; ¼ Drehung zum Kniestand vorlings;
U taucht ein und nimmt O in den Schultersitz; Abgang mit Schritt-Flickflack

● Das Besondere an dieser Verbindung ist, daß man sie vorwärts und rückwärts turnen kann. Bei einer Präsentation z.B. kann man als angekündigten Gag am Ende den »Film zurückspulen« … (Abb. 59 a–u)

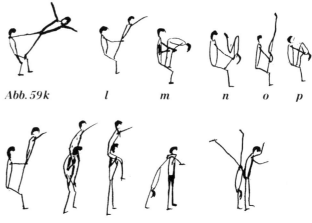

Abb. 59k   l   m   n   o   p
q   r   s   t   u

Mit ein wenig »Brüten« über Positionsverbindungen kann jeder seine Lieblingskombination zusammenbasteln und vor Ort ausprobieren.

»Fußgestützte Akrobatik

Aus dem Zirkus kennt man sogenannte Fußjonglagen, d.h. mit den Füßen Gegenstände wie Koffer, Schirme … kunstvoll zu bewegen, also werfen, auffangen, drehen, beschleunigen etc. Man nennt dies »Antipodenspiele«, weil eben der Körper verkehrt herum »agiert« – also mit den Füßen, nicht wie beim normalen Jonglieren mit den Händen.
Wenn nun statt Gegenständen Menschen »jongliert« werden, nennt man das *ikarische Spiele*. Für die Spezialisten gibt es die »Ikarierstühle«, die den anatomischen Gegebenheiten entgegenkommen und daher eine bessere Kraftwirkung zulassen (Abb. 60 a+b). Für längeres Training im spielerischen Bereich kann man sich aber

Abb. 60a   b

auch mit einer gefalteten Matte und einem Medizinball oder einem schräg gestellten 2-teiligen Kasten ganz gut behelfen. In manchen Sporthallen oder Kindergärten-Turnzimmern finden sich auch Keilstücke, die sich gut dafür verwenden lassen (Abb. 61 a–d).

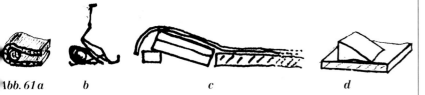

Abb. 61 a   b   c   d

Bei der immensen Vielfalt an fußgestützten, partnerakrobatischen Positionen sind in diesem Kapitel exemplarisch nur einige gut leistbare Positionen herausgegriffen und beschrieben.

– »Flieger« vorwärts mit anschließendem Handstandabrollen:

Der Ansatzpunkt der Füße an der Hüfte muß bei fast jeder anderen Partner-Konstellation neu »justiert« werden. Ausgleich kann durch Vor- und Rücknahme der Arme von O erfolgen. (Abb. 62 a–h)

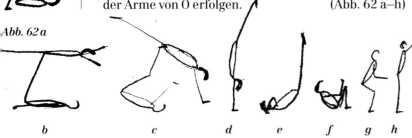

Abb. 62 a   b   c   d   e   f   g   h

– »Flieger« rückwärts mit anschließendem Schritt-Flickflack:

Diese Übung eignet sich sehr gut, um angstfrei an den Flickflack heranzuführen. Später kann hieraus mit 2 zusätzlichen Tips der Fußstoßsalto als »physikalisches Abfallprodukt« entwickelt werden (siehe »Wurf- und Schleuderakrobatik«, Abb.) (Abb. 63 a–g).

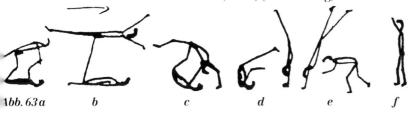

Abb. 63 a   b   c   d   e   f

– Stand auf den Füßen:

U bindet sich ein (3fach-Sprung-)Seil um die Knöchel oder hält seine Knie außen mit den Händen fest, damit der Stand stabiler wird und keine Verletzungsgefahr durch Dazwischenfallen entsteht.

Aufstieg von vier- bis fünfteiligen Kästen (Abb. 64 a+b)

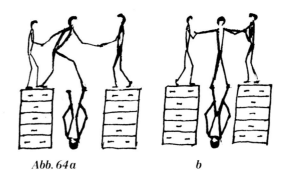

Abb. 64 a   b

oder von der Unterseite eines Oberschenkels auf den anderen Fuß (Abb. 65 a–e).

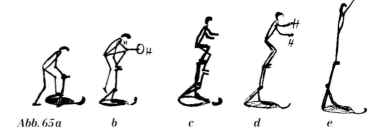

Abb. 65 a   b   c   d   e

Die Hilfestellung sichert auf dem Kasten mit ab (Hand geben und Unterarm oder Schulter unterstützen).

● Vorsicht beim Abgang:

Nicht einfach herunterspringen, sondern sich langsam vom Untermann nach vorne (Abb. 66 a–d) oder nach hinten (Abb. 67 a–c) absenken lassen, also ohne Vor- oder Rücklage. Erst kurz vor dem Boden gegrätscht abspringen.

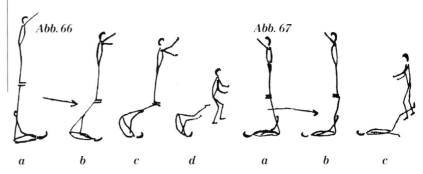

Abb. 66   Abb. 67

a   b   c   d   a   b   c

5 weitere Möglichkeiten, auf die Füße eines Partners zu kommen:
- Über die Handstütz-Hocke (Abb. 68)

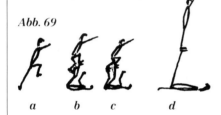

Abb. 68 a   b   c   d   e

- Über das Aufspringen aus leichtem Anlauf:
  Hierbei ist es nicht ganz einfach, genau den Punkt zu treffen (Abb. 69 a–d).

Abb. 69

a   b   c   d

- Bei der 3. Art geht man über den »Barhocker«-Sitz:
  O gibt U die rechte Hand, damit O mit 1 Fuß auf den rechten, angehockten Fuß von U stehen kann (Abb. 70 b); danach dasselbe Gleichgewichtsspiel auf der anderen Seite (Abb. 70 c). Anschließend erfolgt der genüßliche »Aufzug« in den Stand! (Abb. 70 e) Sicherung erfolgt von Anfang an jeweils an der freien Hand und immer an beiden Schultern. Bei spannungsvollem Stand reicht ein Ausgleich am Oberschenkel.

Abb. 70

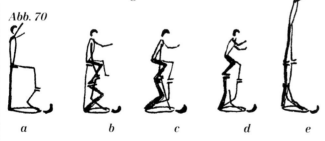

a   b   c   d   e

- Über den Aufstieg aus dem Handknoten (Abb. 71 a–e)
- Nach dem Aufsprung in den »Barhocker«-Sitz rücklings (Abb. 72 a–d) kann O durch gegenseitigen Stütz

Abb. 71

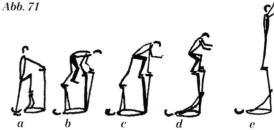

a   b   c   d   e

der Arme beide Füße auf die des Partners setzen und aufsteigen (Abb. 72 e–g).

Abb. 72

a   b   c   d   e   f   g

- Handstand auf den Füßen:
  Voraussetzung sollte ein gerader Handstand mit Spannung sein, den U nur wie ein starres Gewicht ausgleicht. Beidseitiger Knieklammergriff versteht sich von selbst. Für O ist es ein Riesenerlebnis, immer das Gefühl des Fast-Umfallens zu haben; aber da ist ja noch der Untermann und die Hilfestellung, auf die man sich absolut verlassen kann (Abb. 73 a–c).

Abb. 73 a

- Doppelsitz »auf/mit Hand und Fuß«:
  Der 2. Obermann steht leicht nach links aufgedreht, stellt den rechten Fuß auf den von O, faßt mit seiner Hand die rechte Hand des schon Sitzenden und springt mit einer weiteren ¼ Drehung hoch, sitzt auf die Knie des ersten O und wird von ihm »umbaucht«. Später kann ein (möglichst kleinerer) 3. Obermann frontal über die »Päckchen«-Position oder gegrätscht auf den Knien in den Handstand springen und wird an der Hüfte gehalten (Abb. 74 a–d).

Abb. 74 a   b   c   d

– Paket auf den Füßen:
Ein lustiges Gefühl ist es, wenn man sich auf den Füßen des Partners wie ein Paket hin- und herdrehen läßt (Abb. 75 a+b).

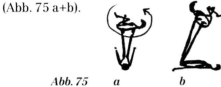

Abb. 75   a   b

– Offene Beinwaage:
Aus dem Flieger rückwärts kommt man mit einer oder 2 kleinen Beinstoß-Drehungen in diese Lage. Genausogut kann man aber auch Handstandaufschwingen mit Umfallen seitlich zu U versuchen, natürlich wieder mit der üblichen Handstand-Hilfestellung an Schulter und Gesäß, so daß auch noch Platz für den »Ikarier« bzw. für dessen Beine bleibt. Die Abgänge aus dieser Position können sehr vielfältig sein: So wie O gekommen ist, wieder zurückbewegen, seitlich als Rad, frontal vorwärts oder rückwärts, also Schritt-Flickflack, Handstandabrollen oder Handstandüberschlag und alle daraus ableitbaren schwierigeren Formen bis hin zu Schraubensalti (Abb. 76 a–e), vgl. »Wurf- und Schleuderakrobatik«.

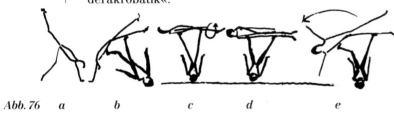

Abb. 76   a   b   c   d   e

Als Trainingsgerät (auch für Fortgeschrittene) wird gerne eine Ringer- oder Judo-Puppe genommen; auch mit kleinen Turnkästen kann man ein gutes Gefühl für diese Balancierpositionen bekommen.

Ab hier beginnen dann die »richtigen« ikarischen Spiele d.h. fußgestoßene Positionswechsel wie z.B. »Helikopterdrehungen« im Liegen, ¼ bis ganze Drehungen um die Längsachse, geworfen werden vom Sitz in den Schulterstand, hoch zum Stand oder wieder zurück in den Sitz und von da aus zum Salto rückwärts – wiederum entweder in den Sitz, in den Stand oder als Abgang, mit und ohne Schraube.

Abbildungen ohne Kommentar

Da aus der fast unermeßlichen Fülle von Positionen für dieses Buch nur eine begrenzte Auswahl beschrieben werden kann, werden wieder unkommentiert und leicht vorstrukturiert einige weitere erprobte Positionen nur zeichnerisch dargestellt.*

Ergänzend siehe wieder HUISMAN, KOLEV, Das Regelbuch der Sportakrobatik, und V. GRABOWIECKI 1990 (ca. 2000 Zeichnungen in einem unveröffentlichten Manuskript).

Fußgestützte Positionen (»ikarische Spiele«)
1. Zu zweit mit Kopf oben

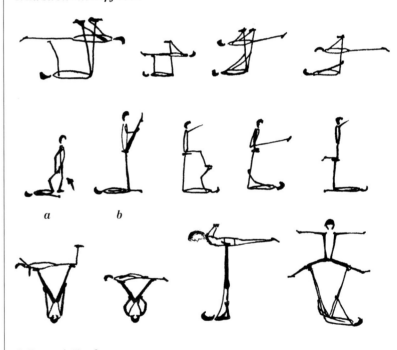

a   b

2. Zu zweit Kopf unten

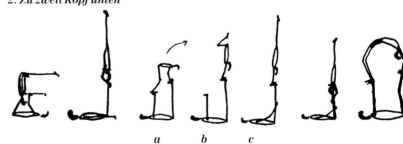

a   b   c

3. Dreistöckig zu dritt, Kopf oben

4. Dreistöckig mit drei bis fünf Partnern

Positionen »mit Hand und Fuß«
1. Zweistöckig zu dritt

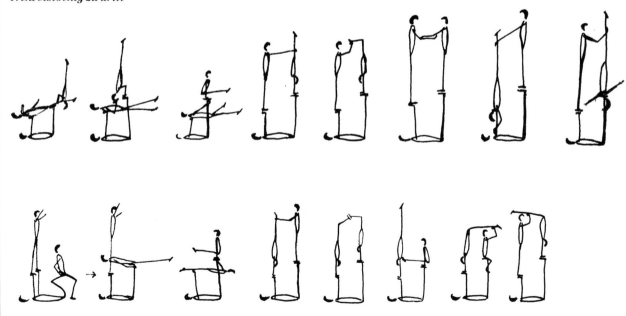

a   b

2. Dreistöckig

Schwierige ikarische Positionen

Halbikarische Positionen

Dynamische Akrobatik

Diese meist clownesk vorgetragenen Partner- und Gruppenübungen wurden in den 20er und 50er Jahren als gesellige Formen von Boden- und Gruppenturnen häufiger gezeigt. Erst seit knapp 10 Jahren tauchen diese Formen wieder mehr auf. Heute sind sie aus spielerisch-akrobatischen Aufführungen fast nicht mehr wegzudenken, und in manchen Gruppen bei Schul-Aktionstagen, Projektwochen, Schullandheimaufenthalten etc. sind Kinder wie Lehrer richtig wild darauf, solche »gemeinsamen Kunststücke« zu lernen.

Leider werden entsprechende Bücher von damals nicht mehr aufgelegt, was eine schnelle Verbreitung hemmt. Dafür sollen diese Anregung wenigstens etwas Abhilfe schaffen. (Vgl. DIEM, FETZ, SLAMA).

Es handelt sich hierbei oft um Turnfertigkeiten mit einem oder mehreren Partnern, wobei die üblichen Ausgangs- und Endpositionen modifiziert werden, z.B. Fortbewegungs-Variationen und Elemente wie Rollen, Wälzbewegungen, Überschläge, Kippen, Zug-, Wurf- und Schleudersituationen (siehe »Wurf- und Schleuder-Akrobatik«), Kippen, Sprünge, Salti ...

Bei der Auswahl der vorliegenden Beispiele fällt die Entscheidung, ob diese oder jene Übung noch zur »beweglichen Akrobatik« oder schon zur Wurf- und Schleuderakrobatik gehören soll, nicht immer leicht.

Die so leicht und lustig aussehenden Übungen, von denen sich manche auch als Wettspiel eignen, setzen sauberes Üben und präzises Wissen um die Griffe und Tricks voraus. Es bleibt dennoch spielerisch und doch ein bißchen akrobatisch.

Bei den *Laufvariationen* kann man folgende Arten unterscheiden, teilweise auch gerne verwechseln:
- »Krebs« (Abb. 77 a–d)

Abb. 77a   b   c

- »Doppelhäschen« (Abb. 78 a–d)

a   b   c

d

- »Doppeltrommler« (Abb. 79 a–d)

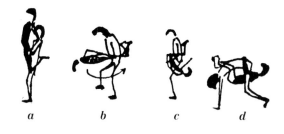

a   b   c   d

- »2stöckiger Schubkarren« (Abb. 80)

Abb. 80

- Als »Doppelköpfige Sphinx« bzw. »Krabbeltier« kann man hier im Liegestütz seitwärts oder im Kreis gehen (Abb. 81).

Abb. 81

- »Raupenlaufen« verlangt, gemeinsamen Rhythmus einzuhalten (Abb. 82).

- Beim »Leichenzug« darf man sich im wahrsten Sinne des Wortes »gehen lassen« (Abb. 83).

Abb. 83

- Das »römische Wagenrennen« eignet sich gut als Pendelstaffel ab 30 Kindern, also 3 Wagengespanne pro Mannschaft. Bei weniger Kindern kann man auch als Wettrennen um ein Mal herum laufen (Abb. 84).

Abb. 84

Rollen

Die Variationsbreite von Rollbewegungen mit Partner ist sehr vielfältig, denkt man z. B. an die verschieden kombinierbaren Variationen von nebeneinander stehenden und liegenden Partnern in verschiedener Anzahl, mit und ohne Verkettung an den Armen und Beinen durch Innenhand- und -fußgriffen.

● Voraussetzung für schwierigere Partnerrollen sollte allerdings die Beherrschung einer technisch sauberen (Flug-)Rolle sein (Abb. 85 a–i).

Abb. 85

a   b   c   d   e   f   g   h   i

Nimmt man die Möglichkeiten von Flug- und Hechtrollen noch dazu und choreographiert ein bißchen, so kommt man schon bald zu frappierenden Ausgestaltungen. Z.B. kann man die Lauf- und Rollwege in verschiedener geometrischer Anordnung in Verbindung mit Sprungrollen kombinieren (zu zweit oder zu dritt, als Über- oder Gegensprungrolle) mit bestimmten Abfolgen von Ketten-, Zwillings- und Schlangenrollen sowie Roll-Walzen, Doppel- und Dreierrollen, die man auch alle rückwärts machen kann, bis hin zu Hüftsitz-, Hock- und Wurfrollen. Diese Vielfalt verlangt immer wieder neu, sich mit den Partnern genau abzustimmen, sonst klappt überhaupt nichts!

3–4 Bänke, Matten oder/und Weichböden, Filzmatten drüber

– Doppelrolle zu dritt (»unechte Dreierrolle«):
Die 2 stehenden Partner fassen den Liegenden am unteren Schienbein mit der Innenhand (Abb. 86 a). Der untere faßt jeweils an den Innenfüßen des Stehenden. An einer schiefen Mattenebene läßt es sich am einfachsten einüben. Als Erschwerung kann jeweils noch ein Liegender und ein Stehender dazukommen (Kettenrolle) (Abb. 86 a+b).

Abb. 86 a   b

– Doppelrolle (vorwärts und rückwärts) (Abb. 87 a–d):
Diese ist etwas schwieriger als die vorige und bedarf der Beherrschung der Flugrolle vorwärts. Aber auch im Grundschulalter kann man sie schon anbieten (vgl. 87 d).

Abb. 87   a   b   c   d

▌Die Koordinationsleistung des zeitweisen Führenlassens an Armen und Beinen bei gleichzeitigem Behalten eines festen Griffes, um dann wenig später auf Druck, Zug oder Unterstützung des Partner-Schienbeins umzuschalten, ist gewiß ein lohnendes und Spaß bringendes Unterfangen. Schwieriger wird alles, wenn die Doppelrolle rückwärts erfolgen soll. Hier zahlt sich eine gewisse Kraftreserve gut aus.

– Dreierrolle:
Der jeweilige Obermann muß eine ordentliche Rumpfspannung halten können, um diese Position für einige Sekunden halten zu können (Abb. 88 a–c).

Abb. 88 a   b   c

▌Als Hilfe empfiehlt sich eine mitlaufende Sicherheitsstellung, die den jeweiligen Obermann an Brust und Knie unterstützt.

– Hüftsitzrolle:
Das Abspringen sollte auf weichem Untergrund erfolgen, damit keine Verletzungsgefahr aufkommt. Der Untere muß etwas warten, bis er mit den Füßen zur Rolle abspringt (Abb. 89 a–d). Die Landung erfolgt immer erst auf den Füßen in Vorlage, gleich danach kommt die Abstützbewegung der Hände und das weitere Abrollen.

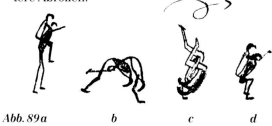

Abb. 89 a   b   c   d

– Gegensprungrolle (gut für die Feinabstimmung mit dem Partner): Das Prinzip ist wie beim Jonglier-Grundmuster mit 3 Bällen. Man beginnt dort zu rollen, wo 2 Partner stehen.
Mit einem Grätschsprung wird der »Anrollende« übersprungen. Der beste Zeitpunkt zum Überspringen ist natürlich, wenn der Partner gerade auf dem Rücken abrollt (Abb. 90 a–e).

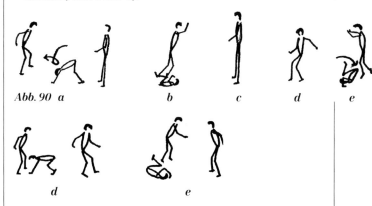

Abb. 90   a   b   c   d   e

d   e

▎Die Rolle vorwärts sollte schon gut beherrscht werden.

– Die Hockrolle kann ohne weiteres mehrere Male wiederholt werden und eignet sich auch gut für Rhythmus-

Abb. 91 a b c d e f

Übernahme, wenn mehrere Paare hintereinander beginnen (Abb. 91 a–e).

– »Gewargel«: gesprungene Längsrolle zu dritt oder zu fünft.
Charakteristisch ist, daß abwechselnd nach links und rechts um die Längsachse gewälzt bzw. gerollt wird. Dabei wird immer der Wälzende übersprungen. Der Mittlere beginnt sich nach einer Seite hin zu wälzen, der Rest ergibt sich von allein. Artistischer wird es, wenn 2 Partner dazukommen, denn dann müssen 2 Akteure möglichst synchron zweimal nach rechts und zweimal nach links springen und wälzen. Als Vorübung ist das einhändige und einfüßige Seitwärtspringen im Liegestütz geeignet; anschließend seitlich abrollen bzw. einmal wälzen, dann nochmal seitlich wegspringen und wälzen. Da die Zielübung meist bewußt hektisch und unter permanentem Zeitdruck ausgeführt wird, weil es dabei naturgemäß keine Pause gibt, ist es gut, wenn zuerst nur gewälzt und gesprungen wird, ohne gleich das Überspringen mit zu üben.

Überschläge

Bei allen Überschlägen sollte die Grundbewegung in der Grobform beherrscht werden, sonst besteht wieder Verletzungsgefahr wegen Orientierungslosigkeit.

> Die folgenden Übungen sehen einfacher aus als sie in Wirklichkeit sind, da man enormes Gleichgewichtsgefühl in einer für den Anfänger völlig desorientierten Lage haben muß, wenn man sie ohne Hilfe ausführen will.

– Doppelüberschlag vorwärts:
Wenn es die Ägypter schon geschafft haben, warum sollten wir das nicht wenigstens üben können? (vgl. Abb. 92 a–c).

Es ist ein wohliges Gefühl, sich nach rückwärts neigen zu können ohne zu fallen, man hängt ja so sehr an seinem Partner, daß man ihn nicht verlassen will, sondern ihm anschließend auch dieses schöne Gefühl angedeihen lassen will… (Abb. 93 a–d)

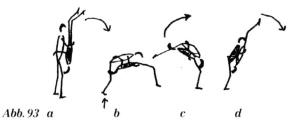

Abb. 93 a b c d

– Doppelüberschlag rückwärts (Partner-Flickflack)
Dieselbe Ausgangsposition wie vorwärts, nur beginnt die Bewegung in die andere Richtung (Abb. 94 a–d).

Abb. 94 a b c d

– Zugüberschlag vorwärts: Am Anfang fällt es leichter, von 2 Partnern gezogen zu werden. Nicht ohne »Startzeichen« zu ziehen beginnen (Abb. 95 a/b).

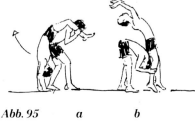

Abb. 95 a b

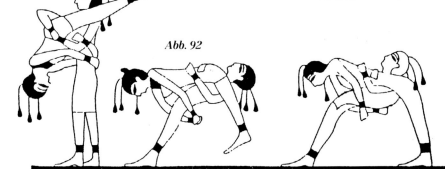

Abb. 92

Partnerüberschlag. Grab des Cheti, Beni Hasan, Ägypten, ca. 1900 v. Chr.

– Diese beiden Überschläge vorwärts und rückwärts kann man als Einzelübungsteil (Handstütz-Überschlag) sehr schön über fußgestützte Situationen einführen.

Hier zunächst eine mögliche Einführung des Handstützüberschlags vorwärts:

Der Partner schwingt in die Hände von U so in den Handstand auf, daß er normalerweise in die Brücke fallen würde. U nimmt den Schwung mit seinen Füßen am Gesäß von O auf und transportiert ihn über die kontrollierte und mit Überspannung gehaltene Brücke bis in den Stand (Abb. 96 a–f).

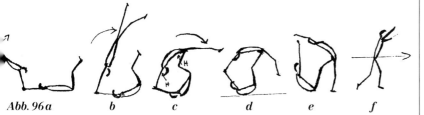

Abb. 96 a   b   c   d   e   f

2 Helfer begleiten den Übenden im »Serviergriff« bis in den Stand. So werden häufige Lande-Fehler vermieden, wie z.B. in Kauerstellung zu landen und/oder die Hände blitzartig nach unten zu schwingen.

– Mit Anlauf (2 Schritte und 1 Hopser) kann man auch über einen flüchtigen Kniehandstand den Überschlag turnen (Abb. 97 a+b).

Abb. 97 a
1   2   3

Abb. 97 b
1   2   3

Nur liegt hierin die bewegungstechnische »Gefahr«, daß mit Schultervorlage geturnt werden kann, was eben beim normierten Überschlag am Boden ein dicker technischer Fehler wäre. Aber wenn es der Lehrer weiß und darauf hinweist, dient es dem Lernenden als Entwicklung von Differenzierungsfähigkeit … und schließlich auch als freudvolle Körpererfahrung.

– Ähnlich wie eben der Zeitlupeüberschlag vorwärts kann man den »Flickflack« (Überschlag rückwärts) auch in Zeitlupe einführen (Abb. 98 a–h):

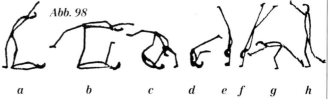

Abb. 98
a   b   c   d   e   f   g   h

O steht nahe am Gesäß von U und lehnt sich an dessen Füße. Dann legt sich O aktiv in die Brücke (ohne Flickflackabsprung!). Diesen Schwung nimmt U wieder mit und sichert mit seinen Armen an den Schultern von O ab. Mittlerweile hat O schon seine Hände aufgesetzt. Hier beginnt dann das technisch Lohnende an dieser »Konstellation«: Der ebenfalls mit Überspannung gehaltene Handstand muß so lange mit (Über-)Streckung gehalten werden, bis der Schwerpunkt den Unterstützungspunkt (Hände) passiert hat (Abb. 98 e). Erst dann darf in den Schritt abgesetzt werden, wobei der Arm-Rumpf-Winkel möglichst groß bleiben soll.

Es ist klar, daß man später den »Leistungs-Flickflack« mit anderen Bewegungskriterien turnen muß, aber das hier zu erörtern, würde zu weit führen.

Durch die eben beschriebene Weise wird für den Anfänger angstfrei und spielerisch der Flickflack und der Handstützüberschlag vorwärts eingeführt und dabei die Bewegungstechnik einer späteren Normübung, um die so gut wie kein(e) Schüler(in) im Laufe des Sportunterrichts herumkommt, beachtet. Was hier noch in Zeitlupe, aber dennoch technisch richtig geübt werden kann, muß natürlich im Geräteturnunterricht unter dynamischen Gesichtspunkten wie Anlauf, Schwung- und Druckbeinaktionen, Armabdruck etc. weitergeübt werden.

Die dynamische Weiterführung und Ausgestaltung zum

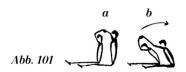

Abb. 101

Fußstoß-Salto siehe »Wurf- und Schleuderakrobatik« Abb. 20.

– Doppelrad:

Diese Übung verlangt ein hohes Maß an Gleichgewichtsfähigkeit und Orientierung. Wenn man es mit Tempo versucht, fällt es leichter, ein zweites und drittes Rad anzuschließen. Nur ist zeitsparend, wenn in dieser Übphase auf beiden Seiten eine Hilfestellung mitläuft und die Übenden einfach von Zeit zu Zeit wieder ins Gleichgewicht schiebt (Abb. 99).

Abb. 99

– Zwillingsrad (Gesicht zu Gesicht oder Rücken an Rücken) (Abb. 100 a–d).

Abb. 100   a   b   c   d

– Partner-Felgrolle zum Hand-Handstand: (Abb 101 a–h und siehe 58 l–q).

Ein sehr schöner Übungsteil, den man ohne viel Aufwand, z.B. wenn man sowieso schon die Felgrolle am Boden kann, sogar an eine Pyramide hinzuturnen kann (vgl. Kapitel »Pyramiden«). Die Mittel- oder Obermänner haben keine Mühe, an den gegrätschten Oberschenkeln zu halten.

Zum Lernen kann man mit einer leicht geöffneten Rolle rückwärts auf und über den Partner beginnen, die dann immer mehr gefelgt wird. 2 Helfer begleiten O im Knieklammergriff (Abb. 101 e2) und unterstützen ggf. noch an der Schulter. Später reicht 1 Helfer aus, der an der Hüfte hält (Abb. 101 h2).

– Hüftaufschwung an 2 Partnern: (Abb. 102 a–c)

Abb. 102   a   b   c

– Dynamisches Hochziehen und Begleiten in die handgestützte Brücke:

Als Voraussetzung muß natürlich neben einer entsprechenden Beweglichkeit eine gute Orientierung bei der Brücke gewährleistet sein (Abb. 103).

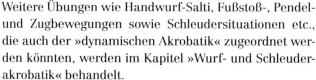

Abb. 103   a

Weitere Übungen wie Handwurf-Salti, Fußstoß-, Pendel- und Zugbewegungen sowie Schleudersituationen etc., die auch der »dynamischen Akrobatik« zugeordnet werden könnten, werden im Kapitel »Wurf- und Schleuderakrobatik« behandelt.

Unfallverhütung

Bei dem Wort »Akrobatik« denkt man ja immer noch an ›gefährlich‹, Risiko, schlimme Unfälle usw. Daß das nicht so sein muß und auch nicht so ist, beweisen jahrelange Fortbildungs-Erfahrungen mit Kindern, Jugendlichen und Erwachsenen, und zwar Untrainierten wie Trainierten, bis hin zu den Leistungssportlern in dieser Disziplin. Nicht zu unterschätzende

Gefahrenmomente wird jeder Übende im Laufe der Zeit selbst erkennen, und er wird auch – bei entsprechender Anleitung – richtig darauf reagieren lernen.

Einige Punkte, die man zu beachten hat:

– Entscheidend ist, eine möglichst exakte Vorstellung von den Positionen zu haben, die man aufbaut oder mit denen man experimentiert. Dies gilt besonders für die Anfangs- und Endposition. (Zeichnungen, Fotos, Erklärung, ggf. Video).

– Nie eine Bewegungsaktion abrupt beginnen, da sonst das Gleichgewicht ebenso abrupt gestört wird und der Untermann meist nicht mehr entsprechend ausgleichen kann. Auch ist damit ein unkalkulierbares Verletzungsrisiko verbunden. So ist es z.B. nicht angezeigt, ohne Ankündigung von hinten auf die Schulter des Untermannes aufzusteigen, auch wenn beide den dazu nötigen Handkontakt schon haben. Der Obermann soll entweder durch einen Händedruck den Beginn der Aktion signalisieren, der in der Regel ½ Sek. danach einsetzt oder, was für Anfänger besser ist, ein »Uuu-und-Hopp« vereinbaren, ebenfalls mit ½ Sek. Abstand zwischen »UND« und »HOPP«.

Mittelfristige Verletzungsgefahren am Schulter- und Lendenwirbelbereich (Hohlkreuz, mangelnde Bauchmuskulatur) durch unerwartete Kraftspitzen, sind hierbei besonders hervorzuheben.

Auch nach einigen geglückten Versuchen eines Tricks mit Hilfestellung soll immer noch eine Sicherheitsstellung bereitstehen.

– Das gilt besonders für die Absicherung des Obermannes gegen unfreiwillige Absprünge nach hinten, besonders, wenn z.B. noch ein kleines Kästchen dasteht (vgl. Abb. 44). Der Obermann hat sich unbedingt vor dem Aufsteigen zu vergewissern, wer für seine Absicherung zuständig ist.

– Ein schnelles, hektisches Herunterspringen von bestimmten Positionen wie z.B. aus der Mittel-Position auf dem Liegestütz rücklings (vgl. Abb. 39) kann gefährlich werden, da es dem Untermann neben evtl. momentanen Schmerzen kaum möglich ist, solchen plötzlich auftretenden Kraftspitzen muskulär entgegenzuwirken.

– Krafttraining sollte auch als Verletzungsprophylaxe verstanden werden, nicht nur als Steigerung der Maximalkraft.

– Durch funktionelle Hilfeleistung und sachkundige Sicherheitsstellung werden die Gefahren von vornherein reduziert.

– Kinder können noch nicht hinreichend abschätzen, wann welche Belastungen auftreten können und welche Auswirkungen es haben kann, wenn Zugkräfte zu groß werden oder die Haltekraft nicht ausreicht. Es gehört nicht erlaubt, dem Untermann, wenn er in Bückstellung steht, unangekündigt auf die Schulter zu gehen, da sich das so entstehende Drehmoment als circa 10fache Belastung im Lendenwirbelbereich auswirkt.

Generell sollten jegliche Gewichtsverlagerungen wie zum Aufbau von Positionen, zum Wechsel in eine andere Position oder zum Abgang immer nur langsam vorgenommen werden.

Auch hier gilt: Sicherheit vor Schnelligkeit!

– Vorher ausgemachte Kommandos und Verständigungshilfen wie »und Hopp« (im ½-Sekundenabstand) strikt einhalten. Sie helfen den Teilnehmern und der Hilfestellung, sich auf die kommenden Bewegungen einzustellen. So signalisiert ›Händeklatschen‹ und »ab«, daß z.B. der Obermann von der Schulter herunter will und sich wie ausgemacht auf die stützenden Hände des Untermannes oder der Hilfestellung verlassen kann.

– Abgänge, Absprung- und Abrolltechniken sollten grundsätzlich *vor* den Aufbautechniken geschult werden.

Hier ein Beispiel:

Von der Sprossenwand in leichter Vorlage herunterspringen und kurz hintereinander auf den Beinen, dann auf den Händen landen und abrollen (Abb. 104).

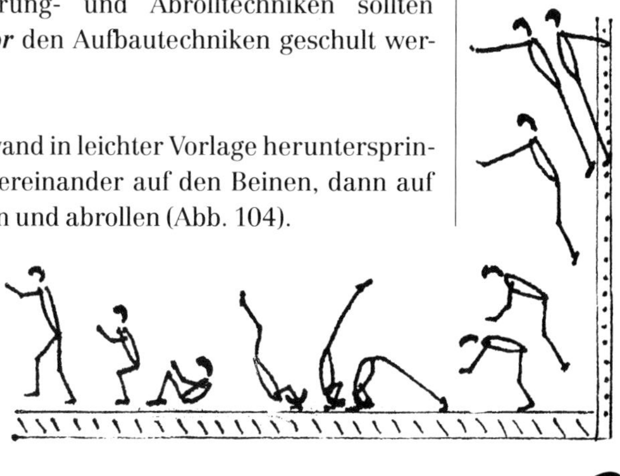

Abb. 104

- Auch sollte ständig nachkontrolliert werden, ob die Matten eng aneinander liegen. Unnötiges Stolpern oder gar den Fuß übertreten wären die unerwünschte Folge.
- Bei Übergängen von einer in die andere Position ist der beste Weg, um unnötige Abgänge zu vermeiden, wenn die Partner die Hilfestellung möglichst genau über die Bewegungsabfolgen hinsichtlich Koordination, Abstimmung, und Timing informieren.
- »Zimmerakrobatik« und vor allem Akrobatik im Freibad (im Wasser oder auf der Wiese) sieht zwar immer hübsch aus und zieht neugierige Zuschauer an, animiert auch dann und wann zum Mitmachen, aber man sollte stets eine korrekte Absicherung im Auge behalten. Landungen und unfreiwillige Absprünge auf unebener Wiese ist etwas anderes als auf Weichböden!

Weiterführende Literatur

Aaris, S. B.: Akrobat Bogen. Verlag Modtryk Viborg 1986. (Erhältlich in manchen Jonglierläden).
Bruckmann, M.: Wir turnen miteinander. Schwäb. Turnerbund Stuttgart, 1990.
Burgess, H.: Circus-techniques. B. Dubé Inc. New York 1983.
Derbolav, : Bodenkunstturnen – ein uraltes Turngut. Verl. Recla., Graz 1937.
Fetz, F.: Geselliges Turnen ohne Gerät. Österr. Bundesverlag, Wien 1959.
Fetz, F.: Die geselligen Bodenübungen. Österr. Bundesverlag, Wien 1960.
Fodero, J.M./Fulblur, E.E.: Creating Gymnastics, Pyramids and Balances. Leisure Press. Champaign, Illinois 1989.
Gerisch, S. u.a.: Sportakrobatik. Sportverlag, Berlin (Ost) 1966.
v. Grabowiecki, U.: Spielerische Akrobatik/Artistik, Gag-Slapstick-Pantomime sowie Jonglieren. Unveröff. Manuskript (150 S.); Institut für Sportwissenschaft der Universität Stuttgart, 1990.
v. Grabowiecki, U.: Spielerische Akrobatik für jedermann oder artistisches Spiel mit dem Gleichgewicht. In: SPORTPÄDAGOGIK, Heft 5/84.
v. Grabowiecki, U.: Akrobatik; Anregungen und Positionen für das Spiel mit dem Körper und den Partnern. In: SPORTPÄDAGOGIK, Heft 3/87.
Huisman, B. u. G.: Akrobatik. rororo, Reinbek 1988.
Ignaschenko, A.M.: Vom Bodenturnen zur Akrobatik. Sportverlag Berlin 1956.
Kiphard, E.J.: Die Akrobatik und ihr Training. Essen 1961.
Kiphard, E.J.: Sportakrobatik und die Wiederentdeckung der Körperkünste. In: PRAXIS DER PSYCHOMOTORIK (1), Heft 2/86.
Kiphard, E.J.: Die Akrobatik im Zirkus. In: Bemann (Red.): Die Artisten, ihre Arbeit und ihre Kunst. Henschel Verlag, Berlin 1965.
Kolev, V.: Sportakrobatik. Methodik und Lehrprogramme. Dt. Sportakrobatik-Bund Hattingen 1991.
Maraun, H.-K.: Gleichgewicht halten. In: SPORTPÄDAGOGIK, Heft 5/84.
Melczer-Lukács, G./Zwiefka, H.-J.: Akrobatisches Theater. Edition Aragon, Moers 1989.
Mehrtens, L.: Partnerakrobatik. Körpererfahrung über Körperkontakt. In: Binnewies, H./Weinberg, R. (Red.): Körpererfahrung und soziale Bedeutung. Ahrensb. 1984.
Polz, E.: Akrobatik. Ihre Technik und ihr Sinn. Wien 1931.
Slama, A.: Turnerische Gesellschaftsübungen. Wien 1927.
Sportpädagogik: »Gleichgewicht halten«. In: SPORTPÄDAGOGIK, Heft 4/84.
Trebels, A.: Spielen und Bewegen an Geräten. rororo, Reinbek 1983.

Bücher über Stretching:

Anderson, B.: Stretching. Waldeck-Dehringhausen 1982.
Knebel, K.-P.: Funktionsgymnastik. Dehnen, kräftigen, entspannen. Sport-RoRoRo Reinbek 1985.
Sternad, D.: richtig stretching für Freizeit- und Leistungssportler. BLV, München 1987.

Pyramiden Udo von Grabowiecki

Abb. 1   *Abb. 2*

Schon lange vor der Zeitenwende gehörte es zu den menschlichen Bestrebungen, um fast jeden Preis, auch äußerlich, den Göttern ein Stück näher zu kommen. Was davon heute übrig geblieben ist, sind Dokumente von Grab- und Höhlenmalereien, wenige Plastiken von Menschenpyramiden und Darstellungen von symbolisch überhöhten Bauwerken wie der Turmbau zu Babel. In Ägypten und Südamerika stehen berühmte Pyramiden, von denen nicht alle vollendet werden konnten, weil sie schon vorher zusammengestürzt sind. Diese gewaltigen Bauwerke forderten trotz der genauen Berechnungen immer wieder ihre Opfer.

Bei den menschlichen Pyramiden ist es auch nicht immer ganz einfach, Stabilität und Gleichgewicht zu erreichen und zu erhalten. Der ursprünglich religiöse Sinn und Zweck ist allerdings abgelöst worden von dem Spiel mit dem Gleichgewicht unter künstlich erschwerten Bedingungen. Daraus hat sich dann im Laufe der Zeit die sportlich-künstlerische Betätigung der »Pyramidenbauer« entwickelt. In den letzten Jahrhunderten waren verschiedene Aktivitätsausprägungen festzustellen. Das reichte vom einfachen Aufbau kleiner Menschentürme, völlig zweckfrei und ohne große Schaustellung. Es folgten fotogene Aufführungen zu verschiedenen Jubiläen unterschiedlichster Institutionen und Massenaufführungen, bei denen man den Menschen geradezu »degradierte« zum Baustein eines an Gittern »befestigten« Menschenturmes. Das führte zu riskanten 5stöckigen freien Pyramiden und Rekorden mit 9 oder mehr Menschen auf einem Untermann oder 15 auf einem Rad.

Manche Pyramiden, besonders die kleineren, könnte man auch noch der »Positions-Akrobatik« zuordnen, genauso wie manche »Positionsgebilde« schon zu den Pyramiden gehören könnten. Es möge jedoch im eigenen Ermessensspielraum liegen, wie, ob und wann man eine Grenze ziehen will.

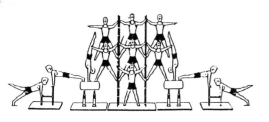
Abb. 3

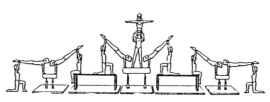
Abb. 4

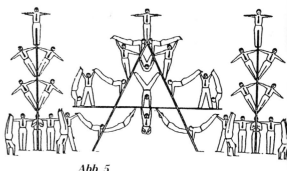
Abb. 5

Pyramidentypen

Aus der Kombination und Verbindung der folgenden Pyramidentypen können »unendlich« viele Variationen gefunden werden.

Angelehnte und freie Pyramiden

Zunächst kann man *angelehnte* von *freien* Pyramiden unterscheiden. Um ein Gefühl für das problemlose Ertragen des mehrfachen Körpergewichtes zu bekommen, sind z.B. an der Sprossenwand angelehnte Pyramiden leicht lernbar und für den Anfang sicher geeigneter, als wenn man sich gleich in freiem Aufstieg und bei zu vielen Freiheitsgraden und Risiken an gewagte Formationen heranmacht (Abb. 1+2).

An und auf Geräten

Pyramiden lassen sich auch *an und auf verschiedenen starren Geräten* machen: am Reck, an Seilen, Stangen, am (Stufen-)Barren, Kasten, Pferd, Tisch, an Leitern, Sprossenwänden, Stühlen, Spezialgestänge, ... (Abb. 3–5). Pyramiden, die man nur mit Geräten konstruiert (z.B. Stuhlpyramiden) und auf denen oben ein Handstand gemacht wird, werden hier nicht beschrieben. In diesem Kapitel soll es um Pyramiden gehen, die Menschen mit Menschen machen unter Miteinbeziehung einiger Groß- und Kleingeräte.

Auf beweglichen Geräten

Pyramiden sind auch auf beweglichen Geräten wie auf Rädern, Rolas, Drahtseil, Brettern, Stäben, mehretagigem stillhängendem Trapez möglich (Abb. 6).

Mit Brett oder Matte

Einen sogenannten (akrobatischen) »Vorteil« kann man sich bei Pyramiden durch Verwendung einer (dünnen) Matte oder eines Brettes zwischen der zweiten und dritten »Lage« oder »Etage« verschaffen (Abb. 7).

Verwandlungspyramiden

Es gibt Pyramiden, die, einmal aufgebaut, so bleiben und solche, die eine »Verwandlung« erfahren: Zwischen-, Seiten- und Obermänner gehen in unterschiedliche (Handstand-)Positionen. Bei den sportakrobatischen Verwandlungspyramiden sieht man verschiedene Verwandlungspositionen, z.B. durch einarmige Handstandvariationen auf dem Kopf oder den Händen innerhalb einer 3stöckigen Schulterstand-Hoch-Pyramide (Abb. 8 a+b, 9, 10 a–c).

Pyramiden mit »Dynamik«

An eine aufgebaute Pyramide wird zusätzlich noch etwas Dynamisches dazugebaut oder bewegt. Beispiele:
- »Partnerfelge« zum Hand-Handstand gegrätscht (vgl. Abb. 101 in »Spielerische Bodenakrobatik«); 3 Partner, die ihrerseits auf je 2 Untermännern im Bückstand stehen, halten die Beine (Abb. 11). Eine zusätzliche Hilfe steht dahinter und zieht oder stabilisiert notfalls an der Hüfte.

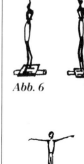
Abb. 6

Abb. 10

Abb. 8 *Abb. 9*

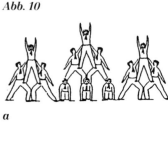
a

b

c

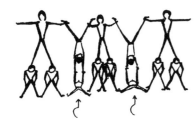

Abb. 11

- Für Turner: Eingehängt in der Mitte einer zweistöckigen Bückstand-Pyramide aus dem Stand mit Handgelenkgriff über die Hangwaage vorwärts über den flüchtigen Sturzhang in die Hangwaage rücklings gehen und über den flüchtigen Kreuzhang wieder in den Stand (Abb. 12).

Abb. 12

- Pyramiden, auf denen Partner z.B. auf einem Rollbrett balancieren können (Abb. 13a).
Das Brett sollte so breit sein, daß man wie am Boden aufsteigen und wieder anhalten kann. Auch sollten genug Helfer für Absicherung sorgen, sonst besteht Verletzungsgefahr beim Abbau von Rola und Brett (Abb. 13b).

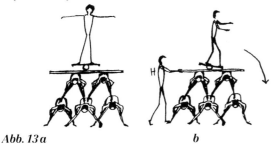

Abb. 13a   *b*

Mit Jongliergeräten
Man kann auch Pyramiden bauen, an denen die Akteure mit allerlei Geräten hantieren (Diabolo, Devilstick, Bälle, Tücher, Ringe, Keulen etc.) (Abb. 14).

Bewegliche Pyramiden
Man sieht auch Pyramiden, die sogar laufen können, obwohl z.B. 10 Akteure beteiligt sind.

Kommunizierende Pyramiden
Kommunizierende Pyramiden, z.B. Passing-Jonglieren, (gezieltes) Federball zuspielen o.ä. von einer zur anderen Pyramide oder über eine andere hinweg. Zum Schutze der Untermänner nehme man am Anfang Bälle, z.B. in Jongliertücher eingewickelt (Abb. 15), später auch Keulen, Kunststoff-Diabolos, Teller, …

Abb. 14

Abb. 15

Verbindung mit Sprüngen
Pyramidische Formationen, durch die hindurch oder über die hinweggesprungen werden kann (Abb. 17).

Abb. 16   *Abb. 17*

Geometrische Anordnungen
Man kann Pyramiden nach ihrer geometrischen Anordnung unterscheiden: z.B. Punkt, Linie(n), (Halb-)Kreis, Oval, Drei- bis 6-Eck-Pyramiden sternförmig oder in Buchstabenform aufgestellt z.B. »H«, »L«, »T«, »U«, »V«, »W«, »X«, um nur einige Ideen zu nennen (Abb. 18). Auch gibt es solche, die nach oben hin breiter oder schmaler werden oder gleich breit bleiben (Abb. 19a+b, 20a+b).

Abb. 18

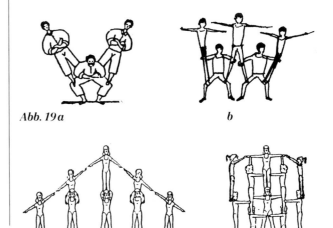

Abb. 19a   *b*

Abb. 20a   *b*

Abb. 21

Abb. 22 a

b

Niedersprungtechniken und Abgangsarten

Abb. 25

Symmetrien

Symmetrische, einseitige oder ›halbsymmetrische‹ (wo sozusagen eine »Seite« fehlt) sowie asymmetrische Pyramiden lassen sich unterscheiden (Abb. 21). Manche Pyramiden haben 2 Spitzen, sind also eher *konkav,* andere sind ›normal‹ *konvex* (Abb. 22 a+b).

Verschiedene Körperpositionen

Des weiteren kann man die Pyramiden nach verschiedenen *Körperpositionen* unterscheiden: Bank-, Bück-, Kniestand-, Schulterstand-Position sowie Fuß- und handgehaltene Positionen.

● Besonders reizvolle ›Kreationen‹ entstehen aus der Kombination von geometrischen Formen und Körperpositionen (Abb. 23 a+b).

Bei der Überlegung, wie man an das Pyramidenbauen herangehen soll, drängt sich ein Vergleich mit dem Minitrampolin auf: Angelaufen und abgesprungen ist schnell und ohne Schwierigkeit, aber die Landung! Bei den Pyramiden heißt das: Auf die Partner kommt man schon irgendwie hinauf, auch zu mehreren, aber das Herunterkommen kann riskant werden. Hier wie dort müssen die verschiedenen Niedersprungtechniken eingeübt und variabel ›verfügbar‹ sein, damit von vornherein keine Angst aufkommt. Wenn man gelernt hat, wie man aus größerer Höhe abspringt, entsteht ein Sicherheitsgefühl. Das ist besonders bei Schulterpyramiden und bei jeder 3stöckigen Pyramide wichtig (Abb. 25–27). Im wesentlichen unterscheidet man folgende Arten und Techniken:

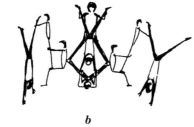

Abb. 23 a   b

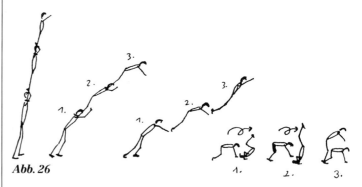
Abb. 26

Voraussetzungen

Bevor einige Beispiele von Körperpositionen und Anordnungen von Pyramiden vorgestellt werden, soll gleich an dieser Stelle betont werden, daß vor dem Aufbauen einer Pyramide einige Voraussetzungen »abgeklärt« bzw. geübt werden müssen. Dazu gehören in erster Linie das *Niedersprungverhalten* (Abb. 24), die entsprechende *Hilfestellung* sowie die nötigen *Griffe,* um unkontrollierten Absprüngen und etwaigen Verletzungen vorzubeugen. Vergleiche dazu auch den Abschnitt über Niedersprünge in »Wurf- und Schleuderakrobatik«.

Soloabsprung

Alleine herunterspringen mit und ohne Abrollen. Dabei soll das Abfedern nicht wesentlich tiefer als bis zu einem Kniewinkel von 90° erfolgen. Die Arme und der Rumpf sollen kontrolliert in leichter Vorhalte belassen werden (»falsche Abgangsart« Abb. 28; richtige Abb. 29).

Aus größerer Höhe kann durchaus nach einem Niedersprungtraining alleine abgesprungen werden. Am besten ist es, wenn man danach abrollt, weil dadurch der Aufprall auf eine größere Fläche d.h. auf die Füße *und* Hände verteilt und somit verringert wird.

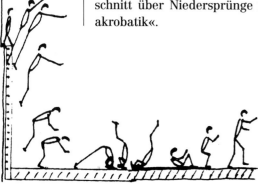
Abb. 24

Abb. 27   Abb. 28   Abb. 29

Mit frontaler Hilfe

Häufig wird eine Pyramide mit vielen Beteiligten gemacht, und es bleiben nur wenige als Sicherheitsstellung übrig. Der Obermann hat also vorne nur einen Helfer. Nach einiger Routine kann das auch erlaubt werden, für Anfänger sind jedoch die folgenden Möglichkeiten besser:

Zunächst springt der Helfer dem Ankommenden etwas entgegen, so daß frühzeitiger Ellbogengriff-Kontakt möglich ist. Danach muß für das Abfedern in den Knien schon vorher abgesprochen worden sein, wer die Knie auseinandernimmt und wer sie zusammenläßt. Der Hand- oder Handgelenkgriff ist auch möglich, er bietet aber nicht genügend Stützkraft. Wenn der Obermann sich an den Schultern halten will, muß das Abfedern in den Knien umso präziser abgesprochen sein. Unterstützt der Helfer ebenfalls unter den Schultern, soll er beim Entgegengehen besser den Daumen am Zeigefinger liegenlassen, sonst tut er beiden weh! Man kann das auf bewährte Weise zuerst von wenigen Sprossen herunter zusammen üben (Abb. 30). Später darf auch für den Springer der »Bauchkitzel« dazukommen, wenn er von ganz oben herunterspringt.

Mit doppelter seitlicher Hilfe

Stehen genügend Helfer zur Verfügung, sollte von der Seite gehalten werden. So fällt schon die Koordination bei dem Abfedern in den Knien weg. Aber auch hier ist es gut, wenn beide Helfer ein bißchen entgegenspringen, was auch schon aus größerer Höhe eine ansprechende koordinative Leistung sein kann.

Frontale und seitliche Hilfe

Beobachtet man im Zirkus die Pyramiden-Akrobaten beim Niedersprung, so sieht man meist frontale *und* seitliche Hilfe, weil dort von sehr großer Höhe gesprungen wird. Aber auch für nicht so Geübte bedeutet das Herunterspringen von einer 3stöckigen Bückstandpyramide ein Abfangen des Schwerpunktes aus einer Höhe von immerhin ca. 3 m. Bei einer 3er-Schulterstandpyramide sind es immerhin schon ca. 4 m! Solche Absprünge *müssen* vorher extra geübt und mit der Hilfestellung genau abgesprochen werden, damit es nicht zu einem unkontrollierbaren Risiko kommt!

Will ein Obermann von einer Bückstand- oder Bank-Pyramide nach vorne abspringen, so muß er dies z.B. durch Klatschen oder lautes »AB!« ankündigen, damit die Mittel- und Untermänner rechtzeitig den Kopf einziehen können, falls es knapp wird, denn allzu sehr ›abstoßen‹ soll man sich ja auch nicht wegen des Rückstoßeffektes für die Mittelmänner.

Abgang der Mittelmänner

Ohne jetzt alle möglichen Abgänge aufzuzählen, soll eine typische und häufig wiederkehrende Situation erklärt werden. Wenn z.B. der Obermann einer 3stöckigen Bückstandpyramide (3:2:1, 2:2:1, 2:1:1 oder 1:1:1) nach vorne abspringt (frontal oder leicht schräg), so bekommen die Mittelmänner meistens soviel Rückstoß, daß sie das Gleichgewicht verlieren und ihrerseits nach hinten abgehen müssen. Das ist auch so, wenn sich der Obere nur leicht nach vorne abstößt. Da sie das vorher wissen, sollten sich die Mittelmänner gleich darauf einstellen. So wird vermieden, daß sie aus Panik gestreckt nach hinten ins Ungewisse abspringen. Sie können sich bewußt in Bückstellung an der Hüfte des Untermannes abstützen, eigentlich so, wie sie auch hochgesprungen sind (Abb. 31).

Abb. 31

Bei einer zweistöckigen Schulterstandpyramide gibt es natürlich viele Möglichkeiten. Die Obermänner können, je nachdem, welche geometrische Anordnung gewählt war,
– alleine, mit einem oder mit zwei Helfern als Stütze abspringen (s.o.),
– über einen flüchtigen Handstütz des Untermannes nach vorne sanft niederspringen,

Abb. 30

– nach hinten mit einem Salto rückwärts abgehen oder über einen kräftigeren Handstütz mit einem Salto vorwärts landen (vgl. Abb. »Wurf- und Schleuderakrobatik«).

Zurückgehen auf die Partnerschulter
Bei den ersten Versuchen ist es durchaus angebracht, daß der Obermann einer 3er-Pyramide, egal in welcher Körperposition, wieder zurück auf die rettende Schulter des Untermannes steigt, von dem aus er aufgestiegen ist, und der auch für ihn verantwortlich ist. Der Rest der Pyramide wird dann auch langsam und schrittweise abgebaut.

Bewußtes Zusammenstürzen
Als besonderen Gag kann man sich bei einer mehrstöckigen Bank-Pyramide ein kontrolliertes und genau getimtes Zusammenstürzen erlauben. Das heißt, daß alle gleichzeitig die Arme und Beine strecken und mit Körperspannung auf dem Bauch landen. Hier kommt einmal mehr Vertrauen, Körperkontrolle und Timing ins Spiel. Am besten übt man zuerst mit der Formation 2:1, dann 3:2:1, 4:3:2:1, bis man es vielleicht auch einmal mit 5:4:3:2:1 wagen kann. Ein stürmischer Beifall ist dann schon garantiert (Abb. 32 a+b)!

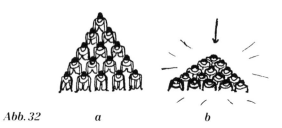

Abb. 32   a   b

Pyramiden

»Bank-Pyramiden«
Die »Unterlage« bilden Partner in *Bankposition*. Die weiteren Etagen können sich gleichgerichtet oder 180° verdreht zur unteren Lage aufbauen usw. Zur »verbotenen Stand-Zone« gehört vor allem der mittlere Brustwirbelbereich, besonders dann, wenn der Fuß rechtwinklig zur Wirbelsäule aufgesetzt wird.

Vorbereitende Positionen und weitere Übungen mit diesen Bank-Positionen siehe »Spielerische Bodenakrobatik«, Abb. 14.

Von der Anordnung oder Formation her lassen sich mit Bank-Pyramiden relativ schnell und mit wenig Übung vier Etagen aufbauen (ungleich- oder gleichgerichtet). Grundsätzlich – und aus verständlichen Last-Gründen – werden es nach oben hin immer weniger Partner, das heißt, daß 4 Untermänner unten in der Bankstellung sind, auf der nächsten »Lage« sind 3 Partner (wieder ungleich oder gleichgerichtet), und auf der 3. Etage sind noch 2 Partner. Der/die oberste kommt über den Schulterstand eines weiteren Partners nach oben und jongliert, spielt Diabolo, dreht Ringe oder Teller usw. (Abb. 33 a+b). Es ist darauf zu achten, daß die Knie nicht an schmerzhaften Stellen auf den Rücken gesetzt werden – jedes Knie und jeder Rücken ist anders.

Bückstandpyramiden
Wichtig dabei ist, daß bei genügender Dehnfähigkeit an der Oberschenkelrückseite eine waagrechte Standfläche für die nächsten Partner vorhanden ist. Bei Haltungsschwächen oder kleinen Haltungsschäden im unteren Brustwirbel- sowie im Lendelwirbelbereich kann man durch ein »Brust raus« noch eine einigermaßen brauchbare Standfläche bekommen (Abb. 34 a–c). Der optimale ›Stand-Punkt‹ wird nach einigen Versuchen und durch Rückmeldung vom Untermann von selbst herausgefunden (vgl. »Spielerische Bodenakrobatik«, Abb. 54). Der Aufbau der zweiten Etage erfolgt meist über ein Aufhokken aus leichtem Anlauf. Die dritte Etage wird über einen aufgeschulterten Partner vorsichtig aufgebaut. Von der Formation her sind die einfachsten Pyramiden 2:1, 2:1, 2:1, also zunächst eher Flächenpyramiden, dazwischen können Hängepositionen, Hand-Handstände oder Grätsch-Handstände auf dem Boden gezeigt werden (vgl. Abb. 11 + 12). Ein erstes ästhetisches Erlebnis dürfte die »3:2:1-Pyramide« sein, wobei zusätzlich noch jede(r) am Arm Jonglierringe drehen oder mit allerlei Gegenständen jonglieren könnte ... (Abb. 35).

Abb. 34   Abb. 35

Abb. 33 a

b

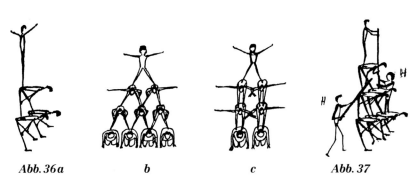

Abb. 36 a   *b*   *c*   *Abb. 37*

Formationen wie 2:1:1, 1:1:1, 4:3:3:2, 4:3:2:1 oder 2(3):2:2:1 wären schon ganz ansprechende Aufgaben (Abb. 36 a–c). Helferstöcke stabilisieren die Obermänner (Abb. 37).

Diese Pyramiden werden meist in Linienaufstellung gezeigt, auch wenn daran noch etwas Dynamisches geschieht. Aber gerade deshalb sollte man versuchen, andere Formationen und geometrische Kombinationen auszuprobieren (Kreis, Halbkreis, mit Stand, Kniestand und Bankposition sowie Handständen kombiniert, mit Zusatzgeräten, kommunizierend mit anderen Pyramiden, ... s.o.) (Abb. 38).

Kniestandpyramiden

Pyramiden mit einer Kniestand-Basis können als Flächen- oder Kettenpyramiden zwar Eigenwert besitzen (Abb. 39a), werden jedoch häufiger dazu genommen, um in den Stand hochgedrückt zu werden, so daß es dann Schulterstandpyramiden werden (Abb. 39 b+c). Die geometrischen Anordnungen lassen sich nahezu beliebig kombinieren.

Kniestandpyramiden sollen immer mindestens auf Bodenläufern o.ä. gemacht werden (Knie!); auf einem Weichboden wäre der Stand nicht solide genug.

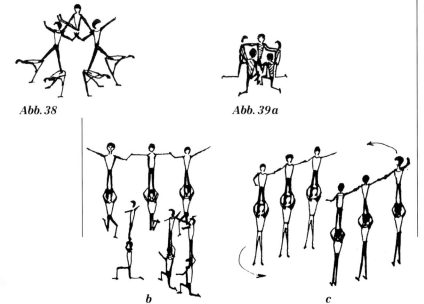

Abb. 38   *Abb. 39a*

b   *c*

Schulterstandpyramiden

Wie oben angedeutet, können auch Schulterstandpyramiden in allen möglichen geometrischen Formen aufgebaut werden. Günstige Last-Relationen bei Kreispyramiden ergeben sich z.B. aus 5–6 Untermännern und 2–3 Obermännern. Der Aufstieg auf die Untermänner erfolgt z.B. über die Oberschenkel, wenn alle Untermänner noch im Kniestand sind. Natürlich können auch 2 Pärchen schon aufgeschultert mit 2 Untermännern ohne Partner zusammentreten, auf die die Obermänner je einen Fuß auf die freie Schulter stellen. Über das »Aufschultern« siehe weiter unten (Abb. 40). Wenn sich aus Stabilitätsgründen die Untermänner mit den Armen an den Schultern gegenseitig halten, müssen die Obermänner bei diesem Gewirr von Händen, Ober- und Unterarmen darauf achten, daß sie nicht auf den oberen Teil des Oberarmes treten, da sonst das Schultergelenk verletzt werden könnte. Entweder gleich auf zwei Unterarme stehen oder den Fuß auf je eine Schulter darunterschieben.

Mit Sicherheit sind solche Aufbauten eine sehr kommunikative Angelegenheit, man muß sich nur einmal all die spontanen und witzigen Kommentare nebenher anhören. Als ›Krönung‹ könnte später noch ein weiterer Obermann von innen an einem Tau ganz nach oben klettern, sofern diese Pyramide geschickt in einer Halle aufgebaut wird, wo Taue in der Nähe sind. Ansonsten kann er/sie auch von innen hochgezogen werden oder auch von außen an den anderen Partnern hochklettern. Letzten Endes kann er auch über eine schnell sich formierende »Partnertreppe« mit Anlauf hochkommen. Als weiterer »Gag« könnte beispielsweise dieser dritte Obermann oben hängen bleiben, während die untere Pyramide abbaut und sich vor dem Publikum verneigt. Inzwischen sind auch die Taue wieder zurückgezogen worden. Dadurch wird erst nach einiger Zeit die Aufmerksamkeit auf diesen fehlenden Obermann gelenkt, was einen Sonderapplaus geradezu provoziert (Abb. 41).

Abb. 40

Abb. 41

Er darf nach einiger Zeit entweder über ein Tau wieder heruntersteigen oder auf eine bereitgelegte doppelte Weichbodenmatte abspringen. Alle 3 »Teil-Nummern« müssen vorher extra ausprobiert und geübt werden: Das längere Hängen am Gestänge, das Abgehen am Tau, wenn die Hände schon müde sind, sowie das Abspringen auf die Matte, zuerst natürlich aus geringerer Höhe. Auch im freien Gelände lassen sich Schulterpyramiden auf ähnliche Weise aufbauen, wobei sich die Untermänner zusätzlich z.B. im Uhrzeigersinn drehen oder kurzzeitig in den Kniestand gehen können, um sich dann wieder aufzurichten. Anfänger sollen hier möglichst nicht gleich eine 3. Lage aufbauen, das ist ohne Übung einfach zu riskant.

Bei einer Drehung laufen die Helfer mit und sichern mit erhobenen Händen. Besonders reizvoll ist das Aufbauen einer Schulterstandpyramide an einem schrägen Hang (Abb. 42). Eine etwaige Drehung erfordert dort besondere koordinative Fähigkeiten (Gleichgewicht, Reaktion, Orientierung).

Abb. 42

Pyramiden »mit Hand und Fuß«

Die obenerwähnten Bank-, Bück- oder Schulterstand-Pyramiden können auch auf Füßen und Händen von Untermännern gebaut werden. Bei fußgehaltenen Pyramiden kann eine größere Stabilität dadurch erreicht werden, daß sich die Untermänner mit ihren Händen an den Kniekehlen halten und außerdem nur zu zweit einen Ober- oder Mittelmann tragen (Abb. 43 a–d).

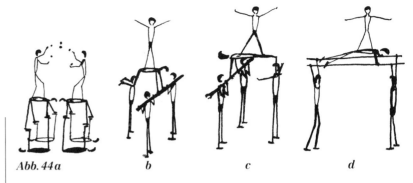

Abb. 44a   b   c   d

Pyramiden mit Zusatzgeräten (Stange, Rola, …)

Neben den Pyramiden, die an oder auf Großgeräten wie Kasten, Pferd, Barren und Reck z.B. möglich sind, kann man auch Pyramiden konstruieren, auf denen zusätzlich artistisch agiert wird, allein oder zu mehreren (Abb. 44 a–d). Aus Stabilitätsgründen sollten Pyramiden mit Rola-Brettern mindestens auf zwei Linien oder im (Halb-)Kreis aufgebaut werden, so daß je zwei Hände ein Brettende fixieren können (Abb. 45).

Flächenpyramiden

Diese Pyramidenart ist dadurch gekennzeichnet, daß die weiteren Etagen nicht immer nur auf den Schultern oder im Bückstand aufgebaut werden, sondern oft auch auf »halber« Position, d.h. auf den Oberschenkeln oder den Ellbogen. Sie gehen wie eine Fläche in die Breite und werden auch gern als »Kettenpyramiden« gezeigt. Man kann bei solchen Kettenpyramiden neben außergewöhnlichen Gruppenerlebnissen auch vielfältige geometrische Figuren und fotogene Formen kreieren. Turnerische Fähigkeiten werden hier weniger abverlangt als Synchronität, Gleichgewichts-Ausdauer sowie Durchhaltefähigkeit (Abb. 46–49).

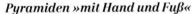

Abb. 45

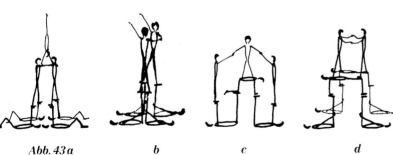

Abb. 43a   b   c   d

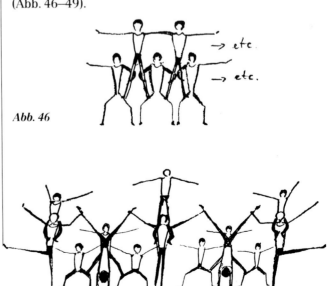

Abb. 46

Abb. 47

Abb. 48

Abb. 49

Abb. 50a (v. oben)

Abb. 50b (v. schräg)

Beim Einstudieren müssen unbedingt vorne *und* hinten Hilfe und Sicherheit geboten werden, da das Gleichgewicht nur auf einer Linie gehalten werden kann, nicht wie bei Rundpyramiden, wo man sich gegenseitig stützen und anlehnen kann.

Kreuzpyramiden

Die Kreuzform der Anordnung bringt es mit sich, daß hierbei ein relativ gutes Gleichgewicht über längere Zeit hinweg gehalten werden kann. Demzufolge ist es nach den üblichen Vorübungen von Bück- und Bankständen sowie Niedersprüngen keine Hexerei mehr, vier »Lagen« aufzubauen (Abb. 50 a–b).

Hochpyramiden

Sie verlangen wesentlich mehr athletische Fähigkeiten und natürlich auch etwas mehr Mut, da sie höher als breit sind und sowohl vom Aufbau wie vom Abbau her einiges an geübter Technik voraussetzen (Abb. 15 a–c). Sie können mit allen Körperpositionen kombiniert aufgebaut werden, auch als reine Bank-, Bückstand- oder Schulterstandpyramiden. Dennoch liegt der besondere Reiz in der scheinbar grenzenlosen Vielfalt an Kombinationsmöglichkeiten.

Abb. 51a   b   c

Grundsätzlich gelten 2 Regeln:
- Es darf kein Übender auf die Schultern eines Partners, bevor er nicht selbst einen verantwortlichen Helfer bestimmt hat, der hinter ihm steht und anfangs immer mit erhobenen Händen jederzeit die Hüfte stützen und so ein Zurückfallen verhindern kann.
- Zwischen »UND« und »HOPP!« muß der »Halb-Sekundenabstand« eingehalten werden. Es darf nicht vorkommen, daß ein Obermann ohne Ankündigung einfach auf seinen Partner aufsteigt, sonst kann es zu Verletzungen, besonders im Schulter- und Rückenbereich, kommen. Zuerst den Griff ansetzen, also Hände und Füße, dann kontrollieren und rückversichern und das ausgemachte Kommando sagen, erst dann die Aktion ausführen. Die Grobform vieler der folgenden Techniken läßt sich schon mit wenigen Versuchen erreichen.

Aufschultern

»Treppe«

Bei diesem relativ leichten Aufstieg stehen die Partner hintereinander, und der Untermann gibt beide Hände nach hinten. Der Obermann faßt beide Hände im Handgriff und legt einen Fuß an den Oberschenkel nahe der Hüfte an. Der Untermann geht fast rechtwinklig in die Knie, drückt sie nach außen, damit die Innenbänder und der Meniskus nicht belastet werden, und baut Spannung im Rumpf auf. Erst nach dem gewohnten ½-Sekundenabstand »UND-HOPP!« beginnt die Aktion des Obermannes. Der Aufstieg auf die Schultern erfolgt relativ zügig, wobei der Untermann sich erst zum Stand aufrichtet, nachdem das volle Gewicht auf den Schultern lastet, sonst müßte der Obermann einen zu weiten Schritt nach oben machen. Der Obermann richtet sich langsam auf, drückt seine Knie etwas zusammen und lehnt die Unterschenkel gegen den Widerstand des Untermann-Kopfes an. So kann er in leichter Vorlage einen angemessenen Stand erreichen. Anschließend geht der Untermann mit den Händen an die Waden und drückt die Unterschenkel des Partners fest auf seine Schultern, so daß beide Partner eine Einheit bilden. Der Obermann steht mit den Füßen zu zwei drittel auf den Schultern (Abb. 52). Der Helfer steht dahinter und signalisiert seine Präsenz

Abb. 52

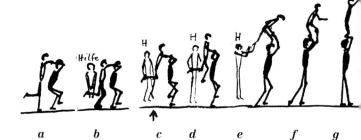

Abb. 54　　a　　b　　c　　d　　e　　f　　g

Präsenz und Wachsamkeit durch zeitweises Antippen an Oberschenkel oder Gesäß. Das schenkt dem Obermann Vertrauen. Nach einigen geglückten Aufstiegversuchen kann der Untermann vorsichtig einige Schritte gehen und auch z.B. eine halbe Drehung machen, wobei der Helfer unbedingt mitgehen muß. Ein Abgang nach hinten könnte sonst gefährlich werden. Das Herunterspringen soll signalisiert werden durch ein laut vernehmbares »AB«, wonach der Untermann beide Hände als flüchtigen Stütz nach vorne hochgibt.

»Kopf-Knoten«

Anstatt die Hände des Untermannes wie soeben beschrieben zu fassen, stützt sich der Obermann von hinten auf die Hände des Untermannes, der sie über dem Kopf gefaltet hat – aber alles erst nach deutlicher Ankündigung und angelegtem Fuß auf den Oberschenkel (Abb. 53a). Der weitere Aufstieg erfolgt im Prinzip wie bei der »Treppe«. Kurz vor dem Aufsetzen des 2. Fußes auf die Schulter kann noch ein kurzer Handkontakt erfolgen. Danach drückt der Untermann wieder die Waden des Partners auf die Schultern herunter, damit beide sicher stehen können (Abb. 53 a–c).

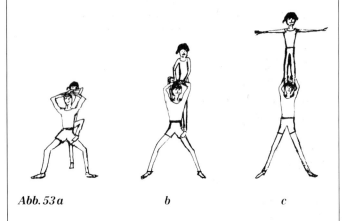

Abb. 53 a　　　　b　　　　c

»Schienbeinkatapult«

Bei dieser relativ leichten Aufstiegsart läßt sich in kurzer Zeit Eleganz und Perfektion erreichen. Beim »Schienbeinkatapult« steht der Obermann hinter dem Untermann und gibt wie bei der Treppe beide Hände in die des Untermannes. Er steht (meist) auf dem Nicht-Sprungbein und gibt den abgewinkelten Unterschenkel des Sprungbeins in die Hände des »Werfers«. Zwei andere Helfer stützen an Schulter und Handgelenk. Auf das Aktionskommando springt der Obermann ab und versucht auf dem Haltewiderlager des Werfers den gebeugten Unterschenkel zu strecken, wodurch er sofort mit seinem ersten Bein auf den Schultern des Untermannes landen kann (Katapultwirkung). Der Stand, das Ausrichten, Sichern, Ausgleichen und das Herunterspringen erfolgen wie oben beschrieben (Abb. 54 a–g).

Aufstieg von schräg vorne

Die Partner geben sich eine Hand wie zur Begrüßung, die andere Hand wird mit waagrechtem Ellbogen hochgenommen und zur Kleinfingerseite aufgedreht (»Sonnenblende«). Der Untermann drückt das Knie seines gebeugten vorderen Beines wieder nach außen (Innenbänder/Menisken). Der Obermann setzt seinen ersten Fuß in die Hüftbeuge und beginnt dann nach dem üblichen Kommando, mit dem linken Fuß auf die linke Schulter (oder mit rechts auf rechts) aufzusteigen. Wiederum richtet sich der Untermann erst auf, nachdem der erste Fuß auf der Schulter voll aufgesetzt ist (Abb. 55 a–d).

Aufspringen von schräg vorne

Diese Variante hat schon echt zirzensischen Charakter und verlangt vom Obermann ein kräftiges aktives Abspringen von ganz unten. Sinnvollerweise wird wieder mit drei rhythmischen Schritten angelaufen (»ram-ta-támm« = links-rechts-links oder rechts-links-rechts) (Abb. 56). Der Untermann steht bereit und hat seine Hände in ähnlicher Stellung wie vorher beschrieben. Beim Absprung hat der Obermann den Fuß direkt neben dem vorderen Fuß seines Partners und stützt sich gleichzeitig mit beiden Händen auf die des Untermannes (»Guten Tag-Griff« und »Sonnenblende«). Während dieser noch etwas in tiefer Position bleibt, führt ein Helfer die Hüfte bis zum Aufhocken mit hoch. Am besten übt man

Abb. 56　　　　　　　　　Abb. 55

Abb. 58 *a b c d*

alles zuerst wieder ohne Aufschultern und in verlangsamtem Tempo. Also zunächst nur rhythmisch anlaufen, präzise abspringen, Hände sicher greifen und den ersten Fuß an die Schulter setzen. Nach einigen ernsthaften Versuchen müßte es dann auch gelingen, auf diese sportliche Weise aufzusteigen.

»Wadensprung«

Die Technik des Aufspringens von der Wade ist sehr beliebt und wird sehr häufig in der Sportakrobatik angewandt. Dabei hilft ein ›federnder‹ Auftakt aus dem Stand, eine gute Gesamtkörperspannung und ein stabiler Stand des Untermannes. Den wohldosierten Absprung von der Wade unterstützt der Untermann durch Strecken des hinteren Beines, von dem der Obermann abspringt. Gleichzeitig stützt sich der Springer voll auf die Hände und kann nach einiger Übung kurz darauf anhocken. Der Griff ist wie bei der »Treppe« oder dem »Schienbeinkatapult« (Abb. 57). Und immer wieder an den »Halb-Sekundenabstand« denken!

Abb. 57

»Zwischenstation Gesäß«

Der Untermann steht etwas tiefer und breiter als eben, dreht den Kopf zur Seite, um den Obermann anlaufen zu sehen. Dieser springt nach »Klatsch-Ankündigung« – am besten wieder nach 3 rhythmischen Anlaufschritten (»ram-ta-támm«) – kräftig vom Boden ab und benützt das Gesäß sozusagen als Zwischenstation und zweite Absprunghilfe, um auf die Schulter steigen zu können. Der Absprungort ist auf gleicher Höhe wie das hintere Bein des Untermannes. Vor der Ausführung sollte geklärt werden, welches das Sprungbein ist, damit der Untermann eben das gleiche Bein nach vorne nimmt, sonst müßte der Obermann über kreuz auf das Gesäß springen! Erst kurz nach dem Absprung kann der Springer die Hände des Untermannes greifen, praktisch in dem Moment, wenn der zweite Fuß auf das Gesäß aufsetzt. Daher muß der Untermann zum einen deutlich geöffnet seine Hände nach hinten geben, dabei zeigen die Ellbogen fast gerade nach vorne, und zum anderen auf die bevorstehende Dehnung und den gleichzeitigen Zug, der vom Obermann ausgeübt wird, vorbereitet sein (Abb. 58 a–e). Die beiden Helfer an den Seiten stützen den Springer an Ellbogen und Schulter. Auch hier ist es wieder sinnvoll, zunächst nur den Ansatz des Ab- und Aufsprungs zu üben, bevor man dem Untermann einen »Qualaufstieg« zumutet. Dieses etwas komplexere Timing verlangt einige Übversuche mehr und ein gut abgesichertes und diszipliniertes Vorgehen.

Aufstieg über den Schultersitz

Der Obermann schwingt zum Rücken des Untermannes in den Handstand auf und legt seine Unterschenkel über die Schulter. Auf ein Handdruckkommando am Unterschenkel spannt sich der Obermann im Rumpf und der Untermann zieht ihn hoch in den Schultersitz. Natürlich gibt es eine Reihe weiterer Möglichkeiten, in den Schultersitz zu kommen … In der zweiten Phase stemmt der Untermann wie ein Gewichtheber seinen Partner durch Hoch- und Tiefgehen aus den Beinen heraus nach oben. Dabei muß der Obermann seine Arme strecken und die Beine anhocken (Abb. 59 a–h).

Hocke rückwärts

So wie von der Schulter abgegangen wurde, kann, wie im Film, rückwärts wieder aufgehockt werden. Ein besonders wirkungsvoller »Gag« ist es, wenn man zuvor ein relativ langsames, aber elegant-kraftvolles Abhocken zeigt.

Der Obermann steht mit dem Rücken zum Untermann vor ihm. Nach einer Auftaktbewegung (beide Arme kurz seitwärts, dann wieder herunternehmen) springt der

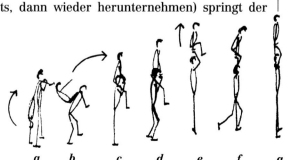

Abb. 59 *a b c d e f g h*

Abb. 60   a   b   c   d

Obermann aus einer tiefen Hocke ab und macht die Unterarme steif, wodurch es dem Untermann relativ leicht gelingt, seinen Partner hochzustemmen und aufzuschultern. Anfangs reicht es oft nur bis in den Sitz. Es wird dann wie bei der vorigen Variante aus dem Schultersitz weiter verfahren (Abb. 60 a–d). Zwei Helfer sorgen an beiden Seiten durch Stützgriff am Oberarm für ein gefahrloses Aufhocken.

»Trittbrett«

Ähnlich dem »Kopfknoten« und der »Treppe« wird beim »Trittbrett« direkt von hinten aufgestiegen. Der Fuß wird in beide Hände gesetzt, die hinter dem Rücken gefaltet oder übereinandergelegt sind. Der Obermann kann sich dann zunächst an beiden Schultern festhalten. Hat er mit einem Fuß schon fast festen Tritt auf einer Schulter, kann er sich mit einer Hand an einer Hand des Untermannes festhalten, die dieser inzwischen hochgibt. Danach wird mit dem anderen Fuß nachgestiegen (Abb. 61).

Abb. 61

»Aufreißer«

Diese Art des Aufschulterns dürfte eine der dynamischsten Techniken sein, die aber nach etwas Training gut leistbar ist. Der Schwerpunkt muß über die bisher größte Distanz »befördert« werden, denn der »Obermann« liegt zunächst mit dem Rücken am Boden und gibt die Hände gekreuzt seinem Partner, der in Schrittstellung über ihm steht. Die Griffe kann man sich so merken, daß beide Partner dieselbe Hand halb gekreuzt vorne haben. Nun zieht ihn der spätere Untermann so hoch, daß dieser über eine flüchtige Hockposition kommt und durch einen kräftigen Absprung nachhelfen kann, um sich auf die Arme aufzustützen und anschließend auf die Schultern aufzuhocken. Der Untermann hat während der Zug-Aktion eine ¼ bis ½ Drehung gemacht, je nachdem, wieviel der Springer mitdrehen muß, um in gerader Position auf die Schulter zu kommen (Abb. 62).

Diese Technik läßt sich bei angemessener Perfektion herrlich in clowneske Szenen mit einbauen und ist im wahrsten Sinne des Wortes ›aufreißerisch‹.

Abb. 62

»Partnertreppe«

Auch diese Aufstiegsart ist für clowneske Aktionen geeignet. Mit der »Partnertreppe« kann man mit entsprechender Schlagzeugbegleitung einem Partner sogar bis auf den Kopf steigen. Der Obermann geht zunächst über einen Partner, der auf dem Bauch am Boden liegt, schreitet dann zum nächsten, der in Bankstellung dahinter oder auf Rückenhöhe darübersteht, um über den übernächsten auf die Bücke aufzusteigen. Danach käme dann ein kleinerer Partner, aber stämmig genug, um den Clown kurzfristig auf die Schultern zu lassen. Schließlich kann er beim größeren »Ziel-Partner« auch auf die Schulter klettern (oder noch auf den Kopf) (Abb. 63 a–e).

Abb. 63   a   b   c   d   e

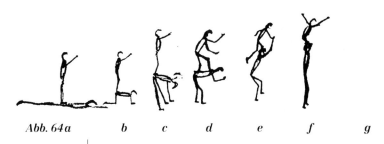

Abb. 64 a   b   c   d   e   f   g

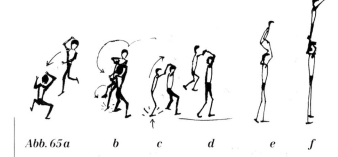

Abb. 65 a   b   c   d   e   f

»Sukzessives Aufspringen«

Diese Art aufzusteigen stellt ein weiteres kleines Clowns-Kunststück dar. Anstatt wie vorher für alle Positionen einen anderen Partner zu haben, geht hier ein Untermann sukzessive in alle Positionen, und zwar durch einen »Entlastungssprung« des Obermanns. Dieser steht zunächst auf dem Gesäß des auf dem Bauch liegenden Untermannes, nimmt etwas Schwung und macht einen ca. 20 cm hohen Strecksprung, währenddessen der Untermann in Bankstellung geht. 1–2 Helfer halten an der Hand oder am Ellbogen sowie an der Schulter des Obermannes. Aus dieser Bankstellung des Untermannes springt der Obermann nach erneutem Schwungholen wieder hoch und ›landet‹ so auf dem Untermann, der sich in Bückstellung zunächst noch kurz mit den Händen am Boden abstützt, um gleich in den korrekten Bückstand zu kommen. Der Obermann setzt nun einen Fuß auf die Schulter des Untermannes, der sich immer mehr aufrichtet und bald eine Hand zum Festhalten nach oben gibt. Kurz danach folgt auch der zweite Fuß und die zweite Hand zum Festhalten. Somit ist der Obermann auch auf den Schultern angelangt (Abb. 64 a–g).

Beidbeiniger Hocksprung von hinten

Dieser Aufgang wirkt elegant und leicht, erfordert aber schon ein sehr feines Gefühl für wohl dosierte Anspannung und Gleichgewichtsverlagerung. Ähnlich dem »Aufspringen von schräg vorne« springt der Obermann, der mit angelegtem Handgriff neben seinem Untermann steht, jetzt mit einem kleinen Auftaktsprung hinter den Untermann und von dort, mit beiden Beinen prellend, direkt vom Boden auf die Schulter. Der Untermann führt bzw. zieht den Auftaktsprung mit den Händen mit und baut dann volle Ganzkörper-Spannung auf, um den Schwung des Absprunges vor allem durch die Streckung seiner Arme mitzunehmen. So hat der Obermann keine allzu große Mühe, hochzukommen und aufzuhocken. Vorteilhaft ist es, wenn er sich z. B. aus der Position »Elefanten-Handstand« in den richtigen Handstand hochdrücken könnte (Abb. 65 a–f). Ein weiterer »Test« wäre das ›Zeitlupe-Aufschwingen‹ in den »Päckchen-Handstand« (vgl. Abb. 25 + 35 in »Spielerische Bodenakrobatik«). Fehlen diese Kraftvoraussetzungen, kann es sein, daß beim Aufhocken bzw. schon beim Hochdrücken zum Aufhocken die Knie zu früh angezogen werden, was der Untermann dann am Rücken und evtl. am Hinterkopf zu spüren bekäme. Also wäre als »Hausaufgabe« Bauchmuskeltraining und Elefantenhandstanddrücken eine sinnvolle Konsequenz. Diese Technik ist u.a. die Basis für das Aufschultern zu »Drei-Mann-hoch«.

Auf »Drei-Mann-hoch«

Ohne je einen Workshop oder Fortbildung darüber gesehen oder aktiv mitgemacht zu haben, wird es jetzt etwas schwierig für Anfänger. Bei den Beschreibungen müßte von einigen Vorkenntnissen und Vorerfahrungen ausgegangen werden, sonst würde es einen ganzen Band füllen, wenn man alles komplett und umfassend für Anfänger beschreiben will. »3-Mann-hoch« empfiehlt sich erst, wenn verschiedene Varianten des Aufschulterns gut beherrscht werden und wenn die Niedersprungtechniken ›variabel verfügbar‹ sind – incl. Hilfe- und Sicherheitsstellung. Das Üben mit der Longe sowie Sicherheitsstellung auf hohen Kästen minimieren ein eventuelles Risiko. Bei der nächsten Landes-Schüler-Meisterschaft in Sportakrobatik oder bei sonstigen regionalen oder überregionalen Akrobatikwettkämpfen oder auch beim nächsten Zirkus kann man ja einmal ganz genau hinsehen oder sogar filmen, wie die Sport- und Zirkus-Akrobaten die diversen Techniken des Partner-Aufnehmens technisch lösen. Außerdem sei an dieser Stelle auf Bücher verwiesen, die »Partnerakrobatik« als alleiniges Thema haben (AARIS, FODERO/FURBLUR, KOLEV, BLUME).

Der »einfachste« Aufgang wäre natürlich ein Doppelsalto rückwärts vom Schleuderbrett … Aber da es noch so viele andere Möglichkeiten gibt, wollen wir wieder die gebräuchlichsten herausgreifen.

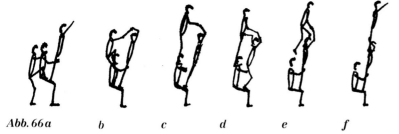

Abb. 66 a   b   c   d   e   f

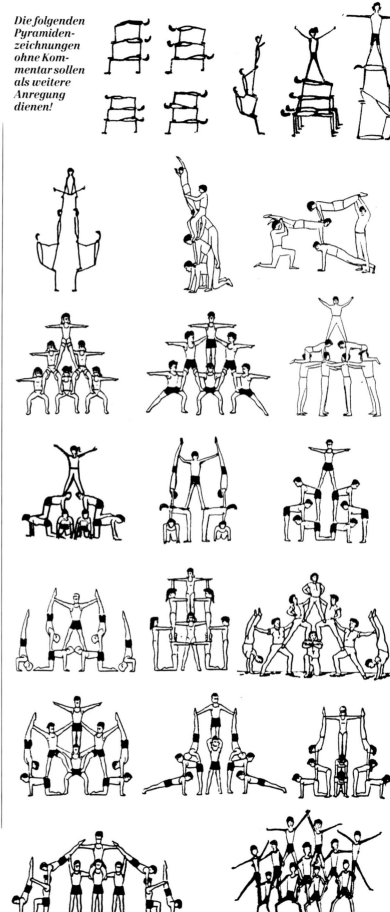

Die folgenden Pyramidenzeichnungen ohne Kommentar sollen als weitere Anregung dienen!

Eine gebräuchliche Übergangsform zu 3-Mann-hoch – Schulter auf Schulter – sind »2½-stöckige« Positionen. Hier steht der Mittelmann auf dem Oberschenkel des Untermannes und läßt den Oberpartner über die Schulter des Untermannes aufsteigen oder mittels Hocksprung aufspringen (Abb. 66).

Bei der ›echten‹ 3stöckigen Position, jeweils auf der Schulter, steigt im Prinzip der dritte auf den zweiten auf wie beim »normalen« Aufschultern vom Boden, z. B. über die »Treppe« (Abb. 52), über den »Wadensprung« (Abb. 57) oder über einen hochgezogenen Hocksprung von hinten, manchmal auch von der Seite aufgesprungen (Abb. 65). Mittelmann und Untermann gehen dabei leicht in die Knie und erleichtern somit den Aufstiegsanfang.

Der dahinterstehende Untermann kann seinen Partner auch auf seine Hände stellen und beim Aufspringen die Füße des Springers mit seinen Händen nach oben schieben. Mit der Zeit kann der Mittelmann auch alleine durch leichte Vorlage ausgleichen. Bei Erreichen der Hocke auf der Schulter gehen dann alle drei in den aufrechten Stand hoch. Jetzt kann man entweder für jeden Obermann je zwei Helfer bestimmen oder gleich mit der Longe arbeiten. Der Abgang erfolgt wie oben beschrieben.

Sehr elegant wirkt auch das Hochdrücken des 3. Obermannes, wenn er schon auf der Schulter oder besser in den Händen eines (»Begleit-«)Untermannes steht, der mit dem Rücken vor dem »Zielpaar« steht. Der hintere Mittelmann kann dabei die Technik »Hocke rückwärts« anwenden (Abb. 60).

Eine weitere Möglichkeit ist, mit *Handwurf* zu arbeiten: Der spätere Obermann gibt seine rechte Hand in die rechte des Mittelmannes, dann die linke in dessen linke Hand. Gleichzeitig steigt er mit dem Sprungfuß in die Hände des Untermannes und wird dann von ihm hochgeworfen, vom Mittelmann zuerst hochgezogen und dann gestützt (Abb. 67). Es ist eine Kombination aus »Aufspringen von schräg vorne« (vgl. Abb. 55) und Handwurf-Strecksprung.

Abb. 67

e   d   c   b   ↑a

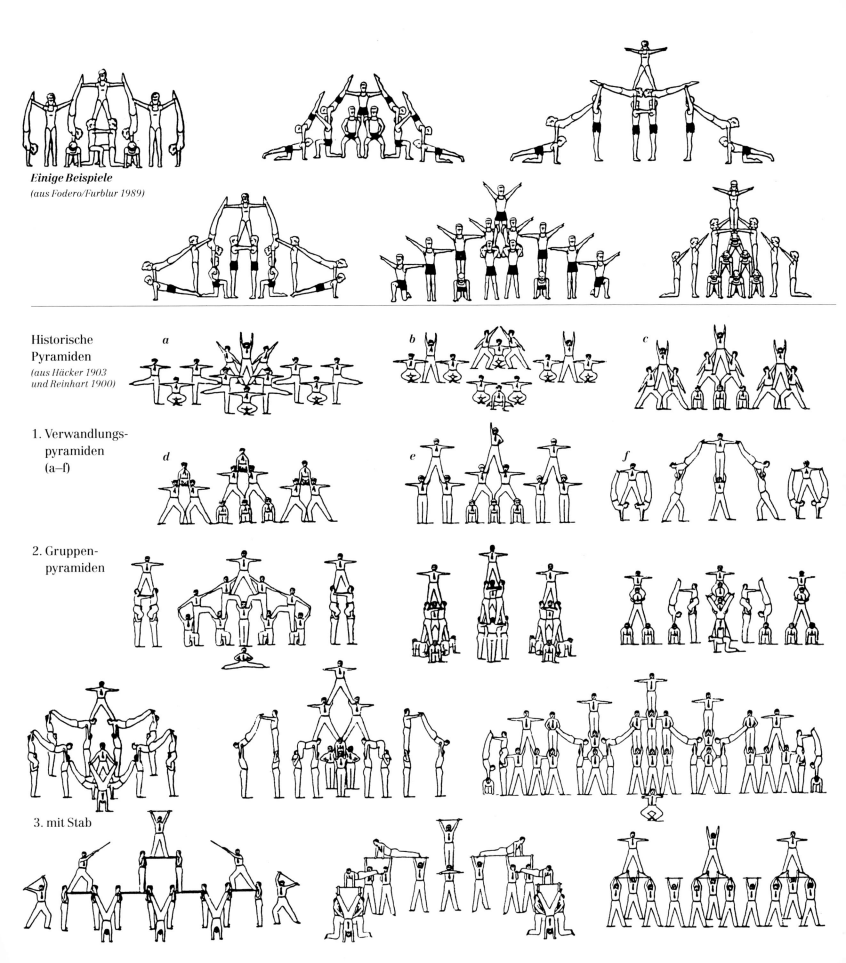

Einige Beispiele
(aus Fodero/Furblur 1989)

Historische Pyramiden
(aus Häcker 1903 und Reinhart 1900)

1. Verwandlungspyramiden (a–f)

2. Gruppenpyramiden

3. mit Stab

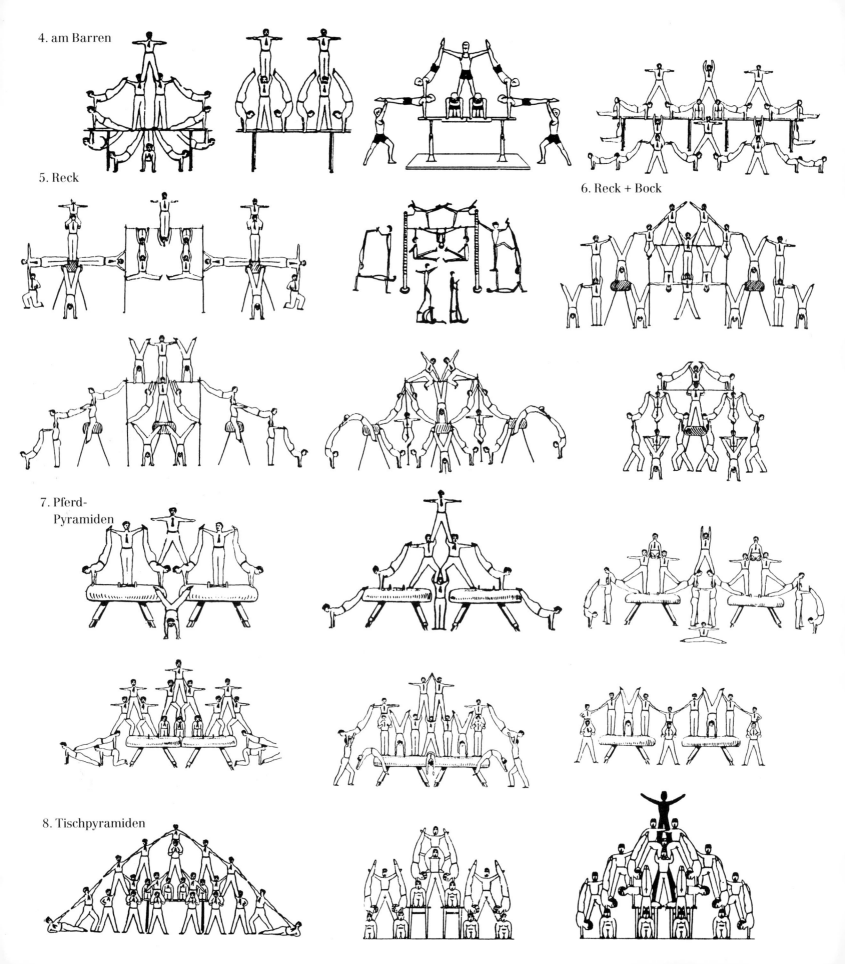

9. Stuhlpyramiden

10. Leiterpyramiden

11. Kombinationen

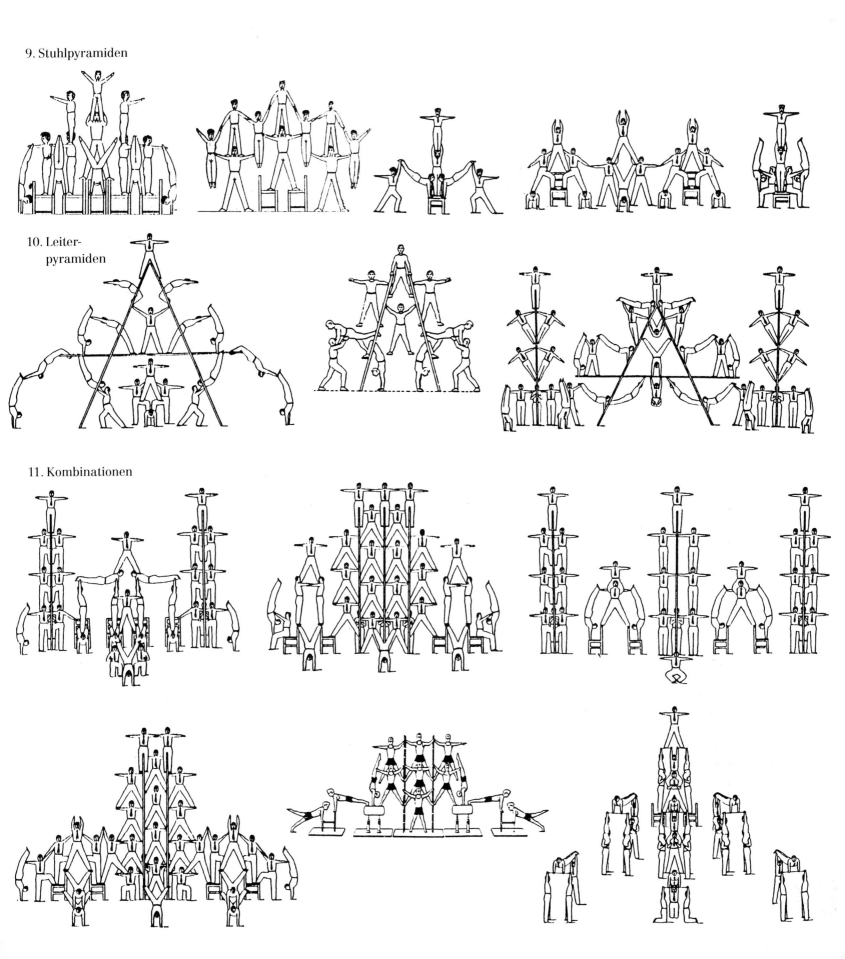

Hinweise

Praktische Tips

- Im Gegensatz zur Partnerakrobatik, wo der Obermann vertrauensvoll in Vollspannung im Stand oder im Handstand stehen kann und vom Untermann ›balanciert‹ wird, muß besonders bei Knie- und Bückstandpyramiden der Obermann selbst viel für den Erhalt seines Gleichgewichtes tun, da er von den Unter- und Mittelmännern oft gar nicht ›kontrollierend‹ gesehen werden kann. Die »Unterleute« können allerdings auch verhindern, daß der Obermann allzuviel zu kämpfen hat, z.B. indem sie vermeiden, unnötiges Wackeln und Standkorrekturen vorzunehmen. Wenn es unbedingt sein muß, dann nicht ruckhaft, sondern sehr langsam die Position verändern, sonst pflanzt sich der Korrigiervorgang verstärkt nach oben und könnte für unfreiwillige Abgänge unangenehm werden!

- Eine mögliche »Zwischenstufe« beim Aufschultern soll hier kurz noch für alle Techniken erwähnt werden: Falls es nach mehreren Anläufen nicht klappt, mit dem Fuß auf die Schulter zu kommen, kann auch zunächst mit dem Schienbein »zwischengelandet« werden. Nur toleriert das nicht jeder Untermann, und es kann leicht zur »Marotte« werden, so daß der innere Ruck zum »richtigen« Aufstieg immer wieder weggeschoben wird. Eigentlich ist es besser, sofort mit den Füßen hochzugehen.

- Der Untermann soll immer die Arme seitwärts halten oder hochnehmen, wenn er jemanden auf den Schultern hat, damit der Obere auf der »Muskel-Kuhle« einen besseren Stand hat ...

- Beim Pyramidenbauen wie auch bei den partnerakrobatischen Übungen muß man besonders auf sauber ausgelegte Matten bzw. Bodenläufer achten, damit beim Niedersprungtraining (zunächst immer mit Hilfestellung) von den Schultern des Partners nicht die Angst entsteht, auf die Mattenkante oder in eine Ritze zu springen. Auch sollte man den Übenden genug Platz einräumen, um nach dem Abspringen z.B. bei der anschließenden Rolle vorwärts nicht schon mit der nächsten Partnergruppe zu kollidieren.

- Auch das Abspringen aus größerer Höhe soll unter »Manegebedingungen« simuliert werden (z.B. andere Matten, die meist kleiner und weniger dämpfend sind), wenn nicht schon hie und da vor Ort geprobt werden kann.

- Für die Gestaltung von Vorführungen und choreographischen Ideen sind die Einhaltung vorher ausgemachter Kommandos wichtig, damit auch alle Phasen des Aufbaus synchron gezeigt werden können. Entweder wird mit Zurufen gearbeitet, oder einer der Helfer oder Akteure gibt den Einsatz. Ein innerer Rhythmus mit zusätzlichem Sichtkontakt kann manchmal auch genügen, um alle Aktionen zu koordinieren. Oft reicht auch ein Klatschen für einen gemeinsamen Auftakt.

- Beim Üben oder Experimentieren, mindestens aber danach, sollten neue Einfälle oder praktikable Lösungen von Hilfestellungsproblemen oder Aufstiegsvarianten sowie von Positions- und Formationsveränderungen stets notiert oder skizziert werden, damit nach einiger Zeit ohne »Ausfälle« auf die gemachten positiven wie negativen Erfahrungen zurückgegriffen werden kann. Auf Karteikarten werden z.B. in farbigen Symbolen Schwierigkeit, Anzahl der Beteiligten wie der benötigten Helfer notiert; besondere Bemerkungen und Skizzen über mögliche Phasen der Hinführungen zur Zielpyramide sollten auch nicht fehlen. Es ist klar, daß die Schwierigkeit nur ›relativen‹ Wert besitzt, da es natürlich ein Unterschied ist, ob man mit Freizeitgruppen, Kindern oder turnerisch ausgebildeten Kindern/Erwachsenen arbeitet.

- Fotos und kommentierte Videoaufnahmen runden die Dokumentation ab. Das gilt für alle Disziplinen des Zirkusspielens, ohne daß es gleich zur Manie werden muß. Die LehrerInnen oder ÜbungsleiterInnen sollen eher im Hintergrund die ständige Erfahrungsdokumentation machen, wenn es nach einiger Zeit auf ein höheres Niveau gehen soll.

- Die Lernenden haben die Möglichkeit, beim Üben ihre Beobachtungsfähigkeit ständig zu verbessern. Das kann oder sollte man ruhig hie und da gezielt angehen, damit sie alle später das Gelernte auch aktiv weitergeben können.

Altersfrage

Bei der Frage, ab welchem Alter Pyramiden gebaut werden dürfen, muß man differenzierend sagen, daß leichte Positionen in Bank- und Bückstellung ohne weiteres wie »Wiesen-, Zimmer- und Familien-Akrobatik« mit jungen Kindern betrieben werden kann, wenn auf die Gefahrenpunkte (Wirbelsäule, nicht vom Partner abspringen, Niedersprungverhalten vor Hochpyramidenbauen, …) hingewiesen wurde. Jeder Elternteil sollte einmal sein Kind vor dem 3. Lebensjahr auf den Schultern nicht nur sitzen, sondern stehen gehabt haben, natürlich mit ständigem Handkontakt, versteht sich. Beim aktiven Aufschultern von Kindern im Grundschulalter sollte das obere nicht mehr als 75% des Körpergewichts des unteren haben. Besonders muß auf das exakte und disziplinierte Einhalten des Bereitschaftssignals sowie des »Halb-Sekundenabstandes« zwischen Ankündigung und Aktion (»UND-- HOPP!«) geachtet werden, damit im Schulter- sowie im Lendenwirbelbereich z. B. durch mangelnde Rumpfspannung keine Mikrotraumata auftreten, wenn der Partner beim unangekündigten Aufsteigen zu früh unerwartete Belastungen verursacht, die muskulär noch nicht toleriert werden können. Auch könnten durch das Aufschultern von mehr als dem eigenen Gewicht Vorschäden im Bereich der Schlüsselbeingelenke auftreten.

Kraftübungen zu Hause

Nicht nur für kleine Kinder ist ein regelmäßiges Dehnungs- und Kräftigungstraining sinnvoll. In Schule und Durchschnittsfamilie mit den dort leider oft anzutreffenden körperfeindlichen Einstellungen werden zu wenig »körperbildende« – und außerdem viel zu wenig koordinative Reize gesetzt. Meist wird nur der Kopf trainiert und der Körper vernachlässigt. Auf die vielen Gründe kann hier nicht eingegangen werden. Jedenfalls sei an dieser Stelle daran appelliert, daß die Eltern selbst ein hohes Maß an Verantwortung für die körperliche Leistungsfähigkeit mittragen müssen, besonders heutzutage, wo Bequemlichkeit und Körperträgheit regelrecht vorgelebt werden!

Wie dem Magen, so soll auch den Muskeln etwas zum Arbeiten gegeben werden. Und das kann und soll genauso wie das Essen, Lernen, Hausaufgaben machen und Spielen *zu Hause* ablaufen! Ein so erzogenes Kind wird mit mehr Körperbewußtsein und Selbstvertrauen in die Akrobatik/Artistik und ins Zirkusspielen hineinkommen, da alle nötigen körperlichen Voraussetzungen schon vorhanden sind.

Literaturhinweise

Aaris, S.B.: Akrobat Bogen. Viborg 1986 (DK).
Blume, M.: Akrobatik: Training – Technik – Inszenierung. Meyer-Verlag Aachen 1992.
Fodero, J.M./Furblur, E.E.: Creating Gymnastics, Pyramids and Balances. Leisure Press Champaign, Illinois 1989.
Gerisch, S.: Sportakrobatik. Sportverlag, Berlin 1966.
Grabowiecki, U.v.: Spielerische Akrobatik für jedermann; Sportpädagogik Heft 5/1984.
Grabowiecki, U.v.: Spielerische Akrobatik und Artistik, Gag, Slapstick, Pantomime und Jonglieren; Unveröff. Manuskript (ca. 150 S.), Stuttgart 1990.
Häcker, H.: Turnerische Aufführungen. 30 Stuhl- und Leiterpyramiden; Stuttgart 1900.
Häcker, H.: Turnerische Aufführungen. 70 Tafeln von Pferdegruppen und Pyramiden; Stuttgart 1903.
Häcker, H.: Turnerische Aufführungen. 100 Tafeln, Gruppen und Pyramiden. Stuttgart 1910.
Kolev, V.: Sportakrobatik. Hattingen 1991.
Reinhard, J.: Tisch- und Stuhlpyramiden. Lörrach 1900.
Ryser, Otto: A Teacher's Manual for Tumbling and Apparatus Stunds; WMC Brown Company 1961.
SPORTPÄDAGOGIK: Themenheft »Gleichgewicht halten« Heft 5/1984.

Wurf- und Schleuderakrobatik Udo von Grabowiecki

Einleitung

In diesem Kapitel soll eine Auswahl von Übungen vorgestellt werden, bei denen geworfen, geschleudert, gestoßen, katapultiert, gezogen oder gependelt wird. Manche naturgemäß etwas spektakulärere Übungsteile könnte man durchaus auch in das Kapitel »Spielerische Bodenakrobatik« zu der ›beweglichen Akrobatik‹ hinzunehmen und umgekehrt. Auf alle Fälle gehören alle Übungen zur Unterdisziplin Parterre-Akrobatik, und man kann sehr viele von ihnen recht spielerisch erlernen. Die notwendigen körperlichen Voraussetzungen ergeben sich meist mit der Zeit von allein – und warum können es nicht auch einmal Dehnungs- und Kraftübungshausaufgaben sein?!

Die Aktionen des Springers sowie die der Hilfestellung werden bei den ersten Übungen ausführlicher beschrieben. Bei vielen weiteren Saltoübungen sind die Tips für die Hilfestellung sowie die Bewegungsbeschreibungen der Springer oft ähnlich und daher knapper gehalten.

> Dennoch sei an dieser Stelle auf einschlägige Akrobatik- und Gerätturn-Methodik-Literatur (Knirsch, Kolev, Diem, Fetz) sowie auf Lehrgänge zum akrobatischen Bereich hingewiesen, da man erst nach einem Kurs die vorliegenden Tips als Gedächtnisprotokoll sehr viel besser mit der Gruppe umsetzen kann, als wenn man ganz unbedarft gleich mit dem Buch unter dem Arm in die Gruppe geht. Dies betrifft besonders dieses Kapitel, da hier das kalkulierbare Risiko um so kleiner wird, je mehr Kenntnis die Übungsleiter selbst haben, speziell was die Griffe der Hilfestellung angeht.

Griffe

Bei den Griffen (vgl. Kapitel »Spielerische Bodenkrobatik«) kommt hier noch zum einen der »Carré«-Griff hinzu:
Beide Werfer halten sich mit der linken Hand das rechte Handgelenk und gehen dann zusammen (Abb. 1). Zum anderen ist die Hand- und Körperstellung für geworfene Situationen von Bedeutung (Abb. 2a+b).

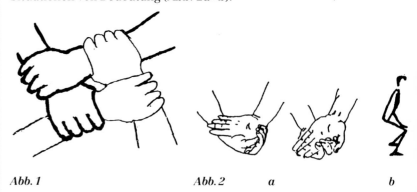

Abb. 1   *Abb. 2*   a   b

Rückwärtssalti

Salto rückwärts ist vom Technischen her und von der Bewegungssteuerung leichter als vorwärts, da man schon nach der Hälfte der Drehung den Boden sieht und die Landung entsprechend vorbereiten kann, was beim Salto vorwärts nicht so ist. Angstpsychologisch ist es leider umgekehrt: Alle Bewegungen nach hinten ins »Ungewisse« verursachen bei vielen eine diffuse Angst, die aber schnell durch psychologische Unterstützung abgebaut werden kann (gut zureden, überzeugen, vertrauenserweckender Aufbau, eingewiesene Hilfestellung). Bei allen Vorwärtssalti geht die Bewegung zwar in Blickrichtung, aber die Landesituation ist schlechter, weil man als Anfänger das bewußte und aktive Landen wegen des späten Sichtkontakts muskulär schlecht vorbereiten kann und daher oft zu tief in die Hocke geht, was wiederum nicht gut für Knie und Kreuz ist.

Wandsalto

Sehr reizvoll und gut für den Anfang geeignet ist der Salto rückwärts von der Wand (Abb. 3 a–k). Dieser Salto ist

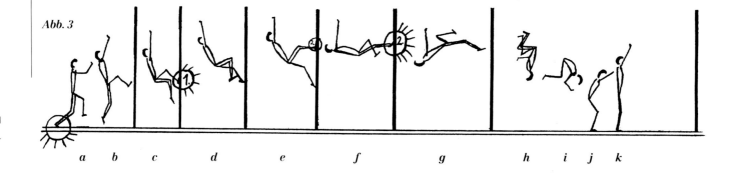

Abb. 3   a   b   c   d   e   f   g   h   i   j   k

wirklich leichter zu vermitteln, als man glaubt, und man muß noch nicht über Saltoerfahrung verfügen. Im Gegenteil:

Über dieses Arrangement können Teilnehmer erstmalige und dazu noch ungefährliche Saltoerfahrungen machen. Anhand der Abbildung sieht man, daß nach dem möglichst kräftigen Absprung vom Boden der erste Fußkontakt in etwa auf Bauchhöhe, der zweite über Kopfhöhe erfolgen soll. Eine Hilfe ist es, wenn man versucht, den zweiten Kontakt stärker auszuführen, damit die Beine schneller zur sicheren Landung beigezogen werden können.

Über den »Wand-Hochlauf-Salto« (natürlich immer noch mit Hilfestellung) kommt man nach ca. 10 Versuchen schon zum »Anlauf-Wandsalto« (3 bewußte Schritte). Die Hilfestellung begleitet immer noch sauber die Bewegung und soll immer noch unterstützend eingreifen. In der nächsten Woche oder Einheit (bei guter Vorerfahrung und genügender »Bewegungsexplosion«) werden manche schon relativ selbständig den Wandsalto springen können. Eine Sicherheitsstellung sollte dennoch immer bereitstehen! Die Salti können schon in der ersten Übphase gehockt, gebückt und gestreckt ausgeführt werden. Gute Turner können zusätzlich eine (½ oder ganze) Schraube mit einbauen.

Die zwei möglichen Hilfestellungen sind:
– Klammergriff (bitte nur) am nach oben gestreckten Oberarm, also keinen Drehgriff rückwärts oder vorwärts, sondern es reicht völlig aus, den Oberarm ›normal‹ zu umklammern.
– Der Springer stützt seine Arme auf die Schultern der Hilfestellung. Hierbei greift diese mit der »fernen« Hand vom Rücken her *über* die Schulter und – wenn es geht mit dem Daumen – mit der wandnahen Hand an die Unterseite des Oberschenkels. Die wandnahe Hand hält kurz vor der Landung am Oberarm zusätzlich fest, damit der Übende nicht unnötig und unkontrolliert nach hinten abrollen muß (Abb. 4 a–c).

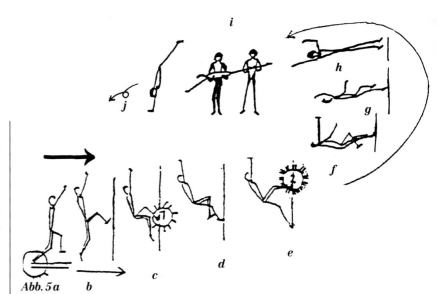

Abb. 5a b c d e f g h i j

Variante 1

Nur für Bewegungsbegabte oder Turner gedacht (Exklusivität deshalb, weil es sonst auch noch für die Hilfestellung eine Überforderung bedeuten könnte):
hochlaufen, ½ Drehung und Flugrolle. 2 Helfer fangen den Übenden nach der ½ Drehung vor dem Abrollen an Brust und Beinen auf (Abb. 5 a–j).

> Eine gute kontrollierte Flugrolle ist Voraussetzung hierzu, sonst besteht Verletzungsgefahr.

Ein methodischer Weg wäre, zunächst von einem Kästchen im Stand ½ Drehung zu machen und in Bauchlage von den Helfern abgefangen zu werden, um dann zum Handstandabrollen begleitet zu werden. Später aus größerer Höhe und aus dem Sprung.

Variante 2

Turner, die einen guten Salto vorwärts beherrschen, können an die ½ Drehung einen Salto vorwärts anschließen, was schon eine recht spektakuläre »Nummer« darstellt.

Handwurfsalto

Eine andere Wurfsituation erreicht man durch den (uralten) Handwurfsalto rückwärts, indem der Springer (wie auf eine Treppe) auf die zusammengeführten Knie steigt, auf die der Werfer beide Hände aufeinandergelegt hat (Abb. 6 a–i).

Abb. 4a b c

Abb. 6a b c d e f g h i

Von der Bewegungsvorstellung her soll er – nach Auflegen des Ballens in die Hand des Werfers – schnell aufsteigen und einen Strecksprung nach hinten oben machen. Die Arme werden dazu nach Abstützen auf der Schulter des Werfers sehr schnell hochgenommen. Als weitere Rotationsverstärkung soll der Springer versuchen, die Knie an die Brust zu nehmen (und nicht, wie oft fälschlicherweise gesagt, die Arme an die Knie zu bringen) und vor der Landung wieder aktiv »auszufahren«, um den Körper möglichst weich abzufangen; aber nicht mehr als 90° in die Knie gehen. Der Rest, also das Geworfen-Werden und In-den-Stand-begleitet-Werden, ist sozusagen »physikalisches Abfallprodukt«, wofür der Springer fast nichts kann. Aber genau das ist dann der hohe Erlebniswert, der um so leichter zum weiteren Anstecken motiviert.

Hilfestellung: Um dem Springer ein erstes sicheres Gefühl zu geben, greifen beide Helfer mit der einen Hand am Hosenbund fest zu. Dabei zeigt der Handrücken nach oben. Der Ellbogen wird mindestens bis zur Waagrechten mit hochgenommen, um im Befarfsfalle den Springer problemlos in der Überspannungsposition »aufladen« zu können. Je nach Sprunghöhe kann so die Hilfestellung günstig und nahe am Körperschwerpunkt nach oben drücken, um das Flugerlebnis anfangs zu erhöhen und um eine bessere Landung zuzulassen. Die andere Hand gibt Rotationshilfe an der Unterseite des Oberschenkels. Versiertere Akrobaten können sich für den Werfer eine geöffnete Kniestellung leisten oder auch die Hände nur auf ein Bein legen, weil Gesamtkoordination, Kraft und Körperhaltung schon aus Erfahrung heraus richtig zusammenspielen. Der Werfer soll keinen Buckel machen, sondern den Rücken in leichter Vorlage geradestellen, so daß der Druck, der beim Werfen entsteht, gleichmäßig auf die Wirbelkörper verteilt wird (vgl. Abb. 2b). Für die ersten Versuche empfiehlt es sich dennoch, unbedingt die Knie zusammenzuhalten, damit der Springer eine Absprungsicherheit hat. Auch ist es nicht ratsam, die Finger ineinanderzuschieben.
Mit diesen Vorgaben können kleinere auch mindestens gleichschwere oder größere Partner problemlos werfen.

Die Wurfaktion beginnt dann, wenn der Springer in Vollstreckung ist (Abb. 6 c+d).
Erst dann wird der Wurf richtig effektiv (Höhengewinn und Rotation).
Später kann man wieder nach Belieben Jonglieren vor- oder nachschalten oder auch mit kontrolliertem Anlauf auf die Werferhände gehen. Nach einiger Zeit können auch 2 Werfer den Saltospringer gestreckt schleudern (Abb. 7).
Gute Turner können hier ihre Fähigkeiten wieder anwenden und zusätzliche Schrauben springen. Um hierbei eine gute Abstimmung zwischen den Werfern zu erreichen, sollte sich der Springer unbedingt öfters zum Strecksprung ohne Saltodrehung werfen lassen. Eine Hilfestellung verhindert eine etwaige Rücklage bei der Landung.

Abb. 7

Stangenwurfsalto

Kinder kann man wunderbar von einem dicken Gymnastikstab zum Salto rückwärts werfen, bei Erwachsenen nimmt man lieber eine Reckstange oder irgendeine Stahlstange von ca. 5 cm Durchmesser (Abb. 8), von der man später auch 2 Springer von 4 Werfern gleichzeitig werfen kann. Wichtig ist, daß die an der Wand stehenden Werfer die Stange im Zwie- oder besser im Kammgriff halten (die abwärts gehaltenen Handflächen zeigen nach vorne). Somit ist zumindest die Sicherheit gegeben, daß den Werfern bei einem kräftigen Absprung nicht gleich die Stange aus der Hand rutscht; außerdem sind bessere Kraftvoraussetzungen für ein anschließendes Werfen gegeben.
Die Springer stehen mit den Ballen auf der Stange und stützen sich an der Wand oder auf den Köpfen der Werfer ab, bis sie ihre leichte Rücklage gefunden haben, Schwung holen, in die Knie gehen und wie beim Handwurfsalto nach hinten oben abspringen (Abb. 9).

Abb. 8

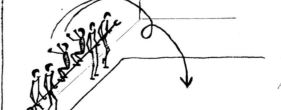

Abb. 9

Zwei Helfer sichern im »Saltogriff«: die ferne Hand greift wieder am Hosenbund nahe der Wirbelsäule; hoher Ellbogen. Die nahe Hand gibt wieder Rotationshilfe an der Unterseite des Oberschenkels. Statt am Hosenbund kann man auch vom Schulterblatt her über die Schulter greifen; nur soll dieser Griff so gut beherrscht sein, daß permanentes Begleiten mit Körperkontakt möglich ist. Bei den ersten Versuchen *bis zur Landung* mitbegleiten und absichern, um Verletzungen vorzubeugen.

● Es empfiehlt sich in jedem Fall ein Niedersprungtraining vorzuschalten, bei dem auf die Sauberkeit der Landetechnik besonderen Wert gelegt werden soll. Z.B. vom 5- bis 7-teiligen Kasten vorwärts und rückwärts auf eine Weichbodenmatte springen und wieder nur bis max. 90° in die Knie abfedern. Das Abrollen nach hinten wie nach vorne muß als eine häufig angewandte Technik für eine Landung mit zu viel Rück- oder Vorlage (bei zuviel Rotation) wie eine Schutzmaßnahme verfügbar bzw. abrufbar sein. Die Arme werden zunächst kontrolliert in der Vorhalte belassen (Abb. 10 a–e). Beim Abrollen nach hinten wird der Kopf auf die Brust genommen, so daß es sich bei rundem Rücken fast automatisch besser abrollen läßt, als wenn der flache Rücken »aufklatscht«. Die Hände kann man, wie bei der Rolle rückwärts üblich, neben den Kopf setzen oder in Fausthaltung abrollen, wodurch in beiden Fällen der Körper im Moment des Überrollens nach oben hin weggedrückt wird.

Auch mit Erwachsenen kann man hier ganzheitlich arbeiten. Nach der Erfahrung mit dem Wandsalto ist die Grobkoordination, -orientierung und Landung ja noch präsent. Die Zielbewegung des Stangenwurfsaltos kann auch in Zeitlupe eingeübt werden. Durch den hochgehaltenen Ellbogen der Hilfestellung kann ohne viel Kraftaufwand länger und sehr bewußt die »gespannte Überstreckungsposition« erspürt und genossen werden. Außerdem kann die Landung angstfrei vorbereitet werden. Schlimmstenfalls landet man in der Bankstellung.

▌Beim Stangenwurfsalto wie beim Handwurfsalto klappt die Wurfunterstützung am besten, wenn Werfer und Springer sich – wie bei fast allen akrobatischen Timingsituationen – auf den »½-Sekunden-Abstand« einigen: d.h. zwischen »und« und »hopp« liegt ca. ½ Sek. Bei beiden Würfen kommt noch hinzu, daß die Wurfunterstützung (aktives Schleudern) erst ¼ Sek. nach »hopp« erfolgen soll. »Und« bedeutet Schwung holen, Knie beugen. »Hopp« bedeutet aktiver Absprung zum Strecksprung nach hinten oben.

Wird zu früh geworfen, kann der Springer meist nicht mehr die Beine durchstrecken, bekommt dann keine Höhe und hat u.U. auch noch Landeprobleme. Nach Erreichen einer Streckung geben die Werfer einen weiteren Impuls zum Gesamtimpuls des Springers hinzu, der bei guter zeitlicher Abstimmung den Genuß des Fliegens spürbar erhöht. Außerdem verstärkt das Werfen die Rotation, wodurch ein eher »passiver« Salto entsteht, wie bei vielen der folgenden Situationen auch.

Wurfstange

Mit ein wenig Konstruktions-Sinn könnte man es schaffen, einen sog. »russischen Barren« zu konstruieren. Darunter versteht man eine Wurfstange, auf der die Akrobaten von Handstand- und Standpositionen geworfen und wieder gefangen werden (Abb. 11 a). Leistbar ist für fortgeschrittene Anfänger und Turner durchaus, von einer solchen Stange geworfene Salti auf die Matte oder wieder zum Stand auf der Stange zu machen. Das Arbeiten mit einer Longe empfiehlt sich hier natürlich besonders. Die Landefläche auf der Stange kann man durch Aufbringen zweier Bretter mit 3 großen Flügelschrauben vergrößern und polstern (Abb. 11 a–c).

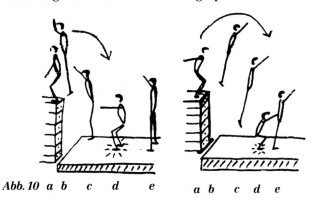

Abb. 10 a b c d e   a b c d e

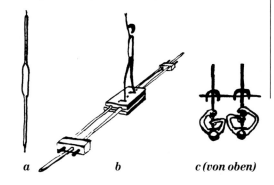

Abb. 11   a   b   c (von oben)

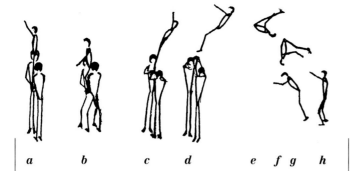

Abb. 12   a   b   c   d   e   f   g   h

»Carré«-Salto

Eine weitere Steigerung und größere Flughöhen erreicht man durch den sog. Handknoten-Salto, auch »Carré«-Salto genannt, weil die 4 Hände wie ein Viereck angeordnet sind (Abb. 12 a–h) Trampolinspringer oder Turner können hier natürlich wieder ihre Schrauben dazu machen. Für die nicht so Erfahrenen sollte der Niedersprung aus größerer Höhe (Landetechnik) unbedingt wieder vorher geübt werden, da man hierbei wirklich hoch fliegen kann und entsprechend gut landen können muß (vgl. Abb. 10). Voraussetzung hierfür ist ein gut beherrschter Salto rückwärts gestreckt und gehockt. Aus Belastungsgründen sollten leichte Werfer nicht schwerere Partner schleudern, sondern hier sollte die »75%«-Regel gelten, also der zu Werfende sollte höchstens ¾ so schwer wie der Werfer sein. Die Werfer sind immer zugleich auch Helfer und sichern die Geworfenen zur Landung ab. Auch hier wird es interessant, schon mit Longe zu arbeiten.

Als Variation oder Weiterführung können die Werfer versuchen, den Geworfenen entweder wieder im Stand und im »Carré« weich und nachgebend aufzufangen (Obermann muß sich steif machen, also viel Spannung aufbauen) oder über die »L«-Landung in den Stand zu begleiten. Ein »L« machen bedeutet für den Obermann, die Füße wie zum Sitz im Großtrampolin nach vorne zu nehmen, wo er dann am Oberschenkel sowie am Rücken abgefangen wird und er selbst seine Arme um die Werfer legt und so weich in den Stand weitergehen kann.

Über Doppelsalto, z.B. in die Schnitzelgrube, reden wir in diesem Rahmen noch nicht. Dafür braucht man eine längere konsequente Turner- oder Akrobatik-Ausbildung.

»Carré«-Sitz-Salto:

Der Springer sitzt auf dem »Carré« und stützt sich mit beiden Armen auf die Partnerschultern. Nach dem üblichen Auftaktfedern der Werfer kommt der Impuls für den Springer vom Handknoten, und der geworfene Salto kann genossen werden (Abb. 13).

Abb. 13

Schultersitz-Wurfsalto:

Ein Partner sitzt auf den Innenschultern zweier Untermänner, die mit beiden Händen je einen Fuß halten. Nach dem Auftakt stützt sich der Springer kurz auf die Köpfe, versucht einen Strecksprung nach hinten oben und wird danach kräftig nach hinten oben geworfen. Unmittelbar nach dem Wurf können sich die Werfer zur Absicherung schnell umdrehen (Abb. 14 a–g). Dennoch sind 2 spezielle Helfer am üblichen Platz mit den üblichen Griffen da, damit wieder schön in Zeitlupe und gut gesichert geübt werden kann.

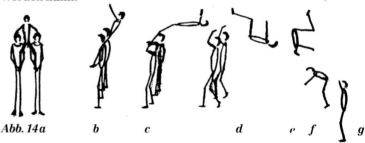

Abb. 14a   b   c   d   e   f   g

Salto vom Barrenholm

Ähnlich dem Stangenwurfsalto erzielt man schöne Flugerlebnisse, wenn man einen Salto vom niederen, später vielleicht auch vom hohen Barrenholm springt. Nur springt man jetzt selbst und kann allenfalls von 2 außen im Stand oder Hang Wippenden noch unterstützt werden (Abb. 15).

● Auch vom 6- bis 3teiligen Kasten ist es immer wieder angezeigt, den Salto hin und wieder zu springen, wenn man ihn schon beherrscht hat. Sonst kommt irgendwann der schlimme Moment, wo man mehr Angst als Selbstvertrauen in sein eigenes Können hat – das muß aber überhaupt nicht sein.

Der Übungsleiter bzw. Lehrer sollte sowieso einige der von ihm propagierten Übungen hie und da mit der soeben von ihm eingelernten Hilfestellung selbst durchführen, was allen gut tut (der Hilfestellung, den momentan Unbeteiligten und ihm selbst).

Abb. 15

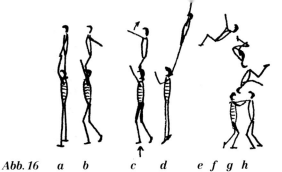

Abb. 16   a   b   c   d   e   f   g   h

Salto von der Schulter eines Partners

Ein ähnliches Sprung- und Fluggefühl hat man, wenn man von der Schulter eines Partners einen Salto springt (rückwärts ist natürlich wieder bedeutend leichter als vorwärts) (Abb. 16 a–h).

Wenn das Timing gut synchronisiert ist (»uuund – hoppp« = ½ Sek.), kann der Untermann im richtigen Moment aus den Beinen heraus noch eine Impulsverstärkung mitgeben. Voraussetzung ist hier auch wieder das Beherrschen eines Saltos vom 5teiligen Kasten o.ä.

Oberschenkel-Wurfsalto rückwärts

Aus dem seitlichen Anlauf tritt der Springer mit dem Sprungbein seitlich neben den Werfer, der gleichzeitig als Hilfestellung fungiert, und gibt ihm das gestreckte Bein am unteren Wadenbereich und an der Unterseite des Oberschenkels (als späteres »Druckbein«) in die Hände. Der andere Werfer packt am Hosenbund zu oder legt eine Hand um die Hüfte, damit er bei geringer Höhe ohne Probleme unterstützen kann, und er gibt mit der anderen Hand Rotationshilfe nahe am Gesäß. Der Springer stützt sich wie beim Wandsalto mit beiden Händen auf die Schultern der Werfer. Abgesprungen wird nach einem kleinen Auftaktwippen fast gleichzeitig vom Boden mit dem Sprungbein und von den Werferhänden mit dem gestreckten Druckbein, das dabei kräftig nach unten gedrückt und durch diesen Widerstand anschließend effektiv nach oben geschleudert wird (Abb. 17 a–j).

Die zusätzliche Hilfe auf der anderen Seite kann nach einiger Zeit wegfallen bzw. als Sicherheitsstellung fungieren.

● Innerhalb einer Choreographie eignet sich diese Technik gut für »ahnungsloses« Vorbeilaufen am Partner, z.B. jonglierenderweise. Plötzlich wird der Jongleur am Oberschenkel zum Salto geschleudert.

Einen ähnlich guten Überraschungsgag erzielt man mit einem »normal« aussehenden Mattenarrangement, das einen plötzlichen Wandsalto in keiner Weise vermuten läßt. Und plötzlich läuft eine(r) wie wild gegen die Wand…

Schultersitz-Wurfsalto

Aus dem umgekehrten Schultersitz kann man ebenfalls durch Absenken nach hinten bei gleichzeitigem Beindruck auf die Schulter des Werfers zum Salto geworfen werden. Der Werfer drückt ebenfalls knapp unterhalb des Gesäßes gegen die Oberschenkel. Die Helfer halten vor allem an der Schulter. Auch diese Übung eignet sich wiederum für ein Zeitlupenstudium (Abb. 18). Die Landung sollte allerdings nach einiger Zeit wirklich aktiv vorbereitet werden, d.h. Bein-Rumpf-Winkel kleiner machen durch »Knie an die Brust ziehen« und zur Landung wieder aktiv »ausfahren«.

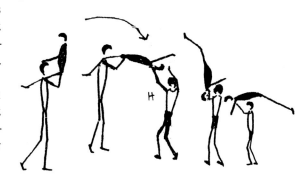

Abb. 18   (H = Helfer/in)

Schupfsalto rückwärts

Von hinten läuft der Werfer durch die gegrätschten Beine und baut gleich im gesamten Rumpf viel Körperspannung auf. Dann kann er den zu Werfenden aufnehmen und gleich druckvoll nach hinten werfen. Als zusätzliche Hilfe kann er sich mit seinen Händen auf den Knien kräftig abstützen.

> Auch hier gilt wieder die »75%-Gewichtsregel« wie bei vielen der vorgestellten Übungen. Halbes Gewicht und beherrschter Salto reichen aus, um wieder einmal eine »Welturaufführung« erfolgreich zu zeigen.

Abb. 17

a   b   c   d   e   f   g   h   i   j

Abb. 19 a   b   c   d   e   f

Zwei Helfer sorgen vor allem dafür, daß der Springer nicht zu früh nach hinten liegt, und daß er nicht etwa aus diesem oder anderen Gründen in ungünstige Landepositionen kommt (Abb. 19 a–f).

Frontaler Fußstoßsalto rückwärts

Als Vorübung und zur Gewöhnung beider Partner an die Situation eignet sich der »Fußstoß-Flickflack« (vgl. »Spielerische Bodenakrobatik«, ikarische Situationen). Der Obermann soll dynamisch und gespannt in die Brücke gehen und dabei mit dem Gesäß die Füße des Untermannes nach hinten unten drücken wollen, was anfangs die Hilfestellung übernehmen kann, indem sie mit dem ganzen Arm die Hüfte mitführt.

Der Untermann gibt zuerst etwas nach, um den Springer aufzunehmen und zu »transportieren«; er stößt erst kräftiger, wenn seine eigenen Füße senkrecht über seinen Kopf kommen (Abb. 20 a–h). Der Springer soll die Rumpfspannung behalten und nicht zu früh die Beine anziehen, sonst rutscht der Untermann mit den Füßen vom Gesäß ab und kann durch den Stoß ins Leere keinen ausreichenden Impuls mitgeben. Wie gut, daß er für solche Fälle mit seinen Händen den Obermann am Rücken abfangen kann…

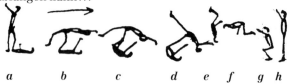

Abb. 20   a   b   c   d   e   f   g   h

Seitlicher Fußstoßsalto rückwärts

Aus der seitlichen Stellung zum Untermann geht der Springer wie beim Fußstoßsalto auch nach hinten in die Überspannung, läßt sich aus Orientierungs- und Übungsgründen (für beide) wieder zuerst zum Schritt-Flickflack begleiten, um dann mit mehr Power zum »gestoßenen« Salto zu kommen (Abb. 21 a–i). Der Untermann muß das sukzessive Spiel mit den Füßen vom Aufladen bis zum nachgebenden bzw. dosierten, aber wesentlich stärker stoßenden anderen Bein auch erst sauber lernen. Eine kleine Unterstützung kann er sich durch Druck mit seinen Händen an den Knien geben.

»Rola-Salto«

Eigentlich ist es nur ein Gag, denn mit der Handkante in Karateschlag-Manier auf eine oder zwei Rolas zu schlagen, auf denen je ein Saltospringer steht, das ist keine Hilfe für die Springer, allenfalls für die Lachmuskeln. Voraussetzung ist die Beherrschung des Salto rückwärts aus dem Stand in den Stand. Der »Schläger« muß nur gut darauf achten, daß er nach bzw. mit dem Absprung dosiert das Brett herunterdrückt, so daß es danach nach einer Schleuderhilfe aussieht (Abb. 22).

Abb. 22

Vorwärts-Salti

Da der Salto vorwärts aus oben angegebenen Gründen schwieriger zu steuern und daher im Prinzip auch schwieriger zu lernen ist, muß besonderer Wert gelegt werden auf eine präzise Hilfestellung, die man in reduzierter Geschwindigkeit je nach Geräteaufbau gut lernen kann. Für die meisten vorliegenden Vorwärtssalti ist es daher gut, wenn man den Salto schon recht stabil gelernt hat. Falls nicht, so können zwar diese Übungen ein guter Zuträger sein, jedoch kein Lernersatz, besonders, was die Orientierung und Körperkontrolle während des Fluges und bei der Landung angeht. Es wäre illusorisch, diese Erfahrung in einer Stunde machen zu können. Daher ist es ja so wichtig, daß die Kinder früh genug Angebote bekommen, um all diese spielerischen Erfahrungen machen zu dürfen, um später ohne Schwierigkeit auf all diese Muster zurückgreifen zu können. Woher sollen sie es auch können, wenn sie es nicht lernen durften!

Schienbeinkatapult

Diese Technik, die eher zum Aufschultern angewandt

Abb. 21   a   b   c   d   e   f   g   h   i

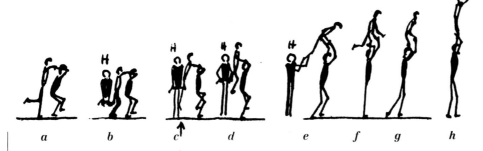

Abb. 23

wird, eignet sich gut, um ein Gefühl für den nachfolgenden Schienbein- und Oberschenkelsalto vorwärts zu bekommen. Der gebeugte Unterschenkel wird in die Hände des Werfers gegeben, und zwar seitlich oder direkt dahinter. Gegen diesen Widerstand wird bei gleichzeitigem Absprung vom Sprungbein der Unterschenkel kräftig gestreckt (Abb. 23 a–h).

Schienbein-Salto vorwärts

Diese etwas seltsame oder eher ungewohnte Situation wurde eben durch die Katapultsituation »entschärft« und kann mit relativ einfacher Hilfestellung durchaus realisiert werden. Es hilft natürlich, wenn man schon Erfahrungen mit dem Salto vorwärts gemacht hat, damit die schwierigere Landesituation nicht zusätzlich als »Unbekannte« dazukommt. Es gilt dieselbe Beschreibung wie beim »Katapult«, außer, daß jetzt natürlich die Saltodrehung dazukommt. Dafür werden nach der Streckung die Hände explosiv an die Knie genommen, aber nur kurz, denn für die Landung muß man unbedingt aktiv »aufmachen«, damit der Körper nicht in Kauerstellung landen muß! Am einfachsten läßt es sich vom 2- bis 4teiligen Kasten auf den Weichboden lernen. Voraussetzung wäre die Beherrschung des Salto vorwärts in der Grobform. Die Hilfestellung stützt anfangs mit der »fernen« Hand oberhalb des Schlüsselbeins an der Schulter und an den Händen ab und greift um, so daß beide Hände die Oberarme umfassen. Man kann auch mit beiden Armen an Bauch und Rücken »eingabeln« (Abb. 24 a–h).

Abb. 24

Oberschenkelwurfsalto vorwärts

Jetzt wird nach einem kräftigen einbeinigen Absprung das andere Bein gegen Widerstand nach unten gedrückt. Nach der Katapultwirkung erfolgen dieselben Bewegungsaktionen wie beim vorigen Schienbeinsalto (Abb. 25 a–g).

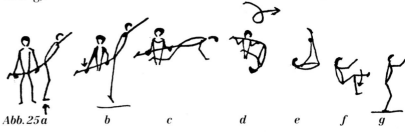

Abb. 25

Liegestütz-Salto vorwärts

Aus dem Liegestütz kann beim dritten Hüftwippen durch schnelles Anbücken oder Anhocken ein Salto erreicht werden (Abb. 26 a–i). Am Anfang reicht es, wenn man erst auf dem Rücken landet (auf dem Weichboden), bald wird man schon im Sitz landen können, wobei man nicht mit dem ganzen Oberkörper nachgeben darf. Daher führt die Hilfe an beiden Oberarmen und am Rücken mit und packt kurz vor der Landung fest zu. Nach einiger Synchron-Arbeit und genügender Bewegungsgeschwindigkeit reicht es dann auch in den Stand.

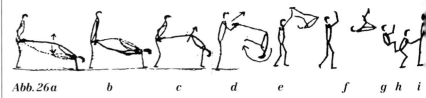

Abb. 26

Überwurfsalto vorwärts

Die Situation ist ähnlich dem Handwurfsalto rückwärts, nur wird jetzt nach vorne oben über die beiden Werfer gesprungen, damit der anschließende Wurf eine größere Höhe gestattet und durch den »exzentrischen Stoß« die Rotation eingeleitet wird, die vom Springer verstärkt wird (siehe Schienbeinsalto). 2 Helfer unterstützen wie üblich (Abb. 27 a–f).

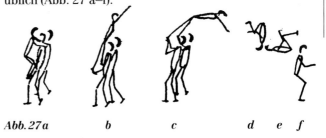

Abb. 27

Geworfener Stand-Salto vorwärts oder rückwärts
Ein Werfer im Grätschsitz wirft den Springer jeweils zum Salto rückwärts oder vorwärts. Voraussetzung ist die Grobformbeherrschung beider Salti. Hilfestellung wie üblich. Mit dieser Technik kann man auch gebückte und gestreckte Salti springen. Choreographisch kann man es so aufbereiten, daß z.B. 2 oder 3 Partner synchron eine Rolle vorwärts zum Stand in die Hände des Werfers turnen, abspringen und sich zum Salto rückwärts werfen lassen (Abb. 28 a–h). Oder sie schalten ein Überhocken mit Nachfedern im Stand vor, damit der Werfer mit seinen Händen unter die Füße greifen kann, um den Springer zum Wurfsalto vorwärts zu werfen (Abb. 29 a–h).

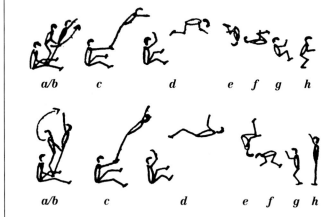

Abb. 28 a/b c d e f g h

Abb. 29 a/b c d e f g h

Überschläge, Hocken, Grätschen, Rollen, Kippen
Eine kleine Auswahl aus diesen Gruppen soll den Zugang bzw. die Motivation für diese Übungen erleichtern und dabei vermitteln, wie interessant einfache Übungen gestaltet werden können.

Glockenschwingen
Vom uralten »Glockenschwingen« (Abb. 30), was ein tolles Erlebnis für alle Beteiligten darstellt, kann man den geworfenen Überschlag vorwärts wie rückwärts ableiten. Für das Glockenschwingen stellen sich zunächst 7–9 Paare gegenüber auf und halten sich im Handgelenkgriff (vgl. Abb. 7c in »Spielerische Bodenakrobatik«).
Das mittlere Paar hält eine Reckstange o.ä. zwischen den Beinen, später etwas höher in der Ellbogenbeuge und

Abb. 30

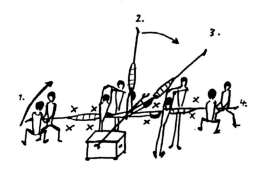

Abb. 31

steht dabei seitlich, am Ende sogar auf einer Schulter. Falls ein schwerer Partner geworfen wird, können noch zusätzliche Helfer die Stange halten und außerdem je ein Paar als Werfer dazukommen (x = Wurfpartner).
Der »Klöppel« sollte als Voraussetzung einen Handstand mit Körperspannung einige Zeit halten können. Dafür kann er in einer »Test-Vorübung« zeigen, daß er sich von 4–6 Partnern, die um ihn im Kreis herumstehen, im Handstand leicht hin- und herschuben kann, ohne gleich weich irgendwo nachzugeben oder womöglich in sich zusammenzusinken. Auch müssen die Werfer dem ankommenden »Klöppel« frühzeitig entgegengehen, ihn weich auffangen und tief in die Knie gehen, damit bei der nächsten Beschleunigung mit voller Kraft aus den Knien heraus auf die andere Seite beschleunigt werden kann. (Abb. 31) Turnerisch ausgestalten oder artistisch variieren und weiterentwickeln kann man es, wenn der zu Werfende andere Griffe (Kamm-, Zwie-, Ristgriff) benutzt und zusätzlich halbe und ganze Drehungen macht. Die Gruppe muß je nachdem auch einmal schnell ihre Achse drehen, damit der »Klöppel« – insbesondere bei Drehungen – wieder in die Gasse fällt. Statt an einer Stange kann man den »Klöppel« auch mit dem Hand-Hand-Griff und am Oberarm bzw. an der Schulter halten.

| Das Gruppenerlebnis wird noch verstärkt, wenn bei jedem »Glockenschlag« oder Beschleunigen eine lautstarke Untermalung erfolgt.

Riesenüberschlag vorwärts und rückwärts
Hierbei stehen sich 6–8 »Werfer« paarweise gegenüber und fassen sich im Carré oder Handgelenkgriff. Der Springer kann Mut und Vertrauen schon dadurch beweisen, daß er mit leichtem Anlauf in diese Gasse hineinspringt – auf den Bauch oder mit halber Drehung zur Rückenlandung – und sich schon einige Male ein bißchen hochwerfen läßt. Das ist auch gut für den permanenten Spannungserhalt des Springers und um herauszufinden, an welchen Körperstellen man gut stützen und werfen kann. 2 weitere Helfer fassen jeweils mit einer Hand an dessen Hand und mit der anderen am Rücken bzw. am

Oberarm. Die 2 Paare, die am Fußende werfen, müssen natürlich besonders stark beschleunigen, damit ein Überschlagen zustande kommt (Abb. 32, 33 a + b). Falls es nur bis zum Handstand hochreicht, gibt es 2 Möglichkeiten: Der Springer bleibt in voller Länge und läßt sich wieder zurückfallen. Darauf müssen die Werfer immer vorbereitet sein. Oder die Helfer ziehen die Arme unten etwas **gegen** die Richtung, und so müßte der Springer dennoch über die Senkrechte kommen.

● Die Landung erfolgt zunächst auf Weichboden. Für Auftritte sollte auch auf härteren Böden »weich« gelandet werden können.

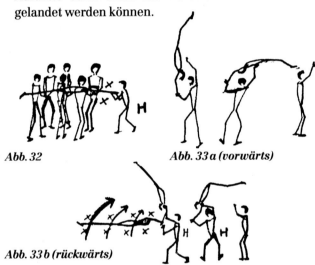

Abb. 32   Abb. 33 a (vorwärts)

Abb. 33 b (rückwärts)

Schiebe-Nackenüberschlag

Als Geländehilfe übt man diese Bewegung von einem Kasten herunter. Der Werfer sitzt auf dem Kasten, der Übende rollt halb über ihn ein, klemmt sich mit seinen Füßen kurz an den Oberarmen fest und greift gleichzeitig den Werfer im Handgelenkgriff. Danach läßt er sich nach einem kräftigen Beinschlag nach oben bei gleichzeitigem Druck gegen die Hände des Partners in den (weichen) Stand werfen (Abb. 34 a–e). Hilfestellung erfolgt jeweils am Oberarm und Rücken, wobei die »Rückenhand« kurz vor dem Stand an die Innenseite des Oberarms geht und so ein Überrollen verhindern kann.

Abb. 34

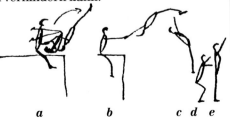

a   b   c d e

Hüftstoß-Überschlag

Der auf dem Rücken liegende Werfer legt seine Füße an die vorderen Hüftknochen (Darmbeinschaufel) des zu Werfenden und greift ihn am Handgelenk, so daß dieser dennoch ungehindert neben dessen Schulter kräftig zum »Handstand-Umfallen« aufschwingen kann. Dieser Schwung wird durch einen Beinstoß an der Hüfte ergänzt und noch durch zusätzliches Nachdrücken an den Armen unterstützt, so daß eine höhere Flugkurve erreicht wird – und ein schönes Erlebnis (Abb. 35 a–g)!

Abb. 35

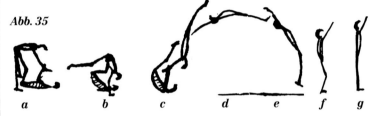

a   b   c   d   e   f   g

Zughocke, -grätsche

Ein Partner liegt mit angewinkelten Knien auf dem Rücken und läßt sich hochziehen. Kurz vor dem Stand holt er durch kurzes In-die-Knie-Gehen Schwung für einen kräftigen Absprung. Dieser Schwung wird ausgenützt, indem sich beide auf die Armen stützen. Der Fliegende sollte zuerst die Arme steif machen. Der Werfer geht einen Schritt vor, damit er besser unter den Partner kommt. Nach einer kurzen Stützphase bis über den Kopf des Werfers kann der Griff gelöst und nach einer Hocke oder Grätsche gelandet werden (Abb. 36 a–f). Hilfe erfolgt durch Griff am Unterarm und späteres Abstützen an der vorderen Schulter. Sollten die Helfer zu klein sein, kann man rechts und links Bänke oder 2teilige Kästen hinstellen, dann kann auch gleich am Oberarm gehalten werden.

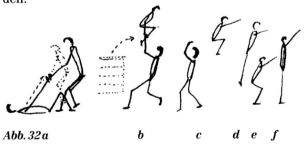

Abb. 32 a   b   c   d   e   f

Abb. 37

Manchmal reicht ein Werfer nicht aus, so daß zu zweit gezogen werden muß. Dann kann allerdings keine Grätsche gemacht werden.
– Die Haltung in Abb. 37, mit der man auch über den/die Partner gezogen werden kann, nannte man früher »Schafshocke«.
– Als weitere Variationen können diese Zugsituationen auch zu Flugrollen oder gar Überschlägen weitergeführt werden, aber das ist nicht ganz einfach und erfordert einige Übung, gute Orientierungsfähigkeit und gute Sicherheitsstellung.

Schleuder-Handstand auf die Schulter

Aus der Abbildung müßte man erkennen können, daß der spätere Obermann seinen Partner gegräscht und frontal »anspringt« und sich vertrauensvoll, auch durch gegenseitigen Schultergriff gesichert, nach hinten unten führen läßt (Abb. 38 b). Aus dieser Lage kommt der Schwung, der durch ständiges Klemmen der Knie an der Brust und ständigem Verkleinern des Bein-Rumpfwinkels zum Stütz auf der Schulter und schließlich zum Handstand auf der Schulter führt. 2 Helfer sorgen dafür, daß der Obermann nicht hinter die Schulter abwärts rutscht (Griff an Schlüsselbein-Schulter). Der Obermann darf ruhig etwas Vorlage haben, da der Gegendruck des Untermannes recht gut gesteuert werden kann. Voraussetzung ist ein gerader und gespannter Handstand. Das Gefühl hat etwas mit »Sensation« zu tun, denn für viele ist diese Position schon ein kleiner Inbegriff für Zirkus-Partner-Akrobatik (Abb. 38 a–e).

Zugkippe in flüchtigen Handstand mit 1/2 Fuß-Zug-Salto

2 Helfer ziehen im Knieklammergriff den auf dem Rücken liegenden Partner hoch, der eine Kippbewegung in den Handstand einleitet. Anschließend soll er unmittelbar nach dem Gezogen-Werden eine Salto-rückwärts-Bewegung versuchen, d.h. Schulter zurücklegen bzw. »an die Decke drücken« und die Knie an die Brust ziehen. Mit der vorigen Zughilfe reicht es meist schon in den Stand. Die Werfer sichern sofort an Bauch und Rücken die Landung ab (Abb. 39 a–g).

Abb. 39
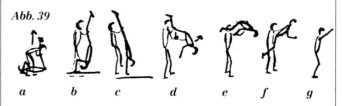
a b c d e f g

Pendelschwingen in den Handstand

2 Helfer halten den auf dem Rücken liegenden Partner an Armen und Beinen und pendeln ihn zur Gewöhnung einige Male hin und her. Bei immer stärker werdendem Pendeln kann fußwärts so weit gependelt werden, daß bei gleichzeitigem Druck der Arme auf die Hände der Werfer ein flüchtiger Stütz erreicht werden kann (Abb 40 e). Je 2 weitere Helfer sichern an beiden Enden ab und übernehmen den »Pendler«, der entweder an der Schulter oder an den Oberschenkeln abgebremst wird und weich landet. Wenn er es schafft, sich bei genügend Schwung zum Stütz hochzudrücken, müssen kurz vorher die Beine freigegeben werden, damit er in den Stand springen kann.

Für Turner, die eine Felge beherrschen (Barren, Ringe, Reck, Boden), dürfte es keine allzu große Schwierigkeit bereiten, frühzeitig »aufzumachen«, um in den Handstand hochzukommen (Abb. 40 f–h). Dabei muß aber zum einen für eine gute Hilfestellung gesorgt sein, zum anderen ein weicher Boden unterlegt sein, damit bei Fast-Erreichen des Handstandes beim ungebremsten Abschwingen rückenwärts keine Fersenprellung entsteht.

Abb. 38

a b c d e

Abb. 40a b c d e1 e2 f h g

Hochziehen aus dem Liegen in den Handstand

Der liegende Partner wird über eine Brücken- oder flickflackähnliche Position mit seiner eigenen Absprunghilfe und mit Unterstützung eines Helfers an Schulter und Gesäß in den Handstand hochgedrückt. Der Untermann geht dabei einen Schritt nach vorne, dann fällt es leichter (Abb. 41 a–i). Die Übung hat schon professionellen Charakter.

> Einige Übungen lassen sich relativ problemlos auch vom Beckenrand ins Wasser oder gleich im ca. 1 m tiefen Wasser machen. Rock 'n' Roll-Tänzer haben in ihrem Wettkampfprogramm manch schwierige Wurfteile eingebaut. Nur findet man so gut wie nichts in dortiger Fachliteratur. Oft werden Leistungstänzer von Sportakrobaten trainiert.

Eine Reihe weiterer Beispiele findet man schon in Büchern aus den 30er Jahren und in denen aus der Zeit der »zweiten Reprise« um 1950 bis 1960.

Schleuderbank / Schleuderbrett

Ein Erlebnis ganz besonderer Art stellt die **Schleuderbank** dar. Aufbau siehe Zeichnung. Die Wirkung ist sensationell. Es versteht sich von selbst, daß dabei einige wichtige Hinweise und Tips beachtet werden müssen (Abb. 42/43)!

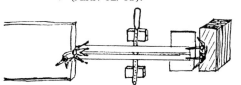

Abb. 42 Schleuderbank von oben

Abb. 43

Prinzipiell kann man schon bei diesem Arrangement Salto rückwärts (auch mit Schraube) sowie Salto vorwärts (auch wieder mit Schraube) springen.

Nicht zu vergessen ist, daß eine genügend große Landefläche mit Matten ausgelegt sein muß; z.B. Leichtathletik- oder 2x doppelte Weichboden-Matten ggf. mit Bodenläufer darüber. Auch wird es wieder sinnvoll sein, ein kurzes Niedersprungtraining (mit Hilfestellung) vorzuschalten; z.B. von der Sprossenwand (vgl. Abb. 104 in »Spielerische Akrobatik«) oder von einem 7- bis 9teiligen Kasten. Die anschließende Rolle rückwärts oder vorwärts wird oft notwendig sein, wenn man aus großer Höhe landen muß (Technik siehe oben).

Aus der Abbildung ist zu erkennen, daß 2 Partner auf einem Kastentisch (mit Matte) stehen, sich mit den Innenarmen festhalten und mit einem Bein auf den 2 aneinandergebundenen Bänken zu wippen beginnen. Auf der anderen Seite steht in leichter Rücklage gegen die Hilfestellung angelehnt der mutige Springer, macht sich steif und spannt besonders die Bauchmuskeln an. Das relativ schnelle Wippen der Bank kann als fest ausgemachter Auftakt wie folgt »verwertet« werden: Nach Aufnehmen des leichten Wippens zählt einer der 2 laut und deutlich: »und 1 und 2 und 3 uuund…« runter! Das letzte lange »uuund« bedeutet mit beiden Füßen draufstehen, wodurch die Wirkung beginnt und der Springer seinen Impuls erhält. Bei 2 Schwedenbänken ist dieser Impuls einem Trampolinsprung-Impuls vergleichbar. Nimmt man z.B. Dielen-Bretter oder »echte« Schleuderbretter, so ist der Impuls um so viel stärker, daß man es verbieten muß, es ohne fachliche Anleitung nur aus dem Buch heraus und nur mit »Laien« zu versuchen. Bei dieser Gerätanordnung aber reicht es aus, wenn alle Punkte genau eingehalten werden und mindestens ein ausgebildeter Übungsleiter, Turner oder Sportlehrer anwesend ist.

● Einige kleine Zusatztips:

Alte Schwedenbänke halten kaum mehr als 85 kg für den Springer und demnach das doppelte Gewicht auf der anderen Seite, also ca. 190 kg, aus. Das wäre sozusagen die »Geräte-Grenze«. Ansonsten kann man durch Hebelverkürzung auf einer Seite eine größere Wurfeffektivität herausholen oder auch durch zusätzliches Drücken mit den Händen von 2 Helfern auf der Seite der »Wipper«.

- An der Wippseite sollte am Boden eine Matte liegen, die den Aufprall der Bänke dämpft und so auch den Boden nicht schädigt. Außerdem sollen die Wipper jeweils eine Hilfestellung an der freien Hand bekommen.
- Falls der Springer weiche Knie bekommt, ist das für keinen günstig, da die Wipper keinen Widerstand bekommen und sehr schnell mit der Bank am Boden sind, und weil der Springer selbst keinen Impuls bekommt, sondern allenfalls »mit der Bank in die Knie« geht. Daher auf alle Fälle immer je 2 Helfer auf beiden Seiten und »Hochspannung« beim Springer – dann sind diese »Erlebnis-Sprünge« ein sensationelles Gefühl!

Zimmer- und Wiesenakrobatik

Für sogenannte »Zimmer-« und »Wiesenakrobatik« bzw. für Mutter/Vater-Kind-Turnen kann man einige der folgenden sowie andere, auch in anderen Kapiteln schon beschriebene Übungen einsetzen.

Hier einige Wurfsituationen für kleine Kinder – man kann wirklich schon mit den ganz Kleinen beginnen. Sie freuen sich sicherlich und werden sich auch später gerne daran erinnern, daß sie das so früh erfahren durften.

Was man diesen Kleinkindern als Bewegungserfahrung schon mit einem Jahr gezielt mitgeben kann, sind sogenannte viertel oder halbe »Pendelüberschläge«.

An den Füßen gehalten und hin- und herpendeln dürfen, läßt jedes Kind vor Freude quietschen, wenn es entsprechend konditioniert ist, besonders wenn evtl. charakterliche Anlagen keine Ängste aufkommen lassen. Wird es bis über die Waagrechte hochgependelt, kann erst eine Hand an den Rücken des Kindes fassen, dann gleich danach auch die andere Hand, um es an sich zu drücken und liebevoll zu umarmen. Nach einiger Übung ist sogar eine kleine Flugphase gestattet. Der gegenüberstehende Partner kann das Kind genauso jedesmal am Umkehrpunkt in Empfang nehmen.

Die natürliche Eltern-Kind-Beziehung garantiert fast schon von Natur aus ein behutsames Vorgehen, was übrigens in Zirkusfamilien für die Akrobatik und Artistik allgemein eine ganz wesentliche Rolle spielt. Hier wachsen die Kinder langsam, aber eben schon sehr früh in dieses ganze Bewegungsverhalten hinein, und Vertrauen ist eigentlich nie ein Problem, was es aber schnell bei Fremdhilfe werden kann.

– Wenn der mutige Elternteil die Füße des Kindes mit überkreuzten Armen festhält und es so pendeln läßt, kann gegen Ende noch ½ oder gar eine ganze Drehung dazukommen (Kind vorsichtig auf die Matte ablegen).

Schienbein-Schleuder-Überschlag

– Das Kind liegt auf den Unterschenkel von Mama/Papa/... und läßt sich auf dem Rücken liegend zu einem ¾-Überschlag rückwärts und auf dem Bauch liegend zu einem ¾-Überschlag vorwärts werfen (Abb. 44 und 45). Mit Brustkorb-Klammergriff (Daumen nach oben) bis zur Landung begleiten.

Abb. 44

Abb. 45

- Bezüglich des Gewichtsunterschiedes sollte beachtet werden, daß man Kinder bis ca. ⅓ des eigenen Gewichtes auf diese Weise noch schleudern kann. Danach ist es mit den Größen- und Kraftverhältnissen eher undurchführbar.

Babysalto vorwärts

Wie der Name sagt, eignet sich dieser Salto eher für die Konstellation »Erwachsener – Kind«. Genauer gesagt gibt es Lernprobleme, wenn man ihn mit Gleichgroßen und Gleichschweren übt. Im Rock'n'Roll wird dieser Salto hie und da gezeigt, aber da »stimmen« auch Kraft, Gewichtsverhältnis und Erfahrung.

Ausgangsposition: Das Kind beugt sich nach vorne und streckt die Hände mit den Handflächen nach außen durch seine gegrätschten Beine. Papa oder Mama (oder der Werfer) stellt sich mit den Beinen an den Rücken des Kindes, greift die Hände, drückt mit den Ellbogen fest auf die Hüfte des Kindes und zieht es hoch. Ein strahlendes Lächeln begleitet das Flug- und Dreherlebnis des Kindes – und hoffentlich auch des Größeren (Abb. 46 a–d).

Abb. 46 a b c d

Babysalto vorwärts zur Landung rücklings

Dieselbe Ausgangsposition für das Kind, nur steht der Werfer auf der anderen Seite und kann auch nicht die Hüfte klemmen. Das Kind soll ruhig versuchen, sich selbst etwas an den Händen hochzuziehen, dann kann der Werfer den Zug verstärken. So wird der Salto etwas höher. Auch soll zu Anfang ein weicher Untergrund vorhanden sein, damit das Kind bei zu früher Landung nicht mit den Fersen zuerst auf den Boden kommt. Es kann versuchen, die Beine ganz leise aufzusetzen (Abb. 47 a–f).

Abb. 47a b c d e f

Nachbemerkung

Auf Wurfsituationen von »Hand-auf-Hand« zu »Fuß-auf-Hand« (oder umgekehrt) sowie auf weitere sogenannte »Handvoltigen« wurde verzichtet. Dies gehört schon zur professionellen Sport- und Zirkusakrobatik und erfordert längere spezielle Ausbildung.

Literaturhinweise

Aaris, S.B.: Akrobat. Modtryk-Verlag in Arhus (Dänemark) 1986.
Bruckmann, M.: Wir turnen miteinander. Schwäb. Turnerbund Stuttgart 1990.
Derbolav, W.: Bodenkunstturnen, ein uraltes Turngut. Graz 1937.
Diem, H.: Bodenturnen. Körperschule für jedermann. Frankfurt, 2. Aufl. 1951.
Fetz, F.: Geselliges Turnen ohne Gerät. Wien 1959.
Fetz, F.: Die geselligen Bodenübungen. Frankfurt 1960.
Gerisch, S. u.a.: Sportakrobatik. Sportverlag Berlin (Ost) 1966.
Grabowiecki, U.v.: Spielerische Akrobatik und Artistik, Gag, Slapstick, Pantomime und Jonglieren; Unveröff. Manuskript (150 S.), Stuttgart 1990.
Kiphard, E.J.: Die Akrobatik und ihr Training. Essen 1961.
Kolev, V.: Sportakrobatik. Methodik und Lehrprogramme. Dt. Sportakrobatik-Bund (Hrg.) Hattingen 1991.

Zur Gerätturn-Methodik:

Knirsch, K.: Lehrbuch des Gerät- und Kunstturnens Bd. 1, CD-Verl.ges. Böblingen 1983.
Herrmann, K.: Methodik des Helfens und Sicherns im Gerätturnen. Hofmann-Verl. Schorndorf 1978.

Trapez
Martin Bukovsek/Udo von Grabowiecki

Einleitung

Was wäre ein Zirkus ohne Trapez!? Die besondere Faszination des schwebenden Fliegens und die nicht zu unterschätzenden Gefährlichkeit, besonders wenn ohne Netz agiert wird, reizt immer wieder Autoren und Regisseure, in ihre Film- und Roman-Geschichte das Trapez als »Schicksalsnummer« einzubauen.

Der Inbegriff des »fliegenden Trapezes« besteht natürlich aus den bekannten Nummern, bei denen mehrere Artisten entweder mit zwei gegenläufig schwingenden Trapezen arbeiten oder mit einem Fänger am Trapezgestell, der im Kniehang schwingt. Aber für solche Übungen braucht man allerdings viele Ausbildungsjahre, und das eignet sich kaum für Kinderzirkus-Aktivitäten.

Viel eher nachvollziehbar sind Nummern am stillhängenden Solotrapez, die auch am schwingenden Trapez gezeigt werden können.

Eine weitere Art, das Trapez in einer Schul-Zirkus-AG oder im Vereinsturnen einzusetzen, ist das »Pyramidenbauen« auf mehreren Ebenen.

Nimmt man zum schwingenden Trapez den Einsatz verschiedener Geräte hinzu wie Kästen, Stufenbarren, Minitrampolin, so entsteht wieder ein völlig anderes Bild.

In letzter Zeit entwickelt sich ein Teil des Trapezturnens zu einer künstlerischen Disziplin, bei der die Akteure wie beim einem Tanz versuchen, musikalische Inhalte zu interpretieren.

Auch dazu kann sich die Arbeit mit Kindern und Jugendlichen anregen lassen.

Absicherung

Für das Trapezturnen braucht man eine gute Absicherung, vor allem am Anfang, solange das Gerät für den Turner neu ist. Man wird wohl selten gleich ein Fangnetz aufspannen können, so wie man es aus dem Zirkus kennt. Eine Möglichkeit der Absicherung besteht darin, daß das Trapez in einer Höhe hängt, die vom Boden aus erreichbar ist. So sollte für den Turner immer eine »Hilfestellung« dabeistehen, die ihn durch Unterstützen oder Abbremsen helfen kann. Zusätzlich sollten unter dem Trapez Turnmatten bzw. Weichböden ausgelegt sein.

Die zweite Möglichkeit kommt dann in Frage, wenn das

Frans Masereel. Fliegendes Trapez. 1925

Trapez in einer Höhe hängt, wo der Turner es nur durch Hochklettern an einem Seil oder einer Strickleiter erreichen kann. Hierzu sichert sich der Turner mit einem »Hüftgurt«, an dem ein Seil am Rücken oder zwei Seile an den Seiten mit Karabinerhaken eingeklinkt werden. Diese Sicherungsseile führen bis zur Decke hoch, laufen über zwei Winden und hängen schließlich von oben

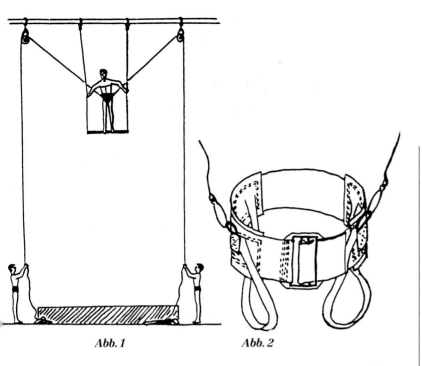

Abb. 1 *Abb. 2*

herab (Abb. 1). Ein bzw. zwei Helfer können durch Zug am Seil den Fall des Turners auffangen. Je nach Dauer der Trainingseinheit ist es für die Sichernden günstig, wenn sie mit dünnen Lederhandschuhen am Seil arbeiten. Einfacher ist es, wenn man sich mit dem Hüftgurt am Trapez festschnallt (Abb. 2).

Wenn man fällt, wird man von den kurzen Sicherungsseilen aufgehalten, die allerdings etwas härter »abfangen«. Der Vorteil dabei ist, daß man keinen zusätzlichen Helfer an den Sicherungsseilen benötigt.

ACHTUNG: Wenn mit einem Hüftgurt gearbeitet wird, muß man immer gut kontrollieren, ob er richtig angeschnallt ist. Er muß so fest sitzen, daß er sich nicht locker hin und her bewegt.

Wenn am hohen Trapez gearbeitet wird, sollte vor allem das Hinauf- und Hinunterklettern am Seil und an der Strickleiter geübt werden. Wenn man sich erst oben am Trapez angurtet, ist man während des Hoch- und Herunterkletterns nicht abgesichert!

Auch sollte am hohen Trapez bewußt das Fallen geübt werden. Die Übenden sollen die Erfahrung machen, daß die Sicherungsseile sie wirklich auffangen und absichern.

Die folgenden Beschreibungen zu den verschiedenen Übungen sind keine festen Regeln. Es sind Vorschläge, wie man eine Figur Schritt für Schritt angehen kann. Es gibt natürlich verschiedene Varianten, die zum gleichen Ergebnis (Figur) führen. Jeder wird für sich selbst entscheiden müssen, welcher Griff für eine Bewegung und welche Hinführung zu einer Figur für ihn am besten ist.

Schwierigkeitsgrade

Die folgenden Übungen werden nicht in Schwierigkeitsgrade eingeteilt. Jeder sollte sich selbst gut genug kennen, um zu wissen, was er sich zutrauen kann. Niemand sollte unüberlegt und mit Übermut handeln.

Stillhängendes Solotrapez

Positionen im Hang

Kniehang

Auf dem Trapez sitzen.
Langsam das Gesäß nach hinten absenken, zunächst noch mit beiden Händen halten, dann mit den Kniekehlen in der Stange hängen, beide Hände loslassen und den Körper nach unten hängen lassen.
Die Unterschenkel gut beugen!
Beide Arme zur Seite ausstrecken, Kopf in den Nacken.

Abb. 3

Kniehang mit einem Knie

Auf dem Trapez sitzen.
Nach hinten bis zum Kniehang absenken.
Ein Bein (hier das rechte) von der Stange wegnehmen, unter die Stange hindurchführen und dann leicht nach hinten ausstrecken.
Beide Hände loslassen und den Körper nach unten hängen lassen.
Den linken Unterschenkel wieder gut beugen!
Ist der Hang sicher?
Beide Arme zur Seite ausstrecken, Kopf in den Nacken.

Sturzhang

Mit beiden Händen unter dem Trapez hängen.
Beide Beine einhocken und nach oben zwischen der Trapezstange und den Schultern hindurchführen.
Man hängt jetzt mit eingezogenen Beinen kopfüber im Lot! Ist der Hang sicher?

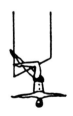

Abb. 4

Abb. 5

Jetzt beide Beine nach oben ausstrecken. Dabei in leichte Überspannung gehen. Kopf in den Nacken nehmen.

Umkipper
Auf dem Trapez sitzen.
Ein Bein (hier jetzt das rechte) so einziehen, daß das Knie nach rechts und die Fußspitze nach links zeigt. Das linke Bein ganz ausgestreckt nach links halten.
Sich mit dem Rücken nach hinten zurücklehnen. Dabei rutschen die Hände an den Seilen immer tiefer. Den Rücken und die Arme gerade halten.
Beim Sich-nach-hinten-Lehnen immer auf dem Trapez sitzen bleiben (die Stange soll nicht zu den Oberschenkeln rutschen). Dabei kommen jetzt die Beine nach oben. Sich so weit nach hinten lehnen, bis die Beine einen Halt an den Trapezseilen bekommen.
Jetzt beide Hände loslassen und zur Seite ausstrecken. Oberkörper nach unten hängen lassen. Kopf in den Nacken. Ist der Hang sicher?
Beherrscht man diese Übung gut, so kann man sie schnell machen:

Abb. 6

Man sitzt auf dem Trapez und läßt sich nach hinten umkippen.
Blitzschnell zieht man die Beine in die richtige Position und hängt schließlich kopfüber am Trapez.

Schwan/Nest
Auf dem Trapez sitzen.
Langsam das Gesäß nach hinten absenken, zunächst noch mit beiden Händen gut festhalten!
Beide Beine von der Stange wegnehmen und unter der Stange hindurchführen.
Hinter der Stange haken sich beide Füße über die Stange ein. Ist der Halt sicher?
Jetzt das Gesäß nach oben zwischen der Stange und den Schultern durchdrücken, bis man in der Überspannung hängt.
Kopf in den Nacken nehmen. Ist der Hang sicher?
ACHTUNG: mit beiden Händen gut festhalten. Beim »Durchdrücken« rutscht sonst die Stange aus der Hand!

Abb. 7

Fesselhang
Mit beiden Händen unter dem Trapez hängen.
Beide Beine anheben und nach oben an den Armen vorbeigrätschen.
Jetzt beide Beine rechts und links an den Trapezseilen einhaken, Beine ganz strecken und die Zehen anziehen. Haben die Füße einen guten Halt?
Die Hände loslassen und zur Seite ausstrecken. Den Körper nach unten hängen lassen.

Abb. 8

Hand-Fessel-Hang (parallel)
Auf dem Trapez sitzen.
Nach hinten bis zum Kniehang absenken, zusätzlich mit beiden Händen halten.
Stange in die Kniekehle nehmen.
Ein Bein (z.B. das linke) von der Stange wegnehmen, unter die Stange hindurchführen und durchstrecken.
Eine Hand (hier jetzt die linke) von der Stange lösen und über den Kopf strecken.
Man hängt jetzt mit der rechten Hand und Kniekehle am Trapez.
Das rechte Bein langsam strecken, so daß die Stange aus der Kniekehle über den Unterschenkel zur Fessel rutscht. Darauf achten, daß sich der rechte Fuß am linken Trapezseil einhängt. Ist der Halt sicher?
Die freie Hand über den Kopf strecken.
Vielleicht auch noch den Unterschenkel des freien Beines beugen. Den Kopf hochhalten.

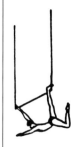

Abb. 9

Hand-Fessel-Hang (diagonal)
Im »Schwan« hängen.
Ein Bein (z.B. das rechte) von der Stange lösen und ausstrecken. Ist der Hang sicher?
Die gegenüberliegende Hand (hier jetzt die linke) vorsichtig loslassen und nach vorne ausstrecken. Achtung: sich mit der rechten Hand gut festhalten!
Kopf in den Nacken.

Abb. 10

Abb. 15

Abb. 11

Zehenhang
Mit beiden Händen unter dem Trapez hängen.
Beide Beine angehockt zur Stange hochziehen.
Die Füße bzw. Zehen über der Stange einhaken. Immer noch mit beiden Händen festhalten.
Die angehockten Beine langsam strecken.
Haben die Zehen einen guten Halt?
Jetzt vorsichtig die Hände loslassen und sie zur Seite ausstrecken. Den Körper nach unten hängen lassen.
Die Füße gut eingehakt lassen.

Abb. 12

Fersenhang
Auf dem Trapez sitzen.
Langsam das Gesäß nach hinten absenken, zunächst noch mit beiden Händen halten.
Mit den Kniekehlen in der Stange hängen.
Jetzt die Fersen hinter die Stange aufsetzen, die Knie leicht gebeugt halten, dann die Hände loslassen.
Körper langsam nach unten hängen lassen, Arme zur Seite strecken.

Abb. 13

Hang mit einer Hand
Mit beiden Händen unter dem Trapez hängen.
Eine Hand (z. B. die rechte) loslassen und nach vorne strecken.
Das gegenüberliegende Bein (hier jetzt das linke) anheben. Das andere Bein nach hinten ausstrecken.

Abb. 14

»Hang rücklings«
Mit beiden Händen unter dem Trapez hängen.
Beide Beine anhocken und nach oben durch die Stange führen. Man hängt jetzt mit gehockten Beinen kopfüber.
Die Beine werden langsam nach unten gesenkt und gestreckt. Dabei streckt sich der ganze Körper immer mehr.

Hangwaage rückwärts
Aus dem Sturzhang vorlings am Trapez erreicht man bei genügend Kraftreserven durch langsames Absenken des gestreckten Körpers die Hangwaage vorlings.

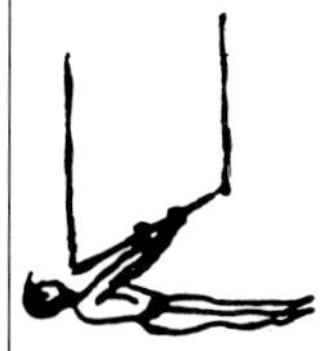

Hangwaage vorwärts
Aus dieser Position kann man entweder nach Lösen der Spannung und lockerem Durchschwingen mit anschließendem Durchhocken über den Sturzhang rücklings zur Hangwaage rücklings kommen. Oder man bleibt beim »Kraftakt« und hockt noch in der Waagrechten die Beine an und streckt sie erst wieder in die Waageposition rücklings hinein.

Nackenhang
Auf dem Trapez sitzen und sich an den Seilen festhalten.
Mit gestrecktem Körper langsam in den Langhang gleiten, indem der Griff an den Seilen gelockert wird, bis Stange und Nacken auf gleicher Höhe sind. Aktiv nach hinten schauen und Kopf fest im Nacken halten.
Jetzt kann man versuchen, langsam den Griff ganz zu lösen. Hat die Stange im Nacken einen guten Halt? – Hoffentlich! Zum Üben hängt man sich an einen gepolsterten Gymnastikstab, den zwei Partner halten, oder an das »Tau-Trapez«.

Sitz-, Stand- und Stützpositionen
Vogel
Auf dem Trapez stehen und sich an den Seilen festhalten.
Sich mit den Händen an den Seilen ein bißchen hochziehen (bis man »frei« steht), die Füße nach vorne und hinten etwas öffnen und sich langsam herunterlassen (die Stange ist jetzt zwischen den Beinen).
Sich auf die Stange setzen. Zwei Möglichkeiten:
a) die Trapezstange ist parallel zu den Schultern, d.h. rechts und links sind die Trapezseile.
b) die Seile sind vorne und hinten (Abb. 18 a). Jetzt mit den Armen wie ein Vogel mit den »Flügeln« schlagen.

Abb. 16

Abb. 17

Abb. 18 a

Abb. 18 b

101

Freier Stand

Auf dem Trapez stehen.

Die Füße werden jetzt so hintereinander gestellt, daß sie in einer Linie auf der Stange stehen. Der hintere Fuß steht dicht am hinteren Trapezseil.

Mit dem Rücken sich an das hintere Seil anlehnen.

Die Hand, die sich am hinteren Seil festgehalten hat, lösen und zur Seite strecken. Ist der Stand sicher?

Die vordere Hand wird vorsichtig losgelassen, aber noch in der Nähe des Seiles gehalten, damit man das Seil gleich wieder ergreifen kann, wenn man das Gleichgewicht verliert. Ist der Stand sicher?

Die vordere Hand wird nun auch zur Seite ausgestreckt. Wenn beide Arme leicht nach hinten ausgestreckt gehalten werden, bildet sich zwischen den Schulterblättern eine »Kerbe«. Beim Anlehnen an das hintere Seil sollte das Seil in der »Kerbe« liegen. Jetzt hat der Rücken einen besseren Halt.

Abb. 19

Freier Stand auf einem Bein

Man steht im »freien Stand«. Ist der Stand sicher?

Das vordere Bein wird jetzt vorsichtig vom Trapez gelöst.

Abb. 20

Flieger

Mit beiden Händen unter dem Trapez hängen. Durch einen »Hüftaufschwung« kommt man in den »Stütz«.

Der gestreckte Körper wird nach vorne in eine waagerechte Position gebracht. Die Trapezstange befindet sich auf Bauchnabelhöhe.

Gleichgewicht suchen und halten!

Die Hände von der Stange lösen und zur Seite strecken. Kopf in den Nacken. Die Beine sind gestreckt und geschlossen.

Abb. 21

Rückenwaage

Auf dem Trapez sitzen.

Beide Hände halten sich an den Seilen fest. Mit einer »Hin- und Herbewegung« der Arme (rechts vor, links zurück – links vor, rechts zurück – rechts vor) wird durch Zurücklehnen des Oberkörpers versucht, die Stange zur Hüfte zu schieben.

Hier muß die individuelle Stelle gefunden werden, wo bei gestrecktem Körper das Gleichgewicht gehalten werden kann. Bauch einziehen und Füße anschauen, also nicht im Hohlkreuz liegen! Das Gleichgewicht wird ausgeglichen, indem die zur Seite ausgestreckten Arme entweder mehr über dem Kopf oder mehr zum Trapez gehalten werden.

Arabeske

Auf dem Trapez stehen und sich an den Seilen festhalten.

Eine Hand (z. B. die linke) loslassen und nach vorne ausstrecken.

Ein Fuß (hier jetzt den rechten) vom Trapez lösen und aufrecht stehen bleiben. Ist der Stand sicher?

Jetzt langsam vorbeugen. Gestreckter Arm und gestrecktes Bein bilden eine Gerade. Ist der Stand sicher?

»Drachenflieger«

Auf dem Trapez stehen.

Die Hände halten auf Hüfthöhe die Seile so, daß die Handrücken zum eigenen Körper zeigen. Die Daumen zeigen also nach unten und die Ellbogen nach außen. Der Körper lehnt sich jetzt gestreckt nach vorne und die Arme strecken sich.

Die Beine bewegen sich nach hinten oben, bis der Körper in einer waagerechten Position ist. Kopf hochhalten und den Körper gestreckt lassen.

»Krokodil«

Aus dem (normalen) Stütz vorlings, also im Ristgriff, umgreifen in den Kammgriff.

Die Ellbogen zusammennehmen und leicht beugen.

Einen Katzenbuckel machen und mit den Ellbogen den gespannten Bauch stützen.

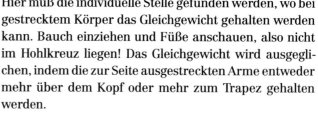

Abb. 22

Abb. 23

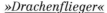

Abb. 24

Abb. 25

Durch langsames Vorlegen wird die Gleichgewichtslage gefunden, in der der Körper in der Waagrechten bleibt. Die Körperspannung muß natürlich bis in die Zehenspitzen gehen (aktiv zusammendrücken).
Kopf in den Nacken nehmen.
Auflösen z. B. durch
- Zurückgehen in den Stütz oder durch
- Überrollen nach vorne in den Langhang, dann kurz nach Ende des Rückschwunges wieder in Ristgriff wechseln.
- Nächste Position im Langhang anschließen oder wieder mit Hüftaufschwung in den Stütz gelangen.

Positionen über dem Trapez
Sturzhang über dem Trapez
Auf dem Trapez stehen.
Die Hände halten die Trapezseile auf Schulterhöhe fest.
Beide Beine anhocken und hoch über den Kopf führen.
In dieser »Kopfabwärts-Position« jetzt beide Beine nach oben strecken.
Kopf in den Nacken nehmen. Ist der Hang sicher?

Abb. 26

Handstand
Die Ausgangsposition ist »Sturzhang über dem Trapez«. Ist der Hang sicher?
Die Beine öffnen und rechts bzw. links um die Seile wickeln (vgl. Abb. 27 a).
Eine Hand loslassen, mit der anderen Hand gut festhalten (sonst rutscht man an den Seilen herunter).
Die freie Hand stützt sich auf das Trapez.
Die zweite Hand läßt jetzt das Seil los und ergreift auch das Trapez.
Beide Arme müssen ausgestreckt sein.
Die Beine werden nacheinander ganz von den Seilen »abgewickelt«, nur der Fuß des jeweiligen freien Beines hakt sich am Seil fest (Abb. 27 b). Ist der Stand sicher?
Auflösen der Figur:
- Den Körper etwas in Überspannung drücken, damit die eingehakten Füße einen guten Kontakt zu den Seilen haben.

Abb. 27a

Abb. 27b

- Die Arme geben immer mehr nach, dabei sinkt der ganze Körper und nähert sich der Trapezstange.
- Die Stange an der Brust über den Bauch vorbeiführen, bis die Arme wieder ganz gestreckt sind.
- Die Füße können jetzt vom Seil gelöst werden, bis man im »Sturzhang« unter dem Trapez hängt.

Handstand auf einer Hand
Die Ausgangsposition ist »Handstand«.
Eine Hand (hier die rechte) sollte sich ganz rechts an der Trapezstange festhalten.
Den linken Fuß aushaken und das Bein zum rechten Bein hin schließen. (Jetzt ist das rechte Seil zwischen den Füßen). Ist der Stand sicher?
Vorsichtig die linke Hand loslassen und nach oben halten, dabei muß der rechte Arm sehr stark stützen.
Achtung! Es kann stark wackeln!

Tip: Das Üben des einhändigen Handstands kann zunächst am Boden mittels »Handstandklötzchen«, Zigarrenkisten oder am kleinen Kasten geübt werden (Abb. 29 a+b), wonach am Handstandbarren an der Wand und am Niederreck weitertrainiert werden sollte. Die Haltekraft der starken Hand verbessert sich erst durch regelmäßiges Üben. Dasselbe dann am Tau-Trapez üben.

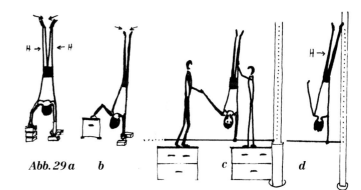

Abb. 28

Abb. 29 a   b   c   d

Kopfstand
Aus dem Stand mit Griff mindestens in Augenhöhe nach rückwärts durch einen kleinen Klimmzug in den Sturzhang gehen.
An den Seilen mit den Beinen festhalten.
Jetzt mit ¼-Drehung den Kopf auf die Stange setzen.

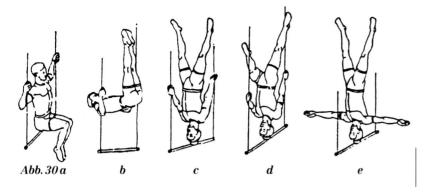

Abb. 30 a   b   c   d   e

Die Beine lösen sich wieder. Zum besseren Balanceausgleich empfiehlt es sich, zunächst eine leicht gebückte Grätschhaltung der Beine einzunehmen.

Tip: Es dürfte sich von selbst verstehen, daß man diese Position zuerst am ganz niederen (Tau-)Trapez bzw. auf einer Reckstange übt. Um besser und schmerzfrei auf dem Kopf stehen zu können, schnallt man sich ein spezielles Leder- oder Kunststoffkissen um Kopf und Kinn oder bringt eine entsprechende Vorrichtung auf die Stange an, die man bei Bedarf zur Seite schieben kann oder nach der Übung abschnallt (Abb. 30 a–e).

Für Fortgeschrittene seien als Beispiel zwei Positionen erwähnt, die man auf Zusatzgeräten wie Stuhl (Abb. 31 a+b) und Leiter zeigen kann (Abb. 32 a+b).

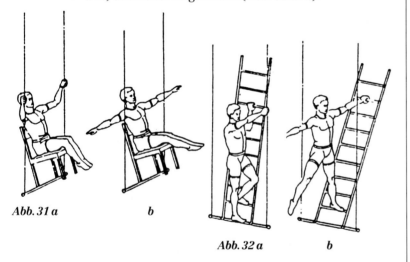

Abb. 31 a   b

Abb. 32 a   b

Auflösen von Figuren

Fast immer die leichteste Art, eine Figur aufzulösen, ist, sie so abzubauen, wie man sie aufgebaut hat. Man kann aber auch von einer Figur direkt zu einer neuen übergehen. Meist werden mehrere Figuren miteinander verbunden, bevor wieder eine »neutrale« Position eingenommen wird (Sitz, Kniehang, Stand, ...), von der aus die nächste Bewegungsabfolge aufgebaut wird.

Stillhängendes Trapez zu zweit

Hangsituationen

Die folgenden abgebildeten Figuren werden nicht ausführlich beschrieben, da man viele Aufgänge von den eben besprochenen Solotrapez-Aufgängen ableiten kann. Außerdem bedarf es besonderer Übung, wenn man zu zweit eine Abfolge von Positionen einstudieren möchte. Man wird dann nicht umhin können, vielfach selbst zu experimentieren. Die Kombinationsvielfalt und die Möglichkeiten der Ausgestaltung von Übungen z. B. mit Musik scheinen unermeßlich, haben ihren eigenen Reiz, und das Üben zu zweit ist schon nach wenigen Momenten höchst motivierend. Weitere Anregungen kann man sich bei der »Positionsakrobatik« holen (siehe Kapitel »Spielerische Boden-Akrobatik«).

Absicherung

Für das Verhaltenstraining bei unvorhergesehenem Abrutschen bzw. gar Stürzen ist zu beachten, daß am hohen Trapez grundsätzlich nur in angegurtetem Zustand trainiert werden soll. Dabei ist der Partner, der später in schnellem Wechsel die verschiedenen Figuren aneinanderturnt, mit der großen Longe am Zirkusmast oder an der Decke gesichert. Der »Fänger«, der im Prinzip ständigen Kontakt mit dem Trapez hat, ist über einen Hüftgurt mit Karabinerhaken und Seil am Trapez selbst gesichert. Falls je doch einmal ein Sturz passiert, muß der Stürzende selbst versuchen, sich günstig auf der Matte oder mit der Hilfe abzufangen. Der Partner oben muß sich dann auf sich konzentrieren, und soll sich nicht auch noch in Gefahr bringen, indem er den Stürzenden etwa durch reflexartiges Festhalten zu retten versucht, es sei denn, ein Abrutschen am Körper läßt sich wirklich ohne Probleme durch Festhalten noch verhindern.

Abbildungen ohne Kommentar
(Abb. 33–51)

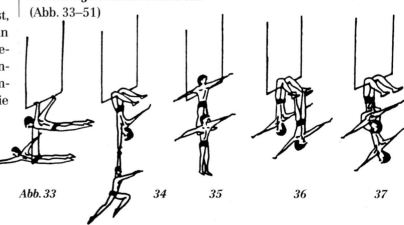

Abb. 33   34   35   36   37

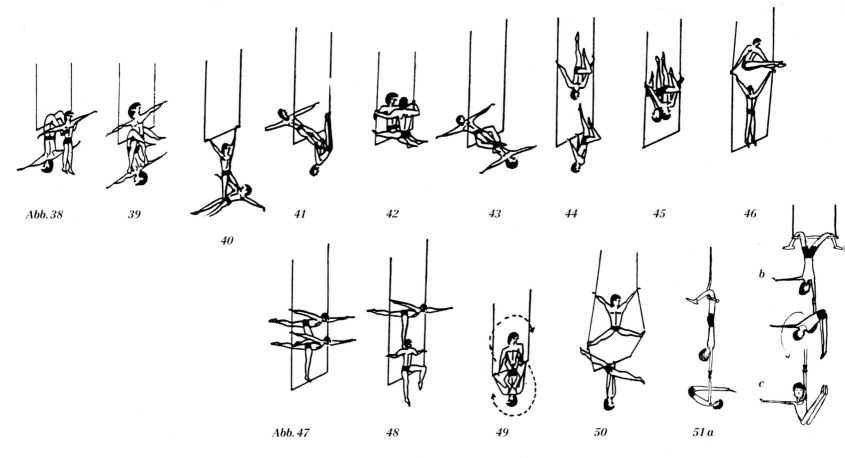

Abb. 38 39 40 41 42 43 44 45 46

Abb. 47 48 49 50 51a b c

Frei schwingendes Solotrapez mit dynamischen Übungen

Wie beim Trapez zu zweit können auch hier viele Übungen vom stillhängenden Solotrapez auf das frei schwingende Solotrapez übertragen werden.

Dem Timing und damit auch der Rhythmisierungsfähigkeit kommen erhöhte Bedeutung zu, wenn man z. B. aus dem Schwingen heraus am Ende des Vorschwungs in den Stütz gelangen und anschließend wieder im richtigen Moment in den Langhang kommen will, um die nächste Übung anzuschließen. Bei Übungen mit Springen vom Stand auf dem Trapez in eine Hangposition müssen einige Monate incl. gutes Grundlagentraining vorausgegangen sein, bevor solche schwierigen Nummern gelingen. Aber hierzu kann dieses Buch keine Anleitung geben; dafür muß man schon professionelle Zirkusschulen oder andere Ausbildungsstätten besuchen. Was mit mehreren verschieden hoch schwingenden Trapezen möglich ist, kann hier auch nicht besprochen werden.

Schwingendes Solotrapez mit Äquilibristik

Eine solide körperliche Grundausbildung sollte man für Trapeznummern in Verbindung mit Äquilibristik mitbringen. Dann kann man, entsprechend gesichert, einige Grunderfahrungen ohne Risiko sammeln. So kann man z. B. durchaus in leichtem Schaukeln mit einem Fuß oder beiden Füßen auf dem Trapez versuchen, fast frei zu stehen. Natürlich kommt einem zugute, wenn man vorher schon auf dem Drahtseil Erfahrungen gesammelt hat.

Bei Übungen mit Positionen und Ständen sind drei verschiedene Schwungarten möglich:
– Das »normale« Schwingen oder Schaukeln, quer zur Stange, wie es jeder kennt,
– das Schwingen in Längsrichtung zum Trapez und
– das »kreisende« Schwingen (meist oval).

In allen Schwungarten kann man verschiedenste Positionen und Stände zeigen: auf einem bzw. beiden Füßen stehen, auf einem Knie, in verschiedenen Sitzpositionen, im Kopfstand – jeweils im Quer- oder Längsverhalten.

Alle Übungen sollte man zuerst am Boden, z. B. auf einer gezeichneten Linie oder auf einer am Boden liegenden Reckstange beherrschen lernen.

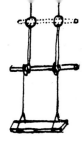

Abb. 52

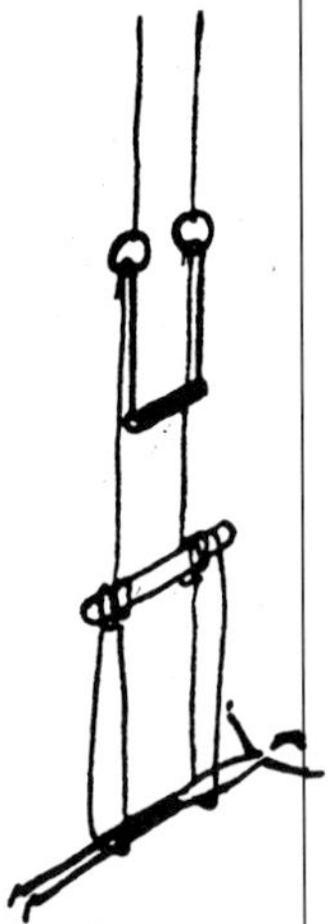

Abb. 53

In einer nächsten Stufe kann man am niedrigen Trapez Sicherheit und weitere Erfahrungen gewinnen, um dann in immer größerer Höhe zu üben. Genauso muß man die spezifische Gewichtsverlagerung beim Pendeln oder Schaukeln des Trapezes in alle drei Richtungen erst mit wenig Schwung erfahren, bevor man sich ans hohe Trapez wagt. Sturztraining gehört ebenso zum Trapezturnen. D. h. auch hier muß man lernen, sich »in die Seile fallen« zu lassen.

Im folgenden Abschnitt geht es weniger um das Training von Höchstschwierigkeiten, auch nicht um Glanznummern, wie sie im Zirkus zu sehen sind, sondern um spielerische Erfahrungen im Umgang mit diesem Gerät auf einem Niveau, das zunächst (fast) jeder hat und das man anschließend je nach der turnerischen Fähigkeit weiter steigern kann. Auch kann man mit den beschriebenen Gerätekombinationen so gut wie in jeder Sporthalle Trapez-Erfahrung sammeln.

Stillhängendes, mehrstöckiges Trapez

Mit einigen Handgriffen und Geschick kann durch Sprungseile und Stangen eine mehrstöckige »Hänge-Akrobatik-Station« eingerichtet werden (Abb. 52+53).

Da der Aufforderungscharakter dieser drei unabhängig voneinander beweglichen Ebenen recht groß ist, besteht die Gefahr, daß die Kinder anfangs bedenkenlos hochklettern, abspringen oder sonstige Kunststücke versuchen wollen. Wie so oft bei artistischen Dingen ist hier auch eine spezielle Einweisung nötig. Ein wichtiger und grundlegender Hinweis gleich zu Anfang ist, daß nicht mehr als 4 Kinder oder 3 Erwachsene gleichzeitig an den verschiedenen Ebenen hängen, sich stützen oder stehen dürfen. Auch dürfen nicht alle gleichzeitig wippen, da es etwa ab dem 15fachen Körpergewicht echt gefährlich wird. Daher muß sich der Übungsleiter bei einer solchen Belastung vorher, gegebenenfalls in Absprache mit dem Hausmeister oder sonstigem technischen Personal, über den einwandfreien Zustand der Seile und ihrer Aufhängung überzeugen. An diesen 3–4 Ebenen, die man auch recht phantasievoll variieren und kombinieren kann (Abstand, Aufhängepunkte), lassen sich viele schöne pyramidische Positionen sowie Stütz- und Hänge-Kombinationen ausprobieren. (Abb. 54)

Abb. 54

Schon das Aufsteigen auf diese wackeligen Ebenen ist ein Erlebnis. Neben Kniehangpendel sowie halben und ganzen Umschwüngen vorwärts und rückwärts kann man verschiedene Stände versuchen und z. B. die Füße einem weiteren Obermann geben. Auch Stütz- und Hangwaagen in turnerischer Form (Abb. 55) oder unter erleichterten Bedingungen (Abb. 56) können in beliebiger Kombination gezeigt werden.

Beim Abbauen solcher Kombinationen sollte man immer vorsichtig »herunterhangeln« und nicht abspringen.

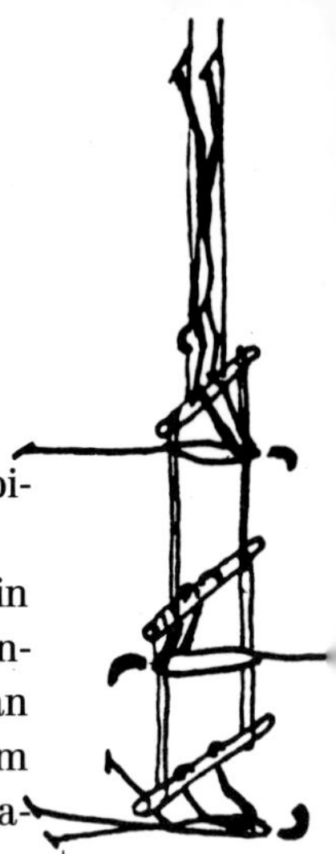

Schwingendes Trapez in Verbindung mit Geräten

Je nach Voraussetzungen (Zeit/Können/Gruppengröße/Alter/Kraft) lassen sich mit dem schwingenden Trapez sehr reizvolle Bewegungsverbindungen mit verschiedenen Geräten herstellen. Eine korrekte Mattenabsicherung ist selbstverständlich. Es sollten nach Möglichkeit auch zwei Hilfestellungen bereit sein, damit nach Drehungen und bei schiefen Schwüngen keine Verletzungsgefahr entsteht.

Stufenbarren und zwei Kästen

Ein Stufenbarren wird im Abstand von ca. 6 m von der Ringe-/Trapezaufhängung hingestellt und durchgehend mit Weichböden ausgelegt. Zwischen die zwei 7teiligen Kästen muß ebenfalls eine Matte gelegt werden. Die blauen älteren Schlaufenmatten lassen sich ohne weiteres knicken. Dahinter sollten Niedersprungmatten liegen, auf die man bei Bedarf angstfrei herunterspringen kann, wenn man zu viel Schwung hat oder nach Beendigung der Übung (Abb. 56). Für die verschiedenen Körperlängen sollte man ohne Aufwand den Stufenbarren mit 2–4 Helfern ½ Meter vor- oder zurückschieben können, auch wenn Matten darauf liegen. Vorausgesetzt, man hat einen Barren, der mittels vier Rollen ohne Probleme in alle Richtungen bewegt werden kann. Geeignet ist dafür der normale, transportable Schul-Stufenbarren, also nicht der »Olympia- oder Spann-Barren«, der mit Seilen im Boden verankert wird. Ungeeignet ist auch der Män-

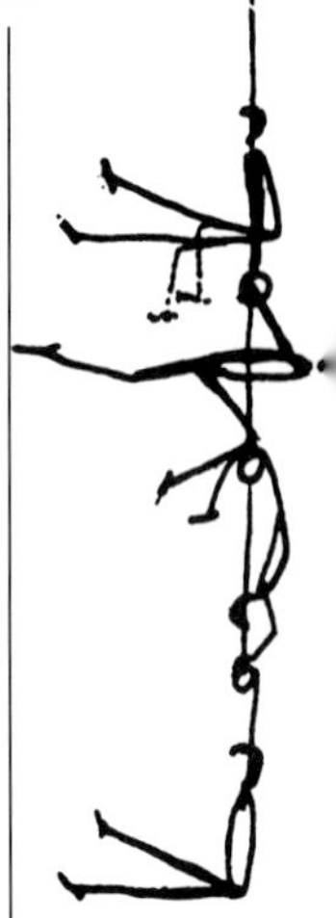

Abb. 55

Abb. 56

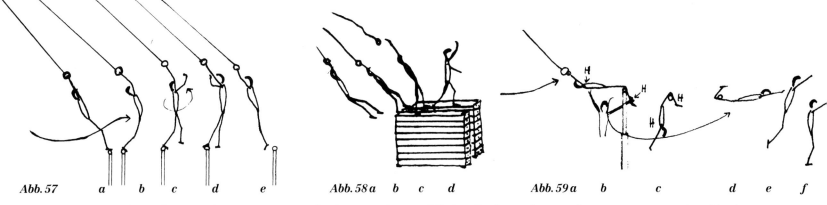

Abb. 57 a b c d e   Abb. 58 a b c d   Abb. 59 a b c d e f

ner-Wettkampfbarren, den man nur mittels einer speziellen Vorrichtung innerhalb der Holme vor- oder rückwärtsfahren kann.

Die ersten Gewöhnungen bestehen aus einem Abschwingen von den hohen Kästen zum Barrenholm. Dabei springt man am einfachsten aus einer Hang-Stand-Position ab und versucht, mit beiden Füßen in einen Punkt kurz vor der Senkrechten »hineinzutreten«, damit der anschließende Beinschwung eine Schwungverstärkung mitbringt. Nicht vergessen, vor Erreichen des Holmens die Knie anzuziehen, um entweder im Kniehang einzuhaken, oder kurzfristig in einen flüchtigen Stand auf den Holmen zu kommen (Abb. 57 a–e).

Beim Rückschwung ist lediglich auf geschlossene Füße und auf das Anbücken der Beine zu achten, damit ein problemloses Erreichen eines flüchtigen Standes (»Auftippen«) auf den Kästen erleichtert wird. Ein erneutes Schwungholen kann sich anschließen. Zwischen den Kästen und dem einholmigen Stufenbarren stehen zwei Helferpaare, die bei Bedarf dem Schwingenden am Rücken oder Bauch Schwung geben oder ihn abbremsen können.

Einfache Übungen

- Am Schwungende mit den Füßen auf den Holm stehen (Unterschwungbewegung), ½ Drehung mit umgreifen (über einen momentanen »Zwiegriff«), wieder zurückschwingen, um in ähnlicher Unterschwungmanier auf den Kästen zum Stand zu kommen (Abb. 58 a–d).
  Falls es je nicht bis zu den Kästen reicht: Sackschwung nach der ½ Drehung, d. h. der Körper fällt aus der Beugung wie ein Kartoffelsack gestreckt und spannungslos in den Hang, dann Vorsicht beim Rückschwung, damit die Beine nicht gegen den Holm schlagen.
- Am Schwungende mit den Knien in den oberen Holm einhaken (lange Hosen anziehen), Ringe loslassen und z. B. »Napoleon« (Kniehang-Abschwung) als Abgang versuchen (Abb. 59 a–f).

Mit dem Loslassen kann so lange gewartet werden, bis die Angst davor abgebaut ist oder/und die Hilfestellung ihre Griffe angelegt hat:
- mit der ersten Hand die Unterschenkel leicht gegen den Holm drücken,
- mit der anderen Hand Brust bzw. Bauch mitführen und kurz vor dem Stand mit beiden Händen umgreifen auf »Eingabeln«, d. h. an Bauch und Rücken halten.

- Auf dem Kasten stehen und mit einem kleinen Sprung in den Stütz kommen. Nach dem Rückschwung drückt man die Stange wieder weg und landet auf den Kästen, um den nächsten Versuch zu starten. Man kann auch im Vorschwung (zunächst vorsichtig) nach vorneunten in den Langhang hineinrollen.

Schwierigere Übungen

- Im Kniehang (Trapez hängt in den Ringen) am Schwungende den oberen Holm fassen, die Unterschenkel strecken und am Barren weiterturnen, z. B. Mühl- oder Kippaufschwung, aufhocken, ½ Drehung, evtl. Sohlwellumschwung vorwärts oder rückwärts, damit wieder an das Trapez gesprungen werden kann (Abb. 60). Ein Partner auf den Kästen sorgt für das richtige Timing beim abermaligen Loslassen des Trapezes.
- Unterschwung von den Ringen zum hohen Holm des Stufenbarrens (tiefer Holm fehlt), dann weiterturnen (z. B. Kippe, aufhocken) und wieder ans Trapez im richtigen Timing springen, wenn der Partner das Trapez wieder herpendeln läßt (Abb. 61 a–i).

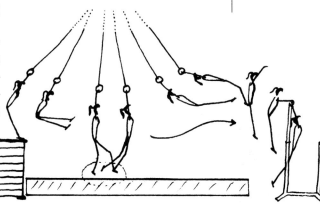

Abb. 60

Abb. 61 a b c d e f g h i

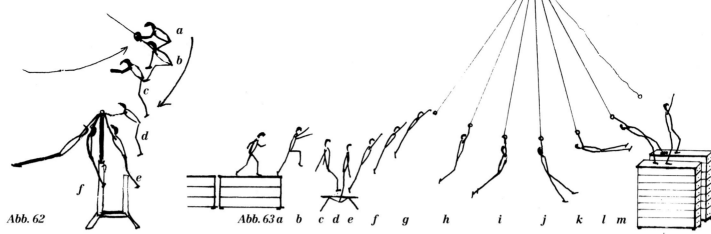

Abb. 62   Abb. 63 a b c d e f g   h   i   j   k   l   m

● Nach einer halben Drehung auf dem Holm oder auf den Kästen noch etwas mehr Schwung holen (2x sauber vor- und zurückpendeln mit korrektem Beinschwung). In den Rückschwung hinein die Beine anbücken, sonst schlagen sie gegen den Holm. Kurz vor dem Totpunkt, wenn der Barrenholm unten »vorbeikommt«, loslassen, in den Hang springen und beliebig weiterturnen. Es ist auch ein wunderbares Gefühl, wenn man über den Holm kommt, losläßt und den Holm nicht mehr zu fassen bekommt, sondern dahinter landet. Auf keinen Fall »blind« loslassen, womöglich, wenn der Holm noch gar nicht in Sicht ist. Diese Eigenverantwortung sollte jeder besitzen, der sich entscheidet, diese Übung zu machen. Man sollte anfangs den Barren etwas näher schieben (Abb. 62 a–g).

Minitrampolin

Eine reizvolle Verbindung ergibt sich, wenn man nach geübtem Timing aus dem Anlauf vom Minitrampolin an das Trapez springt. Zuerst wird man versuchen, aus dem gerade gestellten Minitrampolin von einem 3- oder 4teiligen Kasten einzuspringen, um das zunächst leicht schwingende Trapez zu erreichen (Abb. 63 a–m).

Es versteht sich von selbst, daß Landetechniken wie Abrollen in Vorlage sowie die üblichen Einführungsübungen am Minitrampolin vorgeschaltet werden müssen, bevor mit Anlauf ein- und abgesprungen werden kann. Sonst wird das Trapez verfehlt und Verletzungsgefahr kommt auf. Das kann clownesk vielleicht so ausgestaltet werden, muß aber technisch sauber vorher eingeübt werden.

Vom hohen Kasten
Hüftaufschwung aus dem Stand

Man steht »startbereit« auf dem hohen Kasten (Abb. 64 a+b). Mit dem Wegspringen macht man einen Klimmzug, hockt gleichzeitig die Beine an, legt die Schulter etwas zurück und bringt dadurch die Hüfte an die Stange (Abb. 64 c–f).

Für manche ist auch das Bild »Stange an die Hüfte« hilfreich. Um sich in den Stütz zu drücken, müssen die Handgelenke in Richtung Handrücken drehen. Ein Bild vom Mopedfahren könnte helfen: »Gas geben«. Diese kleine Überwindung – hochspringen, rückwärtsdrehen um die Stange bei gleichzeitigem Vorwärtspendeln – wird mit einem sensationellen Gefühl belohnt, das man von außen nicht sehen oder nachfühlen kann – man muß es erlebt haben! Die Helfer, die unten auf der Matte stehen, können bei Bedarf am Gesäß nachhelfen, damit der Übende in den Stütz kommt.

Abb. 65

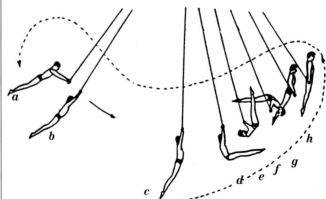

Hüftaufschwung vorne

Aus dem Langpendeln kann man nach einigem Üben in den vorderen Endpunkt hinein den soeben geübten Hüftaufschwung versuchen (Abb. 65 a–h).

Abb. 64

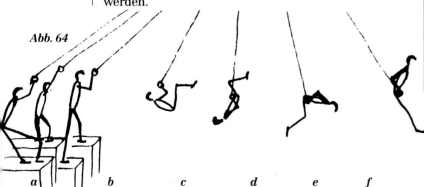

a   b   c   d   e   f

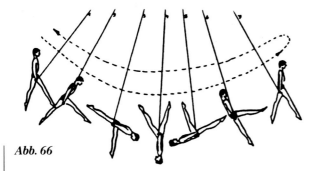

Abb. 66

Dabei spielt das richtige Pendeln eine entscheidende Rolle. Bringt man die Beine zu spät nach vorne-oben, weil man den markierten Punkt nicht kurz vor der Senkrechten getroffen hat, so hilft auch der beste Klimmzug nicht mehr, denn inzwischen zieht es den ganzen Körper durch das Rückpendeln wieder nach unten.

Mühlumschwung vorwärts
Wenn der Mühlumschwung am Reck und am niederen Trapez auch im Schwung geübt und beherrscht wird, kann man ihn am hoch schwingenden Trapez versuchen (Abb. 66).

Schwungholen
Um ein Gefühl dafür zu entwickeln, wie die Artisten in der Manege diese hohen Schwünge erreichen, könnte die folgende Übung helfen.

Nachdem die Hände gut mit Magnesia eingerieben sind, wird vom hohen Kasten aus dem Hangstand wieder in den markierten Punkt »hineingestochen«, um nach der zwangsläufigen Überstreckung kräftig die Beine vorzukicken, wie wenn man einen großen Pushball an die Decke kicken würde. In das Schwungende hinein werden die Fußspitzen bis fast zur Körperstreckung »hineingeführt«, jedoch wird dadurch keine Überstreckung erreicht. In dieser Position wird einige Zeit verharrt, bis der Rückschwung schon begonnen hat. Kurz vor der Senkrechten wird der Körper durch einen aktiven Beinrückschwung in die Überstreckung gebracht, damit im aufsteigenden Ast der Bewegung durch ein Anziehen der gebückten Beine der Schwerpunkt etwas näher an das Trapez gebracht und somit eine Pendelverkürzung erfolgen kann. Gleichzeitig drücken die gestreckten Arme kräftig auf das Trapez (Stemmbewegung), so daß sie im Idealfall am Endes des Pendels waagrecht oder sogar noch über das Trapez gebracht werden können (Abb. 67). Durch diese Aktion kommt der Schwerpunkt in eine höhere Ausgangssituation als vorher. Dieses Schwungholen nach dem »Schiffschaukelprinzip« hat einen eigenen

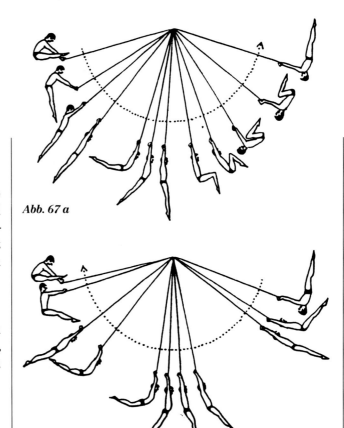

Abb. 67 a

Abb. 67 b

Erlebniswert, kostet einiges an Kraft, allerdings wird man wieder belohnt durch das Sensationserlebnis eines Riesenschwunges.

Salto rückwärts
Man muß nicht unbedingt Turner(in) sein, um nach einiger Gewöhnung diese Übung zu wagen. In erster Linie gehören dazu die technisch-physikalisch richtigen Schwungaktionen wie z. B. aus dem »Winkelschwingen« vom hohen Kasten in den markierten Punkt »hineinstechen« und anschließend den »Kick«-Beinschwung ausführen. Nach dem Kickbeinschwung dürfen jetzt die Knie rechtwinklig angezogen werden. Diese Position muß kurz vor dem vorderen »Totpunkt« erreicht worden sein.

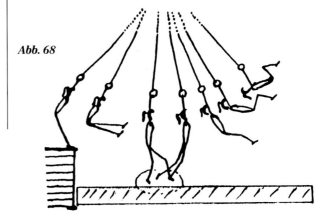

Abb. 68

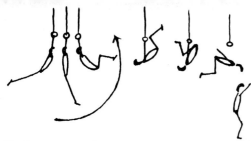

Abb. 69

Bei diesen Voraussetzungen ist der Salto rückwärts eher ein zweckmäßiges Beenden einer Trapezübung als eine artistische »Meister«leistung. Was jetzt noch hinzukommt, ist eine eingewiesene Hilfestellung, die mit Oberarm-Klammergriff (Drehgriff rückwärts) zupacken kann und den mutigen Saltospringer sicher zur Landung begleiten kann sowie das blinde Vertrauen in die Helfer stärkt.

Für turnerisch-akrobatisch Vorgebildete ist das natürlich kein Problem. Aber gerade diese Teilnehmer sind unentbehrlich, wenn es um die Weitervermittlung geht. Um eine immer exaktere Bewegungsvorstellung zu bekommen, können die »Vorerfahrenen« immer wieder die Teilübungen oder Bewegungssequenzen gezielt vormachen.

Vorübungen dazu: Aus dem lockeren Pendeln in den Ringen gehocktes Aufschwingen in den flüchtigen Sturzhang. Loslassen und aktives Vorbringen der Arme (Abb. 69). Die Hilfestellung hält von Anfang an mit dem Drehgriff rückwärts an den Oberarmen, d. h. die untere Hand geht geöffnet an die Außenseite des Oberarmes, während die obere Hand an der Innenseite fest zupackt.

Ist ein selbständiges Erreichen des Sturzhanges auch nach mehreren Versuchen nicht möglich, dann ist der Salto wegen unzureichender Kraftvoraussetzungen nicht zu empfehlen. Bauchmuskel- und Armkräftigung sollten für einige Zeit für ausreichende bzw. notwendige Voraussetzungen sorgen, damit kein unnützes Risiko eingegangen wird. Es wäre einfach zu gefährlich, nach quälendem Aufschwingen, das dann ohnehin zu lange dauert, bei einem Loslassen mit einer langsamen Drehung noch sicher zu helfen. Da muß die Fachkompetenz des Lehrenden die richtige Entscheidung treffen und »nein« sagen.

Als nächster Schritt wird die oben erwähnte Position (vgl. Abb. 68) kurz vor dem Loslassen jetzt mit leichtem Schwung einige Male eingenommen, noch ohne Salto. Im nächsten Schritt soll beim dritten Versuch losgelassen werden, vorausgesetzt, die Position davor stimmt, und das Pendeln erfolgt im richtigen Timing. Wer den Salto rückwärts an den Ringen schon kann, sollte es unbedingt am Trapez lernen – es lohnt sich!

Das Gerät

Bei der Anschaffung der Trapeze sollte man wissen, daß es grundsätzlich vier Arten von Trapezen gibt:
- Stahl-/Alu-Trapez, das man durch einen Mechanismus in die Ringe einklickt
- Holztrapez, das man mit Sprung- oder Bergsteigerseilen auf die gewünschte Höhe festmacht (Karabiner helfen dabei sehr)
- Profi-Trapez für Soli oder Duo (Maßanfertigungen)
- breites Trapez, worauf mindestens zwei Artisten sitzen können.
- Seit einigen Jahren bietet das »Tau-Trapez« hervorragende Möglichkeiten, um sehr unkompliziert Anfängern als Gewöhnung und Fortgeschrittenen als Training zu dienen (Abb. 70).

Installierung

Für die Installierung muß man die Hallenmaße kennen, z. B. die lichte Höhe der Halle (auch für evtl. Longen). Weiterhin ist es wichtig, von einer dicken Matte aus die freie Höhe bis zum Auf- oder Einhängepunkt anzugeben. Die maximale Größe der TurnerInnen in einem »Doppelhang«, d. h. Obermann hängt im Kniehang, Untermann faßt im Handgelenkgriff und soll ohne zu streifen schwingen können (Abb. 71 a+b).

Es sollte auch möglich sein, im Trapez zu stehen.

Das Üb-Trapez sollte variabel verstellbar sein, so daß dasselbe Trapez für Solo-Schwungnummern wie für Duo-Nummern im Hang benutzt werden kann.

Bezugsquellen

Alu-Trapezstangen, die man in normale Ringe einhängen kann, bekommt man bei »Erhard-Sportgeräte«, Pf. 1163 in 8803 Rothenburg/T.; Tel: 09861/4060. Ca. 460,– DM. Die Tau-Trapeze sind dort um ca. 390,– DM zu haben.

Holztrapeze gibt es bei »Sport-Thieme«, Helmstedter Str. 40 in 3332 Grasleben; Tel: 05357/18181. Ca. 75,– DM.

Professionelle Zirkustrapeze vertreibt z. B. »Unicycle«. Adresse siehe Anhang.

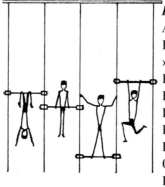

Abb. 70

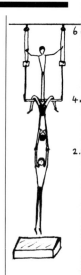

Abb. 71a

Abb. 71b

Handgeschick-lichkeiten

Inhaltsverzeichnis

JONGLIEREN

Gestern und heute 113
Spielendes Üben 113
Jonglierdisziplinen 114

Jonglieren mit Bällen 114
Ein Ball – eine Hand 114
Fangen – Zusatzbewegungen – Dotzen – Schwierige Übungen

Ein Ball – zwei Hände 115
Zusatzaufgaben – Bogen und Gerade – Grundform (Kaskade) – Komplizierte Würfe – »Reise« um den Körper

Zwei Bälle – zwei Hände 117
Gerade Würfe – Kreis und Bogen – Kombinationen – Kaskaden – »Reise« mit zwei Bällen

Zwei Bälle – eine Hand 118
»Säulen« – Zusatzbewegungen – Wechseln – Duplexformen – Verblüffendes – Multiplexwürfe – Juxwurf

Mit drei Bällen jonglieren 119
Kaskade – Grundregeln – Körperhaltung – Halbkaskade – Rückwärtskaskade – Kombinationen – Wandwürfe – Hochwerfen – Abwärtsjonglieren – »Ulmer Schiebfenster« – »Rundlauf« – Handrückenwürfe – »Feuerwerk« – »Torbogen« – »Säulen« – Weitere Ideen – Hinweise

Jonglieren mit Keulen 125
Halten der Keulen 125
Werfen – Fangen 125
Tricks 126
Mehrfachdrehungen – Halbkaskade – »Säulen« – Duplexwurf

Jonglieren mit Ringen 126
Werfen und Fangen 126
Halten der Ringe 127
Tricks 127

Partnerjonglieren 128
»Siamesische Zwillinge« 128
»Stehlen« 128
Übergeben – Übernehmen 129
Passing 129
Vorübung – Zu zweit mit 5 Bällen – Zu zweit mit 6 Bällen – Räumliche Varianten

Lernmethoden 131
Grundlegende Ansätze 131
Schiefe Ebene – Am Boden – Nachahmen – Den Rhythmus vorsprechen

Einzelne Anregungen 132
Höhe und Geschwindigkeit verändern – Mit Partnern üben – Abwechslungsreiches Übangebot – Zusätzliche Aufgaben lösen – Jonglierspiele – Unterschiedliche Gegenstände verwenden – Verschiedenfarbigkeit der Gegenstände – Musik einsetzen – Falsch vormachen – Video als Spiegel – Lernmethoden selbst entdecken lassen

Der »äußere« Rahmen 134
Das Alter der Jongleure – Die Gruppe zusammenhalten – Der geeignete Raum

Häufige Fehler 135
Nicht fallen lassen – Ungleiche Würfe – Festhalten – Loslassen – Nachgehen – »Konsumreflex« – Abkapselung – Verspannungen

Ausblick 137
Literaturhinweise 137

DEVIL STICK

Vorübungen 138
Balancen 138
Würfe mit zwei Handstäben 138
Hochkicken 139
Das Pendeln 140

Tricks 140
»Doppelschlag« 140
»Hubschrauber« 141
»Propeller« 141

Ausblick 141

DIABOLO

Grundübungen 142
Andrehen 142
Lenken I 143
Hochwerfen 143
Auffangen 143
Schnelles Antreiben (»Peitschen«) 144

Tricks 145
»Aufzug« 145
»Fußhüpfer« 145
Kreisen 146
Im Ring fangen 146
Lenken II 146
Anfänge und Abschlüsse 147

»Diabolo-Spielen« 147

ZIGARRENKISTEN

Die Grundhaltung 148
Anfangsübungen 148
Schwierigere Übungen 149
Kisten selber bauen 150
Literaturhinweise 150

HUTTRICKS

Erste Versuche 151
Einhandrolle 151
Zweihandrolle 151
Rolle zum Fuß 151

Partnertricks 152
»Fließband« 152
»Rundlauf« 152
Literaturhinweise 153

TELLERDREHEN

Andrehen 154
Übungen 155
Bälle, Tabletts, Tücher 155
Literaturhinweise 155

BÄNDERSCHWINGEN

Szenische Ideen 156
Feuer 156
Wasser – Sturm 156
Drachen 157

Üben des Schwingens 157
Grundsätzliches 157
Praktisches 157
Literaturhinweise 157

STABFECHTEN

Zur Entwicklung 158
Warum überhaupt Stabfechten? 158

Einfache Herausforderungen . . . 158
Grundstellung 158
Zum Kopf 159
Zur Seite 160
Zu den Füßen 160

Fortgeschrittene Herausforderungen . . 161
Schnelle Drehungen 161
Kombinationen 161
Mehrere Herausforderer 161
Ins Leere laufen lassen 161

Akrobatik 162
Methodik 162
Unterrichtsgestaltung 163
Aufwärmen 163
Stabfangen 163
Rollender Stab 163
Dehnen 163
Ringen 164

Ausblick 164

Jonglieren Udo von Grabowiecki/Alfred Schachl

Abb. 1   Beni Hasan, Ägypten, ca. 1900 v.Chr.

Abb. 4   Teil einer griechischen Vase

Gestern und heute

In den letzten Jahren hat das Jonglieren, das faszinierende Spiel mit der Schwerkraft, eine immer stärkere Popularität erreicht. Wie ein Bazillus greift das Jonglierfieber mancherorts um sich. Aber auch wer noch nicht angesteckt ist, kann als Zuschauer auf Straßen, in Parks oder in den Medien staunend das scheinbare Verschwinden der Schwerkraft bewundern. Dabei reicht die Geschichte dieses Spieles, deren älteste Aufzeichnungen 4000 Jahre alt sind und aus Ägypten und China stammen, weit in unsere Vergangenheit zurück.

Abb. 2
Beni Hasan, Ägypten, ca. 1900 v.Chr.

In Kleinasien, Griechenland und Rom fanden sich Darstellungen aus der Zeit um Christi Geburt.

Abb. 3
Auf einer römischen Grabsäule

Was bringt aber heute Erwachsene dazu, sich wie Kinder zu fühlen und sich dem Hochwerfen verschiedenster Gegenstände zu widmen – mit der Schwerkraft zu spielen? Der mittlerweile vielzitierte Satz von Schiller könnte das erklären: »..., der Mensch spielt nur, wo er in voller Bedeutung des Wortes Mensch ist, und er ist nur da ganz Mensch, wo er spielt.«

Aber nicht nur der spielerische Mensch wird durch das Jonglieren angesprochen und angeregt. Es schult auch u.a. Koordination, Wahrnehmung, Reaktion, Konzentration und das Gleichgewicht, fördert die Kreativität und kann außerdem sehr entspannend wirken. Beim gemeinsamen Jonglieren kommt zusätzlich noch das Eingehen auf den anderen, Rhythmus-Übernehmen sowie die Enwicklung von sozialen Fähigkeiten hinzu. Wer als Pädagoge die aufgezählten »Werte« des Jonglierens an sich selbst erfährt, wird nicht zaudern, dieser artistischen Disziplin einen wichtigenPlatz in der Bewegungserziehung einzuräumen.

Spielendes Üben

Hier sollen nun zunächst verschiedene Möglichkeiten des Übens und Spielens mit einem, zwei und drei Bällen vorgestellt werden, die in den zur Zeit handelsüblichen Jonglierbüchern nicht alle enthalten sind. Sie brauchen nicht der Reihenfolge nach durchgegangen zu werden, aber es empfiehlt sich, immer wieder mit einem oder zwei Bällen zu üben, um sich ›aufzuwärmen‹, oder sich auf schwierige Muster vorzubereiten. Außerdem zahlt es sich längerfristig sicher aus, wenn man es gleich zu Anfang »richtig« lernt. Durch verschiedenartige Variationen, gleich von Anbeginn an, wird u.a. besonders das Werfen und Fangen in erschwerten Situationen eingeübt.

Es sollte dennoch immer ein Spiel mit den Gegenständen und mit sich selbst sein, ein »spielendes Üben«, bisweilen ein »übendes Spielen«, eigentlich könnte man dazu »Spüben« sagen.

Jonglierdisziplinen

Sehr häufig sieht man Jonglieren mit anderen Handlungen kombiniert, vor allem in Verbindung mit Balancieren, Einrad, Rollbrett (»Rola«) und Pyramiden. Durch diese Möglichkeit, Mehrfachhandlungen auszuführen, kann Jonglieren als »Überdisziplin« innerhalb der Artistik gesehen werden. Zu den Handgeschicklichkeiten gehören neben den klassischen Geräten wie Bälle, Keulen, Ringe und Tücher, auch Disziplinen wie Fackel- und Keulenschwingen, »Club Swinging«, Joggling, Diabolo, Devilstick, Hut-, Zigarrenkisten- und Tellermanipulationen, die in den nachfolgenden Artikeln beschrieben werden. Fußjonglagen (Antipodenspiele) sind auch eine Unterdisziplin des Jonglierens.

Jonglieren mit Bällen

Ein Ball – eine Hand

Zur Entwicklung der Koordination folgen einige Beispiele, die dafür gedacht sind, daß sie nach den kreativen Möglichkeiten – des Lehrenden wie des Lernenden – variiert, erweitert und verändert werden können.

Fangen

Einen Ball hochwerfen und mit der gleichen Hand fangen, eventuell mit vorheriger Zusatzbewegung der Hand (z.B. waagrechte Bewegung vom Ball weg, ...).

Von den Seiten her greifen oder von oben, mit nach außen gedrehten Händen,...

Auf dem Handrücken fangen (Finger spreizen), siehe auch Abb. 26 a, b.

Zusatzbewegungen

Werfen und vor dem Fangen klatschen.

Werfen, mit der gleichen Hand kurz an Nase, Knie, Bauch, Ellbogen, ... fassen.

Vor dem Fangen in die Hocke gehen, auf den Boden klatschen o.ä.

Vor dem Fangen eine Pirouette machen (im Stand, im Sprung).

Werfen und fangen, dabei auf einem Bein, auf einem Seil, Rola, Partner, auf einer Stange, Linie o.ä. stehen oder balancieren.

Dotzen

Einmal vor dem Fangen den Ball z.B. auf den Oberschenkel, Ellbogen (außen/innen), Unterarm, Fuß, Außenrist, ... aufprallen (dotzen) lassen.

Statt aufdotzen kann man an diesen Stellen den Ball auch stoppen, (z.B. auch auf dem Kopf, Handrücken oder Nakken (Ellbogen nach außen hochnehmen und in die Hocke gehen), ...

Schwierigere Übungen

Ball mit der Handfläche nach unten hochwerfen (»hochziehen«) und mit gleicher Handhaltung fangen (»grapschen« oder normal fangen).

Hochwerfen und mit der Hand hinter dem Rücken fangen (Bogen nach rückwärts werfen oder Schritt vorgehen; dabei aber aufrecht bleiben).

Seitlich an der Hüfte fangen mit nach vorne, nach hinten oder nach außen gedrehter Hand; evtl. noch gestisch ausmalen: traurig dem Ball nachsehen, gelangweilt den Kopf abwenden...

Fast bis an die Decke werfen; die Decke leicht berühren (küssen).

Auf den Boden, an die Decke oder an die Wand prellen (seitlich, frontal oder rückwärts) – jeweils mit und ohne Zusatzbewegungen (nur der Hände oder des ganzen Körpers) fangen.

Ca. 3 m hochwerfen, jemandem kurz die Hand schütteln oder auf die Schulter klopfen, dann erst fangen.

Ein Ball – zwei Hände

Durch die zweite Hand entstehen völlig neue Möglichkeiten.

Zusatzaufgaben

Rechts hochwerfen, links fangen, antäuschen, dann aber doch mit rechts fangen (weich oder hart).
Hochwerfen und mit beiden Händen antäuschen.
Werfen und mit der anderen Hand dem Ball nachgehen (daneben, davor, dahinter, darüber).
Werfen und irgendeine ›konträre‹ Bewegung dazu machen (winken, Schlangenlinie, Kreis, wischen, …).
Kreisbewegungen/Schlangenlinien um den Ball herum beschreiben, dann fangen.
Mit gekreuzten Armen fangen und werfen (verschiedene Fangarten und Ballflugwege ausprobieren).
Die eben beschriebenen Strukturen können vielfältig miteinander verbunden und kombiniert werden.

> Es empfiehlt sich, immer wieder mit der schwächeren Hand zu üben, damit sie sich in der Präzision an die stärkere angleicht. Am besten wäre es sogar, neue Tricks zunächst vor allem mit ihr zu versuchen, denn die »Schokoladenhand« lernt von ihr, umgekehrt dagegen nicht.
> Zwischendurch kurzfristig vom Ball wegsehen. Als weitere Steigerung kann man schon in dieser Lernphase den Blick etwas länger lösen, um z.B. sein Gegenüber beim »Üben« zu beobachten, sich im Spiegel zu kontrollieren oder sogar an der Fensterbank aus diesem oder einem anderen Buch zu lesen …

Bogen und Gerade

Den Ball in verschiedenen Bögen von einer Hand in die andere werfen (breite, schmale, hohe, flache, …).
Den Ball in Geraden werfen:
– schräg von links oben nach rechts unten, anschließend in einem Bogen wieder in die linke Hand (Vorübung zum »Kreisel« oder »Shower«),
– waagrecht auf Hüfthöhe hin- und herwerfen (Vorübung für die »Wippe«),
– oder auch senkrecht hoch in die andere Hand, die gestreckt über dem Kopf versucht, »blind« zu fangen, um danach den Ball wieder in die untere Hand fallen zu lassen.

Grundform (Kaskade)

Den Ball von rechts außen unter das rechte Bein in die linke Hand werfen und von links unter das linke Knie zur rechten Hand. Beim Fangen möglichst nicht stoppen, sondern fließend zum nächsten Wurf übergehen (Abb. 5, 6).

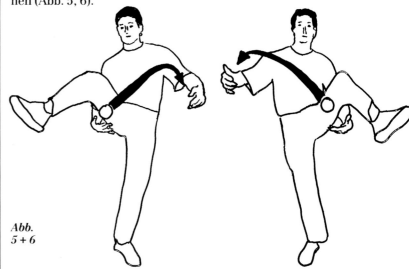

Abb. 5 + 6

Von vorne gesehen beschreibt der Ball in der Luft eine liegende 8 (Abb. 7).

Abb. 7

Diese wichtigste Grundform nennt man »Kaskade«. Man kann sie jetzt auch vor dem Körper werfen, ohne die Knie zu heben (Abb. 8).
Zwischendurch sollte man auch immer wieder einige Würfe mit geschlossenen Augen versuchen.

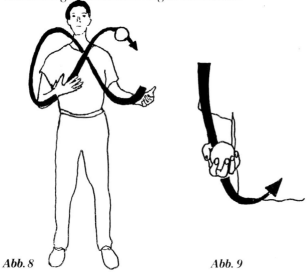

Abb. 8 *Abb. 9*

Die Gesamtbewegung wird runder, wenn die Hände beim Fangen leicht dem Gewicht des Balles nachgeben, wenn also im leichten Bogen von außen nach innen geworfen wird (Abb. 9). Dabei möglichst lautlos fangen.

Komplizierte Würfe
Mit der rechten Hand hinter dem Rücken unter die linke Achsel werfen und links fangen (Abb. 10).
Tip: Oberkörper nach hinten und linkes Bein vor, dann wird's leichter.

Abb. 10

Dasselbe mit der anderen Hand, also von links hinter dem Rücken unter die rechte Achsel zur rechten Hand werfen.
Der Wurf hinten über die Schulter: Mit der rechten Hand hinter dem Rücken über die linke Schulter werfen und mit links fangen (Abb. 11, 12).

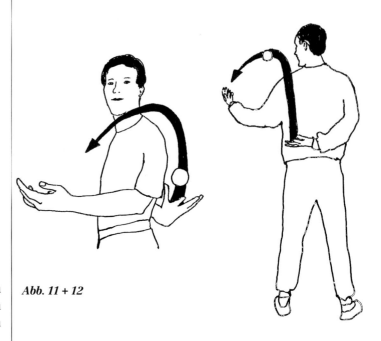

Abb. 11 + 12

Dasselbe wieder zurück mit der anderen Hand.

»Reise« um den Körper
Jetzt werden drei der oben besprochenen Würfe (Knie, Achsel, Schulter) miteinander verbunden:
Mit rechts unter das rechte Knie zur linken Hand werfen, von dort hinter dem Rücken unter die Achsel wieder auf die rechte Hand, von dieser hinter dem Rücken über die linke Schulter in die linke Hand. Die Reise geht weiter von der linken Hand unter das linke Knie zur rechten Hand, hinter dem Rücken unter die Achsel nach vorne in die linke Hand und von dieser wieder von hinten über die rechte Schulter in die rechte Hand.
Mit ein wenig Üben wird das Ganze flüssiger und sollte möglichst mit wenig Stops beim Fangen gemacht werden.

Zwei Bälle – zwei Hände

Man kann die verschiedenen Fangarten ›normal‹, gegrapscht, von oben oder von der Seite herausnehmen – mit verschiedener Dynamik ausprobieren.

Gerade Würfe

Paralleles Werfen und Fangen, gleichzeitig und versetzt.

Synchron zum versetzten Werfen (immer noch senkrecht) einige Schritte in gleichem Rhythmus gehen (vw/rw/sw), dabei verschiedene Geschwindigkeiten durchprobieren (Vorübung zum »Joggling«, also laufen und gleichzeitig jonglieren).

Überkreuzt fangen und werfen; fließend von parallelem Werfen zum Werfen mit gekreuzten Armen übergehen (senkrecht und in Bögen geworfen).

Zusatzaufgaben vor dem Fangen lösen: Klatschen, an der Nase fassen, am Kopf kratzen, …

Kreis und Bogen

Eine Hand wirft, die andere übergibt; die Bälle bewegen sich jetzt im Kreis.

Die Bälle gleichzeitig in Bögen werfen; seitlich versetzt (linker Ball räumlich vor dem rechten, rechter Ball vor dem linken) oder vertikal versetzt (ein Ball über oder unter dem anderen) – eine reizvolle Konzentrationsaufgabe (vgl. Abb. 28).

»Rendez-vous à Paris«: die Bälle, im Bogen geworfen, sollen sich in der Luft treffen (vgl. Abb. 30).

Kombinationen

Beide Bälle hochwerfen (parallel/über Kreuz; gleichzeitig/ hintereinander; kombiniert) und dabei verschiedene Wurf- und Fangarten ausführen.

Hintereinander loswerfen mit Zusatzbewegungen (klatschen, ganze Körperdrehung, bücken, springen, …) oder mit gedanklichen Zusatzaufgaben.

Beide Bälle gleichzeitig, später dann hintereinander, nach hinten werfen und nach einer halben Drehung fangen (gute Kontrolle für genaue Wurf-Dosierung).

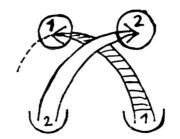

Abb. 13

Tip: In 2 m hohen Bögen schnell hintereinander loswerfen. Das erleichtert die Zusatzbewegungen und erfordert Präzision trotz hoher Bewegungsgeschwindigkeit.

Kaskaden

Kaskadenform werfen: hintereinander einen Bogen werfen: »werf-werf – fang-fang« oder »re-li – fang-fang« (Abb. 13).
Kurz bevor der 1. Ball den höchsten Punkt erreicht hat, soll der 2. Ball losgeworfen werden.

Die Kaskade einmal mit links, einmal mit rechts beginnen.

Um bald für den dritten (später auch für den 5.) Ball Zeit zu bekommen, sollten beide Bälle etwas länger in der Luft bleiben. So bleibt Zeit zum in die Hände klatschen: die Hand, die den zweiten Ball fängt, klatscht vorher z.B. zweimal auf den Oberschenkel (von beiden Seiten her üben).
Einige der Übungen lassen sich auch über Kopf durchführen (Handgelenke zurücknehmen), im Liegen oder gar im Hängen.

> Es empfiehlt sich, die Bälle im Umkehrpunkt zunächst noch scharf anzusehen, damit die Hand wie automatisch zum Fangen hingeht (»die Hand sieht«). Nach einiger Zeit braucht man die Bälle nur noch ›halbscharf‹ oder gelegentlich mit Blicksprüngen wahrzunehmen. Auch kann man jetzt ruhig geradeaus durch die Bälle durchsehen, da ja mittlerweile schon ein Gespür für die Wurfpräzision entwickelt worden ist. Die Bälle sollten jetzt nicht höher als bis in Augenhöhe fliegen.

»Reise« mit zwei Bällen

Ball 1 von rechts unter das rechte Knie durchwerfen. Am höchsten Punkt Ball 2 schräg nach rechts werfen. Ball 1 mit links fangen, Ball 2 mit rechts.
Die »Reise« läßt sich danach in gleicher Weise weiterfüh-

ren wie oben beschrieben. Bei verschiedenartigen Bällen sieht man besonders schön, wie immer nur ein Ball die ganze Reise macht (Knie, Achsel, Schulter).

Als »Erleichterung«: mit drei Bällen ist das alles noch komplizierter, wärmt aber sehr gut den ganzen Körper auf!

Zwei Bälle – eine Hand

Es gibt drei grundsätzliche Arten für das Werfen und Fangen von zwei Bällen in einer Hand:
- Bälle nebeneinander parallel hochwerfen (2 »Säulen«), wobei sich die Hand bogenförmig hin- und herbewegt,
- die Hand beschreibt einen Kreis nach außen oder nach innen.
  Die Bälle fliegen demnach auf einer Parabel nach außen bzw. nach innen.
- Beide Bälle gleichzeitig loswerfen (siehe Doppelwürfe oder sog. »Duplex«-Formen, die weiter unten beschrieben werden).

Hier vor allem verstärkt mit der Nicht-»Schokoladenhand« üben.

»Säulen«

Die Ebene, auf der geworfen wird, ist dieselbe wie bei den Kaskadenformen, also parallel zu einer Glasscheibe (vgl. Abb. 62). Die häufig bei Anfängern zu beobachtende »Komm-her«- oder »Box«-Bewegung des jonglierenden Armes hemmt eine weitere Niveausteigerung.
- Die Säulen vom Abstand her variieren (10 cm bis 1m)
- genauso sollte die Höhe und Frequenz verändert werden.

Für den Anfang ist das Werfen nur bis Augenhöhe zu niedrig. Es darf ruhig 1 m hoch geworfen werden. Nach einiger Sicherheit wird man von selbst schneller und niedriger werfen können. Im Prinzip wird wie bisher der nächste Ball losgeworfen, wenn der erste gerade kurz vor dem höchsten Punkt ist.

Zusatzbewegungen

Zu den Säulen, wie auch beim Werfen nach außen oder innen, kann die andere Hand wieder einige Zusatzbewegungen machen (»Scheibenwischer«; über dem Kopf kreisen oder drauftippen; zwischen den beiden fliegenden Bällen durchfahren und »stören«).

So wird die Unabhängigkeit und Aktionstrennung der beiden Hände frühzeitig geschult, was für spätere Tricks und deren Exaktheit sehr wichtig ist.

Abwechselnd den äußeren, dann den inneren Ball mit der Hand mitbegleiten (davor, daneben, dahinter, darüber).

Abwechslungsweise versuchen, mit einem Ball einen der zwei »Säulenbälle« eines Partners mitzubegleiten (davor, daneben, dahinter).

Wechseln

In ›fliegendem Wechsel‹ Säule links, Säule rechts werfen; dabei kann einmal der innere Ball den Handwechsel einleiten, einmal der äußere.

Etwas schwieriger ist es, die Säulen mit Handflächen nach vorn oder nach unten zu werfen (»grapschen«), auch dann wieder im Wechsel mit Parabelwürfen versuchen.

Duplexformen

Die Duplex-Tricks sind eigentlich zwischen dem vorigen und nächsten Abschnitt anzusiedeln, da die Bälle meist mit 2 Händen gefangen werden und in Verbindung mit mindestens einem 3. Ball gezeigt werden.

Die wohl einfachste und gebräuchlichste Form ist, wenn man mit der »Schokoladenhand« beide Bälle in normaler Handhaltung gleichzeitig loswirft. Dabei ergeben sich zwei unterschiedlich große Wurfparabeln, da die Bälle verschieden starke Impulse bekommen (siehe Abb. 14 a, b, c).

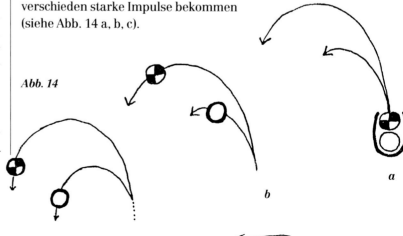

Abb. 14

a

b

c

Der tiefere Ball wird gleich wieder mit rechts gegrapscht oder normal gefangen, der höhere etwas später mit links. Nach wenigen Versuchen wird es sicher schon gelingen, 2 Bälle unter den anderen Ellbogen, unter das Knie oder hinter dem Rücken (Schulter oder Achsel) hochzuwerfen. Diese dem ungeübten Zuschauer verblüffenden Duplex-Formen eignen sich gut für »débuts«, also wenn man nach Aufheben der Bälle wieder neu beginnen muß. Später wird der 3. Ball (natürlich in verschiedenen Varianten) dazugeworfen.

Dieselbe Ballflugkurve kann man mit der anderen Hand erreichen, indem man »verdeckt« loswirft, d.h. das andere Handgelenk wird stark gebeugt, und ab etwa Bauchhöhe werden die Bälle durch ›Aufmachen‹ und daumenseitiges Hochführen quasi aus der Hand geschleudert. Gefangen wird wie oben erklärt.

Aus der Kombination dieser beiden Duplexformen (rechts einfach, links verdeckt) kann man eine schöne »Endlosform« machen.

Der Duplexwurf kann sowohl am Anfang erfolgen, also zuerst die 2 Bälle loswerfen, dann den 3. Ball dazuwerfen, oder zuerst den Einzelball und danach den Duplex, woran sich dann die verschiedensten Kombinationen anschließen lassen.

Verblüffendes

Eine hübsche Variante ist, wenn man (auch wieder nach Aufheben der Bälle) beide bis etwa in Augenhöhe hochzieht, losläßt, so daß sie parallel fliegen, um dann den rechten Ball mit rechts hart zu grapschen. Der linke wird mit links gefangen, gilt also als normaler Auftakt zum Weiterjonglieren.

Eine noch verblüffendere Art, Duplex zu werfen ist, wenn man mit einem Unterarm (meist von oben) auf den anderen schlägt, aus dem dann plötzlich 2 Bälle »herausexplodieren«. Hieran lassen sich die vielfältigsten Kombinationen anschließen.

Man kann entweder beim Grapschen eines Balles durch Überkreuzen der Unterarme diesen Schleudereffekt erzielen, oder z.B. mit **der** Hand einen Bogen werfen, die einen Ball hat und der über dem anderen Unterarm gegrapscht wird, wodurch die beiden anderen Bälle herauskatapultiert werden.

Beide Bälle senkrecht untereinander hochwerfen und mit der gleichen Hand wieder ›einfangen‹; den unteren Ball zuerst, später auch zuerst den oberen Ball einzufangen versuchen.

Auf Kreisbahnen die Bälle loswerfen und wieder sehr weich einfangen, dabei mit den Armen großräumige Kreise beschreiben, die Bälle ›begleiten‹, um sie danach ebenso weich wieder in Duplexformen loszuwerfen.

Multiplexwürfe

Wirft man alle 3 Bälle auf einmal hoch (»Multiplex«), so kann man zuerst die beiden äußeren, niederen Bälle fangen, um dann nach Belieben mit den verschiedensten Mustern weiterzumachen.

Duplex- und Multiplexwürfe können selbstverständlich mit verschiedenen Handhaltungen und Fangarten, sowie mittels verschiedener Körperwürfe eröffnet werden (Knie, Unterarm, Rücken, Beine).

Juxwurf

Ein »unechter« Duplex wäre es, wenn man zunächst 2 Bälle einzeln mit einem Streifen Tesa umwickelt, anschließend beide mit 1–2 Streifen umklebt. So werden sie wie ein Molekül durch die Luft geworfen, und man kann sicher manche »Jux-Wette« gewinnen, mit 6 Bällen zu jonglieren ...

Mit drei Bällen jonglieren

Nach dem Üben der Kaskadenform mit einem und zwei Bällen kommt jetzt einfach der dritte Ball dazu. Über die möglichen Hinführungen zur 3-Ball-Jonglage siehe Abschnitt über »Lernmethoden« (schiefe Ebene, gegen die Wand o.ä. rollen, Tücher, Zwillings- und Partnerjonglagen, vgl. Abb. 44 sowie 59–61).

Hier nun eine Hinführungsmöglichkeit über die Zergliederung des »Grundmusters«:

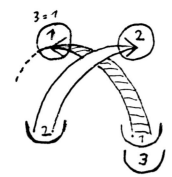

Abb. 15

Kaskade

Ausgangspunkt ist die 2-Ball-Kaskade (s. Abb. 13). Die Hand mit 2 Bällen beginnt mit einem Bogenwurf, dann folgt die andere Hand. Der dritte Ball muß losgeworfen werden, wenn der zweite Ball gerade den höchsten Punkt der Flugkurve erreicht (Abb. 15).

Diejenigen, die über Rhythmus gut lernen, könnten sich Folgendes vorsagen:
»Werf – werf/fang – werf/fang – werf/fang – werf/fang …« bis zum bitteren Ende,
oder: »rechts – links/fang – rechts/fang – links/fang – rechts/fang …«,
oder: »rechts/links und nochmal rechts/links und schon wieder rechts/links…«.
Eigentlich muß man ja nur »auf 2 zählen«, denn der dritte Ball soll ja wie der erste fliegen.

Tip: Zunächst unter dem anderen Ball durchwerfen, so daß sich die Ballwege vor dem Gesicht kreuzen. Den kreisförmigen Weg der Hand kann man anhand der Zeichnung nachvollziehen (Abb. 16).

Grundregeln

Bei evtl. »Begreifs«-Schwierigkeiten ruhig wieder an die »schiefe Ebene« (vgl. Abb. 59, 60) gehen oder zwischendurch das Grundmuster mit Tüchern werfen.
Mit der Zeit kann man damit spielen, die Bälle höher und tiefer fliegen zu lassen; die ideale Flugbahn sollte nicht über Augenhöhe liegen.
Durch Verändern von Höhe und Geschwindigkeit kann das Niveau gesteigert werden.
Die Kaskadenform sollte immer runder und fließender werden (wie bei den Übungen mit einem Ball beschrieben). Sie kann ganz breit und lang, schmal und hoch, klein, groß, schnell oder langsam gestaltet werden.

Körperhaltung

Folgende Grundhaltung für das Jonglieren hat sich als zweckmäßig erwiesen:
Die *Beine* sollten im Grätschschritt stehen, damit das Gleichgewicht stabiler bleibt und flexibler ausgeglichen werden kann.
Durch eine pantomimische Ausgestaltung und durch Zusatzaufgaben bewegt man sich natürlich von der Stelle. Ein bewußtes Stehenbleiben mit leicht gegrätschten Beinen ist wohl erst später möglich, wenn so präzise geworfen werden kann, daß kein Ausgleichen mehr nötig ist.
Später ist allerdings bei fast allen Darbietungen gewollte (Fort-)Bewegung dabei.
Die *Arme* sind abgewinkelt im Ellbogen und bleiben am Körper. Die Hauptbewegung soll aus den Handgelenken kommen (Abb. 17, 18).

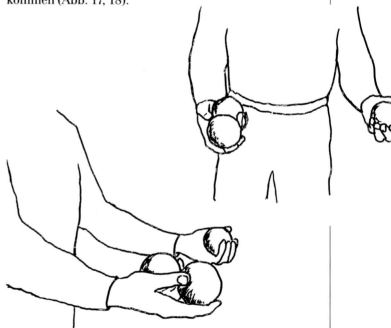

Abb. 17 + 18

Tip: Um übertriebene Bewegungen der Arme bewußt zu machen, hilft es, ein Sprungseil um Bauch und Ellbogen zu legen, damit die Oberarme nahe am Körper bleiben.

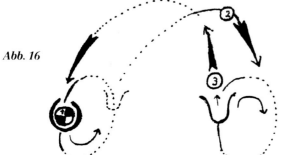

Abb. 16

Die Handgelenksbeweglichkeit sollte ruhig ganz ausgenutzt werden, denn die Hände können in den Gelenken einen Kreis beschreiben; dazu kommt noch die Unterarmrotation (Abb. 19, 20).

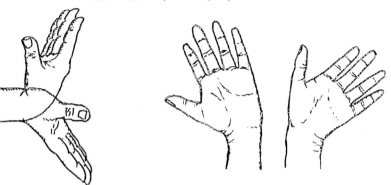

Abb. 19 + 20

Halbkaskade

Anstatt, wie bei der normalen Kaskadenform, einen Ball unter dem anderen durchzuwerfen, soll jetzt einer außen über die 2 anderen Bälle fliegen.

Es hilft, mindestens einen andersfarbigen Ball zu verwenden, um sich besser auf eben diesen Ball konzentrieren zu können. Wird jeder Ball von rechts »über außen« geworfen, kommt man zum »Außenmuster«, auch »Halbkaskade« genannt (Abb. 21, 22).

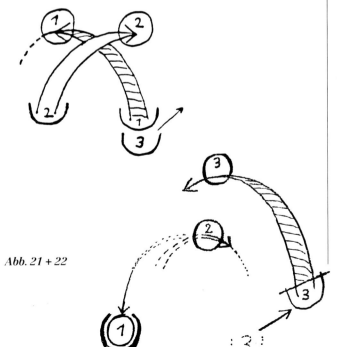

Abb. 21 + 22

Tip: »Außenball« etwas früher werfen und von weiter rechts außen bzw. höher.

Rückwärtskaskade

Jetzt das Gleiche mit der anderen Hand versuchen und dann von jeder Hand jeden Ball »von außen« werfen (Abb. 23); der Blick muß hier viel weiter nach außen »gestreut« werden.

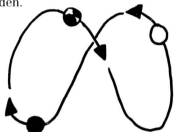

Abb. 23

Wird aus der Kaskadenform der gleiche Ball von außen geworfen und dann sofort wieder von der anderen Hand »über außen« zurück, entsteht eine witzige Form, die man auch »Tennis« (Abb. 24), »Pingpong« oder »Walzer« nennt (¾-Takt: rámtata-rámtata): Mit dem hohen Ball kann man weiter spielen, indem man ihn breiter jongliert oder schnell und flach hin- und herwirft.

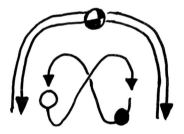

Abb. 24

Kombinationen

Verbindung von »Ping-Pong« und wechselndem Säulenwerfen (re/li): Bei beiden Mustern wird immer der gleiche Ball oben drüber geworfen. Der Rhythmus ist:|: rámtata-rámtata – rámmtaa-rámmtaa – rámtata-rámtata – rámmtaa-rámmtaa-:|

oder doppelt so oft: 2x Walzer hin und her, 2x Säulen hin und her.

Man kann einen Ball auch unter die andere Hand durchführen und auf einer Geraden oder im Bogen werfen.

Zunächst immer nur jeden dritten Ball – am besten den ›besonderen‹.

Dann mit der anderen Hand dasselbe versuchen.

Jetzt jeden Ball von rechts unter die linke Hand gerade hochwerfen.

Als nächste Schwierigkeitsstufe jeden Ball auf eben beschriebene Weise werfen.

Zuletzt abwechselnd einmal mit rechts unter die linke Hand, dann sofort mit dem nächsten Ball unter die andere Hand gerade hochwerfen.

Unter die Hand im Bogen geworfene Bälle verlangen zum Weiterjonglieren hie und da 2er-Muster-Varianten als Übergang.

Wandwürfe

Mit allen 3 Bällen frontal gegen die Wand jonglieren oder seitlich zur Wand stehen und in vielen Variationen einmal den wandnahen, dann den wandfernen Ball an die Wand prellen. Zum Fangen kann ebenfalls kombiniert werden...

Hochwerfen

In verschiedenen Mustern alle 3 Bälle gegen die Decke dotzen lassen oder

alle drei Bälle schnell hintereinander in die Luft werfen (»Flash«) und vor dem Fangen 1–2mal in die Hände klatschen oder

alle 3 gleichzeitig hochwerfen, die 2 äußeren noch vor dem Umkehrpunkt fangen oder grapschen, dann normal oder mit Tricks weiterjonglieren oder

als »Super-début« alle 3 Bälle hinter den Rücken oder unter das Knie führen und dann gleichzeitig hochwerfen (siehe »Multiplex«).

Abwärtsjonglieren

Man kann auch alle Bälle auf den Boden dotzen (bouncen). Das ist mittlerweile eine kleine Unterdisziplin des Jonglierens geworden, in der es regelrechte Spezialisten gibt. Dafür eignen sich sehr gut springende Silikonbälle, die man auf Marmorplatten springen läßt, jeweils mit der Handfläche nach oben oder unten.

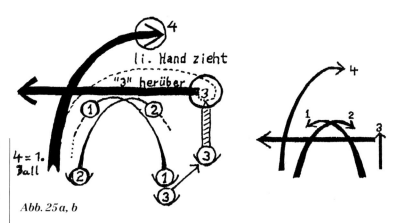

Abb. 25 a, b

»Ulmer Schiebfenster«

Ball 1 und 2 ›normal‹ anwerfen, Ball 3 (re. Hand) außen gerade hoch. Mit dem 4. Wurf (li Hand) einen hohen Bogen werfen, damit Zeit bleibt, Ball 3 ebenfalls mit links zu nehmen und gerade herüberzuziehen, wie wenn man ein Schiebfenster öffnet (Abb. 25 a, b).

Nach dem waagrechten Herüberziehen des 3. Balles (= Fenster aufmachen) muß die rechte Hand weiterwerfen (Grundmuster), um danach den hohen Ball 4 zu fangen. Danach geht es spiegelbildlich mit ›links außen gerade‹ weiter, um das Fenster wieder zuzumachen. Das Ganze kann noch pantomimisch und gestisch ausgestaltet werden, etwa durch Verziehen der Miene oder Stampfen mit dem Fuß.

»Rundlauf«

Wer »auf 3 zählen kann« (...!), wirft zunächst alle 3 Bälle nach links. Kurz, bevor Ball 3 gefangen wird, wird 3x wieder nach rechts geworfen. Also rechts, rechts, rechts – links, links, links usw. Den jeweils neuen ersten Ball kann man über oder unter den ankommenden dritten Ball werfen. Zum nahtlosen Weitermachen und Überleiten zu anderen Tricks eignet sich z.B. ein Duplexwurf, an den weiter kombiniert werden kann.

Handrückenwürfe

Wird aus dem normalen Grundmuster heraus ein Ball auf dem linken Handrücken, genauer zwischen Zeige- und Mittelfinger gefangen (weich nachgeben und beide Bälle behalten, Abb. 26 a, b), kann man aus dieser Situation folgendes machen:

Abb. 26 a + b

– rechte Hand (die mit 1 Ball) unter die linke Hand;
– Zeige- und Mittelfinger auch spreizen, damit der festgehaltene Ball der linken Hand nach einer Auftaktbewegung (ca. 20. cm nach oben) sachte auf den rechten Handrücken fällt.
– Der gleiche Schwung reicht auch aus, um den linken Ball, der auf dem Handrücken lag, mit links zu grapschen.
– Jetzt entsteht die gleiche Situation, nur mit der anderen Hand: Also linke Hand unter die rechte, Auftaktbewegung, »Handrückenball« wird gegrapscht, gleichzeitig wird der festgehaltene rechte Ball nach unten wieder auf den linken Handrücken (Zeige- und Mittelfinger) abgelegt.

»Feuerwerk«
Mit einer Hand ein asymetrisches 2er-Muster werfen (1 Ball gerade hoch, der andere in Außenparabel), mit der anderen Hand immer nur die Außenparabel (Abb. 27).

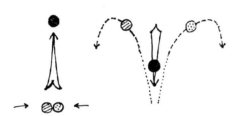

Abb. 27

»Torbogen«
Der erste Ball wird gerade hochgeworfen, die beiden anderen gleichzeitig im Bogen gegeneinander.
Zu Variationen im Bogenwerfen vergleiche die Beschreibungen der Übungen für »zwei Bälle mit zwei Händen«.

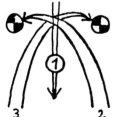 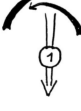

Abb. 28a   *b*   *c*

Kleine Torbögen können auch rechts oder links vom senkrecht geworfenen Ball »gezeichnet« werden.

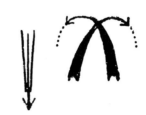 

Abb. 29a, b

Bei präziserem Werfen (oder auch unabsichtlich) können sich die Bälle in der Mitte treffen (siehe »Rendez-vous à Paris«, Abb. 30).

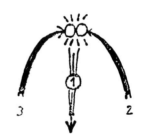

Abb. 30

»Säulen«
Einen Ball in der Mitte zweier Säulen hin- und herpendeln lassen.

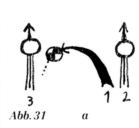 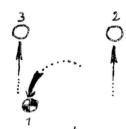

Abb. 31   *a*   *b*

c   *d*

Überwerfen zweier Säulen mit einem Ball (entspricht »Abwechselndes Säulenwerfen mit rechts und links«) (Abb. 32 a–e).

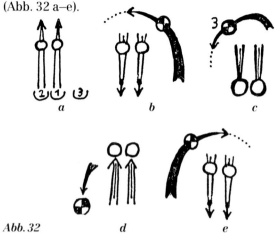

Abb. 32

Anstatt den Ball ohne Körperbewegung über die 2 Säulen hin- und herzuwerfen, kann man als hübsche Variante den »Säulenwechsel« durch rechtwinkliges Drehen des Körpers nach rechts und links einleiten (Abb. 33 a–d).

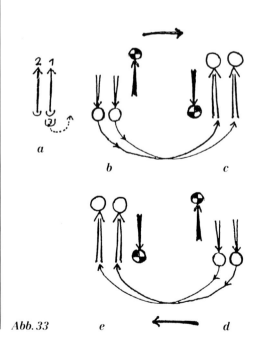

Abb. 33

Die letzten 7 Tricks kann man auch mit nach vorne oder nach unten gehaltenen Händen (gegrapscht) versuchen.

Weitere Ideen

Einwickeln der Bälle in bunte Jongliertücher erzeugt einen Feuerschweif- oder Sternschnuppeneffekt, den man für viele Tricks verwenden kann. Den Blick sollte man dann aber auf den Ball richten, da der auffallende Schweif den Blick ablenkt und ein präzises Fangen erschwert.

Aus dem Spielen mit einem und zwei Bällen und den vielen strukturellen Variationen ergeben sich »tausend« Möglichkeiten, einen dritten Ball noch mit dazuzunehmen. Geometrische, rhythmische, (a)symmetrische und weitere aufgeführte Veränderungen tun ein übriges.
Das genau sind die reizvollen Wesensmerkmale des Jonglierens, und die Vielzahl an kreativen Möglichkeiten, die schon bei 3 Bällen auftaucht, scheint kein Ende zu nehmen – und das ist gut so!

Hinweise

Der Schwerpunkt dieses Kapitels »Balljonglieren« liegt u.a. auf der Beschreibung von Übungen mit 1 bis 3 Bällen, so kann hier nicht auf die vielen schönen, möglichen und »unmöglichen« 3er-Muster eingegangen werden.
Komplizierte Tricks (»Holzhacker«, »Wippe«, »Shower«, …) können hier nicht besprochen werden. Workshops und entsprechende Kurse auf den immer häufiger werdenden Jongliertreffs (›Conventions‹) bieten gute Möglichkeiten weiterzulernen. Bei komplizierteren Tricks bedarf es oft umständlicher Formulierungen, womit das Jonglieren kaputtanalysiert würde. In Gemeinschaft wie z.B. bei solchen Workshops »vererben« sich die Tricks leichter und unmittelbarer…
Für Muster mit 4 und 5 Bällen bzw. Keulen oder Ringen soll besonders auf die Bücher von N. E. Baumann, D. Finnigan, J. Treiber (siehe Literaturverzeichnis) verwiesen werden, die darauf ausführlicher eingehen.

Jonglieren mit Keulen

Für viele ist das Jonglieren mit Keulen der Inbegriff beginnenden Zirkusspiels. Die Motivation ist sehr hoch, und das Anfassen schön dekorierter, leichter Zirkuskeulen läßt sie schon fast von selbst drehen. Dennoch sind Keulen insgesamt gesehen natürlich schwieriger zu kontrollieren, und es dauert auch länger, permanent präzise zu werfen und so viele Tricks wie mit Bällen zu erwerben.

Ist der Weg über Tücher, Bälle, schiefe Ebene, »siamesische Zwillinge« (Abb. 44) schon erfahren worden, dürfte es jedoch keine allzu großen Probleme geben, nach einigen kurzen Gewöhnungsübungen mit 3 Keulen einzusteigen. Hier also einige Erfahrungshinweise und einfache Variationen für Einsteiger mit 3 Keulen.

Prinzipiell können viele der Übungen und strukturellen Ideen, die wir für das Üben mit einem und 2 Bällen (jeweils mit einer Hand oder beiden Händen) vorgestellt haben, auch auf Keulen und Ringe übertragen werden. Hinzu kommen hier die Doppeldrehungen, die man gleich in die Gewöhnungsübungen mit hineinnehmen kann – in allen Variationen, die man mit 2 Keulen und 2 Händen machen kann...

Halten der Keulen

Es gibt verschiedene Möglichkeiten, 2 Keulen zu halten. Für den Anfänger wird es immer ratsam sein, die erste Keule mit einem zusätzlichen Auftakt aus den Knien heraus zu werfen, da die zweite Keule in derselben Hand den Impuls »stört« bzw. abschwächt.

Bei einer Möglichkeit (Abb. 34) sind die Keulen nicht so einfach »richtig« zu halten, dafür ermöglicht aber diese Art eine leichte Rotation, da sich die Keulen nicht berühren.

Die andere Art (Abb. 35) sieht man auch recht häufig, da durch das Greifen ziemlich weit in der Mitte der Keule ein korrekter Drehimpuls auch ohne viel »Körpereinsatz« bald gelingt.

Am besten probiert man alle Haltungen selbst aus und läßt es sich noch einmal zeigen. Dann kann man entscheiden, was einem im Moment am ehesten zusagt. Nach einiger Routine kann man dann immer noch umstellen.

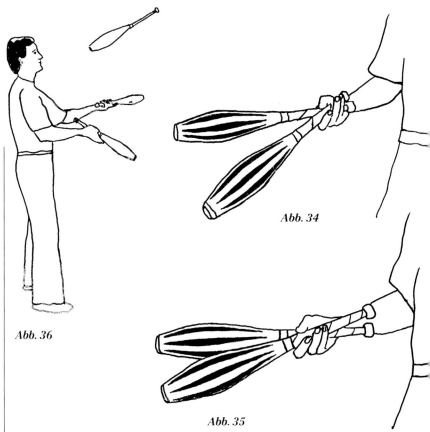

Abb. 34

Abb. 36

Abb. 35

Werfen – Fangen

Bei der Kontrolle über die ersten Wurfversuche spielen die Wahrnehmung und Bewegungssteuerung eine entscheidende Rolle. Am Anfang muß man zunächst jede einzelne, dann jede zweite Keule (abwechselnd links und rechts) extra neu »befehlen«, um mit dem Zeigefinger genug Rotation mitzugeben. Das nahezu gleichzeitige Drücken mit dem Daumen wird erst bei Doppeldrehungen spürbar.

Bei anfänglichen Fangproblemen ist es erforderlich, die Keulen (ähnlich wie bei den Bällen) wieder am höchsten Punkt genau anzusehen und nach dem Werfen bewußt fallen zu lassen, um möglichst schnell eine Rückmeldung für das Fangen wie für die nächsten, besseren Würfe zu bekommen – es sei denn, man fängt hier schon »per Zufall«, dann weiß man, daß man gut geworfen hat.

Auch tut man gut daran, in dieser Anfangsphase Matten hinzulegen, damit die Keulen nicht so »leiden« müssen. Genaue Kontrolle über die Güte des Wurfes, Präzision beim Rotationsimpuls, permanenter scharfer Blickkontakt mit den Keulen – das sind die Kennzeichen, die ein rasches, lohnendes Lernen ermöglichen.

Das Experimentieren mit Höhe und Tempo muß ebenso bewußt erfolgen, um immer wieder ein höheres Niveau erreichen zu können (Abb. 36).

Tricks

Mehrfachdrehungen

Die ersten Tricks könnten sein, daß eine Keule doppelt drehen soll; am besten kann es, wie bei den Bällen, die sein, die nicht wie die beiden anderen aussieht.

Natürlich wird auch hier wieder mit rechts und mit links geübt, wie überhaupt die schwächere Hand, meist die linke, den Nachholbedarf auf diese Weise spielerisch ausgleichen kann, um später symmetrische Würfe mit Mehrfachdrehungen ähnlich präzise wie die »starke« Hand durchführen zu können.

Halbkaskade

Ein weiterer, bald erreichbarer Trick wäre die Halbkaskade. Dazu wirft man erst einmal eine Keule mit nach außen gedrehter Hand in Einfach-, dann in Doppeldrehung in die andere Hand, um sie dort in der abgebildeten Position fangen zu können.

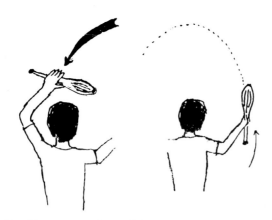

Abb. 37

Anschließend kann man die Halbkaskade ruhig aus dem Grundmuster mit allen 3 Keulen versuchen, wobei man gleich die dritte in dieser Weise wirft (meistens auf der »Glasscheibenebene«, Abb. 62).

Die weitere Schwierigkeitsabstufung kann sehr ähnlich verlaufen wie die bei den Bällen (Körperwürfe einstreuen, Reise um den Körper, hie und da Doppel- oder Dreifachdrehungen zeigen, »Holzhacker«, »Tennis«, ...).

»Säulen«

Auch die verschiedenen Figuren beim »Säulenwerfen« (s. Abb. 33) können von den Bällen übernommen werden. Das Werfen in »Säulen« wird meist mit Doppeldrehung trainiert.

Weitere verblüffende Varianten sind Würfe ohne Rotation oder gar Würfe mit Rückwärtsrotation.

Duplexwurf

Ein »fulminantes Debüt« wäre ein Duplexwurf rechts, zunächst mit einfacher Drehung der Keulen, worauf die dritte Keule mit Doppel- oder Dreifachdrehung von unten zwischen die beiden anderen hineingeworfen wird.

Wer es dann schon schafft, permanent die (Grundmuster-)Dreier-Kaskade mit Doppeldrehungen zu werfen, wird bald um kleinere Engagements und Auftritte nicht mehr herumkommen.

Jonglieren mit Ringen

Auch für das Jonglieren mit Ringen gilt wieder, daß man viele strukturelle Tricks sowie deren stufenweise Hinführung prinzipiell von denen mit Bällen ableiten kann. Im Unterschied zu den Keulen kann man sogar wesentlich früher mit 4 jonglieren, da die Ringe nur wenig »Fläche« für Kollisionen bieten.

Werfen und Fangen

Wichtig für das »normale« Loswerfen ist, daß die Ringe einen Drall bekommen, dann sind sie stabiler in der Luft, schlingern nicht unkontrolliert, und man kann sie demzufolge leichter fangen. Beim »Üben« mit 2 Ringen kann man zusätzlich noch die Fangart dazunehmen, die es ermöglicht, unmittelbar nach dem Fangen den Ring umzuklappen, so daß die anders bemalte Fläche zum Vorschein kommt (Abb. 38, 39). Hat man solche verschie-

Abb. 38, 39

denseitig dekorierte Ringe, bringt diese Fangart tolle Effekte! Weiterhin kann man, ebenfalls beim Gewöhnen zum Werfen und Fangen zweier Ringe gleich auch auf der »Glasscheibenebene« zu werfen versuchen, damit man sich von Anfang an mit den 3 verschiedenen Wurf- und Fangarten anfreundet.

Die dritte Art zu werfen, die demnach auch eine leicht veränderte Fangart mit sich bringt, ist »à la pancake« (Pfannkuchen), die Ringe werden also wie eine Bratpfanne gehalten (Abb. 40). Man benützt diese Art gerne z.B. für Körperwürfe, wobei die Ringe vom Rücken her geworfen werden und über den Kopf nach vorne fallen.

Halten der Ringe

Zum Halten der Ringe für das Grundmuster der 3er-Kaskade muß nur beachtet werden, daß bei der Hand, die 2 Ringe hält, 1-2 Finger zwischen den Ringen sind (Abb. 41). So gibt es keine »Rangelei« beim Loswerfen.

Jetzt können wieder viele Tricks, die von den Bällen her bekannt sind, versucht werden.

Tricks

Wenn die Ringe gut und gerade geworfen sind, springen sie nach bewußtem Fallenlassen korrekt hoch, und man kann einfach weiterjonglieren.

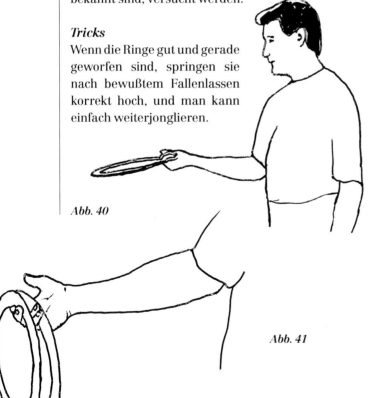

Abb. 40

Abb. 41

Abb. 42   Abb. 43

Als leicht nachvollziehbares »finish« zieht man sich alle 3 Ringe hintereinander über den Kopf. Genauer: nach normalem Abwerfen kommt ja wieder der nächste Ring in diese Hand. Genau dann muß man ihn schnell über den Kopf ziehen, um für den nächsten fangbereit zu sein. Mittlerweile, nach einem kurzen »Gedankenstop« hat die linke Hand einen Ring gefangen, und kurz danach fängt die rechte Hand den dritten Ring. Also zieht jetzt zuerst die linke Hand, dann wieder die rechte Hand den Ring Nr. 2 und 3 über den Kopf, worauf auch schon die mit Applaus begleitete Verbeugung folgt (Abb. 42).

Spätestens an dieser Stelle sollte man das Kunststück wagen, mit einem Ball, einer Keule und einem Ring zu jonglieren, was hervorragend geeignet ist, um gleich mehrere Merkmale koordinativer Fähigkeiten zu schulen. Dennoch: bei aller Schulung, ob »nur« mit 3 Bällen, Keulen, Ringen oder sonst etwas, sollte man immer bestrebt sein, mit Freude, spielerischer Aufmerksamkeit und Konzentration sich dem Geschehen hinzugeben. *Es* jongliert – ein herrliches Gefühl (Abb. 43)!

Abb. 44 »Siamesische Zwillinge«

Partnerjonglieren

Mit Partnerübungen kann sehr bald begonnen werden, selbst wenn drei Bälle noch nicht sicher in der Luft gehalten werden können. Zu zweit bleiben die Bälle meist länger in der Luft, und es bringt auch doppelten Spaß.

Hier treten dann die mehr oder weniger stark ausgeprägten sozialen Fähigkeiten zu Tage, bzw. werden durch das gemeinsame Üben spielerisch geschult. Auch das Miteinander von Mädchen und Jungen geschieht ganz nebenbei.

»Siamesische Zwillinge«

Diese Partnerübung wird im methodisch-didaktischen Kapitel »Lernmethoden« näher beschrieben. Hierbei können verschiedene Tricks miteinander kombiniert werden.

Eine reizvolle Variante hierzu, die sich gut für Aufführungen und größere Choreographien eignet, ist das Austauschen von 3 Basketbällen z. B. im 3er-Grundmuster (incl. Varianten wie Halb- oder Rückwärtskaskade, Dotz-Variationen, »Walzer«,…). Dabei stehen sich die Partner je nach Trick in einem Abstand von ca. 3–8 m frontal gegenüber.

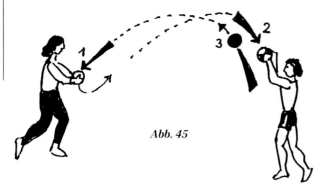

Abb. 45

»Stehlen«

Eine zweite wichtige Form mit drei Bällen ist das »Wegnehmen«, »Übernehmen« oder »Klauen«:

Als Vorübung dazu stehen sich die Partner frontal gegenüber, einer hält zwei Bälle in den Händen und läßt sich vom Partner den dritten Ball zuwerfen. So kann mit der Kaskade oder anderen Tricks weitergemacht werden, ohne beim Fangen anzuhalten.

Zum »Stehlen« jongliert einer mit drei Bällen, der zweite (B) greift sich einen Ball am höchsten Punkt heraus (Abb. 46), führt ihn im Bogen um die Hand des Partners herum (Abb. 47) und wirft ihn wieder in das Muster (Abb. 48). Der erste Partner (A) kann im normalen Rhythmus bleiben.

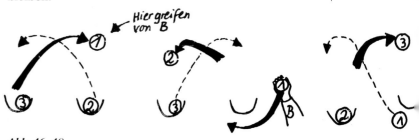

Abb. 46–48

Der Dieb kann als Variante seinen gestohlenen Ball anstatt ihn dem Partner in das Muster zurückzuwerfen, ihn unter der Hand durchwerfen und ihn mit der anderen Hand sofort wieder am höchsten Punkt stehlen. Von dort führt er den Ball um die Hand des Partners herum, wirft ihn von unten wieder hinein, stiehlt ihn wieder am höchsten Punkt…

Er kann aber auch von der Seite einen Ball wegnehmen, ihn durchwerfen, schnell um den Partner herumgehen und den Ball von der anderen Seite fangen. Die Bälle bleiben auch hier ständig im Fluß.

Man kann auch einen Ball herausnehmen (jeden dritten zunächst), waagerecht vor dem Partner zur anderen Hand herüberführen und von oben wieder in das Muster fallen lassen (»Fließband« oder »Förderband«).

Funktioniert das Stehlen eines Balles mit beiden Händen gleich gut, kann versucht werden, alle drei Bälle zu stehlen: Also den ersten »auffälligen« Ball am höchsten Punkt herausgreifen, danach auf der anderen Seite den zweiten grapschen; der Partner wirft wie normal seinen dritten Ball los, und der Dieb geht, wenn der dritte Ball den höchsten Punkt erreicht hat, zunächst in die Kaskade über. Später kann man gleich mit anderen Tricks weitermachen.

Das Greifen wird fließender und sieht schöner aus, wenn der Dieb vor dem Herausnehmen den Ball einen Moment lang mit der Hand in der Bahn verfolgt.

Schwieriger ist das Wegnehmen von der Seite her. Die Partner stehen nebeneinander. Der linke Partner fängt mit links den Ball, den der andere auch mit links fangen würde. Der Rest ergibt sich logisch: Die rechte Hand muß den »rechten« Ball fangen; dabei darf man sich richtig frech vor den Partner hineindrängeln, um diesen zweiten Ball zu bekommen. Der dritte Ball kommt (fast von selbst) wieder in die linke Hand.

Aus dem seitlichen Stehlen eines Balles kann auch leicht in die »Siamesischen Zwillinge« übergegangen werden. Anstatt die Bälle zu stehlen, kann A sie auch im normalen Rhythmus zu B hinüberwerfen. Es hilft dabei zu zählen: »Und-1(.Ball)-2(.Ball)-3(.Ball)« und mit dem auffälligen Ball das Wechseln zu beginnen.

Es sollte fließend von einer zur anderen Person gewechselt werden unter Beibehaltung desselben Rhythmus'.

Übergeben – Übernehmen

Hintereinander, Rücken an Rücken, einer steht dahinter auf einem Stuhl bzw. einer kniet und einer steht; oder A liegt auf dem Rücken unter den gegrätschten Beinen von B, jongliert über dem Kopf und wirft seine Bälle gerade nach oben zu B...

Ein schon ganz ansprechendes Kunststück ist, wenn der eine mit einem Bocksprung über den gebückt stehenden, jonglierenden Partner springt und ihm dabei die Bälle abnimmt.

Passing

Hier eine Vorübung für das »Passing« (Austauschen von Jongliergegenständen zwischen den Partnern):

Vorübung

»3 + 1«: Einer hat 3 Bälle und wirft einen auf sein Kommando seitenparallel zum Partner (Abstand max. 2 m) und bekommt zeitgleich den entsprechenden Ball auf die linke Hand.

Tip: Zuerst einige gleichzeitige präzise Würfe mit einem Ball zum Partner, damit Höhe und Distanz erfahren werden und der Partner problemlos fangen lernt. Danach »auswendig« zum Partner werfen und dabei die Wahrnehmung auf den ankommenden Ball gezielt richten. Man kann sich auch in 1 m Abstand vor die Wand stellen und als Fangsimulation immer wieder einen Ball halbdiagonal an die Wand werfen, so daß er mit links gegrapscht werden kann.

Zu zweit mit 5 Bällen:

Ein Partner hat zwei Bälle, der andere drei. Dieser gibt auf ein Zählkommando einen Ball ab (Farbe festlegen). Der Fänger sollte ohne Pause zur Kaskade übergehen. Hierbei jonglieren beide abwechselnd im Grundmuster. Eine Steigerung hierzu wären verschiedene Zuwurfvarianten sowie motorische und gedankliche Zusatzaufgaben für den Partner mit zwei Bällen.

Die zweite Form mit 5 Bällen ist noch fließender und sieht vor allem mit Ringen sehr gut aus, als Zwischenstufe können auch gut Tennisringe geworfen oder die Bälle am Boden gerollt werden: Einer (A) hat wieder drei Bälle/Ringe, der andere (B) hat zwei. A fängt an und wirft immer diagonal, B wirft immer parallel.

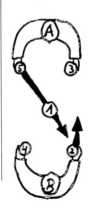 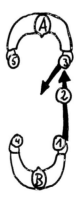 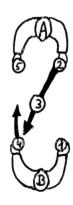

Abb. 49–51
Ball 5 wird wie Ball 1 geworfen, also wie Abb. 49 weitermachen.

Abb. 52

Tip: Es ist wichtig, daß beide einen hohen Bogen werfen und daß der zweite erst wirft, wenn der Ball/Ring des ersten den höchsten Punkt erreicht hat.

Zu zweit mit 6 Bällen

Hierbei wird es wichtig, einen gemeinsamen Rhythmus durch entsprechendes Zählen zu finden. Es hat sich bewährt, daß man rückwärts zählt, während das Grundmuster geworfen wird (3-Ball-Kaskade): also »3-2-1-hepp«; bei »hepp« werfen beide mit rechts longline zum Partner.

Der gemeinsame Beginn eines Durchgangs wird durch einen Auftakt (meist Hände heben) angezeigt.

Eine Sicherheit im »Grundmuster« (Kaskade) ist Voraussetzung. Der bessere Jongleur soll sich dem Rhythmus des Partners angleichen und anfangs auch das Zählen übernehmen.

Der zu fangende Ball wird gegrapscht und der zu werfende Ball »auswendig« geworfen, weil sich die Wahrnehmung ganz auf den ankommenden Ball konzentrieren soll.

Mit der Zeit kann das Zählen schneller werden: 2-1-hepp, 1-hepp, oder hepp-hepp-hepp, d.h. jeder Ball wird gepaßt. Oder es kann mit einem »Quick-Start« begonnen werden, d.h., daß gleich der 1. Ball gepasst wird. z.B. Hepp, dann zählen 3-2-1-hepp oder kürzer…

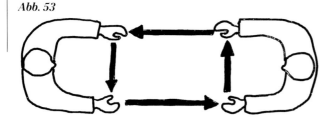

Abb. 53

Räumliche Varianten

Zwischen den Passing-Würfen können verschiedenste Tricks eingebaut werden, also verschiedene Arten zu werfen, in unterschiedlichen geometrischen Mustern und Anordnungen zu stehen (seitlich, Rücken an Rücken, sitzend, stehend, kniend, auf den Schultern eines Partners, …).

Abb. 54, 55

Für weitere und schwierigere Passingformen, auch für mehr Partner- und Gruppenformen möchten wir wieder auf Bücher verweisen (z.B. D. Finnigan, N. E. Baumann u.a.; siehe Literaturverzeichnis).

Abb. 56

Eine etwas ausgefallene, aber durchaus realisierbare Passingmöglichkeit ist das »waagrechte« Gegenüber- oder Nebeneinanderstehen an Stangen oder ähnlichen Befestigungen (Abb. 57).

Lernmethoden

Bei der Lösung des Problems »Jonglieren vermitteln« sind immer mehrschichtige Dimensionen zu beachten. Es soll einmal Spaß machen und trotzdem nicht allzu lange dauern, bis es gelingt. Die Vermittlung der Bewegungsvorstellungen für die einzelnen Tricks sollte außerdem immer anschaulich sein.
Natürlich darf man das Jonglieren nicht gleich bis ins letzte hinein zerpflücken, total analysieren und durchmethodisieren, sonst ginge ihm eines der Wesensmerkmale verloren.
Jedoch kommt man bei Ausbildungssituationen um ein Mindestmaß an Analyse nicht herum, da man zum Weitervermitteln schon die einzelnen Schritte kennen sollte, um spezielle Lernprobleme lösen zu können.

Fast nirgendwo beim Bewegungslernen tritt so deutlich wie beim Jonglieren zu Tage, auf welche Weise gelernt, wie wahrgenommen und reagiert, wie kontrolliert, gesteuert und koordiniert wird, wie die Konzentration abfällt, wie man sich wieder motivieren (lassen) kann, und wo die Grenzen der Wahrnehmungs- und Koordinationsfähigkeit sind. Und dies alles kann in nachvollziehbaren, zeitlich überschaubaren Etappen oder Lernfortschritten vor sich gehen. Übungsleiter oder Sportlehrer, die einige Theoriekapitel über das Bewegungslernen studiert haben, können hier sehen, wie sich der Ablauf des Lernens vollzieht.

Abb. 57

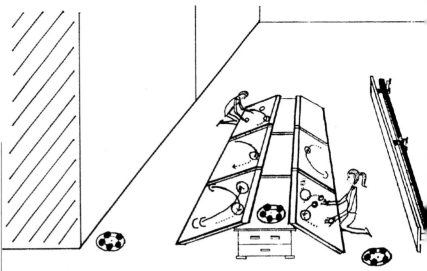

Abb. 58

Im folgenden werden verschiedene Methoden dargestellt, wie man an das Jonglieren herangehen kann.
Je nach Vorerfahrung in Auge-Hand-Koordination, erworbenem oder angeborenem Bewegungsgeschick, sowie je nach Alter und entsprechend angeeigneter Lerngewohnheit, ist der Unterricht anders aufzubauen.
Lehrer sollten die verschiedenen Lerntypen berücksichtigen und bei Problemkindern erfinderisch werden.
Für das Jonglieren ist ein ganzheitlicher Einstieg, sowohl über das Nachahmen, als auch über das Be»greifen«-Lernen auf einer schiefen Ebene sehr effektiv (Abb. 58).

Grundlegende Ansätze
Schiefe Ebene

Am Anfang ist es ein Hauptproblem, daß die Bälle nach dem Hochwerfen viel zu schnell wieder herunterkommen. Das kann man aber sehr gut steuern, indem die Ebene flacher oder steiler gestellt wird. Dadurch ist ein langsames »Begreifen« möglich. Das Lernen geht hier primär über das Auge. Als weitere Hilfe können auf

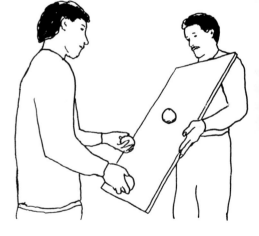

Abb. 59

diesen Ebenen, die man wie einen Bauchladen als Brett mit sich führen kann (siehe Abb. 57), Plakate aufgebracht werden, auf denen in anschaulicher Weise die Ball-Rollwege, spätere Flugkurven und Fixpunkte als Orientierung aufgemalt sind. So kann der Übungsleiter lohnende Sofortkorrektur geben, die der Übende unmittelbar nachvollziehen kann (Abb. 59 + 60).

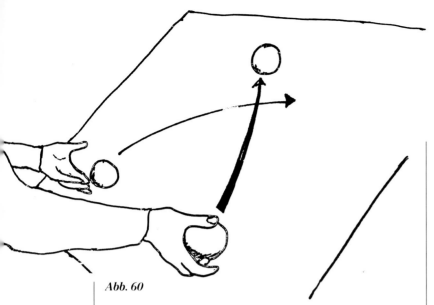

Abb. 60

Dem Einfallsreichtum, wie man solche schiefen und variablen Ebenen »konstruiert«, sind nahezu keine Grenzen gesetzt.

Am Boden

Ist das Aufbauen einer wie auch immer konstruierten schiefen Ebene nur umständlich möglich, behilft man sich dadurch, daß man kniend 3 Tennisbälle abwechselnd links und rechts am Boden gegen einen harten Gegenstand (Brett, Wand, Koffer, umgedrehte Turnbank, Mattenrand, kleines Kästchen,...) rollt. Auch hierbei ist das Problem »Ballflugebene konstant halten« einfach und elegant gelöst. Im Stehen läßt man die Arme locker pendeln und hat »im Nu« das Grundmuster begriffen (Abb. 61).

Abb. 61

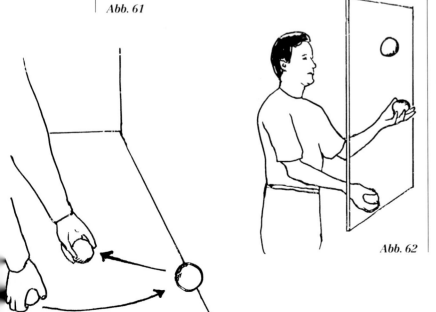

Abb. 62

Nachahmen

Ein anderer Lerntyp braucht diese Zeitlupenstudien vielleicht gar nicht und lernt, indem er den Rhythmus dreier abwechselnd geworfener Jongliertüchern ganz einfach übernimmt. Er wird erst an die Ballroll-Zeitlupe (schiefe Ebene) gehen, wenn es sich um schwierig zu verstehende Tricks handelt. Die Tücher haben den Vorteil, daß sie langsam fliegen, so daß viel Raum und Zeit zum Fangen bleibt.

Drei prinzipielle Möglichkeiten, wie sich der Lehrer beim individuellen Vorzeigen zum Lernenden stellt, haben sich als günstig erwiesen:
– frontal gegenüber,
– stehend hinter dem sitzenden/knienden Schüler (man kann seine Hände oder Arme führen oder an deren Stelle jonglieren),
– leicht versetzt mit dem Rücken zum Schüler vor ihm stehen.

Den Rhythmus vorsprechen

Manche müssen das Jongliermuster an der schiefen Ebene oder am Boden sehen, andere fühlen sich in den vormachenden Lehrer hinein und übernehmen den Jongliervorgang »intuitiv«. Viele müssen den Jonglierrhythmus innerlich hören. Für sie sollte der Lehrer das Werfen und Fangen im richtigen Rhythmus vorsprechen. Beim Alleine-Üben kann der Lernende selbst sprechen. Bald prägt sich das ein und wird zu einem Gefühl für den richtigen Rhythmus (siehe das Beispiel im Kapitel »Mit drei Bällen jonglieren«).

Einzelne Anregungen

Höhe und Geschwindigkeit verändern

Die schiefe Ebene als methodisches Mittel liegt gewissermaßen »zwischen« Ballrollen am Boden und Tücher in die Luft werfen, vielleicht mit dem Vorteil, daß man die ›Begreifbarkeit ablesen‹ und jeder sein Lerntempo selbst regeln kann. Grundsätzlich gilt: Je mehr Bälle im Spiel sind und je tiefer sie geworfen werden, desto weniger Fangzeit bleibt für den einzelnen Ball; je weniger Bälle und je höher geworfen, desto mehr Zeit. Auf der anderen Seite gilt auch: Je höher geworfen wird, desto weiter weg kommen schlecht geworfene Bälle wieder in die Hand. Höhe und Geschwindigkeit sollten anfangs ständig bewußt verändert werden, um so immer wieder ein höheres Niveau zu erreichen. Das geht natürlich hervorragend auf der schiefen Ebene; so lernt der Anfänger spielerisch und beiläufig, den Bällen den richtigen Impuls zu geben, die Flugbahnen in Ruhe zu studieren und neue Muster zu begreifen.

Tip: Beim Üben zu Hause kann man sich mit seinen selbstgemachten Bällen oder Säckchen z.B. vor ein Sofa oder Bett setzen/knien und munter drauflos üben. Die Bälle rollen nicht immer unter Tische, Schränke, Stühle, ... und man spart viel Zeit und Mühe!

Mit Partnern üben

Eine sehr gesellige und spaßige Möglichkeit ist das Zusammenüben mit einem Partner: Gerade dann, wenn zwei Partner mit drei Bällen noch nicht sicher sind, können sie sich nebeneinander stellen (Händchen halten oder Arme um die Hüften) (s. Abb 44). Man nennt das auch »Siamesische Zwillinge«. Jeder kann sich auf eine Hand konzentrieren, und zusammen können sie die Bälle länger in der Luft halten als einer allein.
Weitere Möglichkeiten von Partnerübungen in den Kapiteln »Häufige Fehler« und »Partnerjonglieren«.

Abwechslungsreiches Übangebot

Anfänger sind oft zu sehr auf Auge-Ball-Hand fixiert, vergessen aber dabei, den ganzen Körper mit einzubeziehen, und werden auch schnell müde. Über Variationen wird automatisch das Grundmuster stabilisiert. Koordinative Grundfähigkeiten werden auf diese Weise spielerisch erworben (siehe z.B. »Reise um den Körper«). Man braucht also nicht zu glauben, daß erst das Grundmuster absolut perfekt sein muß, um Variationen werfen zu dürfen und zu speziellen Tricks übergehen zu können. Durch die Vielfalt der versuchten, der angebotenen und der selbst gefundenen Übungen wird das Bewegungsrepertoire breiter und das Grundmuster automatisch stabiler. Methodische Vielfalt und *abwechslungsreiches Übungsangebot* garantieren auch ein leichteres Lernen. So kann z.B. das Üben natürlich in den verschiedensten Positionen (im Sitzen, auf dem Rücken, der Seite, dem Bauch liegend, im Knie- oder Fußhang) stattfinden.
Eine reizvolle Abwechslung wäre das Jonglieren im Zug, Aufzug, Bus, Auto, Flugzeug, auf dem Schiff, in der Straßenbahn...

Zusätzliche Aufgaben lösen

Schon in der Lernphase sollte unbedingt versucht werden, Zusatzaufgaben zu bewältigen, z.B. gedankliche Probleme zu lösen (rechnen, Geschichte/Witz erzählen, fiktives Problemgespräch führen). Diese Mehrfachhandlung erfordert innere Beweglichkeit und Unabhängigkeit von der Körperbewegung. Souveränität im Umgang mit den Jongliergegenständen entwickelt sich dadurch.

Jonglierspiele

Wenn die Übenden mit ihrer Hauptaufmerksamkeit beim Spielgeschehen sind, verselbständigt sich das Jonglieren; es wird dadurch sicherer.

Joggling

Zuerst gehen, später laufen und rennen und dabei jonglieren. Das kann als Wettkampf in Gruppen durchgeführt werden. Mit eingebauten Hindernissen (Balancieren, Klettern...) ist es noch spannender.

Stehlen

Einer jongliert mit 3 Bällen, der andere versucht, ihm einen Ball zu stehlen und dann wieder zurückzuwerfen.

Staffellauf

Jede Mannschaft hat 3 Bälle. Wenn ein Läufer zurückkommt, übergibt er die Bälle ohne Unterbrechung. Schwieriger wird es, wenn jeder, der einen Ball fallen läßt, zum Ausgangspunkt zurück muß.

Bei »D. Finnigan« sind weitere Jonglierspiele beschrieben.

Unterschiedliche Gegenstände verwenden

Als Übung und zur Steigerung der Ballgeschicklichkeit sind unterschiedliche Möglichkeiten gegeben, z.B. das Jonglieren
– mit gleichgroßen Bällen oder Gegenständen, aber unterschiedlich in Größe und Gewicht

- verschieden geformte Gegenstände (Schuhspanner, Kochlöffel, Streichholzschachtel, Federballdosen, ...)
- Gegenstände mit zusätzlicher Eigenbewegung in der Luft (Schal, Luftpumpe, Schlüsselbund, Tücher)
- die »klassischen« Jonglierrequisiten wie Keulen, Ringe, Bälle, Tücher, Hüte, Schirme, ...

Verschiedenfarbigkeit der Gegenstände
Die Farben von Bällen/Keulen/Ringen helfen Anfängern wie Fortgeschrittenen, neue Muster zu verstehen. Zum einen sieht der Lernende genau, was der andersfarbige Ball macht, kann sich also schon vorher darauf einstellen, daß zu einem festgelegten Zeitpunkt der besondere Ball etwas Besonderes zu machen hat. Andererseits wird mit einem andersfarbigen Ball ein Trick für Zuschauer besser deutlich. Bei Tempojonglagen oder ähnlich professionellen Nummern trifft das verständlicherweise nicht mehr unbedingt zu.

Musik einsetzen
Der bewußte Einsatz von Musik kann sehr beruhigend und fließend wirken und das kontinuierliche Lernen und Probieren unterstützen. Durch das Übernehmen eines Musikrhythmus' wird gelernt, auch den Jonglierrhythmus eines Partners zu übernehmen. Damit sind schon die ersten Grundlagen einer späteren Jonglierchoreographie gelegt.

Falsch vormachen
Neben präzisem und (übertrieben) richtigem Vormachen des Lehrers ist das dosierte Falsch-Vormachen von Wurf- und Fang-Verhalten eine wichtige Voraussetzung für ein effektives Lernen. Bewußtes Fallenlassen gehört als wichtiger methodischer Zwischenschritt zum Erlernen vieler Tricks dazu, damit eventuelle Fehler deutlicher bewußt gemacht werden können.

Video als Spiegel
Schließlich ist auch Lernen mit Hilfe von Video nichts anderes als ausgiebiges Fehlerzeigen und Fehleranalysieren. Oft treten alte Fehler wieder beim Erlernen neuer Tricks, Muster, neuer Partner oder eines weiteren Jongliergegenstandes auf. Nur der bereits gelernte »Bewegungswortschatz« hilft dann für ein leichteres Lernen.

Lernmethoden selbst entdecken lassen
Gut ist es, wenn Schüler im Lauf der Zeit selbst einen Sinn dafür entwickeln, wann welche Methode für welches Problem anzuwenden ist. Der Schüler sollte mithelfen, z.B. beim Erlernen eines komplexeren Tricks, herauszufinden, was nun die kleinste begreifbare Aktion oder methodische Einheit ist und wie man sie einstudieren kann; auch sollte er selbst sagen, ob es sich für ihn lohnt, an die schiefe Ebene zu gehen oder sich den Trick einige Male genau vom Lehrer anzusehen, oder ob ein bestimmter Rhythmus an einer bestimmten Stelle einen Anhaltspunkt geben kann.
Am schönsten ist es, wenn ein Schüler eine dem Lehrer noch unbekannte Lösung vorschlägt. Der Lehrer kann das dann ruhig erfreut zugeben und der ganzen Gruppe weiterleiten.

Der »äußere« Rahmen
Das Alter der Jongleure
Zum »besten« Jonglieralter könnte man sagen, daß sich Jonglieren für 5- bis 90jährige gleichermaßen eignet, je nach Veranlagung und spezifischer Geschicklichkeit. Allerdings sollte die Art des Unterrichtens und die Aufgabenstellungen den jeweiligen Möglichkeiten angepaßt sein.

In der Praxis zeigen sich folgende Gesichtspunkte:
- Einzelne Spiele und Geschicklichkeitsübungen mit Bällen können schon relativ früh begonnen werden.
- Die Sicherheit mit zwei Bällen oder mehr wird allerdings nur von wenigen Kindern vor dem 9. Lebensjahr erreicht; richtig lohnend, sich mehr mit dem Jonglieren zu beschäftigen, wird es ab der 5., 6. Klasse.
- Mit Tüchern kann gut ab dem 9./10. Lebensjahr begonnen werden; Keulen und Ringe haben meist erst einen Sinn nach Erlernen des Grundmusters mit Bällen.

Die Gruppe zusammenhalten

Ein häufiges Problem eines Übungsleiters oder Lehrers, der mit größeren Schülergruppen arbeitet, ist das Zusammenhalten der Gruppe. Es muß nicht so weit kommen, daß die Schüler nach einiger Zeit die Bälle durch die ganze Halle werfen. Vorher sollte man sie am besten um einen oder zwei Weichböden versammeln, um etwas zeigen oder sagen zu können, und um sie bald wieder mit konkreten Aufgaben zu versorgen, die man dann auch aus der Ferne überwachen kann. Die Schüler haben somit das Gefühl: Der Lehrer sieht mich und kann mich nachher korrigieren, auch wenn es nur ein kurzer, verständnisvoller Blick war. Eine sanfte Ermunterung, ein gezieltes Lob, bisweilen auch eine direkte Aufforderung, nicht so unkonzentriert die Bälle um sich zu werfen, schafft eine für das Lernen günstige Atmosphäre. Kommt dazu noch das bewußte Einsetzen von Musik, sind kaum Ausschreitungen zu erwarten.

Wenn man eine größere Gruppe über einen längeren Zeitraum im Jonglieren unterrichten will, kann man einen Teil der Zeit auch einen strengeren Rahmen wählen: Der Lehrer steht vorne, spricht und jongliert das, was getan werden soll, vor. Sehr zügig können dadurch viele Grundübungen mit 1, 2 und 3 Bällen durchgeübt werden. Schüler, die sich in der freien Gruppe schwer konzentrieren können, werden dadurch »bei der Stange« gehalten. Auch jüngere Kinder kommen so zügiger voran.

Vor allem beim Erlernen der Grundform hat sich diese Methode sehr bewährt. Der Lehrer spricht jeden Wurf: rechts – links – rechts – Pause. Die Pause dauert so lange, bis alle Bälle aufgehoben sind und jeder wieder ruhig steht. Dadurch kommt Konzentration in eine Gruppe.

Durch einen kleinen Wettbewerb werden zusätzliche Konzentrationsreserven mobilisiert: Wer bei 10 solchen Durchgängen höchstens 3 Bälle hat fallen lassen, darf sich auf die rechte Seite des Raumes stellen!

Durch dieses Spiel prägt sich der Grundrhythmus der Kaskade gut ein. Wenn ein Durchgang gelingt, kann man 2 oder mehr Durchgänge probieren: rechts – links – rechts – links – rechts – links…

Wenn etwas erklärt oder gezeigt werden soll, ist es wichtig, daß alle Jongliergegenstände ruhig *liegen*. Bei größeren Gruppen und jüngeren Kindern sollte diese Grundregel schnell zur Gewohnheit werden.

Der geeignete Raum

Der Raum zum Üben sollte nicht unübersichtlich groß sein, so daß jederzeit ohne viel Zeitverlust kurz zusammengerufen werden kann.

Es bedarf von Schülerseite keiner besonders hohen Konzentration, wenn z.B. beide Gruppen jeweils um einen Weichboden herumsitzen und üben. Bälle gibt es immer genug, weil ständig welche auf die Matte fallen. Man kann auch z.B. mit chinesischen Tellern, Frisbees o.ä. ein zusätzliches Ballreservoir schaffen (siehe Abb. 58). So bleibt Spaß, Kommunikation, Anteilnahme an Freude, Gelingen und Mißlingen der anderen erhalten. Natürlich sind die Maßnahmen, die ein Lehrer zu treffen hat, von vielen Faktoren abhängig. Er wird je nach Gruppengröße und Alter der Kinder anders reagieren müssen. Auch hängen seine Handlungen vom Zeit-, Material- oder Gerätebedarf ab.

Motto:

Geübt werden soll nach dem methodischen Motto: Lieber jeden Tag 10 Minuten üben, als einmal in der Woche zwei Stunden Nachholstreß.

Nicht fallen lassen

Häufige Fehler

Wir haben im Laufe unserer Sozialisation gelernt, daß etwas fallen zu lassen »böse« ist und meist bestraft wurde. Beim Jonglieren gehört aber das Fallenlassen unbedingt zum Lernprozeß dazu, da man die Bälle am Anfang erst sauber werfen und deutlich wahrnehmen muß, um sie später bewußt und gezielt fangen zu können. Fangen ist dann eher ein angenehmes »Abfallprodukt« von gutem und präzisem Werfen. Durch bewußtes Fallenlassen *lernt* man einfach besser, und man lernt besser *wahrzunehmen* und kann damit Fehler von vorne herein eher vermeiden.

Tip: Für viele Tricks ist es hilfreich, zuerst zu werfen, ohne gleich an das Fangen zu denken. Die Güte der Präzision von nur geworfenen Bällen sieht man dann unmittelbar am Landeort (Boden, Sofa, Bettdecke, …). Weiter oben wurde schon darauf hingewiesen, daß es zwischendurch notwendig ist, durch übertriebenes Falsch-Vormachen auf jeweilige Fehler aufmerksam zu machen.

Ungleiche Würfe
Um von einer falsch eingeübten Bewegungsgewohnheit wegzukommen, gibt es zwei Wege: entweder man versucht schrittweise, sich dem optimalen Wurf zu nähern, oder, was sich in der Praxis auch bewährt hat: der Sprung in den Gegensatz.
Beispiel: Die linke Hand wirft immer zu weit nach rechts vorne; die Gegenbewegung wäre jetzt: bewußt weit nach rechts hinten werfen, also sehr nah zum Kopf hin und sich auf diese Weise dem präzisen Wurf zu nähern.

Tip: Hier eignet sich auch die vorher beschriebene Partnerübung, bei der beide nebeneinanderstehen, zusammen mit drei Bällen jonglieren und dazu jeweils eine Hand benützen (»Siamesische Zwillinge«, Abb. 44). Geht ein Wurf z.B. der linke Wurf des (linken) Partners zu weit nach rechts vorn, geht der andere Partner einfach, zumindest für eine Zeit lang, einen Schritt zurück.

> Wichtig für den Umgang mit liebgewonnenen Bewegungsgewohnheiten, die für das Jonglieren nicht so passend sind, ist das spielende Üben (»Spüben«). Mit zuviel Ernst und Verbissenheit erreicht man einfach nicht viel.

Festhalten – Loslassen
Bezüglich »*Ball-Festhalten*« – oder eben nicht – sind folgende zwei Extremformen häufig zu beobachten:
Die einen können sich nicht von den Bällen trennen und halten sie immer fest, würden auch nie freiwillig einen Ball fallen lassen…
Tip: Versuchen, im Bewegungsfluß zu bleiben und den zweiten und dritten Ball einfach zu werfen, egal, wohin er fliegt. Die geworfenen Bälle ruhig mitzählen und beim nächsten Mal einen mehr werfen!
Die anderen wollen die Bälle einfach nicht in der Hand behalten und werfen schon los, bevor der Ablauf geklärt ist.

Tip: Hier hilft nur, einmal vorher durchzuatmen, loszuwerfen und dann die gefangenen Bälle zu zählen. Immer wieder nach dem Fangen 5 Sekunden Pause und dabei die Hand mit dem Ball richtig sinken lassen.

Nachgehen
Auch kommt es immer wieder vor, daß anfangs *den Bällen* unwillkürlich *nachgegangen wird.*

Tip: Versuchen, rückwärts zu gehen, dann bleibt man eigentlich stehen, hat aber genauso unwillkürlich das Problem gelöst, indem entweder die Hände oder die Unterarme höher genommen werden und die Bälle auf einer Glasscheibenebene jongliert werden (Abb. 62).

Eine andere Möglichkeit wäre, vor einer Wand zu jonglieren. Dabei sollten die Bälle möglichst nicht anstoßen.

Manche gehen anfangs den Bällen so weit nach, daß sie sie *über Kopfhöhe fangen* wollen. Das wäre aber unökonomisch und anstrengend, zumal auch die Handgelenksbeweglichkeit in dieser Position eingeschränkt ist.

Tip: Weniger Hektik, mehr innere Ruhe, etwas später und tiefer fangen.

»Konsumreflex«
Häufig ist beim Lernen der Kaskade zu beobachten, daß der linke Ball mit der rechten Hand reflexartig aus der Hand gerissen wird. Man könnte das den *»Konsum-Reflex«* nennen, weil die rechte Hand es nicht so lange aushält, bis wieder ein Ball kommt.

Tip: Dagegen hilft am besten, wenn man in Zeitlupe an der schiefen Ebene mit der 2-Ball-Kaskade diesen Reflex ausschaltet (siehe Abb. 13).
Oft ist es am Anfang unmöglich, den 3. Ball problemlos zu fangen. Ursache: der 2. Ball ist schlecht geworfen.

Tip: Entweder sich auf den 2. Ball konzentrieren, wodurch dann der 3. sauberer geworfen wird, oder ein Partner bietet eine optische Hilfe an (Hand als Ziel).
Es kann auch helfen, einfach weiterzuwerfen, bis kein Ball mehr in der Hand ist, oder man fängt mit der anderen Hand an.

Abkapselung – Verspannnungen

Auf zwei Gefahren wollen wir noch hinweisen. Sie betreffen einmal den psychologischen Bereich: Durch zu langes und das häufige Alleine-Jonglieren könnte – durch das »In-Sich-Versunken-Sein« – mit der Zeit eine soziale Abkapselung entstehen.

Eine weitere Gefahr ist körperlicher Art: durch langes Üben oder falsche Haltung können sich Muskelverspannungen einstellen: bisweilen kann es zu einer Sehnenscheidenentzündung kommen, besonders dann, wenn man zu lange an einem interessanten Trick bleibt. Abhilfe schafft nur Reduzieren der einseitigen Tätigkeit.

Ausblick

Jonglieren wird als eigenständige Disziplin mittlerweile schon bei Zirkusmeisterschaften und Zirkus-Nachwuchsfestivals (mit Prämierung etc.) gezeigt, wo sämtliche Bewegungskünste in allen nur denkbaren Variationen, sowie einer an Wunder grenzenden Perfektion vorgetragen werden. Hier zeigt sich, wie salonfähig das Jonglieren inzwischen geworden ist.

Dennoch scheint es noch Jahre zu dauern, bis Rechnungshöfe und ähnliche Verwaltungsinstanzen angewiesen werden, daß auch Jonglieraktivitäten zum Kanon der Freizeitsportaktivitäten gehören und gleichermaßen wie weniger »sportliche« Tätigkeiten finanziell bedacht werden (vgl. Kapitel »Zirkus in Schule, Verein und Ausbildung«).

Aber auch in bezug auf die Auswirkungen dieser Bewegungsart sind noch viele Fragen offen. Den positiven Einfluß des Jonglierens auf die Atmung kann jeder selbst erfahren. Durch ein »In-Sich-Hineinhören« kann man spüren, was sich verändert, wenn ein Ball hart gegrapscht wird oder wenn den Bällen weich und so lange wie möglich nachgegangen wird. Es wäre sehr lohnend, die gesundheitlichen Wirkungen der einzelnen Jonglierarten genauer zu erforschen! An einzelnen Institutionen wird das Jonglieren bereits als Therapie eingesetzt, z.B. bei lernbehinderten, geistigbehinderten, verhaltensgestörten und milieugeschädigten Kindern, bei Konzentrationsschwächen und bei schlaganfallgeschädigten Patienten (KIPHARD 1986, 1991). Hierüber gibt es allerdings noch wenig Veröffentlichungen.

Auch die Auswirkungen dieser Geschicklichkeitsschulung auf das seelische Befinden (z.B. Konzentrationsfähigkeit) und die gedankliche Beweglichkeit ist bisher nur in Ansätzen beschrieben (BALLREICH 1990). Für bewegungsbegeisterte Pädagogen und Therapeuten tut sich hier ein interessantes Forschungsfeld auf. In der Motopädagogik, Psychomotorik und Ergotherapie zeigen sich bereits erste Ansätze (KIPHARD 1991).

Literaturhinweise

Ballreich, R.: Circus in der Waldorfschule. In: Erziehungskunst, Heft 9/90.
Baumann, N. E.: Die Kunst des Jonglierens, Leipzig 1962.
Dubberke, C./Saggau, A.: Jonglieren lernen. In: Brinckmann, A./Spiegel, E.: Freizeitsport mit Jugendlichen S. 191-203, Reinbek 1986.
Finnigan, D.: Alles über die Kunst des Jonglierens. DuMont-Verlag, Köln 1988.
v. Grabowiecki, U.: Spielerische Artistik, Akrobatik und Jonglieren. Unveröffentlichtes Manuskript (150 S.), Stuttgart 1990. Ausführliche Bibliographie zum ganzen Zirkusbereich.
Kiphard, E. J.: Artistische Kunstfertigkeiten als alternative Lerninhalte innerhalb der Motopädagogik. Verbesserung der Auge-Handgeschicklichkeit durch Jonglieren. In: Motorik, Heft 9/86.
Kiphard, E. J.: Jonglieren unter therapeutischem Aspekt. Neue Erkenntnisse und Erfahrungen in den USA. In: Motorik, Heft 4/91.
Kiphard, E. J.: Jonglieren kann heilen. In: Kaskade, Juni 1992.
Peach, M.: Das Keulenbuch. Jonglieren mit Keulenpassing. edition aragon, Moers 1992.
Peter, S.: Jonglieren mit Bällen, Keulen, Ringen und Diabolo: Das Spiel mit der Schwerkraft. Falken-Verlag, Niedernhausen 1989.
Schachl, A.: Therapeutische Effekte – nicht nur für Kranke. In: Kaskade, Juni 1992.
Schneider, M.: Jonglieren lernen. In: Sportpädagogik, Heft 3/1987.
Treiber, J.: Richtig Jonglieren. BLV-Sportpraxis, München 1989.

Geschichtliches

Ziethen, K.-H.: Jonglierkunst im Wandel der Zeiten. Berlin 1986.
Ziethen, K.-H.: 4000 Years of Juggling. Edition M. Poignard 1981.
Ziethen, K.-H./Allen, A.: Juggling – the Art and it's Artists. Berlin 1985.
Ziethen, K.-H.: Die Kunst der Jonglerie. Henschel-Verlag, Berlin 1988.

Zeitschriften

»Juggler's World« (¼-jährlich), Internat. Juggling Association; Kenmore, New York.
»Kaskade« (¼-jährlich), Gabi Hartmann & Paul Keast; Annastraße 7, 6200 Wiesbaden.

Devil-Stick Alfred Schachl

Wie das Diabolo kam auch das Spiel mit den Stöcken aus China nach Europa, wo es sich heute, neben den anderen Jonglier- und Artistengeräten, großer Beliebtheit erfreut.

Es scheint nicht mit »rechten Dingen« zuzugehen, glauben oft die Zuschauer, und daß nur unsichtbare Schnüre oder Magnetismus die manchmal fast schwerelos anmutende Beherrschung des Devil-Sticks möglich machen.
Bis er allerdings so gut beherrscht und das Bewegen der Stöcke fließend und locker wird, muß schon eine längere Zeit geübt werden.
Das sollte aber niemanden abschrecken – mit regelmäßigem Üben lassen sich auch hier bald Fortschritte erzielen.

Um sich mit dem Devil-Stick vertraut zu machen, wird hier mit verschiedenen Formen des Balancierens begonnen. Dadurch können erst einmal die Flugeigenschaften und die Unberechenbarkeit des Sticks studiert werden, der mit meist zwei, von Gummi ummantelten Handstäben bewegt wird.
Anstatt des Devil-Sticks kann für die ersten Übungen auch gut ein normaler Gymnastikstab (oder Besenstiel, etc.) verwendet werden.

Vorübungen

Balancen
– Balancieren des Devil-Sticks auf der Hand, auf einzelnen Fingern, auch auf dem Daumen.

Tip: Dabei möglichst auf die Spitze des Stockes, nicht auf die Hand schauen (Abb. 1).

– Ihn von Finger zu Finger wandern lassen, auch ohne den Daumen zu benutzen.
– Balance des Sticks auf Handrücken, Ellbogen, Schulter, Oberschenkel, Fuß, auf dem Kinn, der Nase, der Stirn…
– Ihn auf der Hand balancieren, sich hinsetzen, sich hinlegen…
– Balance auf einem der Handstäbe (Abb. 2).
– Den Stab aufrecht auf dem Boden zwischen den beiden Handstäben, am oberen Ende, geklemmt halten, ihn senkrecht hochwerfen und auf einem der Handstäbe fangen und balancieren.
– Aus der Balance hochwerfen und wieder auffangen, auch mit halber und ganzer Umdrehung des Stabes.
– Den Devil-Stick mit einem Handstab genau in der Mitte balancieren (Abb. 3).

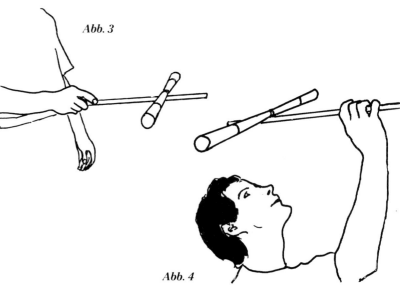

Abb. 3

Abb. 4

Tip: Durch Drehen des Handstabes wird es leichter.
– Ihn dann senkrecht hochwerfen und mit dem gleichen Handstab über dem Kopf fangen (Abb. 4).

Würfe mit zwei Handstäben
– Den Devil-Stick auf den beiden Handstäben waagerecht vor dem Körper halten, die Kontaktpunkte sollten sich jeweils im äußeren Viertel befinden (Abb. 5).

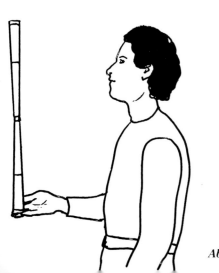

Abb. 1

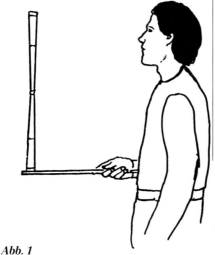

Abb. 2

Abb. 5

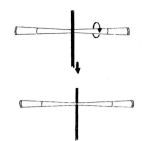

Abb. 8a, b

– Den Stick auf den Handstäben von den Händen bis zu den Spitzen der Handstäbe rollen.
– Den Stab gerade in die Luft werfen und ihn möglichst weich wieder auffangen (je weniger das Fangen zu hören ist, desto besser).
– Vor dem nächsten Fangen die Handstäbe hinter dem Rücken gegeneinander schlagen.
– Den Stick mit gekreuzten Armen fangen.
– Ihn hinter dem Rücken fangen.
– Den Devil-Stick hochwerfen und selber eine Pirouette drehen.
– Einen Handstab vor dem Fangen unter einem Bein durchstecken.
– Vor dem Fangen jeden der Handstäbe einmal herumdrehen, oder beide Handstäbe durch einen kurzen Wurf austauschen.
– Oder zum Fangen beide Handstäbe über den Devil-Stick und zum Körper hin drehen.

Mit diesen Übungen werden die Handgelenke ein wenig lockerer, und das anfängliche Festklammern an den Handstäben wird gemildert.

– Den Devil-Stick so werfen, daß er sich einmal in der Luft dreht (halbe Drehung, 180 Grad).

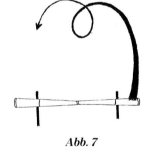

Abb. 6   *Abb. 7*

Jetzt eine ganze Drehung (360 Grad).

– Halbe und ganze Drehung in der anderen Richtung probieren, die Würfe präzise, das Fangen weich werden lassen.
– Den Stick mit einer waagerechten Drehung (Schraube) werfen.
– Sich zu zweit einen oder zwei Devil-Sticks zuwerfen.
– Dabei auch Rücken an Rücken stehen und über den Kopf werfen.

– Zu mehreren im Kreis stehend, ergeben sich verschiedene Möglichkeiten von Würfen in Kreisrichtung, diagonal etc., sowie die unterschiedlichsten Drehungen.

Aufheben

Wie beim Jonglieren mit Bällen gehört es beim Üben mit dem Devil-Stick dazu, daß er immer wieder herunterfällt, – ärgern nützt da gar nichts.
Hier lieber einige Ideen für das Aufheben:
– Liegt der Devil-Stick auf dem Boden, ihn einfach mit einem der Handstäbe heranziehen und ihn darauf, wie auf einer Rampe, hochlaufen lassen (Abb. 8a, b).
Jetzt kann er z. B. auf diesem Handstab in der Mitte ausbalanciert werden (s.o. Abb.3).
– Das Heranrollen kann natürlich auch mit beiden Handstäben gemacht werden.

Hochkicken

Den Devil-Stick so auf einen Fuß (hier den rechten) legen, daß ein Ende länger nach vorne schaut (die Fußspitze ein wenig hoch halten) (Abb. 9).
Jetzt das Bein schnell senkrecht hoch und leicht zurückziehen (Abb. 10).
Der Stick fliegt in die Luft und kann mit den Handstäben gefangen werden (Abb. 11).

> Wichtig dabei ist, daß das Ende, das auf dem Fußspan aufliegt, einen Moment am Schienbein festgeklemmt, also praktisch vom Schienbein abgedrückt wird und durch diese Hebelwirkung eine Drehung bekommt.

Abb. 9   *Abb. 10*   *Abb. 11*

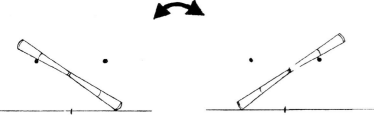

Körpermitte   *von vorne gesehen*

Abb. 12

Das Pendeln

Diese Grundbewegung erlernt sich am besten erst einmal kniend am Boden.

Den Devil-Stick aufrecht stellen und von Hand zu Hand (ohne die Handstäbe) werfen. Die untere Spitze bleibt am Boden stehen, die Berührpunkte sind im oberen Viertel oder auch näher zur Mitte.

Das Gleiche mit Handstäben versuchen, wobei wichtig ist, daß der Devil-Stick weich gefangen und geworfen wird – nicht schlagen!

– Jetzt mit leichtem Hüpfen: Die untere Spitze des Sticks bleibt nicht mehr stehen, sondern kommt kurz vom Boden hoch und hüpft in die entgegengesetzte Richtung wie das obere Ende (Abb. 12).

– Im Stehen ist der erste Schritt noch einmal das Werfen und Fangen ohne Handstäbe (Abb. 13),
dann mit einem Handstab und einer Hand (Abb. 14a, b).

Dabei den Devil-Stick weich mit dem Handstab fangen und dort einen ganz kurzen Moment ausbalancieren. Er liegt dann fast horizontal auf dem Handstab.

Beim Bewegen des Devil-Sticks mit beiden Handstäben bleibt er in einer Ebene vor dem Körper, die Berührpunkte an den Handstäben liegen etwa 5–10cm von deren Enden entfernt (Abb. 15).

- Bewegt sich der Devil-Stick beim Pendeln auf den Körper zu, dann sind die Spitzen der Handstäbe zu nah beieinander (Abb. 16).
- Läuft er dagegen vom Körper weg, sind die Handstabspitzen zu weit auseinander (Abb. 17).

Abb. 16   *Abb. 17*

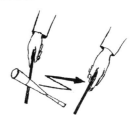

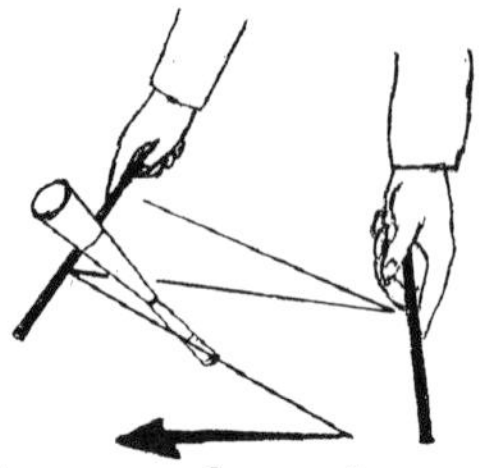

– Zum Üben einmal die Extreme suchen, also ganz breites und ganz schmales Pendeln (– der Stick kommt fast zu einer Horizontalen bzw. Vertikalen).

Die Bewegungen werden flüssiger, wenn Schultern und Oberkörper nicht steif festgehalten werden. Aber auch der ganze Körper muß sich dazu mitbewegen, d. h. die Knie nicht durchgedrückt lassen und leicht seitlich »mitfedern«.

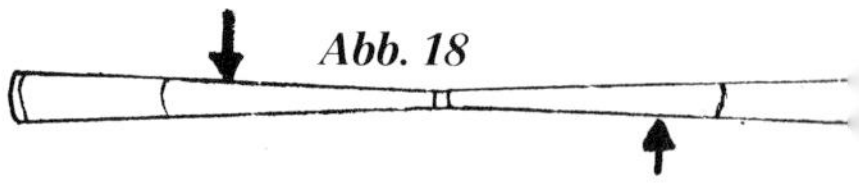

Abb. 15

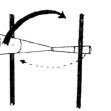

 Abb. 18

»Doppelschlag«

Tricks

Beim Doppelschlag gibt es zwei gleichzeitige Kontaktpunkte, und zwar immer jeweils an einem Viertel (Abb. 18).

Es wird mit beiden Handstäben gleichzeitig »geschlagen« (Abb. 19a, b).

Die Hände und Handstäbe müssen dabei ziemlich schnell parallel auf und ab bewegt werden.

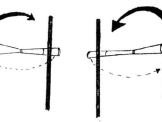

Abb. 19a, b

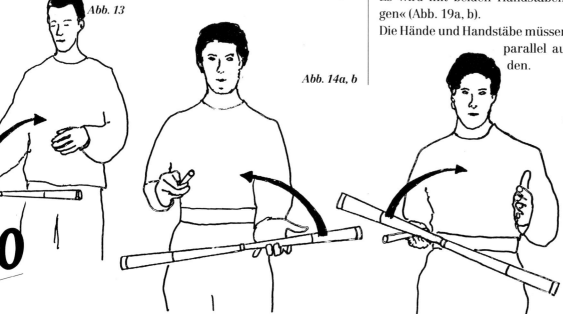

Abb. 13

Abb. 14a, b

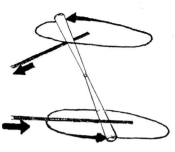

Abb. 20a   *Abb. 20b*

»Hubschrauber«

Aus dem Doppelschlag kann leicht zum »Hubschrauber« übergegangen werden: Die eine Hand fängt an, den Handstab heranzuziehen, während die andere den Handstab kurz von sich schiebt (Abb. 20a).

Schraubt sich der Devil-Stick bis zur Horizontalen, kann er, mit leichten »Kicks« mit einem Handstab, an der Mittelmarkierung weiterbewegt werden (Abb. 20b).

Als Steigerung kann man ihn um einen Handstab über dem Kopf kreisen lassen (Abb. 21).

Abb. 21

Dabei den Handstab nicht genau an der Mittelmarke, sondern 2–3 cm daneben halten.

»Propeller«

Als Vorübung zum Propeller den Devil-Stick um einen Handstab eine ganze Drehung umdrehen (Abb. 22).

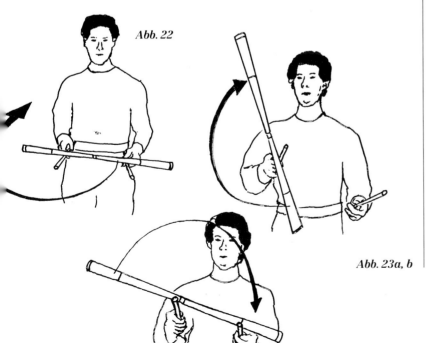

Abb. 22

Abb. 23a, b

Dabei diesen Handstab am Stick »festkleben lassen«, (d.h. ihn bei der Drehung begleiten, s. Abb. 23a). Erst nach der vollen Umdrehung bremst der zweite Handstab die Drehung (Abb. 23b).

Wenn der Handstab richtig »festklebt«, sich nicht mehr für einen Moment vom Stick löst, kann versucht werden, mehrere Umdrehungen zu machen, ohne mit dem anderen Handstab zu stoppen. Dazu muß der drehende Handstab näher an die Mitte des Sticks rutschen.

Abb. 24

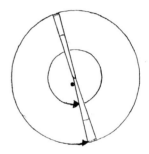

Der Devil-Stick dreht sich frontal wie ein Propeller.
– Das Ganze auch mit dem anderen Handstab und in die andere Richtung versuchen, oder etwa schon mit zwei Devil-Sticks…

Ausblick

Was beim Jonglieren am gezielten und sauberen Werfen geübt werden muß, gilt beim Devil-Stick vor allem für das Fangen. Es sollte weich, locker und vor allem lautlos werden. Dazu muß der ganze Körper mitreagieren, nicht nur Hände und Arme. Aber mit Üben lassen sich auch hier Erfolge erzielen, die sich sehen lassen können.

Weitere Tricks finden sich bei D. Finnigan »Alles über die Kunst des Jonglierens«, DuMont Verlag, Köln 1988, und »Anregungen zum Selberbau eines Devil-Sticks« bei A. Saggau in: Sportpädagogik Heft 3, 1987. Siehe auch Todd Strong, »Devil Stick«, Edition Aragon, Moers 1991.

Diabolo Alfred Schachl

Abb. 1
aus »Das große Bilderlexikon der Mode« von L. Kybalowa, Artia-Verlag '66.

Das Diabolo ist bei uns seit der Jahrhundertwende bekannt und erfreut sich seit einigen Jahren einer Renaissance.
In Frankreich wurde mit den großen Verwandten des Jojos schon im 19. Jahrhundert gespielt. Es gab Diabolos aus Holz und Metall, aber auch aus Glas, und Summ-Diabolos, die »Musik machten«.

Heute machen vor allem größere und schwerere Diabolos aus Gummi und Kunststoff mehr Tricks möglich, als die kleinen, mit denen unsere Großeltern spielten.
Manchmal bewegen sie sich wie lebendig zwischen Handstäben über die Schnur, um den Körper herum in einer verblüffenden Leichtigkeit, fliegen zwischendurch haushoch in die Luft, dann scheinen sie wiederum zwischen den Handstäben in der Luft zu schweben. Und das alles kann jeder, der es versucht, mit relativ wenig Üben erreichen.
Möglich wird das Ganze dadurch, daß die Kreiselgesetzmäßigkeit diesen »Doppelkreisel« durch das schnelle Andrehen »stabil« macht.
Zuschauer und Anfänger glauben oft, daß an beiden Handstäben gleichzeitig gezogen würde, aber es ist wichtig zu wissen, daß ein Diabolo immer in die gleiche Richtung drehen muß. Nur durch ein beständiges Beschleunigen in einer Richtung bleibt der Doppelkreisel, den Kreiselgesetzen gehorchend, auf der Schnur. Er gerät jedoch schnell ins Taumeln oder fällt herunter, wenn er gebremst wird.
Die hier folgende Anleitung ist aus der Sicht des Rechtshänders geschrieben und kann vom Linkshänder einfach seitenverkehrt geübt werden.

Grundübungen

Andrehen
Am Anfang sollte das Diabolo auf dem Boden liegen, die Achse auf den Körper zeigen, die Schnur locker sein (Abb. 2).
Jetzt einmal von rechts nach links anrollen und dabei die rechte Hand »peitschend« hochziehen, so daß das Diabolo in der Schnur hängt und anfängt zu drehen. Die andere Hand bleibt passiv, reagiert nur leicht, während die aktive Hand weiter peitschend zieht (Abb. 3).

> Beim Diabolo-Spiel gibt es also eine mehr aktive und eine mehr passive Seite.

Das Diabolo dreht sich jetzt, die Hände müssen aber weiter in Bewegung bleiben, sonst wird es durch die Reibung mit der Schnur wieder gebremst und fällt herunter. Die

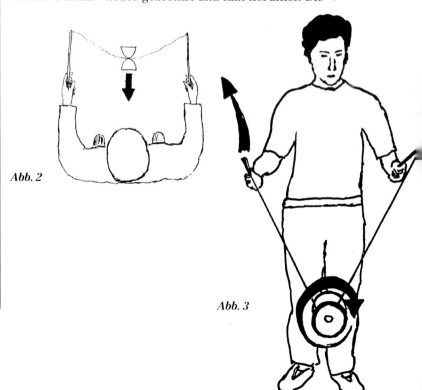

Abb. 2

Abb. 3

rechte Hand zieht weiter peitschend, während die linke nur reagiert, bzw. Gegendruck gibt.

| Da ein Anfänger oft noch nicht die Drehung sieht, hilft es z.B., einen Stern (o.ä.) auf das Diabolo zu sprühen, oder ein Abziehbild daraufzukleben.
| Marmorierte Diabolos, die seit einiger Zeit neu auf dem Markt sind, sind auch eine große Hilfe.

Lenken I

Jetzt taucht meist schon das erste Problem auf: das Diabolo kippt langsam nach vorn oder hinten von der Schnur (Abb. 4).

Das Kippen entsteht dadurch, daß sich die Schnüre bzw. die Handstäbe nicht genau in einer Ebene vor dem Körper bewegen. Gegen das Kippen kann aber gelenkt werden, und zwar immer mit der aktiven Hand!
- Kippt das Diabolo nach vorne, muß der Stab der aktiven Hand näher zum Körper gezogen werden, bis die Schnur die hintere Halbkugel einen Moment berührt (Abb. 5).
- Kippt das Diabolo nach hinten, hilft es, die aktive Hand vom Körper wegzuschieben, bis die Schnur die vordere Halbkugel berührt (Abb. 6).

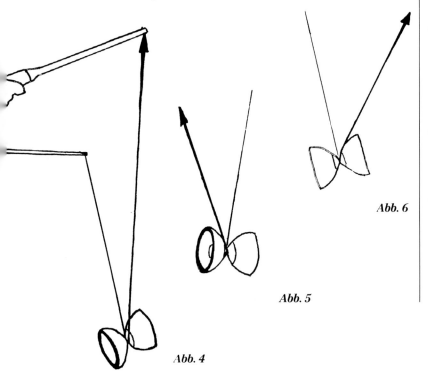

Abb. 6

Abb. 5

Abb. 4

Abb. 7

| Während des Lenkens muß das Diabolo ständig weiter angetrieben werden, sonst wird es gebremst und kippt vollständig von der Schnur.

| Zeigt die Achse des Diabolos nicht mehr auf den Körper, sondern links oder rechts an ihm vorbei, hilft es, erst einmal mitzugehen und sich selbst zu drehen, bis die Achse wieder richtig steht.

Hochwerfen

Mit Schwung beide Handstäbe auseinanderziehen: das Diabolo fliegt hoch.

Davor die Achse parallel zum Boden ausrichten; das Diabolo darf nicht schräg stehen.

Auffangen

Die Schnur gespannt halten und die rechte Stockspitze höher halten; über die Spitze dieses Stabes den Doppelkreisel mit den Augen anpeilen, genau auf die Mitte der Achse zielen (Abb. 7).
Sobald das Diabolo auf die Schnur rutscht, die Hand sinken lassen und es weich auffangen.

Nach dem Erlernen des Werfens und Fangens ergeben sich viele neue Spielmöglichkeiten:
– Das Diabolo auf der gespannten Schnur hüpfen lassen.

- Den Doppelkreisel fangen und auf gespannter Schnur zwischen den beiden Handstäben »Seilbahn« fahren lassen, d.h. ihn an der Spitze des rechten Handstabes fangen, über die gespannte Schnur zum linken Handstab rollen lassen und wieder werfen.
- Hochwerfen und vor dem Fangen eine Pirouette machen.
- Hinter dem Rücken auffangen.
- Hochwerfen und vor dem Fangen mit den Handstäben und der Schnur seilspringen.
- Zum Fangen mit der Schnur von oben über das Diabolo greifen und es mit einem Handstab umkreisen, so daß es in einer Schnurschlaufe zu liegen kommt. Die Arme werden dadurch überkreuzt.
- Wird in einem Raum geübt, kann versucht werden, das Diabolo bis fast an die Decke des Raumes zu werfen oder die Decke gerade leicht zu berühren.

> Neben gezielten Würfen (s.u.) ist das letztere eine sehr gute Methode, um dosiertes Werfen zu erüben.

- Im Freien ist der Diabolo-Hochwurf ein beliebtes Spiel. (Auf Windrichtung und Mitspieler achten!!).
- Sich auch zu zweit ein Diabolo zuwerfen (neben-, hinter- und voreinander).

> Vorsicht: Drehrichtung beachten! Links- und Rechtshänder stehen am besten frontal zueinander.

- Durch ein Ziel werfen, z.B. einen Reifen, über einen Balken... (Abb. 8)
- Sich zu zweit zwei Diabolos zuwerfen.

Abb. 8

> Das peitschende Ziehen mit der aktiven Hand wird durch das Üben immer fließender, und für den Zuschauer sieht es jetzt so aus, als würde an beiden Handstäben gleichmäßig gezogen.
> Dabei zieht die rechte Hand, die linke gibt Gegendruck, und beim Hochziehen der linken Hand rutscht das Diabolo ohne Druck leicht auf der Schnur zurück.

Schnelles Antreiben (»Peitschen«)

Für viele Tricks ist eine sehr schnelle Drehung des Diabolos nötig.

- Die einfachste Methode, es stark zu beschleunigen, ist folgende:
  Eine Schlaufe um die Achse des Diabolos legen. Beim Ziehen ist jetzt eine größere Reibung vorhanden, und das Diabolo dreht sich schneller. Allerdings verwickelt sich die Schnur bei dieser Methode leicht.
- Eine zweite Möglichkeit ist folgende: Das Diabolo leicht vor sich hin- und herhüpfen lassen (auf- und ab), dabei immer dann mit der aktiven Hand ziehen, wenn sich das Diabolo rechts oder links vom Körper befindet (Abb. 9a, b).

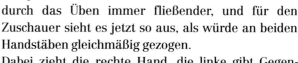

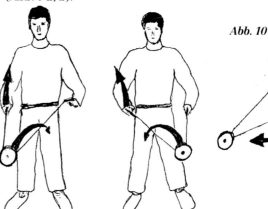

Abb. 9a, b

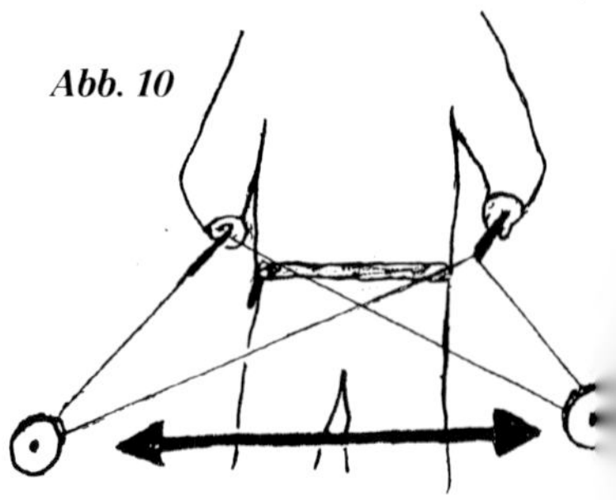

Langsam das Tempo steigern und dabei den Doppelkreisel weiter nach außen fliegen lassen, bis aus dem Auf- und Abhüpfen ein Hüpfen parallel zum Boden wird. (Die Schnüre bleiben hierbei parallel, kreuzen sich nicht) (Abb. 10).

Kippen des Diabolos kann dabei verhindert werden, indem die aktive Hand sich leicht zum Körper hin- oder vom Körper wegbewegt.

● Bei der bekanntesten Form des schnellen Antreibens wird das Diabolo sofort parallel zum Boden bewegt. Mit der aktiven Hand wird es peitschend vom rechten Handstab nach links fast bis zum Ende der Schnur gezogen, dabei kreuzen sich die Schnüre und die Arme. Ist das Diabolo links vom Körper, zieht die aktive Hand wieder peitschend und zieht das Diabolo mit Schwung auf die andere Seite.

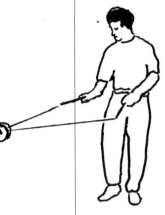 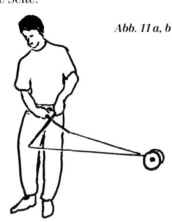

Abb. 11 a, b

Anfänger schlagen oft mit der Schnur gegen das Diabolo, – das »Peitschen« ist aber eher ein »Ziehen« über die Schnur, von der aktiven Hand impulsiert. Je länger der Weg des Diabolos auf der Schnur, desto schneller dreht es sich.

Tip: Damit das Diabolo hierbei nicht kippt, ist es sinnvoll, abwechselnd die aktive Hand vor und hinter dem anderen Unterarm vorbeizuführen, so daß sich die Unterarme abwechselnd kreuzen.

● Bei einer weiteren Form des Peitschens wird wie oben eine Schlaufe um die Diaboloachse gelegt, das Diabolo aber frontal »auf- und abgepeitscht«. Das verlangt ein längeres Üben, da sich auch hier die Schlaufe leicht verwickeln kann.

Abb. 12

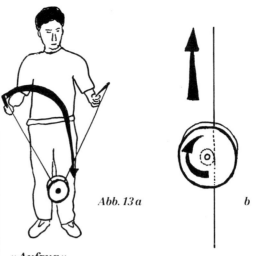

Abb. 13 a b c

Tricks

»Aufzug«

Dreht das Diabolo sehr schnell, braucht es nur eine Schlaufe um die Achse (Abb. 13 a, b, c) und eine Spannung der Schnur in der Vertikalen (aktive Hand unten!), schon kann es die Schnur hochlaufen.

Bleibt das Diabolo stehen, war der Zug zu fest. Läuft es dagegen nicht oder nur nach unten, dann ist die Schnur zu locker.

Bei älteren Diabolos und alten Schnüren ist dieser Trick schwierig, es gibt schnell »Bandsalat«, aber mit ein wenig Üben kommt schon das nötige Fingerspitzengefühl für die Stärke des Zuges.

»Fußhüpfer«

Es gibt dazu zwei Wege.

● Bei der ersten Form die Handstäbe ein wenig auseinanderhalten und den rechten Fuß rechts vom Diabolo auf die Schnur stellen (Abb. 14).
Den linken Stab schnell hochziehen – das Diabolo wird über den Fuß »katapultiert«.

Tip: Handstäbe weiter als sonst auseinanderhalten und Fuß nicht zu nahe neben das Diabolo auf die Schnur stellen (Abb. 15 a).

● Bei der zweiten Methode bleibt die linke Hand ruhig. Durch eine gerade Trittbewegung des Fußes rechts vom Diabolo wird dieses hochkatapultiert. Der Tritt muß exakt senkrecht von oben nach unten auf die gespannte Schnur erfolgen (Abb. 15 b).

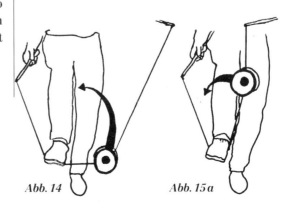 

Abb. 14   *Abb. 15 a*   *Abb. 15 b*

Abb. 16

Tip: Bei beiden Formen ist es wichtig, daß der Fuß stehenbleibt, bis das Diabolo wieder auf der Schnur aufgefangen ist, und daß die beiden Handstäbe unbedingt parallel bleiben.
– Wenn das gelingt, kann versucht werden, das Diabolo mehrmals über den Fuß springen zu lassen, bis es kontinuierlich kreist.
– Das ist der Anfang zum Kreisen ums Bein, um den Arm, hinter dem Rücken, um den Bauch und um den ganzen Körper (Abb. 16).

Kreisen

Das Diabolo befindet sich vor der Körpermitte und sollte langsam zum Schwingen in eine Kreisbewegung kommen. Erst nur ganz klein, Tennisballgröße, dann immer größer werdend, nach Möglichkeit aber keine Ei-Form (Abb. 17). Die Hände begleiten die Kreisbewegung, die Handflächen sind »lauschend« nach unten zum Diabolo gedreht. Das Diabolo beschreibt eine runde, die Hände eine ellipsenförmige Bewegung nach außen. Es ist eine ähnliche Bewegung wie das Kreisen um Fuß oder Bein.
Wird der Kreis immer größer, kann das Diabolo einen Moment durch die Luft springen. Das funktioniert aber nur, wenn jetzt die »passive« Hand nach der Hälfte der Kreisbahn den Doppelkreisel aktiv weiterbefördert (Abb. 18).

Auf dem Stab fangen

Das Diabolo vor dem Körper leicht hochwerfen und auf dem Stab fangen (Abb. 19).

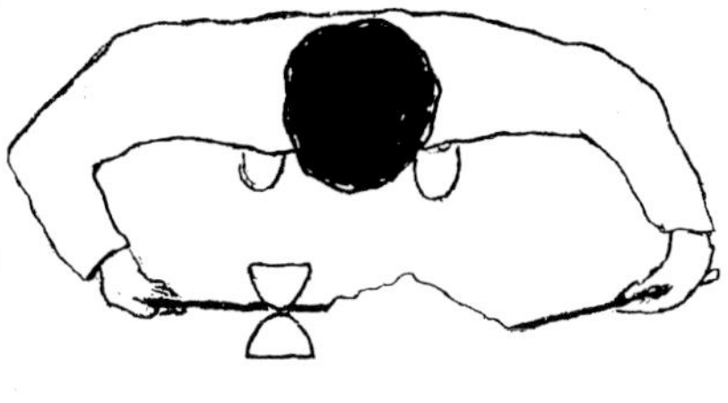

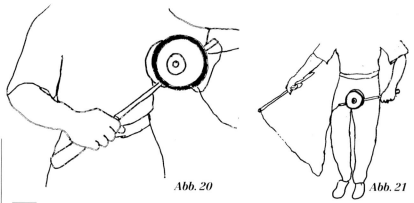

Abb. 20

Abb. 21

Tip: Die rechte Stockspitze hochhalten, damit es nicht »wegläuft« (Abb. 20).
Beim Fangen auf dem linken Handstab dessen Spitze tiefer halten (Abb. 21).
– Das Diabolo auch vor dem Körper von Handstab zu Handstab springen lassen.
– Oder mit einer Hand hinter dem Rücken das Diabolo auf dem Stab fangen.

Im Ring fangen

Eine schwierige, aber sehr wirkungsvolle Methode ist das Auffangen mit einem Jonglierring:
Den Ring mit dem rechten Handstab zusammen halten, das Diabolo hochwerfen und sich sofort um 90 Grad seitlich drehen.

Tip: Den Ring zum Fangen leicht schräg halten und danach wieder senkrecht stellen.

Abb. 22

Jetzt kann das Diabolo mit dem Ring noch einmal hochgeworfen und mit der Schnur gefangen werden.

Lenken II

Es wird jetzt Zeit, auch das seitliche Wegdrehen der Achse beherrschen zu lernen.
Wird mit dem Handstab die hintere (dem Körper zugedrehte) Halbkugel leicht an der rechten Seite berührt, dreht sich das Diabolo gegen den Uhrzeigersinn (Abb. 23).
Wird dagegen die vordere Halbkugel an der rechten Außenseite kurz angetippt, dreht der Doppelkreisel sich im Uhrzeigersinn (Abb. 24).

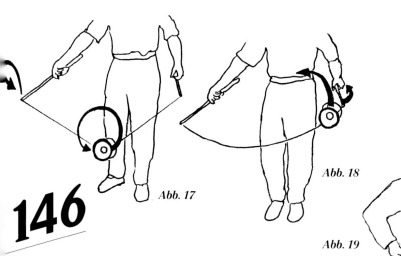

Abb. 17

Abb. 18

Abb. 19

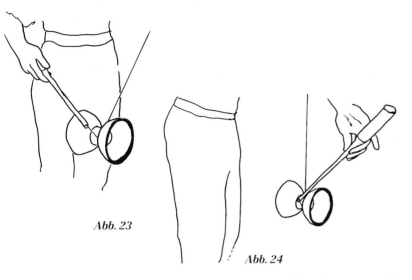

Abb. 23

Abb. 24

Das verlangt viel Fingerspitzengefühl; für eine Aufführung ist es aber gut, dieses Lenken zu beherrschen, um das Diabolo immer in Publikumsrichtung halten zu können.

Anfänge und Abschlüsse

Das Diabolo in die Hand nehmen und zwar so, daß der Mittelfinger unter der Achse liegt, der Daumen über der Achse.
Mit einem leichten Schwung aus dem Handgelenk den Doppelkreisel in die Höhe werfen, wobei er noch über den Mittelfinger rollt und dadurch Drall bekommt.
Mit ein wenig Üben fliegt er, ohne zu flattern, senkrecht hoch, dreht sich bereits und kann mit Handstäben und Schnur gefangen werden.

– Den gleichen Wurf z.B. auch hinter dem Rücken durch probieren.
– Oder zum Hochwerfen das Diabolo mit dem Handrücken nach oben halten und so werfen.

Zum Beenden einer Trick-Choreographie das Diabolo noch einmal hochwerfen und es mit der Hand auffangen. Dabei fest zupacken, da es sich durch die Eigendrehung aus der Hand winden will.

– Dabei in die Knie gehen und mit gestrecktem Arm fangen, das sieht noch besser aus.
– Oder den Doppelkreisel erst kurz auf dem Stab fangen, nochmals hochwerfen und erst dann mit der Hand greifen.
– Das Diabolo mit der einen Hand hinter dem Rücken auffangen.
– Nach dem Hochwerfen beide Handstäbe in eine Hand nehmen und wie ein V halten und darin das Diabolo auffangen (Abb. 25).

Vorsicht: Es werden leicht Finger zwischen den Handstäben eingeklemmt.
– Oder die Handstäbe wie ein X halten. Dabei ist nur das Fangen ein wenig unsicherer.

»Diabolo-Spielen«

Aus dem Spiel mit einem Diabolo, dem Anpeitschen, dem Einfangen und Werfen läßt sich leicht eine Choreografie zusammenstellen. Für eine mehr bildhafte Gestaltung kann das Diabolo z. B. ein Vogel oder ein Raubtier werden, das gebändigt werden soll und immer wieder etwas Unvorhergesehenes tut, sich in einem Netz (der Schnur) verwickelt, auf einem Ast (Stab) landet oder aber wegläuft, -fliegt.

> Für eine Aufführung mit Diabolos ist es sehr sinnvoll, immer ein paar Handstäbe mit Schnur als Ersatz zu haben, falls es zu große »Verwickelungen« gibt.

Das Spielen mit einem Diabolo wird auf die Dauer mehr Freude machen, wenn nicht nach jedem Trick zum Antreiben oder Peitschen unterbrochen wird. Durch Hochwerfen und den Versuch, fließend Tricks zu verbinden, entsteht langsam ein Tanz des Diabolos, bei dem neue Kombinationen, Variationen und Tricks »von selbst« entstehen. Da sind der Kreativität keine Grenzen gesetzt. Das oben beschriebene »Kreisen« kann daher als die Grundbewegung des Diabolos überhaupt gesehen werden.

> Um für dieses Diabolospiel auch genügend Platz zu haben, ist ein Üben unter freiem Himmel oder in einem sehr hohen Raum unbedingt notwendig, sonst verlieren gerade Anfänger schnell die Freude.

Für das Erlernen des Diabolos gilt ähnliches, wie im Kapitel »Jonglieren« beschrieben: Vieles läßt sich in einem Buch an Bewegungsabläufen nicht genau beschreiben. Es ist daher immer eine Hilfe, sich in praktischen Anleitungen und Workshops von Jongleuren Tricks zeigen zu lassen.
Noch mehr Ideen für Tricks und Variationen finden sich bei D. Finnigan »Alles über die Kunst des Jonglierens«, Köln 1988, und Ted Strong »Diabolo«, Moers 1992.

Abb. 25

Zigarrenkisten Alfred Schachl

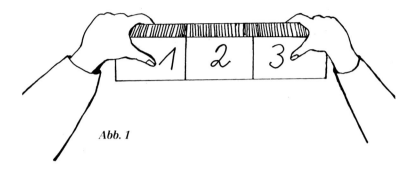

Abb. 1

Die sogenannten Zigarrenkisten sind einfache Holzkisten. Es werden meistens drei jongliert. Sie werden dabei aber nicht so durch die Luft geworfen wie z.B. Bälle. Schwerelos scheinen sie in der Luft stehen zu bleiben, obwohl sie ständig verdreht werden, und das manchmal in einem rasenden Tempo.

Die Grundhaltung

Begonnen wird mit der Grundhaltung, bei der die mittlere Kiste zwischen den beiden äußeren eingeklemmt ist (Abb. 1).

Mit einer kleinen Aufwärtsbewegung werden alle drei Zigarrenkisten hochgehoben. Dann kann man eine Hand kurz von den Kisten lösen, um sie gleich wieder zu greifen.

Der Schwung für die Aufwärtsbewegung der Zigarrenkisten wird am besten durch ein Wippen aus den Knien geholt.

Von Anfang an ist es gut, sich anzugewöhnen, mit der schwächeren Hand mindestens genauso oft wie mit der starken Hand zu üben, um die Bewegungen später harmonisch und gleichmäßig zu beherrschen. Die folgenden Übungen werden meistens nur für eine Hand (rechts) beschrieben.

Anfangsübungen

– Die mittlere Kiste aus der Aufwärtsbewegung leicht hochwerfen und wieder mit den beiden anderen fangen.
– Die mittlere Kiste gedreht hochwerfen und sie »auf dem Kopf« fangen (Abb. 2).

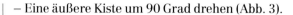

Abb. 2

– Eine äußere Kiste um 90 Grad drehen (Abb. 3).

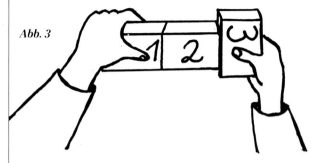

Abb. 3

– Eine Außenkiste um 180 Grad drehen (Abb. 4) und sie wieder mit der Hand von oben greifen (Abb. 5).

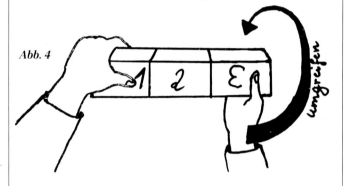

Abb. 4

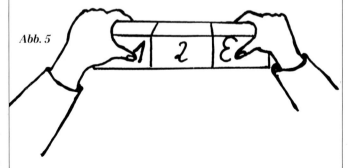

Abb. 5

– Mit beiden Außenkisten das Gleiche machen.
– Immer wieder die einzelnen Übungen nacheinander machen. Durch die Aufwärtsbewegung und die Dre-

hungen der Kisten entsteht ein bestimmter Rhythmus. Dabei kann natürlich auch Musik sehr hilfreich sein.

Schwierigere Übungen
– Die mittlere Kiste frontal drehen (Abb. 6, 7).

Abb. 6

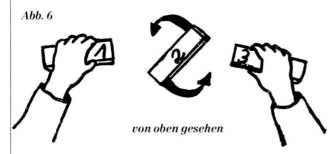

von oben gesehen

Abb. 7

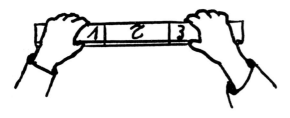

– Die Mittelkiste von oben greifen, hochnehmen und nach außen setzen (Abb. 8–10).

Abb. 8

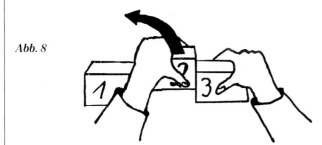

Abb. 9

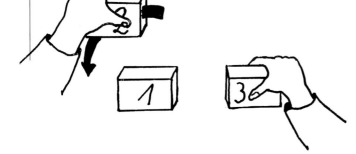

Abb. 10

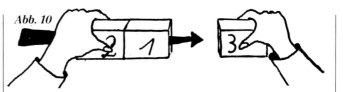

– Diesmal die Mittelkiste von oben greifen, nach unten durchführen und außen ansetzen (Abb. 11).

Abb. 11

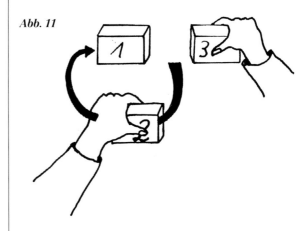

– Die mittlere Kiste hochwerfen, eine Pirouette machen, und die Kiste wieder mit den beiden anderen auffangen.
– Alle Kisten hochwerfen und die beiden äußeren mit gekreuzten Armen fangen.
– Die Kisten anheben, eine Außenkiste lösen, das Knie hochheben und zwischen Außen- und Mittelkiste festklemmen (Abb. 12).

Abb. 12

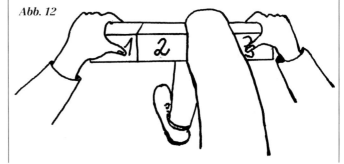

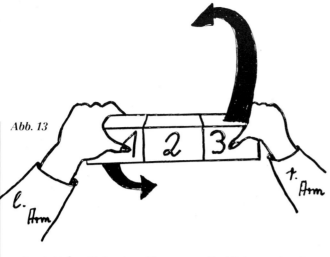

Abb. 13

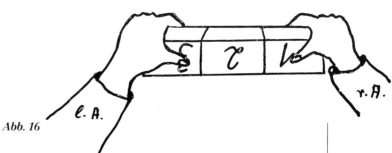

Abb. 16

– Anstatt das Knie einzuklemmen, die Kisten unter dem gehobenen Bein zusammendrücken und wieder lösen.
– Schneller Wechsel zwischen beiden Knien.
– Alle drei Kisten über hochkant drehen (Abb. 13–16).

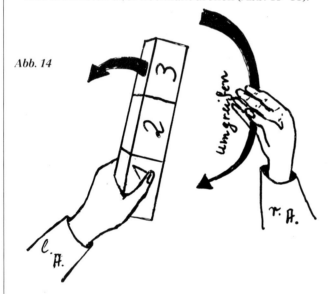

Abb. 14

– Die Kisten hochkant übereinander stellen und verschiedene Variationen probieren.

Kisten selber bauen

Da die Kisten recht teuer sind und vor allem am Anfang nicht besonders lange halten, lohnt es sich, sie selbst zu bauen.

Für Kinder sollten die Kisten etwas kleiner und leichter sein. Die »normale« Größe ist 19 x 12 x 6 cm (ca. 210 g schwer, je nach Holz), für Kinder empfiehlt sich eine Größe von 15 x 10 x 5 cm (120 g pro Kiste).

Man benötigt dazu mehrfach verleimtes Sperrholz von 0,5 cm Dicke, und zwar für drei Kisten »normaler« (bzw. Kinder-)Kistengröße:
6 Platten 18 x 12 (14 x 10) cm
6 Platten 18 x 5 (14 x 4) cm
6 Platten 12 x 6 (10 x 5) cm
Dazu noch 4 Leisten
18 x 1 cm (1 cm dick),
ca. 60 Schrauben
(Senkkopf).

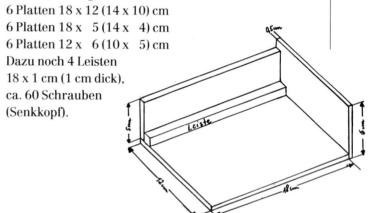

Abb. 17

Alle verschraubten Stellen müssen zusätzlich verleimt sein, die Verstärkungsleisten sind nur geleimt (Abb. 17). An die beiden Stirnseiten kann Samt, Wildleder oder Velour geklebt werden, damit die Kisten nicht so leicht aneinander vorbeirutschen und besser haften.

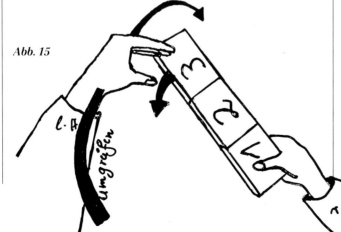

Abb. 15

Literaturhinweise:

Bacon, R. W.: The Jugglers Manual of Cigar Box Manipulation & Balance. Grovelande, USA 1983 (Tricks).
Finnigan, D.: Alles über die Kunst des Jonglierens (Kapitel: Zigarrenkisten). DuMont Buchverlag, Köln 1988.
Oberlack H.: Jonglieren mit Zigarrenkisten. In: Sportpädagogik, Heft 3/1987 (Bauanleitung).

Huttricks
Alfred Schachl

Hüte lassen sich wie Teller jonglieren. Das wurde schon von Jongliergruppen im letzten Jahrhundert entdeckt.
Die sogenannten Gentleman-Jongleure erweiterten und verfeinerten diese Technik durch das Balancieren von Hüten z.B. auf Nase, Kopf, Zigarre oder Gehstock, geschickte Würfe, »Kick ups«, Rollen eines Hutes über den Körper und das Jonglieren mit mehrern Hüten.

Erste Versuche

Für das Verbeugen nach einer Nummer oder für eine Clownsbegrüßung gibt es verschiedene Methoden, den Hut abzunehmen. Sie sollten beidseitig geübt werden, bis sie wirklich fließend gelingen.

Einhandrolle

Die hintere Krempe wird von der Außenseite des Hutes her von oben gegriffen; die Finger liegen unter, der Daumen auf der Krempe (s. Abb. 1).
Den Hut hochziehen und an der Innenseite des Armes vorbei abnehmen (s. Abb. 2). Er macht dabei eine einfache Drehung, bzw. eine Rolle um 360 Grad.

Das Aufsetzen geht genau umgekehrt. Den Hut mit einem kurzen Schwung von den Fingern her an der Innenseite des Armes vorbei zum Körper hin »einrollen« und ihn auf den Kopf setzen.
– Später kann versucht werden, in dieser Weise den Hut vom Kopf über den ausgestreckten Arm in die Hand und zurück rollen zu lassen.
– Eine weitere Variante ist das Werfen des Hutes mit einer Rolle von der Hand auf den Kopf.

Zweihandrolle

Den Hut mit beiden Händen an der vorderen Krempe fassen, so daß die Handflächen hochzeigen. Der Daumen liegt von oben auf der Krempe, Zeige- und Mittelfinger berühren sie von unten her (Abb. 3).
Zieht der Daumen jetzt nach unten, – Mittel- und Zeigefinger drücken den Hut hoch –, macht der Hut durch diese Hebelwirkung eine Rolle nach vorne. Mit dieser Fingerhaltung rollt der Hut aber nur bis zu einem bestimmten Punkt (s. Abb. 4).
Durch ein Umgreifen des Zeigefingers oben auf die Hutkrempe kann der Hut noch eine halbe Drehung weitergerollt werden. Er wird am Schluß zwischen Zeige- und Mittelfinger gehalten (Abb. 5).
Mit einem leichten Wippen des Hutes kann Schwung für den gleichen Weg rückwärts genommen werden.

Rolle zum Fuß

Schnippt man den Hut an der hinteren Krempe von unten mit den Fingern hoch, kann er nach einer ganzen Rolle mit dem Fuß aufgefangen werden (s. Abb. 6).

Für den umgekehrten Weg nimmt man den Schwung aus einem leichten Pendeln im Knie.
– Anstatt einer einfachen Rolle können natürlich auch doppelte oder dreifache Rollen bzw. Würfe probiert werden.

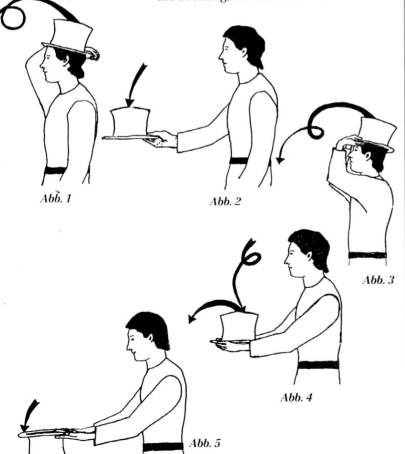

Abb. 1 Abb. 2 Abb. 3 Abb. 4 Abb. 5

Abb. 6

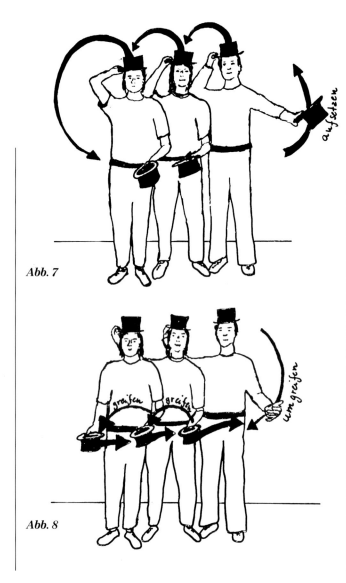

Abb. 7

Abb. 8

Partnertricks

»Fließband«

Begonnen wird dieses Jonglieren mit Hüten in einer Reihe nebeneinander, am besten erst einmal zu zweit oder zu dritt.

Jede(r) hat auf dem Kopf einen Hut und in der linken Hand einen zweiten. Mit der rechten Hand nehmen alle ihren Hut vom Kopf und geben ihn dem rechten Nachbarn. Nur der rechts außen stehende nimmt seinen Hut ab und hält ihn vor den Körper (s. Abb. 7).

Die linken Hände reichen die Hüte immer nur vor dem Körper von rechts nach links weiter, bis auf den ganz links stehenden Partner, der sich den Hut mit der linken Hand selber auf den Kopf setzt (Abb. 8).

Oben bewegen sich die Hüte also nach rechts, unten, vor dem Körper, nach links. Die Bewegungen der rechten Hände können bei allen ganz synchron sein. Bei den linken Händen verschiebt sich die Bewegung, weil zuerst der links außen stehende Partner seine linke Hand frei hat, nachdem er sich den Hut selber aufgesetzt hat. Danach nimmt er von seinem rechten Partner den Hut, dann dieser von seinem rechten. Der rechts außen stehende nimmt den Hut aus seiner rechten in die linke Hand.

Mit der Zeit können die Hüte vor dem Körper auch leicht hochgeworfen und in dieser Zeit von rechts der Nachbarhut gegriffen werden.

Kommt das ganze in Fluß, und sind die Bewegungen schön aufeinander abgestimmt, kann auch dazu gelaufen oder getanzt werden. Die Reihe kann drehen, sich hintereinander aufstellen, usw. Als Cowboys oder -girls verkleidet, ergibt das eine pfiffige Nummer.

»Rundlauf«

Den »Rundlauf« kann man zu zweit mit drei Bällen und einem Hut erüben, auch wenn das Balljonglieren noch nicht sicher beherrscht wird. Der Bewegungsablauf sollte zuerst nur mit den Bällen, danach erst mit Bällen und Hut geübt werden.

Der linke Partner hat in jeder Hand einen Ball (Nr. 1 und 2), hält die linke Hand abwärts, die rechte hochgestreckt. Der zweite steht rechts etwas hinter dem anderen, hat einen Ball (Nr. 3) in der rechten Hand (Abb. 9).

Er wirft diesen zwischen den Bällen seines Partners durch, geht hinten um ihn herum und fängt seinen eigenen Ball mit der linken Hand. Später hat er dann Zeit genug, mit der rechten Hand den Hut des Partners zu nehmen und auf den eigenen Kopf zu setzen (Abb. 10).

Der jetzt rechts stehende Partner wirft, sobald Ball Nr. 3 an ihm vorbeigeflogen ist, Ball Nr. 1 nach rechts oben und bevor dieser zur rechten Hand herabfällt, den Ball Nr. 2 zum jetzt links stehenden Partner (s. Abb. 11).

Der linke Partner fängt den Ball (Nr. 2) mit links, muß aber vorher seine linke Hand ›leermachen‹, indem er sich den Ball aus der linken Hand (Nr. 3) nach rechts zuwirft (Abb. 12). Er hebt danach den rechten Arm hoch, senkt den linken und ist damit in der Position wie sein Partner am Anfang (also wie Abb. 9).

Jetzt beginnt der gleiche Ablauf wieder. Beide bewegen sich dadurch immer weiter nach links. Genau spiegelbildlich geübt, bewegen sie sich nach rechts. Der Hutwechsel (Abb. 10) kann jetzt auch mit hineingenommen werden.

In dieser Weise können z. B. zwei Jongleure in die Manege kommen. Oder aber sie laufen auf der Stelle umeinander herum und tauschen dabei den Hut aus.

Literaturhinweise:

Finnigan, D.: Alles über die Kunst des Jonglierens. DuMont Verlag, Köln 1988. Kapitel ›Tricks mit Hut‹.

Abb. 9

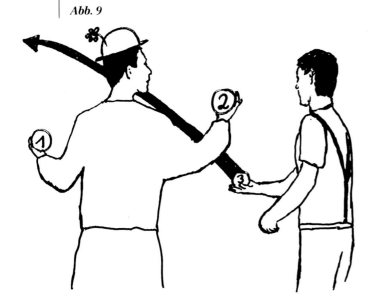

Abb. 10

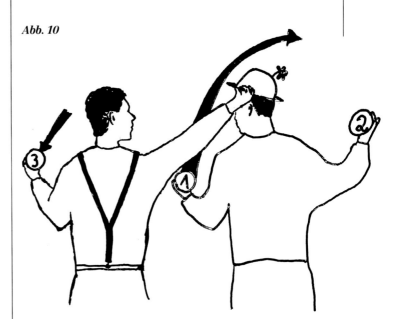

Abb. 11

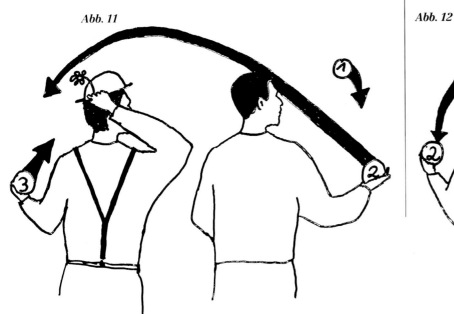

Abb. 12

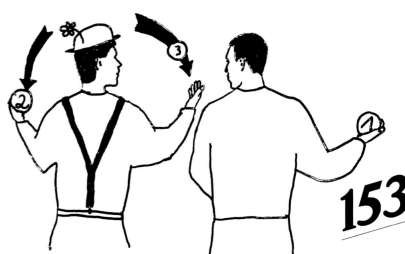

Tellerdrehen Alfred Schachl

Das Balancieren von drehenden Tellern auf einem Stab kommt, wie viele alte Zirkuskünste, aus China. Man kann es heute z. B. beim »Chinesischen Staatszirkus« in Szenen sehen, bei denen mehrere Akrobatinnen oft 6–10 Teller gleichzeitig auf Stöcken halten und sich dann in Aufstellungen bewegen, die wie Blumenblüten aussehen.

In Europa hat vor allem ein Jongleur das Tellerdrehen zu einem Höhepunkt gebracht: Eric Brenn. Neben dem Balancieren von Tellern auf Stäben dreht er gleichzeitig eine Vielzahl von Schüsseln auf einer Tischplatte an, was ein exaktes Timing erfordert.

Mit den in Spielzeuggeschäften und Jonglierläden erhältlichen Plastiktellern sind die ersten Schritte des Tellerdrehens nicht so schwierig. Diese Teller haben einen hohen Rand und sind gewölbt, so daß der Stab in der Tellermitte bleiben kann, was vor allem das Balancieren erleichtert (s. Abb. 1).

Andrehen

Die meisten Schwierigkeiten beim Andrehen beruhen darauf, daß das Handgelenk zu steif gehalten wird. Folgende Möglichkeiten können helfen:
– Anstatt des Tellers kann man einen Hut auf den Stab setzen (nicht das spitze Ende nehmen). Hier kann ein Helfer, der das Andrehen beherrscht, sehr gut die Hand führen, was mit einem Teller nicht so gut möglich ist. Das Handgelenk sollte locker sein und eine Kreisbewegung mit der Stabspitze beschreiben (s. Abb. 2). Der Hut sollte nicht mit steifem Gelenk durch den Unterarm herumgedreht werden (Abb. 3).
– Ein Partner oder der Übende selber hält den Unterarm unterhalb des Handgelenkes fest, damit sich wirklich nur die Hand, nicht der ganze Unterarm bewegt.
– Auf einem Stuhl steht ein Partner und hält einen Teller hoch, und man umfährt mit der Stabspitze den Rand des Tellers, immer schneller werdend. Das Handgelenk sollte auch dabei locker bleiben.
– Es ist wichtig, daß Stab und Unterarm eine Linie bilden, ein (rechter) Winkel eher im Ellbogen und nicht zwischen Stab und Hand ist. Manchen hilft es, den Arm ganz hoch über den Kopf zu strecken.

Die Abbildungen 4 a–h zeigen den Ablauf des Andrehens. Von g nach h muß das Handgelenk nur einen Moment steifgehalten werden, – der Stab springt in die Tellermitte.

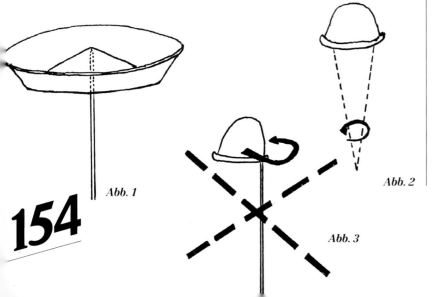

Abb. 1   Abb. 2   Abb. 3

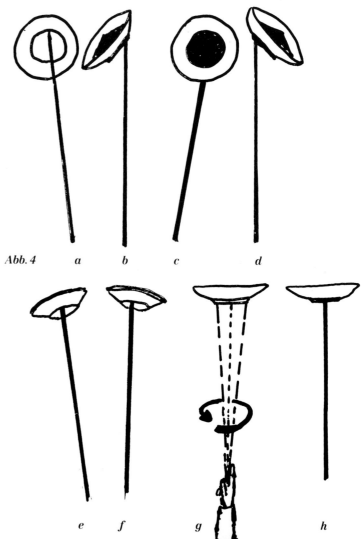

Abb. 4   a   b   c   d   e   f   g   h

Übungen

- Einen drehenden Hut hochwerfen und mit dem Stab oder auf dem Kopf fangen; oder einem Partner den Hut auf den Kopf werfen.
- Einen Teller hochwerfen und mit dem Stab wieder auffangen. Später kann vor dem Auffangen z. B. eine Pirouette gemacht werden oder eine Rolle vorwärts…
- Den Stab in der Mitte fassen, den drehenden Teller hochwerfen, den Stab umdrehen und den Teller mit der anderen Spitze auffangen.
- In jeder Hand einen Stab halten und den Teller hin und herwerfen.
- Einem Partner einen Teller zuwerfen oder zwei Teller untereinander austauschen.
- Stab mit Teller unter dem gehobenen Bein durchstecken, den Teller hochwerfen und wieder vor dem Körper auffangen.
- Einen drehenden Teller auf dem Finger(nagel) balancieren und auf die andere Hand übergeben.
- Den Teller mit der anderen Hand andrehen lernen.
- Zwei Teller gleichzeitig andrehen.
- Eine Hand dreht Teller an, die andere hält möglichst viele der angedrehten Teller auf Stäben.
- Oder ein Partner reicht die angedrehten Teller, und man versucht, möglichst viele mit beiden Händen zu halten.
- Einen Stab mit drehendem Teller auf der Hand, der Stirn, dem Oberschenkel, dem Fuß balancieren.
- Eine Rolle vorwärts mit einem drehenden Teller auf dem Stab machen, ohne ihn zu verlieren.
- Lange Stäbe im Boden oder auf einem Brett befestigen und die Teller darauf andrehen.
- Andrehen eines Porzellantellers: Es hilft sehr, ein wenig Gummi (Radiergummmi) oder Silikon an der Stabspitze zu befestigen.

Hier muß die ganze Zeit gedreht werden (s. Abb. 4g), der Stab rutscht nicht in die Mitte. Am besten ist es, für den Anfang ein Sortiment Teller vom Flohmarkt zu besorgen und über dem Bett oder einem weichen Teppich zu üben.

Bälle, Tabletts, Tücher

Wie ein Teller lassen sich auch Bälle, feste Tücher oder z. B. ein Tablett drehen. Gegenüber einem Teller ist es bei ihnen nicht so leicht, den Dreh- oder Balancierpunkt (Pol) zu finden. Das erste Andrehen von Bällen oder einem Tablett macht man am besten mit einer Drehung aus Handgelenk und Unterarm mit einem leichten Hochwerfen. Haben sie ein Muster oder eine Bemalung, läßt sich daran die ruhigste Drehung, d. h. der Balancierpol merken.

Bei einem Tuch (oder Teppichstück) hilft es, vier gleichschwere Gewichte an den Zipfeln zu befestigen oder bei einem runden Tuch eine Bleischnur außen anzunähen. Beim Drehen wird es so durch die stärkere Zentrifugalkraft stabiler.

Literaturhinweise:

Finnigan D.: Alles über die Kunst des Jonglierens. DuMont Verlag, Köln 1988. Kapitel »Teller- und Balldrehen«.

Bänderschwingen Alfred Schachl

Abb. 1

Das Schwingen von langen Bändern, die an einem dünnen Stab befestigt sind, ist heute eine Disziplin der Sportgymnastik. Ihren Ursprung hat sie aber wohl eher beim Schwingen von Fahnen und Tüchern.

Im Zirkus kann das Bänderschwingen für die Ausgestaltung bildhafter und stimmungsvoller Szenen benützt werden. Wenn sich z. B. alle Personen in einer Reihe hinter- oder nebeneinander aufstellen und die gleichen Bewegungen machen, entsteht eine schöne Choreographie. Aber auch schnelle Bewegungen kreuz und quer im Raum oder mit genau festgelegten Formen und zu einer entsprechenden Musik abgestimmt, ergeben ein schönes Bild (Abb. 1).

Mit unterschiedlichen Materialien und Längen der Bänder lassen sich auch die verschiedensten Geräusche erzeugen.

Mehrere kurze Bänder an einem Stab befestigt, ergeben ein prasselndes Geräusch (z. B. für Feuer, Sturm). Auch durch das Befestigen von Bändern an den beiden Enden eines Stabes oder Devil-Sticks entsteht beim schnellen Drehen ein rauschendes Prasseln.

Ganz anders wiederum hört sich ein langes breites Satinband an oder ein Band von etwa 2 m Länge in jeder Hand.

Szenische Ideen

Feuer
Eine Feuerszene oder ein Vulkanausbruch kann mit einer rot-orange-gelben Beleuchtung und Bändern in denselben Farben gut dargestellt werden. Vielleicht erst mit längeren Bändern beginnen, später mit kurzen, schnell prasselnden Bändern, die sich peitschenartig bewegen. Wird dazu mit Feuerfackeln jongliert und Bälle mit bunten, kurzen Bändern (Funken) einfach hin- und hergeworfen oder Feuer gespuckt und eine entsprechende Musik eingesetzt, kann der Vulkanausbruch noch verstärkt werden.

Wasser-Sturm
Nimmt man dagegen Bänder in allen Blautönen, fängt mit großen, ruhigen, vielleicht erst nur horizontalen Bewegungen an und bewegt sich selber entsprechend dazu, entsteht eine wellenartige Meeresstimmung. Breite Bänder verstärken das Rauschen. Lange, blaue Laken auf und ab bewegt, ergeben schöne Wellen.

Sturm kommt auf, die Bewegungen verlassen die Horizontale, werden dynamischer, schneller, peitschender. Kurze flatternde Bänder zeigen an, daß ein Segel zerissen ist…

Abb. 2

Drachen

Hat man einen Schlangen- oder Drachenkopf auf einem Stab montiert und einen langen, breiten roten oder grünen Schwanz (Band) befestigt, kann dieser sofort losziehen. Entweder in einen Kampf oder auch zu einem Tanz, je nach Musik und Handlung (Abb. 2).

Der Drachenkopf kann aus Pappmaché sein, dann aber möglichst hohl, damit er nicht zu schwer wird; der Schwanz sollte 4–6 m lang sein.

Der Schwinger kann auch selbst mit dem Drachen kämpfen, von ihm verfolgt werden oder von zwei mutigen Helfern, die den Drachen mit Jonglierringen einfangen, wieder befreit werden (Abb. 3).

Üben des Schwingens

Grundsätzliches

Bänder machen sowohl Ganzkörper- als auch isolierte Kleinbewegungen sichtbar. In der Körperschulung helfen sie elementar mit, sich mit der ganzen Gestalt beim Bewegen mehr im Raum zu fühlen.

Es hift, sich dabei vorzustellen, man würde mit der Spitze des Stabes riesengroße Formen in den Raum malen, an die Wände, Decke, usw. Dadurch wird auch das Band großräumiger bewegt, was vor allem am Anfang ein Verknoten oder Verwickeln um den Körper verhindert.

Praktisches

Zum Üben des Bänderschwingens nimmt man am besten Satinbänder aus der Gymnastik, die an einem biegsamen Stab von etwa 50 cm Länge befestigt sind. Sie sind 4–6 cm breit. Für den Anfang ist eine Länge von 3–4 m Länge zu empfehlen, Wettkampfbänder sind bis zu 7 m lang.

Die Grundbewegungsmöglichkeiten in allen Raumebenen setzen sich aus kreisförmigen, bogenartigen und peitschenartigen Bewegungen, aus Zick-zack, Wellen, Achten und Spiralen zusammen.

Mit einem Vorwärts-, Rückwärts-, Auf-die-Zehen- oder In-die-Hocke-Gehen, Hinsetzen oder Hinlegen, Kreis- oder Linienlaufen sind die ersten Grundlagen für freie Gestaltung und Choreographie gegeben.

Genaue Beschreibungen von einzelnen Übungen finden sich in Büchern über Sportgymnastik.

Literaturhinweise:

Götzova-Kumpf, A.: Rhythmische Sportgymnastik. BLV, München 1982.
Melcher, J.: Gymnastik mit dem Band. Don Bosco Verlag, München 1982.

Abb. 3

Stabfechten
J. McMillan/Alfred Schachl

Abb. 1
Nach einem Grabgemälde in Beni Hasan, Grab 15, 1900 v.Chr.

Zur Entwicklung

Stock- oder Stabfechten gibt es nachweisbar schon seit mehr als 5000 Jahren. Es hat aber wohl eine noch ältere Tradition, aus dem kriegerischen Üben des Nahkampfes mit »einfachen« Waffen. Es gab dabei unterschiedlichste Formen, z.T. wurden auch Schilde verwendet (Abb. 1).

Heute finden sich vor allem beim östlichen Kampfsport Formen des Stockkampfes mit verschiedensten Arten von Stöcken. Von langen Bambusstäben, kurzen, gebogenen, verzweigten Stäben reicht es hin zu hölzernen und metallenen Schwertern des Schwertkampfes.

Diese östlichen Stockkampfarten wurden über eine lange Zeit hin hoch entwickelt, sowohl für kämpferische, als auch für religiöse Zwecke. Die Bewegungen haben ihren Ansatz im Bereich des Haras, des Bauchzentrums (in der Nabelgegend). Die Bewegungen waren für Erwachsene der damaligen Zeit bestimmt.

Für unsere Zeit, besonders für Jugendliche, schlagen wir eine Form des Stabfechtens vor, die erst in den letzten Jahren, im Rahmen der Ausbildung zum Bothmergymnastiklehrer in Stuttgart entwickelt wurde.

Hier findet man einen ganz neuen Ansatz für das Fechten. Im Gegensatz zu dem östlichen Stabfechten führen die Hände und Arme, und die Hüfte und Beine folgen. Die Bewegungen haben hier ihren Ansatz im Bereich des Brustraumes. Der Stab wird als verlängerter Arm gebraucht und von der Spitze her geführt.

Warum überhaupt Stabfechten?

Für das Üben mit Kindern bzw. Jugendlichen im Rahmen von Zirkus, Theater-AG usw. wird Stabfechten oft für szenische Darstellungen gebraucht. Es ist, im Vergleich zum Fechten mit Schwertern, ungefährlicher, einfacher zu lernen und braucht nicht viel an »Gerätschaften« (Schutzkleidung, Helme...), hat also kaum Anschaffungskosten.

Trotzdem sollte beachtet werden, daß Stabfechten nicht ganz ungefährlich ist und blaue Flecken am Anfang keine Seltenheit sind. Um aber Schlimmeres zu verhindern, ist vor allem beim Unterrichten auf große Wachsamkeit und Disziplin zu achten.

Wichtig ist es, einen geeignet großen Raum zu haben. Jeder braucht um sich so viel Platz, wie er mit ausgestrecktem Arm und Stab in allen Richtungen um sich erreicht.

Neben einer erhöhten Wachheit wird durch das Stabfechten Reaktionsvermögen und Schnelligkeit in Verbindung mit einem Partner geschult. Wenn es in einer entsprechenden Weise angelegt und geübt wird, kann es mithelfen, das, was in einem Alter von 12–16 oft an unkontrollierten Raufereien und Ringkämpfen vorkommt, zu lenken und zu kultivieren. Die Kräfte werden hier in gezielte, exakte und sinnvolle Tätigkeit umgewandelt.

So wird auch durch den Gebrauch der Wörter *Partner* statt »Gegner« und *Herausforderung* statt »Angriff« die *Begegnung* statt »Kampf« betont.

Das Üben sollte immer im Bereich eines Spielens bleiben, wozu ja auch das gegenseitiges Reizen und Herausfordern des Stabfechtens gehört.

Grundstellung

Zwei Partner stehen einander gegenüber. Der Abstand ist so, daß die zwei sich mit den Stäben nur durch einen Ausfallschritt berühren können. Beide halten den Stab mit fast ausgestreckten Armen über der Stirn. Die Hände fassen den Stab in Schulterbreite.

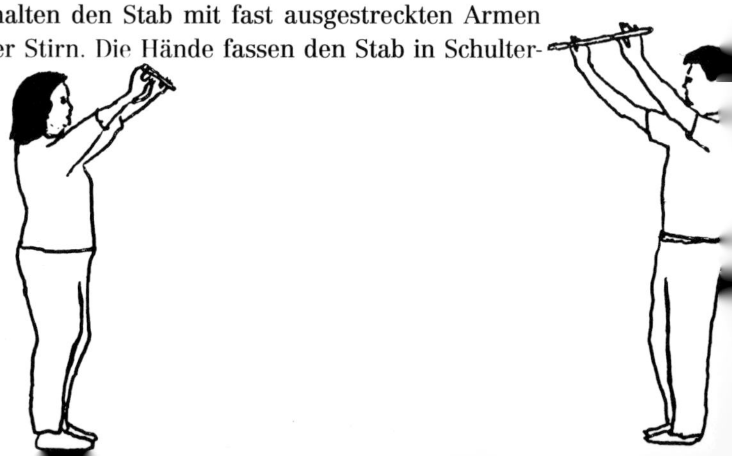

Einfache Herausforderungen

Abb. 2

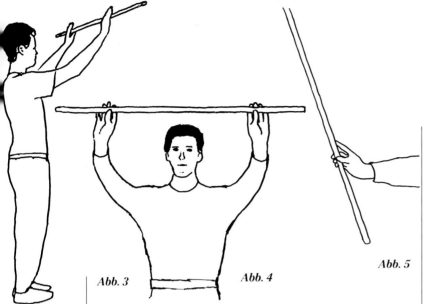

Abb. 3 *Abb. 4* *Abb. 5*

Die Arme sind leicht gekrümmt, fast »rund« (Abb. 3).

> Im folgenden wird bei dieser Grundstellung auch von der Kopfparade gesprochen. »Parade« heißt, daß durch eine Abwehrhaltung eine entsprechende Herausforderung blockiert, also »pariert« werden kann.

Den Stab nur mit den Fingern, nicht mit der ganzen Hand greifen (Abb. 4 + 5).

»Zum Kopf«

Einer der Partner bleibt mit der Parade stehen. Der andere läßt eine Hand los, hebt den Stab und läßt ihn von der Spitze her, über außen, nach unten und vorne durchschwingen, zum Stab des anderen.

Der Stab beschreibt eine große, die Hand eine kleine Trichterform bzw. Spirale, die sich beide zum Partner hin verengen und stets vorwärtsgehen (Abb. 6a, b)

Während der erste mit dem Stab den gleichen Weg zurück beschreibt, antwortet der zweite mit der ersten Bewegung. Dieses Wechselspiel wird rhythmisch geübt, bis die Bewegungen fast von alleine fließen.

> Die Hand des Herausforders sollte nach dem Berühren der Stäbe etwa die Lage haben, die man beim Händeschütteln hat (Abb. 7).

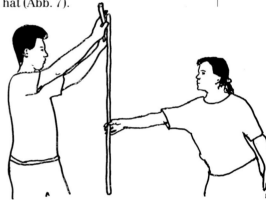

Abb. 7

Bei einer Herausforderung geht der Impuls eindeutig aus dem Brustbereich und von der Stabspitze aus, die über den Höhepunkt vom Gewicht her nach unten und vorne schwingt. Durch den Zug der Hand mit dem Stab zum Partner hin wird ein leichter Ausfallschritt gemacht (also fast ein leichter Fall nach vorne) (Abb. 8).

> Der Arm des Herausforderers wird von der ihm zugewandten, kürzeren Seite des Stabes in seiner spiralenden Bewegung nicht behindert, wenn dieses Stabende immer nach außen zeigt.

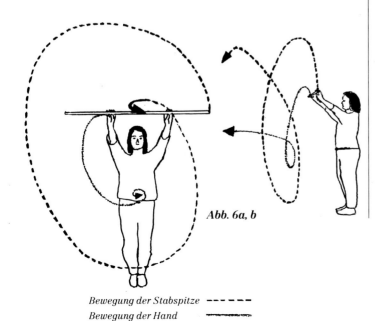

Abb. 6a, b

Bewegung der Stabspitze -------
Bewegung der Hand ———

Abb. 8

Für den Übergang von einer Herausfordeung zu der Grundstellung hilft es, den Stab zur Seite zu schwingen, als würde man ihn zur Seite der Stabhand wegwerfen. Dadurch ist er sehr schnell wieder in der Ausgangsstellung.

Nun ist es Zeit, das mit der anderen Hand in gleicher Weise zu üben, denn jede Herausforderung kann sowohl mit der rechten als auch der linken Hand ausgeführt werden.

»Zur Seite«

Die Bewegung zur Flanke des Partners wird so ausgeführt:
Der Herausforderer läßt den Stab aus der Kopfparade mit einer Hand los und bringt seinen Stab hinter seinen Rücken, so daß der Stab vertikal zum Boden zeigt.

Abb. 9

Durch eine runde, peitschenartige Bewegung schwingt er den Stab in eine horizontale Lage zur Seite des Partners. Die Bewegung zielt auf den Bereich zwischen Hüftknochen und unterem Rippenbogen, nicht auf die Knochen selber.

Abb. 10

Diese Bewegung zur Flanke wird mit einer Parade (90 Grad) zum kommenden Stab pariert.

Abb. 11

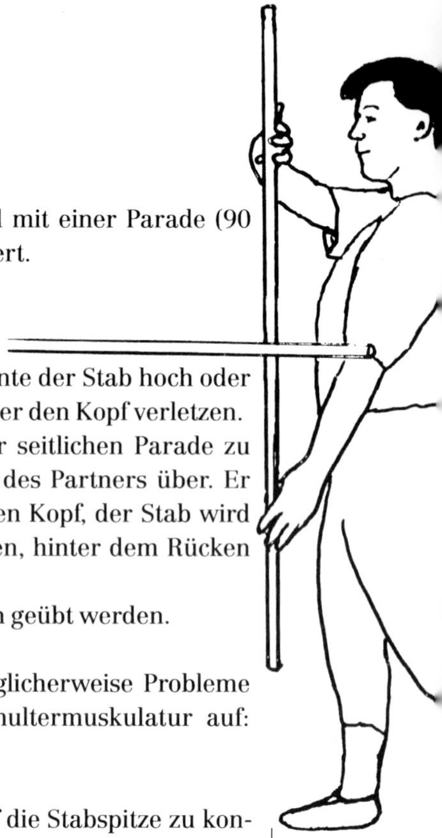

Bei einer unsauberen Parade könnte der Stab hoch oder runter rutschen und die Hände oder den Kopf verletzen. Der Partner geht jetzt von seiner seitlichen Parade zu einer Herausforderung zur Seite des Partners über. Er führt dazu seinen Arm über seinen Kopf, der Stab wird also auch hier, vertikal zum Boden, hinter dem Rücken durchgeführt.
Auch das sollte mit beiden Händen geübt werden.

Nach kurzer Zeit tauchen möglicherweise Probleme mit den Armen bzw. der Schultermuskulatur auf: Muskelkater und Schmerzen.
Zwei Dinge können helfen:
- Einerseits sich vor allem auf die Stabspitze zu konzentrieren, mit der Spitze im »Raum zu malen«, den Stab also mehr »peripherisch« zu führen.
- Andererseits den Stab richtig »fallenzulassen«, sein Gewicht und den daraus beim Schwingen resultierenden Schwung richtig auszunutzen, selber »gar nicht so viel zu arbeiten«.

»Zu den Füßen«

Die Herausforderung zu den Füßen erfolgt, indem man zuerst das Wort »Füße« ruft, auf ein Knie fällt und aus der Paradestellung den Stab nach hinten, außen und leicht über den Boden, unter den Füßen des springenden Partners durchzieht.

Abb. 12

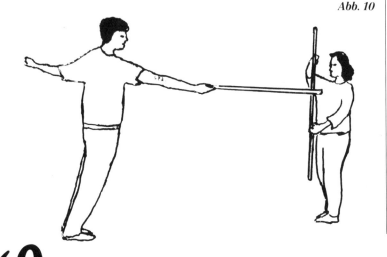

Vor dem ersten Springen ist es wichtig zu prüfen, ob der Partner wirklich auch mit beiden Beinen gleichzeitig abspringen und die Füße gut anziehen kann.

Der Stab sollte den Boden leicht berühren (»den Staub aufwirbeln«), die Bewegung nicht etwa in Kniehöhe des Partners gezielt werden.

Daß später, innerhalb einer festen Choreographie, auch auf die Ankündigung verzichtet werden kann, ist klar. Man muß aber jederzeit in der Lage sein, eine Herausforderung vor dem Körper des Partners anzuhalten.

Diese Grundregeln sind notwendig für die Sicherheit der Fechter. Die Wege zum Partner sind gerade lang genug, um ihm Zeit zum Reagieren zu geben, und der Spielcharakter bewirkt einen atemgebenden Rhythmus, der beide erfrischt.

Für Fortgeschrittene

Schnelle Drehung

Eine Variante der Herausforderung zur Seite kann diese sein:

Aus einer Parade auf der linken Seite, der rechte Fuß steht leicht vor, schwingt der Stab mit der linken Hand nach hinten links in einen weiten Bogen. Der Körper dreht auf dem rechten Fuß mit um die eigene Achse. Der Stab zielt zur Seite des Partners. Nach der Berührung der Stäbe macht der linke Fuß einen Ausfallschritt, bekommt erst dann das Körpergewicht. *Abb. 13*

Wichtig ist es, bei dieser Herausforderung wirklich den Schwung des Stabes ganz auszunutzen, nicht die Drehung am Körper anzusetzen, sonst wird diese Bewegung zu klein. – Nimmt man sich dagegen auch noch viel Platz, z.B. innerhalb einer Szene mit nur zwei Stabfechtern, kann sie gewaltig wirken.

Kombinationen

Eine Kombination aus drei oben geübten Herausforderungen wäre z.B. folgende:

Ein Partner pariert nur, der andere greift nur an und zwar hintereinander zum Kopf, zur rechten Seite, zur linken Seite, zu den Füßen des Partners und aus dem Schwung mit dem Stab unter dessen Füße durch noch einmal zum Kopf.

Danach ist der andere an der Reihe.

Dabei ist auf die Ausnützung des Stabgewichtes beim Schwung und auf die Führung der Stabspitze weiter zu achten.

Mehrere Herausforderer

Eine besondere Situation entsteht, wenn ein Fechter nur pariert und er von zwei oder mehr Herausforderern bedrängt wird.

Wichtig für diese ist, daß sie große, klare Bewegungen führen, bei denen der Unterschied zwischen Herausforderungen zum Kopf, zur Flanke und den Füßen klar begonnen und ausgeführt wird (s.o.).

»Ins Leere laufen lassen«

Macht der parierende Partner, bei einer Herausforderung zum Kopf, einen Schritt zur Seite, kann er den anderen »ins Leere« laufen lassen.

Oder er muß, bei einer Herausforderung zur Seite, die etwas höher gezielt ist, »plötzlich niesen«. Auch hier geht die Bewegung ins Leere (Abb. 14).

Abb. 14

Akrobatik

Ohne Schwierigkeit lassen sich leichte akrobatische Übungen in das Stabfechten einbauen.

So ist es sehr wirkungsvoll, wenn sich einer der Fechter, z.B. nach seiner Kopfparade, mit einer Rolle rückwärts abrollt und sofort für die nächste Parade bereitsteht. Voraussetzung ist eine sichere Rolle rückwärts, ohne und mit einem Stab in den Händen.

Eine weitere spektakuläre Möglichkeit entsteht aus einem Schiebekampf mit beiden Stäben oder wenn ein Partner seinen Stab »verloren« hat: Ein Stab wird (bzw. beide Stäbe) von beiden Partnern fest gegriffen. Sie drehen sich, bis sie Rücken an Rücken stehen und den Stab überkopf halten. Einer der beiden geht jetzt leicht in die Knie und setzt sein Becken unter das des Partners als Hebel an und zieht ihn mit einem Schwung über seinen Rücken nach vorne. Der obere winkelt dabei einen Moment die Beine an, wie bei einem Salto rückwärts. Jetzt stehen sich beide wieder gegenüber und...

Abb. 15, 16

Methodik

Das Fechten ist ein blitzschnelles Gespräch. Das ganze Spiel ist auf eine Frage-Antwort-Basis abgestimmt. Die Herausforderung ist die Frage und das Parieren ist die Antwort (Ausnahmen nur bei bestimmten Choreographien, wie z.B. »Kombination«, »Mehrere Herausforderer«, s.o.). Das heißt, wenn die Herausforderung pariert wird, läuft man nicht automatisch irgendwohin, sondern der zurückgeprallte Stab wartet lauschend, um die entstehende Frage des Partners wahrzunehmen, um ihm in der richtigen Weise antworten zu können. So wird man die kürzesten Wege finden und die Paraden, die am passendsten sind. Es gibt da keine feste Regel, das Gespräch sollte immer neu sein.

Das Einander-Wahrnehmen wird dadurch ebenso geschult, wie Hand-Fuß-Koordination, Zielgerichtetsein, etc. All das wird ständig geprüft.

Um das Stabfechten sauber auszuführen, ist es wichtig, immer wieder die Paraden zu üben. Jede Parade wird mit zwei Händen durchgeführt, um das Durchkommen des herausfordernden Stabes zu verhindern. Der Stab wird möglichst genau zwischen den beiden Händen pariert. Hier hilft es schon, wenn der Partner bei einer unsauberen Parade nicht schon vor dem Stab abbremst, sondern erst kurz vor dem Körper und damit den Fehler deutlich macht.

> Beim Stabfechten geht es auf keinen Fall darum, nur den Stab des Partners zu berühren. Die herausfordernden Bewegungen sollten ihr Ziel beim Körper des Partners haben, ihn wirklich berühren können, um ihn gewissermaßen »aufzuwecken«.
> Dabei ist aber eine unbedingte Kontrolle über die eigene Bewegung notwendig, sie muß jederzeit vor dem Körper des anderen gestoppt werden können.

Ein von oben nach unten geführter Schlag auf die Parade wirkt agressiv und beleidigend. Eine direkt nach vorne gehende Bewegung wirkt leichter, klarer und objektiver. Stichbewegungen mit den Stäben sind für das Stabfechten ganz unpassend und äußerst gefährlich.
Die Spiralbewegung der Hand bei der Herausforderung zum Kopf ist z.B. eigentlich die gleiche Geste wie beim Händeschütteln. Nie sollte es ein Schlag, eher ein »Geschenk« sein, – der Unterschied ist deutlich am Klang der sich treffenden Stäbe hörbar.

Wenn die Bewegungen mehr aus dem Schwung des Stabes, nicht nur von der sturen Muskelkraft erfolgen, sind sie auch nicht so hart. Mildernd wirkt vor allem auch die Haltung des Stabes in der Hand. Wird er nur mit den Fingern gehalten, z.B. bei einer Kopfparade, federt er bei einem härteren Schlag in die Hand. Würde er direkt und fest geklammert, ginge die Schlagwirkung über die Armknochen in Schulter und Wirbelsäule.

Abb. 17a, b

Unterrichtsgestaltung

Jeder Stabfechter braucht zum Bewegen mindestens einen Raum um sich, den er mit ausgestrecktem Arm und Stab umschreiben kann. Das muß beim Unterrichten berücksichtigt werden. So kann z.B. bei einer größeren Gruppe immer nur ein Teil fechten, die anderen lernen erst einmal durch Zusehen.

Um zu vermeiden, daß schon vor oder auch nach einer Unterrichtsstunde undisziplinierte Gefechte entstehen, ist es sinnvoll, die Stäbe erst nach den ersten Erklärungen auszuteilen und sie am Ende einer Stunde sofort wieder einzusammeln.
Nach einer Unterrichtseinheit und für weitere Erklärungen können die Schüler gut im Kreis stehen, mit den Stäben aufrecht vor dem Körper gestellt. Im Sitzen und bei liegenden Stäben entstehen viele unnötige Gefahrenmomente (Gefahr des Ausrutschens).

Die Stäbe für das Stabfechten sollten nicht zu dick sein (max. 2,5cm) und etwa bis zur unteren Spitze des Brustbeines reichen. Dabei eignen sich sowohl Stäbe aus Hartholz (beim Einkauf auf die Maserung achten und Stäbe mit Rissen immer sofort wegen Verletzungsgefahr aussortieren) oder Stäbe aus Naturholz (Haselnuß, Eibe, etc.). Die Enden der Stäbe müssen abgerundet werden.

Aufwärmen

Für das Stabfechten ist eine vorherige Aufwärmung sinnvoll, vor allem wenn mit akrobatischen Formen geübt wird. Dabei kann durch Dehnübungen mit Stab, Balancieren (siehe Kapitel »Devil-Stick«) und anderen Übungen einerseits eine bessere Wahrnehmung für das Gerät erreicht und andererseits ein zweckgerichtetes Aufwärmen auf spielerische Weise erzielt werden.

Stabfangen

Ein Spiel zum Erwärmen ist das Stabfangen, bei dem sich zwei Partner mit einem Stab eine Armlänge entfernt gegenüberstehen.
Einer hält den Stab mit waagerechten Unterarmen, der andere seine Hände mit den Handflächen nach unten über dem Stab (Abb. 17 a, b).
Ohne Absprache läßt der erste seinen Stab fallen, der zweite versucht ihn zu fangen, bevor er den Boden erreicht.

Rollender Stab

Im Stehen wird der Stab vor dem Körper in beiden herabhängenden Händen schulterbreit gehalten. Daraus wird er, mit einem leichten Wurf, nach vorne und oben geworfen. Er wird weich aufgefangen mit waagerecht ausgestreckten Armen, auf den Rücken der Fingerenden. Dem Gewicht des Stabes nachgebend sinken beide Arme nach unten. Der Körper beugt sich herab, bis der Stab mit abgewinkelten Handgelenken seinen tiefsten Punkt erreicht (Abb. 18a).

Abb. 18b

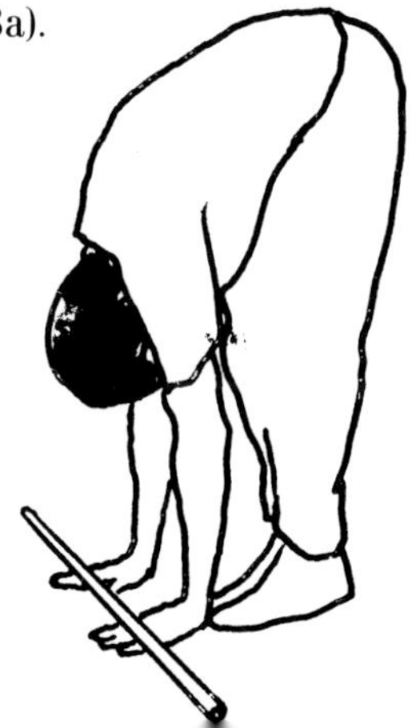

Abb. 18a

Mit einem Impuls nach vorne, von den Fingerspitzen aus, wird der Körper hochgezogen, und der Stab fängt an einem Punkt an zu rollen. Er rollt über die Arme, den noch gebeugten Kopf, Schultern und Rücken und wird von den Händen hinter dem Rücken aufgefangen und wieder nach vorne geführt (Abb. 18b).

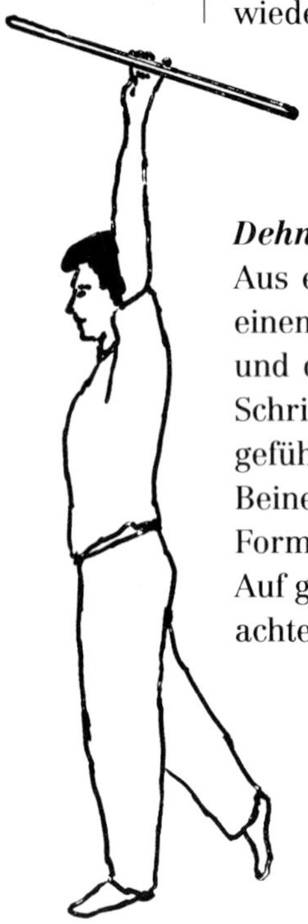

Dehnen

Aus einem Stehen im weiten Schritt wird der Stab, in einem hohen Bogen, durch die offene Beinseite geführt und dort in die andere Hand genommen. Nach einem Schritt führt diese Hand den Stab, von der Stabspitze aus geführt, erst hoch und wieder unter den gegrätschten Beinen hindurch. Der Stab beschreibt dabei immer die Form einer Acht in der Luft.

Auf große Schritte und weite Bögen vom Stab aus ist zu achten.

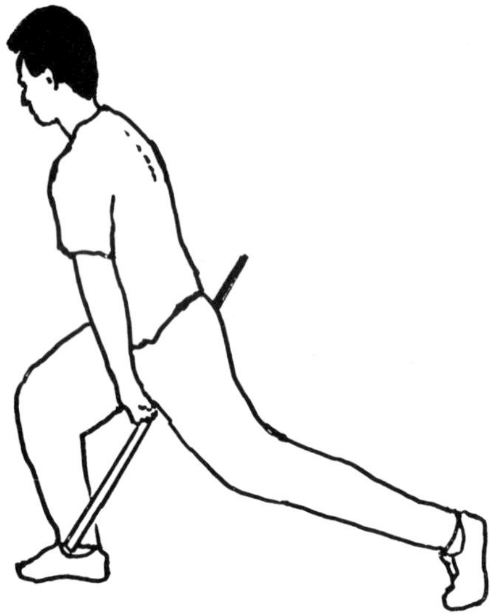

Abb. 19a,b

Ringen

Sobald Kinder oder Jugendliche die Stäbe in die Hand bekommen, fangen sie meist von sich aus an, sich mit den Stäben gegenseitig vom Platz zu schieben, Kräfte zu messen. Dieses Element des »Nahkampfes« kann vor allem bei einer Choreographie immer wieder eingebaut werden, eignet sich aber auch gut zum Aufwärmen am Anfang einer Stunde.

Dabei kann sowohl das Ziehen als auch das Wegschieben geübt werden und zwar möglichst nicht mit ruckweisen Bewegungen.

Ausblick

Das schönste und schnellste Fechten wird entfaltet, wenn die Bewegung den Stab fliegend nach vorne nimmt und die wartende Parade trifft, kurz bevor der Ausfallfuß den Boden berührt (siehe Abb. 8). Die anderen Möglichkeiten, wobei zuerst der Fuß und dann der Stab landet oder wo Stab und Fuß gleichzeitig herunterkommen, wirken dagegen plump.

Die Arme und Hände sind nicht nur schneller als Füße und Beine, die »Befreiung« der Hände von den Füßen bringt Leichtigkeit und Fingerspitzengefühl in das Gefecht.

Bei höchstem Können werden die Stäbe von der Stabspitze aus, von der Peripherie her, geführt. Die Bewegungen, die man nach außen schickt, »ziehen« und »tragen« die Stäbe gewissermaßen mit nach außen.

Das ganze Stabfechten darf, trotz des Herausforderns und Parierens den spielerischen Charakter nicht verlieren. Durch das Fragen und Antworten der Bewegungen innerhalb eines Gefechts ist es wie ein Gespräch. Es findet zwar mit Stäben statt, die Begegnungen der Bewegungen, die zwischen den zwei Fechtern stattfinden, sind zugleich aber auch ein seelisches Erlebnis.

Hier helfen vor allem großzügige Bewegungen, die dem Partner Atem geben. Es entsteht keine Hektik – ohne daß das auf Kosten der Schnelligkeit geschieht. Gerade der atemgebende Rhythmus, der für dieses Gespräch entwickelt werden sollte, läßt es erfrischend und lebendig erscheinen.

Inhaltsverzeichnis

ROLLBRETT-BALANCE

Balancierfähigkeit 167
Das Gerät 167
Rolle – Brett

Methodisches 168
Mit Hilfestellung – Zu zweit – Fixierung der Hüfte – »Blind« – Ohne ausgleichende Arme – Mit Kasten/Sprossenwand – Mit gestreckten Beinen – Mehrfachhandlungen

Übungen und Tricks 169
Sprung – »Hüpfeln« – Freier Schwebestütz – Parallel sitzen – Mit Partner – Im Hockstand – Jonglieren – Drehungen – Mit einem Fuß – Grätsch-Handstand – Auf einem Stuhl – Mit Kastenteil – Zu zweit – Aufsprung mit Drehung – Drehung – Reifen/Seil – Jemand auf die Schulter setzen

Mehrere Etagen, mehrere Rollen 171
Aufbau – Jonglieren – Zwei parallele Rollen – Rolle auf Rolle – Senkrechte Rolle – Mit »Diabolo« – Zu zweit

Literaturhinweise 172

EINRADFAHREN

Das Üben 173
Der Anfang 173
Vorübung – Balancieren – Fahren mit Hilfe – Zu zweit fahren – Aufsteigen – Absteigen – Kurven – Haltung

Stabilisierungsübungen 174
Freier Blick – Extrabewegungen – Tempowechsel – Unebenheiten – Längere Strecken

Gruppenübungen/Spiele 174
Richtungswechsel – Durcheinanderfahren – Fangen – Atomspiel – Eisenbahn – Weit-eng – Drehungen/Pirouette – Ballspiele – Sportspiele – Slalom – »Kämmen« – Staffelformen – Transport verschiedenster Gegenstände – Propeller – Stern

Schwierigere Übungen 175
Rückwärtsfahren – Pendeln – Mantelfahren – Ohne Sattel fahren – Einrad »pur« – Drahtseilfahren – Seilspringen – Jonglieren, Balancieren

Aufführungen 176
Gruppenchoreographien 176
Polonaiseformen

Einzelnummern 176
Reckstange – Jonglieren – Einradralley – Clown

Das Fahrzeug 177
Tips für den Kauf 177
Radgröße – Sattel – Pedale – Mantel

Anpassen 177
Die richtige Radeinstellung

Kleidung 177
Hosen – Schuhe

Ausblick 177
Literaturhinweise 177

BALANCIERKUGEL UND LAUFTROMMEL

Übungen 178
Lauftrommel 178
Balancierkugel 178
Trommel und Kugel 178

Bauanleitung für eine Lauftrommel . . 178

LEITERAKROBATIK

Freistehende Stufenleiter 179
Übungen 179
Hilfen – Lösen vom Halt – Hochsteigen – Gehen – Freies Stehen – Oben Stehen

Zwei Leitern oder zwei Partner . . . 180

Klappleiter 180
Literaturhinweise 180

STELZENLAUFEN

Das Üben 181
Vorübungen 181
Sicherheit 181
Die ersten Schritte 182
Paarübungen 182
Im Kreis 182
Der Sturz 183

Spielszenen auf Stelzen 183
Zwei Stümper 183
Vögel und Spinne 184
Hund und Herrchen 184
Armmenschen 184
Bodenakrobaten 184
Riesen 184
Ritterturnier 184

Bauanleitung für Holz-Stelzen . . . 184
Fußplatte 184
Gummi 184
Halbmond 185
Anschnallen 185

DRAHTSEILBALANCE

Verschiedene Seilkünste 186
Hochseil – Schrägseil – Sprungseil – Schlappseil

Das Steifseil 187

Übungen alleine 187
Sicherheit erlangen 187
Vorübungen – Gewöhnung an das Seil – Fußstellung – Vorwärtsgehen – Hilfestellung – Abgänge – Zusatzaufgaben

Schwierigere Übungen 189
Drehen – Laufen – Sprünge – Seilhüpfen – Hinsetzen – Hinlegen – Jonglieren – Auf dem Stuhl sitzen

Weitere Anregungen 190

Übungen zu zweit 190
Hintereinander laufen – Seiten wechseln – Synchrone Darstellungen – Übereinander springen – Auf den Schultern sitzen – Partnerjonglieren

Musik 191

Clownszenen 191
Angst 191
Drahtseilflieger 191
Gags

Das Gerät 191
Zwischen Bäumen 191
Mit Stützen 191
In einer Häuserecke 192
In der Turnhalle 192
Das freistehende Drahtseil 192

Rollbrett-Balance Udo von Grabowiecki

Balancierfähigkeit

Die alten Griechen bezeichneten den Zehengänger auf dem Balancierseil als Akrobaten. Gemeint war damit ursprünglich der Balancierkünstler. Wir benützen diesen Ausdruck heute für die verschiedensten Bewegungskünstler. Das ist auch ganz richtig so, denn das Spielen mit dem Gleichgewicht liegt als grundlegende Fähigkeit den meisten artistischen Disziplinen zugrunde. Beim Drahtseillaufen, bei der Kugelbalance, beim Einradfahren und Stelzenlaufen tritt das sehr deutlich hervor, aber bei der Partnerakrobatik oder bei Pyramiden ist es nicht weniger wichtig. Immer geht es darum, unter künstlich erschwerten Bedingungen die Balance zu erhalten.

Weil der Mensch im Gegensatz zu den Tieren nicht so stark instinktgebunden lebt, und weil er fähig ist, sich aufrecht zu halten, hat er ein besonderes Verhältnis zum Gleichgewicht. Sobald sich der Säugling in der Wiege aus der horizontalen Lage heraushebt, muß er um sein Gleichgewicht ringen. Sitzen, Krabbeln, Stehen und Gehen sind Stationen, in denen diese elementare menschliche Fähigkeit erübt wird. Durch das Spielen in der Kinderzeit wird beim Klettern, Verstecken usw. diese Fähigkeit weiter ausgebaut. Leider ist die Umgebung der Kinder heute meistens so, daß sie wenig Anregungen und Aufforderungen bietet, um den Gleichgewichtssinn besonders zu schulen. Bei den Naturvölkern und in älteren Zeiten war angstfreies und geschicktes Balancieren lebensnotwendig, um über Baumstämme oder enge Hängebrücken fliehen oder etwas transportieren zu können. Erstaunlich ist es auch, mit welcher Anmut heute noch in manchen Ländern größere Gewichte auf dem Kopf getragen und frei balanciert werden.

Diese Fähigkeiten sind dem Menschen nicht angeboren, denn die gleichgewichtserhaltenden Reaktionen müssen alle erst gelernt werden. Sie laufen nicht automatisch, reflexartig oder unbewußt ab, sondern werden über bewußte Sinneswahrnehmungen gesteuert. Ist der Mechanismus des Wiedereinpendelns in die rechte Lage spielerisch gelernt, entsteht mit der Zeit das Gefühl des Verwachsenseins mit dem Objekt. Wer sich je ein bißchen mit einem »Gleichgewichts-Gerät« länger versucht hat, wird besser verstehen, ja richtig »sehen« können, wie die Seiltänzer mit ihrem Seil, die Skateboarder mit ihrem Gerät, die Eis- und Skikunstläufer mit ihren spezifischen Situationen verwachsen sind, wie die Balancekünstler eins zu sein scheinen mit den räumlich immer wieder verschiedenen Wahrnehmungsgegebenheiten (vgl. MARAUN). Oft wird diese Fähigkeit erst richtig bewußt, wenn das Gleichgewicht gestört ist, etwa durch Krankheit oder durch bewußt trügerische Arrangements und andere Sinnestäuschungen (Großbildkino, wackelndes Haus usw.).

Es scheint einleuchtend zu sein, der Ausbildung dieser wichtigen Fähigkeit besondere Sorgfalt zu widmen. Bei kleineren Kindern kann dies z.B. dadurch angeregt werden, daß man die Turnhalle oder eine Wiese durch Balken, Barrenholme, Langbänke, Schwebebalken etc. in einen Balanciergarten umwandelt.
(Die Zeitschrift Sportpädagogik, Heft 5/1984 widmet sich ganz diesem Thema).

Im folgenden soll der Umgang mit dem Rollbrett (auch »Rola« genannt) beschrieben werden. Dieses einfache artistische Gerät bietet sich für Kinderzirkusaktivitäten an, weil es
a) leicht selbst zu bauen ist,
b) nicht so schwierig zu erlernen ist,
c) die Schwierigkeitsgrade beliebig gesteigert werden können,
d) sich die Verbindung von Balance und den Handgeschicklichkeiten (Jonglieren, Devil Stick...) anbietet.

Das Gerät

Rolle

Die »Kerne« von Teppichen oder Papierrollen eignen sich gut. Die Kartonrolle sollte aber mindestens 10–12 mm dick sein. In Zeitungsverlagen und Teppichgeschäften werden die Rollen meistens weggeworfen. Stabiler und haltbarer ist ein PVC-Hartplastik-Rohr (mindestens 5 mm dick) oder Kunststoffrohre mit ca. 12 cm Durchmesser bei ca. 30–50 cm Länge. Man bekommt solche Rollen oder Rohre bei Firmen, die Leitungs- oder Kabelrohre herstellen. Man kann auch auf einer Baustelle nach kleinen Reststücken schauen. Außerdem hat fast jede metallverarbeitende Werkstatt genügend Rohre verschiedener Dicke, auch aus Metall.

Manche Rollen sind für bestimmte Hallenböden oder glatte Unterlagen ungeeignet. Durch Aufbringen von Deko-Material an den Enden der Rolle kann man sich behelfen, oder man legt erst ein großes Brett auf die Wiese, den Weg oder wo man üben will und legt hierauf die Rola.

Brett

Das Brett sollte mindestens 2 cm dick sein. Bei der Länge bzw. Breite genügen für Erwachsene ca. 60–70 auf 30–35 cm, für Kinder kann man auch entsprechend kleinere Bretter verwenden.

Alle Rollbretter sollten unbedingt eine funktionsfähige »Bremse« haben, d. h. jeweils am Ende des Brettes sollte eine 1–2 cm dicke Zusatzleiste angeschraubt sein, die ein unkontrolliertes Abrutschen des Brettes von der Rolle verhindert.

Gewölbte oder verzogene Bretter verdrehen sich leicht und sind ungeeignet. Manchmal kann man sie umdrehen und evtl. velourähnliches Dekofix daraufkleben.

Rola und Brett sind eigentlich in jedem Jonglierladen erhältlich.

Methodisches

Keine(r) sollte ohne vorherige Einweisung auf die Rola, wenn er noch nie daraufgestanden hat! Anfänger brauchen unbedingt eine Anleitung und Hilfestellung, sonst gehen sie nach dem ersten Sturz nur ungern wieder an dieses einfache und schöne Gerät!

Mit Hilfestellung

Mit einem Fuß auf das rollenferne Ende steigen (Abb. 1). Für die ersten Versuche hält man sich am besten bei der Hilfestellung am Unterarm fest (Abb. 2).

Die Schultern sollen dabei möglichst locker bleiben, nur die Arme werden zum Abstützen auf die Unterarme des Partners gelegt.

Ziel ist es, zunächst das Wackeln und Rollen zu beherrschen, nicht gleich das Brett möglichst ruhig und in der Mitte zu halten. Das kommt später bei speziellen Tricks. Das Hin- und Hergewackel ist unbedingt nötig, um zu lernen, welche Aktionen für die Erhaltung oder den Wiedergewinn des Gleichgewichts ablaufen müssen.

● Tip: Beine nur leicht beugen und leichte Rumpfspannung behalten (leichte Bauchpresse bzw. »hustbereit«)

Zu zweit

Bald braucht die Hilfestellung nur noch einen Finger hinzuhalten, oder deren Hand muß nur bei Bedarf gehalten werden. Auch kann man sich jetzt zu zweit, jeder auf seiner Rola, gegenüberstehen und im Notfall Halt beim Partner suchen. Die Rolas sollten dann so hingelegt werden, daß sie in Mittelstellung genau auf gleicher Höhe liegen, sonst hält man sich immer nur in schiefen und schlechten Positionen.

Fixierung der Hüfte

In einem weiteren methodischen Schritt fixiert die Hilfestellung die Hüfte des Balancierenden mit den Händen, so daß der Ausgleich nur von den Beinen kommt. Man kann auch immer wieder auffordern, locker in Schultern und Armen zu bleiben, sonst gelingen später die Zusatzaufgaben (Mund- und Stirnbalancen, Jonglagen und Handgeschicklichkeiten) nur sehr mühsam.

● Ab der Hüfte aufwärts rührt sich nichts, ab der Hüfte abwärts darf alles zum Ausgleichen »wackeln«.

»Blind«

Nun können auch einmal die Augen geschlossen werden. So gewinnt man Vertrauen zum Helfer und ein besseres Körpergefühl. Außerdem kann dieser Partner, jetzt auf der Rückenseite, die Hände an den Hüften halten, wobei die/der Übende ebenfalls die Augen schließen kann. Zwischendrin läßt die Hilfestellung die Hände leicht los, signalisiert aber die ständige Präsenz durch zeitweise Berührung.

Ohne ausgleichende Arme

Eine gute Zwischenstufe zur Selbstkontrolle, wie gut die

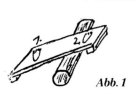

Abb. 1   Abb. 2

Abb. 3

Abb. 4

Beine »sehen« und reagieren, ist es, wenn der/die Übende die Hände hinten verschränkt. Die Hilfestellung hält, führt oder bremst gegebenenfalls an der Hüfte.
Wenn es kritisch wird (Abb. 3), sollte man rechtzeitig und weich ›abspringen‹ (Abb. 4), sonst rutscht man über die Rolle und fällt womöglich noch darauf.

Mit Kasten/Sprossenwand
Wenn die/der Balancierende alleine üben will – was bei manchen schon nach wenigen Minuten möglich ist – ersetzt ein Kasten oder die Sprossenwand, woran man sich bei Bedarf festhalten kann, den Helfer.

Mit gestreckten Beinen
Bei einer anderen Rola-Tecknik läßt man die Beine gestreckt und gleicht nur mit der Hüfte aus. Das erfordert sehr frühes Erkennen und Gegensteuern schon bei geringem »Ausschlagen« der Rola. Man wendet diese Technik an, um längere Zeit mit einem Partner auf der Schulter »arbeiten« zu können.

Mehrfachhandlungen
Sobald eine gewisse Sicherheit und »Verwachsenheit« mit der Rola erreicht ist und die Beine die Schwankungen wie Stoßdämpfer ausgleichen, sollte man Mehrfachhandlungen dazunehmen wie z. B. einen oder mehrere Bälle werfen und fangen, um schließlich die komplette Handgeschicklichkeits- und Jonglierkunst mit dem Balancieren zu verbinden (Abb. 5 a+b). Nicht zu vergessen sind auch Rechenaufgaben, die fast immer ohne zu wollen zum Lachen anregen, dabei aber auch zeigen, wie der Körper reagiert, wenn sozusagen im gleichen Kopf noch andere Aufgaben als »nur« Gleichgewicht-Halten richtig gelöst werden sollen.

Übungen und Tricks
Sprung
Vor das Brett treten, es an beiden Enden mit ausgestreckten Fingern oder 2 Keulen o.ä. ruhig halten, dann mit einem kleinen Sprung aufhocken, und gleich versuchen, das Gleichgewicht zu finden. Anfangs steht eine Hilfestellung bereit und bietet ihre flachen Hände an, falls der Springende sie braucht (Abb. 6 a–d).

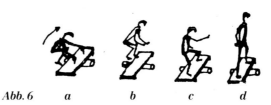

Abb. 6   a   b   c   d

»Hüpfeln«
Auf dem Brett »hüpfeln« d.h. ohne den Fußkontakt mit dem Brett zu verlieren, es durch kurzzeitige Entlastung leicht nach links oder rechts ausrichten.

Freier Schwebestütz
Auf die Rola sitzen und mit gehockten oder gar gestreckten Beinen die Arme zum freien Schwebestütz durchstrecken (Abb. 7 a+b).

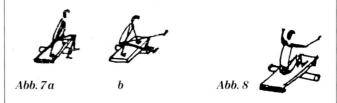

Abb. 7 a   b   Abb. 8

Parallel sitzen
Man kann auch noch parallel zur Rola sitzen und versuchen, für einige Sekunden die Balance zu halten, indem man etwa frühzeitig die Beine vor- oder zurückschiebt oder sich zusätzlich mit den Händen am Boden abstützt (Abb. 8).

Mit Partner
Ein Kind oder den Partner auf ein breiteres Brett mit aufnehmen. Der leichtere, meist auch der kleinere Partner, sollte möglichst passiv draufstehen (Abb. 9).

Im Hockstand
Im Hockstand balancieren, Beine innen oder Hände innen, dann ein Bein je nachdem nach hinten oder vorne ausstrecken (Abb. 10).

Abb. 9

Abb. 10

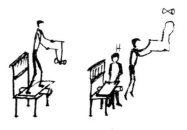

Abb. 14   a   b

Jonglieren

Einen Gegenstand aufheben (Ball, Keule, Jongliertuch, Diabolo, Devilstick, Zigarrenkiste …) und dann damit jonglieren.

Drehungen

Eine ganz andere Gleichgewichtslage erreicht man dadurch, daß man eine Vierteldrehung nach links und dann natürlich auch nach rechts macht. So steht man wie auf einem Skateboard. Dazu ist aber unbedingt an beiden Seiten eine Hilfe nötig: Hand geben und Schulter unterstützen (Abb. 11).

Auf einem Stuhl

Legt man ein größeres Brett auf einen Stuhl oder ein kleines Kästchen und stellt dann die Rola drauf, braucht man eine Hilfe, die ein gefahrloses Herunterspringen ermöglicht, indem sie an einer Seite das Brett kurz festhält, sonst könnte es ein unkontrollierter Abgang werden (Abb. 14 a+b).

Mit Kastenteil

Nach einiger Übung kann man auch versuchen, auf diesem Kästchen einen Kastenzwischenteil anstelle des Rolabrettes zu verwenden (Abb. 15).

Wenn z. B. auf einem Tisch genug Platz für einen Brettkontakt vorhanden ist, kann man auch nach einer Vierteldrehung heruntergehen und so elegant seine Übung beenden.

Abb. 11   *Abb. 12*   *Abb. 13*

Mit einem Fuß

Legt man das Brett genau in die Mitte auf die Rolle und geht mit einem Fuß rechtwinklig zur Rolle drauf, kann man auch auf einem Fuß stehend balancieren. Das Gewicht des anderen Fußes zum Ausgleichen reicht meistens, um einige Sekunden obenzubleiben. Diesen Trick länger mit Hilfestellung üben, weil insbesondere eine Rücklage unangenehme Folgen haben kann, außer man erkennt es rechtzeitig und kann kontrolliert abgehen (Abb. 12).

Grätsch-Handstand

Ohne große Probleme kann man – natürlich mit Hilfestellung – einen Grätsch-Handstand auf dem Rola machen. Dabei seitlich nicht um das Brett herumgreifen, ein Bodenkontakt könnte sonst wehtun! Die Hilfe steht an der Rückenseite des Handstehenden und hält an den Oberschenkeln. Zum Abgehen einfach die Beine leicht wegstoßen; gelandet wird am besten in Schrittstellung (Abb. 13).

Zu zweit

Auf einem breiteren Brett (bei entsprechend längerer Rolle) kann man auch zu zweit stehen. Den kleineren Partner kann man dann auch hochheben und aufschultern oder auf die Schultern setzen.

Aufsprung mit Drehung

Mit einer halben Drehung auf das Brett springen: Man steht zunächst mit dem Rücken zum Brett. Ein Helfer hält das Brett in Position und gibt ein kurzes Signal zum Springen. Er muß im Arm gut anspannen, damit das Brett nicht nachgibt, wenn der Partner draufspringt. Mit einer Schaumstoffunterlage unter dem Brett und am Boden an dieser Seite wird die Verletzungsangst genommen.

Abb. 15

Abb. 16   a   b   c   d

Drehung
Eine halbe Drehung auf dem Brett:
Diese eher geführte Bewegung kann in 4 Schritten eingeübt werden:

- Um seine »Schokoladen-Drehseite« herauszufinden, stellt man sich leicht gegrätscht auf den Boden, geht etwas in die Knie, verdreht den Oberkörper leicht nach einer Seite und beginnt jetzt, in dieser leicht abgesenkten Position die Drehung zur anderen Seite einzuleiten. In dem Moment, wo der Oberkörper nicht mehr weiterdrehen kann, werden sozusagen die Beine nachgezogen, wobei nicht abgesprungen werden soll. Das ist für Anfänger noch nicht möglich. Kurz vor dem Nachziehen der Beine wird der Blick auf die Lage des Rohres gerichtet, damit man sich wieder orientieren kann (Abb. 16). Durch einen Versuch nach beiden Seiten wird schnell die »richtige« Drehrichtung gefunden.
- Dasselbe »Spiel« versucht man dann auf einem »liegenden« Rolabrett. Die Grätschöffnung der Beine bleibt bei diesem »geführten Mini-Sprung« erhalten.
- Jetzt mindestens 10mal dieselbe Übung auf einem angelegten Rolabrett. Die Landung erfolgt also jeweils nach beiden Seiten noch auf dem ruhenden, aber schiefen Brett.
- Nun dasselbe auf der beweglichen Rola. Jetzt ist es vorteilhaft, wenn das Brett schon so gut kontrolliert werden kann und einige Zeit relativ ruhig gehalten werden kann. Dann etwas tief gehen, leicht zur Gegenseite verwringen, eine langsame, gleichmäßig gezogene Drehung in die Zielrichtung machen, Blick zur Rolle, Beine »nachdrehen« durch einen »Mini-Sprung« und ausgleichen. Ein Helfer nimmt nach einer Vierteldrehung eine Hand, die zweite kommt von alleine schnell genug in die andere Hand des Helfers.

Nach ca. 10–20 Versuchen stellt man sich mit dem Rücken vor die Sprossenwand oder vor einen Kasten und versucht diesen Trick alleine, wobei man sich bei Bedarf festhalten kann (Abb. 17 a–c).

Abb. 17a   b   c

Reifen/Seil
Man kann auch einmal versuchen, durch einen Reifen zu steigen oder mit dem Seil zu springen.

Jemand auf die Schulter setzen
Auch kann man sich jemanden auf die Schulter setzen und dann auf's Rola steigen. Zur Sicherheit sollte hinter dem Rücken immer jemand stehen. Die/der Untere dreht zum Beispiel chinesische Teller an (mit Assistenz) und gibt je 2 oder 3 in die rechte und linke Hand nach oben (Abb. 18). Sie/er kann z.B. auch Teller drehen, mit dem Diabolo, Devilstick oder Zigarrenkisten spielen oder Jonglier-Passing mit einem weiteren Partner zeigen.

Mehrere Etagen, mehrere Rollen
Jetzt werden die Möglichkeiten erweitert und langsam zu »wirklichen« zirzensischen Bewegungskünsten ausgebaut, indem mehrere Etagen gebaut oder 2 Rollen rechtwinklig übereinander gelegt werden.

Aufbau
Wenn Zigarrenkisten vorhanden sind, kann man diese verwenden und flach oder auf die Seiten- bzw. Hochkante an die Enden des Brettes legen (Abb. 19 a+b), um noch weitere Bretter daraufzulegen. Dann entweder sofort daraufspringen oder einen Fuß auf eine Seite, und mit einer Hand auf der anderen Seite Druck aufbauen, so daß der zweite Fuß auch langsam aufs Brett steigen kann. Das sollte man auch zwischendurch extra üben (Abb. 20 a–d). Längerfristig kann man sich die Zusatzbretter mit Holzquadern o.ä. vorfertigen (Abb. 21); oder man kann z.B. bierglasgroße Kreise in die Bretter hineinfräsen, um auf diese 4 Gläser das nächste Brett draufzustellen; oder in entsprechendem Durchmesser einen Holzkreis unten und eine kleine runde Holzplatte oben am nächsten Brett aufschrauben oder -kleben (Abb. 22).

Abb. 18

Abb. 19

a

b

Abb. 20a   b   c   d

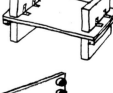

Abb. 21

Abb. 22

Abb. 23 a b c

Jonglieren

Je nach Anzahl der Etagen reduziert sich normalerweise die Anzahl der zu jonglierenden Gegenstände: 2 Etagen, 4 oder 5 Bälle; 3 Etagen vielleicht 3 Keulen; 4 Etagen 3 Bälle. Als Gag kann man selbstverständlich eine Nummer gerade anders herum aufbauen, so daß auf 5 Etagen wirklich mit 5 Bällen jongliert wird (etwas z. B. für einen Clown, der 'was »draufhat« …).

Selbstverständlich kann auch mit Devilstick, Diabolo, Zigarrenkisten sowie Kinn-, Mund- und Stirnbalancen auf diesen Etagen »gearbeitet« werden.

Zwei parallele Rollen

Zunächst 2 längere Rollen mit kleinerem Durchmesser im Abstand von ca. 30 cm parallel nebeneinanderlegen und eine größere und längere Rolle rechtwinklig drauflegen. Dann wird das Brett zuerst optimal in die Mitte aufgelegt und zum Aufsteigen nach einer Seite abgerollt (Abb. 23 a–c). Mit einer Hilfe- oder Sicherheitsstellung kann man nach wenigen Versuchen schon alleine und ohne vorheriges Abrollen des Brettes aufspringen. Es sollte dennoch immer eine Hilfe mit ausgestreckten Armen bereitstehen – oder man geht wieder an die Sprossenwand (Abb. 24).

Abb. 24

Rolle auf Rolle

Nach einiger Zeit rollt die Hilfe die vordere untere Rolle mit dem Fuß hinter sich weg, so daß die/der Übende jetzt wie auf einem Einrad plötzlich alle Freiheitsgrade mit den Füßen nach allen Richtungen ausgleichen muß (Abb. 25). Es ist eine überaus reizvolle, aber auch für die Hilfestellung anstrengende Angelegenheit. Will der Übende seinen Helfer schonen, kann er wieder vor der Sprossenwand balancieren.

Abb. 25

Senkrechte Rolle

Für besonders Kühne sei der Trick mit der senkrecht aufgestellten unteren Rola empfohlen, auf der die andere Rola mit Brett aufgelegt wird (Abb. 26).

Abb. 26

Mit »Diabolo«

Noch eine Idee soll hier vorgestellt werden: Im Dialog mit anderen Artisten kann der Rola-Artist mit Devilstickstäben arbeiten, an deren Griffseite schon eine Schnur angebracht ist, die er für ein Diabolo verwenden kann, wenn er z. B. den Devilstick wegwirft, die Stäbe umdreht, das ihm mittlerweile zugeworfene Diabolo auffängt und so weitermacht. Der Jubel des Publikums ist ihm gewiß! Man könnte dieses Gerät »Diabo-Stick«, »Diavilo-Stick« oder »Deviabolo« nennen (Abb. 27).

Abb. 27

Zu zweit

Man kann auch zu zweit nebeneinander oder gegenüber auf der Rola stehen (Abb. 28 a+b).

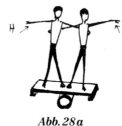 

Abb. 28 a b

Literaturhinweise

Büßer, P.: Balanceakt auf der Rola-Rola. In SPORTPÄDAGOGIK Heft 5/84.
v. Grabowiecki, U.: Spielerische Akrobatik, Gag, Slapstick, Pantomime und Jonglieren. Unveröff. Manuskript (30 S.). Stuttgart 1983.
Maraun, H.-K.: Gleichgewicht halten. In: SPORTPÄDAGOGIK Heft 5/84.

Einradfahren
Rudi Ballreich/Udo von Grabowiecki/Peter Tschachotin

Beim Zweiradfahren muß die Balance zwischen rechts und links gelernt werden. Beim Einradfahren kommt auch noch das Vorne und Hinten dazu. Man kann nach allen Seiten umkippen. Deshalb ist ein behutsames Vorgehen beim Erlernen dieser Gleichgewichtskunst nötig.

Das Üben

Der Anfang

Natürlich kann man sich gleich auf das Einrad setzen und versuchen, loszufahren. Bewegungsbegabten Kindern gelingt es manchmal erstaunlich schnell, einige Meter frei zu fahren. Je nach Gruppenzusammensetzung kann es aber ratsam sein, behutsamer anzufangen.

Vorübung

Ein sicherer Umgang mit dem Rollbrett (vgl. Kapitel »Rollbrett-Balance«) ist günstig für das schwierigere Gleichgewicht-Finden auf dem Einrad.

Balancieren

In einem Türrahmen oder zwischen zwei Kästen kann man versuchen, auf das Rad aufzusteigen und ausbalanciert oben zu bleiben. Vorsichtiges Bewegen der Pedale zeigt, wie das Rad reagiert.

Fahren mit Hilfe

Zunächst braucht man einen festen Halt. Eine Mauer, ein Zaun oder ein Geländer sind gut geeignet. Man hält sich daran fest und versucht nun, auf dem Einrad sitzend, das Gleichgewicht zu finden. Wenn das sicher gelingt, kann man das Rad durch eine leichte Bewegung der Pedale etwas hin und her bewegen. Nach einiger Übung können die Pedaldrehungen größer werden und irgendwann kommt der Moment, wo sich die Hand vom sicheren Halt lösen kann. Erst ein kleines Stück, dann versucht man, immer freihändiger entlang des Geländers zu fahren. Man soll anfangs immer auf eine Stützhilfe zurückgreifen können. Das können ein oder zwei Helfer an der Seite sein, die an der Hand und am Oberarm abstützen, ein paar Skistöcke zum Fahren auf einem Weg oder normale Stöcke (Besenstiele) mit einem »Bremspflock« bzw. Mostverschlußkappen zum Lernen in einer Halle. Stöcke vermitteln schon früh das Gefühl, selbst fahren zu können. Das ist wichtig. Man kann auch einen Ballwagen vor sich herschieben oder mit zwei Einrädern fahren, wobei man sich nach Bedarf auf einem abstützen oder es hochnehmen kann.

Zu zweit fahren

Wenn zwei FahrerInnen nur wenige Meter alleine fahren können, sollten sie händchenhaltend nebeneinander fahren; bald ist die erste Hallenquerung perfekt. Das gegenseitige Stützen ermöglicht in der Summe eine bessere Stabilität!

Aufsteigen

Zunächst muß man sich beim Aufsteigen seitlich festhalten, später geht das auch ohne Hilfe: Sitzen im Sattel, der eine Fuß steht fast unbelastet auf dem waagerecht nach hinten gestellten Pedal; Pedal belasten und den anderen Fuß auf das andere Pedal bringen – losfahren. Am Anfang kann es hilfreich sein, das Rad hinten zu blockieren (Bordsteinkante o.ä.). Raffiniertere artistische Aufstiegsweisen sind in der weiterführenden Literatur beschrieben.

Absteigen

Man kann nach vorne oder nach hinten absteigen. Der Abstieg nach vorne ist für den Anfänger ungefährlicher und daher vorzuziehen. Es sollte allerdings zur Ehre des Einradfahrers zählen, beim Absteigen sofort den Sattel festzuhalten. Das spart viel Geld, denn die Sättel gehen recht schnell kaputt.

Kurven

Von Anfang an sollte man eine einseitige Fahrweise unbedingt vermeiden. D.h. man fährt z.B. am Geländer das gleiche Stück in der anderen Richtung wieder zurück. Damit man sich keine einseitigen Kurven angewöhnt, sollten oft Slalom und Kreise immer in beiden Richtungen gefahren werden. Durch eine leichte Gewichtsverlagerung und Vordrehen des Oberkörpers in die Fahrtrichtung – etwa durch Vornehmen des kurvenäußeren Armes – legt man sich in die Kurve hinein.

Stabilisierungsübungen

Haltung
Wichig ist aufrechtes und fast gerades Sitzen. Der Oberkörper bildet fast eine Verlängerung der Einradgabel. Der Blick ist nach vorne gerichtet. Die Arme fühlen in die Weite und gleichen aus. Beim Geradeausfahren lehnt man sich leicht nach vorne.

Freier Blick
Sobald eine gewisse Sicherheit erreicht ist, sollten die Fahrer immer wieder aufgefordert werden, um sich zu schauen, zu winken, sich zuzurufen. Das ist nötig, damit das Fahren immer selbstverständlicher und lockerer gelingt.

Extrabewegungen
In die Hände klatschen, die Arme vor der Brust verschränken, kurz das Gewicht vom Sattel wegnehmen, einen Fuß auf dem Pedal versetzen, einen Ball zuwerfen usw. Diese Extrabewegungen zeigen, wie sicher die Balancesituation auf dem Einrad schon beherrscht wird, und sie stabilisieren das Fahren.

Tempowechsel
So schnell wie möglich und so langsam wie möglich fahren. Dasselbe auch im Slalom.

Unebenheiten
Über dünne und dann auch über dickere Matten fahren. In der Halle einen Hindernisparcours mit Sprungbrettern, Matten, Seilen, Reifen, Engstellen ... aufbauen. Im Freien Bordsteinkanten herunterfahren, Wiesen und Feldwege überqueren...

Längere Strecken
Auch längere Radausflüge von 1–2 km Länge tragen sehr zur Stabilisierung des Fahrvermögens bei. Vielleicht ergibt sich dabei auch einmal die Gelegenheit, einen kleinen Hang hinauf- oder herunterzufahren.

Wenn die EinradfahrerInnen einigermaßen sicher vorwärtsfahren können, sollte durch Spiele und Übungen ein freieres und lockeres Fahren angestrebt werden.

Gruppenübungen/Spiele

Richtungswechsel
Alle fahren in einem großen Kreis in eine Richtung. Auf Zuruf »Richtungswechsel über innen« oder »Richtungswechsel über außen« versuchen alle, durch eine möglichst kleine Drehung in die andere Richtung zu kommen.

Durcheinanderfahren
Jeder fährt seine eigene Richtung. In dem Durcheinander wird Abstoppen, Beschleunigen, Ausweichen usw. geübt.

Fangen
Die üblichen Fangspiele mit Abschlagen oder Abwerfen können auch auf dem Einrad durchgeführt werden. Auch »Drachenfange« ist möglich: 2 Gruppen fahren als Zug hintereinander (Schulter- oder Hüftfassung). Der letzte hat ein Band in der Hose hängen. Jeder Drache versucht, dem anderen das Band wegzuschnappen.

Atomspiel
Durch Zuruf »zu zweit« oder »zu dritt« usw. finden Paare und Dreiergruppen zusammen, die sich von Schulter zu Schulter mit ausgestreckten Armen verbinden.

Eisenbahn
Zunächst zu zweit, dann mit immer mehr »Waggons« kann man durch Hüftfassung hintereinander einen langen Zug bilden. Ein sicherer Fahrer bildet vorne die Lokomotive. Er kann freie Polonaisefiguren im Raum fahren.

Weit – eng
Alle fahren an der Kreislinie entlang, dann verengt sich der Kreis nach innen und weitet sich wieder.

Drehungen/Pirouette
Aus dem großen Kreis bewegen sich immer zwei gegenüberliegende Fahrer aufeinander zu, geben sich die rechte oder linke Hand, drehen sich ein paar Mal im Kreis

Abb. 1

und kehren dann wieder in den großen Kreis zurück. Wenn einer alleine in die Mitte fährt und sich mehrmals um einen Stock dreht, kann dabei die Pirouette geübt werden.

Ballspiele

Ein Ball wird hin- und hergeworfen. Zielen und Fangen lenken die Aufmerksamkeit vom Fahren ab. Das bewirkt eine freiere Haltung. Richtige Mannschaftsspiele auf Korbballständer oder Tore können sich anschließen.

Sportspiele

Basket- oder Handballspielen, Badminton, Beachbat oder andere Schlägerspiele, Ringtennis, modifiziertes Prellballspielen, sogar Völkerball gewinnt auf dem Einrad neue Dimensionen. Hockeyspielen mit dem mittelgroßen Softball (10–12 cm) bewirkt wie all diese Sportspiele eine perfektere Beherrschung des Einrads.

Slalom

Mit Fähnchen ist ein Slalom aufgebaut. Der Rückweg enthält einige Unebenheiten in Form von Sprungbrettern. Zunächst sicheres Fahren üben, dann schnelles Durchfahren der Strecke, dann so langsam wie möglich. Auch Unebenheiten können eingebaut werden: Über ein Sprungbrett, Matte, Rollbrett ... fahren (Abb. 1).

»Kämmen«

Zwei gleichgroße Gruppen fahren von beiden Hallenseiten aus in einer Linie aufeinander zu, treffen sich ungefähr in der Mitte und fahren aneinander vorbei (kämmen). Jede Gruppe versucht, als erste auf der anderen Seite anzukommen und zwar vollständig und ohne abzusteigen. Schwieriger wird es, wenn sich die »Gegner« durch Schreien, Täuschen, Anrempeln usw. aus dem Gleichgewicht bringen dürfen. Nur wer sicher auf seinem Einrad sitzt, wird ohne Absteigen die andere Hallenseite erreichen.

Staffelformen

Sämtliche bekannte Staffelformen können auch mit dem Einrad ausgeführt werden. Seien es Pendelstaffeln (mit und ohne zusätzliche Aufgaben), seien es Staffeln um einen Wendepunkt herum.
Auch ein Einrad-Eierlauf ist möglich!

Transport verschiedenster Gegenstände

Bei den Fang- oder Staffelspielen könnte man durchaus auch an ein Transportieren von Gegenständen à la »Spiel ohne Grenzen« denken. Das reicht vom Aufbauen einer Pyramide von Sprudelkisten, Zigarrenkisten oder sonstiger Dosen u.ä. bis zum Transport von Kastenzwischenteilen (zu zweit), um am Ende hohe Kästen zusammenzubauen.

Propeller

Zwei Paare schließen sich mit Schulter- oder Handfassung zusammen. Sie schauen aber in verschiedene Richtungen. Deshalb drehen sie sich wie ein Propeller.

Stern

An einem Gymnastikreifen halten sich immer 2er, 3er oder 4er Gruppen fest. Alle fahren gleichzeitig los. Der große Stern dreht sich innen langsam, außen sehr schnell.
Ohne Reifen ist der »Stern« auch möglich. Wie beim »Propeller« fassen sich jetzt zunächst 4 Paare, später auch mehr, an den Händen.

Rückwärtsfahren

Zwei Helfer halten links und rechts. Beim Fahren leicht nach hinten lehnen. Dann mit einem sicheren Fahrer. Gesicht gegeneinander, mit einer Hand gegenseitig festhalten, mit der freien Hand auf einen Stock aufstützen. Einer fährt vorwärts, der andere rückwärts.

Schwierigere Übungen

Pendeln

»Pendeln« heißt eigentlich stehenbleiben. Der Oberkörper bleibt ruhig, und man bewegt sich nicht fort, sondern muß die Pedale immer nur einen Halbkreis vor- und zurücknehmen. Die Hüfte geht leicht vor und zurück und gleicht auch seitlich aus. Erfahrungsgemäß braucht das Erlernen des Pendelns eine längere Zeit.

Mantelfahren
Die Füße bewegen den Reifen, indem sie auf dem Mantel »laufen« (Abb. 2).

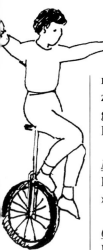

Abb. 2

Ohne Sattel fahren
Man steht auf den Pedalen und hält den Sattel mit beiden Händen wie einen Lenker vor sich.

Einrad »pur«
Das Fahren ohne Sattel ist die Vorstufe zur Krönung des Einradfahrens. Es gibt keinen Sattel und keine Gabel mehr. Wie beim Pedalo, nur hier auf einem Rad mit zwei Pedalen.

Drahtseilfahren
Mit dem Einrad ohne Reifen (Mantel) über das Drahtseil fahren. Stöcke oder Helfer geben die nötige Sicherheit (Abb. 3).

Seilspringen
Voraussetzung ist das Hüpfen auf der Stelle durch festes Zusammenpressen der Oberschenkel und Schwung holen mit den Armen.

Jonglieren, Balancieren
Sichere Fahrer können sich auf ihre Balance verlassen. Jetzt kann sich ihre Aufmerksamkeit anderen Betätigungen zuwenden: Ball- oder Keulenjonglieren – anfangs nur mit einer Hand, Diabolo, Devil-Stick, Stabbalance oder auch Clownsaktionen.

Abb. 3

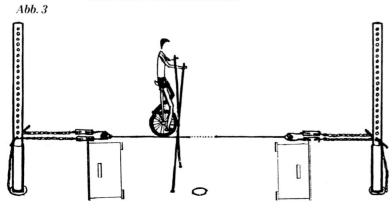

Aufführungen

Gruppenchoreographien
Für Aufführungen mit größeren Einradgruppen ist es wichtig, daß Formen gefunden werden, die im Zusammenklang mit einer passenden Musik zu den Einradbewegungen passen.

Polonaiseformen
Manche Polonaisefiguren eignen sich auch für Einradchoreographien:
Schlangen, die sich im Kreis begegnen, sich an den Kreuzungen treffen und dann als Paare weiterfahren, um sich später zu Viererreihen zusammenzufinden, sind ebenso möglich wie Reihen, Lokomotiven usw. Wenn die ersten Anregungen gegeben sind, werden die Kinder meistens von selbst erfinderisch.

Einzelnummern
Ein, zwei oder drei Einradfahrer können kleinere Nummern spielen oder auch das Einrad mit anderen artistischen Fähigkeiten verbinden.

Abb. 4

Reckstange
Zwei bis vier Fahrer halten eine stabile Stange in Schulterhöhe, eine leichte Artistin turnt daran Reckübungen (Auf- und Umschwünge, Hangwaagen vor- oder rücklings) (Abb. 4).

Jonglieren
Passings zwischen zwei Einradfahrern ist sehr bühnenwirksam: Vorwärts-rückwärts, gegenüber, seitwärts.

Einradralley
Ein Rennen mit Schiedsrichter, kommentierenden Reportern und einem chaotischen Clown dazwischen kann die Lachmuskeln ganz schön anregen.

Clown
Ein Clown will das Einradfahren erlernen, ein Kollege hält ihn. Hin- und herschwanken, Hinfallen usw.

Das Fahrzeug

Tips für den Kauf

Billigere Einräder gibt es leider erst ab 200,– DM. Sie sind aus Asien importiert. In den meisten Fällen sind sie ausreichend. Profis kaufen sich allerdings stabilere und besser gebaute »Markenräder«.

Radgröße

Zoll (″) ist die Maßeinheit, in der die Radgröße angegeben wird. Es gibt 16″-, 20″- und 24″-Räder. 16″-Räder sind für Kinder unter 10 Jahren gut geeignet. Sie sind sehr wendig, aber zum Lernen daher etwas unsicherer. Die 20″-Räder eignen sich gut für Anfänger. Prinzipiell gilt:
Je kleiner das Rad ist, desto wendiger kann man damit fahren und braucht weniger Kraft, muß allerdings öfter treten. Je größer, desto ruhiger und vor allem auch schneller kann man damit fahren. Es ist dann allerdings auch schwerfälliger. Für größere Strecken ist dies günstiger, weil man mit einer Raddrehung eine längere Strecke zurücklegt als mit kleinen Rädern. Man muß nur etwas kräftiger treten.

Sattel

Bequemes Sitzen ist beim Einradfahren sehr wichtig. Deshalb empfielt es sich, beim Kaufen verschiedene Sättel auszuprobieren. Gebogene Sättel (Bananenform) sind für das Einradfahren günstiger, weil man einen besseren Halt hat.
Weil der Sattel am Anfang oft auf den Boden knallt, empfielt es sich, entweder einen strapazierfähigen Sattelüberzug zu basteln oder wenigstens die Sattelränder mit gutem Klebeband zu verstärken.

Pedale

Auch die Pedale werden bei Anfängern sehr strapaziert. Gummiblock- oder Kunststoff-Pedale sind am haltbarsten. Sie verkratzen und beschädigen auch den Hallenboden nicht.

Mantel

Wenn man in der Turnhalle üben will, sind helle oder farbige Reifen bodenfreundlicher als schwarze. Ein flaches Profil ist besser als ein starkes, weil es nicht so stark vibriert.

Anpassen

Die richtige Radeinstellung

Durch Verschieben der Sattelstütze kann man die richtige Entfernung von Gesäß und Fußsohle einstellen. Wenn man aufrecht im Sattel sitzt, sollte man mit fast durchgestrecktem Knie den Fuß mit der Mitte der Sohle auf das Pedal aufsetzen können. Bei kleineren Kindern kann es sein, daß diese Einstellung nicht möglich ist. Dann muß ein kleineres Rad benützt werden. Am Anfang kann der Sattel auch niedriger sein. Schönes und kraftsparendes Fahren verlangt allerdings die richtige Einstellung.

Kleidung

Hosen

Die Nähte der Unterhosen oder Jeans spürt man bei längerem Fahren im »Sitzfleisch«. Radfahrerhosen sind daher ideal.

Schuhe

Am Anfang sind über die Knöchel gehende Turnschuhe empfehlenswert. So sind die Knöchel wenigstens etwas geschützt, wenn das Einrad dagegenkippt. Die Sohle sollte griffig sein und einen leichten Absatz besitzen, damit zumindest am Anfang die Füße nicht so leicht wegrutschen.

Ausblick

Das Fahren mit dem Hocheinrad (Giraffe) ist hier nicht beschrieben. Auch witzige Räder, z.B. mit exzentrisch versetzter Achse, sind nicht aufgeführt. In den angegebenen Büchern finden sich noch viele Anregungen – und der eigenen Phantasie sind keine Grenzen gesetzt.

Literaturhinweise

Böhm, L./Born, H.: Das Kunstradfahren. Kesselring-Verlag, Teningen 1976.
Dinklage, B./Bardell, B.: Die Kunst des Einradfahrens. Moers 1990.
Höher, S.: Einradfahren. Vom Anfänger zum Könner. Reinbek 1991.
Wiley, J.: The Complete Book of Unicycling. Lodi, Kalifornien 1984.

Bezugsquellen von Profi-Einrädern: Fahrrad & Balance, Pichlerrad, Siegmono-Cycle (Adressen siehe Anhang).

Balancierkugel und Lauftrommel — Alfred Schachl

Beim Balancieren auf einem beweglichen Untergrund, wie einer Lauftrommel oder einer Kugel, können ganz andere Bewegungserfahrungen gemacht werden, als auf einem Seil oder einem Rollbrett, da man sich hier auch von der Stelle fortbewegen kann.

Der Unterschied zwischen Kugel und Lauftrommmel besteht darin, daß bei der Trommel hauptsächlich das Gleichgewicht zwischen vorne und hinten gefunden werden muß, während die Kugel sich in alle Richtungen bewegen kann.

Für die ersten Anfänge kann anstatt der Kugel auch ein großer Medizinball verwendet werden.

Es empfiehlt sich, sowohl für die Kugel als auch für die Lauftrommel Gymnastikschuhe mit einer dünnen Gummisohle anzuziehen. In einer Halle kann auch barfuß geübt werden. Der Untergrund sollte vor allem für die Kugel nicht zu glatt sein. Unterschiedliche Böden wie Rasen, Filzmatten etc. steigern das Gleichgewichtsgefühl.

Übungen

Es geht darum, erst einmal sicher auf den Beinen zu stehen. Die Hände werden von einem Partner gehalten, oder man stützt sich an einer Wand ab. Auch Krücken oder Skistöcke mit Gummifüßchen können eine Hilfe sein.

Wird das Stehen dann freier, müssen die Hände zunächst starke Ausgleichsbewegungen machen, bis das Gleichgewicht immer mehr vom Körper allein, ohne »Rudern« der Arme, gefunden werden kann.

Lauftrommel

– Die ersten Schritte auf einer Lauftrommel, mit einer Hilfestellung auf jeder Seite oder an einer Wand entlang, sind gar nicht so schwer.
– Eine Steigerung ist das Rückwärtslaufen oder der Versuch, nicht mit den Händen das Gleichgewicht auszugleichen sondern sie einfach ruhig hängenzulassen.

Balancierkugel

– Bei einer Kugel hilft es, sie erst einmal »einzusperren« mit vier Kästen, um den Raum zu begrenzen. Darauf können auch gut die Helfer stehen oder knien.
– Mit zwei Hilfestellungen (auf jeder Seite eine) oder sich an einer Wand entlang zu bewegen, wäre ein nächster Schritt.
– Erste Schritte rückwärts sind gar nicht so einfach. Für eine Richtungsänderung zur Seite ist es besser, sich erst einmal in diese Richtung zu drehen und vorwärts weiterzulaufen.
– Auf der Stelle zu stehen ist schwieriger als das Fortbewegen, ähnlich dem Einradfahren oder der Leiterbalance, da auf der Stelle schnelle kurze Ausgleichsbewegungen gemacht werden müssen.
– In die Hocke gehen.
– Ein Bein heben.
– Oder auf allen vieren laufen.
– Von einer Laufkugel auf eine zweite steigen.

Trommel und Kugel

– Wenn die Ausgleichsbewegungen mit den Armen nicht mehr so stark sein müssen, kann mit den Händen jongliert oder ein Gegenstand balanciert werden.
– Eine schräge Ebene oder sogar eine Wippe kann hochgelaufen werden (mit zwei Hilfestellungen). Bei einer Lauftrommel muß die schräge Ebene natürlich auf deren Laufrichtung eingestellt werden, die Kugel kann zu ihr »hinlaufen«.
– Man kann auch versuchen, zu zweit auf einer Kugel oder einer Lauftrommel zu stehen.

Bauanleitung für eine Lauftrommel

Lauftrommeln lassen sich sehr leicht selber bauen, z. B. aus Telefonkabelrollen und Holzleisten. Oder man verschraubt und verleimt runde Holzplatten (50–70 cm Durchmesser) und 60–100 cm lange Holzlatten. Zum besseren Rollen kann das ganze mit einer Pappe oder einem glatten Teppich überzogen werden (siehe auch U. Tiegs, in: Sportpädagogik, Heft 3/87, [Bauanleitung]).

Die Balancierkugeln sind über Jonglierläden oder den Sportgerätehandel zu bekommen. Adressen finden sich im Anhang.

Leiterakrobatik Alfred Schachl

Freistehende Stufenleiter

Probiert haben es bestimmt viele schon einmal – auf einer gegen die Wand gelehnten Leiter ein, zwei Stufen hochzusteigen und sich dann mit kurzen, ruckartigen Bewegungen mit der Leiter von der Wand abzustoßen, um so mit dem Gleichgewicht zwischen vorne und hinten zu spielen.

Übungen

Grundsätzlich für das Üben mit einer Leiter gilt, ähnlich wie bei der Akrobatik, daß man sich wegen der Verletzungsgefahr auf jeden Fall vorher aufwärmt.

Hilfen

Wenn man mit Kindern Leiterakrobatik üben will, ist es sinnvoll, mit einer kurzen Leiter zu beginnen. Entweder lehnt die Leiter zuerst an einer Wand, oder ein Helfer hält sie, bevor man sich an das freie Stehen heranwagen kann.

So ist am Anfang notfalls immer die Wand oder der Helfer da, die das Umfallen nach vorne verhindern; nach hinten ist es leicht abzuspringen. Helfer und eine Mattenabsicherung im Absprungbereich sind selbstverständlich.

Der Boden sollte für die Leiter hart sein (keine weiche Matte). Er darf auch nicht zu glatt sein, sonst braucht die Leiter Gummifüßchen an den unteren Holmenenden.

Lösen vom Halt

Der erste Schritt ist das oben beschriebene Lösen von der Wand oder dem Helfer durch ein »ruckartiges« Heranziehen der Leiter zum eigenen Körper.

Die Ausgleichsbewegungen, um dann das Gleichgewicht zu finden, sind durch das Strecken oder Anziehen der Arme zu erreichen. Dabei lehnt man den Oberkörper vor oder zurück (Abb. 1).

Hochsteigen

Als nächstes kann versucht werden, eine oder zwei Stufen hochzusteigen und dabei immer neu das Gleichgewicht zu finden. Die Ausgleichsbewegungen werden wieder von Oberkörper und Armen gemacht.

Gehen

Hat man dafür ein Gefühl bekommen, kann begonnen werden, mit der Leiter zu »gehen«, um so im freien Stehen besser ausgleichen zu können.

Dazu wird die Leiter näher am Körper gehalten. Durch Gewichtsverlagerung mehr auf ein Bein und durch Ziehen des damit entlasteten anderen Leiterholmens, leicht hoch und nach innen, macht die Leiter einen kleinen Schritt. Geht der Zug oder das Ruckeln der Hand nach innen-vorne, geht auch der Schritt nach vorne.

Durch ein Abwechseln des Ziehens an den Leiterholmen zwischen links und rechts können die ersten Schritte vor- oder rückwärts gemacht werden, wobei das Vorwärtsge-

Abb. 1 Abb. 2 Abb. 3 Abb. 4 Abb. 5

hen anfangs auf jeden Fall einfacher ist. Dabei muß unbedingt weiter eine Hilfestellung vor der Leiter stehen.

Freies Stehen
Werden die Ausgleichsbewegungen kleiner und selbstverständlicher, kann die Leiter auch mehr auf der Stelle gehalten werden. Das »Stehen« ist schwieriger als das Gehen, weil hier die Ausgleichsbewegungen sehr kurz und schnell sein müssen.
Drehen um die eigene Achse, in beide Richtungen, ist eine weitere lohnende Aufgabe.

Oben Stehen
Der schwierigste Schritt ist weiter auf der Leiter hochzusteigen und oben im Schritt zu stehen, ohne die Hände zu gebrauchen (s. Abb. 2).

Ohne den Gebrauch einer Deckenlonge sollte das auf keinen Fall versucht werden, und gute Hilfestellungen sind noch zusätzlich nötig.

Von Leiterakrobaten werden meist Leitern verwendet, die auf den oberen Holmenspitzen kleine Plattformen haben, auf denen sie stehen können (Abb. 3). So sind die Hände frei zum Jonglieren etc...

Zwei Leitern oder zwei Partner
Andere Möglichkeiten der Leiterbalance im Stehen und Gehen sind durch die Verwendung von zwei Leitern (Abb.4) oder durch das Üben mit einem auf der Schulter sitzenden oder stehenden Partner möglich (Abb. 5).

Klappleiter

Eine etwas einfachere Möglichkeit im Zirkus ›Leiterakrobatik‹ zu machen, bieten Klappleitern mit mehreren Gelenken, die sich in verschiedensten Formen aufstellen lassen. So entstehen z.B. zusätzliche Ebenen für Jongleure, um sich Gegenstände nach oben oder unten zuzuwerfen. Auch Clowns können sich von diesen Leitern anregen lassen.
Wird die Leiter so gestellt, daß eine waagerechte Ebene entsteht, die sich gut durch eine schmale Matte oder ein Brett »flächiger« machen läßt, bietet sie eine Grundlage für akrobatische Übungen (Abb. 6).

Literaturhinweise
Müller E.: Manegenzauber. Don Bosco Verlag, München 1989. (Klappleiter-Akrobatik).

Abb. 6

Stelzenlaufen Kalle Krause

Stelzenlaufen ist heute bei den Kindern etwas aus der Mode gekommen. Dafür sieht man in letzter Zeit immer häufiger Jugendliche und Erwachsene, die auf Stelzen, die an den Beinen festgebunden werden, Reklame für ein neues Produkt betreiben, in den Fußgängerzonen den Passanten etwas vorspielen oder bei Zirkusvorstellungen auftreten.

In Südfrankreich gibt es Hirten, die ihre Schafe traditionell von Stelzen aus hüten. Alte Männer und Kinder laufen problemlos herum und zeigen den erstaunten Touristen sogar ihre Volkstänze auf Stelzen.

Wenn man Stelzenlaufen lernen möchte, hat es sich sehr bewährt, dies in einer Gruppe unter der Anleitung eines »Fachmannes« zu tun. Stelzenlaufen ist auch für »Bewegungsmuffel« relativ einfach zu erlernen, man erregt eigentlich immer Aufsehen damit!

Das Üben

Vorübungen
Ein durchbewegter Körper erleichtert die ersten Schritte auf den Stelzen. Auf jeden Fall sollte vor jedem Stelzenspaziergang und erst recht vor jeder Übungsphase eine Aufwärmübung oder zumindest ein kleines Fang-Spiel stattfinden.

Eine Übungsfolge könnte sein:
– Sich durchdehnen, sich recken und strecken.
– Mit den Händen sich selber, vor allem die Beine, gründlich abklopfen.
– Laufen auf den Fußinnenkanten, -außenkanten, -spitzen, auf den Hacken.
  Laufen auf den Hacken, ohne die Zehen auf den Boden zu lassen, kommt dem Stelzenlauf sehr nahe. Man muß sich immer bewegen, wenn man stehenbleibt, sonst kippt man um – so wie später auf den Stelzen auch.
– Stehen auf einem Bein, auch mit geschlossenen Augen.
  Ein Knie zur Brust ziehen und 15 s oben halten.
  Einen Fuß zum Hintern ziehen und 15 s halten.
  Den Fuß auf die Schulter eines Helfers legen und 15 s liegen lassen.

Sicherheit
Stelzenlaufen hat viel mit Angstüberwinden und Selbstvertrauen zu tun. Der Anleiter sollte
– die psychologische Seite nicht vernachlässigen,
– bei allen Übungen mitmachen, um mit einer gelassenen, doch konzentrierten Ruhe bei der Gruppe zu sein,
– einen Übungsplatz aussuchen, der ohne gefährliche Gegenstände ist (Sägezaun, abgestellte Fahrräder,

Französische Hirten

Bordsteinkanten usw.) und der ruhig liegt, damit die »Lehrlinge« ungestört üben können.

Konzentriertes Arbeiten verringert das Unfallrisiko. Eine Gruppe von Anfängern mit mehr als 10 Personen ist ungünstig. Eine Übungseinheit sollte am Anfang nicht länger als 20 Minuten dauern. Angemessene Pausen dazwischen sind sehr wichtig.
Anschnallen gehört zum Stelzenlaufen dazu, der Anleiter sollte darauf achten, daß die Übungen gemeinsam begonnen und beendet werden.
Ängste und Bedenken der Lernenden müssen ernst genommen werden, keiner darf gezwungen oder ausgelacht werden.
Das Stelzenlaufen ist eine Möglichkeit, gerade bei Jugendlichen das Gefühl »ich kann etwas!« zu erzeugen. Dieses Erfolgserlebnis ist ein wichtiger Zweck des Stelzenlaufenlernens.

Die ersten Schritte
Am besten ist es, wenn bei den ersten »Gehversuchen« auf Stelzen jemand Hilfestellung gibt, der Erfahrungen mit Holzstelzen hat. Sonst sollte man sich jemanden suchen, zu dem man Vertrauen hat und der einen vom Boden aus stützen kann.
Wenn die Stelzen angeschnallt sind, könnte man eigentlich starten. Aber Vorsicht!!! Erst einmal nur *aufrichten mit Hilfestellung* des Helfers. Die ganze Angelegenheit ist noch sehr wackelig, und wenn man jetzt nur herumsteht, fällt man um. Man muß sofort beginnen, kleine *Trippelschritte* zu machen. Auf Stelzen kann man nie stehen bleiben, man muß immer *Ausgleichsschritte* machen, um die Balance zu halten.
Wenn man auf der Stelle laufen kann, versucht man, kleine Schritte nach vorne zu machen. Es sollte immer etwas in der Nähe sein, an dem man sich festhalten kann, um böse Stürze zu verhindern. Ein langer Stock kann dabei nützlich sein. Die berühmten Hirten in Frankreich haben auch immer einen dabei.
Unter Umständen kann man die Stelzen auch etwas kürzen, um den Abstand zum Boden zu verringern.

Paarübungen
Paarübungen sind sehr hilfreich beim Stelzenlaufenlernen, denn Paare fallen selten um.
Die Partner sollten gleich groß und gleich schwer sein und auf einem ähnlichen Leistungsstand stehen.
– Die Paare halten sich an beiden Händen und laufen.
– Beide hören auf zu laufen und stützen sich gegenseitig im Stand.
– Eine Handfassung wird gelöst, die Läufer stellen sich nebeneinander, gehen ein paar Schritte und schließen die Handfassung wieder.
– Die beiden Läufer stehen sich gegenüber und schwingen ein Bein nach vorne. Sie berühren mit einem zarten Impuls das vorschwingende Bein des Partners.
– Handklatschspiele, die Kinder oft auf ihren Stelzen spielen, sind auch geeignet.
– Ein Läufer dreht sich langsam um die eigene Achse, der Partner gibt Hilfestellung.
– Ein Läufer hüpft auf einem Bein, der Partner gibt Hilfestellung.
– Eine Parade der Paare – ein Paar nach dem anderen – Partnertausch.

Im Kreis
Übungen im Kreis sind Lernhilfen, weil hier ein »Könner« mit etwa sechs Leuten gleichzeitig arbeiten kann.
Kreisübungen werden so aufgebaut, daß jeder seinen rechten und linken Nachbarn an der Hand hält, Blickrichtung zur Kreismitte.
Rechts und links vom Anleiter stehen die schwächsten Läufer (das muß man aber nicht unbedingt sagen, die schwächeren werden dankbar sein für eine starke Hilfestellung), dann immer abwechselnd ein sicherer und ein etwas unsicherer Läufer.
Übungen im Kreis sind angenehm, weil hier jeder jeden sehen kann; die Gruppe nimmt sich als Gruppe wahr.
– Der Kreis ist geschlossen, alle halten sich bei den Händen.
– Alle gehen im selben Rhythmus auf der Stelle
 ganz leise, ganz laut,
 ganz langsam, ganz schnell,

mit einem musikalischen Rhythmus, z. B. Betonung auf jedem 4. Schritt.
- Der Kreis macht sich so groß wie möglich, mit geschlossener Handfassung.
- Der Kreis macht sich so klein wie möglich.
- Der Kreis dreht sich in die eine Richtung und geht fünf Schritte, dann drehen sich alle zur Mitte und gehen die fünf Schritte wieder zurück.
- Alle im Kreis versuchen, ohne Trippelschritte zu stehen, also stillzustehen, so daß sich jeder beim Nachbarn abstützen muß.
- Der Kreis dreht sich nach rechts, die Läufer schauen zur Kreismitte, man läuft also seitwärts.
- Seitwärts im Kreis gehen, dabei mit dem nachzuziehenden Bein eine Kreisbewegung ausführen. Das sieht dann so aus, als ob das eine Bein verletzt nachgezogen wird.
- Ein Läufer löst die Handfassung und läuft außen in Reichweite um den Kreis herum.
- Ein Läufer löst die Handfassung und trippelt langsam um die eigene Achse.
- Ein Läufer löst die Handfassung und dreht sich um eine Stelze. Dabei ist eine Stelze Drehpunkt und damit Standbein. Die andere Stelze ist das Spielbein und dreht um den Drehpunkt.
(Beim Basketball heißt das »Sternschritt«.)
- Ein Läufer löst die Handfassung und zieht ein Bein hoch (Achtung! Klein anfangen!)
  Knie zur Brust
  Stelze schwingt nach vorne
  Stelze wird nach hinten angehoben.
- Ein Läufer hüpft auf einem Bein.
- Ein einfacher Volkstanz auf Stelzen.
- Ein selbsterfundenes Klatsch-Stampf-Ritual.
- Ein Kreis löst sich auf in zwei kleine Kreise, praktiziert ein Ritual und findet zum großen Kreis zurück.

Der Sturz

Stelzenlaufen ist gefährlich, deshalb ist es notwendig, vorsichtig und in Ruhe zu arbeiten.
Viele Stürze entstehen aus der Angst zu fallen, darum sollte man mit Anfängern schon früh den Sturz üben.
Grundsätzlich gilt, nie nach hinten zu fallen. Wenn man ins Stolpern gerät, sollte man immer versuchen, sich im Sturz zu drehen, so daß man sehen kann, wohin man fällt.
Ein gezielter Sturz kann geübt werden und wirkt bei szenischer Arbeit immer spektakulär. Der kontrollierte Fall ist mehr ein Eindrehen als ein Sturz. Zum Üben grätscht man seine Beine so weit, wie das auf den Stelzen geht, und dreht sich dann so ein, daß zuerst die Stelze, dann der Oberschenkel, dann Po und Rücken zu Boden kommen.
Man sollte das Ganze zuerst einmal ohne Stelzen üben und dabei auf rundes Abrollen achten. Zum Üben stellt man sich an einem Hügel auf und fällt mit Hilfestellung bergauf. Bergauf fällt man nicht so tief!

Spielszenen auf Stelzen

Theaterspielen auf Stelzen ist schwer. Man muß sich über die Technik erheben und mit ihr spielen. Das bedarf sehr viel Übung.
Am Anfang kann man aber ganz gute Effekte dadurch erzielen, daß man mehr Wert auf Kostüme als auf das eigentliche Spiel legt: viel Stoff, eine superlange Hose über den Stelzen, große Masken, Stöcke und passende Musik.
Sehr interessant sehen auch »Vierfüßler« aus. Das sind Stelzenläufer, die auch an den Armen, ähnlich wie Krücken, Stelzen haben. Wenn dann über Arme und Beine lange Hosen gezogen werden, entsteht eine sehr merkwürdige Gestalt, eine Art Insektenwesen.
Kleine Bewegungsfolgen, z. B. einfache Volkstänze, können auch schon von Anfängern auf den Stelzen vorgeführt werden.
Texte zu sprechen, hat sich als etwas problematisch herausgestellt, weil äußere Erscheinung und Sprache zu sehr im Widerspruch zueinander stehen.

Zwei Stümper

Ein Chef und sein Angestellter sollen Lampen reparieren oder hoch oben an der Decke etwas befestigen. Die Leiter kann nicht angestellt werden. Die beiden Handwerker wollen es mit Stelzen versuchen. Sie können aber gar nicht stelzenlaufen und torkeln deshalb umher, halten sich gegenseitig fest und rufen manchmal auch das Publikum zu Hilfe.

Vögel und Spinne

Bunt gekleidete Vögel mit langen Flügeln (durch Stäbe verlängerte Arme) treten flügelschlagend auf. Sie werden von einem vierbeinigen, dunklen Spinnenwesen bedroht (vorne an den Armen jeweils einen kräftigen angemalten Stab mit Stoff festbinden). Sie greifen das Ungetüm an, werden von diesem aber vertrieben. Schließlich schaffen sie es doch, sich zu behaupten (siehe Abb. Seite 19).

Hund und Herrchen

Das »kleine Hundchen« ist ein vierbeiniges Stelzentier. Das Herrchen kann normal auf dem Boden oder auch auf kleinen Stelzen daherkommen. Es zieht seinen Besitzer in alle Richtungen, bleibt stehen oder rennt davon – wie es ihm gefällt.

Armmenschen

Die Arme sind durch Stöcke mit Knauf verlängert. Die Ärmel des Kostüms gehen über die Stöcke. Die Stöcke sind etwa einen Meter höher als die Stelzen. Die »Armmenschen« gehen dadurch etwas vornüber gebeugt. Sie können springen, sogar traben oder auch runtergehen und wieder aufstehen. Wenn sich mehrere dieser Wesen begegnen, könnten sie zusammen einen Tanz zeigen, sich durch ausdrucksvolle Gesten etwas erzählen usw.

Bodenakrobaten

Die Stelzenläufer brauchen Knieschützer. Sie können sich hinfallen lassen und am Boden Schulterstand, Seitwärtsrollen, Schlangenkriechen, Kopf- oder Handstand zeigen. Auch einfache Pyramidenformen sind möglich. An einem knienden Partner können sie sich dann wieder aufrichten.

Riesen

Durch die langen Stelzenbeine verschieben sich die Proportionen. Wenn man die Schultern verbreitert, die Arme dick macht und eine Wuschelkopfperücke aufsetzt, wird das wieder etwas ausgeglichen – Riesenwesen entstehen. Diese können miteinander kämpfen oder einem kleinen Zwerg begegnen.

Ritterturnier

Zwei Fähnriche auf Stelzen treten auf und schwingen ihre Fahnen zu Fanfarenmusik. Dann kommen zwei Stelzenritter hereingetrabt. Sie bekämpfen sich mit ihren Lanzen. Einer stürzt getroffen nieder. Der andere läuft stolz und überheblich umher und läßt sich schon als Sieger feiern. In der Zwischenzeit stemmt sich der »Verwundete« mühsam an seiner Lanze wieder hoch. Er schafft es und schlägt mit letzter Kraft seine Lanze gegen die Stelzen des Gegners. Dieser fällt um. Auch der zuerst Verwundete sinkt zusammen. Beide liegen geschlagen am Boden. Sie rappeln sich hoch und stelzen hinkend von dannen.

Bauanleitung für Holz-Stelzen

Jede Stelze ist 4 x 4 cm dick und 1,20 m hoch. Die Dicke muß so bemessen sein, daß die Stelze den Läufer tragen kann.
Eschenholz ist gut, aber teuer; man kann auch ganz normales Holz vom Baumarkt verwenden.

Fußplatte

Der Fuß des Läufers steht auf einer Platte, die so lang und so breit wie der Fuß ist. Diese Fußplatte ist an das Stelzenholz geschraubt, so daß sie nicht abbrechen kann, wenn der Läufer darauf steht. Man kann auch einen 10 x 10 cm Balken verwenden, den man dann auf Fußlänge absägt und an das Stelzenholz schraubt.
Maßgeschneiderte Stelzen haben vom Stelzenende am Boden bis zur Fußplatte denselben Abstand wie von der Fußplatte bis eine Handbreit unter dem Knie, ungefähr 50 cm.
Bei Stelzen gibt es also oben und unten.

Gummi

Unten nagelt man ein Stück von einem alten Mofareifen um das Stelzenholz. Das schützt vor Ausrutschen und verhindert, daß das Holz splittert. Das Gummi muß man so gut befestigen, daß man nicht über herausragende Teile stolpert.

Halbmond

Oben an den Stelzen, also etwa eine Handbreit unter dem Knie, schraubt man den Halbmond an. Er soll das Bein stützen, damit man nicht immer an dem Stelzenholz hin- und herrutscht.

Dieser Halbmond ist am besten aus Metall; Holz oder Kunststoff sind aber auch möglich. Wenn man ihn von außen (eine Handbreit unter dem Knie) ans Bein setzt, soll er die Wade halb umschließen.

Anschnallen

Wenn beide Stelzen gut zusammengeschraubt sind, setzt man sich auf eine Mauer und stellt die Stelzen unter die Füße, Fuß auf Fußplatte, Halbmond von außen unters Knie. Die Stelzenhölzer laufen außen am Bein als Verlängerung des Schienbeines zum Boden.

Gutes Anschnallen ist entscheidend für die Sicherheit. Man bindet die Stelzen über den »Halbmonden« mit langen Lappen an die Beine, ähnlich wie man das Bein mit Mullbinden schienen würde. Auch festgeschraubte und gepolsterte Gurte geben einen sicheren Halt. Der Fuß muß fest an die Fußplatte gebunden werden. Ideal ist es, wenn man sich alte Schuhe auf die Fußplatten schrauben kann.

Die Stelzen müssen fest am Bein sitzen, sie dürfen nicht schlackern und nicht quetschen.

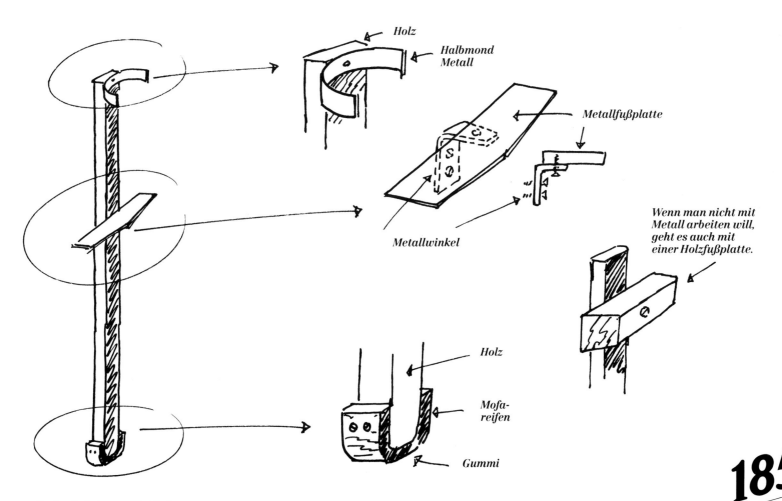

Eschenholz ist gut für Stelzen

Drahtseilbalance Mascha Dimitri

Ein Bahngleis, ein Geländer oder auch nur ein einfaches Mäuerchen besitzen für viele Menschen, vor allem für Kinder, eine magische Anziehungskraft. Man steigt darauf und versucht, so lange und so weit wie möglich, beim Vorwärtsgehen sein Gleichgewicht zu halten.

Schon in alten Zeiten haben Menschen diese Leidenschaft zu ihrem Beruf gemacht.

Früher wurde hauptsächlich mit dem Hochseil gearbeitet, weil nur Gefahr und Wagemut das Publikum anzogen. Heute schaut man im Zirkus mehr auf kunstvolle Darbietungen, die auf einem niedrigeren Steifseil oft einen hohen Perfektionsgrad erreichen.

Verschiedene Seilkünste

Im Laufe der Zeit haben sich neben dem niedrigen Steifseil noch verschiedene andere Seilkünste entwickelt.

<u>Hochseil</u>

Wie der Name schon sagt, befindet es sich ziemlich hoch über dem Boden, etwa zwischen fünf und zehn Metern; es kann aber auch zwischen Wolkenkratzern gespannt werden. Um das Gleichgewicht halten zu können, benutzt man beim Hochseil meistens eine Balancierstange (Abb. 1).

Abb. 1

Schrägseil

Es wird vom Boden aus je nach Länge bis auf eine Höhe von sechs bis zehn Metern gespannt, so daß man hinauflaufen kann, ohne herunterzurutschen (Abb. 2).

Abb. 2

Sprungseil

Man braucht ein Hanfseil, das auf etwa 2,50 m Höhe gespannt ist und auf beiden Seiten eine starke Elastikfeder hat, die es dem Artisten ermöglicht, sehr hohe Sprünge auszuführen (Abb. 3).

Abb. 3

Schlappseil

Es kann ein Stahl- oder Hanfseil sein. Schlapp hängt es zwischen zwei Haken und spannt sich nur durch das Gewicht des Tänzers. Das Gleichgewicht wird vor allem durch die Beinarbeit gehalten (Abb. 4)

Abb. 4

Vom Namen her gäbe es noch das Schwungseil und das Vertikalseil, die aber von ihren Eigenschaften her in die Kategorie der Luftnummern gehören.

Das Steifseil

Das Steifseil eignet sich recht gut für Kinderzirkus-Unternehmungen, weil es in der Höhe verstellbar ist und damit auch ein relativ ungefährliches Üben ermöglicht.
Normalerweise ist es auf einer Höhe zwischen 1,80 m und 2,20 m gespannt. Für Anfänger sollte man es zunächst auf Schenkelhöhe einstellen, damit keine Verletzungen entstehen, wenn man mit dem Seil zwischen den Beinen herunterfällt. Die psychologische Hürde »Angst vor dem Herunterfallen« ist bei dieser geringen Höhe auch wesentlich kleiner. Wenn eine gewisse Sicherheit erreicht ist, kann das Seil nach und nach höher gespannt werden.
Viele verschiedene Bewegungen sind auf dem Steifseil möglich: von einfachen Tanzschritten mit einem Fächer oder Schirm als Gleichgewichtshilfe bis hin zu einem Rückwärts- oder Vorwärtssalto ohne Hilfe ist vieles zu erreichen.

Sicherheit erlangen

Übungen alleine

Vorübungen

Balancieren auf dem Drahtseil ist nicht so einfach. Wer auf dem Pedalo, Rollbrett oder der Balancierkugel schon einige Zeit geübt hat, wird auf dem Drahtseil schneller vorankommen. Auch Schwebebalken und Reckstangen, die auf kleine Kästen gelegt werden, bieten Möglichkeiten, das Balancieren auf nichtschwankendem Untergrund zu üben. Auch als »Könner« kann man auf diesen Geräten schwierigere Drahtseilkunststücke vorüben.

Gewöhnung an das Seil

Das Seil sehr niedrig spannen und zunächst einfach alleine probieren: ruhig stehen, vorwärts-rückwärts-seitwärts gehen. Man kann sich dabei mit zwei Stöcken seitlich abstützen.
Bei einem etwas höheren Seil kann man auch Reckturn-

übungen machen: Hüftaufschwung in den Stütz, Schwebestütz...

Es ist wichtig, daß nicht nur die Füße das Seil betreten, sondern daß auch die Hände »begreifen« lernen, wie sich das Gerät anfühlt. Das gibt eine größere Sicherheit und bereitet auch schon manches schwierigere Kunststück vor.

Fußstellung

Einfach auf das Seil stehen, am besten in Schuhen mit Ledersohlen, auf einem Bein. Arme gerade zu den Seiten ausstrecken, Blick auf den gegenüberliegenden Haken richten, ohne den Kopf zu senken und sich sofort eine schöne, gerade Körperhaltung angewöhnen.

Die korrekte Fußstellung ist am Anfang ziemlich schmerzhaft, aber das beste ist doch, es gleich richtig zu lernen. Das Seil geht an der inneren Seite des großen Zehs vorbei, diagonal über die Fußsohle, und kommt an der Außenseite der Ferse wieder (Abb. 5).

Vorwärtsgehen

Man steht auf einem Bein und sollte einfach spüren, was es alles braucht, um im Gleichgewicht zu bleiben.

Nach einer Weile kann man das Bein wechseln, das freie Bein gleich wieder gestreckt zur Seite bringen und wieder stehen. Langsam Schritte machen, vor- und rückwärts, nicht sofort versuchen, bis zum anderen Ende des Seiles zu kommen.

Wenn man dann ein sicheres Gefühl hat, kann man ein bißchen schneller laufen. Wichtig ist, daß man nie zu lange auf zwei Beinen verharrt.

Es ist auch möglich, das seitliche Gehen zu probieren.

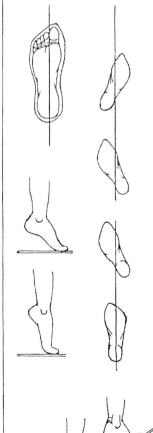

Abb. 5

Hilfestellung

Für viele Kinder ist es wichtig, daß für die ersten Schritte eine Hilfestellung da ist. Trotzdem sollte gleich damit begonnen werden, die Arme weit zu strecken, zum Balancieren nur auf einem Bein zu stehen und mit dem anderen Bein in der Luft auszugleichen.

Die Hilfestellung sollte so wenig wie möglich festhalten. Oft genügt ein Zeigefinger, an dem sich das Kind festhalten kann. Der kleinste Kontakt besteht darin, daß die Hilfestellung ihren Zeigefinger hochstreckt und das balancierende Kind bei Bedarf eine Handfläche darauflegt.

Bei höheren Seilen kann der verlängerte Zeigefinger ein Gymnastikstab sein, an dem sich der Balancierende richtig festhalten kann oder den er auch nur leicht berührt. Auch blindes Führen ist auf diese Weise möglich.

Abgänge

Das richtige Abspringen sollte von Anfang an geübt werden, damit die Angst vor einem Sturz oder vor Verletzungen genommen wird. Wichtig ist, daß man immer mit beiden Füßen auf einer Seite landet und daß man am Boden elastisch auffedert. Bei höheren Seilen sollte immer versucht werden, das Seil beim Absprung mit einer Hand zu greifen (ähnlich wie beim Barrenabsprung). Bei ganz hohen Seilen ist es lebenswichtig, das Seil immer greifen zu können.

Zusatzaufgaben

Sobald eine gewisse Sicherheit beim Balancieren erreicht ist, sollten auf dem Seil zusätzliche Aufgaben erfüllt werden:
– einen Ball fangen und werfen
– um sich schauen, rufen, winken
– mit einem oder zwei Bällen jonglieren
– Devil Stick, Diabolo spielen.

Diese Aufgaben gelingen allerdings erst, wenn die Tätigkeit des Balancierens nicht mehr in jedem Moment bewußt gesteuert werden muß, bzw. sie bewirken, daß das Balancieren zur unbewußten Fähigkeit wird. Die Bewegungen »verwachsen« dadurch mit dem Gerät.

Schwierigere Übungen

Drehen

Die halbe Drehung kann man auf verschiedene Arten ausführen.

Auf einem Bein stehen und während des Schrittes nach vorn auf dem auftretenden Fuß eine Halbdrehung machen. Der Blick löst sich im letzten Moment vom Seilende. Wenn die Drehung zu Ende ausgeführt ist, fixiert man den Blick sofort wieder auf das Seilende. Man bleibt dann auf dem Fuß stehen, auf dem man die Drehung ausgeführt hat.

Das gleiche kann man auch mit dem Rückwärtsschritt machen.

Will man mit beiden Füßen gleichzeitig drehen, wird bei einer Linksdrehung der rechte vor den linken Fuß gestellt, dann dreht man sich ganz schnell. Während der Drehung bleiben beide Füße auf dem Seil, danach kann ein Fuß zum Ausbalancieren angezogen werden.

Laufen

Die Vorbereitung zu dieser Übung ist eine neue Fußstellung: Der Fuß wird jetzt ganz geöffnet auf das Seil gestellt, was anfangs etwas schmerzhaft sein kann (Abb. 6).

Einige Schritte versuchen und spüren, wie sich das Gleichgewichtsgefühl dabei verändert. Wenn man sich sicher fühlt, kann man versuchen zu laufen.

Stehen, den Körper nach vorne fallen lassen und einige Schritte rennen, das gleiche nach hinten versuchen.

Eine Übung wäre zum Beispiel: 3–5 Schritte nach vorne laufen, dann nach hinten und anschließend die ganze Seillänge.

Abb. 6

Sprünge

Dafür ist auch die offene Fußstellung nötig. Diesmal mit beiden Füßen, weit offen, auf dem Seil einen kleinen Sprung machen und mit offenen Füßen wieder landen. Wenn das klappt, in der Luft einen Fußwechsel versuchen, so daß der vordere Fuß jetzt hinten aufkommt. Wenn das schnell hintereinander geschieht, sieht es wie Tanzschritte aus. Wenn es möglich ist, empfiehlt sich bei diesen schwierigeren Übungen eine Longe!

Seilhüpfen

Die Grundlage für das Seilhüpfen ist der Sprung ohne Seil. Die Fußstellung und der Ablauf sollten zuerst auf dem Boden geübt werden. Man landet nicht immer auf beiden Füßen gleichzeitig, sondern abwechselnd auf dem rechten, dem linken, auf beiden, dann wieder auf dem rechten ...usw.

Zwei Helfer sollten immer zur Stelle sein, um bei schlechten Landungen unter der Schulter abzustützen.

Hinsetzen

Der rechte Fuß wird vor den linken gesetzt, dann geht man in die Hocke. Zunächst stehen beide Füße auf dem Seil. Um sich auf das Seil setzen zu können, wird ein Bein nach unten gestreckt. Dabei muß man sehr aufpassen, daß man nicht zur anderen Seite kippt.

Zum Aufstehen wird Schwung geholt, indem der Fuß des gestreckten Beines vor den oberen Fuß gesetzt wird und man sich dann hochdrückt.

Eine vorteilhafte Kraftvoraussetzung erwirbt man sich durch das Üben der einbeinigen Kniebeuge.

Hinlegen

Vom Sitzen aus langsam zurücklehnen, bis man auf dem Rücken liegt. Entweder wird das Seil mit den Händen hinter dem Kopf gehalten, oder die Hände balancieren waagerecht in der Luft aus. Das Seil sollte zwischen den Schulterblättern liegen.

Beinarbeit: Der Ausgleich geschieht durch den mehr oder weniger starken Druck eines Beines gegen das Seil. Das andere Bein gleicht in der Luft so lange aus, bis es auch herangenommen werden kann.

Jonglieren
Es ist schwer, gleichzeitig auf das Seil und auf die Bälle zu schauen, deshalb sollte man mit schwierigen Jonglagen erst beginnen, wenn man sich auf dem Seil schon sehr sicher bewegt und auch das Jonglieren ohne Mühe gelingt. Der Blick sollte am Seilende oder auf Augenhöhe bleiben und nicht den Jonglierobjekten folgen. Die Arme sollten möglichst weit geöffnet sein.

Auf dem Stuhl sitzen
Am besten geeignet ist ein leichter Klappstuhl aus Holz, der oben gut anzufassen ist und der unten starke Querstreben hat. Eine untere Querstrebe ist in der Mitte leicht eingekerbt (Stärke des Seiles).
Zuerst stellt man den Stuhl auf das Seil und setzt sich vorsichtig darauf. Eine Hilfestellung ist am Anfang unentbehrlich! Beim Sitzen steht ein Fuß auf dem Seil, der andere gleicht in der Luft aus.
Es braucht viel Übung, bis Hinsetzen, Aufstehen und Weiterlaufen ohne Absprung gelingen.
Ein Höhepunkt ist natürlich, wenn auf dem Stuhl sitzend jongliert wird.

Weitere Anregungen
Wenn die bisher beschriebenen Übungen beherrscht werden, sind viele weitere Variationen möglich:
in einem Reifen laufen (Fahrradreifen ohne Speichen),
auf das Seil knien,
auf einem Knie balancieren,
seitlich auf dem Seil stehen,
über ein Hindernis springen,
eine halbe oder ganze Drehung springen,
ein Instrument spielen: einhändige Trompete, Flöte, Mundharmonika, Kazon,
Rolle vorwärts oder rückwärts,
Spagat machen,
ein Rad oder Radwende machen,
Kopfstand,
Einrad oder Zweirad fahren,
Salto vorwärts oder rückwärts (zunächst vom niederen Seil als Abgang auf den Boden).

Übungen zu zweit

Für Vorführungen sind Nummern zu zweit sehr ansprechend. Es geschieht mehr auf dem Seil. Außerdem ist es möglich, daß ein Artist sich kurz ausruhen kann, während der andere seine Übung zeigt.

Hintereinander laufen
Einer geht vorwärts, der andere rückwärts. Mit oder ohne Handfassung. Wenn man ganz nah beieinander ist, entsteht die Illusion, als ob sich die Schritte kreuzen.
Man kann sich auch nur zeitweise kurz festhalten, wie beim Tanzen, und dem Partner dabei helfen, eine halbe oder ganze Drehung zu machen. Von einem Paar gezeigt und bei schöner Musik, sieht das sehr schön aus.

Seiten wechseln
Beide stehen sich mit demselben Fuß gegenüber. Auf ein Zeichen wird gekreuzt, indem man mit dem hinteren Fuß aufeinander zutritt, sich kurz umarmt und mit einer halben Drehung auf die andere Seite kommt.
Das sollte am Anfang zuerst auf dem Boden, auf dem Schwebebalken und einer Reckstange geübt werden. Wichtig ist, daß die Körper im Moment des Drehens ganz gerade und gespannt bleiben.

Synchrone Darstellungen
Viele Übungen, die alleine gezeigt werden können, wirken sofort viel interessanter, wenn sie zu zweit synchron vorgeführt werden.

Übereinander springen
Einer sitzt auf dem Seil, der andere springt darüber. In Verbindung mit Knien, Liegen, Drehen usw. läßt sich eine schöne Kür zusammenstellen.

Auf den Schultern sitzen
Wer sich schon sehr sicher auf dem Seil bewegt, kann einen leichteren Partner auch auf den Schultern über das Seil tragen. Der Partner kann dabei auf den Schultern sitzen oder auch stehen.

Partnerjonglieren
Mit Bällen, Keulen, Feuerkeulen, Diabolo, Devil Stick.

Musik

Für artistische Vorführungen ist die passende Musik sehr wichtig. Es ist entscheidend, daß man sich mit der Musik bewegen kann und nicht gegen sie. Es sollte ein Rhythmus gewählt werden, der einem hilft, auf dem Seil zu tanzen. Auch in ruhigeren Momenten sollte man den Rhythmus der Musik beachten.

Clownszenen

Folgende Szenen entwickelten sich aus Improvisationen einiger »Schüler-Clowns« im »Circus Calibastra«.

Angst

Zwei Clowns klopfen vor dem Drahtseil große Sprüche, wie schnell sie über das Seil laufen können. Einer klettert dann hoch und bekommt weiche Knie, während ihn der andere von unten mit überheblichen Worten anfeuert. Als dann beide nach mehrmaligem Herunterfallen endlich auf dem Seil stehen, müssen sie sich gegenseitig halten. Dabei hängt einer plötzlich mit allen Vieren am Seil; der andere muß ihm hochhelfen, über ihn drübersteigen usw. Schließlich stehen sie zu ihrem eigenen Erstaunen sicher auf dem Seil und jonglieren sogar zusammen.

Drahtseilflieger

Zwei Clowns wollen fliegen und schmücken durch ihre Phantasie das Drahtseil zum Flugzeug aus. Das Seil hat dabei auf einer Seite eine größere Standfläche als Cockpit. Die beiden Piloten ahmen mit ihren Stimmen das Fluggeräusch und den absterbenden Motor nach. So können sie ohne Mühe das Publikum auf ihre Phantasie-Flugreise mitnehmen. Bei Motorschaden oder Durst muß immer wieder einer das Drahtseil überqueren. Der andere will natürlich gerade in diesem Moment einen Looping fliegen!

Gags:

– Einschlafen und direkt vor einer Felswand wieder aufwachen, das Flugzeug aufheulend hochreißen und knapp über die Bergspitze fliegen;
– im Motorraum etwas zu trinken holen, beim Überqueren des Seils spritzt das Wasser durch das Schwanken so, als ob es regnet. Im Cockpit leert der »Kellner« vor lauter Erleichterung die Wasserflasche aus Versehen auf dem Kopf des Partners aus;
– vor einem hohen Turm (Eiffelturm, Fernsehturm…) dreht sich jeder in eine andere Richtung, um an dem Turm vorbeifliegen zu können.

Zwischen Bäumen

Im Freien kann das Seil ohne Schwierigkeiten zwischen zwei Bäumen gespannt werden. Um die Stämme wird in Oberschenkelhöhe (oder höher) jeweils ein Stahlseil gelegt (nicht vergessen, die Stämme zu schützen). An diesen beiden Seilen wird das rostfreie Drahtseil befestigt. Eine ideale Seilstärke ist 12 mm. An einem Ende des Seiles befindet sich die Spannmechanik mit Gewinde. Indem man daran dreht, erhält das Seil die nötige Spannung (Abb. 7).

(Das Seil und die Spannmechanik bekommt man bei einer Seilerei oder bei Unicycle. Die Adresse findet man im Anhang.)

Das Gerät

Abb. 7

Mit Stützen

Wenn keine Bäume vorhanden sind, kann man sich aus vier starken Holzplatten je zwei T-förmige Ständer basteln und das Seil direkt darüber laufen lassen. Im Boden wird das Seil mit zwei Ankern (Eisenstäbe) befestigt.

Zwei geschweißte Stützen sind natürlich stabiler (Abb. 8).

Abb. 8

In einer Häuserecke

In einer Häuserecke (z. B. im Schulhof) kann auch ein Balancierseil aufgebaut werden. In der Wand wird es mit einigen starken Kübelhaken befestigt. Stufenbarren- oder Reckverspannungen bzw. Karabinerhaken verbinden und spannen das Drahtseil (Abb. 9).

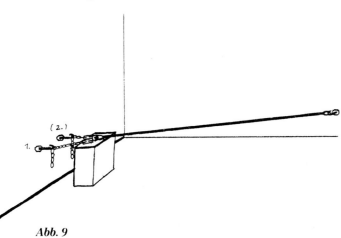

Abb. 9

In der Turnhalle

In Turnhallen ist es möglich, zwischen Sprossenwänden oder Reckhülsen ein Seil zu spannen (siehe dazu: »Sportpädagogik« 1984) (Abb. 10–12).

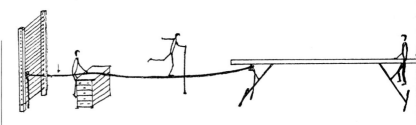

Abb. 11

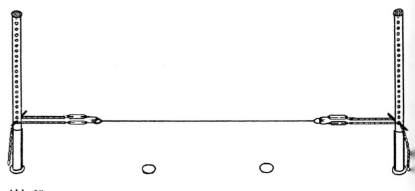

Abb. 12

Das freistehende Drahtseil

Wenn das Geld vorhanden ist, sollte man ein transportables und freistehendes Drahtseil anschaffen. Bei Aufführungen ist es sehr praktisch, wenn das Gerät nur aus der Manege getragen werden muß (Abb. 13).
Ein freistehendes Drahtseil ist z. B. 5 m lang, 1,50 m hoch und kostet zwischen 3000,– und 4000,– DM. (Herstellung und Vertrieb durch Unicycle.)

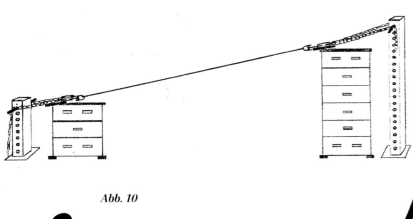

Abb. 10

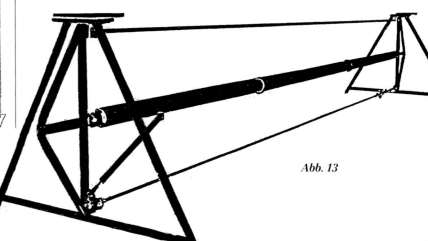

Abb. 13

Verschiedene Manegenkünste

Inhaltsverzeichnis

TANZEN

Tänze im Zirkus? 195
Folkloretanznummern 195

Der Unterricht 196
Einige Hinweise 196
Wie lernt man Folkloretänze? 196

Tanz-Szenen 197
Bewährte »Zirkustänze« 197
Freie Tanz-Szenen 197

Was durch Tanzen gelernt wird 198
Informationen zum Thema Tanzen . . 198
Schallplattenverlage 198
Literaturhinweise 198

FEUERSPUCKEN/»FAKIRKÜNSTE«

Feuerspiele als pädagogische Aktion? . 199
Feuerspucken 199
Die Fackel 199
Die Brennsubstanzen 199
Bärlappsporen, Mehl, Kakao – Petroleum – Gereinigte Benzine – Pyrofluid FS – Rapsöl

Das Spucken 200
Vorübung mit Wasser 201
Sicherheitsregeln 201
Feuerspucken 201
Gefahren 202
Zerstäuben durch ein Röhrchen 202
Spezielle Effekte 202

Feuerschlucken 202
Vorgehensweise 202
Effekte 203

»Fakirkünste« 203
»Toter Mann« 203
Über Scherben laufen 203
Das Nagelbrett 203
Vorführung

Schlangenbeschwörung 204
Brennende Reifen 204
Feuer essen 204
Feuerlöffel 204

Der Fakir-Auftritt 204
Kleidung 204
Bewegung und innere Haltung 204
Bewußt greifen – Schreibübung – Das Streichholz

Atmosphäre 205

Clowns und Feuer 205
Clowns – Feuerwehr 205
Literaturhinweise 205

MANEGENZAUBEREI

Einführung 206
Zaubern in der Manege 206

Präsentationsmöglichkeiten 206
Der Umgang mit den Zauberrequisiten . 206

Geeignete Tricks 206
»Der verschwindende Vogelkäfig« . . . 207
»Genug Wasser« 207
Die Schirmillusion 207
Die Flucht aus der Packkiste 207

Die Show 208
Weitere Anregungen 208
Literaturhinweise 208
Zauberhandel 208

TIERE IM ZIRKUS

Wie eine Tiernummer entsteht 209
Die Jugendfarm 209
Umgang mit den Tieren 209
Vorführungs-Ideen 209
Das Üben 210

Die Vorführung 210
Vertrautwerden mit der Umgebung . . 210
Ruhe ausstrahlen 210

Szenen mit Haustieren 210
Gänse – Ziegen – Schafe – Hunde – Esel – Pferde

Einzelne Nummern 211
Die Orgelpfeifen – Voltigieren – Der Rosenbogen

Nachbemerkung 212
Literaturhinweise 212

Tanzen Susanne Ballreich

Tänze im Zirkus? In früheren Zeiten des Zirkus wurden in der Manege neben Tiernummern, Artistik und pantomimischen Szenen auch Tänze gezeigt. Das hat sich mit der Zeit etwas verloren, taucht aber in den letzten Jahren immer wieder bei einzelnen Zirkusunternehmen auf.

In einem Kinderzirkus, in dem Jonglieren, Balancieren, akrobatische und artistische Kunststücke gelernt werden, kann das gemeinsame tänzerische Erleben aus vielen Gründen sehr wichtig sein. Wachheit und Kraft, die für Jonglagen und Akrobatik erforderlich sind, brauchen einen Ausgleich. Das körperlich-seelische Beschwingtsein, z. B. beim Folkloretanzen, spricht andere Seiten bei den Kindern an. Beim Einstudieren der Tänze ist zwar noch ziemliche Aufmerksamkeit und Konzentration erforderlich, aber wenn die Lernphase vorbei ist, kann man beim Tanzen entspannen und loslassen. Der Atem wird freier und lockerer, die Kinder können sich von der Musik tragen lassen.

Das Soziale tritt dabei stark in den Vordergrund. Musik und Bewegung verbinden die ganze Gruppe und vermitteln ein starkes Gemeinschaftserlebnis.

Auch bei den Vorführungen ist es schön, daß viele, vielleicht sogar alle Kinder einer Zirkusgruppe, in einem Tanz gemeinsam auftreten können. Auch Kinder, die artistisch nicht so begabt sind, lassen sich dabei gut integrieren.

Gerade in der Altersstufe ab 12 Jahren kommt auch das Miteinander von Jungen und Mädchen zu einem Ausgleich. Es wird mit der Zeit »normal«, daß man sich an der Hand hält, sich einhakt, voreinander verbeugt usw. Man kann es nicht hoch genug einschätzen, wenn diese Kontaktaufnahme zwischen den Geschlechtern normalisiert und versachlicht wird. Diese Seite des geselligen Tanzens ist neben der Freude an Musik und Bewegung auch sehr wichtig.

Folkloretanznummern

Mit der Zeit durchtanzen die Kinder in den Übstunden die verschiedenen Länder der Welt. Sei es Griechenland mit einem Kreistanz, die USA mit einem lässig geführten Square Dance oder Afrika mit einem Arbeits- und Jagdtanz. Die Auswahl aus den vielfältigen Tänzen richtet sich nach dem Alter, den Möglichkeiten der Kinder und der Thematik eines Zirkusprogrammes.

Es hat sich gezeigt, daß einige schwungvolle oder auch getragene Tänze ein wichtiges Element in eine Aufführung hineinbringen. Die Zuschauer können dabei etwas »ausatmen« und das bunte und bewegte Treiben genießen. Sie müssen nicht so genau und gespannt hinschauen, wie bei artistischen Nummern. Das ist sehr wohltuend in einem längeren Zirkusprogramm.

Aber auch artistisches Können und spannungsvolle Aktionen lassen sich mit einigen Tänzen verbinden. Manche Tänze haben sogar akrobatische Einlagen: Rock 'n' Roll, Schuhplattler, Kosakentanz, Stock- oder Schwerttänze. Durch die entsprechenden bunten Kostüme und die passende Musik entstehen die Stimmungen der Länder, aus denen die Tänze stammen. Hierzu einige Beispiele:

Sternpolka: Eine ländliche Szene, die sich durch die entsprechenden Kostüme zeigt; Blasmusik: Klatschen und temperamentvolles Tanzen versetzen den Zuschauer in eine Zeit oder Landschaft, wo die Menschen noch erdverbunden waren.

Salty Dog Rag: Die schwungvolle, amerikanische Stimmung entsteht durch die Musik und die Kostüme. Die Jungen können Strohhüte aufhaben, weißes Hemd, schwarzes Westchen, schwarze Hosen und Turnschuhe; die Mädchen tragen bunte Blusen und Miniröcke.

Kasatschok: Blaue Kosakenkostüme mit Reitstiefeln, akrobatische Einlagen und die Musik vermitteln sehr schnell »russische Stimmung«.

Der Unterricht

Einige Hinweise

Wenn eine Gruppe neu anfängt, ist es am besten, mit einfachen Lauf- und Kreistänzen zu beginnen (z. B. Carnevalito). Der Kreis kann dabei auch geöffnet werden. Eine Vortänzerin führt dann die ganze Gruppe in Spiralen und anderen Formen durch den Raum. Die Schrittarten können wechseln. Es ist dabei auch gut möglich, wichtige Schritte, die in den Übstunden benötigt werden, in dieser freien Tanzform vorzuproben: Hüpf-Sprung-Gehschritte…

Damit sich nicht zu feste Tanzpaare »finden«, ist es wichtig, einfache Paar- oder Gruppentänze durchzuführen, die einen ständigen Partnerwechsel ermöglichen (z. B. Break Mixer).

Auch der »Atem« einer Unterrichtsstunde sollte nicht vernachlässigt werden. Wenn nur temperamentvolle Tänze getanzt werden (z. B. Jugo), geht bald die Puste aus. Nur ruhige und getragene Tänze langweilen Kinder und Jugendliche sehr schnell. Aber wenn man sich richtig »heiß« getanzt hat, ist ein schöner Tanz mit mehr gleitenden Schritten ein guter Ausgleich (z. B. Zemer Atik).

Man kann auch darauf achten, daß in einer Unterrichtsstunde Tänze vorkommen, die vorwiegend eine flinke Fußarbeit verlangen (z. B. Alunelul) und solche, bei denen die Armbewegungen eine größere Rolle spielen (z. B. Zigeunerpolka). Ebenso ist der Wechsel zwischen leichten, luftigen und stampfenden Bewegungen nicht zu vernachlässigen.

Ebenso sollte auch zwischen Tänzen, die Konzentration und exakte Bewegungen erfordern (z. B. Alunelul) und leichten Tänzen abgewechselt werden (Jiffy Mixer). Es ist auch gut, zwischen Paar-, Gruppen-, Kreis- und Reihentänzen zu tauschen.

(Alle genannten Tänze sind im »Tanz-Chuchi« oder in den »Tanzheften« beschrieben.)

Wie lernt man Folkloretänze?

Es ist schwierig, Folkloretänze aus Büchern zu lernen (F. van Doorn-Last, 1985). Man sollte Tanzseminare besuchen, um unter fachkundiger Anleitung erste Erfahrungen zu sammeln. Dann dürfte es wohl für jeden Inter-

Tanz-Szenen

essierten möglich sein, unter den bekannten und beschriebenen Folkloretänzen viele Beispiele zu finden, die in einen Kinderzirkus passen.

Nachfolgend sind einige Tänze aufgeführt, die sich in Zirkusaufführungen bewährt haben und entweder im »Tanz-Chuchi« oder in den »Tanzheften« mit Noten und Tanzschritten beschrieben sind (siehe Literaturhinweise). Es gibt natürlich noch viele andere geeignete Tänze, die aber fast nur bei Tanzlehrern gelernt werden können. Manchen Folklore-Schallplatten von speziellen Verlagen sind auch die entsprechenden Tanzbeschreibungen beigelegt.

Bewährte »Zirkustänze«

Um die Tänze stimmungsvoll in Szene zu setzen, sind schöne Kostüme, charakteristische Musik und eine entsprechende Umgebung notwendig:

Kasatschok (Rußland)
Troika (Rußland)
Sternpolka/Doubleskapolka (Böhmen)
Zigeunerpolka (Deutschland)
Tarantella (Italien)
Hashual (Israel)
Machar (Israel)
Salty Dog Rag (USA)
Square Dance (USA)
Fado Blanquita (Südamerika)

Freie Tanz-Szenen

Es bietet sich auch an, freie Tanz-Szenen zu erarbeiten. Dabei ist es sehr gut möglich, akrobatische Elemente mit einzubeziehen. Wenn die Phantasie der Tänzer durch Bilder angeregt wird, gelingt es leichter, entsprechende tänzerische Ausdrucksformen zu finden.

Beispiele:
Drachentanz im Zwergenreich
Karneval
Mondstimmung
Furientanz
Wind und Baum
David und Goliath
Katzen in der Nacht
Vulkanausbruch

Durch die Verwendung von bunten Tüchern, Rasseln, Tambourins, Masken, Stöcken und anderen Requisiten und der passenden Musik lassen sich bunte und ausdrucksvolle Tanzszenen gestalten.

Natürlich kann auch jede Musik, die deutliche Stimmungen und Bilder hervorruft, als Grundlage genommen werden, um eine Tanznummer zu erarbeiten (B. HASELBACH, 1985; M. MAHLER, 1979; U. FRITSCH, 1985).

Rock 'n' Roll und Kosakentänze eignen sich besonders gut, um in freier Weise tänzerische und akrobatische Elemente zu verbinden.

Im Hinblick auf ein übergeordnetes Zirkusthema können viele artistische und akrobatische Übungen in Tanz-Szenen eingebaut werden. Dadurch zerfällt das Programm nicht so stark in einzelne Nummern. Wenige stimmungsvolle Szenen schließen sich dann zu einem Gesamtbild und Gesamterlebnis zusammen.

Was durch Tanzen gelernt wird

Tanzen ist Ausdruck von Lebensfreude, die Verbindung von Gefühl und Bewegung. Der ganze Körper, von der Zehenspitze bis zum Kopf, wird von der mitreißenden Musik einer italienischen Tarantella oder einer temperamentvollen Hora ergriffen.

Zum Tanzen braucht man aber geschickte, flinke und bewegliche Füße. Denn die Füße sind es, die den Körper tragen und die unterschiedlichsten Hüpf-, Lauf- und Stampfschritte ausführen.

Auch die Arme spielen eine sehr wichtige Rolle: Hält man sie straff nach unten, dann spürt man sehr deutlich die Aufrichtekraft. Hält man sie in der sogenannten »W-Fassung« (die Arme sind erhoben, im Ellbogen angewinkelt, die Unterarme und Hände zeigen nach vorne), dann wird die Körperhaltung souverän, und der Oberkörper weitet sich.

Wenn ein Paar einen Swing tanzt, dann liegt die eine Hand auf der Schulter des Tanzpartners, die andere ist um die Hüfte gefaßt. Um sich gemeinsam zu schwingen und zu drehen, muß man sich locker und frei halten können.

Dies ist nur eine kleine Auswahl der vielen Tanzschritte und Armhaltungen der Folkloretänze. Die vielen Figuren und Schrittkombinationen erfordern Konzentration und geistige Wachheit, solange bis die Tänze »wie im Schlaf« gekonnt werden. Dann kann die Feinarbeit beginnen.

Jeder Tanz hat seinen ureigenen Stil, der sich in einer entsprechenden Körperhaltung und einer seelischen Einstellung ausdrückt. Daran wird gefeilt, wenn der Grundaufbau da ist. Dadurch verbinden sich die Tänzer mit der Volksseele und Kultur der jeweiligen Länder, aus denen die Tänze stammen. Erzählungen über die Menschen, Länder und Gebräuche, bei denen heute noch an Festtagen diese Tanzformen lebendig sind, können die Bewegungsarbeit ergänzen und erweitern.

Zum freien Tanzen werden noch ganz andere Fähigkeiten gefordert und entwickelt. Eine intensive innere Beschäftigung mit der Musik oder dem angegebenen Thema ist Voraussetzung, damit die Bewegungsphantasie überhaupt in Gang kommen kann. Es ist auch ein gelenkiger und beweglicher Körper nötig, um sich frei zu bewegen. Eine innere Freiheit und Kreativität in bezug auf die eigene Bewegungsfähigkeit kann sich durch das Üben entwickeln.

Informationen zum Thema Tanzen

Ausbildungen, Tanzseminare, Verlage.
Ausführliches Literaturverzeichnis (Lehr- und Lernhilfen zum Tanz, Heft B) usw.:

Deutscher Bundesverband Tanz
Frau B. Lentz-Fenge
Tempelhofer Damm 62
1000 Berlin 42

Volkstanz Beratungsstelle
(Versand-Verlag-Beratung)
Bei den Funktürmen 12
7000 Stuttgart 70

Schallplattenverlage

Georg Kallmeyer Verlag
Postfach 1347
3340 Wolfenbüttel

Calig-Verlag
Landsberger Str. 77
8000 München 2

Fidula Verlag
Postfach 1240
5407 Boppard

Walter Kögler Verlag
Postfach 81 03 45
7000 Stuttgart 80

Literaturhinweise

van Doorn-Last, F.: Volkstanz lehren und lernen. G. Kallmeyer Verlag, Wolfenbüttel 1985.
Fritsch, U. (Hrsg.): Tanzen. rororo, Reinbek 1985.
  Verschiedene Ansätze des freien, tänzerischen Gestaltens werden in dem Buch beschrieben. Es enthält auch viele Literatur- und Musikhinweise.
Haselbach, B.: Improvisation, Tanz, Bewegung. Klett-Verlag, Stuttgart 1989.
  Eine gründliche Einführung in das improvisierende Tanzen. Viele Musik- und auch Textbeispiele.
Mahler, M.: Kreativer Tanz. Zytglogge Verlag, Bern 1979.
Pagels, J.: Charaktertanz. Grundlagen und Methodik. Verlag Heinrichshofen, Wilhelmshaven 1985.
Tanz-Chuchi – Tanzen in Schule und Freizeit. Zytglogge Verlag, Bern 1981.
  In diesem Buch werden viele verschiedene Tänze genau beschrieben, von denen einige auch für Zirkusprogramme geeignet sind. Pädagogische und methodische Hinweise, Noten und Angaben, wo die Musik zu beziehen ist, sind auch enthalten.
Tanzheft 1, 2 und 3
  In diesen drei Tanzheften werden ca. 70 Folkloretänze aus aller Welt vorgestellt: Tanzanleitungen, mehrstimmige Sätze mit Harmonieangaben für beliebige Instrumente; Empfehlungen, für welche Altersstufe die einzelnen Tänze geeignet sind.
  Diese Hefte sind aus den Tanztagungen der Waldorfschulen entstanden.
  Bestellungen bei Peter Werner, Uhlandstr. 194a, 1000 Berlin 12.

Feuerspucken/»Fakirkünste« Tilman Antons/Rudi Ballreich/Martin Bukovsek

Feuerspiele als pädagogische Aktion?

Wenn der Fakir mit würdevollen Schritten die Manege betritt, wird es im Publikum sehr schnell ruhig. Die Beherrschung des Feuers und andere, scheinbar »übernatürliche« Fähigkeiten verleihen ihm eine besondere Ausstrahlungskraft. In Indien gibt es tatsächlich echte Fakire, die über glühende Kohlen laufen, sich bei lebendigem Leib eingraben lassen usw. In alten Zeiten wirkten die Medizinmänner und Schamanen als Bindeglieder zwischen den Menschen und den übernatürlichen Kräften. Sie wurden von ihrem Stamm anerkannt, weil sie durch besondere Fähigkeiten bewiesen, daß sie Zugang zu anderen Kräften besaßen als die gewöhnlichen Menschen.

Die Frage stellt sich, ob es pädagogisch sinnvoll ist, Fakirkünste in einem Kinderzirkus zu üben. Klar ist, daß alle Fähigkeiten, die sich z.B. indische Fakire durch Meditation, Atembeherrschung usw. erwerben, in der Pädagogik keinen Platz haben. Aber das Feuer, die Beherrschung und das Spielen mit dieser elementaren Macht ist sehr wohl ein zentrales pädagogisches Thema. Denn viele Kinder spielen mit dem Feuer, sie probieren, was damit möglich ist und mißachten dabei manchmal auch die Grenzen der Sicherheit. Zumindest für viele Jungen ist die Beherrschung und der Umgang mit dem Feuer zeitweise ein wichtiges Thema. Im Zirkus kann dieses Bedürfnis aufgegriffen und spielerisch gestaltet werden. Einschränkend sollen allerdings gleich einige Grundregeln genannt werden:

- Feuerspucken sollte man nur von einem erfahrenen »Könner« lernen. Das gilt auch für Erwachsene. Diese Anleitung versucht zwar, möglichst genau den Vorgang zu beschreiben, aber es ist wesentlich sicherer, wenn man die Praxis von einem Feuerspeier lernt oder zumindest die eigenen Versuche kontrollieren läßt.
- Es ist nicht ratsam, Kinder oder Jugendliche, die mit dem Feuerspeien beginnen, alleine üben zu lassen. Absolute Disziplin ist für das Üben nötig. Alle »Quatschmacher« haben dabei nichts zu suchen.
- Nicht jedes Kind eignet sich zum Feuerspeier. Der Pädagoge hat ja die Verantwortung für die Kinder oder Jugendlichen. Deshalb wird er nur solche »Interessenten« in den Umgang mit dem Feuer einweisen, denen er wirklich zutraut, daß sie verantwortlich damit umgehen.
- Feuer ist eine gewaltige Macht. Es stärkt das Selbsgefühl enorm, wenn man damit »spielen« kann. Wer zum Angeber neigt, sollte diese Fähigkeiten besser nicht lernen können.
- Die Verantwortung bezieht sich nicht nur auf die Gefährdung des eigenen Leibes. Auch die Umgebung kann leicht beschädigt werden. Deshalb ist es wichtig, daß nur im Freien oder in großräumigen Hallen geübt wird.
- Es sollte in Räumen immer ein Eimer mit Wasser, Lappen und ein Feuerlöscher in der Nähe sein.
- Wenn alle Vorsichtsmaßnahmen beachtet werden, kann nichts passieren. Der Lehrer sollte allerdings auch danach sehen, daß von anderen Kindern keine Störungen kommen, die den Feuerspeier ablenken, denn Feuerspeien verlangt höchste Konzentration.

Feuerspucken

Ein Fackel, Brennflüssigkeit und die Technik, mit beidem richtig umzugehen, sind nötig, um Feuerflammen in die Luft zu speien.

Die Fackel

Mit einem dicken Stock oder einem Bambusrohr läßt sich eine Fakel sehr leicht herstellen, indem man oben das Holz zuerst mit Alufolie vor dem Anbrennen schützt und dann Baumwollappen oder Mullbinden herumwickelt, bis ein dicker Wulst entsteht. Anschließend sorgt ein dünner Bindedraht noch dafür, daß die Lappen nicht wegfallen können. Wenn man diese Fackel in Lampenpetroleum tränkt, brennt sie sehr gut. Allerdings sollte man darauf achten, daß keine Flüssigkeit bis zum Griff herunterlaufen kann.

Jonglierfackeln sind zum Feuerspucken auch gut geeignet. Feuer-Devilsticks sind nicht so gut, weil sich das Textilklebeband am Schaft der Fackel entzünden kann, wenn es mit Brennstoff bespuckt wird.

Die Brennsubstanzen

Professionelle Feuerspucker haben oft ihre speziellen

Der Fakir in Aktion

Gemische. Für Amateure gibt es verschiedene Möglichkeiten.

Bärlappsporen, Mehl, Kakao
Bärlappsporen sind ein sehr feines Pulver. Wird es zerstäubt und sehr fein in der Luft verteilt, entsteht eine Art »Staubexplosion«. Spärlappsporen können in der Apotheke gekauft werden, sind aber sehr teuer. Deshalb lohnt es sich, mit ganz feinem Mehl oder Kakaopulver zu üben oder eine eigene Mischung aus diesen Stoffen herzustellen. Reine Bärlappsporen ergeben aber die schönste Flamme.

Für das Feuerspucken mit Kindern werden diese Pulver oft empfohlen. Sie sind zwar leicht zu erhalten, aber ihr Gebrauch ist trotzdem nicht ungefährlich. Sie entzünden sich sehr rasch, weshalb sie auch das Gesicht verbrennen können, wenn daran das Pulver hängenbleibt. Deshalb sollte man damit sehr vorsichtig sein. Eine sichere und für Kinder einfache Möglichkeit ist das »Zerstäuben durch ein Röhrchen«, wie es weiter hinten beschrieben wird.

Petroleum
Petroleum, das man auch als gereinigtes und parfümiertes Lampenöl kaufen kann, hat den Vorteil, daß es erst brennt, wenn es feiner zerstäubt ist. Wobei Tropfen, die z. B. das Kinn herunterlaufen, sich auch entzünden können.

Gereinigte Benzine
Besonders gereinigte Benzine sind im Gegensatz zu Petroleum auch als Tropfen entflammbar, weshalb ihre Anwendung eine absolut sichere Beherrschung des Spuckvorgangs voraussetzt. Je nach Reinigungsgrad sind sie gesundheitsfreundlicher als Petroleum. Allerdings ist die Flamme heißer als bei Petroleum.

Pyrofluid FS
Pyrofluid FS ist ein speziell für artistische Zwecke gereinigter Brennstoff, der angenehm (!) schmeckt und bestens zum Feuerspucken geeignet ist. Bezug über »Pappnase & Co.« (Adresse siehe Anhang).

Rapsöl
Rapsöl ist chemisch ein Ester. Es ist organisch hergestellt, wie Speiseöl. Es ist normalerweise gesundheitsgefährdend. Es gibt allerdings auch Rapsöl, das unschädlich ist und mit dem man gut Feuerspucken kann.

Das Spucken

Die eigentliche Schwierigkeit beim Feuerspucken ist einerseits die Überwindung der Angst und andererseits die Technik des Spuckens. Damit sich die Flüssigkeit gut entzündet, muß sie möglichst fein zerstäubt werden. Das sollte lange mit Wasser geübt werden, weil die flüssigen Brennsubstanzen alle mehr oder weniger gesundheitsschädlich sind.

Vorübung mit Wasser

Einen Schluck Wasser in den Mund nehmen und im vorderen Mundbereich halten. Auf keinen Fall etwas verschlucken. Die Lippen schließen und tief durch die Nase einatmen. Mit starkem Druck wird nun das Wasser durch die geschlossenen Lippen herausgepreßt. Das richtige Zusammenpressen der Lippen und der hindurchdrückende Atem bewirken ein feines Zerstäuben des Wassers. Die Wassertröpfchen müssen so fein sein, daß sich auf dem Boden und am Kinn keine großen Wassertropfen mehr sammeln, sondern die ganze Fläche um den Übenden gleichmäßig feucht ist. Außer dem richtigen Zerstäuben sollte man bei diesen Vorübungen auch herausfinden, wieviel Flüssigkeit man in den Mund nehmen muß, um sie noch optimal zerstäuben zu können.

Wenn das alles gut gelingt und der Lehrer das Gefühl hat, daß der entscheidende Schritt möglich ist, kann man sich an das Spucken mit Brennflüssigkeit heranwagen.

Sicherheitsregeln

Erst wenn einige Sicherheitsmaßregeln beachtet sind, sollte man beginnen, mit einer brennbaren Flüssigkeit zu spucken.

- Möglichst die ersten Schritte unter Anleitung eines erfahrenen Feuerspuckers tun.
- Immer zuerst prüfen, woher der Wind weht. Der Wind muß immer im Rücken sein.
- Vor jedem Spucken mit Petroleum ist ein »Warmspukken« mit Wasser empfehlenswert. Bevor man in eine Feuerflamme spuckt, sollte man das Zerstäuben der Brennflüssigkeit geübt haben und sicher beherrschen.
- Bevor man die Brennflüssigkeit in den Mund nimmt, kann man den Mund mit 1–2 Gläser Milch ausspülen und auch davon trinken. Dadurch schließen sich die Schleimhäute, und es bleiben weniger Chemikalienrückstände im Mund zurück.
- Nach dem Spucken sollte man sich mit einem Lappen den Mundbereich abwischen, weil sich dort sonst von der zerstäubten Flüssigkeit im Laufe der Zeit die Haut entzünden kann. Da nach dem Feuerspeien immer Rückstände der Chemikalien in den Schleimhäuten zurückbleiben, sollte hinterher der Mund mit hochprozentigem Schnaps ausgespült werden. Den Schnaps eine Weile im Mund halten und dann ausspucken (nicht schlucken!).
- Das Allerwichtigste ist die Konzentration darauf, daß nichts verschluckt wird. Petroleum z. B. ist geschmacklos wie Öl. Man spürt es kaum im Mund, wodurch die Kontrolle, ob etwas verschluckt wird, sehr schwer ist.

Feuerspucken

- Die Fackel entzünden und abtropfen lassen, damit nichts an den Händen herunterläuft.
- Entweder verdeckt oder aus einer schönen Schale die richtige Menge Wasser in den Mund nehmen.
- Die Fackel so halten, daß die Flamme ca. 30–60 cm vom Kopf entfernt ist (45°-Winkel). Den Arm ungefähr halb ausstrecken.
- Tief durch die Nase Luft holen. Hierbei ist eine ruhige Atmung wichtig, da man sich sonst verschluckt.
- Noch einmal spüren, ob der Rücken im Wind ist und ob alle Personen genügend Abstand haben.
- Die Flüssigkeit in die Flamme hinein zerstäuben. Aber am Anfang nur kurz und intensiv spucken, da die Flamme etwas zum Mund zuückschlagen kann. Aus diesem Grunde sollte man während des Spuckens sicherheitshalber den Arm durchstrecken und den Kopf zurücknehmen. Dadurch vergrößert sich der Abstand zwischen Feuerquelle und Gesicht.
- Immer leicht nach oben spucken, nie nach unten.
- Wenn der Brennstoff gut zerstäubt ist, kann sich ein großer »Feuerball« bilden, der sich von der Fackel löst und brennend in die Luft steigt. Das sieht besonders schön aus.
- Meistens kommt man überhaupt nicht mit der Flamme in Berührung, da sich der Brennstoff erst in der Flamme entzündet. Nur wenn man als »Könner« versucht, extra lange zu spucken – wofür aber auch ein Training der Lunge nötig ist –, entzündet sich der Brennstoff bis an den Mund. Bei richtiger Ausführung ist das aber nicht schmerzhaft.
- Nach dem Spucken: Mund abwischen, Schnapsspülung, wieder Milch trinken!

Gefahren
- Mißachtung der Windrichtung.
- Verschlucken der Flüssigkeit. Durch die Aufregung, wenn Publikum zuschaut, wird der Atem unruhig, und etwas von der Flüssigkeit fließt in den Magen oder in die Luftröhre. Gelangt z. B. Pyrofluid FS in den Magen, dann setzt je nach Menge ein Brechreiz ein. Viel gefährlicher ist es, wenn die Flüssigkeit in die Luftröhre oder in die Lunge gelangt, weil die Lunge dadurch verkleben kann. In diesem Fall sollte man sofort einen Arzt aufsuchen.

Wenn man sich diese Möglichkeit vor Augen hält, ist es wohl sofort klar, daß man nur Jugendliche, die sich auch durch Publikum nicht aus der Ruhe bringen lassen, an dieses verantwortungsvolle »Spiel mit dem Feuer« heranführen sollte.

Zerstäuben durch ein Röhrchen
Das Spucken von Bärlappsporen, feinem Mehl oder Kakao aus dem Mund ist nicht so angenehm, weil das Pulver an Gaumen und Zunge kleben bleibt. Wenn der Mund vorher ganz trocken ist, kann allerdings nur wenig Pulver ankleben. Wer trotzdem nichts in den Mund nehmen will oder wer das Risiko scheut, kann die ungefährlichere Form des Feuerspuckens mit einem Kupferröhrchen ausprobieren. Ein Kupferwasserleitungsrohr (⌀ 1,5 cm) eignet sich gut dazu. Die Enden des Röhrchens sind verengt, damit das Pulver besser zerstäubt wird.

Das »Zerstäuben« sollte man mit Mehl gut vorüben und die teuren Bärlappsporen nur für die Aufführungen benützen. Grundregel für das Zerstäuben: Nicht in den Mittelpunkt der Flamme blasen! Sie könnte erlöschen. Der Vorteil der Röhrchen besteht auch darin, daß man mehrere vorbereiten kann. Mit etwas Papier, das man im letzten Moment herausziehen kann, sind sie verstopft. Wenn die Röhrchen nur so lang sind, daß sie gerade in die Faust passen, sieht man sie gar nicht. Allerdings sind die Flammen bei längeren Röhrchen größer. Je nach Rohrlänge und Füllmenge sind Flammen von 2–3 m ohne Schwierigkeit zu erreichen. Treten in einer Feuerszene mehrere Feuerspucker gleichzeitig in Aktion, entsteht ein gewaltiger »Feuerzauber«. Hierbei ist es besonders wichtig, sorgsam mit der Windrichtung und mit den umgebenden Personen und Gegenständen umzugehen.

Spezielle Effekte
- Im Dunkeln spucken sieht natürlich schöner aus als bei strahlendem Sonnenschein.
- Öfter hintereinander spucken.
- Zu zweit, zu dritt spucken.
- Wenn man es gut beherrscht, ganz stark und lang spucken – Riesenflammen entstehen.
- Eine Riesenflamme entsteht, wenn zwei Personen gleichzeitig in eine Flamme spucken.
- Feuerspucken mit Feuerschlucken verbinden und nach dem Spucken seine Fackel durch »Schlucken« löschen.

Feuerschlucken

Zum Feuerschlucken kann man Fackeln aus einer Metallstange, die oben mit Mullbinde umwickelt ist, verwenden. Als Brennstoff eignet sich reines Wundbenzin. Das ist allerdings sehr leicht entzündbar und sollte daher nicht in die Hände von »Feuer-Spielern« kommen, die nicht absolut verantwortungsbewußt damit umgehen können.

Für die Vorführung ist es wichtig, daß die Fackel »im Verborgenen« d. h. vor dem Auftritt getränkt wird. Wenn jeder sieht, wie die Fackel in ein Glas getunkt wird, erweckt das den Anschein, als ob es sich um ganz gewöhnliche, d. h. völlig ungefährliche Vorgänge handelt. Beim Feuerschlucken gilt noch mehr als beim Feuerspucken: Mit Feuer zu spielen, ist sehr riskant. Es ist um einiges gefährlicher als es aussieht, auch wenn die Beschreibungen leicht erscheinen.

Vorgehensweise
- Die Fackel in das Wundbenzin eintauchen.
- Die Fackel zuerst abtropfen lassen und dann anzünden.
- Prüfen, ob der Wind vom Rücken kommt, damit die Flammen nicht ins Gesicht schlagen.
- Den Kopf ganz weit in den Nacken legen und den Mund weit öffnen.
- Die Fackel fast senkrecht in die Mundöffnung führen. Dabei entsteht Verbrennungsgefahr an den Lippen und am Gaumen. Wenn man aber langsam durch den Mund

ausatmet, dann entstehen keine Verbrennungen, sondern die Flamme erlischt. Das Publikum darf aber nicht bemerken, daß der Feuerschlucker die Flamme durch das Ausatmen löscht. Das muß gut geübt werden. Der Atem muß gekräftigt und in diesem Moment gut kontrolliert sein.
- Wenn das Auslöschen der Flamme mit offenem Mund gelingt, kann man versuchen, die Lippen vorsichtig zu schließen und so die Flamme zusätzlich zu ersticken.

Effekte
- Man kann die Fackel im Mund halten, aber nur wenig atmen, damit sie nicht erlischt. Die Flammen schlagen dann aus dem Mund, was natürlich sehr gefährlich aussieht.
- Es ist auch möglich, die Fackel im Mund zu halten und die Lippen kurz zu schließen, als wolle man die Flammen löschen. Wenn man den Mund wieder rechtzeitig öffnet, brennt die Fackel noch.
- Die Fackel kann man auch unter dem nackten Arm wegziehen.

»Fakirkünste«

Außer dem Feuerspucken und Feuerschlucken gibt es noch andere Möglickeiten, als Fakir aufzutreten. Dabei handelt es sich weniger um Techniken, die erlernt werden müssen, sondern um Tricks. Tricks wirken immer nur, wenn sie überzeugend dargestellt bzw. in diesem Fall gespielt werden.

»Toter Mann«
Wenn ein »Fakir« genügend Körperspannung besitzt, kann er sich steif wie ein Brett von zwei Gehilfen hereintragen lassen. Der eine hält an den Fußknöcheln, der andere am Hals oder an den Schulterblättern.
Dieser »tote Mann« kann auch zwischen zwei Stühle gelegt werden; Kopf und Schultern auf dem einen, die Füße auf dem anderen. Wenn nun die Mitspieler eine kleine Tischplatte mit Tischtuch auf seinen Körper legen, können sie darauf speisen. Es ist auch möglich, auf einem solchen Brett Holz zu spalten.

Über Scherben laufen
Die Scherben von kräftigen Flaschen werden präpariert, indem man die Fußrandstücke und den Flaschenhals aussortiert und den Rest stundenlang unter ständigem Rühren kocht. Dadurch werden die scharfen Ränder abgeschliffen. Ganz feine Scherben sollten auch nicht verwendet werden. Im Urlaub kann man auch die abgeschliffenen Glasstückchen am Meer einsammeln. So kann das lange Kochen und Rühren umgangen werden. Nach mehrmaligem Benutzen ist allerdings ein erneuter Koch- und Rührvorgang zu empfehlen.
Beim Auftritt kann der »Fakir« einen Teppich entrollen, 2–3 Flaschen vorzeigen und in einem Sack zerschlagen. Dieser Sack wird dann vertauscht, und die präparierten Scherben werden gleichmäßig auf dem Teppich verteilt. Barfuß läuft dann der Fakir über die Scherben und legt sich dann sogar mit nacktem Oberkörper darauf. Beherrscht der Fakir das Liegen auf den Scherben gut, dann kann noch eine zweite, leichte Person auf ihn draufstehen. Dabei sollte darauf geachtet werden, daß ein Fuß auf die Brust und der andere Fuß auf die Leiste gestellt wird.

Das Nagelbrett
Im Abstand von 1–2 cm werden in ein Schalbrett vom Bau einer Tischtennisplatte (ca. 3 cm dick) 10–15 cm lange Nägel (∅ 3–6 mm) geschlagen, deren Spitzen vorher leicht abgefeilt wurden. Die Löcher sollte man vorbohren. Die Nägel und das Holz sollte man mit Sprühlack lackieren. Auf die Nagelköpfe muß ein zweites Brett genagelt oder geleimt werden, damit die Nägel nicht herausfallen können. Das Brett muß dick genug sein, damit die Nägel nicht verrutschen. Man kann es in einer schön geschwungenen Form zusägen. Maße: ca. 120 x 40 cm, je nach Körpergröße. Es sieht gefährlich aus, wenn sich der Fakir darauf legt. Eigentlich ist es aber ganz harmlos, weil sich das Körpergewicht auf die vielen Nägel verteilt.
Allerdings ist vorsichtiges Hinlegen und Aufstehen nötig, und das Brett muß auch immer so aufbewahrt werden, daß niemand auf die Nagelfläche fallen kann.

Der Fakir-Auftritt

Vorführung

Würdevoll und feierlich wird das Abdecktuch vom Nagelbrett genommen. Mit einem Luftballon, der »zufällig« an einen spitz gelassenen Nagel gedrückt wird und platzt, kann man das Publikum von der Gefährlichkeit der Situation überzeugen. Vorsichtig legt sich der Fakir bei feierlicher Musik auf das Brett und kreuzt die Arme vor der Brust.

Wenn der Fakir auf dem Nagelbrett liegt, kann sich auch eine zweite Person quer über ihn legen.

Ein spezieller Effekt entsteht, wenn es sich der Fakir zuerst mit dem Rücken auf den Scherben »gemütlich« macht und auf seinen Bauch das Nagelbrett mit den Nägeln nach unten gelegt wird. Eine zweite, leichte Person kann sich oben noch auf das Nagelbrett stellen.

Schlangenbeschwörung

Die Schlange liegt in einem kleinen Bastkorb. Sie ist aus Wolle oder aus aneinandergenähten Strumpfhosenbeinen, die mit Watte gefüllt sind. Der Schlangenbeschwörer tanzt um den Korb herum und spielt dabei Flöte. Trommelmusik im Hintergrund kann die ganze Szene untermalen. Die Schlange kommt aus dem Korb und bewegt sich im Rhythmus der Musik hin und her.

Entweder die Schlange ist durch einen unsichtbaren Nylonfaden mit der Flöte verbunden oder der Nylonfaden kommt von der Decke herunter und wird von einem Helfer bewegt. Es ist auch möglich, die Szene vor einem Vorhang zu spielen. Dann kann der Faden über die Vorhang-Stellwand geführt werden.

Brennende Reifen

Einen größeren Reifen mit Aluminium und Mullbinden umwickeln und mit Lampenpetrolium tränken. Flugrollen durch diesen Reifen sollten nur Kinder mit wenig und eng anliegender Kleidung durchführen. (Keine Kunstfasern!)

Feuer essen

In ein Apfelstück wird ein in Speiseöl oder reinem Alkohol getränktes Mandelstiftchen gesteckt und entzündet. Diesen »Kerzenstumpf« kann man auf einen Kerzenleuchter stellen und entzünden. Wenn ein solches Feuer gegessen werden soll, muß man so ausatmen, daß die Flamme in dem Moment, in dem sie in den Mund kommt, erlischt.

Feuerlöffel

Die Flammen von hochprozentigem Alkohol, die in einer Schüssel entzündet werden, können mit einem Blechlöffel »herausgelöffelt« werden. Geschieht das so, daß alle Flüssigkeit sofort wieder abfließt, dann brennt nur der Alkohol, der von der Löffelfläche angenommen wurde. Diese Flammen erlöschen bald. Der Feuerschlucker kann sie aber noch rechtzeitig zum Mund führen und durch deutliche Schluckbewegungen zeigen, daß er das Feuer verschluckt.

Kleidung

Jungen sollten mit nacktem Oberkörper auftreten. Ein Turban und eine orientalisch aussehende Hose vermitteln sofort den richtigen Eindruck. Wer will, kann sich dunkelhäutig schminken.

Bewegungen und innere Haltung

Der Fakir sollte absolute Ruhe und Konzentration ausstrahlen. Kinder, die ihre Sache wirklich ernst nehmen, werden sich vor dem Auftritt zurückziehen, um in sich die Haltung zu spüren, die nötig ist, um »Fakir« zu spielen. Der Umgang mit dem Feuer schafft häufig von selbst Ruhe und eine gewisse andächtige Scheu vor diesem mächtigen Element.

Die Bewegungen des »Fakirs« sollten ohne Hektik und Nervosität sein. Er hat Zeit und nimmt alles sehr bewußt in die Hand. Einige Übungen können das unterstützen.

Bewußt greifen:

Z.B. eine Türe so öffnen, daß das Bewußtsein in jedem Moment auf das gerichtet ist, was die Hand tut. Das kann man auch mit anderen einfachen Tätigkeiten probieren.

Schreibübung:

Ganz langsam die Buchstaben malen. Selbst die kleinste Vorwärtsbewegung des Stiftes bewußt mit dem Auge wahrnehmen. Normalerweise sehen wir nur das fertige Ergebnis und nicht den ganzen Bewegungsvorgang.

Das Streichholz:
Einen einfachen, unkomplizierten Gegenstand genau anschauen, die Augen schließen und 1–2 Minuten die Konzentration nur auf diesem Gegenstand ruhen lassen.

Solche Konzentrationsübungen können zum »Lernen« des Fakirs dazugehören. Sie schaffen einen Hintergrund und stärken die innere Ruhe und Ausgeglichenheit.
In der Manege darf sich der Fakir durch nichts aus der Ruhe bringen lassen. Hantiert er mit Feuer, wird es sonst gefährlich. Auch wenn er nur »Fakir-Tricks« zeigt, gehört diese Haltung unbedingt zu seiner Rolle.

Atmosphäre
Durch aufgestellte Teelichter, Partyfackeln oder Feuerschalen kann im Raum eine geheimnisvolle Stimmung erzeugt werden. Dunkel muß es für die Feuernummern sowieso sein. Wenn orientalische Musik erklingt, dann kann sich der Fakir-Spieler von dieser Atmosphäre unterstützt und getragen fühlen. Wenn er innerlich auch in dieser Stimmung ist und sie durchhält, wird das Publikum von seinen Darbietungen ergriffen sein.

Clowns und Feuer

Wenn ein Clown mit Feuer in Berührung kommt, kann er natürlich aus Versehen die »Brennflüssigkeit« verschlucken, sich verbrennen, Angst vor dem Feuer haben und zum Schluß die Fackel mit Wasser ausblasen. Es ist aber auch ebenso möglich, daß er wie aus Versehen das Feuerspucken entdeckt:

Clowns-Feuerwehr
Die große Feuerszene mit Fakelschwingen, Feuerjonglieren, Feuerreifen-Springen usw. ist fast zu Ende. Da ertönt ein lautes Tatü-Tata vom Orchester her. Hugo und Erna kommen geschäftig in die Manege gerannt. Sie haben Feuerwehrhelme auf dem Kopf und entsprechende Uniformjacken an. Eifrig entrollen sie einen Feuerwehrschlauch und löschen den brennenden Reifen mit Gießkannen. Die Artisten ziehen kopfschüttelnd ab. Hugo und Erna sind zufrieden: »Alles gelöscht!« Im weiteren Gespräch gibt Hugo damit an, daß er keine Angst vor dem Feuer habe. Er könne sogar Feuer spucken. Erna glaubt es nicht. Hugo holt sich die letzte Fackel, die noch ungelöscht stehen geblieben war, zieht ein Schnapsfläschchen aus der Tasche und trinkt einen Schluck. Erna bekommt Angst und nimmt eine Feuerspritze (eine Gartenspritze, auf der »Feuerwehr« steht).
Sie ist ganz aufgeregt: »Wenn du brennsch, i lösch di!« Hugo ist dadurch so durcheinandergekommen, daß er aus Versehen den »Schnaps« geschluckt hat. Das wiederholt sich noch einmal. Hugo wirkt schon etwas beschwipst. Als er endlich zum Spucken ansetzt, spritzt ihm Erna mit ihrem Feuerlöscher ins Gesicht, weil sie denkt, er verbrennt. Nachdem sich der Ärger gelegt hat, spuckt Hugo richtig, aber die Flüssigkeit löscht die Fackel aus. Hugo ist völlig niedergeschlagen: »Ich kann es doch nicht.« Erna ermuntert ihn: »Versuch's doch noch 'mal!« Er nimmt wieder einen Schluck (aus einem anderen Fläschchen, das aber gleich aussieht). Als er zum Spukken ansetzt, muß er husten. Er würgt und windet sich. Erna klopft ihm den Rücken. Als sie beim dritten Mal ganz kräftig klopft, spuckt Hugo die Brennflüssigkeit »unabsichtlich« in die Fackel, und eine große Flamme entsteht. Er merkt jetzt, daß er Feuerspucken kann. Er wiederholt es. Beide freuen sich riesig. Sie gehen als feuerspuckende Feuerwehr ab.

Literaturhinweise:
Eschert, A./Klinke, M./Küpper, D.: Zirkus selber machen. Kalker Spiele Verlag, Köln 1991.
Müller, E.: Manegenzauber. Don Bosco Verlag, München 1989.
Rydell, W./George, G.: Zauberkunststücke. Heyne Verlag.
Zmeck, J.: Die Wunder der Fakire. Leipzig 1965.

Bezugsquellen:
Pyrofluid FS u.a. gibt es bei »Pappnase« (siehe Anhang).
Gereinigtes Rapsöl vertreibt A. Wilkens, Hauptstraße 30, 8190 Wolfratshausen, Tel. 08171/18831.

Manegenzauberei Martin Bukovsek

Einführung

Vielfach wird Zauberei gleichgesetzt mit Tricks, die durch raffinierte technische Arrangements zustandekommen. Daß aber zur Handhabung der Zaubergeräte und Requisiten ein ganz feines Fingerspitzengefühl, eine Menge Übung und schauspielerische Fähigkeiten nötig sind, wird nicht so leicht gesehen. Alle diese Elemente zusammen bewirken aber, daß man als Zuschauer oft völlig ratlos und erstaunt ist, wenn z. B. ein Gegenstand spurlos verschwindet und im nächsten Moment wieder erscheint. Ein Geheimnis tut sich auf, und jeder, der zaubern will, ist gut beraten, seine Tricks nicht preiszugeben. Sonst ist nämlich das Geheimnis, der Zauber des Zauberns weg.

Der pädagogische Sinn von Zauberaktivitäten liegt vorrangig in der Schulung der Feinmotorik. KIPHARD (1961) weist darauf hin, daß Pyramiden und Positionsakrobatik in erster Linie die gröbere Aufrichtungsmuskulatur entwickeln, Jonglieren die Auge-/Handgeschicklichkeit ausbildet und Zaubermanipulationen die feine Fingerbeweglichkeit schulen. Viele Tricks müssen so lange geübt werden, bis sie völlig locker gelingen und der Zauberer nebenher eine Geschichte erzählen kann, um die Zuschauer abzulenken. D. h. die Fingerbeweglichkeit muß unabhängig werden von dem, was der Zauberer sonst tut. Das gelingt nur bei absoluter Konzentration und äußerer und innerer Beweglichkeit. Auch souveränes Auftreten und eine gute Aussprache sind unbedingt notwendig. Nicht jeder wird diese Bedingungen erfüllen können. Aber jeder, der sich in den Grundfertigkeiten des Zauberns übt, wird viel Gewinn daran haben.

Aber Zaubern ist nicht gleich Zaubern!

Mikromagie, Manipulation, Partyzauberei, Großillusionen, Mentalmagie sind nur einige Bereiche der Zauberei. Jeder Bereich hat seine eigenen Bedingungen und braucht »seine« Umgebung. So ist es auch bei der Manegenzauberei im Kinderzirkus.

Zaubern in der Manege

Das Publikum sitzt in einem Zirkuszelt z.T. weit entfernt, erhöht und fast rund um den Zauberer. Deshalb
- können nur Tricks gezeigt werden, die auch noch in weiter Entfernung gut wirken,
- dürfen nur solche Tricks ausgewählt werden, bei denen die Zuschauer weder von oben noch von hinten das »Geheimnis« durchschauen können. Wenn es möglich ist, sich den Rücken freizuhalten, wird die Auswahl der Tricks größer.

Präsentationsmöglichkeiten

Es gibt viele Formen, wie ein Zauberer seine Tricks vorbringen kann. Einerseits wird es sicher von den Neigungen der jeweiligen Personen abhängen, andererseits kann auch das Zirkusprogramm Anforderungen stellen und eine ruhige oder lustige Zauberei verlangen. Folgende Möglichkeiten gibt es:
- Stumm mit Musik.
- Eine Geschichte erzählen.
- Das Publikum mit einbeziehen (z. B. in bestimmten Momenten klatschen lassen oder den Zauberspruch mitsprechen lassen).
- Freiwillige Helfer aus dem Publikum dazunehmen.
- Mit eigenen Assistenten.
- Mit vielen Effekten (Feuer, Blitzlicht usw.).
- Als Clown (vgl. Kap. »Clownspielen«/»Clownszauberei«).

Der Umgang mit den Zauberrequisiten

Der Zauberer soll auftreten und findet seine »Zauberkugel« nicht mehr, weil ein anderes Kind damit gespielt hat! Solche Katastrophen lassen sich vermeiden, wenn die Zauberer ihre Gegenstände so aufbewahren, daß sie auch von den anderen Zirkusmitgliedern nicht eingesehen und benützt werden können.

Selbstgebaute Tricks verlangen viel Aufwand, gekaufte Tricks sind oft sehr teuer. Deshalb ist größte Sorgfalt nötig.

Geeignete Tricks

Bekannte Großillusionen wie z. B. »Das Zersägen einer Jungfrau«, »Die schwebende Jungfrau«, »Der indische Seiltrick« oder »Das Verwandeln eines Menschen in einen Löwen« wirken in einer Manege gut.

Doch fehlen einem angehenden Zauberer meistens die Mittel zu solchen Tricks. Aber wenn der Zauberer überzeugend und mit Begeisterung bei der Sache ist, und wenn er das Publikum »in der Hand hat«, dann ist fast jeder Trick geeignet. Im folgenden sind einige Zaubereien so geschildert, wie sie in der Manege gezeigt werden können.

»Der verschwindende Vogelkäfig«

Der Zauberer zeigt dem Publikum einen großen Vogelkäfig, in welchem sich drei Tauben befinden. Diesen Käfig stellt er auf seinen Zaubertisch. Nun wird der Käfig mit einem großen Tuch bedeckt.
Der Zauberer nimmt jetzt den mit dem Tuch bedeckten Vogelkäfig mit beiden Händen vom Tisch weg und trägt ihn in der Manege herum. Er bleibt in der Mitte stehen. Mit ausgestreckten Armen hält er den bedeckten Käfig dem Publikum entgegen. Und jetzt, im nächsten Augenblick, wirft er den Vogelkäfig hoch in die Luft – das leere Tuch fällt zu Boden.
Den »besonderen« Vogelkäfig kann man im Zauberhandel kaufen.
Zum Selberbauen siehe WALDMANN 1986, S. 85 ff.

»Genug Wasser!«

Der Magier hält einen großen Krug aus Ton in der Hand. Dieser ist mit Wasser vollgefüllt. Auf dem Boden steht ein Wasserbehälter.
Der Magier erzählt nun, daß er eine lange Reise vor sich habe. Er wolle seinen Freund, den Scheich Simba, besuchen. Damit er aber zu der Oase komme, wo Scheich Simba lebt, müsse er mit seinem Kamel durch die Wüste reiten. Damit die Reise nicht so anstrengend wird, wolle er nur wenig Gepäck mitnehmen: den Wasserkrug und den Wasserbehälter. Jetzt sind sie schon ein paar Stunden in der Wüste unterwegs. Der Magier leert das Wasser in den Wasserbehälter und gibt dem Kamel zu trinken. Der Wasserkrug ist leer und das Wasser ausgetrunken. Gestärkt geht die Reise weiter. Doch es dauert nicht lange, da sind das Kamel und der Magier erschöpft. Der Krug ist leer! Aber der Magier stellt den Krug auf den Boden, wartet eine kurze Zeit, hebt den Krug vom Boden auf und gießt frisches Wasser in den Wasserbehälter. Er stellt den leeren Krug wieder auf den Boden, und nach kurzer Zeit gießt er ein zweites, ein drittes und ein viertes Mal frisches Wasser in den Wasserbehälter. Der Wasserkrug scheint nicht zu versiegen.
Die »Wasserkanne« gibt es im Zauberhandel.

Die Schirmillusion

Der Zauberer öffnet einen einfarbigen Schirm und führt ihn dem Publikum vor. Er schließt den Schirm und schiebt ihn in eine Röhre. Jetzt zieht er sieben farbige Seidentücher einzeln hervor und steckt sie alle in eine vorher leer gezeigte Tasche. Die Tasche legt er zu der Röhre mit dem Schirm. Nach einer kurzen Pause nimmt der Zauberer die Röhre in die Hand und zieht den Schirm heraus. Er öffnet ihn schnell und man sieht, daß dem Schirm die einfarbige Bespannung fehlt. Dafür hängen am »Schirmgestänge« die sieben farbigen Seidentücher. Der Zauberer legt den Schirm zur Seite, nimmt die Tasche und zieht aus ihr die einfarbige Schirmbespannung hervor.
In Wirklichkeit sind der Schirm und die farbigen Tücher zweimal vorhanden. Sie werden während der Vorführung vertauscht. Zum Selberbauen siehe WALDMANN 1968, S. 202 ff.

Die Flucht aus der Packkiste

In der Mitte der Manege steht eine große Kiste. In der Kiste befinden sich ein großer Sack, ein paar Handschellen, ein Vorhängeschloß und ein langes Seil.
Der Zauberer holt eine Person aus dem Publikum heraus zu sich in die Manege. Sie soll alle Gegenstände kontrollieren und bestätigen, daß alles in Ordnung ist.
Die Person aus dem Publikum soll dem Zauberer die Handschellen anlegen, ihn in den Sack stellen und diesen fest zubinden, den Zauberer im Sack in die Kiste legen und diese mit dem Vorhängeschloß verschließen.
Eine Assistentin hilft bei allem mit.
Die Person wird dankend an ihren Platz zurückgewiesen. Die Assistentin »verpackt« die Kiste mit dem Seil und macht einen festen Knoten hinein. Jetzt steigt sie auf die Kiste. In den Händen hält sie einen Vorhang, der um die ganze Kiste herum heruntergehängt. Man sieht nur den Kopf der Frau.

Sie zählt »eins, zwei, drei«. Bei »drei« verschwindet der Kopf der Frau, und im gleichen Moment erscheint der Kopf des Zauberers. Dieser läßt sofort den Vorhang fallen. Er springt von der Kiste herunter, entknotet das Seil, öffnet das Vorhängeschloß und die Kiste und zuletzt den Sack. Die Gehilfin steigt aus dem Sack mit den Handschellen an den Händen.

Das Geheimnis liegt in der Kiste, die sich von innen öffnen und schließen läßt, ebenso der Sack und die Handfesseln. Zur Konstruktion und Bauanleitung siehe WALDMANN 1986, S.126 ff.

Die Show

Damit eine Zauberaufführung beim Publikum gut ankommt, sollten bestimmte Grundregeln beachtet werden:

– Eine Nummer sollte nicht länger als 15–20 Minuten dauern.
– Will man bei der Aufführung einen Vortrag halten, so muß dieser genauso gut überlegt und eingeübt werden wie die Zaubertricks.
– Wichtig ist, daß man tief einatmet und deutlich und langsam spricht. Die Sprache ist leichter zu verstehen, wenn man beim Sprechen geradeaus blickt (nicht nach unten sprechen).
– Die Musik paßt man am besten dem Charakter der Zauberdarbietung an (z.B. moderne Nummer – moderne Musik), das gilt auch für die Kleidung.
– Die Verbeugung muß auch eingeübt werden. Sie geht von der Hüfte aus. Das Publikum dabei anschauen! Verbeugungen werden zur Begrüßung des Publikums gemacht oder beim Applaus nach einem Zaubertrick.
– Die Bewegungen in der Manege sollen langsam, locker und großräumig durchgeführt werden. Also sich nicht hinter dem Zaubertisch verstecken. Niemals dem Publikum den Rücken zuwenden.
– Wegen des Abstandes zwischen Publikum und Manege wirken die meisten Gegenstände kleiner als sie sind. Deshalb kann man nur große Requisiten verwenden.

Weitere Anregungen

In dem Buch »Manegenzauber« von E. MÜLLER sind auch einige Zaubereien für die Manege beschrieben: Die Zerteilung eines Menschen, der Färbungszauber, die schwebende Oma, u.a. Außerdem sind in der aufgeführten Literatur auch noch viele geeignete Tricks dargestellt. In Zauberer-Fachgeschäften kann man sich auch beraten lassen.

Literaturhinweise

Adrion, A.: Die Kunst des Zauberns. DuMont Buchverlag, Köln 1981.
Adrion, A.: Adrion's Zauberkabinett. DuMont Buchverlag, Köln.
Hufenbach, K.: Keysers großes Buch der Zauberei. Keysersche Verlagsbuchhandlung, München 1987.
Kahlert, E./Kohlsaat, F.: Zauberkiste, rororo, Reinbek 1982.
Leeming, J.: Das Zauberbuch. Verblüffende Tricks und Zauberkunststücke für jedermann, Stuttgart 1980.
Michalski, M.: Das große Ravensburger Zauberbuch. Otto Maier Verlag, Ravensburg 1987.
Neutert, N.: 100 Tricks und Zaubereien. rororo, Reinbek 1976.
Rydell, W./Gilbert, G.: Das große Buch der magischen Kunst. Heyne Verlag, München.
Schröder, Chr. J.: AOL-Zauberband, AOL-Verlag, Lichtenau.
Waldmann, W.: Zauberkunst. dtv, München 1986.
Waldmann, W.: Große Zauberschule. Franckh'sche Verlagshandlung, Stuttgart 1968.
Witt, W.: Taschenspieler-Tricks. Hugendubel Verlag, München 1986.

Zauberhandel

Es sind nur Unternehmen aufgeführt, die auch Kataloge verschicken und eine große Trickauswahl anbieten.

Janos Bartl (Versand)
Bilhorner Brückenstr. 40, 2000 Hamburg 26
Tel.: (040) 7 89 82 81

The magic hands
Manfred Thumm
Oderstr. 3, Postfach 12 41, 7033 Herrenberg
Tel.: (07032) 8 35 35

Zauberstudio Alfred Kellerhof
Buchhof 24, 5300 Bonn 3, Tel.: (02 28) 44 16 68

Magische Schatztruhe
Scheifelestr. 5c, 8948 Mindelheim, Tel.: (0 82 61) 13 75

Tiere im Zirkus Sabine Leibfried

Im Zirkus werden nicht nur Auge und Ohr angesprochen, sondern auch die Nase. Der Geruch von Tieren und von dem, was sie in der Manege liegen lassen, gehört zum richtigen Zirkus einfach dazu.

Von den Erfahrungen bei Tiervorführungen auf Jugendfarm-Festen und im »Circus Calibastra« soll im folgenden berichtet werden.

Wie eine Tiernummer entsteht

Wer bei Tieren im Zirkus an gefährliche Dompteurakte denkt, in denen der Mensch als Beherrscher der Tiere erscheint, muß umdenken! Löwen, Kamele, Elefanten … können auf einer Jugendfarm nicht dressiert werden, aber Haustiere: Pferde, Esel, Ziegen, Schafe, Enten, Gänse und Hunde. Dressiert im eigentlichen Sinne werden unsere Tiere nicht. Was geschieht dann aber vor einer Aufführung?

Die Jugendfarm

Jugendfarmen bieten Großstadtkindern unentgeltlich die Möglichkeit, im Umgang mit Tieren und elementaren Tätigkeiten ihre praktischen und sozialen Fähigkeiten zu entwickeln.

Auf unserer Jugendfarm leben z. Zt. 14 Ponies, 2 Esel, 7 Schafe, 2 Ziegen, Hasen, Hühner, Gänse, Enten, Katzen und Hunde. Das Gelände ist vielgestaltig mit einem Bach und einem Tobehang im Wald, einem großen Gartengelände, in dem Kinder ihre eigenen Beete haben, und einem Feuerplatz, dem Farmhaus mit der Töpferwerkstatt und der Küche zum gemütlichen Beieinandersitzen. Die Kinder kommen nachmittags in ihrer Freizeit zum Spielen, Helfen und Reiten. Sie kommen unabhängig von allen Zirkusaktivitäten oder Farmfesten zu uns.

Beim Misten und Füttern, bei Spaziergängen im Grünen, drinnen in der Reitbahn und auf dem ganzen Farmgelände lernen die »Farmer« die Tiere in den verschiedensten Situationen kennen und haben ihren Spaß mit ihnen. Alle Tiere leben in einem offenen Stall in einem möglichst artgerechten Umfeld. Unter sachkundiger Anleitung erleben die Kinder alle Versorgungsarbeiten rund um den Stall und erwerben so selbst fundierte Kenntnisse.

Umgang mit den Tieren

Es ist das Anliegen der Jugendfarm, daß die Kinder im Rahmen ihres Könnens in größtmöglicher Selbständigkeit mit Pferden, Eseln, Ziegen und Hasen umgehen und ihre Freundschaft finden.

Erst im selbständigen und sachkundigen Umgang kann sich eine gute, vertrauensvolle Beziehung zwischen Kind und Tier entwickeln – und diese Beziehung ist die Grundlage für das Erüben einer Zirkusnummer.

Die Kinder wissen z. B. durch dieses Zusammenleben mit den Tieren, daß die Stute Paddy, wenn sie an der Brust gekrault wird, den Kopf ganz hoch zum Himmel streckt, oder daß Mopsi, das Schaf, der kleinen Marion überall hinterherläuft, wenn sie ein Stück Brot in der Hand hält, sogar wenn sie dabei Purzelbäume schlägt oder daß Jaica, der Esel, sich in frischen Sägemehl wälzt.

So entdecken die Kinder im unbefangenen Umgang mit den Tieren, aus Interesse und Freundschaft zu ihnen, welche Eigenschaften und Begabungen jedes Tier hat. Das gilt natürlich auch für die Kinder, die mit ihren eigenen Tieren zu Hause eine Zirkusnummer einüben wollen.

Vorführungs-Ideen

Rückt der Termin zu einem Fest oder zu den Zirkusvorführungen heran, sprudeln die Ideen, was die Kinder zeigen wollen, nur so: »Der Zirpan, der springt doch so gut über die blaue Tonne, den brauche ich nur zu führen; der macht das von alleine.« Tatsächlich galoppiert das kleine faule Shetty-Pony ohne Reiter mit großer Lust und ungewohnt hübschen Gängen, wenn es richtig geführt wird. Die Kinder sind beim Spielen, Ausprobieren und Üben so vertraut mit dem Pony geworden, daß das Tier auf ihre Stimmen hört.

Jetzt muß man überlegen, in welcher Form daraus eine Nummer werden kann. Gibt es z. B. noch mehr springtalentierte Pferde und noch mehr Kinder, die daran gerne üben möchten? Welche Musik paßt dazu? Vielleicht ein russischer Volkstanz? Ist die Situation aufregend und dramatisch oder betont man in der Ausgestaltung das leichte, heitere Element des Springens? Welche Kostüme könnten die Kinder anziehen?

Das Üben

Bei all diesen Überlegungen müssen die Betreuer helfen und schließlich noch einige Male daran üben, daß das Tier- und Kinderspiel in eine Form und Abfolge gebracht wird, die das Publikum anspricht.

Jetzt erst beginnt die Arbeit: Gleichmäßige Abstände zwischen den Pferden halten, nicht auf den Boden schauen und ständig ganz konzentriert bei der Sache sein.

Dieses differenzierte Üben ist notwendig, damit aus dem freien Ausprobieren eine Vorführung werden kann.

Die Vorführung

Es ist nicht so einfach, die Tiere aus ihrer vertrauten Umgebung heraus einfach in eine Zirkusmanege zu bringen und sie dort der lauten Musik und dem Beifall des Publikums auszusetzen. Damit die Tiere während der Vorführung nicht in Panik geraten, ist einiges vorher zu beachten.

Vertrautwerden mit der Umgebung

Sehr wichtig ist es, daß die Tiere bei der Aufführung möglichst wenig Unbekanntes antreffen. Manege, Musik und Lichtverhältnisse muß man vorher mit ihnen kennenlernen! An die Aufregungen, die im Zirkus bei einer Vorführung entstehen, müssen sich die Tiere gewöhnen, um sie ohne Angst aushalten zu können.

Entscheidend ist, daß man die Tiere gut kennt und einschätzen kann, ob sie in ungewohnten Situationen panikartig reagieren.

Ein Pferd, das sich vor dem Applaus so fürchtet, daß es seinen Reiter abwirft, alle guten Manieren vergißt und nach anderen Pferden auskeilt, eignet sich schlecht für Zirkusvorführungen.

Die Tiere verhalten sich immer etwas anders als sonst, deshalb muß man damit rechnen, daß eine Nummer nicht ganz so gezeigt werden kann, wie sie geübt wurde. Haben aber die Kinder aus der tiefen, grundsätzlichen Vertrautheit und Zuneigung zu ihren Tieren die Nummer geübt, dann können sie auch auf die veränderte Situation eingehen und sind wahrscheinlich nicht ärgerlich, wenn ihr Partner die Nummer verändert oder abkürzt.

Ruhe ausstrahlen

Das Tier ist in der Manege auf den Menschen angewiesen. Von ihm muß Ruhe und Vertrautheit ausgehen. Vor jedem Auftritt sollten sich die Kinder noch einmal mit ihrem »Partner« intensiv beschäftigen und mit ihm sprechen. Dabei sind Worte, Tonfall und Klang wichtig. Viele streichelnde Hände sollte man den Tieren ersparen. Ein ruhiges Plätzchen etwas abseits, Gras zum Weiden und wenig Aufregung drum herum sind die beste Voraussetzung für einen guten Auftritt.

Auch beim Warten auf den Auftritt hinter dem Vorhang sollte keine unnötige Zirkus-Hektik an die Tiere herankommen (z.B. durch übende Jongleure mit fliegenden Bällen...).

Szenen mit Haustieren

Mit den kleineren Tieren kann man zeigen, wie die Tiere halt so sind, ohne dramatische Handlung: ein Stimmungsbild, eine »Landidylle«. Mit Hunden, Eseln und Pferden sind auch »Solonummern« möglich.

Gänse

Gänse kann man tragen, z.B. als Gänseliesel. Sie fressen gerne Brot, lassen sich von hinten treiben, fauchen und können aggressiv sein, planschen gerne im Wasser... Die Gänselieseln hocken bei den Gänsen auf dem Boden, füttern sie und achten darauf, daß die Federtiere nicht weglaufen.

Ziegen

Gehalten durch ein kleines Halfter mit Führstrick läuft ein Ziegenbock im Schritt, Trab oder Galopp neben seinem Hütebub in der Lederhose. Besonders gut sind manche Ziegen natürlich im Springen und Erklettern von Hindernissen. Mit Leichtigkeit und wachem Blick gelingen ihnen viele Kunststücke.

Ziegen dienten früher den Kindern aus Fürstenhäusern als erste Reittiere. Man kann manche Ziegen auch vor einen kleinen Wagen spannen.

Schafe
Schafe sind Herdentiere, und es gelingt daher wohl in den seltensten Fällen, ein Schaf alleine vorzuführen. Aber an einer langen Leine lassen sie sich longieren. Selbst kleine Hindernisse oder eine Wippe können sie übersteigen.
Hat man genügend Platz, kann man auch zeigen, wie die kleine Schafherde dem gewohnten Lockruf der Kinder überall hin folgt, wenn sie zusätzlich auch noch etwas Brot gezeigt bekommen. Schafe akzeptieren den Menschen als Leithammel.
Vielleicht könnte man auch das Melken einer Ziege oder eines Schafes in eine Nummer mit einbauen?

Hunde
Die Kunststücke, die Hunde für kleine Leckerbissen vollbringen, kennt jeder: Apportieren, Sitz und Platz, über Stühle springen oder sogar auch über Kinder aus dem Publikum, die sich klein hingehockt haben.

Esel
Esel eignen sich gut für komische Auftritte. Der ausdrucksstarke, große Kopf, die herrlich langen Ohren: eins nach vorne, eins nach hinten, beide vorne, beide hinten – sie sind einfach sehenswert. Meist sind Esel leichter im Umgang als Pferde, weniger schreckhaft, eher einmal störrisch – jedenfalls sind sie alle »Charakterköpfe«.
In Clownsnummern steigt man z. B. verkehrt herum auf den Esel (manche Esel bocken und werfen ihre Reiter ab). Man versucht, den Esel vorwärts zu reiten, was er aber vermutlich nicht tun wird. Man bindet eine Karotte an einen Stock und läßt sie immer vor der Nase baumeln – ob der Esel so ein Esel ist und jetzt, um der Möhre willen, richtig läuft? Improvisationstalent ist bei allen Eselnummern erforderlich.
Esel ziehen gerne Kutschen. So ein Gespann könnte durch die Manege ziehen und die nächste Nummer ankündigen.
Esel sind Lastentiere, ein artiger Esel könnte vollbepackt z. B. die Keulen für die Jongleure in die Manege tragen.
Bestimmt zeigen sich, wenn man sein Tier kennt, noch andere Möglichkeiten. Beim Ausprobieren muß man allerdings Eselsgeduld haben, sonst wird der Esel störrisch.

Pferde
Pferde sind Fluchttiere, d.h. bei Furcht und Panik flüchten sie von dem Ort, an dem sie sich bedroht fühlen. Die Situation in der Manege kann eine solche gefährliche Panik hervorrufen! (Zuschauer, ungewohnte Lichtverhältnisse oder Geräusche, laute Musik, unvorsichtige Artisten, die hinter der Bühne vor den Pferdenasen nochmals ihre Nummer üben ...
Eine Grundregel ist, daß man Pferde im Schritt ruhiger und besser unter Kontrolle hat als im Trab oder gar im Galopp – und geführt an der Hand oder an der Longe nochmal sicherer als unterm Reiter.
Wer mit Pferden zu tun hat, kennt die vielfältigen Möglichkeiten der Schaunummern mit Pferden.
Unser Problem bei Pferdenummern in der Manege war immer der enge Raum. 12 m Durchmesser und dahinter kamen die Zuschauer. Neugierige Kinder strecken ihre Köpfe auf Kniehöhe, d.h. auf Hufhöhe bei einem auskeilenden Pferd, über die Absperrung hinein in die Manege – das kann zu unabsehbaren Gefahren führen. Größere Pferde können und dürfen in einem solchen Zirkel nicht galoppieren.

Die Orgelpfeifen
Ein schön geschmücktes Pony kann im Schritt durch die Manege geführt werden, zwei Kinder sitzen darauf und weitere acht Kinder ordnen sich der Größe nach zu einer Schlange (Handfassung) und verlängern so den Pferdeschweif.
Das ist eine besonders einfache Nummer und ermöglicht das Einbeziehen vieler Kinder.

Voltigieren
Voltigiervorführungen bieten sich an, wenn die Größe des Pferdes, dem zur Verfügung stehenden Zirkel angemes-

Einzelne Nummern

sen ist. Der Abstand vom Longenzirkel zur Bande muß ca. 120 cm betragen.

Beim Voltigieren an der Longe kann man auch alle bekannten Übungen im Galopp zeigen. Ein Pferd in recht sicherer Führung bietet mehreren Kindern die Möglichkeit zum Mitmachen. Diese Nummer verspricht Tempo und Schwung.

Der Rosenbogen

Auf zwei Ponies reiten zwei Kosaken, gemeinsam einen rundum rosenbeschmückten Bogen tragend, im Schritt und ruhigen Trab. Ein kleines Shetty, mit einem Rosenkind als Reiterin, begegnet den beiden, und sie verneigen sich, stehend, ehrerbietig voreinander, bevor das Rosenkind durch den Rosenbogen reitet. Die Stimmung, auch die Musik, ist ruhig und märchenhaft. Diese Begegnung wiederholt sich mehrere Male. Schließlich verlassen die Kosaken die Manege, das Mädchen freut sich, daß sie nun freie Bahn hat und galoppiert mit dem kleinen Pferdchen zum Abschluß mit »Juchei« durch den Zirkel. Lebensfreude und Tempo erfüllen jetzt den Zirkus. Die Musik unterstreicht diese Stimmung.

Nachbemerkung

Diese Beispiele sollen genügen. Sie sollen Ermutigung und »Anregung« sein, den Umgang mit Tieren zu versuchen, zu erproben und offen zu sein für das, was dabei entstehen kann. Nicht die gewagtesten, spektakulärsten Nummern sind am Ende die schönsten, sondern diejenigen, bei denen der Zuschauer spürt: die Kinder verstehen die Tiere, und sie ermöglichen es dem Publikum, daran teilzunehmen. Denn die Kinder zeigen keine durch Feuer springende Löwen (welcher Löwe würde so etwas schon freiwillig tun?), sondern sie zeigen Situationen, in denen die Tiere sich darstellen, wie sie eben so sind – und das ist viel.

Literaturhinweise

Busch, P.: Ich hatte sie alle am Zügel. Tierporträts. Benziger Verlag, Einsiedeln/Zürich/Köln.
Dembeck, H.: Dressuren und Dompteure. München 1966.
Greiffenhagen, S.: Tiere als Therapie. Neue Wege in Erziehung und Heilung. München 1991.
Hediger, H.: Tierpsychologie im Zoo und im Zirkus. Stuttgart 1954.
Kleemann, G.: Manege frei. Die »weiche« Tierdressur. Kosmos Verlag Stuttgart 1968.
Lang, Th.: Kinder brauchen Abenteuer. E. Reinhard Verlag, München/Basel 1992. (Über Jugendfarmen).
Philipp, W.: Alpha-Tier. Verhalten und Rangordnung im Circus. Safari-Verlag Berlin 1979.
Zapff, G.: Vom Flohzirkus zum Delphinarium. Preetz 1959.

Inhaltsverzeichnis

SPIELEN UND IMPROVISIEREN

Grundlagen 215
Ausgangssituation 215
Hemmungen 215
Spielerische Beweglichkeit 217
Vier Ebenen des Übens 217
1. Ebene: Bodenkontakt – 2. Ebene: Körpergefühl – 3. Ebene: Ausdrucksfähigkeit – 4. Ebene: Improvisation

1. Ebene: Bodenkontakt 219
Standfestigkeit 219
Basis – Basissprung – Ringen – Indianerringen – Elefantenrüssel

Bodensensibilität 220
Hinfallen – Seitlich rollen – Schulterrolle rückwärts – Schulterrolle vorwärts – Marionette – Klopfmassage

Vertrauen 221
Wellen – Blinde Kette – Formen – Blind führen – Tragen – Blinde Statue – Transport – Fallenlassen – Transportgasse – Glocke schwingen

2. Ebene: Körpergefühl 223
Krafterlebnisse 223
Hüpfen – Froschsprünge – Laufen – Kämpfe

Anspannung – Entspannung 224
Schwingen – Schütteln – Räkeln, Gähnen

Atmung 225
Lemniskate – Lockern – Öffnen – Schließen – Der Rhythmus

3. Ebene: Ausdrucksfähigkeit 228
Sinneserlebnisse 229
Vorgestellte Sinneserlebnisse spielen – Wirkliche Sinneseindrücke darstellen – Die Sinne führen – Tongespräch – Tastreise – Hände – Eine Reise ins Land der Sinne

Körperausdruck 232
Stationen – Schatten – Spiegel – Bewegungsformen – Formlos – Erstarrt – Luftballonspiele – Körperteile – Bewegungstypen – Redewendungen – Gänge – Gesichter – Stimmungsfelder – Elefantenrüssel – Im Kreis nachahmen – Stehende Bilder

Sprache 237
Wort – Gebärden – Sprachstrom – Laute – Stimme und Blick – Moritaten und Balladen – Körpertheater – Sprechtheater

4. Ebene: Improvisation 240
Gruppenimprovisationen 241
Phantasiereise – Freies Training

Improvisieren nach Vorlagen 243
Geschichten – Sketche – Musik – Bilder

Phantasie – Anregungen 244
Phantasiereisen – Geschichten erfinden – Karten-Geschichten

Freies Improvisieren 245
Grundfragen – Begegnungen – Lose – Hüte – Einfrieren – Auftauen – Empfangen – Im Raum spielen – Szenen und Stücke

Commedia dell'arte 248
Die Spielweise – Die Typen – Spielübungen – Typische Körperhaltungen – Geschichten erzählen – Die Rolle entdecken – Maskenspiele – Lazzi – Der Liebesbrief

Methodisches Vorgehen 255
Einstiegsübungen (»warming up«) . . . 255
Erstarren – Katz und Maus – Verbindungen – Schlange – Verknoten – Sitzkreis – Begrüßen – Redewendungen – Stäbe werfen – Gruppenpantomimen – Zahlen

Übungsaufbau 256
Körperübungen – Vertrauensübungen – Sinnesspiele – Ausdrucksübungen – Improvisieren – Clownspielen

Formen des Übens 257
Frei durch den Raum gehen – Frontalunterricht – Stationen – Im Kreis – In Reihen – Phantasiereise – Freies Training – Einzeln – in der Gruppe – Selbständiges Üben – Vorzeigen

Der äußere Rahmen 258
Literaturhinweise 259

CLOWNSPIELEN

Motto: Der tägliche Clown in uns

Der Clown 260
Gaukler und Komödianten 260
Clownseigenarten 261
Der Clown als Vorbild 262
Jugendliche Clownspieler 262

Übungen 262
Stimme und Körperausdruck 263
Grommolosprache – Nur ein Wort – Ja – Nein

Spielen mit dem Publikum 264
Das Publikum entdecken – Ein Kunststück zeigen – Beifall fordern – Mit dem Publikum ein Lied singen

Grundstimmungen:
Die vier Temperamente 264
Vier Grundstimmungen – vier Typen – Vorgehensweise beim Üben – Vier Elemente – vier Bewegungsarten – Vier Elemente – vier Temperamente – Extreme – Der Gang – Mimik und Körperausdruck – Sinneserlebnisse – Gruppenimprovisationen – Szenen – Grundstimmungen – Das Clownstemperament

Den eigenen Clown finden 269
Typische Eigenarten – Der eigene Hut – Groß – Klein – Der Clownsname – Clownserwachen – Das »offene« Bewußtsein

Methodisches Vorgehen 271

Materialien 272
Clownstypen 272
Clownskostüme 273
Schminken 274
Requisiten 275

Clownsinstrumente 275
Clownstrompete – Flaschenklavier – Glasharfe – Sägenmusik – Bumbaß – Weitere Instrumente

Clownsmusik 276
Einzugsmusik – Zirkuslied – Abschlußmusik

Sprachkomik 278
Beim Wort nehmen – Wörter verwechseln

Anregungen zu Clownsszenen 279
Von der Improvisation zur Nummer . . 279
Verflixte Sachen – Jacke, Hut und Hosenträger – Die Ansage – Der Stuhl – Miteinander – Gegeneinander – Clownsjagd – Der lebende Sessel

Clowns als Artisten 281
Das Komische in der Bewegung – Stuhlakrobatik – Akrobatik – Clownsohrfeigen – Jonglieren zu zweit – Rollbrett-Balance – Einradfahren – Tänzen – Musik

Clownswetten 283
Wett-Ideen

Das Publikum spielt mit 283
Klatsch-Wettbewerb – Wettsingen – Geburtstagskanon

Clowns und Tiere 284
Hundeclownerei – Esel und Clown

Clowns-Zauberei 285
Ohrenputzen – Die Zauberblume – Zauberbälle – Kuchenzauberei

Seifenblasenclownerei 286
Seifenblasen-Rezept

Klassische Clownsstücke 287
Clownsgeschichten als Spielanregungen . 287
Der kaputte Spiegel – Der Mann im Mond – Der Luftballonschütze – August als Friseur – Die Tonne – Der Apfelschuß – Clowns-Musikanten – Eierbalance – Die elf Finger

Dialogszenen 292
Kein Zeuge, kein Papier – Klarinettenkonzert – Der Trichter – Die Luftballons – Die zwei Bonbons – Die Rübenbalance – Die zertretenen Hüte – Flohdressur – Der Kartoffelsack – Bienchen gib mir Honig – Wer nein sagt, hat verloren – Das Glas Wasser – Die drei Bonbons

Erfahrungen beim Clownspielen . . . 310
Mit Schülern im Gespräch 310

Literaturhinweise 312

Spielen und Improvisieren   Rudi Ballreich

Grundlagen

Wer mit Kindern und Jugendlichen Clownszenen übt, wird bemerken, daß bei manchen Spielern dadurch bisher verborgene Seiten ihrer Persönlichkeit zum Vorschein kommen. Die Rolle des Clowns, mit der sich die Akteure identifizieren, schenkt ihnen die Freiheit, auch Gefühle zu zeigen, die bisher versteckt waren. Wichtige Entwicklungsanstöße, die sich z.B. in der Schule auch auf ganz anderen Gebieten positiv auswirken können, sind dadurch möglich.

Andererseits zeigt sich aber auch, daß bei diesem Tun, das eine große körperliche und seelische Beweglichkeit erfordert, mancher an Grenzen geführt wird, wo er sich gehemmt, unfrei und einfallslos erlebt. Um hier Schritt für Schritt Sicherheit und den Mut zum Weitergehen, zum Überwinden der Schwierigkeiten zu vermitteln, ist es nötig, grundlegende Übungen dem Clownspielen vorangehen zu lassen. Der eigene Körper mit seinen Bewegungs- und Ausdrucksmöglichkeiten, die ganze Spannbreite der Gefühlswelt und auch die Fähigkeit zum Spielen und Improvisieren müssen vielfach erst entdeckt und verlebendigt werden.

Die in diesem und im nächsten Kapitel beschriebenen Übungen und Spiele sollen es dem Lehrer und Übungsleiter zwar ermöglichen, mit Kindern und Jugendlichen Nummern und Szenen für Kinderzirkus-Programme zu erarbeiten, andererseits führt der hier beschriebene Weg aber über eine grundlegende Anregung und Schulung des Körpererlebens, der Ausdrucks- und Spielfähigkeit. Deshalb werden auch Lehrer und Gruppenleiter, die gar kein Zirkusprogramm gestalten wollen, für Schullandheime, Gruppenabende, für Klassenspielvorbereitungen und auch für den Unterricht in dem Kapitel »Spielen und Improvisieren« viele brauchbare und pädagogisch wertvolle Anregungen finden. Speziellere Clownsübungen, sowie Materialien und Anregungen zu Clownsnummern sind im folgenden Kapitel »Clownspielen« dargestellt.

Ausgangssituation

Körperhaltung und Bewegung waren in früheren Jahrhunderten durch die Arbeit in der Natur oder aber durch bewußte Schulung (Reiten, Fechten usw.) in einer natürlichen Weise entwickelt. Durch die Entstehung der Maschinenarbeit und die Bewegungsarmut der Stadtmenschen ist dieser Bereich des menschlichen Lebens zu einem großen Problem geworden.

Die Schüler kommen morgens in die Schule:
– ihr Händedruck ist verkrampft oder lasch, die Hände sind verschwitzt oder kalt;
– sie sitzen über ihren Heften, indem sie den schweren Kopf aufstützen oder nervös hin- und herrutschen. Manche Schüler hängen so im Stuhl, daß sie fast herunterfallen;
– im Stehen nehmen manche eine »Flamingohaltung« ein. Es ist oft nicht selbstverständlich, daß sich das Körpergewicht gleichmäßig auf beide Beine verteilt. Scharrende, unruhige Füße und nervöses Hin- und Hergetrippel sind häufig;
– beim Schreiben verkrampfen sich die Finger, der Rücken wird rund, die Nase ist fast am Blatt;
– im Turnen spürt der Lehrer bei den Hilfestellungen, wie die Muskulatur einiger Schüler viel zu schlaff bleibt, während sich andere Schüler verkrampfen.

Auch in der normalen Körperhaltung zeigen sich viele Einseitigkeiten: hochgezogene Schultern, Rundrücken, versteifter Hals, vorgestreckter Kopf usw.

Natürlich gibt es auch Schüler, auf die all das nicht zutrifft. Ihr Händedruck hat eine natürliche Spannung, sie sitzen selbstverständlich locker und aufrecht, auch im Stehen und beim Schreiben werden sie weder durch die Körperschwere noch durch Nervositäten aus dem Gleichgewicht gebracht. Aber: diese Schüler sind Ausnahmen! Das Normale und Gesunde in bezug auf Körperhaltung und Bewegung ist heutzutage zur Seltenheit geworden.

Hemmungen

Daß unsere Kultur zu wenig Anregungen bietet, um sich gesund bewegen zu lernen, ist die äußere Seite des Problems. Die innere Seite hängt damit zusammen, wie die Kinder im Laufe ihres Heranwachsens Haltungsgewohnheiten übernehmen. Sie sehen, wie sich die Erwachsenen bewegen, wie sie sitzen und stehen – und sie prägen sich das ein und ahmen es nach. Auch durch Werbung und zeitbedingte modische Einstellungen werden Körperhaltungen übernommen: cool, sexy, intellektuell usw. Jeder sucht sich die passenden Vorbilder.

Dazu kommen die seelischen Faktoren: ein Kind, das von den Eltern oder Geschwistern ständig geduckt wird, verinnerlicht diese seelische Haltung und wird sie bald auch körperlich ausstrahlen. Das häufige Einziehen des Kopfes bei Drohungen oder bei bedrängenden Gesprächen – ganz zu schweigen von körperlichen Züchtigungen – bewirkt im Laufe der Zeit einen ängstlichen Blick, einen gepreßten und flachen Atem und eine unfreie Kopfhaltung.

Kinder, die in unsicheren Familienverhältnissen aufwachsen, die oft Ängste durchleben müssen, werden es schwer haben, einen ruhigen und sicheren Stand zu entwickeln, denn nur wer immer wieder die positive Erfahrung der Selbstbehauptung und des Erreichens von vorgesetzten Zielen gemacht hat, kann lernen, sein Leben selbst in die Hand zu nehmen, d. h. auf eigenen Füßen zu stehen. Den Mut, Neues zu wagen und sich zu behaupten, bringt aber meistens nur derjenige auf, dem als Kind Wärme, Zuneigung und Vertrauen entgegengebracht wurde. Genauso, wie sich die seelischen Unsicherheiten in der Körperhaltung zeigen, ist es natürlich auch mit positiven, ermutigenden Erlebnissen.

Aus all den verschiedenen Einwirkungen der Familie und des sozialen und kulturellen Umfeldes und aus der Eigenart, wie der einzelne darauf reagiert und sie verarbeitet, bilden sich die fest eingeprägten Lebens- und Körperhaltungen.

Anhand des Vorgehens eines Schauspielers beim Darstellen eines bestimmten Gefühles oder Charakters läßt sich gut nachvollziehen, wie aus Gefühlen und Vorstellungen Körperhaltungen werden:

Ein Schauspieler, der z. B. einen geizigen Menschen spielen soll, versucht, sich in die Empfindungen und Gedanken einer solchen Gestalt hineinzufühlen und hineinzudenken. Indem er das tut, verändert sich unwillkürlich sein Atem. Er zieht die Luft raffender ein und hält sie stärker bei sich. Auch die Spannungen seiner Muskeln, sein ganzer Körperausdruck wird anders. Der Kopf geht nach vorne, die Augen treten etwas hervor, die Füße berühren mit einer gewissen Spannung den Boden usw. Beim Schauspielen ist es sofort deutlich, daß jede seelische Haltung den Atem, den Blick, die gesamte Muskelspannung und Körperhaltung verändert.

In ähnlicher Weise bewirken die seelischen Einstellungen, an die wir uns von frühester Kindheit gewöhnt haben, wie wir mit den Füßen auf dem Boden stehen, wie wir den Kopf halten oder die Schultern – ob sie hochgezogen oder nach vorne geneigt sind usw. Diese individuelle Körpersprache sagt dem, der sie versteht, welche verinnerlichte, seelische Haltung dahinter ist.

Wer sich als Erwachsener selbst beobachtet, wird bemerken, wie sich im spezifischen Spannungszustand der eigenen Muskulatur die tief eingeprägten Haltungseigenarten ausdrücken. Angespannte Schultern, ein ständig schwerer Kopf, verkrampfte Beine oder eine schlaffe Bauchmuskulatur sind eben nicht nur Äußerlichkeiten. Es sind Symptome, die zeigen, wie wir seelisch unseren Körper erleben und ihn halten.

Zwischen dem normalen Kind oder Erwachsenen und dem Schauspieler ist aber ein gewaltiger Unterschied: Beim Theater wechseln die Rollen. Der Mime muß sich von einer Gestalt in die andere verwandeln können. Durch Übung hat er es erreicht, daß sein Körper so locker und durchlässig wurde, daß er geschmeidig von einem Gefühl und Ausdruck zum anderen wechseln kann. Der sich entwickelnde Mensch dagegen behält die eingeprägten Haltungen häufig bei. Sie sind seine Lebens-, Haltungs- und Bewegungsgewohnheiten (R. STEINER 1907; H. PETZOLD 1979; A. LUKOSCHIK und E. BAUER 1989).

Wer mit Kindern oder Jugendlichen Theater oder Clown spielen will, stößt auf diese festen Haltungen. Sie wirken oft wie Fesseln und Grenzen, die das freie Spielen verhindern. Die Hemmungen sind bei den einzelnen Kindern verschieden. Manche können mit der Sprache intellektuell viel erklären, aber ihre Bewegungen, ihre Mimik und Gestik sind fast stumm. Oft ist die seelische Ausdrucksfähigkeit festgelegt und eingegrenzt auf bestimmte Bereiche: Müdigkeit, Trauer, Verzweiflung können z. B. gespielt werden, aber Lachen, Freude und Begeisterung sind völlig fremde Gebiete. Manchen fallen die Gefühlsebenen schwer, die mit Entspannen und Loslassen zu tun haben, für andere ist es nicht leicht, resolut aufzutreten, Kraft und Wut zu zeigen usw.

Spielerische Beweglichkeit
Wer ausdrucksvoll spielen will, muß das feste Korsett seiner Haltungs- und Bewegungsgewohnheiten auflockern und beweglich machen. Der Körper sollte durchlässig werden für die spielende Seele, damit sich Gefühle und Vorstellungen im ganzen Körper, in Gestik und Mimik, im Blick und auch in der Sprache ausdrücken können. Um diese Wandelbarkeit zu erüben, ist es wichtig, an der Körperbewegung anzusetzen.

»Die Form der Bewegung entsteht [eigentlich] spontan in der Auseinandersetzung mit den immer wechselnden Bedingungen der Außenwelt und des innerleiblichen »Milieus«. Sie ist nichts Festgelegtes, sondern etwas stets neu Entstehendes.
Nicht Bewegung zu lernen, kann deshalb das Ziel der Bewegungsbildung sein, sondern sich bewegen zu lernen. Nicht neue, gute Bewegungsgewohnheiten gilt es an Stelle alter schlechter zu setzen, sondern umgekehrt die Bewegung aus ihren Gewohnheitsgeleisen herauszuholen und sie im Augenblick neu zu finden, sie improvisieren zu lernen.« (D. JACOBS 1985, S. 152)

In diesem Sinne wird es bei den nachfolgenden Bewegungsübungen darum gehen, Verkrampfungen und Blockierungen aufzulösen, um dem Körper und der Seele eine spielerische Beweglichkeit zu ermöglichen. Es ist aber auch nötig, die seelischen Erstarrungen und Hemmungen direkter anzugehen. Dies kann durch Ausdrucksübungen und Improvisationsaufgaben geschehen. Phantasievolle Einfälle und die ständige Bereitschaft, sich seelisch zu verändern, werden dadurch angeregt. So können im Laufe der Zeit neue Reaktions- und Verhaltensweisen erübt werden.*

---

* Es ist klar, daß die beschriebenen Übungen Veränderungsprozesse nur anregen können. Um tieferliegende Hemmungen zu überwinden, müssen meistens noch andere Faktoren dazukommen: veränderte Lebensumstände, genügend Ermutigung usw. Allerdings dürfen solch spielerische Anregungen auch nicht zu gering eingeschätzt werden – vor allem dann nicht, wenn in der Schule auf anderen Unterrichtsgebieten auch auf ein lebendiges und tatkräftiges Verstehen und Begreifen der Welt hingearbeitet wird.

Eine innere Instanz kann sich entwickeln, die spielerisch und improvisierend auf Situationen eingeht und sich nach und nach von den angelernten Verhaltensmustern löst. Das ist eine unverzichtbare Grundlage für das Clownspielen. Ohne das freie und improvisierende Spielen wirken Clownsnummern aufgesetzt und meistens auch langweilig.

Damit der Clown aber offen und direkt aus einer inneren Lebendigkeit und aus echten Gefühlen heraus reagieren kann, ist es auch nötig, durch Sinnesübungen das Empfindungsvermögen anzuregen und durch die Beschäftigung mit den inneren Gebärden von Lauten, Wörtern und Sätzen die Vorstellungskraft zu aktivieren.

Wer in diesem Sinne an Körperhaltung und Bewegung arbeitet, wird bemerken, daß die Übungen einerseits die Spiel- und Ausdrucksfähigkeiten entwickeln, andererseits aber auch einseitige Seelen- und Körperhaltungen ordnen können. Die Füße lernen, wirklich zu stehen, Blick und Kopfhaltung werden freier, und auch der Atem entspannt sich. Der ganze Mensch wird körperlich und seelisch sensibler und lebendiger.

Dabei zeigt sich deutlich: Der gesunde Mensch lebt spielerisch und ausdrucksvoll im ganzen Körper. Der Mensch ist nicht nur »ganz Mensch, wenn er spielt«, sondern er steht und bewegt sich eigentlich nur dann gesund, wenn es in einer spielerischen Offenheit geschieht. *D. h. die Grundlagen der spielerischen Verwandlungs- und Ausdrucksfähigkeit sind eigentlich identisch mit wichtigen Zielen des Mensch-Seins.*

Vier Ebenen des Übens
Im folgenden werden viele Übungen geschildert, die neue Bereiche der Bewegung, der Körperhaltung und der Ausdrucksfähigkeit erschließen können. Sie beziehen sich nicht speziell auf das Clownspielen, sondern auf die Grundlagen jeder spielerischen Äußerung. Von vier verschiedenen Gesichtspunkten aus soll dieses Ziel angegangen werden. Es handelt sich dabei um vier elementare Bereiche, in denen wir unseren Körper erleben:

- die Tastempfindungen der Haut und die Auseinandersetzung mit der Schwerkraft;

- die Lebensvorgänge im Organismus und das individuelle Körpergefühl;
- die seelischen Regungen und das Bewegungs- und Ausdrucksvermögen;
- die Fähigkeit, körperlich und auch seelisch Gleichgewicht herzustellen; damit verbunden ist der Kern der menschlichen Persönlichkeit, in dem auch das spielerische Improvisieren seinen Ursprung hat.

Um lebendig und überzeugend Theater oder Clown spielen zu können, ist es nötig, jede dieser grundlegenden Ebenen zu stärken und zu entwickeln.*

1. Ebene: Bodenkontakt
Für das Spielen ist es sehr wichtig, daß körperliche Aktionen und Gefühlsäußerungen eine sichere Basis haben. Wenn beim Stehen, Sitzen, Liegen und Bewegen eine sensible und vertrauensvolle Berührung mit dem tragenden Untergrund stattfindet, erhält alles Tun ein stabiles Fundament.

2. Ebene: Körpergefühl
Das individuelle Körpergefühl hängt sehr stark mit dem Grundempfinden dem Leben gegenüber zusammen. Für die Entwicklung der Ausdrucksfähigkeit ist es unerläßlich, daß Sich-Wohlfühlen, Lebenslust und Vitalität im Körper erlebt werden können. Hier ist die Kraftquelle, aus der Bewegungen, Gefühlsäußerungen und auch geistige Funktionen ihren Antrieb beziehen.

3. Ebene: Ausdrucksfähigkeit
Ein beweglicher und geschickter Körper, Reaktionsvermögen, Mimik, Gestik, Blick und der ganze Körperausdruck, ebenso wie auch die Sprache, sind die Instrumente, durch die sich Seelisches äußern kann. Nur wenn auf dieser Ebene, auf der es um das Zusammenspiel von Gefühlen und Vorstellungen mit den körperlichen Ausdrucksmöglichkeiten geht, durch vielfältiges Üben Beweglichkeit und Durchlässigkeit erreicht wurden, können Gefühle und Vorstellungen im ganzen Körper leben und sichtbar werden. Sensibles und aktives Erleben durch die Sinne ist dafür ebenso unerläßlich wie eine Auseinandersetzung mit der Sprache.

4. Ebene: Improvisation
Ob aus einer spielerischen Offenheit und inneren Lebendigkeit heraus mit Bewegungen, Gefühlen und Vorstellungen improvisierend auf Situationen eingegangen werden kann und ob sich daraus auch freie szenische Gestaltungen entwickeln lassen, hängt von dem Spieler, dem inneren Regisseur ab. Durch Übungen kann dieses Zentrum der menschlichen Persönlichkeit Erfahrungen machen, lernen und sich entwickeln.

Mit dem Hinweis auf die Wirkung und Bedeutung einzelner Übungen verknüpft sich die Hoffnung, daß der Lehrer oder Übungsleiter diese Anregungen nicht wie ein Rezeptbuch benützt, sondern aus pädagogischen Gesichtspunkten heraus die Übaufgaben so auswählt, wie es für seine Gruppe oder für einzelne richtig ist.

Die Übungen sind den Bereichen des Körpererlebens so zugeordnet, wie sie schwerpunktmäßig wirken. Dadurch ist es für den Übungsleiter vielleicht einfacher, ein Gefühl dafür zu entwickeln, was man durch bestimmte Bewegungen und Spiele erreichen kann.

Die Erfahrungen mit diesen Übungen** – auch mit dem Clownspielen – beziehen sich auf Jugendliche ab dem 13./14. Lebensjahr und auf Erwachsene. Viele Übungen und Spiele lassen sich aber auch mit jüngeren Kindern

---

* *Von der spezifischen Art ausgehend, wie wir im Tasten, im Lebensgefühl, in der Bewegung und im Gleichgewicht unseren Körper und die Welt erleben, beschreibt der Begründer der heilpädagogischen Camphill-Dörfer, Karl König, in »Sinnesentwicklung und Leiberfahrung« (1986), diese vier Ebenen ausführlich und zeigt anhand von Krankengeschichten, wie mangelnde Erlebnismöglichkeiten der eigenen Leiblichkeit bestimmte seelische Krankheitssymptome bewirken. Vgl. auch H.-J. Scheurle 1984 und Chr. Lindenberg 1981*

** *Die einzelnen Übungen stammen aus den verschiedensten Quellen. Die Ausbildung an der »Schule für Schauspiel und künstlerische Therapie – Gertrud Schneider-Wienecke« ist für mich die Grundlage. Wie körperlich-seelische Hemmungen durch Bewegungs- und Sprachübungen aufgelöst werden können, war dort sehr differenziert »am eigenen Leib« zu erfahren.*
Körpertheaterkurse – besonders bei Christfried Peters – gaben wichtige Anstöße. In der Zusammenarbeit mit meiner Frau, Susanne Ballreich, haben sich bei Theater- und Improvisationsworkshops mit Erwachsenen viele Übungen weiterentwickelt. Für die sprachliche Arbeit mit Kindern und Jugendlichen konnte ich viel von meinen Kolleginnen Irene Glatz und Iduna Pfeiffer lernen.
Viele Übungen wurden durch die Bücher angeregt, die im Literaturverzeichnis genannt werden. Aber erst durch die konkrete Arbeit mit den Schülern hat sich gezeigt, was brauchbar und nützlich ist. Manche Übung hat sich dabei verändert.

durchführen (vgl. dazu W. MEYER und G. SEIDEL 1982; P. KEYSELL 1985; M. HASENBECK 1988). Ob sich eine Übung für eine bestimmte Altersgruppe eignet, muß jeder Lehrer selbst beurteilen. Oft liegt es nicht nur am Alter, sondern auch an der Gruppengröße oder an der Ernsthaftigkeit und Intensität der Übenden, ob bestimmte Aufgabenstellungen möglich sind oder nicht!

1. Ebene: Bodenkontakt

Säuglinge, die nicht genügend Zuwendung und Körperkontakt erfahren, können schwere seelische Schäden davontragen. Kinder, denen viel Ablehnung entgegengebracht wird, und die auch keine schützende, sichere Familienatmosphäre erleben können, fällt es schwer, innere Sicherheit zu entwickeln. Unsichere Menschen haben mit ihren Füßen aber keinen festen Standpunkt; sie sind beim Gehen, Stehen oder Ringen nicht sicher gegründet. Sie sind leicht umzuwerfen. Im Liegen ist es nicht einfach für sie, die Spannungen in der Muskulatur loszulassen – den Körper vertrauensvoll von der Erde tragen zu lassen. Nur wenn sie sich selbst halten, erleben sie eine Schein-Sicherheit. Das Grundvertrauen zur Erde, die uns trägt, ist bei ihnen ebenso gestört, wie das Grundvertrauen in das Leben.

Übungen, die diese Ebene des Körpererlebens ansprechen sollen, müssen einerseits Vertrauen und Standfestigkeit entwickeln, den Umgang mit der Schwerkraft schulen – andererseits aber auch im Liegen und Rollen die Berührung der ganzen Körperoberfläche mit der Erde, eine Sensibilität für den Bodenkontakt ausbilden.

Standfestigkeit

Die emotionale Entwurzelung vieler Jugendlicher zeigt sich deutlich in der Art, wie sie mit ihren Füßen auf dem Boden stehen, und wie sich die ganze Körperhaltung auf dieser schwankenden Basis aufbaut. Durch Übungen ist es möglich, daß die Standfestigkeit sicherer wird. Damit ist aber nicht starres Festhalten gemeint, sondern ein elastisches Reagieren und Eingehen auf die jeweils gegebene Situation. Beim Ringkampf zeigt sich das am deutlichsten.

Durch diese Übungen kann sich tatsächlich im Laufe der Zeit eine bessere Basis für die Körperhaltung aufbauen. Dadurch bekommen alle Aktionen, die vom Kopf oder vom Gefühl her ausgeführt werden, eine stabilere Grundlage. Sie sind in Verbindung mit der Erde und der Realität.

Basis

Diese Übung ist grundlegend für viele Pyramiden und akrobatische Stellungen. Sie vermittelt aber auch gleichzeitig eine Sensibilität dafür, ob die Füße einen sicheren Stand haben.

Etwas mehr als schulterbreit stehen (gegrätscht), die Zehen schräg nach außen. Die Knie in Richtung Zehen beugen und leicht in die Hocke gehen. Dabei sollte das Steißbein in Richtung Fersen-Verbindungslinie zeigen. Der Oberkörper ist aufrecht.

Der Lehrer oder ein Partner kann die Stabilität durch Anstoßen an die ringkampfartig vorgestreckten Arme prüfen – auch durch leichtes Ziehen oder Schieben. Wer schnell aus dem Gleichgewicht gerät, ist nicht von seiner Mitte her unten verwurzelt. Als Ausgleich zu den angreifenden Kräften können die Füße versetzt werden.

Hauptfehler: Der Oberkörper ist nach vorne geneigt. Die Knie sind nicht genug abgewinkelt.

Basissprung

Alle laufen frei im Raum und springen direkt in die beschriebene Basishaltung. Dabei wird der Atem locker und hörbar ausgestoßen. Arme in Ringerhaltung. Es ist die Haltung, die man einnimmt, um einen Angreifer abzuwehren.

Ringen

Entweder aus dem Gegenüberstehen oder aus dem Anspringen heraus fassen sich zwei Partner an den Händen und beginnen zunächst vorsichtig und spielerisch, sich aus dem Gleichgewicht zu bringen durch Ziehen, Schieben, Drehen, Stoßen usw.

a) Die Füße dürfen nicht den Bodenkontakt aufgeben.
b) Mit Schritten. Wer umfällt, hat verloren.
c) Mit Bewegung im ganzen Raum. Jetzt kann es ein richtiger, wilder Kampf sein, der alle Kräfte fordert – aber nur so lange, bis einer seitwärts kippt, dann beginnt die nächste Runde.

Achtung: Es geht nicht primär ums Kräftemessen und Austoben; das geschieht nur nebenher. Das Wichtige ist, das Gefühl für das Verwurzeltsein mit dem Boden zu entwickeln. Wer das übt, versucht, ständig in seiner Gleichgewichtsmitte zu bleiben und einem Stoß durch Nachgeben auszuweichen, einem Ziehen durch Mitgehen nachzugeben und durch flinke Angriffe den Partner aus seiner Gleichgewichtsmitte herauszuziehen. All das gelingt aber nur, wenn durch die federnd abgewinkelten Knie das Becken genügend gesenkt ist, d.h. wenn durch Gewichtsverlagerung nach unten der oben ansetzenden Energie Zieh- oder Schubkraft entgegengesetzt wird.

Indianerringen

In Schrittstellung mit den gleichen Füßen gegenüberstehen. Die vorgestellten Füße an der Außenseite fest gegeneinanderstellen. Sich die beiden rechten oder linken Hände geben und durch Ziehen, Schieben und Seitwärtsdrücken versuchen, den Partner umzuwerfen. Wer einen Fuß vom Boden löst oder wer umfällt und sich mit der Hand aufstützt, hat verloren. Die nächste Runde mit den anderen Händen und Füßen.

Elefantenrüssel

Diese Übung regt in besonderer Weise den Kontakt der Füße mit dem Boden an. Beschreibung im Kapitel »Ausdrucksfähigkeit/Körperausdruck«.

Bodensensibilität

Sich entspannt einfach fallen lassen und elastisch über den Boden rollen zu können, sind Fähigkeiten, die sehr tief mit inneren Ängsten und dem Grundvertrauen dem Leben gegenüber zu tun haben.

Wenn es gelingt, sich an den Boden anzuschmiegen und darüberzurollen, zum Boden hin loszulassen und nicht zu verkrampfen, dann verschwindet etwas von der Distanz des Abgekapselt-Seins und dem In-sich-verkrampft-Sein, das viele unsichere und entwurzelte Menschen auszeichnet.

Die folgenden Übungen schaffen Vertrauen zum Boden. Die Hautoberfläche fast des ganzen Körpers kommt in Kontakt mit dem festen Untergrund. Beim Rollen oder Fallen sind es sehr differenzierte und sensible Tastwahrnehmungen, die ein lockeres und entspanntes Bewegen erst ermöglichen.

Wie dieser ganze Bereich in eine kontinuierliche, spielerische Übung integriert werden kann, ist als »Freies Training« im Kapitel »Improvisation/Gruppenimprovisationen« geschildert.

Hinfallen

Wenn man ganz entspannt ist, in den Knien nachgibt und sich seitwärts umsinken läßt, gleitet man weich auf den Boden. Weh tut es nur, wenn man sich aus Angst verkrampft oder als Schutz die Ellbogen vorstreckt.

Zunächst im Knien beginnen: nacheinander seitlich auf Oberschenkel, Hüfte und Rumpf aufliegen. Der Arm auf der Liegeseite darf auf keinen Fall abstützen. Aber die Hand kann durch ein Aufklatschen den Aufprall seitlich abfangen.

Dann im Stehen: den rechten Fuß nach innen eindrehen, im Knie nachgeben und langsam das Körpergewicht auf den Unterschenkel, dann den Oberschenkel und das Gesäß verlagern. Vom Sitzen aus auf die Seite legen.

Wenn diese Bewegung sicher ist, kann das Ganze fließend stattfinden, ohne dazwischen zu sitzen. Auch die andere Seite probieren!

Seitlich rollen

Aus entspannter Rückenlage heraus die Seitwärtsbewegung nur an der Hüfte ansetzen. Die anderen Körperteile folgen dieser Hüftbewegung möglichst locker. In der

Bauchlage völlig entspannen und den Atem, der sich dabei einstellt, genießen. Dann in derselben Richtung weiterdrehen zur Rückenlage. Wieder durchatmen. Nach mehreren Rollen Richtungswechsel vornehmen. Diese Übung kann sehr entspannend wirken. Der Körper lernt, weich und locker auf dem Boden zu liegen. Die eigene Schwere und die Tragekraft des Bodens werden erlebbar.

Schulterrolle rückwärts
Aus der Rückenlage heraus mit den Beinen über eine Schulter nach hinten rollen. Die Hände greifen nach hinten und stützen die Bewegung. Auf den Knien oder Füßen aufkommen.

Schulterrolle vorwärts
Im Knien beginnen: die linke Hand stützt an der Seite. Die rechte Hand zieht zwischen linkem Arm und Rumpf nach hinten. Der Kopf folgt dieser Armbewegung. Schultern und dann Rücken auf den Boden auflegen. In die ursprüngliche Blickrichtung abrollen.
Im Stehen beginnen: dieselbe Bewegung. Nur die Entfernung zum Boden ist größer.

Marionette
Den Arm ausstrecken und nacheinander Finger, Hand, Unterarm und Oberarm entspannen, so daß die einzelnen Gelenke locker herunterhängen wie bei einer Gliederpuppe. Dasselbe mit den übrigen Körpergliedern probieren – auch im Liegen.
Ein Partner kann auch die Gelenke antippen, die entspannen sollen.
Die Vorstellung der Marionette läßt sich auch sehr gut in die Arbeit am Boden integrieren:
Jeder übt für sich Hinfallen, Seitwärtsrollen, Schulterrollen. Immer, wenn der Körper in der Schwere entspannt auf dem Boden aufliegt, soll man in allen Gelenken locker lassen, so wie bei der Marionette. Dann aus dieser Entspannung heraus die neue Bewegung ansetzen.

Klopfmassage
Die Entkrampfung in der Muskulatur kann auch angeregt werden durch ein vorsichtiges und einfühlsames Abklopfen der Muskeln an der Körperrückseite. Auch hier geschieht das Loslassen durch den Hautkontakt.
Einer der beiden Partner läßt den Oberkörper hängen. Der andere klopft mit den Händen in einem gleichmäßigen Rhythmus von den Schultern bis zu den Händen herunter; dann von den Schultern bis zu den Unterschenkeln. Schnelligkeit und Kraft können variiert werden. Auch das Klopfen mit Fingerspitzen oder Fäusten ist möglich. Der Passive sollte mitteilen, wie es für ihn am angenehmsten ist. Wichtig ist, daß Kopf und Schulter wirklich locker hängen, die Knie nicht ganz durchgedrückt sind und daß der Atem locker fließen kann.

Vertrauen
Die Orientierung im Raum geschieht sehr stark über den Sehsinn. Das Wahrgenommene wird auf die senkrechte Körperhaltung des aufrechten Menschen bezogen. In dem Moment, wo das Sehen wegfällt oder wo die gewohnte und sichere Haltung in turbulente Bewegung kommt, treten die inneren Unsicherheiten deutlich hervor. Durch ein gutes Gruppenklima und durch vorsichtiges Vorgehen beim Üben ist es aber jedem möglich, mutig kleinere und größere Schritte in unbekannte und beängstigende Bereiche zu wagen. Wenn die Gruppe oder der Partner dafür sorgt, daß nichts schiefgeht, kann der Mut gekräftigt und das Vertrauen erprobt und gestärkt werden.
(Viele der beschriebenen Bodenübungen tragen auch zur Entwicklung eines gesunden Vertrauens bei.)

Wellen
Mit geschlossenen Augen und in Handfassung im Kreis stehen und die Wellenbewegung, die durch Hoch-Tiefgehen oder Vorwärts-Rückwärtsschwanken hindurchläuft, aufnehmen und weitergeben.

Blinde Kette
Handfassung. Alle, außer dem vordersten, haben die Augen geschlossen. Dieser führt die Kette in eine Spirale und wieder zurück. Die Kette kann durch Kreuzungen auch verknotet werden. Wenn es nicht mehr weitergeht, öffnen alle die Augen.

Formen
Alle stehen in einem großen Kreis. Ein Teilnehmer geht in die Mitte und läuft blind verschiedene geometrische Formen. Die Außenstehenden achten darauf, daß er nirgends anstößt.

Blind führen
Mit verbundenen Augen vom Partner führen lassen. Möglichst barfuß. Über verschiedene Böden, über Stühle, unter Tische und Treppen. Jeder Führende ist absolut verantwortlich für seinen »Blinden«:
Mit beiden Händen an den Schultern fassen,
nur mit festgehaltener Hand,
nur mit Handflächenkontakt,
nur mit Fingerspitzenkontakt,
nur mit Handwärmekontakt,
nur mit einem vorsichtigen Geräusch führen.
Jeder sollte anfangs höchstens so weit gehen, wie er sich selbst zutraut.

Tragen
Ein Teilnehmer legt sich mit geschlossenen Augen auf den Boden. Die ganze Gruppe hebt ihn vorsichtig auf und trägt ihn durch den Raum.

Blinde Statue
Die Gruppe wird halbiert. Eine Hälfte ist blind und wird von jeweils einem Teilnehmer aus der anderen Gruppe durch Fingerkontakt oder ein Geräusch durch den Raum geführt. Der Führer darf sich aber nicht zu erkennen geben. Schließlich werden die Blinden zu einer großen Statue zusammengestellt. Dabei sollte jeder Blinde mindestens mit einem andern in Kontakt sein. Danach stellen die Führer genau die gleiche Statue nach, wobei jeder Führer dieselbe Position einnimmt wie sein Blinder. Der Spielleiter löst nun die Statue der Blinden auf und führt sie durcheinander. Jetzt dürfen sie die Augen öffnen. Sie haben die Aufgabe, ihren Führer zu erkennen, dieselbe Position einzunehmen und die Statue neu aufzubauen. Schwieriger wird die Übung, wenn das Herausfinden des Führers blind, d. h. durch Abtasten, geschehen soll.

Transport
Zwei Personen knien parallel nebeneinander. Auch die Hände sind am Boden. Ein dritter Spieler legt sich mit dem Bauch nach oben auf die Rücken der beiden. Vorsichtig bewegen sich die unteren durch den Raum.

Fallenlassen
Enger Kreis, einer steht in der Mitte, spannt den ganzen Körper an und läßt sich fallen. Der Kreis fängt ihn auf und schubst ihn wieder in die Senkrechte. Erneutes Fallenlassen. Das Vertrauen in die Aufmerksamkeit und Haltekraft der Gruppe wird gefordert.
Dasselbe zu dritt. Die Person in der Mitte läßt sich vertrauensvoll nach hinten fallen, wird weich aufgefangen und wieder in die Mitte geschoben. Durch einen neuen Entschluß läßt sie sich erneut nach vorne oder nach hinten fallen. Die richtigen Abstände sind von großer Wichtigkeit.

Transportgasse
Viele Paare stehen sich gegenüber und halten sich fest die Hände. Schulter an Schulter zu den Nachbarpaaren. Von einer Seite her hechtet sich jemand auf die Arme und wird durch rhythmisches Hochschleudern nach vorne weitertransportiert. Waagerecht bleiben! Am Ende wird er von einer Hilfestellung aufgefangen.

Glocke schwingen

Dieselbe Partnergasse wie bei der »Transportgasse«. Das mittlere Paar hält einen Gymnastikstab auf den Schultern über der Gasse. Eine Person legt sich nun auf einer Seite der Gasse mit dem Bauch nach unten auf die fest gefaßten Arme der Paare und umgreift mit beiden Händen den Gymnastikstab. Dann wird sie mit den Beinen hoch in die Luft geschleudert. Sie dreht sich um den Gymnastikstab – nicht loslassen! – und wird von den Armen der anderen Gassenseite weich und federnd aufgefangen. Das Glockenschwingen geht einige Male hin und her.

Jedes Paar muß sich gut dem Bewegungsablauf anpassen. Zunächst mit einer leichten Person beginnen.

2. Ebene: Körpergefühl

Die schweren, hängenden Köpfe, der gebeugte Gang, fehlende Körperkraft und Körperspannung – all das hat häufig tiefere Ursachen als nur fehlendes Muskeltraining. Auf der Ebene, auf der wir unseren Körper als lebendigen, krafterfüllten Organismus erleben, ist heute bei vielen Menschen eine Abdämpfung der Vitalität, des Wohlgefühls zu bemerken. Viele Kinder und auch Erwachsene sind in dieser Hinsicht stärker oder schwächer depressiv, niedergedrückt. Die seelische Haltung, die dahintersteht, bewirkt auch, daß der Atem nicht frei hin- und herschwingen kann und daß der Körper sich nicht elastisch und zur Leichte hin aufrichtet.

Es ist vielleicht gut nachvollziehbar, daß die vielen Probleme sozialer, familiärer oder schulischer Art, die auf einem Kind lasten können, oft schon früh zu dieser Dämpfung des Lebensgefühles beitragen. Reizüberflutung durch die Medien, schlechte Luft, wenig Bewegung, Streß usw. bewirken außerdem, daß keine richtige »Lust zum Leben« aufkommen kann.

Übungen, die in diesem Bereich des Körpererlebens befreiend wirken, hängen mit der Entwicklung einer gesunden körperlichen Vitalität zusammen. Krafterlebnisse sind dafür entscheidend; das Wechselnkönnen zwischen Anspannung und Entspannung der Muskulatur ist wichtig. Wenn das möglich ist, kann der Atem locker hin- und herschwingen, und der Körper richtet sich leicht und frei auf. Dadurch ordnet sich die ganze Gestalt. Viele Bewegungen und Tätigkeiten benötigen dann auf einmal weniger Kraft, weil sie ohne Verkrampfungen ausgeführt werden.

Krafterlebnisse

Man kann so üben, daß die Kinder hinterher schlapp sind. Dann ist nicht genug Aufmerksamkeit auf die Harmonie zwischen Atem und Bewegung gelenkt worden, oder es geschah kein Wechsel zwischen Kraftübungen und entspannenden Übungen. Bei Beachtung dieser Grundregel ist langes und intensives Üben möglich, wobei das Gefühl wachsender Kraft entsteht. Durch das Erleben der eigenen Vitalität entsteht ein Sich-Wohlfühlen im eigenen Leib.

Hüpfen

Einfach locker und elastisch auf der Stelle hüpfen. Das Ausatmen etwas betonen. Der Ausatemstrom darf hörbar sein. Die Vorstellung, daß der Körper wie von einem Aufwind bei jedem Absprung in die Höhe gehoben wird, hilft vielen Kindern, freier und leichter zu springen.

Diese Übung mehrere Minuten konzentriert und ohne Unterbrechung durchführen. Dann sagt der Übungsleiter ohne Vorankündigung »Stop« und alle bleiben eine Weile bewegunglos stehen. Ein lebendiges Rieseln im ganzen Körper wird erlebbar!

Froschsprünge

Zwischen die gegrätschten Beine mit dem Becken heruntergehen. Die Zehen zeigen leicht nach außen. Die Knie richten sich nach den Zehen aus. Die Hände vorne auf den Boden legen und darauf das Körpergewicht abstützen. Das ist die Ausgangsstellung. Mit den Händen den Körper vom Boden abstoßen und dann wieder auffangen. Mehrmals so wippen. Dann mit den Händen stärker abstoßen, so daß der Oberkörper höher kommt. Jetzt kann sich der ganze Körper in einem Froschhüpfer vorwärts bewegen. Zwischendrin immer wieder auf der Stelle wippen.

Achtung: nicht aus der Beinkraft den Sprung ansetzen, sondern aus dem Abstoßen der abgewinkelten Arme.

Laufen

Dauerläufe eignen sich sehr gut dafür, um an die eigene Kraft heranzukommen. Wenn es gelingt, das richtige Tempo zu finden und sich innerlich ganz auf das Laufen einzustimmen, dann kann es geschehen, daß der Punkt der Erschöpfung nicht auftritt.

Im Raum kann man das üben, indem alle auf der Stelle locker laufen. Tempo und Höhe der Knie kann man variieren. Vom gemütlichen Jogging bis zum Sprint kann die Dynamik wechseln. Wenn die Puste ausgeht oder die Kraft nachläßt, kann es ja wieder gemütlich weitergehen. Oder es wird immer ein gleichbleibendes Tempo angeschlagen und lange durchgehalten.

Auch hier kann ein abruptes »Stop!« des Übungsleiters die Bewegung zur Ruhe führen.

Kämpfe

Wenn Matten vorhanden sind und die Gruppenzusammensetzung es ratsam erscheinen läßt, sind auch Ringkämpfe mit vollem Krafteinsatz dazu geeignet, verborgene Energien wachzurufen. Wichtig ist, daß es spielerisch bleibt. Es sollte immer beiden »Kämpfern« Spaß machen.

Seilziehen und viele der bekannten Mannschaftswettkämpfe können diese Aufgabe natürlich genauso erfüllen.

Anspannung – Entspannung

Für die Verkrampften geht es darum, das Loslassen zu lernen. Die Schlappen, die zu wenig Spannung besitzen, müssen das richtige Anspannen üben. Für jeden ist es wichtig, beiden Seiten gerecht zu werden. Nur in einem Körper mit einer gesunden Spannkraft kann man sich wohlfühlen. Beim Üben hat es sich bewährt, zuerst kraftvolle Aufgaben zu stellen, die eine starke Anspannung der Muskulatur erfordern. Danach gelingt das Loslassen leichter und intensiver (siehe im Kapitel »Bodensensibilität/Marionette«).

Schwingen

- Mit geschlossenen Füßen die Arme an der Seite vorwärts und rückwärts gegeneinander schwingen. Der Schwungimpuls kommt durch das Lockerlassen der Knie und der Arme. Die Schwungbewegung kann die Arme immer höher führen. Schließlich kreuzen sie sich über dem Kopf (Überschwingen).
- Die Arme vor dem Körper gegeneinander schwingen. Von innen nach außen, dann auch von außen nach innen. Wieder den Schwung aus dem lockeren Einsinken in den Knien holen.
- Auf einem Bein stehen; das andere schwingt vor und zurück. Wenn das rechte Bein nach vorne schwingt, bewegt sich der rechte Arm nach hinten. Beide Arme und ein Bein schwingen. Die Seite wechseln.
- Auf einem Bein stehen, das andere schwingt vor dem Körper seitwärts. Beide Arme machen die Gegenbewegung.
- Mit leicht geöffneten Beinen stehen. Die Arme schlenkern parallel vor dem Körper von einer Seite zur anderen. Der Schwung der Arme dreht den Oberkörper nach hinten.

Der Blick geht zunächst nach vorne, dann folgt der Kopf der Drehung nach hinten. Dann kann sich auch noch das der Drehung entgegengesetzte Knie leicht mitdrehen. Nun wieder zurück. Die Übung sollte mit dem Blick nach vorne enden.

Bei dieser Schwung-Übungsreihe kommt es vor allem darauf an, die Schwungkraft aus dem Loslassen in die Schwere zu schöpfen. Auf dem Höhepunkt des Schwunges sind die Glieder von selbst leicht. Mit kleinem Schwung beginnen, dann größer werden. Wenn diese

Übungen sicher beherrscht werden, kann etwas Neues dazukommen:
Bevor die Bewegung auf dem Höhepunkt zurückschwingt, kann man die Arme, Hände, Finger und auch das Bein und den Fuß kurz durchstrecken und damit in die Weite zielen. Im nächsten Moment ist aber die völlige Entspannung und das Pendeln in die Schwere gefordert. Das momentane Strecken und Zielen und das sofortige Entspannen beim Zurückschwingen in die Schwere schult den bewußten Zugriff auf die Glieder und auch das bewußte Loslassen.

Schütteln

Nacheinander die Hände, Arme, Füße, Beine und den Oberkörper schütteln. Dann schulterbreit stehen und von unten her ganz vorsichtig den Körper durchvibrieren – wie ein Baum, der vom Wind geschüttelt wird. Der Wind kann stärker werden und wieder abschwellen. Durch ein Zeichen des Übungsleiters hört der Wind auf und alle stehen eine Weile regungslos. Man merkt, wie sich im Körper die Bewegungen erst allmählich beruhigen.

Räkeln, Gähnen

Für Kinder ist es wichtig, möglichst bildhafte Anweisungen zu bekommen. Zu sagen: »Entspannt euch!« ist für sie zu abstrakt. Aber wie träge Krokodile in der Sonne zu dösen, oder sich wie Katzen zu räkeln und zu gähnen, – das kann helfen, einfache und elementare Entspannungsmöglichkeiten zu entdecken.
Daran kann sich ein Katzenspiel anschließen: Auf Händen und Füßen lautlos schleichen, drohen, fauchen, umeinander herumschleichen, schnurren, gierig zum Fressen laufen ...

Atmung

Atem und Gefühle hängen unmittelbar zusammen. Seelische Bedrückungen sind auch immer Atembedrückungen. Freude und Lachen befreien den Atem aus Verkrampfungen und Stauungen. Eigentlich spiegelt sich in der Art und Weise des Atmens, wie sich jemand seelisch fühlt, d.h. wie sich durch das Fühlen der Spannungszustand der Körpermuskulatur gestaltet. Viele Kinder und auch Erwachsene haben es verlernt, tief durchzuatmen, damit der Atemstrom bis hinunter in den Bauchraum, ins Becken und noch weiter schwingt und gleichzeitig auch den Brustraum erfüllt. Flach und gepreßt gelangt die Leben und Kraft spendende Luft meistens nur in die Brust.

Natürlich ist es möglich, mit dem Willen direkt den Atem zu beeinflussen und zu lenken. Aber das schafft gleichzeitig auch große Probleme, denn der bewußte Zugriff auf diesen Lebensvorgang stört den freien Atemfluß. Besser ist es, wenn durch schwingende Bewegungen oder durch Übungen, die nach einer Anspannungsphase loslassen, die Atemmuskulatur so angeregt wird, daß von selbst ein tieferes Einatmen und ein stärkeres Ausatmen passiert. Bei vielen der bisher geschilderten Übungen geschieht das. Wenn der Übungsleiter ein Gespür dafür entwickelt, wie Bewegungen auf den Atem wirken, kann er durch den Wechsel der Bewegungsfolgen auf diesem Gebiet viel bewirken. Auch durch Singen und Sprechen wird der Atem gelockert und befreit (siehe Kapitel »Ausdrucksfähigkeit/Sprache«). Wenn sich der verkrampfte Atem löst, entsteht Freiheit in der Brust und Wohlgefühl. Im folgenden werden einige Übungen geschildert, die über die Bewegung oder über das Loslassen der Muskelspannungen den »eingesperrten Atem« anregen sollen. Die »Lemniskate« kann man mit Kindern und Jugendlichen auch im Zusammenhang des Jonglierens üben. Der »Rhythmus« eignet sich auch gut als Übung, um den Raum zu spüren. Die beiden anderen Übungen sind wohl eher für ältere Jugendliche und für Erwachsene geeignet.

Lemniskate

Ein möglichst schwerer Jonglierball wird mit der rechten Hand vor der Stirn gehalten. Die linke Hand wartet geöffnet in Bauchnabelhöhe direkt darunter. Die obere Hand öffnet sich und läßt den Ball fallen. Die empfangende Hand soll die Schwere des Balles spüren. Dadurch wird sie zunächst nach unten gestoßen, schwingt aber dann nach außen und wird wie ein Pendel in Bewegung gesetzt. Wenn sie locker ist, dann reicht die Schwungkraft aus, daß sie bis über den Kopf kommt.

In der Zwischenzeit ist die rechte Hand, die vorher den Ball über dem Kopf losgelassen hat, nach unten vor den Bauchnabel gekommen und wartet schon darauf, vom herunterfallenden Ball in Schwung versetzt zu werden. Der Ball bewegt sich dabei in einer Lemniskate.

Wenn man sich auf das Schwingen einläßt, bewegt sich der Atem von selbst mit. Dabei zeigt es sich, daß diese lemniskatische Schwingungsform in ihrer Dynamik mit der Atembewegung identisch ist. Jedesmal, wenn ein Schwung zu Ende gekommen ist, scheint am Umschlagspunkt ein Moment der Ruhe und des Ausgleichs zu sein, bevor es wieder weitergeht. Beim Atem bewirkt dieser Moment am Ende des Aus- und Einatmens, daß es eine lebendige, schwingende Bewegung ist und kein mechanisches Herein- und Herauspumpen.

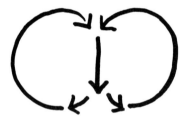

Lockern

Bei dieser Partnerübung liegt eine Person möglichst entspannt auf dem Boden, die andere lockert und bewegt ihr die Glieder. Durch vorsichtiges Anheben und Fallenlassen der Ellbogen, Knie und Hände können das Loslassen und die Entspannung gefördert werden. Ein Arm oder ein Bein kann auch hochgehoben und sanft geschüttelt werden. Vorsichtiges Hin- und Herwiegen des Beckens entspannt das Gesäß, die Kreuzgegend und die Beine. Die liegende Person soll sich dabei ganz geborgen und wohl fühlen.

Die Lockerung in den Gelenken ist auch zu erreichen, indem von dem aktiven Partner ein Gelenk nach dem anderen vorsichtig bewegt wird.

Bei dieser Entspannungsübung ist es nur wichtig, weich und vertrauensvoll zum Boden hin loszulassen und besonders in den Gelenken locker zu werden. Dadurch wird der Atem angeregt. Es kann geschehen, daß der Körper plötzlich nach viel Luft verlangt und die Einatmung bis tief in den Beckenraum geht. Sobald sich der Atem verändert, sollte der aktive Partner mit seinen Lockerungsbemühungen Rücksicht darauf nehmen, damit das Ein- und Ausatmen nicht gestört wird. Die liegende Person sollte auf gar keinen Fall bewußt tief atmen wollen. Nur das vertrauensvolle Loslassen ist wichtig.

Ein besonderer Spannungszustand besteht meistens zwischen dem Kopf und dem Schulter-Brustbereich. Wenn man im Kopf und in der Nackenmuskulatur alle Spannungen loslassen kann, dann füllt sich der Rumpf fast automatisch mit Luft.

Die Entspannung des Kopfes kann angeregt werden, indem der Aktive den Hinterkopf des Liegenden vorsichtig in beide Hände nimmt und zu verstehen gibt, daß der Kopf getragen und geborgen ist. Dadurch kann der Liegende die Kopfspannung loslassen. Nach einiger Zeit kann der Kopf auf den Boden gelegt werden. Durch vorsichtige Massage der Halsmuskeln und des hinteren Schädels wird die Entspannung unterstützt. Manchmal hilft es auch, wenn eine Hand auf der Stirn oder auf den Augen liegt und die andere Hand den Hinterkopf hält.

Der Aktive kann auch eine Hand auf der Stirn lassen und mit der anderen Hand beim Einatmen sanft vibrierend auf den Brustkorb drücken und beim Ausatmen loslassen. Als Abschluß können die beiden Hände ruhig auf Stirn und Brust – oder auch auf dem Bauch ruhen. Die liegende Person sollte Zeit haben, die Entspannung zu genießen.

Öffnen – Schließen

Auch diese Übung richtet sich nicht direkt auf den Atem. Sie verlangt das Öffnen der Gelenke, und wenn das gelingt, strömt der Atem von selbst tief herein – und sie fordert den aktiven Zugriff beim Schließen der Gelenke, was gleichzeitig eine kräftige und anhaltende Ausatmung bewirkt.

● Im Sitzen

Vorne auf der Stuhlkante aufrecht sitzen; beide Fußsohlen sind am Boden. In den Leisten öffnen und mit dem Oberkörper etwas nach hinten gehen. Auch die Oberarme leicht nach außen öffnen. Wenn der Umschlagspunkt erreicht ist, aktiv zugreifen und gleichzeitig den Oberkörper nach vorne führen und die Oberarme an den Körper heranziehen.

Wenn man das locker als Hin- und Herschwingen übt, pendelt sich der Atem von selbst ein, und beim Zugreifen entsteht ein aktives Ausatemgeräusch.

● Im Stehen

Das Öffnen und Schließen geschieht in den Fußgelenken. Die Arme heben sich wie Flügel und weiten dadurch den Brustraum. Die Höhe der Arme sollte erst allmählich gesteigert werden. Beim aktiven Heranführen der Arme an den Körper spannt sich fast die gesamte hintere Muskulatur an.

Diese Übung sollte nicht mechanisch durchgeführt werden. Innere Achtsamkeit und die Bereitschaft, sich auf das Öffnen und Schließen in den Fußgelenken und auf das Loslassen und Zugreifen der Muskulatur einzulassen, ist nötig. Dann schwingt sich der Atem von selbst in die Bewegung ein.

● Im Liegen

Auf dem Bauch liegen; die Beine liegen nebeneinander. Wenn man die Fersen nach außen wegsinken läßt, setzt sich diese Öffnungsbewegung bis ins Gesäß hinein fort. Aktiv und kräftig die Fersen, Beine und Gesäßbacken zusammenpressen und nach einer Weile wieder entspannt loslassen. Die Länge des An- und Entspannens richtet sich nach dem Hereinströmen und Hinausgepreßtwerden der Atemluft. Wichtig dabei ist, daß nicht bewußt geatmet wird, sondern daß sich der innere Zugriff nur beim Anspannen und Entspannen der Muskeln betätigt. Der Atemstrom sollte allerdings genügend Zeit haben, in den Körper hereinzukommen und auch wieder hinauszuströmen.

Der Rhythmus

Die folgende Übung stammt aus der Bothmergymnastik (siehe dazu v. BOTHMER 1981). Sie verbindet in einer schönen Weise Schwere und Leichte, Höhe und Tiefe, Enge und Weite miteinander. Durch das Schwingen wird der Atem frei und die Aufrichtung leicht.

Alle Armbewegungen vollziehen sich mit durchgestreckten, aber nicht überstreckten Ellbogen und Fingern mit der Vorstellung, als ob die Arme und Hände wie Strahlen in die Unendlichkeit zeigen. Diese Vorstellung ordnet den Körper in den Raum ein. Die Bewegungen werden dadurch offen für die Umgebung. Weil diese Öffnung in den Armen und im Brustbereich ansetzt, ist die Wirkung auf den Atem besonders stark.

Aus dem Stehen mit geschlossenen Füßen schwingen die Arme parallel vorne hoch bis über den Kopf. Durch den Schwung und den Zug der Hände wird der Körper auf die Zehenspitzen hochgezogen. Der ganze Körper ist in die Senkrechte eingeordnet. Die Arme und Hände greifen noch etwas höher. Dadurch kommt der rechte Fuß nach vorne.

In die Hocke heruntergehen und die Arme zuerst parallel nach unten und dann auf beiden Seiten nach außen schwingen und aus dem Aufschwung der Arme zum Stehen kommen. Die Arme schwingen von den Seiten nach innen; sie beschreiben eine Horizontallinie und überkreuzen sich vor der Brust.

Aus dieser Überkreuzung ziehen die Arme nach oben und beschreiben einen Kreis nach außen. Durch den Zug nach oben kommt der Körper wieder auf den Zehenspitzen zu stehen. Die Arme schwingen nach unten an die Seite. Dabei in die Hocke heruntergehen. Der parallele Aufschwung der Arme vor dem Körper führt wieder aus der Hocke hoch. Wenn beide Arme über dem Kopf in die Höhe zeigen, beginnt durch ein leichtes Höhergreifen und das Versetzen des linken Fußes nach vorne der zweite Durchgang. (Abb. 3)

Abb. 3

1   2   3   4   5   6

3. Ebene: Ausdrucksfähigkeit

Für Bewegung und ausdrucksvolles Spielen ist es entscheidend, wie wir unseren Leib benutzen; wie geschickt oder ungeschickt wir die Glieder bewegen; wie schnell wir seelisch und dann auch körperlich auf Situationen reagieren. Es gibt Kinder, die haben ungeschickte Hände, oder es fehlt das Feingefühl in den Fingern; andere tun sich schwer, ihre Füße flink zu bewegen oder gar den ganzen Körper elastisch zu drehen. Wenn man sich klar macht, daß der Säugling in der Wiege noch keinerlei koordinierte Bewegung ausführen kann und daß das Sitzen, Stehen, Gehen, Springen, Greifen, Schreiben usw. mühsam erlernt werden muß, dann sieht man, daß auf diesem Weg jeder Mensch grundlegende Erfahrungen macht, die sein Selbstgefühl ganz elementar prägen. Wenn es gelingt, im Laufe der Kindheit den Körper so zu beherrschen und so geschickt mit ihm umzugehen, daß er nicht als Hemmnis, als schwer und unbeweglich erlebt wird, dann bildet sich durch das Erüben der Geschicklichkeit in der Seele ein Gefühl der Unabhängigkeit und der Freiheit heraus: Ich stelle mir eine Bewegung vor; ich will sie ausführen; ich vollbringe die Bewegung; sie gelingt! Das gibt dem eigenen Willen Selbstbestätigung und Sicherheit! Man könnte von einem inneren Bewegungs-Dirigenten sprechen, der das Orchester des Leibes (die Glieder) dirigiert. Wenn der Dirigent klare und genaue Anweisungen gibt und das Bewegungsorchester gelernt hat, flink und präzise zu reagieren, dann funktioniert das Zusammenwirken, und der Dirigent hat das Erlebnis, frei mit seinem Orchester gestalten zu können. Von dem Moment an, wo der Säugling zum ersten Mal eine zielgerichtete Bewegung ausführt, beginnt sich der Dirigent in der Seele zu entwickeln (der bewußte Wille), und die Glieder beginnen, diesem Willen zu folgen. Viele Bewegungen, die die Glieder gelernt haben, können dann ohne bewußte Führung des Dirigenten ausgeführt werden, aber bei jeder neu zu erlernenden Bewegung muß der innere Bewegungs-Dirigent sehr wach und kraftvoll gestalten; er muß sich auf die entsprechenden Glieder einstellen. Eine neue Bewegung üben heißt dann, solange probieren, bis die Bewegungsvorstellung ganz klar ist und der innere Zugriff auf die Glieder gelingt (PRÖMM 1965).

Bei allen Geschicklichkeitsübungen, beim Jonglieren, bei der Akrobatik usw., wird das geübt. Für das Improvisieren und Clownspielen kommen aber besonders Körperübungen in Betracht, die die Reaktionsfähigkeit entwickeln. Schnelles Wechselnkönnen von einer Bewegung in die andere wird dabei gelernt.

Und es kommt noch eine neue Ebene dazu. Es muß auch geübt werden, daß Stimmungen, Gefühle und Vorstellungen nicht nur im Inneren bleiben oder sich durch Worte äußern, sondern daß sie sich im ganzen Körper zeigen. Der innere Dirigent hört die Anweisung »Angst«. Das nächste, was geschieht, ist, daß sich die Angst von einer Vorstellung in ein Gefühl verwandelt – und sofort verändern sich der Atem und der Blick. Wenn es der Dirigent zuläßt oder will, breitet sich die Angst weiter im Körper aus. Vielleicht geschieht ein Zurückweichen oder ein Einziehen des Kopfes und des Brustkorbes. Die Fußsohlen verlieren ihre feste Verhaftung am Boden. Sogar die Haut fängt an, leicht zu kribbeln.

Dieser Übergang von der Vorstellung zum Gefühl zum Körperausdruck ist entscheidend für das ausdrucksvolle Spielen. Er muß regelrecht freigeräumt werden, denn das ist die Stelle, wo unsere gewohnten Lebenshaltungen dem Körper (der Muskulatur) und der Seele (dem Unbewußten) festgewordene Gefühle eingeschrieben haben. Diese festen inneren Formen verhindern den freien spielerischen Ausdruck. Wichtig dabei ist, daß alle Körperbereiche Ausdrucksorgan für die Gefühle sein können. Auch das Formen und Gestalten mit der Sprache sowie aktive und sensible Sinneserlebnisse sind dabei sehr wichtig.

Wenn die Durchlässigkeit des Körpers für die fühlende und spielende Seele entsteht, dann kann sich der innere Bewegungsdirigent als Künstler, als Spieler empfinden, der seine Leiblichkeit frei benützen kann, so wie es ihm Phantasie und Gefühl eingeben. Vorstellungen und Empfindungen zeigen sich dann ungehindert im beweglichen Spiel der Muskulatur, des Atems, der Blutzirkulation und des Blickes.

Sinneserlebnisse

Unser Gefühlsleben hängt auf der einen Seite stark mit dem zusammen, was die Sinne von der Welt vermitteln. Hören, Sehen, Riechen, Schmecken und Tasten geben uns zwar Kunde von Gegenständen und Ereignissen, aber jeder erlebt diese Eindrücke mit unterschiedlicher Intensität.

Heute sind viele Kinder und auch Erwachsene auf den verschiedenen Sinnesebenen weitgehend abgestumpft. Im Grunde genommen besteht diese Abstumpfung in mangelndem Interesse, d. h. bei einem Eindruck entsteht nur eine schwache innere Bewegung, die sich auf das Bild, den Ton oder den Geruch richtet. Das neugierige und interessierte Hineinhören, Hineinsehen oder auch Hineintasten in die Töne, Farben und Materialien der Welt muß heute durch Spiele, Übungen und auch durch Interesse weckende Schilderungen erst wieder angeregt werden.

Der Clown ist für das intensive Sinneserleben ein großes Vorbild. Er ist nicht nur neugierig, er kann auch staunen, weil er die Dinge nicht sofort mit ihrem sachlichen Namen benennt, sondern seine Phantasie damit spielen läßt. Diese Haltung bewirkt, daß er sich seelisch wirklich mit dem Wahrnehmungsobjekt konfrontiert und sich dafür interessiert. Dadurch entstehen in seinem Inneren intensive Gefühle beim Erleben eines Tones oder eines Geschmackes. Für das ausdrucksvolle Darstellen von Gefühlen ist ein farbiges und differenziertes Sinneserleben eine wichtige Voraussetzung, denn erst, wenn es möglich ist, daß die Sinneserlebnisse tief, d. h. intensiv mit dem Körper empfunden werden, können auch weniger körperbetonte Gefühle leichter dargestellt werden. Sogar die Sprache wird dadurch plastischer und lebensvoller.

Vorgestellte Sinneserlebnisse spielen

Der Spielleiter schildert die Situation. Alle stellen sich das entsprechende Erlebnis genau vor und stellen es pantomimisch dar. Wenn sich die Geschehnisse auf Sinneserlebnisse beziehen, bewirkt das eine starke Konzentration auf den jeweiligen Sinnesbereich. Man kann diese Anregungen gut in eine »Phantasiereise« (siehe Kapitel »Improvisation/Gruppenimprovisationen«) einbauen. Dadurch lassen sich viele Sinne auf eine Situation beziehen. Die Bewegungen und das Spiel sollen sich der gerade empfundenen Sache anpassen.

Beispiele:

- Sehen

  Eine schwirrende Mücke, einen schwebenden Adler, einen Düsenjäger, ein Tennismatch beobachten.
  Aussicht von einem hohen Turm aus.
  Wandern im Nebel.
  Wir bewegen uns nachts auf ein Licht zu.

- Hören

  Wir hören ein knabberndes Mäuschen; in der Ferne grollt Donner.
  Ein Krankenwagen mit Martinshorn kommt immer näher.
  Wir lauschen an der Tür. Wir sind schwerhörig.

- Schmecken

  Wir essen Verschiedenes: saure Zitronen, süße Zuckerwatte, Würstchen mit Senf, ein scharfes Paprikagemüse usw.

- Riechen

  Wir laufen durch die Stadt und kommen an verschiedenen Fabriken vorbei.
  Auf einer Blumenwiese riechen wir an den Blumen.
  Ein Bauer fährt Gülle aus.

- Tasten

  Wir gehen barfuß durch kaltes Wasser, durch Sand, Gras, Geröll.
  Wir werfen uns verschieden große Bälle und andere Gegenstände zu.

Wirkliche Sinneseindrücke darstellen

Die folgenden Übungen versuchen, die wirkende Kraft eines bestimmten Sinneseindruckes zum Erlebnis zu bringen. Die differenzierte Wirkung, die z. B. von einem

Orangengeschmack oder von einem Hupton ausgeht, soll aber nicht mit Worten beschrieben werden – das ist natürlich auch möglich –, sondern die erlebte Wirkung soll umgesetzt werden in eine eigene Gestaltung. So kann ein Ton durch eine Bewegung, ein Geschmack durch ein Standbild ausgedrückt werden. Daraus können sich ganze Szenen entwickeln. Durch die Umsetzung in eigenes spielerisches Tun ist ein intensives Eingehen auf das Sinneserlebnis nötig.

- Geschmack
  Kleine Stückchen von Zitronen, Äpfeln, Ananas, Schokolade usw. werden nacheinander geschmeckt und gegessen. Immer wenn ein Geschmack intensiv erlebt worden ist, besteht die Aufgabe darin, die innere Gestalt dieses Erlebnisses auf einem anderen Sinnesgebiet auszudrücken: als Ton, Bewegung, Geste, Form.

- Gerüche
  Mit geschlossenen Augen wird ein Geruch erlebt. Der Riechende versucht, die Qualität des Geruches als Statue darzustellen. Die Antwort auf den Geruch könnte auch eine freie Bewegung oder ein Geräusch sein. Verschiedene Gerüche: Gewürze, Parfüms, Obst, Erde usw.

- Gegenstände
  Blind wird die Form eines möglichst unbekannten Gegenstandes ertastet: Das innere Erlebnis soll als Bewegung, Statue oder als Ton ausgedrückt werden.

- Töne
  Ein Partner produziert Geräusche und Töne; sein Mitspieler sucht die passenden Bewegungen dazu. Wenn die beiden gut aufeinander eingespielt sind, kann sich eine kleine getanzte Szene daraus entwickeln.

- Licht
  Einzelne Lichterfahrungen (Kerze, Strahler, Neonröhre usw.) können als Bewegung, Statue oder Geräusch dargestellt werden.

- Farben
  Rotes, blaues, gelbes Licht oder Farbflächen sollen als Anregung dienen, sich in die Qualität der jeweiligen Farbe zu vertiefen. Daraus soll eine Szene in der entsprechenden Stimmung improvisiert werden.

- Lichtgespräch
  In der Dunkelheit kann ein Spiel mit verschiedenen Lichtquellen stattfinden: Kerzen, Taschenlampen. Wenn man Tücher davorhält, entstehen verschiedene Eindrücke. Durch Zudecken und Verändern kann sich ein »Lichtgespräch« entwickeln.

- Kerzenspiel
  Einer sitzt in einem dunklen Raum und behütet seine Kerze. Zwei Mitspieler kommen mit Taschenlampen angeschlichen. Welches Spiel ergibt sich daraus?

- Laute
  Ein Vokal oder ein Konsonant wird gesprochen. Der Hörende versucht, die innere Gestik dieses Lautes als Bewegung, Statue oder Aktion darzustellen. Es ist auch möglich, eine Szene zu improvisieren. (Der Buchstabe A hat z. B. einen völlig anderen inneren Ausdruck als der Buchstabe T).
  Siehe dazu auch Kapitel »Ausdrucksfähigkeit/Sprache«.

- Wörter
  Wörter und Begriffe können innerlich »geschmeckt« und »empfunden« werden. Welche Geste machen die Wörtchen »wo?«, »dort!«, »ein«, »und«? Gerade solche abstrakten Wörter eignen sich gut dazu, um innerlich in Bewegung zu kommen. Man kann versuchen, die Gestik dieser Wörter durch einen Ton, eine Bewegung, eine Statue oder eine Szene auszudrücken.

- Menschen
  Im Verlauf eines Übtages oder Übwochenendes könnte jeder Teilnehmer durch ein geheimes Los einen Partner/eine Partnerin erwählen. Die Aufgabe bestünde darin, Bewegungen, Sprache, Blick und Verhalten der ausgelosten Person genau zu beobachten und inner-

lich abzuspüren, welche innere Gestalt sich in den Eigenarten äußert. Das Empfundene könnte in Form einer Szene, eines Gedichtes, eines passenden Wunsches oder Geschenkes am Ende ausgedrückt werden.

- Gruppenspiele

  Die Aufgaben können auch so gestellt werden, daß nicht einzelne aus der Anregung eines Sinnes innerlich aktiv werden und etwas gestalten, sondern daß eine ganze Gruppe versucht, eine Farbe, einen Geruch, einen Ton oder aber auch ein Wort als Szene, Statue usw. auszudrücken. Interessant ist es auch, die innere Gestalt eines gut bekannten Menschen in dieser Weise darzustellen und von anderen erraten zu lassen.

Die Sinne führen

Wir sehen etwas, das zieht uns zu sich heran. Der ganze Körper folgt den Augen. Kaum sind wir dort, sehen wir das nächste und werden durch die Augen hingezogen. Dasselbe mit Hören und Riechen.
Durch das Riechen z. B. kommt man zu dem Erleben, wie sich schnüffelnde Hunde wohl ständig fühlen.

Tongespräch

Nach einer Anspannungsphase (z. B. »Freies Training« oder Ringen) liegen alle locker mit geschlossenen Augen auf dem Boden. Nach einer kurzen Beruhigungszeit beginnt eine Unterhaltung mit Lauten und Tönen, aber ohne Worte. Beim ersten Versuch vielleicht nur mit Vokalen, später können Konsonanten und andere Stimmgeräusche hinzukommen. Wenn eine Gruppe eingeübt ist, gibt es weitere Möglichkeiten: Geräusche mit Händen und Füßen (z. B. rhythmisches Klopfen), Gegenstände und einfache Instrumente.
Zunächst ist es meistens so, daß jeder aktiv mitteilt, was er zu sagen hat. Das ergibt ein ziemliches Durcheinander. Nach und nach kann es aber gelingen, daß wirklich zugehört wird, und die eigene Äußerung eine Antwort auf das Gehörte darstellt. Wenn das erreicht wird, öffnet sich innerlich ein neuer Raum: der Bereich des Zuhörens und Mitteilens – ohne daß der Verstand gleich benennen könnte, was gesagt wird. Meistens haben die Teilnehmer dabei ein starkes Zusammengehörigkeitserlebnis.
Diese Übung eignet sich gut dazu, eine Gruppe zusammenzuführen. Mit fortschreitendem Können sind Improvisationen zu bestimmten Themen möglich:
– Vom Chaos zur Harmonie
– Suchen und Finden
– Von der Trauer zur Freude.

Tastreise

Ein »Blinder« wird von einem »Sehenden« zu verschiedenen Stellen im Raum geführt. Er soll verschiedene Gegenstände, Wände, Fußböden usw. betasten.
Der »Sehende« kann dem »Blinden« auch einen ausgefallenen Gegenstand (Spielzeug, Ast, Werkzeug …) in die Hände geben. Er soll ihn ertasten.
Barfuß kann der »Blinde« auch über verschiedene Böden geführt werden.

Hände

Drei bis vier Personen sitzen im Kreis zusammen. Sie haben die Augen geschlossen. Ihre Hände und Arme tanzen in der Mitte des Kreises. Dabei können auch Kontakte, ein Miteinander und Gegeneinander entstehen:
- mit Musik
- nach Stichworten: Wasser, Fische, Flügel, Springbrunnen, Feuer usw.

Mit den Füßen ist ähnliches möglich.

Eine Reise ins Land der Sinne

Jeder hat einen Gegenstand mitgebracht, der ihm sehr ans Herz gewachsen ist. Es sollte etwas sein, was schön oder besonders anzuschauen ist. Diese Gegenstände werden vom Übungsleiter und seinen 2–3 Helfern eingesammelt. Der Raum, in dem die Reise stattfinden soll, wurde vorher präpariert. Die Teilnehmer wissen nicht, was auf sie zukommt.
Sie stehen mit verbundenen Augen barfuß vor der Türe

und werden einzeln hereingeholt. Ein Rundgang führt sie über Stuhlreihen und unter Tischen hindurch. Der Boden besteht aus verschiedenen Materialien. Sie sollen alles spüren, was ihre Füße tasten. Manchmal ist es wichtig, auf wackligen Balken oder Stühlen das Gleichgewicht zu suchen. Unterwegs ist auch eine Station, bei der die Hände mit Wolle, Mehl, kaltem Wasser, warmem Wasser u.a. in Berührung kommen.

Wenn alle diesen Weg gegangen sind, wird die ganze Gruppe in Schulterfassung durch den Raum zu einem vorbereiteten Platz geführt. Dort setzen sich alle im Kreis nebeneinander. Es ist ganz ruhig. Auf einem vorbereiteten Tisch stehen Öle und andere duftende Stoffe, die jetzt nacheinander jedem zugefächelt oder auf die Hand getropft werden. Die Teilnehmer geben sich ganz dem Riechen hin.

Danach werden sie mit kleinen Häppchen Obst (auf Zahnstochern), Schokolade und anderen Leckereien gefüttert. Bei all dem muß darauf geachtet werden, daß genug Zeit ist zum Empfinden und Nachklingenlassen der verschiedenen Wahrnehmungen.

Nach dem Schmecken lassen die Helfer einfache, aber eindrucksvolle Klänge aus verschiedenen Instrumenten erklingen (Bambus- oder Choroiflöte, Leier, Triangel usw.); auch einfache Geräusche werden erzeugt: Papierrascheln, Wassergluckern, Händereiben, Blasen ...

In der Zwischenzeit haben die Helfer vor jeden Teilnehmer dieser Reise eine Kerze gestellt und den besonderen Gegenstand, den jeder mitgebracht hat, dazugelegt. Nun werden allen die Augenbinden abgenommen. Sie sehen nach langer Dunkelheit den farbigen Schein der Kerzen und den Gegenstand, der ihnen ans Herz gewachsen ist. Mit dem ruhigen Betrachten des Lichtes und des Gegenstandes sind die Reisenden an ihr Ziel gekommen.

Meistens schließen sich recht persönliche und aus einer tiefen Ruhe kommende Gespräche über die unterschiedlichen Überraschungen, Freuden und Ängste dieser Reise an.

Diese Unternehmung gelingt nur, wenn die Teilnehmer sehr diszipliniert sind. Alle Privatgespräche zerstören die Stimmung und lenken von dem ruhigen und tiefen Empfinden ab. Diese Sinneserweckungsübung ist für das Clownserleben sehr wichtig.

Körperausdruck

Die folgenden Übungen sollen dazu beitragen, daß die Gefühle und Vorstellungen nicht im Innern bleiben, sondern sich durch das bewegliche Spiel der Muskulatur äußern können. Einerseits sind das Anforderungen an die Vorstellungskraft und an das Einfühlungsvermögen – sich Gefühle, Stimmungen, Typen, Bewegungen innerlich wirklich klar zu machen – andererseits stellt es auch Anforderungen an die körperliche Beweglichkeit und Durchlässigkeit. Seelische Hemmungen zeigen sich hier sehr deutlich.

Manche Übung kann leichter angegangen werden, wenn sich die Gruppe vorher schon vielfältig bewegt hat, und wenn sich die Teilnehmer schon etwas aufeinander eingespielt haben. Gegenseitiges Vertrauen hilft, sich seelisch zu öffnen und Gefühle zu zeigen.

Stationen

Es werden einige Stationen (5–10) ausgemacht, bei denen jeweils eine bestimmte Bewegung oder Handlung geschieht.

Beispiel
1. Basissprung
2. Schulterrolle vorwärts
3. Flach auf dem Rücken liegen
4. Schulterrolle rückwärts
5. Luftsprung mit Klatschen über dem Kopf
6. Hinfallen
7. Seitwärtsrolle
8. Stehen

Dieser Ablauf sollte solange geübt werden, bis jeder die Reihenfolge kennt. Dann kann durch ein Tamburin oder durch Klatschen gezählt werden, wobei immer bei einem bestimmten Schlag (z. B. bei jedem 4. Schlag) eine Aktion stattfindet. Die Pausen zwischen den einzelnen Stationen können nach einigen Durchgängen auch verkürzt werden.

Nun können dieselben Bewegungen in einer bestimmten Stimmung ausgeführt werden: ruhig, fließend ohne Stops, lustig, traurig, wütend, vorsichtig, ängstlich …

Indem man versucht, turnerische Übungen, die eigentlich nichts mit einem bestimmten Gefühl zu tun haben, seelisch einzufärben, kommen Seele und Körper in eine größere Beweglichkeit als bei typischen und eingeprägten Freude- oder Trauerbewegungen.

Das Reaktions-Spiel erhält noch eine ganz andere Note, wenn nicht artistische Bewegungen ausgeführt werden sollen, sondern konkrete Handlungen.

Beispiel
1. Suchen
2. Finden
3. Wegwerfen
4. Jemanden treffen
5. Streit
6. Zornausbruch
7. Versöhnung
8. Lachen
9. Verabschiedung
10. Weggehen

Auch dabei ist es sehr schön, wenn die Stationen in verschiedenen Stimmungen durchgespielt werden. Dieses Spiel bringt große Wachheit in eine Gruppe. Die schnellen Wechsel schulen das Reaktionsvermögen.

Schatten

Um die Schüler für die Möglichkeiten des körperlichen Ausdrucks aufzuwecken, ist das Nachahmen sehr geeignet. Wichtig dabei ist, daß sich der aktive Teil die verschiedensten Tätigkeiten einfallen läßt. Sein Schatten folgt ihm und versucht, alles getreu nachzuahmen. Dieses Spiel ist auch möglich, wenn zwei Personen eine Tätigkeit ausführen (der Barbier rasiert z.B. einen Kunden), und die zwei Schatten machen alles nach. Eine Person kann auch eine größere »Schattengruppe« hinter sich haben.

Spiegel

Es gibt keinen wirklichen Spiegel. Einer der beiden Partner macht als Spiegelbild die Bewegungen des anderen genau nach:
- Grimassen
- Echte Gesichtsausdrücke
- Tätigkeiten: Schminken, Zähne putzen, anziehen…
- Situationen: Am Morgen übermüdet aufstehen, Schönmachen für ein Rendezvous, Probe für einen Vortrag, Probe für eine »Standpauke«…

Es ist auch möglich, als Gruppe zu spielen: Eine Person steht vorne, die anderen stehen ihr gegenüber (hinter- oder nebeneinander).

Eine Clownsnummer, die sich aus dieser Übung entwickelt hat, ist im Kapitel »Klassische Clownsstücke: Der kaputte Spiegel« beschrieben.

Bewegungsformen

Wir bewegen uns ganz klein, ganz groß, rund, ohne einen Moment anzuhalten, in Zeitlupe oder schnell, eckig wie Roboter, wie Fische (die zusammengelegten Hände vor dem Kopf führen das schlängelnde Auf und Ab der Bewegungen), wie Elfen, wie holprige Riesen …

Formlos – Erstarrt

Von einer neutralen Haltung aus werden zuerst zwei Stufen des »Formlos-Werdens« erübt:

Zuerst das Torkeln von Betrunkenen. Es fängt mit weichen Knien an und setzt sich in getorkelten Bögen fort. Der ganze Körper wird weich.

Auf der nächsten Stufe ähnelt die Bewegung einem Weichtier. Die Schwungbögen vergrößern sich. Erst im letzten Moment fängt man das völlige Hinsinken auf den Boden ab.

Nach einem erneuten neutralen Gehen beginnen die zwei Stufen des Erstarrens. Zuest ähnelt es einem angespannten Managertyp, der zielstrebig und willenshaft durch den Raum eilt. Die Extremform besteht in völlig angespannten Bewegungen, nahe dem Erstarren.

Wenn diese Bewegungsarten jedem Spieler klar geworden sind, bekommen sie Nummern.

1 – weich
2 – betrunken
3 – neutral
4 – angespannt
5 – erstarrt

Nun kann der Spielleiter durch Zurufen einer Nummer die Gruppe »weich« usw. machen.
Durch den schnellen Wechsel der Bewegungsarten wird die innere und äußere Beweglichkeit stark gefordert.

Luftballonspiele
Um den eigenen Körper geschmeidig und geschickt bewegen zu können, ist es nötig, die einzelnen Körperteile isoliert, d. h. für sich bewegen zu können. Mit Schülern ist es vorteilhaft, wenn diese Übungen spielerisch ablaufen.
Jedes Gruppenmitglied hat einen aufgeblasenen Luftballon und versucht, ihn mit einzelnen Körperteilen in der Luft zu halten: Stirn, Hinterkopf, Nase, Kinn, Schultern, Ellbogen, Handgelenke, einzelne Finger, Brust, Rücken, Gesäß, Oberschenkel, Knie, Füße.
Das kann im Gehen, Stehen, Sitzen, Liegen geschehen.
Wenn das geübt ist, und wenn jedem Spieler die möglichen Körperteile bewußt geworden sind, können zwei Personen einen Luftballon – später auch zwei Luftballons – bewegen.
Wenn auch das technisch einigermaßen gelingt, ist es möglich, mit dieser mehr körperlich betonten Übung seelische Stimmungen zu verknüpfen. Durch Angaben des Gruppenleiters wie »hektisch«, »müde«, »wütend«, »langsam«, »freundlich«, »aggressiv« … usw. kann bewirkt werden, daß die Luftballons in der jeweiligen Stimmung angetippt, geschlagen oder gestreichelt werden. So verbinden sich Gefühle mit den Körperbewegungen.

Körperteile
Wer Personen beobachtet, die sich besonders auffällig bewegen, wird bemerken, daß meistens ein Körperteil aus der normalen Aufrichtungsgestalt hervortritt. Darin drückt sich natürlich eine innere Haltung aus.

Wir gehen zunächst normal und locker durch den Raum. Dann betonen wir abwechselnd einzelne Körperteile. Diese führen die Bewegung an, der übrige Körper folgt hinterher:
Stirn, Nase, Kinn, Hals, Schultern, Ellbogen, Hände, Brustkorb, Bauch, Becken, Knie, Füße.

Das Üben dieser Bewegungsweisen lockert einerseits die eigenen Bewegungseigentümlichkeiten auf, andererseits schafft es die Möglichkeit, andere Menschen im eigenen inneren und auch äußeren Nachbewegen besser zu verstehen. Der Körperausdruck wird dadurch wandelbarer.

Bewegungstypen
Was bei den »Körperteilen« geübt wurde, kann jetzt benutzt werden. Wir wählen typische und markante Gestalten, die sich in der Bewegung deutlich unterscheiden. Jeder Typ betont einen anderen Körperteil:
Dicker Direktor, hektischer Professor, feine Dame, pöbelnder Halbstarker, alte Frau, arbeitender Bauer, steifer Beamter, kräftiger Möbelpacker, schleichender Dieb …
Die Gruppe ist ständig in Bewegung. Die Anweisungen, welcher Bewegungstyp dargestellt werden soll, wechseln.

Redewendungen
Um sich in einer spielerischen und doch tiefer gehenden Weise mit den Hemmungen und Möglichkeiten der einzelnen Körperbereiche auseinanderzusetzen, ist folgendes Spiel sehr anregend:
Auf Zetteln ist jeweils eine Redewendung geschrieben, die sich auf einen Körperteil bezieht. Jeweils zwei oder drei Spieler haben die Aufgabe, den Sinn des Satzes als pantomimische Szene darzustellen. Die Zuschauer sollen die Redewendung erraten.
Beispiele:
Mit beiden Füßen auf dem Boden stehen.
Keinen Boden unter den Füßen haben.
Einen Buckel machen.
Die Ellbogen gebrauchen.

Engherzig sein.
Das Herz öffnen.
Auf die leichte Schulter nehmen.
Die kalte Schulter zeigen.
Nackenschläge einstecken.
Sich durchbeißen müssen.
Halsstarrig reagieren.
Jemandem die Stirn bieten.

Gänge
Alle laufen durcheinander. Der Gruppenleiter ruft die Anweisungen für die Gangarten. Die Übenden sollten Zeit haben, sich in eine Bewegungsweise so lange zu vertiefen, bis auch die Augen und das Gesicht die jeweilige Haltung ausdrücken:
Schlendern, spazieren, marschieren, eilen, rennen, hüpfen, springen, kriechen, schleichen, huschen, stolpern, schwanken, balancieren, sich schleppen ...

Gesichter
Jeder steht so im Raum, daß sein Gesicht von den anderen nicht gesehen wird. Zunächst besteht die Aufgabe darin, die Bewegungsmöglichkeiten der Gesichtsmuskulatur zu erforschen. Dies kann zum Grimassenschneiden führen. Wenn das Grimassieren genügend ausgekostet ist, beginnt die eigentliche Übung:
Der Spielleiter gibt eine seelische Stimmung an, die sich in der Mimik des Gesichtes zeigen soll. Aber es muß genügend Zeit sein, damit sich die Stimmung vom Gesicht aus über den ganzen Körper ausbreiten kann. Blick und Mimik werden dabei auch den Atem verändern. Das Ganze mündet in eine entsprechende Bewegung oder sogar in eine bestimmte Aktion den Mitspielern gegenüber.

Beispiele:
Müdigkeit, Skepsis, Hoffnung, Lauern, Unsicherheit, Selbstsicherheit, Langeweile, Gleichgültigkeit, Trauer, Gier, Neid, Ärger, Wut, Tadel, Eifer, Neugier, Freude, Angst, Albernheit, Mitleid, Verträumtheit, Grübeln ...

Stimmungsfelder
Durch Tesakrepp-Bänder wird der Boden z. B. in vier verschiedene Felder aufgeteilt. Jedes Feld erhält die Bezeichnung einer Gefühlsstimmung oder eines Bewegungstypen: fröhlich, traurig, wütend, freundlich oder cholerisch, phlegmatisch, sanguinisch, melancholisch ...
Alle gehen frei durch den Raum. Sobald ein neues Feld betreten wird, verändern sich der gesamte Bewegungsausdruck, die Mimik und auch der Blick.
Diese Übung kann noch gesteigert werden, indem der Spielleiter einen Gong anschlägt, der alle erstarren läßt. Nun hat jeder die Aufgabe, sich in die momentane Haltung einzufühlen und ein passendes Wort oder einen typischen Satz zu finden. Beim zweiten Gongschlag lösen sich alle aus der Erstarrung und spielen mit Sprache weiter.

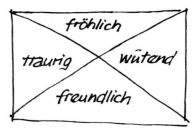

Elefantenrüssel
Fast schulterbreiter Stand. Die Arme hochnehmen, so, als hielte man einen Ball zwischen den Händen. Nach vorne beugen, dabei aber die gerade Linie von den Armen bis zum Steißbein so lange wie möglich halten. Den vorgestellten Ball vor den Körper auf den Boden legen und die Arme, den Kopf und den Oberkörper locker (wie einen Elefantenrüssel) hängen lassen. Ruhig und tief atmen. Spüren, wie der Atem bis in das Becken geht. Hörbar und locker ausatmen. Das Körpergewicht ist fast nur auf den Zehen und den Fußballen. Die Ferse liegt locker auf. Die Knie sind zunächst etwas gebeugt. Nach einiger Zeit kann man sie immer mehr strecken.
Durch leichtes Schlenkern der Arme und des Kopfes immer wieder prüfen, ob der gesamte Oberkörper locker hängt.
Durch diese Übung wird Verschiedenes bewirkt:
● Zehen und Fußballen finden einen intensiven Kontakt

zum Boden. Ein Vibrieren der Beine erzeugt eine natürliche Entkrampfung der Muskulatur.
- Waden, Oberschenkel und die Rückenmuskulatur werden gedehnt.
- Durch das Hängen und Entspannen des Oberkörpers wird der Körper aus seiner Gewohnheitshaltung herausgelöst. Wenn man sich nach einiger Zeit langsam wieder aufrichtet, steht man in den ersten Momenten ohne den Schutzschild der gewohnheitsmäßigen Muskelspannungen und Haltungen da. In der Bioenergetik (A. LOWEN 1979), die diese Übung auch verwendet, wird dieser Moment benützt, um tieferliegenden Gefühlen im Körper nachzuspüren. Beim Improvisieren kann diese offene Seelen-Körpersituation fruchtbar gemacht werden, indem man ein bestimmtes Gefühl oder einen bestimmten Ausdruck darstellt. Die Seele kann viel freier und ungehemmter »Freude«, »Schmerz«, »Wut« ... durch den Körper und auch durch die Sprache ausdrücken.

Im Kreis nachahmen
Ohne Unterbrechung wandern die Aktionen von einem zum anderen. Der Übungsleiter macht immer wieder etwas Neues vor.

Rhythmen:
Stehend oder sitzend gibt jeder seinen Klatscher an den Nachbarn weiter, indem er sich ihm zuneigt. Das sieht aus, wie Dominosteine, die nacheinander umkippen.
Dann wird es schwieriger:
– Stampfen links – rechts, dann klatschen.
– Linker Fuß, rechter Fuß, Händeklatschen, rechter Fuß.
Vielfältige Rhythmen mit Stampfen, Klatschen und Fingerschnalzen sind möglich. Natürlich kann man auch mit Gegenständen oder Instrumenten Töne oder Geräusche erzeugen, die durch den Kreis wandern.

Bewegungen:
- Nacheinander in die Hocke gehen. Wenn alle hocken, steht der erste wieder auf und die anderen folgen der Reihe nach.
- Nacheinander springen alle hoch und klatschen mit gestreckten Armen.
- Auf die Zehen hochgehen.

Gesichter:
Staunen, Schreck, Grinsen, Lachen, Stirnrunzeln, zorniger Blick, mitfühlender Blick usw. wandern im Kreis von einem zum anderen.

Ausdruck:
Jetzt geht es um den ganzen Körper, der etwas ausdrücken soll:
Zornig stampfen, eine Idee haben, lachend auf die Schenkel klopfen, suchend umherschauen, durch Handschlag den Nachbarn begrüßen ...

Stimme:
Fragen: Wo? Wann? Wie? Warum?
Ausruf: Ach! Au! Ooh!
Befehle: Geh weg! Bitte bleib!
Bitten: Komm doch!

Gegenstände:
Ein Schal, ein Stock oder eine Tasche wandern von einem zum anderen. Die Aufgabe besteht darin, daß jeder den Gegenstand durch seine Phantasie in etwas anderes verwandelt und damit eine kurze Szene spielt. Der Schal kann z.B. sein: eine Schlange, das Gesichtstuch eines Bankräubers, das Schultertuch einer feinen Dame, das Balanceseil einer Artistin ...

Stehende Bilder
Jeder sucht einen freien Platz im Raum. Das Licht geht aus. Der Spielleiter sagt z.B. das Wort »Streit«. Jeder sucht eine Haltung, die dieses Wort für ihn darstellt. Das Licht geht wieder an. Alle stehen regungslos in einer Haltung, die für sie »Streit« darstellt. Das Licht geht aus. Ein neues Wort läßt ein anderes Bild entstehen.
Diese Übung eignet sich gut als Abschluß eines Übtages. Sie verlangt schnelles Umschalten und Wachheit im ganzen Körper, um rasch von einer Haltung in die andere

wechseln zu können. Die Durchlässigkeit des Körpers für die Vorstellung und das Gefühl muß blitzschnell und eindeutig erfolgen.
- Die ganze Skala der Gefühle kann so durchgespielt werden: Freude-Angst, Streit-Versöhnung, Suchen-Finden ...
- Auch Schauplätze eignen sich gut: Schule, Kindergarten, Fußballplatz, am Strand ...
- Oder Situationen: Autounfall, Brandkatastrophe, Banküberfall, Party ...
- Oder abstrakte Wörter: Freiheit, Unterdrückung, Lebendigkeit.
  Geübten Gruppen gelingt es im Laufe der Zeit, auch Gruppenbilder entstehen zu lassen, die ein Wort ausdrücken. Hierzu ist aber eine gute Verständigung ohne Worte nötig.

Durch das unbewegliche Festhalten einer Ausdruckshaltung wird es dem Spieler bewußt, wo er noch nicht ganz in der Sache drin ist. Er lernt sich dadurch kontrollieren und kann sich verbessern.

Sprache

Empfindungen, die sich an Sinneseindrücken entzünden, sind oft schwer zu beschreiben. (Was ist denn eigentlich »rot«, »sauer«?) Gefühle wie Zorn, Freude, Liebe sind manchmal auch nicht gleich eindeutig zu benennen. In dem Moment aber, in dem wir genau wissen, was wir fühlen, können wir diese Klarheit in Worte fassen. Vom Schauspielerischen her gesehen entsteht aber die Schwierigkeit, daß wir Gefühle z.B. wohl durch Worte benennen können, daß es aber schwierig ist, diese Worte so auszudrücken, daß das entsprechende Gefühl darin mitschwingt und daß die Bedeutung und Gebärde eines Wortes wirklich empfunden und gesprochen wird.

Das ist auch nicht anders, wenn Tätigkeiten ausgesprochen oder äußere Gegenstände benannt werden.

Wenn man diesen Bereich üben will, ist es sehr vorteilhaft, die Empfindungen, die mit einem Wort zusammenhängen, mit dem Erleben am eigenen Körper zu verbinden.

Arbeit an den Lauten und Übungen zur Vergrößerung des Sprachvolumens (Sprachstrom) helfen mit, daß die Stimme Konturen und Klang bekommt (Chr. SLEZAK-SCHINDLER 1985).

Wort-Gebärden

Durch Gegensätze treten die Qualitäten und Färbungen eines Wortes, sowie seine innere Gebärde deutlicher hervor.
- An der Gestalt fühlen:
  oben – unten
  hinten – vorne
  schwer – leicht
  innen – außen.
- Mit den Sinnen empfinden:
  dort – hier
  weit – nah
  laut – leise
  bitter – süß
  naß – trocken
  blau – gelb.
- Mit den Gliedern ausdrücken:
  schaffen – faulenzen
  rennen – stehen
  sitzen – aufstehen
  schlagen – streicheln.
- Mit der Gestik zeigen:
  Wut – Besinnung
  Freude – Trauer
  Mut – Angst.
- Innerlich vorstellen:
  frei – gefangen
  lebendig – tot
  jung – alt.

Wenn man in dieser Weise versucht, Worte körperlich oder innerlich in ihren Eigenarten zu empfinden, dann kann es nach und nach gelingen, mit der Sprache zu malen und zu gestalten. Die bunte Farbigkeit der äußeren und inneren Welt findet in der Sprache ein bewußtes Abbild.

Sprachstrom

Viele Kinder sprechen so, daß sie in einiger Entfernung nicht mehr zu verstehen sind. Die Sprache trägt nicht weit genug. Die folgenden Übungen können dazu verhelfen, daß das Atemvolumen größer und die Sprache dadurch kräftiger wird.

- Einen Ball 2–3 m weit im Bogen werfen. Den Flug und das Aufkommen mit den Augen beobachten. Dann Wörter – später kurze Sätze – zu diesem Flugbogen sprechen. Das Wort ist zu Ende, wenn der Ball aufkommt. Man kann auch mit dem Sprechen erst ansetzen, wenn der Ball am Boden aufkommt. Wichtig ist vor allen Dingen, daß der Sprecher innerlich den Wurfbogen mitverfolgt, d.h. mit seiner Aufmerksamkeit draußen ist. Wenn das gelingt, klingt auch die Stimme dorthin, wo die Aufmerksamkeit ist.
- Das Werfen läßt sich auch mit entsprechender emotionaler Beteiligung ausführen. Dadurch verändert sich die Sprachmelodie.
- Statt eines Balles können der Arm und der Blick den Sprachstrom begleiten, bis er zu Ende gekommen ist.
- Nur der Blick richtet sich dorthin, wo die Sprache enden soll.
- Deutende Bewegungen, die einmal in die Nähe, dann in die Ferne gerichtet sind, verbunden mit einem Satz oder einem Wort: »Da!«, »Schau mal, dort!« helfen auch, den Sprachstrom zu weiten.

Laute

Wörter setzen sich aus Lauten zusammen. Wenn diese Bausteine der Sprache undeutlich oder schlampig benutzt werden, ist kein deutlicher Sprachausdruck möglich. Sprechtechnikbücher bieten dafür Anleitungen (R. STEINER und M. STEINER-VON SIEVERS 1975; F. REUSCH 1956).

Die folgenden Übungen sind geeignet, um sich in einer spielerischen Weise den Qualitäten der einzelnen Laute anzunähern. Die Einteilung in »stoßende Laute«, »blasende Laute« usw. folgt den Eigenschaften der vier Elemente, die hier als seelische Qualitäten verstanden werden. Dadurch sind die Übenden angehalten, mit verschiedenen Temperamentsschichten an die Sprache heranzugehen (siehe auch das Kapitel »Clownspielen/Die vier Temperamente«).

- Um überhaupt einen »Geschmack« davon zu bekommen, wie unterschiedlich sich die einzelnen Laute anfühlen, übt zunächst jeder für sich nur mit einem Laut: im Wechsel sprechen und mit dem Körper den inneren Bewegungen des Lautes folgen. Das kann zu einer Aktion oder auch zu einem Standbild führen. In dieser Weise die Laute durchprobieren. Es kann auch paarweise geübt werden: Einer spricht, der andere bewegt sich danach.[4]
- Stoßende Laute: K, G, T, D, N, M, P, B.
  Wenn sich zwei Reihen gegenüberstehen, können sie sich gegenseitig mit Laut und bewegungsmäßigem Stoß angreifen. Bei den einzelnen Lauten ist die Kraft des Stoßens sehr unterschiedlich.
- Blasende Laute: Sch, S, F, W, Z, Ch.
  Im Kreis stehen; z.B. mit einem feurigen »Sch« und mit erhobenen Armen in die Kreismitte gehen; auf dem Rückweg mit schlängelnden Armbewegungen ein »S« sprechen.
  Mit den »F« kann z.B. auch ein Wattebausch in der Luft gehalten werden.
- Zitternder Laut: R
  Eine Gruppe spricht ein luftiges »R«, die andere versucht, sich drehend und rollend, der Lautqualität des R entsprechend, zu bewegen.
- Welliger Laut: L
  Dem wäßrigen Charakter des »L« entsprechend bewegen.
- Vokale:
  Einer spricht einen Vokal, der Partner versucht, in einer fließenden Bewegung den Laut charakteristisch auszudrücken.

---

[4] *Die von Rudolf Steiner entwickelte Eurythmie versucht, die Lautqualitäten mit den Armen und auch mit den übrigen Gliedern auszudrücken. Dadurch ist es möglich, sprachliche Kunstwerke direkt in tänzerische Bewegungen umzusetzen. Wer Eurythmie übt, wird es leichter haben, mit der Sprache die einzelnen Laute in ihrer Eigenart zu gestalten (W. Veith 1985).*

Dieses Spiel mit Laut und Bewegung kann man im Kreis, in Reihen oder auch zu zweit in vielfältigster Weise variieren. Ein Laut oder eine Lautgruppe kann auch als Ausgangspunkt einer szenischen Improvisation genommen werden. Gespielt wird nur mit dem Körperausdruck und z.B. den Stoßlauten als stimmliche Äußerungen. Die Handlung und auch die Stimmung der Szene werden durch diese sprachliche Qualität stark geprägt.

Wenn man durch das Mitbewegen gelernt hat, die Unterschiede der einzelnen Laute zu erleben, ist es wichtig, auf die Körperbewegung ganz zu verzichten. Dadurch kommt die Tätigkeit der Sprachwerkzeuge stärker ins Bewußtsein. Jetzt können die erworbenen Fähigkeiten in einem Tongespräch (siehe Kapitel »Sinneserlebnisse/Tongespräch«) eingesetzt werden. Auch selbstgebildete Wörter und Sätze – Lautmalerei, Grommolosprache – sind eine Möglichkeit, noch völlig offen damit umzugehen.

Markante Sätze oder Wörter, bei denen die entsprechenden Laute eine wichtige Rolle spielen, sind eine Hilfe, um im Sprechen das Bewußtsein auf die deutliche Lautgestaltung zu legen:

Stoßen: Tritt dort die Türe durch!
Blasen: Schluß!
Vokale: Ah, so!

Natürlich können auch passende Texte aus Gedichten, Balladen oder Theaterstücken genommen werden, um daran das gestaltete Sprechen zu üben.

Wenn man solche Texte benützt, ist es auch möglich, die einzelnen Silben der Wörter während des Sprechens zu schreiten. Es sollte mit jeder Silbe einen Schritt weiter vorwärts gehen. Diese Übung verhilft dazu, die Wörter wirklich vollständig zu sprechen, d.h. die Endsilben nicht zu verschlucken.

Stimme und Blick

Die folgende Übung verlangt schon einen größeren Einsatz und auch regelmäßiges Tun. Sie bewirkt eine Harmonisierung von Atem, Stimme, Blick, Gehör und Körperbewegung.

Jeder steht für sich locker und aufrecht vor einem Bild oder einer Wand, die interessante Muster zeigt.

- Die Augen nehmen wach und kontinuierlich das Bild an der Wand wahr. Gleichzeitig versuchen sie, der Wand einen freundlichen Blick entgegenzusenden. Dieses Hin und Her im Blick sollte zuerst geübt werden.
- Dann kann man beginnen, eine einfache Melodie zu singen oder etwas zu sprechen. Zunächst geht es darum, den Austausch im Blick zu erhalten. Wenn das gelingt, kann man versuchen, den eigenen Ton im Moment der Entstehung zu hören. Man lernt so, sich wach im Zentrum der Tonerzeugung zu erleben.

Damit keine Verkrampfungen entstehen, sollte man zwischendrin 5–10mal locker hüpfen oder aber die ganze Zeit gleichmäßig mit den Füßen auf der Stelle treten. Es muß aber darauf geachtet werden, daß keine monotonen oder leeren Bewegungen gemacht werden.

Moritaten und Balladen

Balladen kann eine Gruppe so rezitieren, daß einzelne immer wieder an bestimmten Stellen hervortreten, kleinere Gruppen Teile sprechen und dann wieder alle zusammen im Chor agieren.

Moritaten wurden früher gesungen. Gleichzeitig zeigten die Vortragenden Bilder, die das Beschriebene darstellten.

Statt dieser gemalten Bilder kann eine Gruppe auch stehende Bilder zeigen, die ständig wechseln. Dazu müssen die Sprecher an passenden Stellen Pausen machen, bis das neue Bild steht.

Bei der Erarbeitung einer Ballade, einer Moritat oder auch einer Geschichte kann die Gruppe zunächst den Text sprachlich üben. Dann ist es möglich, daß einige Teilnehmer die gesprochene Handlung improvisierend spielen oder als Standbild die richtige Haltung finden. Wenn das angestrebt wird, kann so lange daran geübt werden, bis eine ausgefeilte Vorstellung möglich ist.

Von O. PREUSSLER (1982) und LEANDER-PETZOLD (1982) liegen geeignete Textsammlungen vor.

Körpertheater – Sprechtheater

In diesem Buch steht das körperbetonte Spielen und Improvisieren im Vordergrund. Das hängt mit der Spielweise des Zirkusclowns zusammen, die sehr spontan und bewegungsbetont ist. Für Kinder und Jugendliche ist es aber auch wichtig, durch die Arbeit an Texten ihre Gefühle zu klären und zum Ausdruck zu bringen. Bei genauem Hinsehen zeigt sich, daß Sprache und Bewegung Gegensätze sind, die sich ergänzen.

● Körpertheater

Der Ansatz liegt in der fließenden Bewegung, die sich zu Gesten und Körperhaltungen verdichtet. Die Spieler erleben dabei ihre Vitalität und sind auch sehr direkt mit ihrer Gefühlswelt im Kontakt. Als Hemmungen erweisen sich fest eingeprägte, einseitige Körperhaltungen und zu starkes gedankliches Planen und Überlegen. Bewegung und Ausdruck sollten »im Fluß« bleiben und nicht »festgestellt« werden. Wenn das gelingt, ist es möglich, tiefer liegende Gefühle zu befreien und spielerisch auszudrücken. Das Spielen formt diese Regungen und macht sie bewußt. Dies zeigt sich z. B. in der Gestaltung von Pausen und Spannungsbögen und in der Möglichkeit, Szenen zu wiederholen.

Für manche sind aber die Hemmungen zu stark oder der bestimmende Kopf möchte alles kontrollieren. Dann gelingt es nicht, das Gefühl in die Bewegung »einzufädeln«, und die Bewegungen wirken unecht und aufgesetzt. Wenn solche Probleme auftreten, kann es hilfreich sein, mehr in der Sprache anzusetzen und von dort aus die Gefühlswelt zu ergreifen. Manche Spieler, die beim freien Improvisieren gehemmt sind und nicht aus sich herauskommen, haben erstaunliche Ausdrucksmöglichkeiten, wenn sie sich von Worten und Sätzen leiten lassen können.

● Sprechtheater

Eine vorgegebene Sprachgestalt steht am Beginn der Arbeit. Die Wort- und Satzbedeutung muß durch Bewußtseinsanstrengungen erarbeitet werden; welche Gefühle und Haltungen sich dahinter verbergen, sollte durch Nachdenken und Einfühlen in den Text erfaßt werden. Wenn das gelingt, dann fängt das Gelesene oder Gehörte im Innern an zu leben. Laute, Worte, Sätze und grammatikalische Strukturen verwandeln sich durch diese innere Arbeit in Bilder und Gefühle. Wenn es intensiv geschieht, wird das Erlebte innerlich bewegt, d. h. im eigenen Körper gespürt. Sind die Ausdrucksmöglichkeiten der Stimme und des übrigen Körpers locker, dann ist es keine Schwierigkeit, das Erlebte auch adäquat zu äußern. Liegen hier aber Hemmungen vor, dann können körperbetonte Übungen eine große Hilfe sein, um die »eingeschlossene Seele« zu befreien.

Der Vorteil der sprachlichen Arbeit ist, daß die Übenden zu einer größeren Bewußtheit und Klarheit kommen. Die Gefahr besteht aber darin, daß das gesprochene Wort leer und kopfig, d. h. ohne Gefühl und innere Bewegung bleibt.

Bewegung (Gefühl) und Sprache (Bewußtsein), beides ist wichtig. Wenn man das nicht vergißt, dann kann das körperbetonte Spielen zu immer größerer Bewußtheit und Klarheit führen, und das sprachbetonte Spielen kann immer mehr zum lebendigen Gefühl vordringen und es ausdrücken.

4. Ebene: Improvisation

Spielen ohne vorgegebene Texte oder sogar völlig frei aus der Situation heraus – das erfordert in besonderem Maße innere Lebendigkeit und Beweglichkeit. Gleichzeitig ist es aber auch eine Tätigkeit, die unmittelbar mit dem Kern der menschlichen Persönlichkeit zusammenhängt. Das zeigt sich schon im normalen Gehen und Stehen.

»Haltung ist nicht Halte, sie ist Bewegung, Spiel mit dem Gleichgewicht. Im Vergleich zu den vierbeinigen Tieren lebt nämlich der Mensch in einem sehr viel labileren Gleichgewicht. Mit seinem hoch über die Unterstützungsfläche erhobenen Schwerpunkt im Inneren des Beckens ist ein Stehender immer in Gefahr, nach vorn oder hinten über die kleine Unterstützungsfläche seiner zwei Füße hinauszufallen. Jede Gliederbewegung verschiebt die Lage des Schwerpunkts und nötigt zu ausgleichender Verschiebung des ganzen Systems. So

kommt es, daß Zeitlupenaufnahmen eines ruhig stehenden Menschen die Körpersäule nicht stillstehend, sondern in dauernder schwankender Bewegung über der Unterstützungsfläche zeigen: <u>der Mensch hat sein Gleichgewicht nicht, er muß es immer neu finden.</u>
Das dürfte wohl die wichtigste Eigentümlichkeit der menschlichen Haltung sein. Sie ist von symbolischer Bedeutung für das Wesen des Menschen, der «labil» ist, nicht festgelegt in seinem Verhalten, nicht »von seinen Organen tyrannisiert«, wie es Goethe den Tieren zuspricht.
Wird Haltung in immer neuem Suchen nach dem Gleichgewicht, in feinfühligem Kontakt mit dem tragenden Boden gefunden, so ist sie belebt und echt. Wird sie dagegen als »Halte« geübt, so gehen ihr nicht nur Labilität und Bewegungsbereitschaft verloren, es fehlt ihr das Wesentliche, der Ausdruck des Menschlichen. Sie erstarrt zur leeren Form« (D. JACOBS 1985, S. 273-274).

Das labile Suchen der Gleichgewichtsmitte kann der Mensch auch innerlich erleben und zwar, wenn es ihm gelingt, Ängste, Verkrampfungen, Überheblichkeiten und andere eingeprägte Verhaltensweisen zu überwinden und sich offen Situationen gegenüberzustellen. Denn es gibt auch auf der Ebene des Seelischen einen Sinn für den Ausgleich. Wir sprechen vom seelischen Gleichgewicht oder davon, nicht ganz in der Mitte zu sein. Gefühle können uns hin- und herzerren, feste Gewohnheiten und Haltungen können uns fesseln, Gedanken können uns plagen usw. Wir ringen oft darum, aus einer inneren Kraft und Lebendigkeit heraus die Mitte zu finden zwischen den Gefühlen, Wünschen, Vorstellungen, Phantasien und Gedanken, die aus der eigenen Seele aufsteigen. Die labile und ausgleichende Mitte zwischen den sinnlichen Triebkräften, die den Menschen bedrängen und dem formenden Vernunfttrieb, der ihn einengt, nannte Schiller den Spieltrieb – das eigentlich Menschliche (»Briefe über die ästhetische Erziehung des Menschen, 15. Brief«; siehe dazu auch H. SCHEUERL 1979; J. HUIZINGA 1956).
Um frei mit Gefühlen, Wünschen, Trieben und Gedanken »spielen« zu können, ist aber eine innere Souveränität nötig, die sich auf Offenheit und der Bereitschaft gründet, im Moment bewußt zu entscheiden, welcher innere Antrieb vorherrschen soll.[5]

Wer die Aufmerksamkeit auf sein eigenes Bewußtsein lenkt, wird bemerken, daß wir uns meistens nicht in dieser freien, spielerischen Bewußtseinshaltung befinden. Unser Bewußtsein ist fast immer gebunden an Eindrücke, die von den Sinnen, den Gefühlen oder Gedanken herkommen. Wer improvisieren oder clownspielen will, muß sich wenigstens momentan aus dieser Verhaftung lösen können (siehe dazu G. KÜHLEWIND 1983).

Wenn die Kraft der Aufmerksamkeit frei wird, ist sie zunächst nur Wachheit und Offenheit für Neues. Sinneseindrücke können dann ohne Vorurteile und schnelle Benennungen wirklich erlebt und bestaunt werden. Gedanken und Worte verknüpfen sich dann in einer spielerischen Weise mit den Empfindungen: Es entsteht ein innerer Freiraum für die Phantasie. Hier setzt die Improvisation an und von hier aus kann auch der Clown sein Spiel entfalten.

Bei den folgenden Übungen wird es sich hauptsächlich darum handeln, diese Offenheit, das Suchen und Spielen von der labilen Mitte aus zu üben. Der spielerische und improvisierende Mensch kann dadurch zum Leben erweckt werden und sich entwickeln.

Gruppenimprovisationen

Um das freie, spielerische Improvisieren zu üben, ist es gut, zunächst Gruppensituationen zu schaffen, wo jeder damit beschäftigt ist, einer Aufgabe gerecht zu werden. Das hilft, Hemmungen zu überwinden, und der Seitenblick auf das, was andere tun, gibt oft eine Anregung, wie man selbst weiterkommen kann. Improvisationen alleine

---

[5] *Es ist klar, daß diese Bewußtheit und Freiheit dem eigenen Erleben gegenüber erst dem Erwachsenen möglich ist. Im konkreten Handeln können Jugendliche wohl kaum in dieser Weise ihre inneren Antriebe überschauen. Die beschriebenen Übungen machen es aber möglich, im Spiel etwas von dieser freien und offenen Bewußtseinshaltung zu spüren. Inwiefern es den Jugendlichen später gelingen wird, aus einer echten Souveränität heraus der Wahrnehmungs- und der Gedankenwelt offen gegenüber zu stehen, hängt von vielen Faktoren ab. Rudolf Steiner hat den Weg zur Befreiung des Bewußtseins in »Die Philosophie der Freiheit« beschrieben. Für Jugendliche sind die Grundgedanken dargestellt in: V. Wember, »Vom Willen zur Freiheit«.*

oder zu zweit gelingen meistens besser, wenn die Teilnehmer schon etwas sicherer geworden sind. Die beiden folgenden Übungen können verschieden lange dauern. Wenn es gut läuft, lassen sich in einer »Phantasiereise« oder bei einem »freien Training« viele Übungen integrieren. Dadurch wird die körperliche Übung zum Spiel und verliert ihren gymnastischen oder turnerischen Charakter. Durch Phantasie und Gefühl werden die Bewegungen in seelische Zusammenhänge eingefügt.

Phantasiereise

Der Gruppenleiter könnte beispielsweise folgende Anweisungen geben (Die Gruppe spielt alle diese Situationen. Der Gruppenleiter läßt jeweils die nötige Zeit): »Wir liegen auf dem Boden einer Höhle, eingerollt und geborgen. Wir erwachen aus tiefem Schlaf, bemerken die Finsternis ringsum, tasten die Höhlenwände entlang, bis wir in der Ferne dämmriges Licht erblicken. Zur Helligkeit streben wir hin, immer sicherer und schneller gehend. Wir treten vor die Höhle hinaus ins Freie. Die Sonne blendet. Wir blicken von einem Berghang hinunter über einen ausgedehnten Wald. Abstieg durch Geröll. Unten müssen wir im Sumpf von Grasbüschel zu Grasbüschel hüpfen. Mückenschwärme werden verscheucht. Ein Baumstamm führt über ein Gewässer, in dem Krokodile schwimmen. Ängstlich, mit größter Vorsicht, tasten wir uns weiter. Befreit rennen wir auf sicherem Boden davon.
Mit einem Buschmesser schlagen wir uns den Weg durch dichtes Dornengestrüpp frei. Immer wieder bleiben wir hängen. Begegnung mit einer Riesenschlange. Hinaus aus dem Wald. Der Weg führt durch hohes Gras. Flucht vor einem Löwen. Wüstengebiet: Barfuß im heißen Sand, Durst und Entdeckung einer Quelle. Aufstieg auf einen Berg, Nachtlager in einer Höhle, Müdigkeit. Alle schlafen ein, wie am Anfang.
Diese Skizze einer Phantasiereise könnte noch vielfältig erweitert werden. Arbeits- und Fortbewegungsformen (Gehen, Rennen, Kriechen, Klettern, Steigen) werden geübt. Durch besondere Ereignisse kommt seelisches Engagement hinzu (Suchen, Angst, Erleichterung …).

Wenn die Reise auch in eine Stadt führt, sind viele Situationen vorstellbar:
Kinderspielplatz – wir spielen mit
Brandstelle – wir löschen
Büroschluß – wir eilen heim
Winterschlußverkauf – vor den Ständen
Wenn man hinzunimmt, daß sich die Spieler auf dieser Reise auch verwandeln können – durch einen Zaubergong des Spielleiters o.ä. –, dann können die Spieler verschiedene Lebewesen darstellen: spielende Katzen, dösende Krokodile, galoppierende Pferde, gackernde Hühner, hüpfende Frösche, aber auch Roboter oder ein Fließband, Rockerbanden, Hippies, Fußballfans …
Je nachdem, wie lange die Konzentration anhält, kann die Gruppe viele der bisher beschriebenen Übelemente in einer geschlossenen Form und ohne Unterbrechung spielen. Hier wird die Übung zum Spiel.

Freies Training

Jeder übt für sich alle die Bewegungselemente, die schon gelernt worden sind: Hinfallen, Schulterrollen, seitlich rollen, Froschsprung, Basissprung, aber auch: Rad, Handstand, Kerze, Sprünge können dazukommen. Private Kontakte unter den Teilnehmern sind nicht möglich. Wenn sich zwei begegnen oder berühren, reagieren sie mit irgendeiner der gelernten Bewegungen.
Wenn sich das genügend eingespielt hat, kann der Leiter Anweisungen geben, die Stimmung, Bewegung und Verhalten der Übenden verändern. Beispiele: »Suchen«, »Niedergeschlagenheit«, »Gereiztheit«, »Freude«, »Begegnung«. Jede Bewegung wird von der angegebenen seelischen Stimmung verändert, gefärbt.
Es wird nicht gesprochen. Nur die Körperbewegungen sprechen. Die Teilnehmer reagieren und spielen miteinander und gegeneinander – je nachdem, welche Stimmungsangabe gemacht wurde. Dies ist eine Gruppenimprovisation, die sehr lange dauern kann.
Wichtig dabei ist, daß die Anweisungen einen Wechsel zwischen beruhigenden und aktiven Phasen bewirken.

Improvisieren nach Vorlagen

Geschichten

Nicht jeder kann sofort »aus sich heraus« improvisieren. Aber eine erzählte Handlung nachspielen, das ist schon einfacher. Manche Spieler entdecken dabei, daß es gar nicht so schwer ist, ohne Text zu spielen.

Zum Einstieg in das Improvisieren von größeren Szenen eignen sich sehr gut Geschichten oder Balladen, die vorher erzählt werden. Der Handlungsablauf, die Spielart und die Personen sollten genau besprochen und eingeteilt werden. Eventuell gibt es auch Requisiten und Gegenstände für das Bühnenbild. Durch Tücher und Kleidungsstücke kann die Kostümierung angedeutet werden. Durch ein Glockenspiel oder andere Instrumente können Übergänge oder einzelne Szenen musikalisch untermalt werden.

Nach diesen Vorbereitungen kann das Spiel beginnen. Je nachdem, was bezweckt wird, bleibt es bei einer einmaligen Improvisation, oder es beginnt eine Arbeit an der Gestaltung. Dabei tritt dann unter Umständen das Improvisieren immer mehr in den Hintergrund, und das Spiel wird mehr oder weniger festgelegt.

Viele Märchen und Erzählungen können auf diese Weise improvisiert werden. »So war das mit dem Zirkus« und andere Geschichten aus »So zärtlich war Suleyken« von S. Lenz oder Stellen aus »Der kleine Prinz« von A. Saint-Exupéry eignen sich gut dazu (In J. P. HEBELS »Kalendergeschichten« sind auch passende Ereignisse geschildert). Auch Gedichte und Balladen mit bildhaftem und dramatischem Inhalt regen die Phantasie und den Gestaltungswillen an (Arbeitsgemeinschaft für Jeux Dramatiques 1984).

Beispiele:
Goethe: Der Zauberlehrling, Erlkönig
Schiller: Die Bürgschaft
Uhland: Des Sängers Fluch
R. Prutz: Von der Pumpe, die nicht mehr hat piepen wollen
A. v. Chamisso: Der rechte Barbier.

Sketche

Auch Geschichten, die mit einem ironisch-witzigen Gag enden, bieten einen guten Ausgangspunkt für Improvisationen. Die Schlüsselsätze oder Hauptaktionen sollten genau erklärt oder vorgeübt werden. Der grobe Handlungsablauf und die einzelnen Typen müssen vorher besprochen werden, dann kann das Spiel beginnen. Oft lohnt es sich, in mehreren Durchgängen an dem Sketch zu feilen, bis der Witz wirklich deutlich herauskommt (L. SAUER 1979).

Musik

Manche Musikstücke regen die Phantasie so direkt an, daß es leicht ist, sich danach frei zu bewegen. Wenn man dabei aufeinander reagiert und sich zu Gesten anregen läßt, sich vielleicht sogar in bestimmte Typen oder Wesen verwandelt, dann können sich daraus kleine dramatische Szenen entwickeln.

Musikbeispiele:
Eduard Grieg: Peer Gynt-Suiten
Modest Mussorgski: Bilder einer Ausstellung
Richard Strauß: Till Eulenspiegels lustige Streiche
Antonio Vivaldi: Die vier Jahreszeiten
Wolfgang A. Mozart: Pantalon und Columbine
Peter Tschaikowsky: Nußknacker-Suite
Reinhard Mey: Der Pfeifer
Ennio Moricone: Spiel mir das Lied vom Tod

Viele Musikstücke, die für die Oper oder für das Ballett geschrieben sind, eignen sich sehr gut als Anregung für Bewegungsimprovisationen (siehe auch die Literatur- und Musikangaben im Kapitel »Tanzen«).

Bilder

Gruppenfotos oder auch Einzelaufnahmen von Menschen in bestimmten Situationen können am Anfang einer Improvisation stehen.

Zuerst wird das Foto als Standbild nachgestellt.

Während das Standbild ruhig steht, hat jeder die Aufgabe, sich in die Haltung einzufühlen, die er entsprechend der Bildvorlage einnehmen mußte: Wie fühlt sich dieser Mensch? Wie kam er in diese Haltung? Was geschah in der Gruppe im Moment der Aufnahme?

Durch ein Zeichen des Spielleiters erwacht das Standbild zum Leben. Jeder versucht, aus seiner Haltung heraus die Situation weiterzuspielen. Ganze Szenen können so entstehen. Das Bildmaterial kann man aus Illustrierten ausschneiden. Auch in der Malerei finden sich viele geeignete Bilder. (Abb. 4)

Abb. 4

Phantasie-Anregungen

Nicht jede Improvisation muß äußerlich dargestellt werden. Reaktionen, Einfälle und Gefühle, die mehr im Inneren bleiben, sind dann wichtig, wenn sie bewußt erlebt werden. Die folgenden Übungen sollen dazu dienen, den Phantasiefluß anzuregen.

Reisen in der Phantasie

Die »Reisenden« sitzen oder liegen irgendwo bequem im Raum. Eine ruhige Musik kann der Einstimmung dienen. Wenn alle entspannt liegen, führt der Spielleiter mit seiner Erzählung durch die Reise. Er macht immer wieder Pausen, damit sich die Reisenden in die Landschaft und in die Situationen möglichst bunt und konkret einfühlen können.

Zirkus

»Du wanderst allein auf einem Waldweg. Setz dich auf einen Baumstumpf und schaue hinauf in den strahlend blauen Himmel, fühle die Wärme der Sonne auf deiner Haut .. Da kommt ein Wagen, den ein Pferd zieht, auf dich zu. Der Wagen hält, und du öffnest die Augen. Es ist ein Zirkuswagen… Die Leute auf dem Wagen grüßen dich freundlich und laden dich ein, mit ihnen zu fahren .. Sie bieten dir zu essen und zu trinken an… Nun seid ihr in einem kleinen Dorf angekommen, hier werden die Zirkusleute heute abend eine Vorstellung geben. Du gehst durchs Dorf, überall begegnen dir freundliche Gesichter… Schau dir die alten Häuser an, die Blumen an den Fenstern, die wunderbar verzierten Dachgiebel… Inzwischen haben die Leute vom Zirkus das Zelt aufgebaut, die Zuschauer strömen schon in das Zirkusrund. Da tritt die Seiltänzerin zu dir und sagt: »Beeil dich, zieh das Trikot an, du mußt heute mit mir auf das Seil.« Und sie gibt dir aus einem Becher Wein zu trinken und sagt: »Jetzt gehörst du zu uns…« Und du gehst mit ihr hinaus in die Manege, steigst auf das Seil und zeigst die herrlichsten Kunststücke… Der Beifall rauscht auf, du verneigst dich… Da wartet schon der Zauberer auf dich und flüstert dir zu: »Hüll dich in den schwarzen Mantel und komm mit…« Und du gehst mit ihm hinaus und führst vor dem staunenden Publikum die tollsten Zaubereien vor … Draußen wartet schon der alte Clown auf dich, er schminkt dich… Und die Zuschauer biegen sich vor Lachen über eure Späße… Die Vorstellung ist zu Ende, die Zuschauer kommen zu euch in die Manege und singen und tanzen mit euch…« (J. O. Stevens nach W. MÜLLER 1981).

Traumstadt

»Du fährst mit dem Zug. Plötzlich hält er auf einer Bahnstation, die auf dem Fahrplan nicht verzeichnet ist. Du steigst aus und gehst in die Stadt. Es ist deine Traumstadt, mit all den Häusern, die du liebst, in denen du wohnen möchtest. Geh durch die Straßen deiner Stadt… Du kommst auf deinem Spaziergang in eine kleine Seitengasse und bleibst vor einem Trödelladen stehen. In seinem Schaufenster liegen unglaublich viele Dinge, alte

und neue, wertlose und erlesene. Du hättest nie erwartet, all diese Gegenstände, Träume und Wünsche nebeneinander zu sehen... Da kommt ein alter Mann mit gütigen Augen aus der Tür des Ladens und lädt dich ein, in den Laden einzutreten. Es sei kein gewöhnliches Geschäft, hier gäbe es alle Dinge dieser Welt, alle Träume und Wünsche. Jeder, der den Weg zu diesem Laden findet, dürfe sich ein Ding aussuchen... Geh durch die Räume und betrachte die Dinge in den Regalen und Schränken genau... Such dir ein Ding aus... Du hast nun etwas gefunden und willst es bezahlen, doch der alte Mann bedeutet dir, daß du in diesem Laden nur tauschen kannst, gegen etwas, das dir etwa genauso viel wert ist wie der ausgewählte Gegenstand... Überlege dir gut, ob du tauschen willst... wenn nicht, lege das Ding wieder zurück...
Du gehst wieder zum Bahnhof zurück, wo der Zug auf dich gewartet hat. Er fährt ab, und du siehst deine Traumstadt in der Ferne verschwinden...« (J. O. STEVENS nach W. MÜLLER 1981).

Nach einer solchen Phantasiereise ist es natürlich möglich, sich über die Erlebnisse zu unterhalten, wenn spontane Äußerungen kommen. Es sollte aber keine Regel sein.
Diese Beispiele sollen dazu anregen, sich für die eigene Gruppe selbst passende Geschichten auszudenken.

Geschichten erfinden
Zwei oder mehrere Personen sitzen sich gegenüber. Einer beginnt eine einfache Begebenheit zu erzählen. Nach einer gewissen Zeit übernimmt der andere Spieler und spinnt die Geschichte weiter. Das kann unter Umständen sehr lange dauern.

Karten-Geschichten
Tarotkarten oder auch die »Bilder« der normalen Spielkarten eignen sich gut als Anregung für gemeinsame Geschichten.
Es wird ausgemacht, wer beginnt. Dann wird eine Karte aufgedeckt. Wenn es z. B. der »König« ist, hat der Erzähler die Aufgabe, die Geschichte um das Königsthema ranken zu lassen. Wenn er die Geschichte weitergeben will, wird die nächste Karte aufgedeckt. Der nächste Erzähler soll nun den Verlauf der Handlung z.B. in den Bereich des »Narren« hinüberführen.

Freies Improvisieren
Wenn in der Gruppe improvisiert wird oder wenn eine Geschichte als Grundlage des Spieles dient, ist es leichter, den eigenen Einfällen zu folgen. Es sind Anregungen da, die einen Halt geben. Wenn diese Sicherheiten wegfallen und vom Gruppenleiter nur kleine Anregungen gegeben werden, dann muß fast alles aus dem Spieler selbst kommen. Damit eine Aktion aber echt wirken kann, muß der Akteur in seinen Vorstellungen und in seinem Empfinden bestimmte Fragen geklärt haben:

Grundfragen
- Wer bin ich?
  Ein bestimmter Mensch mit erkennbaren Besonderheiten und Eigenarten (Büroangestellter, Bauer, feine Dame ...)
- Wie fühle ich mich?
  Die vorherrschende Stimmung ist gefragt (fröhlich, wütend ...)
- Was will ich?
  Die bewegenden Antriebe sind wichtig (bezahlen, essen ...)
- Wo bin ich?
  Der Schauplatz verändert oft das Verhalten (Bahnhof, Restaurant ...)
- Wann geschieht es?
  Der Zeitpunkt prägt die Situation (nachts, mittags, vor 500 Jahren ...).

Um mit diesen Grundfragen des Improvisierens vertraut zu werden, eignen sich die nachfolgenden Übungen. Dabei ist es sehr hilfreich, die Zuschauer erzählen zu lassen, was sie sich vorgestellt haben. Oft kommt dabei heraus, welche Grundgegebenheiten vom Spieler nicht oder nur sehr ungenau beachtet wurden (Literatur zum Thema »Theaterimprovisation: V. SPOLIN 1985; M. BATZ und H. SCHROTH 1983; H. GIFFEI 1982).

Begegnungen
Ein Stuhl (es kann auch ein anderer Gegenstand sein) befindet sich in der Mitte des Raumes. Ein Spieler nach dem anderen geht daran vorbei und reagiert auf den Stuhl. Bei jedem neuen Vorbeigehen wird eine weitere »Grundfrage« zum Spiel dazugenommen.
- Wer bin ich?
  Ein Penner schaut den Stuhl anders an als z. B. eine feine Dame.
- Wie fühle ich mich?
  Ein dynamischer Jogger springt vielleicht über den Stuhl, aber ein müder Opa setzt sich hin.
- Was will ich?
  Jetzt hat jeder ein Ziel im Auge. Ein Kind sucht z. B. eine Hilfe, um auf einen Baum klettern zu können.
- Wo bin ich?
  Die Spieler zeigen durch ihr Verhalten, an welchem Ort der Stuhl steht.
- Wann geschieht es?
  Die Spieler benützen den Stuhl so, daß es klar wird, wann die Szene stattfindet.

Dieses Spiel kann man in den verschiedensten Variationen durchführen. Verteilt im Raum – jeder für sich; es können auch zwei unterschiedliche Typen von verschiedenen Seiten bei dem Stuhl zusammentreffen ...
Entscheidend ist aber, daß die Spieler mit den Grundfragen des Improvisierens vertraut werden.

Lose
Es ist auch möglich, zwei Spieler vor dem Betreten der Bühne ein Los ziehen zu lassen, auf dem die Angaben stehen, die nötig sind, um konkreter zu spielen. Die beiden Spieler können dieselben Lose ziehen oder auch völlig verschiedene. Die Reaktionen verändern sich dadurch sehr.
Wer?
alter Mann, Soldat, Kind ...
wie?
hungrig, nachdenklich, verzweifelt ...
was?
einkaufen, spazieren, verfolgen ...
wo?
im Wald, am Strand, in New York ...
wann?
um Mitternacht, im Winter, im Mittelalter ...

Hüte
Auf der Spielfläche liegen die verschiedensten Kopfbedeckungen: Al-Capone-Hut, Damenhut mit Federn, Nachtmütze, Strohhut, Bauarbeiterhelm, Ledermütze, Soldatenkäppi, Kopftuch ...
Zwei Teilnehmer gehen gleichzeitig auf die Hüte zu, suchen sich einen Hut heraus, gehen damit in die Ecke, setzen den Hut auf und versuchen, sich in den Typ zu verwandeln, der einen solchen Hut trägt. Sie drehen sich um, gehen in der entsprechenden Art aufeinander zu und reagieren aufeinander. Was dann folgt, muß sich aus der Situation ergeben.
Im Laufe der Zeit kann es gelingen, daß solche improvisierten Szenen einen Anfang, einen Höhepunkt und einen Abschluß bekommen. Außerdem eignet sich die Hutübung sehr gut dazu, die »Grundfragen« zu klären.

Einfrieren – Auftauen
Die ganze Gruppe läuft frei durch den Raum. Wenn ein Gong ertönt, bleiben alle wie eingefroren stehen. Jeder versucht nun in der Ruhepause, sich in seine momentane Haltung hineinzufühlen. Wenn ein zweites Zeichen ertönt, tauen die eingefrorenen Gesten auf und finden ihre Fortsetzung in einem improvisierten Wort oder Satz oder auch in einer kleinen Szene.
Diese unscheinbare Übung verlangt schon wesentlich mehr als das Improvisieren nach textlichen oder musika-

lischen Vorlagen. Hier ist nur die eigene, zufällige Haltung und Gestik als Ausgangspunkt gegeben. Allerdings wird es sofort schwierig, wenn man als eine bestimmte Person mit einem Wie? Wo? Wann? in die neue Handlung hineingeht. Das erfordert im Moment mehrere Ideen und Entscheidungen.

Wenn die Spieler schon sicherer sind, kann diese Übung auch so durchgeführt werden, daß einer alleine improvisiert und die anderen zuschauen. Sie können durch ihre Beobachtungen und durch ihr Nachfragen dazu verhelfen, daß der Akteur seine Vorstellungen und sein Spiel klärt.

Empfangen

Eine Schwierigkeit beim Improvisieren besteht darin, daß man immer nur aktiv ist und eine Aktion die nächste jagt. Feinheiten und tiefere Schichten der Seele kommen dadurch nicht so leicht zum Ausdruck. Auch die Mitspieler werden nicht genügend beachtet und als »Anreger« erlebt. Wenn innerlich ein Raum entsteht, in dem auch zartere Einfälle und Gefühle bemerkt werden, kann eine Improvisation wesentlich differenzierter gelingen. Dazu gehört aber Zurückhaltung, Aushalten, daß nichts geschieht und Warten, bis eine neue Idee auftaucht. Und es ist nötig, daß das eigene Spiel den Partnern gegenüber »auf Empfang« eingestellt ist.

- Frei durch den Raum gehen und einzelne Körperteile führen lassen. Dabei soll darauf geachtet werden, was die Mitspieler tun. Ihre Bewegungen sollen als Anregungen dienen, um entweder dasselbe auch zu tun oder aber, um gegensätzliche Bewegungen zu finden.

- Dieselbe Bewegungsweise, aber jetzt soll der Raum mit seinen Formen, der Fußboden oder die Wände mit ihren Strukturen als Anregung dienen, um die eigenen Bewegungen zu verändern. Zwischendurch sollte man sich allerdings immer wieder auf die eigenen Bewegungen konzentrieren. Es ist ein Hin- und Herpendeln zwischen »Bei-sich-Sein« und offenem Empfangen.

- Dieselbe Bewegungsweise, aber jetzt ertönt Musik: Wenn die Musik sich verändert, soll auch die Bewegung darauf reagieren.

- Jeder improvisiert ein bestimmtes Thema, z. B. Trauer, Trunkenheit, Sehnsucht, Freude ... Jetzt geht es darum, bewußt zu warten, wann eine Aktion beendet ist, damit die nächste Handlung in Ruhe »auftauchen« kann.

- Zwei Personen improvisieren ein Thema. Die Aufgabe besteht darin, sich bei Aktionswechseln Zeit zu lassen und das Spiel des Partners wirklich zu erleben und sich dadurch anregen zu lassen.

Im Raum spielen

Wenn man als Gruppe improvisieren will, ist es wichtig, daß jeder Spieler in jedem Moment ein Bewußtsein von der Aufteilung des Bühnenraumes hat. Das ist aber gar nicht so einfach, denn jeder ist ja mit der Handlung und mit seinen Aktionen beschäftigt. Es lohnt sich, durch kleine Improvisationen das Gefühl für den »Spiel-Raum« zu entwickeln.

Voraussetzung ist eine klar begrenzte Fläche und ein bewußtes Betreten und Verlassen dieser Bühne beim Beginn und am Ende des Spiels. Das Spielfeld wird vorgestellt als ein Tablett, das unten in der Mitte auf einem Finger balancierend gehalten wird. Durch jede Aktion verschieben sich die Gewichte und verlangen einen Ausgleich.

- Zwei Personen betreten dieses »Tablett«. Sie haben die Aufgabe, sich zu bewegen und dabei diese Fläche immer ausbalanciert zu halten.

- Dasselbe, aber jetzt mit einer Improvisationsaufgabe, z. B. die beiden können sich nicht leiden, oder sie interessieren sich füreinander.

- Es kann auch die Aufgabe gestellt werden, eine Szene bewußt auf die Mitte der Spielfläche zu konzentrieren oder aber die Mitte gerade frei zu lassen ...

- Ähnliche Aufgaben können auch mit mehreren Personen durchgeführt werden. Der Beginn könnte sein, daß sich alle frei bewegen, aber die Aufgabe haben, immer dorthin zu gehen, wo Lücken sind.

Auch bei Gruppenimprovisationen kann das Bewußtsein auf den »Spiel-Raum« gelenkt werden.

Szenen und Stücke

Wenn die Spieler geübt sind und sich schnell in verschiedene Typen, Stimmungen und Schauplätze hineinversetzen können, ist es auch möglich, größere Szenen, sogar kleine Theaterstücke zu improvisieren. Meistens ist dazu allerdings eine grobe Verständigung über den Ablauf und die Rolleneinteilung nötig.

Der Spielleiter hat die Aufgabe, durch einige Anregungen den Phantasieprozeß der Gruppe in Gang zu bringen. Dazu eignen sich verschiedene Stapel mit vorbereiteten Losen. Jede Lossorte enthält andere Angaben:

- Schauplätze:
  Schule, Wirtshaus, Straße ...
- Gegenstände:
  Pistole, Blumenstrauß, Geld ...
  (Die Gegenstände sollten aber vorhanden sein.)
- Handlung:
  Entführung, Heiratsantrag, Lotteriegewinn ...
- Art des Stückes:
  Trauerspiel, Krimi, Ritterspiel, Lustspiel, Western, Mundartstück, Tragödie ...
- Filmtitel:
  »Noch zwei Stunden bis Buffalo«
  »Leben oder Sterben«
  »Das Alpenglühen«.

Wieviele Angaben jeweils nötig sind, um eine Gruppe anzuregen, ist sehr verschieden. Manchmal genügt der Filmtitel.

Es ist auch möglich, eine Szene in verschiedenen Stimmungen durchzuspielen: traurig, phlegmatisch, lustig, cholerisch ...

Dadurch verbinden sich die Akteure stärker mit den Personen und der Handlung. Sie werden sicherer und können dadurch freier improvisieren. Wenn man an einer Szene üben will, kann auch stummes Spielen oder Spielen mit der Grommolosprache (s. Kap. »Stimme und Körperausdruck«) sehr hilfreich sein. Wenn die Wortverständigung wegfällt, muß die Körpersprache viel aktiver werden. Gestik und Mimik treten in den Vordergrund.

Commedia dell'arte*

Als Abschluß des Improvisierkapitels soll eine Einführung in die Spielweise der Commedia dell'arte stehen. Es ist gleichzeitig auch ein Übergang zum Clownspielen.

Diese interessante und anregende Form des improvisierenden Theaterspielens hat sich am Anfang des 16. Jahrhunderts in Italien entwickelt. Viele komische Darsteller wurden seitdem von der lebendigen und urwüchsigen Spielweise dieser Komödianten beeinflußt. Die Clownsgestalt, wie sie sich in den letzten 150 Jahren entwickelt hat, verdankt der Commedia dell'arte viele Anregungen. Manche klassische Clownsnummer wurde bereits Jahrhunderte früher von den wandernden Schauspielgruppen auf den Marktplätzen der italienischen Städte und Dörfer gespielt. Kürzere Szenen und Geschichten aus dem Repertoire der Commedia dell'arte eignen sich auch dazu, in einem Kinderzirkus-Programm gezeigt zu werden. Manche Themen können auch auf die heutige Zeit übertragen und völlig neu gestaltet werden.

Als Vorübung zum Clownspielen ist die Beschäftigung mit den Typen der Commedia dell'arte deswegen sehr lehrreich, weil alle Bewegungen und Gesten sehr deutlich, fast übertrieben, ausgespielt werden. Dieser Schwerpunkt im Körperausdruck ist auch für den Clown wichtig, weil ihn die Zuschauer in der Manege fast von allen Seiten sehen. Auch der Komödiant auf dem Jahrmarkt mußte wohl in ähnlicher Weise die Leute auf sich aufmerksam machen.

Eine weitere Verwandtschaft zum Clown ist das Eingehen auf das Publikum, das Spielen mit den Zuschauern und nicht nur das abgehobene Darstellen auf der Bühne.

---

* Commedia bedeutet Schauspiel, arte ist das Handwerk. Commedia dell'arte = Komödie, die von Berufsschauspielern vorgeführt wird.

Arlecchino *Brighella* *Columbina* *Pantalone*

Die Spielweise

Die Schauspieler hatten keinen vorgegebenen Text. Nur der grundsätzliche Verlauf der Handlung war festgelegt, die Anzahl der Akte und Szenen, auch die Auftritte und sogar die Grundlinien der Dialoge. Alles übrige wurde von den Darstellern ihrer Rolle entsprechend improvisiert.

Die Schauspieler konnten sich zwischen den Szenen über den weiteren Fortgang verständigen. Die Spieler stellten keine individuellen Gestalten dar, sondern Typen, die in ihrem Verhalten ziemlich deutlich gekennzeichnet waren. Die meisten Typen trugen Halbmasken, die ihre Eigenarten noch verstärkten. Jeder Spieler war spezialisiert auf einen oder mehrere Typen. Er hatte Lazzi = Gags einstudiert, die er bei jeder passenden Gelegenheit spielte. Außer der Grundhandlung und den Lazzi bestand das Spiel aus freier Improvisation über Tagesereignisse, politische Geschehnisse usw. Die Schauspieler gingen dabei ganz auf das momentane Publikum ein.

Ob sie das Publikum durch ihre Späße zum Lachen brachten oder zu mitfühlender Rührung, das entschieden sie während des Spielens. Sie versuchten, dem Publikum abzuspüren, was es braucht.

Die Typen

Durch Halbmaske, Kleidung, Verhalten und durch bestimmte Körperhaltungen und Bewegungen war jede Gestalt sofort zu erkennen.

Die Diener

sind die Hauptgestalten und treibenden Kräfte im Spiel. Sie entstammen dem einfachen Volk, werden unterdrückt und gedemütigt, wehren sich aber mit List und Einfallsreichtum ihrer Haut. Am Ende eines Stückes dürfen sie meistens triumphieren:

Arlecchino trägt ein buntgeschecktes Flickengewand, das dem mittelalterlichen Narrenkleid ähnelt. Er ist naiv und manchmal sehr hilflos. Er schwebt etwas über der äußeren Wirklichkeit. Er ist leichtgläubig und kommt oft in Schwierigkeiten, aus denen er sich aber mit Witz und etwas Glück meistens befreien kann. Die größte Freude bereitet ihm das Essen. All diese Eigenarten machen ihn aber zum Liebling des Publikums.

Arlecchino ist springlebendig. Fast nie steht er ruhig. Er tritt von einem Bein aufs andere; dabei hat er manchmal Probleme, seine Glieder richtig zu ordnen. Wie ein Kind kann er weinen und im nächsten Moment wieder lachen. Worte, die aus seinem Mund oft zu hören sind, haben mit »Hunger« (maccheroni usw.) und »Diener« (Plage, Arbeit) zu tun.

Sein typischer Gegenstand ist ein flaches Stück Holz, das ihm als Kochlöffel, Fernrohr, Waffe usw. dient.

Brighella zeigt durch seine livreeartige Jacke, daß er es schon zu etwas gebracht hat. Er ist gerissener als sein Bruder Arlecchino, fast ein Gauner. Durch seine Schlagfertigkeit und seinen Einfallsreichtum hat er oft die Handlungsfäden fest im Griff.

Dottore *Capitano* *Das Liebespaar*

Brighellas Haltung ist meisten sehr angespannt. Bei ihm ist am ganzen Körper zu sehen, was er denkt, fühlt und will.
In seinem Gürtel steckt ein Dolch, den er auch benutzen kann.

Columbina trägt keine Maske, herrscht in der Küche und hat ein gutes Verhältnis zu ihrer Herrin oder zum Fräulein.
Oft ist sie mit Arlecchino oder Brighella verbunden. Gemeinsam spinnen sie Intrigen aus. Die Männer, die ihr nachstellen, hält sie sich mit gewitzten Worten und manchmal auch mit Ohrfeigen vom Leib. Sie hat einen gesunden Menschenverstand und tut, was sie will. Sie trägt ein einfaches Frauenkleid. Worte, die sie oft verwendet, hängen mit ihren häuslichen Tätigkeiten und mit »Schönheit« zusammen.
Je nachdem, was sie für nötig empfindet, kann sie sich wie eine schüchterne Jungfrau bewegen oder auch sehr aufreizend wirken. Ihre häufigste Haltung: stolz gestreckter Oberkörper, in die Hüften gestemmte Hände, blitzender und ironischer Blick auf das Gegenüber.

Die lächerlichen Alten
sind die Herren. Sie verfügen über Geld und Macht. Ihr Verhalten ist in allem so übertrieben, daß sie vom Publikum ausgelacht werden:

Pantalone ist schon sehr alt und gebrechlich. Trotzdem stellt er immer noch den jungen Mädchen nach – allerdings ohne Erfolg. Als Kaufmann verkörpert er die Macht des Geldes. Er ist mager, und sein Geiz zeigt sich in der vornübergebeugten Haltung und dem nach vorne gestreckten Kinn.
Voller Mißtrauen, schwätzend und immer wieder jammernd, so begegnet er seinen Mitmenschen. Er reibt sich ständig die Hände. Oft beschäftigt er sich auch mit der Geldbörse, die immer an seinem Gürtel hängt. Er redet auch häufig über Geldgeschäfte.

Der *Dottore* trägt eine Gelehrtentracht und stellt die Macht des Wissens dar. Allerdings ist er ein Schwätzer, der zwar sehr gebildet daherredet, aber in seinen Vorträgen wenig Sinnvolles sagt. So erscheint er als halbgebildeter, mit Zitaten vollgestopfter Arzt oder Rechtsgelehrter, der eigentlich keine Ahnung hat.
Weil er vom vielen Lesen kurzsichtig ist, muß er den Kopf immer vorstrecken. Sein Gang ist storchenhaft. Oft streckt er den Zeigefinger rechthaberisch in die Luft und ruft: »Accidit in puncto!« (»Das ist genau der Punkt!«)

Der *Capitano* ist berufsmäßiger Soldat, der mit seiner herausgeputzten Uniform herumschwadroniert und von seinen »Heldentaten« erzählt. Durch ihn zeigt sich die Macht der Waffen – allerdings wie eine Karikatur. Denn obwohl er sich ständig vor Frauen aufspielt und sich für den größten Helden aller Zeiten hält, hat er doch Angst vor einer Maus. Er ist eigentlich ein feiger Kerl und nagt am Hungertuch. Wenn er spricht, gestikuliert er ausladend und übertrieben. Sein Gang ist stolz und angeberisch. Ein übergroßes Schwert, das deshalb kaum zu gebrauchen ist, betrachtet er als besondere Zierde. Er gibt sich gern fürchterliche Namen: Escarcobombardon, Tiff Tuff Trappatta, Horribilicribrifax, Windbrecher von Tausendwind ...

Das Liebespaar. Um seine Liebesgeschichte ranken sich die Späße und Intrigen der Diener.
Das Liebespaar sind oft die Kinder von Pantalone und Dottore, die aber nicht zusammenkommen dürfen. Sie sind wirklich ineinander verliebt und singen oder sprechen mit wohltuender Stimme ihre Liebesschwüre in Reimform. Sie sind modisch gekleidet und tragen keine Masken.
Mit Hilfe der Diener finden sie am Ende des Stückes zueinander.

Spielübungen
Die folgenden Anregungen sind einerseits Grundübungen, um mit der Rolle und der Maske vertraut zu werden, andererseits handelt es sich um Lazzi und typische Szenen der einzelnen Personen. Manche Szene läßt sich sogar zur Clownsnummer ausbauen.

Typische Körperhaltungen
Bilder mit typischen Haltungen der Commedia dell'arte-Figuren können als Ausgangspunkt für kleine Improvisationen genommen werden (D. ESSRIG 1985).
Das Bild genau anschauen, dann die Haltung möglichst exakt nachahmen und sich in diese Stellung hineinfühlen; auf ein Zeichen des Spielleiters hin aus dieser Stellung in eine Bewegung, eine Handlung übergehen. Es kann auch ein passendes Wort oder ein Satz gefunden werden.
Wenn zwei Personen in dieser Weise auf der Bühne stehen, können sie sich aus ihrer Haltung heraus begegnen und aufeinander reagieren.

Geschichten erzählen
Um sich in den Hintergrund der zu spielenden Figuren hineinzuleben, ist es gut, einiges gelesen zu haben und sich anderes selbst vorzustellen. Dottore könnte seine Lebensgeschichte erzählen ... oder Columbina ...

Die Rolle entdecken[7]
Um sich von den Erlebnissen der Alltagsrealität zu trennen und innerlich einen neuen Anfang in der Bühnenrealität zu finden, können sich mehrere (4–6) Spieler unter einem großen, schwarzen Tuch in beliebiger Haltung hinlegen oder -setzen. Jeder versucht nun, fast einzuschlafen, alles zu vergessen, was er weiß, und dann aufzuwachen und sich nun auf die Empfindungen zu konzentrieren, die sich in dieser Situation einstellen. Die Gefühle können von Geborgenheit bis Einengung gehen. Nacheinander kommen die Spieler ihren Gefühlen entsprechend unter dem Tuch hervor. Vielleicht bleibt auch jemand eingehüllt liegen. Die Aufgabe besteht nun darin, die Umgebung und auch die Mitspieler so anzusehen, als ob alles völlig neu und unbekannt wäre. Staunen, Neugier, Furcht kann sich einstellen. Die Spieler reagieren aufeinander. Wer rennt weg? Wer verkriecht sich wieder unter dem Tuch? Wer hilft den anderen? usw.
Bei einem zweiten Durchgang versuchen die Spieler wieder, zuerst alles zu vergessen. Dann beginnt aber die Konzentration auf eine Rolle, die gespielt werden soll. Die Biographie, Lebensweise, Bewegungseigentümlichkeiten, Blick, Sprache sollen vorgestellt und nachempfunden werden. Dann versucht der Spieler als diese Figur unter dem Tuch hervorzukommen. Wieder entsteht aus den Reaktionen eine kleine Geschichte.
Dasselbe läßt sich auch spielen, indem eine Maske mit unter das Tuch genommen wird.

---

[7] *Diese und auch einige der folgenden Übungen sind angeregt durch das ausgezeichnete Buch von M. Kunz, A. Marchetti: Arlecchino & Co. Es enthält eine historische Darstellung, eine schöne Spielvorlage »Der Zahnarzt«, Übungen, Anleitungen zum Bau der Masken usw.*

Maskenspiele
Zunächst kann man mit einfachen weißen Neutralmasken üben, wie sie in der Karnevalszeit in jeder größeren Festartikelabteilung zu kaufen sind.[8]

Gänge, Haltungen
Verschiedene Gänge, Haltungen und Stimmungen ausprobieren; mit kleinen, mittleren und übertrieben großen Bewegungen experimentieren. Die halbe Gruppe beobachtet. Im Gespräch sollte geklärt werden, wie die Bewegungen wirken.

Die Haupterfahrung wird für die Spieler darin bestehen, daß die Mimik des Gesichtes wegfällt und dadurch der übrige Körper als Ausdrucksorgan aufgewertet wird.

Sich einfühlen
Mit den Halbmasken der Commedia dell'arte kann man sich anfreunden, indem jeder eine Maske genau anschaut, innen und außen betastet, sie aufsetzt und sich in den Typ hineinfühlt, Bewegungen, Gesten und kleinere Aktionen ausprobiert. Auch die passende Stimme kann dazu gefunden werden.

In kleinen Gruppen können dann die Spieler versuchen, gemeinsam ein Gesamtbild dieser Maske, dieser Person zu entwickeln. Auftritte vor den anderen verhelfen dann dazu, die Grundfragen jedes Rollenspiels zu klären:

1. Was hat die Person vor dem Auftritt getan? Woher komme ich?
2. Was will die Person jetzt auf der Bühne? Wer bin ich?
3. Welche Beziehungen hat diese Person zu den anderen Rollen? Wie stehe ich zu den anderen?
4. Was geschieht mit dieser Person im weiteren Verlauf des Spiels? Wohin gehe ich?

»Modellieren«
Die Spieler teilen sich in Paare auf. Einer setzt die Maske auf und stellt sich in einer neutralen Haltung hin. Der andere versucht nun, die Körperhaltung des Maskierten so zu verändern, daß sie zur Maske paßt. Wenn zwei oder drei »Modellierer« am Werk sind, können sie sich über die richtige Haltung austauschen.

Ein Gegenstand
Im Laufe der Zeit sollte jeder Spieler alle Hauptmasken in dieser Weise durchgeübt haben – mit ihnen vertraut sein. Wenn das geschehen ist, kann ein Spieler z.B. mit der Arlecchinomaske in die Mitte gehen. Dort wirft ihm der Spielleiter einen Gegenstand zu. Er fängt ihn seiner Maske entsprechend auf und spielt auch in der passenden Weise weiter. So kann ein Spieler alle Masken durchgehen.

Stuhlimprovisation
Zwei verschiedene Typen treffen sich in der Mitte der Spielfläche. Beide wollen sich auf den Stuhl setzen, der dort steht. Was geschieht?

Lazzi

- Arlecchino bekommt als Strafe drei Tage nichts zu essen. Allein diese Vorstellung ruft bei ihm solche Hungergefühle hervor, daß er sich dem Hungertode nahe fühlt. Vor dem Sterben will er wenigstens noch etwas genießen. Er malt sich in seiner Phantasie verschiedene Speisen aus und wird dabei immer munterer.

- Arlecchino soll den Boden kehren, hat aber keine Lust dazu. Er befiehlt dem Besen, selbst zu kehren. Bei dieser Auseinandersetzung kommt es zum Kampf mit dem Besen.

- Arlecchino weint vor Hunger. Dabei zieht er seine Unterlippe so weit nach vorne, daß die Tränen in den Mund rinnen. Genüßlich schlürft er sie. Er gibt vor, sich von den eigenen Tränen zu ernähren.

- Arlecchino will sich voller Genuß über ein Essen hermachen. Dabei wird er ständig von einer Fliege gestört. (Das Summgeräusch produziert der Schauspieler natürlich selber.) Arlecchino verfolgt die Fliege.

---

[8] *Grundsätzliche Hinweise zum Maskenbau und -spiel finden sich bei*
Chr. Riemer: Maskenbau und Maskenspiel (1986)
N. Rothmann/M. Hannes: Maskenspiel (1984)
Die Masken der Commedia dell'arte kann man bestellen bei:
»Pappnase & Co«, Gluckstr. 67, 2000 Hamburg 76.

Die Jagd wird immer wilder. Immer wenn er meint, sie gefangen zu haben, fängt sie wieder woanders an zu summen. Endlich hat er sie in der Hand und schluckt sie genüßlich hinunter. Da beginnt im Magen von neuem das Summen und Herumschwirren.

- Columbina probiert gerade den Schmuck und die Parfüms ihrer Herrin aus, als diese unerwartet hereinkommt. Schnell nimmt sie ihren Staubwedel und putzt.

- Columbina will Arlecchino heiraten. Als dieser ihr einen Korb gibt, malt sie ihm aus, welche Essen sie täglich für ihn kochen will. Am Ende kniet Arlecchino vor ihr und schwört ewige Treue.

- Pantalone ist mit einer Frau verabredet. Er macht sich vor dem Spiegel schön und will sich durch Gymnastik körperlich noch etwas auffrischen. In seiner Vorfreude und Ausgelassenheit gerät er ganz aus dem Häuschen; da bekommt er plötzlich einen Hexenschuß – und alles ist aus.

- Mit großem Vergnügen zählt Pantalone sein Geld. Dabei verliert er seine Brille und kann den Schlüssel für die Geldlade nicht wiederfinden. Da übermannt ihn die Sorge, jemand könnte seine Schätze rauben.

- Pantalone und Dottore unterhalten sich über ihre Krankheiten. Dabei geben sie mächtig an. Jeder will ganz besondere Leiden und Wehwehchen besitzen.

- Dottore wird von dem kranken Pantalone gerufen. Er soll ihn gesund machen. Während er seinen Puls fühlt, verhaspelt er sich in medizinische Ausdrücke, verwechselt Lunge und Zunge usw. Pantalone klagt über Schmerzen im Bauch und in der Brust; Dottore sagt ihm: »Euer Bauch ist krank, und in der Brust seid ihr auch nicht in Ordnung.« Er verordnet ihm Arznei und schreibt die Rechnung. Als Pantalone merkt, wieviel Geld er bezahlen soll, wird er sofort putzmunter. Dottore ist stolz auf seine »Heilkunst«.

- Dottore kommt zu spät zu einer Verabredung. Er stolpert beim Hereinkommen. Er will sich entschuldigen: »Wenn einer in Florenz etwas warten muß, ist dies nicht so schlimm, denn Florenz ist die Hauptstadt der Toskana; in der Toskana entstand die Kunst der Beredsamkeit; Cicero war der König der Beredsamkeit und ein römischer Senator; Rom hatte 12 Cäsaren; 12 Monate hat das Jahr; das Jahr teilt man in vier Jahreszeiten; die Zahl der Elemente ist ebenfalls vier – Luft, Wasser, Feuer, Erde; die Erde wird mit Ochsen gepflügt; die Ochsen haben ein Fell; das Fell wird zu Leder gegerbt; aus Leder macht man Schuhe; Schuhe zieht man an die Füße; die Füße dienen zum Laufen; beim Laufen bin ich gestolpert – und stolpernd kam ich hierher, um euch zu begrüßen ...« (K. RIHA 1985).

- Capitano putzt sein Schwert. Dabei schwingt er große Reden. Plötzlich kommt eine Maus angelaufen. Capitano erschrickt heftig und rennt weg.

- Capitano geht mit einer schönen Dame spazieren. Er prahlt mit seinen Heldentaten. Plötzlich bemerkt er einen Schatten vor sich (es ist sein eigener). Er will nicht weitergehen, aber seine Begleiterin soll auch nicht merken, daß er Angst hat.

Interessante Übungen ergeben sich, wenn die verschiedenen Personen dieselbe Tätigkeit ausführen: jeder bekommt einen Brief, ißt einen Teller Suppe, findet ein Geldstück, verliebt sich ...

Viele andere Übungen und Spielanregungen finden sich in der weiterführenden Literatur (W. MÜLLER 1984; M. KUNZ und A. MARCHETTI 1989).

Als Abschluß soll ein kleines Stück stehen, das aus Improvisationen und kleinen Übstücken entstanden ist und 1991 im »Circus Calibastra« aufgeführt wurde. Im Stil der Commedia dell'arte ist nur die grobe Rahmenhandlung beschrieben. Das lebendige Spiel müssen die improvisierenden Darsteller dazufügen.

Der Liebesbrief

1. Szene
Arlecchino hat seinem Herrn Pantalone eine Torte gestohlen und will sie gerade genüßlich verzehren. Der wütende Pantalone tritt auf und entreißt ihm die Torte. Arlecchino soll drei Tage nichts zu essen bekommen.

2. Szene
Arlecchino stirbt fast schon bei der Vorstellung, daß er drei Tage nichts zu essen bekommen soll. Columbina tritt auf und tröstet ihn. Beide klagen über den alten Geizhals. Sie wollen ihm einen Streich spielen: Columbina schreibt an Pantalone einen Liebesbrief, von »Donna Flavia«. Pantalone wird in dem Brief zu einem nächtlichen Stelldichein unter dem Balkon der Donna Flavia eingeladen.

3. Szene
Pantalone tritt mit dem Brief auf. Er denkt, es handle sich um Geldgeschäfte. Als er den Inhalt liest, bekommt er vor lauter Aufregung einen Herzanfall. Er benötigt seine Tropfen. Er will Donna Flavia ein würdiges Geschenk machen.

4. Szene
Arlecchino hat die Schatzkiste des Pantalone entdeckt und wühlt darin. Als Columbina kommt, überreicht er ihr eine Kette. In dem Moment, wo sich die beiden küssen wollen, werden sie von Pantalone gestört. Arlecchino versteckt sich hinter dem breiten Rock von Columbina. Pantalone fragt sie aus. Sie soll ihre Hände zeigen. Das geht aber nicht, weil sie hinter dem Rücken die goldene Kette in der Hand hält. Da streckt Arlecchino seine Arme zwischen den Armen der Columbina hindurch und zeigt, daß sie leer sind. Columbina erzählt nun vom Putzen, Teetrinken usw. Arlecchino vollführt mit seinen Händen die dazu gehörenden Gesten. Pantalone schickt Columbina hinaus.

5. Szene
Pantalone sucht ein Geschenk für Donna Flavia. Nachdem ihm eine Kette und ein Armband zu teuer sind, hat er die rettende Idee: »Ich schenke mich selbst! Jawohl!« Er ruft Arlecchino. Der soll den großen und wertvollen Spiegel bringen.

6. Szene
Arlecchino läßt den Spiegel fallen und kommt jammernd mit dem bloßen Rahmen herein. Columbina weiß Rat: Arlecchino soll als »Spiegelbild« alle Bewegungen des Pantalone nachmachen. Der kurzsichtige Alte wird es schon nicht merken.

7. Szene
Pantalone pudert sich vor dem Spiegel. Arlecchino muß niesen und beide stehen daraufhin in einer Puderwolke. Pantalone will Gymnastik machen. Er bewegt sich kaum, während Arlecchino flinke Kniebeugen vollführt. Pantalone ist stolz: »Es geht ja fast wie von selbst.«

8. Szene
Pantalone singt krächzend unter Donna Flavias Balkon. Arlecchino flüstert ihm den Text vor. Pantalone verhört sich aber immer. Aus: »Wie der Hain im Mondenschein stehst du ganz verklärt«, wird »Wie das Schwein im Mondenschein stehst du ganz verkehrt.«
Donna Flavia steht auf dem Balkon. Sie wird schließlich so wütend, daß sie einen Nachttopf über Pantalone ausleert und ihm anschließend den Nachttopf auf den Kopf setzt. Weil Pantalone jetzt nichts mehr sieht, irrt er mit Liebesrufen nach Donna Flavia in der Nacht umher. Arlecchino und Columbina beobachten ihn und freuen sich über ihren Streich.

Methodisches Vorgehen

Für erfahrene Spielleiter ist dieses Kapitel nicht so entscheidend. Sie werden sich aus den vorgeschlagenen Übungen das heraussuchen, was für ihre Gruppe brauchbar ist. Die folgenden Hinweise sollen es aber dem Anfänger erleichtern, die Übungszeiten sinnvoll einzuteilen, d.h. das Improvisieren und Clownspielen richtig vorzubereiten.

Einstiegsübungen (»Warming up«)
Für neue Gruppen ist es wichtig, sich kennenzulernen und miteinander vertraut zu werden. Für bekannte Gruppen ist das lockere Hineinfinden in den Übungsprozeß aber genau so entscheidend. Deshalb folgen hier einige Anregungen dazu. Auch viele der üblichen geselligen Spiele sind dafür geeignet (A. FLUEGELMANN 1979; H. FLURI 1984; G. REICHEL u. a. 1982).

Erstarren
Ein bis zwei Fänger versuchen, möglichst alle abzuschlagen. Wer gefangen wird, erstarrt im Moment der Berührung in der momentanen Haltung. Die regungslos herumstehenden Statuen können erlöst werden, wenn ein »freier« Spieler sich in derselben Position spiegelbildlich davor stellt.

Katz und Maus
Paarweise stehen alle im Kreis oder verteilt im Raum. Ein freies Paar ist Katze und Maus. Wenn die »Katze« die »Maus« abschlägt, wechselt das Verhältnis: Die Maus wird Katze, die Katze wird Maus. Die (neue) »Maus« hat nun die Möglichkeit, sich bei einem stehenden Paar anzu-

stellen. Stellt sie sich links an, wird der rechte Spieler frei. Allerdings übernimmt er nun nicht die Rolle der »Maus«, sondern er wird zur »Katze«, und die (ehemalige) »Katze« des stehenden Paares wird in diesem Moment zur »Maus«.
Schnelles Reagieren und Umstellen sind dabei gefordert.

Verbindungen
Durch verschiedene »Gemeinsamkeiten« bestimmt, sollen sich die Gruppenmitglieder in immer anderen Zusammensetzungen auf möglichst engem Raum zusammenfinden. Gemeinsame Faktoren können sein: Haarfarbe, Augenfarbe, bestimmte Kleidungsstücke, Geschlecht, Alter, Geburtsmonat, Tierkreiszeichen, Lieblingsspeisen, Urlaubsländer, Ringträger …
Der Spielleiter ruft das Thema, die Gruppen finden sich eng zusammen, und das Erstaunen und die Freude darüber, wer z.B. dieselbe Augenfarbe hat, sorgen für einen direkten Kontakt unter den Teilnehmern.

Schlange
Eine lange Schlange wird vom Anführer völlig verknotet und wieder auseinandergeführt.

Verknoten
Die Augen schließen und zwei verschiedene Hände ergreifen. Sie dürfen aber nicht von Nachbarn sein. Die verknotete Gruppe soll sich nun ohne Loslassen entwirren und zum Kreis werden.

Sitzkreis
Alle stehen im Kreis eng hintereinander und setzen sich auf die Knie des hinter ihnen Stehenden. Dieser Sitzkreis kann sich sogar bewegen.

Begrüßen
Alle laufen durch den Raum. Durch ein Zeichen werden sie aufgefordert, in kurzer Zeit möglichst viele Leute in einer bestimmten Weise zu begrüßen (Handschlag, Kopfnicken, Anlachen …).

Redewendungen
Durch den Raum gehen. Der Spielleiter ruft eine Redewendung, die alle gleich wortwörtlich ausführen sollen. Z.B.: Jemanden auf den Arm nehmen; jemanden auf Händen tragen; jemanden an der Nase herumführen; jemanden aufs Kreuz legen; jemandem die Zähne zeigen; jemanden anbeten …

Stäbe werfen
Im Kreis Gymnastikstäbe zuwerfen: Die Menge der Stäbe soweit erhöhen, wie es die Gruppe verkraftet.

Gruppenpantomimen
Die ganze Gruppe stellt pantomimisch ein Fließband dar. Sechsergruppen bilden jeweils ein Ruderboot und versuchen, gemeinsam zu rudern.
Ein Stein, ein Werkzeug oder sonst ein Gegenstand wird genau angeschaut. Dann versucht die Gruppe, ihn als Menschenskulptur nachzubilden.

Zahlen
Durch den Raum gehen. Der Spielleiter ruft Zahlen. Bei »2« z.B. müssen zwei Spieler auf möglichst kleinem Raum zusammensein. Am Ende kann sich die ganze Gruppe zusammendrängen.

Viele Übungen zur Vertrauensbildung und zur Sensibilisierung der Sinne sind auch geeignet, eine Gruppe zusammenzuführen.
Am Anfang können mehr Gruppenspiele stehen, aber schon recht bald sollten sich kleinere Gruppierungen und dann auch Paare bilden. Dadurch entsteht ein direkteres und intensiveres Sichkennenlernen der Teilnehmer. Wichtig ist, daß oft gewechselt wird. Sonst bleiben diejenigen, die sich sowieso schon kennen, immer zusammen.

Übungsaufbau

Körperübungen
Grundsätzlich hat es sich bewährt, nach dem »warming up« mit intensiver körperlicher Grundlagenarbeit zu

beginnen. Krafterlebnisse sollten allerdings abwechseln mit entspannenden Übungen.

Es ist gut, in dieser Phase auch richtig außer Puste zu kommen. Wenn danach eine Übung beginnt, die Loslassen erfordert, wird der Atem freier. Das Vertrautwerden mit dem Boden, Ringkämpfe und alle Übungen, die das Wohlfühlen im eigenen Körper anregen, gehören auch in diesen Zusammenhang.

Wenn die grundsätzlichen Bewegungen gekonnt werden, läßt sich dieser ganze Bereich nach einer kurzen Erwärmung als »Freies Training« in einen spielerischen Ablauf einkleiden.

Auch eine »Phantasiereise« eignet sich als zusammenfassender Rahmen. Beide Spiele ermöglichen einen nahtlosen und direkten Übergang von den Körperübungen zum ausdrucksvollen Improvisieren.

Vertrauensübungen – Sinnesspiele

Nach dem mehr körperlich betonten Bewegen sollten die Teilnehmer ihren normalen Alltag etwas vergessen haben. Durch das Überschreiten der Punkte, an denen man eigentlich nicht mehr kann, und durch die tiefe Entspannung hinterher, öffnet sich meistens auch seelisch ein Tor zu neuen Erlebnismöglichkeiten. Es ist nun leichter, Unbekanntes zu wagen. Vertrauensübungen fordern den Mut heraus; Sinnesspiele verlangen ein intensives Eingehen auf die einzelnen Wahrnehmungsqualitäten.

Ausdrucksübungen

Viele Übungen zur Schulung des Körperausdrucks können zunächst als Gruppe durchgeführt werden. Wenn die Spieler gut in Aktion sind, ist es aber auch wichtig, paarweise oder in kleineren Gruppen zu arbeiten. Auch gegenseitiges Anschauen und konstruktive Kritik sind wichtig. Dadurch entwickeln sich die Beobachtungsfähigkeit und die Wachheit dem eigenen Tun gegenüber. Diese Bewußtseinsarbeit sollte immer wieder stattfinden, weil fortwährendes Drauflosspielen keine Entwicklung bewirkt und die Spieler von sich wegbringt.

Improvisieren – Clownspielen

Beim »Freien Training« und bei den Übungen mit verschiedenen Gängen und Gesichtern wird die Fähigkeit zur Improvisation oft gefordert. Dadurch fällt der Übergang zu den eigentlichen Improvisationsaufgaben nicht schwer. Es ist günstig, wenn zunächst alle gleichzeitig – aber jeder für sich – eine Improvisation angehen. Das gilt für Zweierimprovisationen, Grommolosprache und auch für die Clownsübungen. Wenn sich die Spieler sicherer fühlen, kann man natürlich auch für kleine Gruppen Aufgaben stellen und die Szenen dann vorführen lassen. Dann ist wieder die positive Kritik der Zuschauer gefragt. Das klärt die eigenen Absichten und zeigt, wieviel im Spiel verwirklicht werden konnte.

Durch all diese Übungen kann sich die Seele öffnen für die naive und direkte Spielweise des Clowns.

Formen des Übens

Je nachdem, wie groß eine Gruppe ist und wie vertraut die Spieler mit Improvisationsaufgaben sind, wird sich die Form des Übens verändern. Auch das Ziel einer Gruppe hat darauf einen Einfluß: Wird für eine Aufführung geprobt oder »nur« aus Interesse am Theaterspielen? Solche Gesichtspunkte wird der Übungsleiter im Blick haben, wenn er sich überlegt, in welchen Formen die einzelnen Übungen durchgeführt werden sollen. Im folgenden werden einige Möglichkeiten aufgezeigt.

Frei durch den Raum gehen

Alle Teilnehmer sind ständig in Bewegung. Sie haben die Aufgabe, immer wieder durch die Mitte zu gehen und darauf zu achten, daß der Raum gleichmäßig benützt wird, d. h. daß keine Lücken entstehen. Der Übungsleiter gibt Anweisungen, was die Teilnehmer tun sollen (Rollen, Gänge, Bewegungstypen ...).

Frontalunterricht

Wenn es darum geht, etwas genau zu zeigen und zu erklären, ist es gut, wenn der Lehrende vorne steht.

Stationen
Der Übungsleiter zählt durch Klatschen oder Trommelschläge. Es wurde verabredet, was bei 1, 2, 3 usw. geschehen soll. Viele Übungen lassen sich in dieses Stationen-Spiel integrieren (siehe S. 232).

Im Kreis
Wenn sich alle Teilnehmer gegenseitig sehen sollen, ist das Üben im Kreis am besten. Jeder kann schnell nacheinander etwas zeigen. Das gemeinsame Hüpfen im Kreis erzeugt z.B. eine »dichte« Gruppenatmosphäre (siehe S. 236).

In Reihen
Bei großen Gruppen können zwei sich gegenüber stehende Reihen sehr schnell eine Aktion durchgehen lassen.
Beispiel: Eine Reihe dreht sich um. Die Aufgabe ist, »traurig« zu zeigen. Nacheinander drehen sich alle um und erstarren in der Haltung. Die verschiedensten Übungen lassen sich durch die Reihenaufstellung zügig durchspielen.
Auch mit Reaktionen ist das möglich.
Beispiel: Jeder hat seine Nummer. Der Spielleiter sagt z.B. »3«. Nun kommen aus jeder Reihe die »3er« in die Mitte und improvisieren nach dem vorgegebenen Thema. Dadurch ist ein zügiger Durchgang möglich.

Phantasiereise
Alle agieren nach den Anweisungen des Lehrers. Sie bleiben immer in einem Prozeß. Bewegung, Gefühl und Phantasie sind in gleicher Weise angesprochen (siehe S. 242).

Freies Training
Wenn eine Gruppe alle geübten Bewegungselemente im freien Spielen und Improvisieren einsetzen kann, hat sie schon sehr viel erreicht (siehe S. 242).

Einzeln – in der Gruppe
Für schwierigere Solo-Improvisationen und besonders für die Anfänge des Clownspielens ist es günstig, wenn jeder für sich, aber in der Gruppe, übt. Durch den Blick zum Nachbarn können Anregungen geholt werden; weil alle dasselbe üben und keiner zuschaut, wird ein großer Teil der Befangenheit weggenommen. Allerdings sollte diese Form des Übens nur als Einstieg benutzt werden, um Barrieren zu durchbrechen.

Selbständiges Üben
Bei den Ausdrucksübungen (z.B. »Spiegel«) und besonders bei den Improvisationen und beim Clownspielen ist es sehr wichtig, daß die Spieler Anregungen bekommen, die sie alleine, zu zweit oder zu dritt umsetzen sollen. Das selbständige Erarbeiten eines Themas wird dabei gelernt.

Vorzeigen
Ganz entscheidend ist das Vorspielen vor den anderen Gruppenmitgliedern. Einerseits wird dabei das Spielen vor Publikum geübt, andererseits entsteht durch die Zuschauer eine größere Konzentration beim Spielen. Aber nicht nur die Agierenden lernen etwas. Auch die betrachtenden Gruppenmitglieder schärfen ihren Blick und ihr Bewußtsein. Das hilft ihnen auch für das eigene Spiel. Durch Fragestellungen des Übungsleiters kann die Aufmerksamkeit der Zuschauer auf bestimmte Ebenen des Spiels gelenkt werden:
Wie ist die Dynamik der Szene?
Sind die Gefühlsäußerungen echt?
Ist die Handlung stimmig und verständlich?
Wie benützen die Spieler den Raum?
Gibt es Spannungspausen?
Sind die »Typen« richtig getroffen?
usw.

Der äußere Rahmen

Für die Teilnehmer sollte Klarheit bestehen, wann das Üben beginnt und wann es endet. Die Zeit sollte nicht zu kurz bemessen sein. Zwei bis drei Stunden sind dann nicht zuviel für eine Übeinheit, wenn Anspannung und Entspannung wechseln und der Spielleiter darauf achtet, welches Tempo und welchen Atem die Gruppe braucht. Sehr günstig ist es, wenn man ein Wochenende lang wegfahren kann. Herausgehoben aus der gewohnten Umgebung ist es für manchen leichter, auch die gewohnten Verhaltensmuster zu überschreiten und sich neuen Erfahrungen zu öffnen. Außerdem können Szenen gründlicher erarbeitet werden, und die Gruppe findet sich beim gemeinsamen Essen usw. viel intensiver zusammen.

Literaturhinweise

Arbeitsgemeinschaft für Jeux Dramatiques: Ausdrucksspiel aus dem Erleben. Zytglogge Verlag, Bern 1984.
Batz, M., Schroth, H.: Theater zwischen Tür und Angel – ein Handbuch für freies Theater. rororo Taschenbuch, Reinbek 1983.
(Eine Fülle von Anregungen zu fast allen dargestellten Themen)
von Bothmer, F.: Gymnastische Erziehung. Verlag Freies Geistesleben, Stuttgart 1981.
Essrig, D.: Commedia dellarte – Eine Bildgeschichte der Kunst des Spektakels. Greno-Verlag, Nördlingen 1985.
Fluegelman, A.: Die neuen Spiele. Ahorn-Verlag, Pittenhart/Oberbrunn 1979.
Fluri, H., Bucher, W. (Hrsg.): 1012 Spiele und Übungsformen in der Freizeit. Verlag Hofmann, Schorndorf 1984.
Giffei, H.: Theater machen – Ein Handbuch für die Amateur- und Schulbühne. Otto Maier Verlag, Ravensburg 1982.
Hasenbeck, M.: Wir sind die Clowns. Burckhardthaus-Laetare Verlag, Freiburg 1988.
(Für Kinder von 8-12 Jahren)
Hebel, J. P.: Kalendergeschichten. Insel Verlag, Frankfurt 1965.
(Schöne Geschichten zum Nachspielen)
Huizinga, J.: Homo Ludens – Vom Ursprung der Kultur im Spiel. rororo, Reinbek 1956.
Jacobs, D.: Die menschliche Bewegung. G. Kallmeyer-Verlag, Wolfenbüttel 1985.
(Sehr wertvolle Beobachtungen und Anregungen zu Bewegung, Haltung, Atmung usw.)
Keysell, P.: Pantomime mit Kindern. Otto Maier Verlag, Ravensburg 1982.
König, K.: Sinnesentwicklung und Leiberfahrung. Verlag Freies Geistesleben, Stuttgart 1986.
Kühlewind, G.: Vom Normalen zum Gesunden – Wege der Befreiung des erkrankten Bewußtseins. Verlag Freies Geistesleben, Stuttgart 1983.
(Das »offene« und improvisierende Bewußtsein und die Übungen, wie man als Erwachsener dazu kommen kann, werden beschrieben.)
Kunz, M., Marchetti, A.: Arlecchino & Co. Klett und Balmer, Zug 1989.
Leander-Petzold: Bänkellieder und Moritaten aus drei Jahrhunderten. Fischer Tachenbuch, Frankfurt 1982.
Lindenberg, Chr. (Hrsg.): Rudolf Steiner – Zur Sinneslehre. Verlag Freies Geistesleben, Stuttgart 1981.
Lowen, A.: Bioenergetik für Jeden. München 1979.
Lukoschik, A., Bauer, E.: Die richtige Körpertherapie. Kösel Verlag, München 1989.
Meyer, W., Seidel, G.: Szene – Spielen und Darstellen II. Verlag Erziehung und Wissenschaft, Hamburg 1982.
(Spiele für Kinder unter 12 Jahren)
Müller, W.: Pantomime. Verlag J. Pfeiffer, München 1981.
Müller, W.: Körpertheater und Commedia dellarte. Verlag J. Pfeiffer, München 1984.
Nögge und seine vier Temperamente: neue Sensübelitäten. Verlag Urachhaus, Stuttgart 1991.
Petzold, H.: Psychotherapie & Körperdynamik. Jungfermann-Verlag, Paderborn 1979.
Preußler, O. (Hrsg.): Kennt ihr alle die Geschichte. dtv Taschenbuch, München 1982.
(Balladen, ausgewählt für Jugendliche)
Prömm, P.: Bewegungsbild und menschliche Gestalt. Verlag Freies Geistesleben, Stuttgart 1965.
Reichel, G., Rabenstein, R., Thonhoffer, M.: Bewegung für die Gruppe. Puppen und Masken Verlag, Frankfurt 1982.
Reusch, F.: Der kleine Hey – Die Kunst des Sprechens. B. Schotts Söhne, Mainz 1956.
Riemer, Chr.: Maskenbau und Maskenspiel. Moby Dick-Verlag, Kiel 1986.
Riha, K.: Commedia dellarte. Insel Verlag, Frankfurt 1985.
Rothmann, N., Hannes, M.: Maskenspiel. Ahorn-Verlag, Pittenhart/Oberbrunn 1984.
Sauer, L.: Der Mord auf der Wendeltreppe. Herder Verlag, Freiburg 1979.
(40 klassische Sketche)
Scheuerl, H.: Das Spiel. Beltz Verlag, Weinheim 1979.
Scheurle, H.-J.: Die Gesamtsinnesorganisation. G. Thieme Verlag, Stuttgart/New York 1984.
Schiller, F.: Über die ästhetische Erziehung des Menschen. 1793/94, 27. Brief.
Slezak-Schindler, Chr.: Der Schulungsweg der Sprachgestaltung. Philosophisch-Anthroposophischer Verlag, Dornach 1985.
Spolin, V.: Improvisationstechniken für Pädagogik, Therapie und Theater. Jungfermann-Verlag, Paderborn 1985.
(Sehr gründlich und systematisch aufgebaut)
Steiner, R.: Die Entwicklung des Kindes vom Gesichtspunkt der Geisteswissenschaft. Rudolf Steiner Verlag, Dornach 1978.
Steiner, R.: Die Philosophie der Freiheit. Rudolf Steiner Verlag, Dornach 1973.
Steiner, R., Steiner-von Sievers, M.: Methodik und Wesen der Sprachgestaltung. Rudolf Steiner Verlag, Dornach 1975.
Stevens, J. O.: Die Kunst der Wahrnehmung. Kösel Verlag, München 1981.
Veith, W.: Eurythmie. Verlag Urachhaus, Stuttgart 1985.
Wember, V.: Vom Willen zur Freiheit. Verlag am Goetheanum, Dornach 1991.

Clownspielen Rudi Ballreich

Der tägliche Clown in uns

Lernen wir vom Clown:
Zeigen wir uns so, wie wir wirklich sind. Zeigen wir, wie wir mit unseren Gefühlen im Körper leben und uns darstellen können.
Ein täglicher Clown sein, heißt
offen sein,
ständig andere Standpunkte des Beobachtens einnehmen,
Grenzen überschreiten und Normen über Bord werfen,
viele Zugänge zum eigenen Ich finden,
immer neue Handlungsmöglichkeiten entdecken,
Mut haben, um mit eigener Phantasie die Welt zu verändern.
Akzeptieren wir den Menschen, wie er sich darstellt, wenn er mit seinem Körper handlungsfähig wird!
Setzen wir unsere körperlichen Fähigkeiten und Fertigkeiten, unsere Mimik, Gestik, Bewegung wieder bewußt ein!
Fühlen und verblüffen wir mit unserem Körper!
Lachen und freuen wir uns, wenn wir körperliche Ausdrucks-Grenzen überschritten haben, wenn unsere Mitmenschen verblüfft sagen: »Du bist ja ganz anders!«
Wir sollten die Chance nutzen, über den täglichen Clown in uns mehr Verfügung über das eigene Leben zu erhalten.
Mit mehr Witz, Kreativität, Phantasie und Offenheit
    (nach M. PASSOLT 1986).

Clownspielen mit Kindern! Heißt das nicht: Erziehung zum Blödeln? Kann denn der Clown ein positives Vorbild für Heranwachsende sein? Um zu verstehen, welche wichtige Vorbildfunktion die Gestalt des Clowns haben kann, ist es nötig, die Entwicklung dieser »lustigen Person im Wandel der Zeiten« kurz anzuschauen (vgl. SEITLER 1984, DIETL 1966, BARLOEWEN 1984).

Der Clown

Gaukler und Komödianten

Erst seit ungefähr 150 Jahren wird das Wort »Clown« für den Spaßmacher im Zirkus verwendet. Lustige Personen gab es allerdings unter den Komödianten, Gauklern und Schauspielern schon immer. Im Stammbaum des Clowns findet man den italienischen Arlecchino, den spanischen Gracioso, den französischen Pierrot und den deutschen Hanswurst. Von den englischen Komikern der Kunstreitergesellschaften kam der Name »Clown« (colon = Bauer).

Noch weiter zurück lebten die Narren an den Höfen der Fürsten und Könige, und schon in der Antike spielte der »weiße Mimus« in den Komödien der alten Griechen und Römer eine lustige Rolle.

Viele dieser Spaßmacher hatten eines gemeinsam: Sie waren mit ihrem Spiel nicht fest eingebunden in die Handlung eines Stückes, für sie war ein Freiraum gelas-

sen, in dem sie aus spontanen Regungen heraus auf die Zuschauer wirken konnten – und deren Reaktion sie wieder zum Anlaß neuer Einfälle nahmen. Ihr Spiel war geprägt von starker körperlicher Beweglichkeit, intensivem Gefühlsausdruck und von einer besonderen spielerischen Lebendigkeit.

Die Komödianten lebten nicht innerhalb der üblichen gesellschaftlichen Regeln. Bis vor nicht allzu langer Zeit zogen die Gruppen der Gaukler und Schauspieler von Stadt zu Stadt. Im Zirkus hat sich diese Lebensweise erhalten, und bei den herumreisenden Straßenkünstlern ist diese Lebensart wieder »modern« geworden.

Das fahrende Volk hatte seine eigenen Gesetze und auch seine eigenen Freiheiten. Weil es am Rande der fest eingebürgerten Welt lebte, war es freier von den Konventionen und Zwängen der »normalen Menschen«. Deshalb konnten diese herumreisenden Künstler auch viel direkter und kritischer gesellschaftliche und zwischenmenschliche Zusammenhänge darstellen.

Der Narr war zwar seßhaft, aber er hatte geradezu die Aufgabe erhalten, aus seiner Narrenfreiheit heraus auch unbequeme Einsichten, Frechheiten und Kritisches auszusprechen.

Durch ihre gesellschaftliche Stellung, durch die ungebundene Lebensweise und durch den Beruf als Schauspieler, andere Menschen zum Lachen, zum Gerührtsein, zum Mitfühlen zu bringen, entwickelten diese Menschen bestimmte Fähigkeiten in sich:

- Ihr Körper lernte, als bewegliches Instrument akrobatische Einfälle ebenso darzustellen wie differenzierte Gefühlsregungen.
- Seelisch mußten sie sich in den »hellen und dunklen Regungen« der Menschen auskennen. Das bedeutete in früheren Zeiten eine »Auseinandersetzung mit Engeln und mit Teufeln«.
- Die wirklichen Künstler auf diesem Gebiet versuchten, über die traditionellen Szenen und Darstellungsformen hinauszugehen und aus der eigenen Persönlichkeit heraus die Gestalten mit Leben zu erfüllen. In der Improvisation war immer das Tor offen, daß Neues entstehen konnte.

Clownseigenarten

Der Clown mit der roten Nase und dem großen Mund – so wie er im Bewußtsein der Kinder lebt – ist heute der bekannteste Nachkomme dieser alten Komödianten. Kinder spricht er besonders an, weil er zu den genannten Fähigkeiten noch einige hinzubringt:

- Er hat kindliche Reaktionsweisen bewahrt. Er weint, wenn er traurig ist, und er kann auch im nächsten Moment wieder lachen.
- Seine Gefühle zeigen sich deutlich in der ganzen Körperhaltung, im Blick und in der Stimme.
- Auch mit den Sinnen erlebt der Clown noch unverfälscht. Weil er noch nicht »von des Gedankens Blässe angekränkelt« ist, kann er über eine schöne Blume oder einen Ball oder ein Kunststück wirklich staunen. Das Essen schmeckt ihm so gut, daß die Zuschauer gerne mitessen würden, Töne können ihn so ergreifen, daß sich seine ganze Gestalt verwandelt.
- Aber auch sein Denken und sein Vorstellungsvermögen sind noch nicht festgelegt von den sachlichen und vernünftigen Bestimmungen der Dinge.

Wie bei einem kleinen Kind verwandelt sich ein Gegenstand in seiner Phantasie. Das Seil wird zur Schlange, zum Feuerwehrschlauch, zum Henkerstrick.

All dies ist aber nur möglich, weil sich der Clown ein offenes Bewußtsein bewahrt hat. Er ist noch nicht festgelegt und vollgepfropft mit Vorurteilen und intellektuellem Wissen.

Allerdings kommt der Clown mit dieser Einstellung immer wieder in Konflikt mit den Gesetzen der sachlichen Welt (der verflixte Notenständer; der Koffer, der sich nicht öffnen will...) und mit den Gesetzen der gesellschaftlichen Umgebung (Anweisungen des Direktors oder Sprechstallmeisters, Probleme mit den Kollegen...). Dort, wo der angepaßte Mensch längst den Mechaniker geholt oder sich den Anweisungen gefügt hätte, spielt der Clown diese Konfliktsituationen voll aus: mit allen Gefühlen der Enttäuschung und auch der Freude.

Weil er nach jedem Fehlschlag mit aller Naivität und Positivität wieder von vorne anfängt, erinnert er die Zuschauer an die grundsätzlich optimistische Einstellung des kleinen Kindes, wenn es beim Gehenlernen nach jedem Hinfallen immer wieder von neuem aufsteht. Diese Lebenshaltung ist in jedem Menschen verborgen. Der Clown lebt sie in einer vorbildlichen Weise.

Der Clown als Vorbild

Wenn man diese offene Seelenhaltung des Clowns ernsthaft erüben will, dann ist es einerseits nötig, daß der Leib durchlässig wird für die »spielende Seele«. Das geschieht durch Bewegungs- und Ausdrucksübungen. Durch Improvisationsaufgaben können die gehemmten und unbeweglichen Seelen angeregt werden. Sinnesübungen helfen dem angehenden Clown, offen zu werden und staunen zu lernen über Töne, Farben und Bewegungen. Wenn der Agierende gelernt hat, seinen Verstand zurückzuhalten, dann kann er sich in einer unvoreingenommenen Weise den Sinneserlebnissen, Gefühlen und Empfindungen aussetzen und damit spielen.

All das sind wichtige menschliche Fähigkeiten, die in der heutigen Zeit mit ihrer Sinnesüberreizung und Bewegungsverarmung eine besondere Rolle spielen. Der Clown kann tatsächlich für Kinder und Jugendliche ein anregendes Vorbild sein, auch beweglich, ausdrucksvoll und innerlich lebendig zu werden. Die Erfahrung zeigt, daß manche jungen Darsteller tatsächlich diese Fähigkeiten in sich entwickeln, wenn sie das Clownspielen üben.

Jugendliche Clownspieler

Ein weiterer Aspekt für jugendliche Clownspieler ist die Ungebundenheit und Freiheit dieser komischen Figur. Der Clown hält sich an keine festen Regeln; er ist in seinem Handeln nicht berechenbar. Gefühle erlebt er manchmal so stark, daß sie ihn überwältigen.

Jugendlichen in der Pubertätszeit ergeht es ähnlich. Sie suchen nach Freiheit und ringen auch sehr stark mit den aufwallenden Gefühlen im eigenen Innern. Was Eltern, Lehrer und andere Autoritätspersonen sagen, wird in Frage gestellt. Sie wollen ihr Leben selbst in die Hand nehmen; es gelingt ihnen aber noch nicht so richtig, weil sich auch noch viele kindliche Bedürfnisse und Unsicherheiten zu Wort melden. Meistens wird diese verletzbare Seite hinter einer Maske von besonders selbstsicherem Verhalten versteckt.

In dieser schwierigen »Umbauzeit« kann das Clownspielen eine Hilfe sein. Hier sind die kindlichen Gefühle erlaubt; sie dürfen im Spiel gezeigt werden, sind geradezu unabdingbar für den Clown. Andererseits ist aber auch die Freiheit und Ungebundenheit, die sich die Jugendlichen für die eigene Lebensführung ersehnen, ein wichtiger Teil der Clownsgestalt. Auch die oft übermächtig hin- und herwogenden Gefühle können im Spiel aufgegriffen und gestaltet werden. Der spielerische Umgang mit den eigenen Seelenregungen und der erübte innere Freiraum beim Improvisieren können dabei mithelfen, später zu einer echten Souveränität in der eigenen Lebensführung zu finden.

Eine 17jährige Schülerin erzählte im Rückblick auf einige Jahre Clownspielen, welche Bedeutung die Beschäftigung mit dem Clown für sie gehabt hat:

»Lange, auch als mir meine Clownshose nur noch bis zu den Knien reichte, konnte ich mich von diesem Kostüm nicht trennen. Denn nichts war damals, mit 14/15 Jahren, so befreiend, wie die viel zu langen Arme und Beine unter der weiten Hose und dem großen Oberteil zu verbergen. Nichts war so erleichternd, wie die befremdlich wachsende Nase hinter der roten, runden Clownsnase verstecken und damit selbst vergessen zu können.

Der Clown war damals ein Türchen, durch das ich gerade in den schlimmsten Pubertätsjahren der vorübergehenden Baustelle in mir entfliehen konnte. Hier konnte ich ungestört von jeglichen Umbauten lachen, weinen, tanzen, singen und durch Jonglieren und Balancieren den Bau sogar beschleunigen oder ihm ein solides Fundament zukommen lassen. Ohne von dem wachsenden Körper gestört zu werden, übte ich mit ihm umzugehen und in ihm frei zu werden.« (aus: R. BALLREICH [Hrsg.] 1990)

Übungen

Im Kapitel über »Spielen und Improvisieren« sind viele Übungen beschrieben, die Beweglichkeit, Spielfreude, Ausdrucksfähigkeit und Phantasie anregen können. All diese Fähigkeiten sind sowohl Grundlagen des Theaterspielens als auch des Clownspielens. Weil der Clown aber bestimmte Eigentümlichkeiten besitzt, die von den normalen schauspielerischen Ausdrucksmöglichkeiten abweichen, sind im folgenden einige spezielle »Clownsübungen« dargestellt.

Stimme und Körperausdruck

Wenn bei Improvisationen wortgewandte Spieler viel reden, dann sinkt ihr Körperausdruck meistens in Richtung Null. Der schlaue Kopf regiert und betäubt die Lebendigkeit des Körpers. Wenn dasselbe Thema stumm gespielt werden soll, fängt der Körper zwar an, ausdrucksvoller zu werden, aber häufig entstehen dann gekünstelte und formale Bewegungen. Um aus diesem Dilemma zwischen verstandesbeherrschter Sprache und stummem Körper herauszukommen, kann die Sprache der Clowns, die Grommolosprache, helfen (Chr. GILBERG 1988). Diese Sprache benützt Laute und Sprachmelodie, um mit der Stimme etwas auszudrücken. Eigene, ständig neue Lautverbindungen entstehen. Der Spieler gestaltet ausdrucksvoll mit der Stimme, aber er vermeidet bekannte Worte, die der Verstand erkennen kann. Der sprachliche Ausdruck bleibt in einem lebendigen Zustand.

Das Erstaunliche ist, daß sich durch die Anstrengung, in dieser Weise lebendig und ausdrucksvoll mit der Stimme zu gestalten, der Körperausdruck auch steigert. Das liegt wohl daran, daß der feststellende Kopf in diesem Prozeß nichts zu sagen hat.

Für das Clownspielen ist die Körpersprache sehr wichtig, weil der Clown als ganzer Mensch fühlt und denkt, und weil er in einer Manege auftritt, wo die Zuschauer auch von hinten verstehen müssen, was er darstellt. Deshalb sollte er mit großen und überdeutlichen Gesten spielen.

Die Grommolosprache

Am besten beginnt man damit, daß jeder für sich Laute und stimmliche Äußerungen sucht, die keine richtigen Wörter sind: Grummeln (= Grommolo), Murren, Knurren, Prusten, Gähnen, Schnalzen, Lachen; »Hauruck«, »He«, »Hoppla«.

Dann kann jeder versuchen, einfach Lautverbindungen zu finden, die schön sind, die ihm gefallen. Runde, eckige, spitzige Lautverbindungen können gesucht werden.

»Geh weg!« »Komm! Komm! «Das lasse ich mir nicht gefallen!« »Bitte, bitte« eignen sich gut, um so vertont zu werden.

Wenn zwei Übungsleiter da sind, können sie einen Streit miteinander beginnen – in Grommolosprache – und jeden Teilnehmer dazu bringen, daß er Partei ergreift. So kann ein buntes Durcheinandergespräch entstehen, das bei vielen die ersten Hemmschwellen hinwegfegt.

Dann können gezielte szenische Aufgaben folgen:
- Eine Marktfrau preist ihre Waren an – ein kritischer Käufer kommt.
- Zwei Streithähne treffen sich – ein Dritter schlichtet.
- Heiratsantrag – Ablehnung.

Wenn der Zugang zur verstandesfreien Sprache gefunden ist, können auch ganze Szenen improvisiert werden.

Nur ein Wort

Der Clown tritt auf und spielt mit dem Publikum. Er begrüßt, geniert sich oder ist frech, lacht, stellt sich vor... Dabei verwendet er aber nur ein Wort: »Was?« »Angst«, »Ha!« »Laufen«... Jeder überlegt sich sein Wort.

Ja – Nein

Es geht um ein Spiel zwischen Sympathie und Antipathie. Zuerst kann man das »Ja-Sagen« üben. Erlaubt ist nur das Wort »ja« – aber in vielfältigen Variationen. Ein Clown tritt auf und spielt mit dem Publikum. Er begrüßt, stellt sich vor, gibt an, triumphiert, fragt, zweifelt, ängstigt sich usw. – alles mit dem klanglich verschieden gefärbten Wort »Ja«. Durch dieses Spiel wird der Körperausdruck enorm gesteigert. Wichtig sind dabei der Blickkontakt und die Reaktion auf das Publikum.

Ähnlich kann es dann mit »Nein« geübt werden.

Nun ist es möglich, mit beiden Wörtern zu spielen oder aber zwei Spieler jeweils mit »Ja« oder »Nein« eine Szene darstellen zu lassen.

Spielen mit dem Publikum

Der normale Schauspieler ist selten dazu aufgefordert, direkt mit dem Publikum zu spielen und den Fortgang seiner Darstellungen von der Reaktion der Zuschauer abhängig zu machen. Beim Clown ist das aber in gewisser Weise der Fall. Er spricht direkt mit den Leuten und fordert sie zu Aktionen (Klatschen, Stampfen, Aufstehen) auf. Er ist gerührt, geängstigt, erfreut, beschämt über die Reaktionen der Zuschauer. Manchmal holt er sich sogar Kinder oder Erwachsene als Helfer in die Manege. Es ist deutlich: Ein wichtiges Übungsfeld für den Clown ist das Spielen mit dem Publikum.

1. Das Publikum entdecken

Der Clown betritt in einer bestimmten Haltung die Manege (scheu, forsch, ängstlich, angeberisch …). Er ist ganz mit sich und seinen Gefühlen beschäftigt. Plötzlich sieht er die vielen Leute. Es dauert eine Weile, bis er begriffen hat, daß die ihn alle anschauen. Dann reagiert er entsprechend seiner Haltung: er rennt weg, versteckt seinen Kopf in der Jacke, dreht sich um, er fordert die Leute auf, den Raum zu verlassen … Das geht eine Weile hin und her. Entweder er flüchtet oder er stellt sich vor und zeigt ein Kunststück.

2. Ein Kunststück zeigen

Der Anfang könnte sich abspielen, wie es oben beschrieben ist. Das Kunststück (Jonglieren, ein Lied vorsingen, Kopfstand machen, eine Balance zeigen …) gelingt aber nicht. Jeder Clownstyp wird auf ein solches Mißlingen anders reagieren. Er überspielt die Situation oder versucht, die Leute abzulenken, oder er probiert es eifrig immer wieder. Dabei ist er durch Blicke und vielleicht auch durch Worte im Gespräch mit den Zuschauern. Eine Eigentümlichkeit des Clowns besteht darin, daß er voller Hoffnung ist und ein Kunststück trotz Mißlingen immer wieder probiert. Vielleicht gelingt ihm seine Darstellung in einem unbedachten Moment, mehr so nebenbei. Er ist selbst davon überrascht und freut sich über den Beifall.

3. Beifall fordern

Jetzt beginnt eine neue Szene. Wie geht der Clown mit dem Beifall um? Genießt er ihn, wie eine warme Dusche? Schreckt er zusammen? Bläht ihn das Klatschen auf wie einen stolzen Gockel? Oder fordert er immer neuen Beifall? Er kann auch die eine Zuschauerseite gegen die andere ausspielen, indem er ein Wettklatschen veranstaltet. Wie ein Dirigent sein Orchester, so kann er die Zuschauer in der Hand haben.

4. Mit dem Publikum ein Lied singen

Wenn er merkt, daß er dirigieren kann, ist es nicht mehr weit bis zu der Idee, tatsächlich mit den Leuten Musik zu machen. Er verhaspelt sich beim Vorsingen. Schließlich singt das Publikum ein Schlaflied. Von der Anstrengung, das Publikum zum Singen zu bringen, ist er so erschöpft, daß er sich hinsetzt und ganz gerührt zuhört. Nachdem er das Publikum noch zum Summen gebracht hat, schläft er ein. Das Licht geht langsam aus.

Die beschriebenen Übungen 1–4 ergeben zwar auch eine schöne Clownsnummer, aber zunächst sind sie Aufgaben, die immer wieder neu versucht werden sollten. Dadurch sammelt der Spieler Erfahrungen im Umgang mit Publikumsreaktionen. Die nicht agierenden Gruppenteilnehmer müssen dabei Zuschauer spielen und wirklich mittun.

Grundstimmungen: Die vier Temperamente

Durch den Clown Nögge haben die vier Temperamente Eingang in das Repertoire der Clowns gefunden (F. NÖGGE 1991). Durch die Überzeichnung der Temperamentstypen tritt die Komik der einzelnen Eigenschaften deutlich hervor.

Im folgenden handelt es sich aber weniger darum, die vier Temperamente als Grundlage für Clownsnummern zu nehmen, als vielmehr darum, die Temperamente einerseits als Übungsanregung zu nehmen, um extreme

Seiten der menschlichen Natur überdeutlich und markant spielen zu lernen. Wenn die Übenden sich diese vier Grundstimmungen der Seele erarbeiten, lernen sie weit auseinanderliegende Gefühls- und Ausdrucksbereiche kennen und damit zu improvisieren.

Weil die Gestalten relativ einfach zu erfassen sind – es sind nicht konkrete Menschen, sondern urbildliche Typen gemeint –, können sie leichter dargestellt werden. Wie jeder Temperamentstyp sich bewegt, wie er geht, schaut und redet, läßt sich gut darstellen.

Andererseits sind diese vier Grundstimmungen, wenn sie »in reiner Form« gespielt werden, fast von alleine komisch. Für das Clownspielen geben sie wichtige Anregungen:

- Jeder Spieler kann sich prüfen, ob er die extremen Seiten seines Clownstemperaments schon entdeckt hat.
- Für manchen wird die Frage auftauchen, ob der bisher gespielte Clownstyp überhaupt der »richtige« ist.
- Anfängern kann das Erüben der vier Temperamente helfen, die Grundstimmung zu finden, die ihnen am nächsten liegt.

Allerdings sollte man nicht in den Fehler verfallen, irgend etwas festlegen zu wollen. Jugendliche entwickeln sich. Was im Moment leicht zu spielen ist, kann einige Monate später große Schwierigkeiten bereiten. Außerdem sollte das Spiel der Clowns sich an Situationen, Gegenständen, Menschen entzünden. Dabei werden viele verschiedene Gefühls- und Ausdrucksbereiche angesprochen.

Vier Grundstimmungen – vier Typen

Damit eine erste Vorstellung davon entsteht, wie sich die einzelnen Temperamentskräfte in ihrer Grundstimmung unterscheiden, soll zunächst eine kurze Charakterisierung folgen. Damit es deutlicher wird, überzeichnen die Schilderungen. Differenzierte Beschreibungen und Darstellungen, wie sich diese elementaren Grundkräfte der Seele beim einzelnen Menschen mischen, finden sich in der angeführten Literatur (K. BROTBECK 1986, Erziehungskunst 11/91).

Der Choleriker

Seine Füße knallen mit den Hacken bei jedem Schritt kraftvoll auf den Boden. Er scheint ständig zu sagen: »Platz da, jetzt komme ich.« Dabei spielen seine Ellbogen eine wichtige Rolle. Er nimmt wenig Rücksicht auf andere. Wenn er breitschultrig, mit energischem Kinn und scharfem Blick in die Runde schaut, will er herrschen und möglichst niemand über sich haben.

Wird er zornig, dann funkt es. Wie das lodernde Feuer kann sich seine Wut entladen. Halbe Sachen mag er nicht. Wenn er etwas in die Hand nimmt, wird es auch durchgeführt. Er hat viel Energie, womit er auch schnell und durchschlagend etwas erreicht.

Der Phlegmatiker

Er hat Zeit und läßt sich nicht so schnell aus der Ruhe bringen. Schwer lasten seine Füße auf dem Boden. Ohne Hektik bewegt er sich vorwärts, wober er mehr von einem Fuß auf den anderen fällt. Am liebsten sitzt oder liegt er. Sein Mienenspiel ist leblos, seine Rede stockend und schwerfällig. Essen, Genießen und Schlafen sind seine schönsten Beschäftigungen. Er scheint sich ganz hinzugeben an das wäßrige Fließen seiner Verdauungssäfte – so wie er auch selbst wie ein ruhig und träge dahinfließendes Wasser wirkt. Wenn er allerdings eine Sache in Angriff nimmt, dann wird er sie meistens auch ordentlich und gründlich zu Ende führen. In einer Gruppe wird er zwar häufig als langweilig erlebt, aber seine zuverlässige und ruhige Art schafft ihm auch Freunde.

Der Melancholiker

Empfindsam, fast so, als ob es Schmerzen bereitet, setzt er seine Füße auf den Boden. Er leidet oft unter der Welt und unter seinen Mitmenschen, weil er alles sehr bewußt und »tief« erlebt. Das sieht man in seinem Blick, im Mienenspiel und auch im hängenden Oberkörper und der zurückgezogenen Brust. Er scheint die Schwere seines Körpers stark zu empfinden. Er grübelt viel und kommt damit nicht so schnell an ein Ende. Oft verkompliziert er

Situationen durch seinen Tiefsinn. Allerdings kann er sich sehr gut in andere Menschen hineinfühlen und sie verstehen.

Seine ganze Art bringt es mit sich, daß er manchmal als »Opfer« herhalten muß, wenn eine Gruppe etwas unternimmt. Durch seine Nachdenklichkeit hat er aber auch die Möglichkeit, hintergründigere Gedanken zu entwickeln und damit im Sozialen zu helfen. Seine Zurückhaltung und die Fähigkeit, sich mitfühlend in andere Menschen hineinzuversetzen, schaffen ihm innige Freundschaften.

Der Sanguiniker
Er scheint nur eine geringe Bodenhaftung zu haben. Tänzelnd und trippelnd bewegt er sich ständig hin und her. Er kommt weder innerlich noch äußerlich so richtig zur Ruhe. Ein Einfall jagt den nächsten – allerdings werden die wenigsten Ideen dann auch verwirklicht.

Seine Augen spähen lebhaft in die Runde. Er läßt sich schnell von einer Sache anregen und begeistern. Allerdings bleibt er nie sehr lange dabei, denn die nächste hat ihn schon ergriffen.

Im Sozialen ist er naiv und zu jedem Jux bereit. Wenn er auftritt, wird es meistens luftig und leicht. Oft bringt er andere zum Lachen. Durch seine Spontaneität bringt er Leben und Bewegung in soziale Beziehungen.

Vorgehensweise beim Üben
Der Übungsleiter kann zunächst die vier Temperamente schildern und dabei möglichst charakteristische Gesten, Gangarten, Gesichtsausdrücke und Körperhaltungen eines Temperamentes vormachen. Auch die Art, wie er spricht, wird sich dabei verändern. Daran können sich Aufgaben anschließen, die die Körpersprache der einzelnen Temperamente erüben.

Vier Elemente – vier Bewegungsarten
Ausgangspunkt sind die vier Elemente: Gemeint ist damit beispielsweise nicht die Luft als chemische Substanz, sondern die hauptsächlichsten Qualitäten dieses Elementes.

Die alten Griechen sahen in den vier Elementen Grundqualitäten, die dem Aufbau der Welt zugrunde liegen. Wer sich spielerisch mit diesen Eigenschaften beschäftigt, wird bemerken, daß sie im Seelischen tatsächlich vier völlig verschiedenen Erlebnisweisen entsprechen. Die vier Elemente und die ihnen zugeordneten vier Temperamente eignen sich deshalb sehr gut als Ausgangspunkt für darstellerische Grundübungen.

Erde:
hart, spröde, kalt, schwer, fest, dicht, unbeweglich, unelastisch, zu einer begrenzten Form erstarrt, kantig, bietet Widerstand, dunkel, plump;

Wasser:
biegsam, beweglich, geschmeidig, wellig-runde Bewegungen, anpassungsfähig, Formen auflösend, träge, langsam, sprudelnd;

Luft:
leicht, will sich ausdehnen, nur leichte Berührung mit festen Dingen, oft von Licht und Wärme durchdrungen, auch kalt, von der Windstille bis zum Sturm macht die Luft alle Bewegungen mit;

Feuer:
verzehrend, trocken, heiß, dynamisch, ständige Kraftentfaltung, leuchtend, spitzige Bewegungen.

Bewegungsqualitäten
Jeder Spieler bewegt sich frei im Raum und probiert z. B. zunächst erdige, d.h. stockende und kantig-schwere Bewegungen aus. Dann folgen als Gegensatz luftig-leichte Bewegungen.

Wenn alle Spieler diese beiden Bewegungsqualitäten für sich erübt haben, kann auch schnell hin- und hergewechselt werden. Ein Gong gibt das Zeichen.

Auch die dynamisch-feurige Bewegungsart und das Wäßrig-Fließende können in dieser Weise erübt werden.

Wie man die vier Elemente tänzerisch gestalten kann, beschreibt M. Bischoff in »Tanzen« (Hrsg. U. FRITSCH). Ausführlich und auch mit vielen Szenenvorschlägen beschreibt W. MÜLLER (1984) die vier Elemente als Übungen zum Haltungs- und Bewegungsschwerpunkt.

Vier Elemente – vier Temperamente
Die vier elementaren Bewegungsweisen sind noch sehr allgemein. Jetzt geht es darum, sie mit menschlichen Situationen zu verbinden. Folgende Situationen können z. B. mit jeder Bewegungsqualität gespielt werden:
Zimmer aufräumen
Morgens vor dem Spiegel
Brot backen
Im Garten arbeiten

Es zeigt sich dabei, daß jede Bewegungsqualität einer bestimmten Temperamentsart entspricht:
melancholisch:
stockend, schwer (Schwermut!) – Erde
sanguinisch:
beweglich, leicht, tänzelnd – Luft
cholerisch:
dynamisch, kraftvoll, auflodernd – Feuer
phlegmatisch:
ruhig, fließend, träge – Wasser

Extreme
Wenn man die vier Temperamente als Kräfte anschaut, als Grundgesten der Seele, dann kann man auch einmal versuchen, sich den extremeren Formen dieser Kräfte spielerisch zu nähern.
Wenn dem Choleriker sein Temperament »durchgeht«, kann das zu Zornausbrüchen und schließlich zu Tobsuchtsanfällen führen.
Wenn der Phlegmatiker in seiner Ruhe und Selbstgenügsamkeit jegliches Interesse für seine Umwelt verliert, kann sich daraus Stumpfsinn entwickeln.
Die Leichtigkeit und Flatterhaftigkeit des Sanguinikers kann schließlich zum Irrsinn führen, wenn das Ich völlig die Kontrolle über die Seele verliert.

Weil für den Melancholiker alles schwer-wiegend ist, bedrückt ihn auch mehr. In der Extremform kann daraus Trübsinn und schließlich Schwermut werden.
Tobsucht, Stumpfsinn, Irrsinn und Schwermut können und sollen von Jugendlichen wohl kaum spielerisch gemeistert werden. Aber
Zornausbrüche,
völliges Desinteresse für die Umwelt,
Flatterhaftigkeit
und Trübsinn
sind als Improvisationsthemen geeignet.

Der Gang
Mit jedem Temperament werden verschiedene Gehsituationen improvisiert:
Spaziergang im Park
Auf der Einkaufsstraße
Verspätung am Morgen
Vor einem Rendezvous
Vor der Prüfung

Mimik und Körperausdruck
Die Spieler sollen als Reaktion auf ein bestimmtes Ereignis zunächst mit dem Blick und dem Gesichtsausdruck reagieren; der übrige Körperausdruck folgt nach. Auch die Stimme kann sich anschließen.
Ein Brief wird geöffnet:
Großer Lottogewinn
Todesnachricht des besten Freundes
Der lang erwartete Liebesbrief
Abschiedsbrief der Freundin/des Freundes
Gewinn einer Urlaubsreise

Ein Päckchen wird ausgepackt:
Eine Sahnetorte
Ein Buch »Anweisungen zum glücklichen Leben«
Boxhandschuhe
Ein Spiel

Sinneserlebnisse
Ein Spieler geht über die Bühne und riecht plötzlich einen fürchterlichen Gestank. Aus der Reaktion soll sich eine kleine, aber typische Szene entwickeln. Wie verhält sich der Melancholiker, der Sanguiniker usw.?
In ähnlicher Weise können auch andere Sinne angesprochen werden:
Hilferufe im Gebirge
Ein Martinshorn ertönt
Vor dem Schaufenster des Konditors
Nachts im Wald ohne Licht
Zuschauer bei einem Fußballspiel

Gruppenimprovisationen
Wenn sich die Spieler mit den einzelnen Temperamenten vertraut gemacht haben, ist es möglich, Gruppenszenen mit allen vier Typen zu improvisieren. Dabei sollten die erübten eigentümlichen Körperhaltungen, Geh- und Blickweisen durchgehalten werden. In besonderen Situationen sollen die einzelnen Temperamente ihrer Eigenart entsprechend reagieren:
Gemeinsamer Ausflug
Gewitter im Gebirge
Bankraub
Auf dem Weg zur Party

Szenen – Grundstimmungen
Kurze oder auch längere Szenen können nacheinander in den verschiedenen Temperamentsstimmungen durchgespielt werden. Wenn die Grundlagen erübt worden sind, sollte es eigentlich möglich sein, aus der jeweiligen Grundstimmung heraus die passenden Einfälle zu bekommen. Anregungen zu solchen Szenen enthalten die vorangegangenen Kapitel über das Improvisieren.

Das Clownstemperament
Nicht alle Clowns müssen lustig sein. Damit jugendliche Clownspieler nicht an Vorbildern hängenbleiben oder sich zu schnell auf eine Spielweise festlegen, ist es gut, sich bewußt verschiedene Clowns-Grundstimmungen zu erüben.

Zwei Reihen
Die Spieler stehen sich in zwei Reihen gegenüber. Durch Clownsnasen und entsprechende Vorübungen sind sie auf Clownspielen eingestellt. Beide Reihen zählen ab. Jeder bekommt dadurch eine Nummer. Der Spielleiter sagt, welche Grundstimmung jede der beiden Reihen spielen soll. Es können unterschiedliche Temperamente oder auch dieselben sein. Durch Nennung von Zahlen werden immer zwei Spieler in die Mitte gerufen. Sie haben dort die Aufgabe, miteinander zu spielen. Ein Stuhl oder ein anderer Gegenstand kann Anregung zum Improvisieren sein.

Vier Gruppen
Durch vorangehende Übungen hat sich jeder für eine Grundstimmung entschieden und sitzt jetzt mit »Gleichgestimmten« in einer Ecke des Raumes. Der Spielleiter ruft nun immer zwei Spieler aus verschiedenen Gruppen auf, miteinander zu spielen. Loskärtchen mit Schauplätzen oder Handlungen können dabei Anregungen geben. Es zeigt sich sehr schnell, welche Temperamente miteinander »zünden« und welche sich spielerisch »neutralisieren«.

Clownsauftritt
In jeder Grundstimmung kann ein Clown das Publikum begrüßen oder ein Kunststück zeigen. Auch das Öffnen eines Koffers, der klemmt, oder das langwierige Aufstellen eines Notenständers ändert sich durch das entsprechende Temperament vollständig.

»Wechselbäder«
Wenn die Spieler bei den Grundübungen zum Clownspielen diese »Wechselbäder der Gefühle« durchmachen, kann es gelingen, daß jeder im Laufe der Zeit seine eigene unverwechselbare Grundstimmung findet.

Den eigenen Clown finden

Durch die verschiedenen Übungen hat jeder die Möglichkeit, herauszufinden, wie er sich als Clown fühlt. Es gibt schüchterne, freche, neugierige, lustige, ernste ... Clowns. Eigentlich gibt es so viele Clowns, wie es Menschen gibt. Denn jeder Mensch hat in sich diese spontane, naive, direkte und offene Seelenhaltung. Aber nur bei wenigen darf sich dieser Seelenteil zeigen. Beim Clownspielen ist das erlaubt und gefordert. Weil das aber so ist, sollte jeder seinen eigenen Clownstyp suchen.

Das kann dadurch geschehen, daß man bei Improvisationen Bewegungen, Worte, Reaktionen, eine bestimmte Art zu gehen ... »entdeckt«, die zu dem eigenen Clownstyp passen bzw. wodurch sich dieser Typ ausdrücken kann. Wichtig dabei ist, daß man immer offen bleiben sollte für Veränderungen. Sonst geht die Spontaneität verloren.

Typische Eigenarten

Alle Spieler sind im Raum verteilt. Jeder übt für sich: als Clown eine Ansage machen oder »Angst haben vor dem Publikum« oder irgendeine andere Situation, mit der sich die Übenden leicht verbinden können. Ohne Vorwarnung schlägt der Übungsleiter einen Gong. Beim ersten Klang frieren alle in der Pose ein, die sie in diesem Moment einnehmen. Kein Muskel darf sich mehr bewegen. Jeder soll dieser Haltung nachspüren und sie in ihrem Ausdruck kennenlernen. Dabei kann man Eigenarten entdecken, die bisher unbewußt waren: Kopfhaltung, Kniestellung, Mimik ... Es geht darum, diese Eigenarten zum Ausgangspunkt des weiteren Spieles zu machen.

Nach einiger Zeit ertönt wieder ein Gongschlag, der bewirkt, daß sich alle in Bewegung setzen. Je nach Aufgabenstellung kann es darum gehen, aus dem regungslosen Zustand heraus eine typische Eigenart zu probieren und damit zu experimentieren:
eine bestimmte Gehweise,
eine typische Geste,
ein »Schlüsselwort«, das zum eigenen Clownstyp paßt;
Ticks, z.B. ständiges Zucken der rechten Schulter, Schluckauf oder ein bestimmtes Lachen können in ähnlicher Weise ausprobiert werden.

Wichtig ist bei dieser Übung, daß die Spieler mit ihren eigenen Bewegungs- und Ausdrucksmöglichkeiten experimentieren. Das geht natürlich auch ohne »Einfrieren«. Das plötzliche Erstarren kann aber komische Körperhaltungen bewußt machen, die man sonst vielleicht übersehen würde. Wenn sie bewußt sind, kann man mit ihnen üben und sie weiterentwickeln.

Der eigene Hut

Aus einem Berg von verschiedenen Kopfbedeckungen hat sich jeder Spieler einen »Hut« herausgesucht. Alle üben gleichzeitig, aber jeder für sich, daran, was dieser Hut alles sein kann: eine weiche Unterlage für den Kopf, der beste Freund, ein Schild gegen Angreifer, ein Frisbee, ein angsterregendes Ufo ...

Wichtig dabei ist, daß dieser Gegenstand mit vielen Funktionen »begabt« wird und daß sich der Spieler ganz mit ihm vertraut macht. Natürlich sollte jeder die Möglichkeit haben, in dieser Weise die allerverschiedensten Kopfbedeckungen durchzuprobieren. Im Laufe der Zeit verbindet sich dadurch der eigene Clownstyp mit einer Kopfbedeckung. Bei Improvisationen kann dann der Hut ganz anders eingesetzt werden.

In ähnlicher Weise kann man sich natürlich auch einen Schal, einen Spazierstock, eine Brille oder einen anderen typischen Gegenstand »aneignen« (M. STOLZENBERG 1981).

Groß – Klein

Wenn der Weißclown überlegen und wichtigtuerisch dem dummen August gegenübertritt, dann fühlt er sich groß, und August erscheint klein. Wenn es dem August gelingt, den Weißclown hereinzulegen, dann fühlt er sich groß, und der Weißclown zieht kleinlaut ab. Das Thema »groß – klein« ist sehr zentral für das Clownspielen.
Übungen:
- Jeder steht für sich und versucht, sich innerlich ganz klein zu fühlen und alles in der Umgebung ganz groß zu erleben. Mit diesem Erlebnis bewegt sich jeder. Dasselbe mit dem »Groß-Fühlen«.

Wichtig ist, daß keine äußerlichen Posen entstehen, sondern daß der Körperausdruck durch ein echtes Gefühl entsteht.
- Nun soll jeder versuchen, ganz klein zu werden, sich dann langsam immer größer zu fühlen und zum normalen Körpergefühl zurückzufinden.
  – Nur innerlich, mit wenig Körperausdruck.
  – Im Stehen, aber mit deutlichem Körperausdruck.
  – Mit Bewegung im Raum.
- Clownsaufgabe: Ein Clown soll sich überlegen und sehr groß fühlen, der andere sehr klein. Sie sollen eine Szene erfinden, bei der sich
  a) dieses Verhältnis noch verstärkt,
  b) dieses Verhältnis umkehrt,
  c) sich beide am Ende gleich fühlen.

Durch diese »Groß-Klein-Spiele« kann sich jeder prüfen, ob er stärker zum August-Clown tendiert, der sich mehr klein fühlt, oder ob ihm der überlegene und großtuerische Weißclown näherliegt.

Der Clownsname

Daß die Namengebung für jeden Clown-Spieler eine wichtige und gar nicht so leichte Angelegenheit ist, läßt sich schnell verstehen. Die folgende Übung will diesen Vorgang spielerisch gestalten.
Der Clown tritt in seiner individuellen Art auf und stellt sich mit dem Namen vor, den er sich selbst überlegt hat. Die Zuschauer sagen, ob die Erscheinung und der Name zusammenpassen. Vorschläge kommen aus der Gruppe. Der Clown muß sich mit jedem vorgeschlagenen Namen vorstellen. Oft verändert der Name schon die Art des Vorstellens. Das geht so lange, bis die Gruppe und der Clown das Gefühl haben, einen passenden Namen gefunden zu haben.

Diese Übung verhilft einerseits dem Spieler zu einer Identität mit seinen Clownseigenarten, andererseits schult sie den Blick der Zuschauenden für das Eigene, Individuelle des Spielers.

Clownserwachen

Das ist die zentrale Übung für den naiven »August-Clown«. Staunen, das Entdecken von Neuem, das offene Bewußtsein kann daran erfahren werden:
Gut ist es, wenn die Gruppe vor Beginn dieser Übung durch andere Aufgaben ins Schwitzen und zu tiefem Atmen gekommen ist. Nach einer solchen Anspannungsphase kann das Clownserwachen mit ruhigem, entspanntem Liegen beginnen. Alle Erinnerungen und Gedanken sollten wie beim Einschlafen möglichst zur Ruhe kommen. Irgendwann kommt der Moment, wo der innere Entschluß fällt: Ab jetzt will ich alles, was ich erlebe, meinen Körper, wie er auf dem Boden liegt, meinen Atem, alles, was die Augen sehen, jedes Geräusch, meine Stimme ... so erleben, als ob ich es zum ersten Mal wahrnehme. Ich betrachte und bestaune alles, lasse mir Zeit damit; meine Empfindungen und Vorstellungen sollen darauf reagieren können. Ich spiele mit meinem Atemgeräusch, mit den Flecken auf dem Fußboden, mit einer Bewegung. Ich habe mich auf eine Entdeckungsreise begeben. Alles, was ich zu kennen meinte, zeigt mir auf einmal neue Gesichter. Vieles nehme ich überhaupt jetzt erst wahr. Dieser Prozeß des Aufwachens im eigenen Leib, in den verschiedenen Sinnen, für die Umwelt, kann lange dauern. Bis eine Gruppe so weit ist, daß die anderen Mitspieler im Raum entdeckt werden und dadurch zwischenmenschliche Reaktionen entstehen, kann viel Zeit vergehen, je nachdem, wie konzentriert und ernsthaft die Gruppe arbeitet.
Ziel eines solchen Erwachens zum offenen und mitfühlenden Clown könnte es sein, verschiedene Erlebnisbereiche zu entdecken, die für das echte Clownspielen unabdingbar sind.

Essen entdecken

Etwas Eßbares, das vorher irgendwo im Raum deponiert wurde, gilt es zu entdecken. Dabei käme es darauf an, durch spielerisches Ausprobieren zum »erstmaligen« Genuß einer Möhre oder eines Apfels zu gelangen. Wenn das gelingt, ist es ein sehr tiefes Erlebnis.

Die Clownsnase entdecken
Es ist erstaunlich, welche Erfindungen möglich sind, bis die rote Gummiknolle auf der Nase sitzt. Die Veränderung des Selbstgefühls ist durch die vorhergehende seelische Öffnung sehr stark erfahrbar.

Musikinstrumente entdecken
Ein einfaches Musikinstrument (Triangel, Harfe, Flöte, Klangstab, Glocke, Glasharfe etc.) gilt es zu finden und damit zu experimentieren. Es kann lange dauern, bis der erste Ton erklingt oder gar musikalische Versuche stattfinden. Vielleicht mündet es in ein gemeinsames Klang-Konzert mit ganz neuer Hör-Beteiligung.

Kostüme, Requisiten, Geräte entdecken
Mit einem Kostümteil des Clowns (Hut, Jacke, Schuhe), einem Gegenstand, mit dem der Clown spielen will (Regenschirm, Notenständer, Koffer) oder auch mit artistischem Gerät (Bälle, Keulen, Rollbrett) kann in ähnlicher Weise »gespielt« werden.

Bewegungen entdecken
Beim Erwachen für die eigene Bewegungsfähigkeit kann der Übende auch auf dieser Ebene bleiben und nur mit bestimmten Bewegungen, Gesten oder Gebärden experimentieren. Ziel könnte es sein, eine typische Gehweise oder eine typische Geste zu finden.

Stimme und Sprache entdecken
Auch die Fähigkeit zur stimmlichen Äußerung kann auf dieser »Entdeckungsfahrt« erstmalig erfahren werden. Vom tönenden Singsang kann das Experimentieren bis zu Lautverbindungen und Wortgebilden führen. Oder es entsteht auch nur ein improvisiertes Klanggebilde.

Das »offene« Bewußtsein
Die Übung des Clownserwachens ist wie ein Hinuntertauchen in einen Brunnen, aus dem man neugeboren und unbelastet wieder auftaucht. Wenn es öfter geübt wird, bekommen die Spieler ein Gespür für die Bewußtseinsebene, die für das Clownserleben wichtig ist. Durch diese Übung wird folgendes bewirkt:

Normalerweise stecken wir mit unserem wachen Bewußtsein ganz in unserem Sinneserleben drin. Bei der heutigen Sinnesüberreizung ist es oft schwierig, sich innerlich von den Eindrücken zu distanzieren und Ruhe in der Seele herzustellen. Das Spielen des »Clownserwachens« verlangt nun, daß sich das Bewußtsein aus diesem Gefesselt-Sein im Sinneserleben zurückzieht und den wahrgenommenen Gegenstand und die wahrnehmende und reagierende Seele gleichzeitig erfährt. Dadurch entsteht ein innerer Freiraum: Die Wahrnehmungsobjekte verlieren ihre festen Bedeutungen; in die Flecken an den Wänden können verschiedene Gestalten hineingesehen werden, die Bewegung eines Fingers kann plötzlich Verschiedenes ausdrücken, ein Apfel ist auch ein Ball, und seine glatte Oberfläche kann ein Spiegel sein usw. Die Welt und der eigene Leib werden neu erlebt. Der Prozeß des Benennens rückt durch diesen spielerischen Umgang mit dem benennenden Denken und dem empfindenden Wahrnehmen ins Bewußtsein. In diesem Prozeß lebt aber der freie Mensch, der spielerische Mensch. Im normalen Leben verschlafen wir diesen Vorgang (R. STEINER 1894/1973, G. KÜHLEWIND 1983, M. PASSOLT 1986). Clownspielen ist eine spielerische Möglichkeit, sich dafür zu öffnen, denn der Clown lebt mit solch einem offenen und spielerischen Bewußtsein. Wie die Kinder, so ist auch er noch nicht gefangen durch die Fesseln der Logik und der starren Gedanken.

Methodisches Vorgehen
Die Übungen aus dem Kapitel »Spielen und Improvisieren« sind die Vorbereitung für das eigentliche Clownspielen. Die dort geschilderten Körper-, Ausdrucks- und Improvisationsübungen können direkt übergeführt werden zum Clownspielen.

Die innere Einstellung
Entscheidend für das Clownspielen ist das Freiwerden von Klischees. Clownspielen heißt nicht blödeln und herumalbern. Wenn an einzelnen Aufgaben wirklich geübt

wird, d.h. korrigieren, neu probieren, wieder zeigen usw., dann entsteht eine »ernsthafte« Einstellung zur Sache.

Soloauftritte

Der Übungsleiter sollte seine Gruppe genau beobachten und abspüren, wann es ratsam ist, Einzelimprovisationen oder überhaupt Solo-Clownsauftritte zu verlangen. Wenn man das fordert, bevor ein echtes Gespür für den »Clown« entstanden ist, wirkt es entweder aufgesetzt oder sehr gehemmt. Wenn man allerdings zu lange damit wartet, dann fehlt die Kontrolle und auch die wichtige Konfrontation mit den Zuschauern.

Erfinden

Wichtig ist auch die häufige Anregung, kleine Szenen selbst zu erfinden. Das kann sich auf Gegenstände, Aktionen, Situationen usw. beziehen. Hierbei geht es nicht um Nummern für eine Vorstellung, sondern um das Finden des eigenen Clowns in verschiedenen Situationen.

Materialien

Der Clown ist einerseits durch eine bestimmte Spielweise charakterisiert, andererseits aber auch dadurch, daß er typische Mit- und Gegenspieler in der Manege antrifft. Schminken, Kostüme, Requisiten und Instrumente – all dies verwandelt sich durch seine Eigenarten. Sie werden in einer bestimmten »clownesken« Weise benutzt. Deshalb ist es wichtig, sich eingehender mit diesen Grundlagen und Materialien des Clownspielens zu beschäftigen.

Clownstypen

Es gibt Kinder, die eine Freude daran haben, den naiven, dummen August zu spielen. Sie können sich mit ihren Gefühlen gut in die tiefe Trauer, die übergroße Freude, das offene Staunen hineinversetzen. Anderen ist das zu extrem. Sie haben es lieber, in einer überlegeneren Position zu sein. Sie geben einen guten Gegenspieler zum

August

Weißclown, Sprechstallmeister und August

August. Dieser Typ wird als Weißclown bezeichnet, weil er im Gesicht weiß geschminkt ist und auch sonst feiner und vornehmer daherkommt. Der dritte Typ in vielen klassischen Clownsnummern ist der Vorgesetzte, der Sprechstallmeister oder der Zirkusdirektor. Mit dieser Autoritätsperson müssen sich die Clowns immer wieder auseinandersetzen.

Dieses Trio ist nicht durch eine willkürliche Zusammenstellung entstanden, sondern macht seelische Kräfte sichtbar, die in jedem Menschen wirken.

Der dumme August stellt das Kindliche dar, die direkten und ungehemmten Gefühle, Empfindungen und Wünsche. In seiner Offenheit, dem Auf und Ab der Gefühle, in seiner Vitalität und Tolpatschigkeit zeigt er die Seele, wie sie ohne den Einfluß des Intellektes ist. Er ist sehr spontan, scheint keine Grenzen und Gebote zu kennen. Das Improvisieren und eine »offene« Lebenseinstellung scheinen ihm angeboren (v. BARLOEWEN 1984).

Der Weißclown ist der Gebildete, Vornehme, der Könner auf vielen Gebieten. Allerdings ist er dadurch auch schnell überheblich und reagiert herablassend auf den August. Seine Bewegungen und auch sein Denken und Sprechen haben etwas Kaltes und Starres an sich. Er hat sich im Griff, ist beherrscht, fast überkultiviert. Diese Überzogenheit kann auch wieder komisch wirken.

Der Zirkusdirektor oder Sprechstallmeister ist die Autoritätsperson schlechthin. Ob er Herr Recordier, Herr Loyal oder Herr Toni genannt wird – immer ist er mit seinem feinen Anzug und seinem Zylinder der Überlegene. Durch seine Anweisungen und Gebote entstehen oft Spannungen mit den Clowns. Manchmal übernimmt auch der Weißclown diesen Part.

Bei der Suche nach dem eigenen Clownskostüm, nach passenden Gegenständen, Instrumenten, Tieren, Zauberkunststücken usw. ist es ratsam, immer wieder abzuspüren, ob die Sachen zum eigenen Typ passen, bzw. man muß sie durch das Spiel passend machen.

Für den Übprozeß ist es wichtig, daß diese festen Typen, wie sie ja auch in vielen der beschriebenen Clownszenen vorkommen, nur als Anregung gesehen werden. Im spielerischen Erarbeiten der Szenen können sich dabei individuelle Gestalten entwickeln. Die Jugendlichen sollten durch die Grundübungen soviel Erfahrungen gemacht haben, daß sie ihre eigenen Gesten, ihre spezielle Gangweise, ihren Clownstyp mit der Szene verbinden können. Dadurch verändert sich vielleicht die ganze Nummer! Das macht aber nichts, denn es wäre doch sehr schade, wenn der ganze Übprozeß, der ja Spontaneität und Improvisationsfreude entwickeln soll, am Ende durch eine Klischeevorstellung des Clowns erstickt würde. Denn es gibt so viele verschiedene Clowns, wie es Spieler gibt: verträumte, tolpatschige, naive, lustige, pedantische, gierige, schwärmerische, nörgelnde, superkluge, gemütliche ... Das Gemeinsame all dieser verschiedenen Clowns besteht darin, daß die Spieler offen und bereit sind, eine Seite ihrer Persönlichkeit im Spiel zu zeigen, diese Eigenarten spielerisch so zu gestalten, daß die Zuschauer darüber lachen können. Das gelingt natürlich nur, wenn die Spieler auch mit einem gewissen Schmunzeln auf ihre »lustigen Schwächen« hinschauen können.

Clownskostüme

Schön ist es, wenn jeder sein ganz eigenes Clownskostüm findet. Alte Klamotten, ausgefallene Hemden, Hosen, Jacketts ... eignen sich hervorragend zum Ändern.

Für den August sind Gegensätze oder Übertreibungen sehr wichtig:

Viel zu weite oder viel zu kurze Hosen, unter denen farbige Ringelsocken hervorschauen können.

Große oder verschiedene Schuhe.

Jacketts, die viel zu weit sind oder viel zu kurze Ärmel haben; bunt-karierte Jacketts mit riesigen Knöpfen, geflickt und abgerissen; Jacketts

mit vielen Innentaschen, aus denen die unglaublichsten Requisiten hervorgezogen werden.

Durch ein Gummiband befestigte Krawatten, die der Clown vom Hals abziehen und wieder zurückschnellen lassen kann.

Ausgefallene Kopfbedeckungen: Nachtmütze, Kaffeewärmer, Pudelmütze, Badekappe ...

Entscheidend bei diesen Kleidungsstücken ist, daß jeder Clownspieler seine Eigenarten damit verbinden kann, daß die Kleidung für den individuellen Clownstyp paßt bzw. das Entdecken und Ausprobieren von einzelnen Kleidungsstücken hilft, den eigenen Clown zu finden.

Oft ist es am besten, völlig unübliche Kleidungsstücke auszuprobieren: Nachthemd von der Oma, alter Arbeitskittel des Vaters, zerrissener Overall ...

Wer sich mehr an der klassischen Kostümierung orientieren möchte, findet in manchen Büchern entsprechende Bilder und Beschreibungen (A. ROTHSTEIN 1979, T. REMY 1989).

Wichtig ist natürlich, daß der »dumme August« anders gekleidet ist als der überlegene *Weißclown*. Er trägt meistens feine Glitzerkostüme und fühlt sich häufig als »Star« und Könner.

Weißclown

Der *Sprechstallmeister* oder Zirkusdirektor sollte eine offizielle, feine Kleidung tragen – wobei es auch dabei einen großen Spielraum gibt.

Schminken

Die rote Nase und das geschminkte Gesicht sind sehr wichtig zum Clownspielen. Es ist wie eine Maske, die aufgesetzt wird. Derjenige, der dann mit dieser Maske spielt, ist nicht mehr die Privatperson, sondern ein anderer: der Clown. Weil es mit dem Clownsgesicht geschieht, kann man Gefühle zeigen, für die privat die Hemmungen zu groß wären. Beim Üben genügt es oft schon, wenn die Clownsnase aufgesetzt wird. Auf einmal gelingt das Clownspielen viel leichter.

Wie bedeutsam der Vorgang des Schminkens und wieder Abschminkens ist, zeigen die folgenden Äußerungen des Schweizer Clowns Dimitri:

»*An manchen Abenden sage ich mir: Was für eine Plage! Ich muß mich schon wieder schminken, und ich denke mir, es wäre doch viel einfacher, im letzten Moment in meine Garderobe zu verschwinden, mein Clownskostüm überzuwerfen und vor das Publikum zu treten. Aber die Schminke gehört zu meiner Arbeitstracht und zur Magie des Clowns; sie ist für sich allein schon ein Mythos, ein Ritus, durch den man sich in einen anderen verwandelt. Wenn ich mich schminke, schlüpfe ich in mein bestes Ich: in das des Clowns. Und während jener halben Stunde, die das Schminken in Anspruch nimmt, entrücke ich unmerklich aus dem Alltag in die Welt der Bühne und des Zirkus, ich tauche in eine neue Atmosphäre ein – ich meditiere.*

Wie bringst du es fertig, den Clown zu spielen, wenn du traurig oder schlecht gelaunt bist? fragt man mich oft. Nun, das ist eben der Grund dafür, daß ich mein Gesicht symbolisch verändere und die Alltagsprobleme zusammen mit meinem alten Gewand abstreife, in einem Wort: zum Clown werde. An und für sich bin ich dies zwar schon, aber jetzt zeige ich es jedermann in stilisierter Form während des bevorstehenden zweistündigen Auftritts. Vor dem Schminken erfolgt eine andere Vorbereitung, die viel Zeit in Anspruch nimmt: Traininig, Musik, Aufwärmen. Nach der Vorstellung folgt das Abschminken – man kehrt wieder ins normale Leben zurück, man legt das Gesicht ab, mit dem man die Leute zum Lachen gebracht hat, und findet sein eigenes wieder, das zwar nicht allzu verschieden ist, aber doch etwas traurig wirkt, weil es gleichbedeutend ist mit einem leeren Theater (DIMITRI 1979).

Grock

Für jugendliche Clownspieler ist dieser Verwandlungsvorgang durch das Schminken genauso wichtig. Sie sollten angeregt werden, ihr eigenes Clownsgesicht zu finden. Dabei kann es eine Hilfe sein, sich gegenseitig zu schminken, alleine zu probieren – sich selbst mit Kostüm und Gesten im Spiegel anzuschauen und auch die Beurteilung der anderen zu hören.

Dieser Prozeß ist wichtiger als das Abmalen eines Clownsgesichtes aus einem Schminkbuch. Wobei man sich bei den Fachleuten natürlich Anregungen und Rat holen kann.

Requisiten

Der Clown kann mit allem spielen, was ihm in die Hände kommt.

Eine besondere Komik entsteht, wenn schon die Gegenstände selbst beim Zuschauer ein Lacherlebnis auslösen:

Als Taschentuch wird ein tischtuchgroßes Laken aus der Hosentasche gezogen,

ein Erwachsenen- und ein Kinderfahrrad erscheinen nebeneinander,

ein riesiges Paket mit witzigem Inhalt wird ausgepackt,

große und kleine Regenschirme werden gegeneinander ausgespielt.

Echte und unechte Requisiten kann man vertauschen und dadurch die Zuschauer verblüffen:

Eier – Plastikeier

Porzellanteller – Plastikteller

Wassereimer – Konfettieimer

Tablett mit gefüllten Gläsern – Tablett mit festgeklebten Pappbechern.

Verschiedene Gegenstände können sehr wirkungsvoll in Clownsnummern eingebaut werden:

Leitern, Bretter, Balken, Musikinstrumente, Kisten, Koffer, Seile, Eimer, Stuhl, Luftballons, Rollbrett, Heulschläuche, Jongliergeräte, Musikinstrumente ...

Wichtig dabei ist, daß der August die Funktionen eines Dinges häufig erst entdecken muß, da er vergessen hat, wie das Ding funktioniert. Weil das so ist, entdeckt er auf der Suche nach der eigentlichen Funktion viele interessante Möglichkeiten, wie eine Sache benützt werden kann.

Clownsinstrumente

Instrumente, besonders wenn sie so ungewöhnlich sind wie ein Flaschenklavier oder eine Glasharfe, eignen sich sehr gut zum Clownspielen. Wenn es gelingt, durch Übungen das Hören zu sensibilisieren, dann können bei Improvisationen mit Instrumenten auch originelle Einfälle kommen.

Clownstrompete

Aus einem Stück Gartenschlauch, einem großen Trichter und einer gekauften Tröte (Sum-Sum) kann man sehr leicht eine schöne Trompete basteln. Kordeln, Bänder und Schellen darangebunden, machen das Instrument bunter.

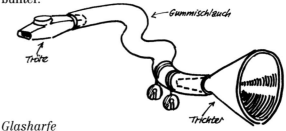

Glasharfe

Billige Gläser ausprobieren: Mit feuchtem Finger gleichmäßig über den Rand fahren. Bei manchen Gläsern ist ein wunderschöner, feiner Ton zu hören. Durch verschieden hohe Wasserfüllungen kann man die Gläser »stimmen«. Wenn man die Gläser auf einem Resonanzkasten aus Sperrholz festklebt, klingt es lauter.

Flaschenklavier

Flaschen verschieden voll mit Wasser füllen, mit einem Korken verschließen und mit einem Draht an einem Holzgestell aufhängen. Einen Klöppel zum Anschlagen benützen. Je nach Wasserhöhe verändert sich der Ton.

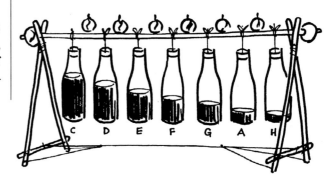

Sägenmusik
Einem großen Fuchsschwanz kann man mit einem Geigen- oder Cellobogen wunderschöne Melodien entlocken. Indem man ihn hin- und herbiegt, fangen die Töne an zu schwingen.

Bumbaß
Auf einen 1,50 m langen Besenstiel wird unten ein Gummi-Türstopper gesteckt. In zwei Konservendosendeckel ein Loch schneiden, so daß sie auf den Besenstiel gesteckt werden können. Sie brauchen aber einen Spielraum zum Scheppern. Etwa 20 cm vom oberen Ende des Stockes wird ein dünnes Loch gebohrt, durch das ein Draht gesteckt wird. Die beiden Blechscheiben sitzen da auf.
Etwa 5 cm unterhalb der Blechscheiben an 3 Ringschrauben Schellen oder Glöckchen befestigen.
Durch Aufstampfen des Stockes entsteht nun schon »Musik«.
Für die Schnarrtrommel braucht man eine Konserverdose. Eine Leiste mit dem Durchmesser der Dose wird unten quer zum Stock angebracht. Durch 2 Drähte oberhalb und unterhalb der Leiste wird die Dose am Stock befestigt. Dafür sind 2 Bohrungen im Stock und in der Dose nötig. 2 Schrauben verbinden die Querleiste mit der Dose.
Eine gekaufte Baßsaite wird über diese Dosen-Trommel gespannt. Aber zwischen Dose und Saite kommt ein Korkstöpsel (mit Einkerbung). Unten wird die Saite durch eine Schrägbohrung am Stock geführt und durch einen dicken Knoten blockiert. Unterhalb der Glöckchen wird die Saite auch durch eine Schrägbohrung nach oben gezogen und auf der anderen Seite des Stockes um ein Rundholz gewickelt. Dieses Rundholz ist durchbohrt. Eine Ringschraube ist durchgesteckt. Wenn nun die Saite so weit auf das Rundholz gedreht ist, daß der Korkstöpsel fest auf die Konservendose drückt, dann wird der »Rundholz-Spanner« mit der Ringschraube durch ein vorgebohrtes Loch am Stock befestigt.
Gefiedelt wird mit einer Leiste, in die kleine Kerben geschnitzt sind.
Musik:
Durch Aufstampfen des Stockes klingt und klappert es. Wenn die rechte Hand mit dem »Bogen« über die Saite streicht, gibt es ein scharrendes Geräusch (nach A. ROTHSTEIN 1979).

Weitere Instrumente
Kamm und Butterbrotpapier, Mundharmonika, Triangel, Becken, Rasseln, Fußglöckchen, Heulschläuche, gestimmte Kuhglocken (in guten Musikalienhandlungen zu bestellen, 1½ Tonleitern kosten ca. 250,– DM).
Fast jedes Instrument, das ein Kind spielt, kann auch ein Zirkusinstrument sein oder ist in einer Clownsnummer verwendbar.

Clownsmusik
Mit stimmungsvoller Zirkusmusik läßt sich eine Aufführung sehr schön eröffnen und abschließen. Die Clownstruppe und auch die Artisten können mit ihren selbstgebauten Instrumenten, mit Pauke, Flöten, Geigen ... in die Manege einziehen. Wenn ein Klavier oder ein kleines Orchester den nötigen, musikalischen Hintergrund gibt, sind die Zuschauer von dem bunten Treiben und der Musik sofort ergriffen.
Die Clowns und Artisten können entweder nur 3–4mal im Kreis herumziehen, oder sie spielen in der Manege, schlagen Purzelbäume, jonglieren und zeigen verschiedene Kunststücke. Wird ein Lied als Eröffnungsmusik gewählt, dann kann der Text beim Singen auch dargestellt werden. Wenn im Verlauf des Programmes diese Musik als Erkennungsmelodie immer wiederkehrt – z. B.

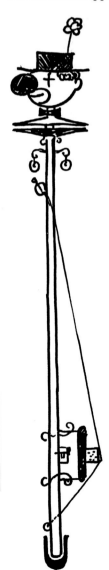

als Zwischenmusik –, dann prägt sie sich den Zuschauern und auch den Darstellern sehr stark ein.

Es ist für Kinder (zuschauende und zirkusaktive) sehr wichtig und schön, eine solche »Erkennungsmusik« für ihren Zirkus zu haben.

Die folgenden zwei Musikstücke und das Zirkuslied eignen sich sehr gut dazu, Zirkusstimmung hervorzurufen. Bei dem Lied kann jeder Zirkus seinen eigenen Namen einsetzen.

Eröffnungsmusik

Erinnerungen an den Circus Renz
G. Peter
Bearbeitet von Polo Piatti

Zirkuslied

Text: Frieder Nögge
Musik: Polo Piatti

Der Circus Calibastra
rollt an und es ruft: Platz da!
Für Purzelbaum und Kunterbunt
im magischen Manegenrund.
Hüte Sternenzelt
rü – ra – runde Welt!

Der Circus Calibastra
baut auf, da ruft es: Faßt a!
Da nehmt die Bälle, schnell, probiert!
Ob auch ein Pinguin jongliert?
Hüte Sternenzelt
rü – ra – runde Welt!

Im Circus Calibastra
springt Akrobat Phantasta.
Er hüpft durchs Feu anstell vom Leu.
Die Pferde fressen dort kein Heu.
Hüte Sternenzelt
rü – ra – runde Welt!

Im Circus Calibastra
Bläst Töne das Orchastra!
Es klarinett, tropetätät
und saxophont und trommelät.
Hüte Sternenzelt
rü – ra – runde Welt!

Im Circus Calibastra
staunt Clown Ogust: wasn das da?
Die Gumminase rosenrot,
drück du mal drauf,
dann macht sie: oop!
Hüte Sternenzelt
rü – ra – runde Welt!

Das Publikum hat Spaß da!
Im Circus Calibastra!

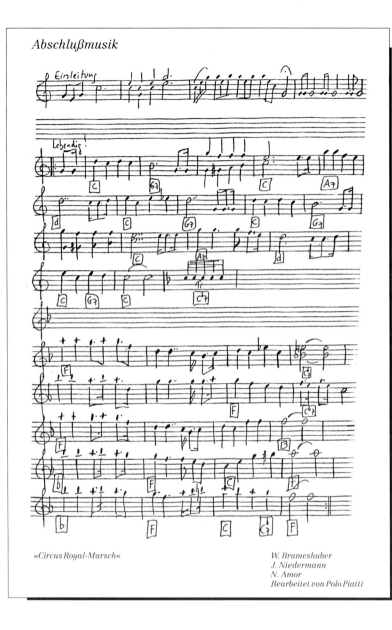

»Circus Royal-Marsch«
W. Brameshuber
J. Niedermann
N. Amor
Bearbeitet von Polo Piatti

Sprachkomik

Bei Clownsimprovisationen kommen oft ohne bewußte Absicht Wortverdrehungen und witzige Ausdrücke vor. Es ist gut, sich diese Einfälle sofort zu notieren und gegebenenfalls daran zu üben.

Manchmal finden Clowns Wörter, die zu ihnen passen und die sie bei jeder passenden und unpassenden Gelegenheit verwenden: »Na sowas!« »Ach!« »Äußerste Zonkrentation!«

Einige weitere Beispiele, die zum Nachdenken und Neuerfinden anregen sollen:

Beim Wort nehmen

– Gern nehmen Clowns Dinge wortwörtlich.
  Eine geradezu traditionelle Wortkomik entsteht immer dann, wenn der Sprechstallmeister dem Weißclown und dem August eine artistische oder musikalische Vorführung in der Manege mit den Worten verbieten möchte: »Es ist verboten, hier zu spielen!«
  Klar, daß beide ihre Siebensachen zusammenpacken und wenige Meter weiter auf die andere Manegenseite ziehen. Was folgt, ist ein erbitterter Streit darüber, ob hier »hier« oder »dort« oder ob dort »hier« oder »dort« ist oder …
– Den dummen August muß die Kritik des Weißclowns nicht sonderlich stören, wenn er ein Restaurant eröffnen will und ihm entgegengehalten wird, es gäbe doch schon an jeder Ecke eines. Das neue soll schließlich in der Mitte liegen
– Kein Wunder, daß der August sich nicht gern auf eine Bank setzen will und nach einer Leiter fragt (zumal, da die Bank mehrere Stockwerke hat), oder daß der August als Etagenkellner nicht im Parterre serviert;
  daß der Vertreter des Direktors zum (Handels-)Vertreter wird;
  niemand in der dritten Person reden kann, wenn er allein ist …

Wörter verwechseln

Das Mißverstehen bzw. der falsche Gebrauch von (Fremd-)Wörtern wird mit viel System und Hartnäckigkeit betrieben.

– So können Clowns nach einer Akrobatik-Einlage heulend darüber klagen, sie hätten sich die »Zwiebelsäule« (Wirbelsäule) gebrochen, oder behaupten, sie hätten eine schwache »Konstruktion« (Konstitution).
– Das aufmunternde Lob »Du bist doch schlau!« weist der Clown – sich mühsam auf den Beinen haltend und in der Manege herumtorkelnd – entrüstet von sich: »Ich bin nicht blau, ich habe keinen Tropfen getrunken!«

- Der August braucht von seinem Mitspieler keinen Rat, weil er natürlich schon ein Rad hat.
- Von der Androhung des Sprechstallmeisters, die Polizei zu holen, findet der August mühelos den Übergang zum Stichwort »Hühnerei« und somit zu einer Jongliernummer.
- Da muß sich der August schon wundern, wenn jemand von sich sagt, er sei viehsicher (»Physiker«).
- Daß aus der englischen Begrüßungsformel »How do you do?« die Aufforderung »Hau du nur zu!« wird (mit der Antwort »Hau ihn doch selber!«), wissen nicht nur Clowns, sondern auch Schülergenerationen ... (nach K. HOYER 1985).

Anregungen zu Clownsszenen

Wenn sich die Improvisationsfähigkeit bei den Clownspielern entwickelt, ist es möglich, aus einfachen Anregungen heraus, Clownsszenen zu gestalten. Womit der Clown in Konflikt kommt, was er auch tut, alles verwandelt sich und kann dadurch spielerisch in eine Clownsnummer eingebaut werden.

Wenn man solche Szenen selbst entwickeln möchte, kann die Phantasie durch einfache Spielanregungen in Gang gebracht werden. In diesem Kapitel werden einerseits solche Ausgangspunkte des Improvisierens dargestellt, andererseits aber auch ausgefeilte Nummern, die sich durch die Beschäftigung jugendlicher Clowns mit Tieren, Zauberei usw. entwickelt haben.

Von der Improvisation zur Nummer

Eigentlich stecken in vielen Clownsübungen schon die Keime für kleinere Szenen. Wie ein ganzes Zirkusstück aus solchen Improvisationen entstand, ist auf Seite 6 beschrieben. Hier sollen einige weitere Improvisationsaufgaben zum Weiterspielen geschildert werden. Wenn eine Clownstruppe gut arbeitet, ist es möglich, daraus richtige Nummern selbst zu entwickeln.

Verflixte Sachen

Der Notenständer, der sich nicht aufstellen läßt; die Trompete, die keine Töne von sich geben will; die Zeitung, die beim Zusammenfalten schließlich ganz zerknüllt ist; der Besen, der sich verselbständigt und zurückschlägt; der Liegestuhl, der immer wieder zusammenkracht – all diese Beispiele weisen auf eine Seite des Clowns hin: sein ständiges Ringen mit der Tücke des jeweiligen Objektes geschieht deshalb, weil er ganz im Jetzt lebt und aus den fehlgeschlagenen Versuchen keine Erfahrungen macht. Er läßt sich bei jedem Ansatz wieder neu zum Staunen, Erschrecken, Ärgern bringen.

Der Kampf mit den »verflixten Sachen« ist ein wichtiges Übelement, um die Komik des Clowns zu entdecken, und das Improvisieren mit diesen Situationen, in denen der Clown trotz »Fiasko« und ständigem Mißlingen weitermacht, ist ein guter Ausgangspunkt für Clownsnummern. Die Übungen können z. B. so aufgebaut sein, daß der Clown mit einem Koffer, Notenständer ... hereinkommt und diese Gegenstände benützen will – was natürlich nicht gelingt.

Jacke, Hut und Hosenträger

Auch Kleidungsstücke können einen Clown zu kleineren Szenen veranlassen:

Der Kampf mit der Jacke:
Verkehrt herum, vor den Augen, die Füße zu Hilfe nehmen ...
Die Jackennummer läßt sich mit Phantasie und fleißigem Üben zu einer witzigen Einlage verwandeln.

Der Hut:
Er liegt auf dem Boden. Immer wenn der Clown ihn ergreifen möchte, stößt der Fuß ihn vorher weg. Er kann über den Arm herunterrollen und in der Hand landen.
Huttricks sind auch eine artistische Spezialität (vgl. das Kapitel »Huttricks« und D. FINNIGAN 1988).
Mehrere Clowns können mit Hüten jonglieren, z. B. stehen drei Clowns neben- oder hintereinander und nehmen mit der einen Hand immer den Hut vom eigenen Kopf und setzen ihn dem Neben- oder Vordermann auf; mit der anderen Hand bekommt jeder einen Hut und setzt ihn sich selbst auf den Kopf.

Hosenträger:
Mit Hosenträgern können Clowns auch vorzüglich spielen. Wie an einem Gummiband kann man bei stabilen Hosenträgern zum Boden federn, man kann sie schnalzen lassen usw.

Die Ansage
Zwei Clowns sind der Ansicht, daß sie die nächste Programmnummer ansagen sollen. In der Manege begegnen sie sich und tragen den Konflikt aus. Sie wollen die Ansage gemeinsam machen. Aber jeder sagt etwas anderes an. Sie merken ihren Irrtum und kündigen zum Abschluß gemeinsam das Richtige an.

Der Stuhl
Ein Stuhl steht in der Manege. Zwei Clowns wollen ihn für ganz verschiedene Zwecke haben: Der eine freut sich, endlich in Ruhe Zeitung lesen zu können, der andere will Stuhlakrobatik üben. Mögliches Ziel: beide zeigen gemeinsam Akrobatik, wobei der eine z. B. auf den Oberschenkeln des Sitzenden steht und Zeitung liest.

Miteinander – Gegeneinander
Ein Clown tritt auf und zeigt ein Kunststück, beispielweise Jonglieren. Ein anderer kommt hinzu, bestaunt das Können und will auch mitmachen. Daraus kann ein Gegeneinander mit Wettkampfcharakter (»Wer ist der Bessere?«), ein Nacheinander oder ein Miteinander entstehen. Interessant ist die Entwicklung vom Streit zum friedlichen Abschluß.

Clownsjagd
Zwei Clowns albern in der Manege herum und bekommen miteinander Streit. August greift einen gefüllten Wassereimer und gießt Pipo naß.
Pipo schwört Rache und verfolgt den Übeltäter. Die Jagd wird dabei zu einem Kreislauf durch die Manege, hinter die Bühne, durch die Manege, wieder hinter die Bühne ...
Pipo hat nun seinerseits einen Wassereimer gefunden, mit dem er hinter August herläuft. Dieser entwischt ihm immer wieder knapp. Zum Schluß hat Pipo eine Idee: Statt laut schreiend hinter ihm herzurennen, schleicht er sich mit dem Eimer auf leisen Sohlen an den am Manegenrand stehenden August heran: Er holt aus, August duckt sich blitzschnell und der Inhalt des Eimers wird ins Publikum geschleudert:
ein Konfettiregen ... (nach K. HOYER 1985).

Der lebende Sessel
Zwei Clowns bekommen in der Manege miteinander Streit, z.B. über eine Wette, bei der einer den andern reinlegt; oder beim Versuch, ein Musikstück aufzuführen, weil der August immer falsch spielt; oder weil der August, der sperrige Gegenstände transportiert, sich ungeschickt bewegt und den anderen ständig damit stößt und schlägt; oder ...
Schließlich beginnt eine wilde Verfolgungsjagd in der Manege, hinter dem Vorhang, zurück in die Manege ...
Irgendwo am Manegenrand steht ein kleiner Kasten oder Hocker, daneben liegt ein großes Laken. Der verfolgte Clown kommt auf die Idee, sich »als Sessel« zu verkleiden: Er setzt sich auf den Hocker, stülpt sich das Riesentuch über und streckt die Arme aus, die dadurch wie Lehnen aussehen.
Der zweite Clown entdeckt erfreut den Sessel und will – ganz außer Atem von der Herumjagerei – Platz nehmen usw.
Was kann alles bei einem lebenden Sessel passieren?
– Der Clown kann hinfallen, weil sich der Sessel bewegt hat.
– Er kann eine Zigarette rauchen, die ihm eine fremde Hand aus dem Mund nimmt.
– Er liest Zeitung, die wie von selbst umgeblättert wird.
– Er zählt mehrfach seine vier Hände ab.
– Er kann die Beine übereinanderschlagen und ebenfalls nachzählen, wieviele Schuhe auf dem Boden stehen.
– Er kann sich darüber freuen, daß ein Finger seine juckende Nase reibt.
– Er ist dankbar, wenn ihm beim zweiten Niesen ein

Taschentuch an die Nase gehalten oder, beim Lesen einer Todesanzeige, an die Augen geführt wird.
– Er kann gekitzelt werden, und die Verfolgungsjagd beginnt von vorn (nach K. HOYER 1985).

Clowns als Artisten
Der Clown spielt zwar oft das Scheitern vor, aber er kann auch vom Mißlingen – manchmal wie nebenher – zum Gelingen eines Kunststückes kommen. Deshalb ist es gut, wenn Kinder, die clownspielen wollen, eine oder mehrere Zirkusdisziplinen gut beherrschen. Je sicherer sie in einer Sache sind, desto mehr kann diese erübte Geschicklichkeit ins Spielen einbezogen werden. Die artistische Situation kann dann als Ausgangspunkt für eine Clowns-Improvisation genommen werden.

Das Komische in der Bewegung
Wenn man bestimmte Grundprinzipien der Komik in der Bewegung kennt, ist es relativ leicht, akrobatische oder turnerische Übungen mit clownesken Elementen zu mischen. Als Anregung sei eine Charakterisierung von E. J. KIPHARD (1986) zitiert:
»*Komik aktualisiert sich im Kontrast zur gewohnten Ordnung dieser Welt. Wenn ein Clown nach einem gewaltigen Anlauf, anstatt über das Hindernis hinwegzusetzen, einfach drunterherkriecht oder mit Wucht dagegenrennt, so daß er mit dem ganzen Hindernis umfällt, so verletzt er damit die Norm. Es gibt unzählige Beispiele für diese Art der Normverletzung. Ein komischer Akrobat setzt, auf einem Kasten stehend, mit weit ausholender Gestik zum Salto rückwärts an. Er steigt dann aber im entscheidenden Moment mit einem ganz gewöhnlichen Schritt vorwärts vom Kasten herunter, so als habe er nie etwas anderes beabsichtigt.*
In einer derartigen, den Zuschauer verblüffend unerwarteten Wendung liegt der Reiz des Komischen begründet. Wenn – um noch ein Beispiel aus der Partnerakrobatik zu nennen – der auf den Schultern des Untermannes Stehende, nach vorn abspringend, nicht auf dem Boden landet, sondern in die überweite Hose des unteren Partners hineinspringt und beide dann – in ein und derselben Hose steckend – im Gleichschritt losmarschieren, so stellen sie damit die normativen Erwartungen der Zuschauenden völlig auf den Kopf.
SCHWANER-HEITMANN (1983), die ebenfalls Anregungen für den Sportunterricht über das clownische Element gibt, nennt u. a. folgende Kriterien, mit denen man komische Wirkungen bei sportlichen oder Alltagsbewegungen erzielen kann:
– gespielte Unzulänglichkeit und Tolpatschigkeit (z. B. wenn einer als Letzter der Gruppe jeweils den Einsatz verpaßt, in eine falsche Richtung marschiert usw.);
– Gleichgewichtsverlust (z. B. durch Ausrutschen, Herabfallen, oder auch nur weinselig torkeln);
– räumliche und zeitliche Verfremdung von Bewegungen (z. B. einen viel zu großen Anlauf für einen kleinen Hüpfer nehmen oder eine Bewegung im Zeitlupentempo wiederholen);
– mechanisch abgehackte, stereotype Formgebung (sich wie ein Roboter bewegen, womöglich zu mehreren synchrone Abläufe einüben);
– Geschlechterrollentausch (eine Jungengruppe tanzt in kurzen Ballettröckchen Can-Can).«

Weitere clowneske Anregungen für akrobatische und turnerische Bewegungen finden sich bei H. BÖNING (1983) und E. KLEINFELDER (1985).

Stuhlakrobatik
Stühle bieten einem Clown vielfältige Möglichkeiten zum Spielen. Alleine das Hochsteigen auf die Sitzfläche kann zum Problem werden und verschiedene Ideen hervorzaubern, wie das wohl am besten gelingt. Aber selbst wenn der Clown auf dem Stuhl sitzt oder steht, gibt es noch einige Möglichkeiten weiterzuspielen (L. MEHRTENS 1983).

In den Sitz springen:
Die Lehne zeigt zum Springer: über die Lehne drüberspringen und direkt in den Sitz kommen. Mit beiden Füßen abspringen. Mit Hocke oder Grätsche vor dem Stuhl landen. Der Blick ist nach oben gerichtet.

Man kann auch aus dem Stand springen und mit den Händen die Sitzfläche des Stuhles ergreifen. Mit einiger Übung gelingt es, das Körpergewicht mit den Armen abzufangen, und den Hintern über der Sitzfläche zu halten.

Das bietet Möglichkeiten zur spielerischen Ausgestaltung: Der Clown erhält einen Tritt in den Hintern und springt deshalb über den Stuhl…

Über die Stuhllehne rutschen:
Die Hände greifen von hinten über die Lehne und stützen den Körper seitlich an der Sitzfläche ab. Den Oberkörper langsam nach vorne über die Lehne beugen. Das Gewicht ist auf den Armen. So weit vorrutschen, bis die Beine gegrätscht an der Lehne vorbeikommen und der normale Sitz möglich wird.

Vom Stuhl fallen:
Im Sitzen mit beiden Händen ausladend und schwungvoll z. B. das rechte Bein über das linke legen. In dem Moment, wo das Schwungbein herunterkommt, das ruhige Bein durchstrecken und auf dieser Seite vom Stuhl fallen. Das Gewicht wird von den aneinandergelegten Händen und den Unterarmen abgefangen. Das rechte Bein ist angewinkelt. (Mit Matte üben!)

Stuhl-Balance:
Auf den Stuhl zugehen, einen Fuß auf die Sitzfläche, den anderen auf die Lehne stellen. Das Gewicht zur Lehne hin verlagern und auf zwei Stuhlbeinen balancieren. Man kann auch direkt in dieser Form über den Stuhl »gehen«, indem man die Stuhllehne langsam nach unten drückt und weitergeht – so, als ob nichts gewesen wäre!

Sitzend umkippen:
Vom Sitz aus mit dem Stuhl langsam nach hinten umkippen. Kurz vor dem Aufkommen kräftig mit beiden Händen auf den Boden schlagen und bevor der untere Rücken auf den Boden kommt, mit einer Schulterrolle abrollen. (Zuerst mit Matte üben.)

Salto oder Flugrolle vom Stuhl:
Der Akteur springt von hinten über die Lehne, kommt mit den Füßen auf die Sitzfläche und stößt sich dort wieder ab. Mit einem Salto oder einer Flugrolle kommt er auf den Boden.

Sprung über den sitzenden Partner:
Der Partner sitzt auf einem Stuhl und streckt beide Arme hoch. Der Springer kommt von hinten, ergreift die Arme und springt in der Hocke über die Schulter. Dabei richtet er den Blick nach vorne-oben.

Handstandüberschlag:
Einer sitzt auf dem Stuhl, die Knie leicht geöffnet. Der andere springt mit den Armen und mit dem Oberkörper voraus über ihn drüber (zuerst nur über eine Schulter, später auch über den Kopf) und stützt sich auf den Knien des Sitzenden zum Handstand ab. Der Sitzende hält ihn an den Schultern und hilft beim Überschlagen.
Zunächst sollte man den Handstand ohne Anlauf probieren. Unbedingt mit Hilfestellung üben!

Akrobatik
Stolpern – Schulterrolle.
Stolpern – auf den Bauch fallen.
Fußtritt auf den Po – Rolle oder Kopfwippe.
Mit Seithocke dem Partner vor die Brust springen.
Rollen übereinander.
Dem Partner auf die Schulter springen;

Clownsohrfeigen
Der Empfänger klatscht in die Hände. Der Schlagende hält vor der Backe an.

Jonglieren zu zweit
Sich gegenseitig wegnehmen und zuspielen eröffnet vielfältige Möglichkeiten, eine Szene zu gestalten.

Rollbrett-Balance
Schuhe ausziehen, durch einen Reifen schlüpfen.
Als Koch (Nudelbrett und Kochtopf) mit Küchengeräten jonglieren.

Einradfahren
Verfolgungsjagden,
Wettrennen mit Schiedsrichtern und Reportern.

Tanzen
Rock 'n' Roll-Akrobatik.

Musik
Kampf mit dem Notenständer, den Noten, dem Instrument. Am Ende gelingt es doch.

Clownswetten
Clownswetten laufen meistens nach demselben Schema ab. Der klügere Clown legt den August herein. August hat den Trick ungefähr begriffen und will einen dritten Clown auch hereinlegen. Dabei verheddert er sich aber, ist umständlich, verrät den Trick und wird meistens noch einmal hereingelegt. Manchmal gelingt es aber auch dem August, andere zu überlisten. Dabei sind häufig »Wortklaubereien« mit im Spiel.

Wett-Ideen
– Dem Partner gelingt es nicht, einen dünnen Stock mit drei Handkantenhieben zu zerschlagen (der Stock geht natürlich schon beim ersten Hieb entzwei).
– Der Partner schafft irgend etwas (zum Beispiel ein bestimmtes Lied zu pfeifen, in einer Minute einmal um die Manege zu laufen, nach einer Hypnose vom Stuhl aufzustehen ...) »nicht alleine«.
Denn wenn er es versucht, pfeift oder rennt der zweite Clown mit oder steht ebenfalls auf. Die beiden Clowns machen also alles zu zweit!
– Die Fakirwette: Ein gefährliches Nagelbrett oder ein Haufen Scherben einer in der Manege zerschlagenen Flasche liegt neben einem Stuhl oder einer Leiter auf dem Boden. Die Wette heißt: »Gib mir fünf Mark, und ich springe drauf!«
Natürlich springt der Clown dann auf das Fünfmarkstück und nicht auf das Nagelbrett oder in die Scherben.
– Die Wette, etwas Zerbrechliches (Glas, Porzellan oder ähnliches) auf den harten Boden fallen zu lassen, »ohne daß es nach einem Meter zerbricht«. Natürlich gibt es Scherben, aber der Clown hat das Porzellan ja aus eineinhalb Metern fallen lassen; also war es nach einem Meter noch intakt ...
Diese Wette macht sich besonders gut mit einem echten Hühnerei, dem nachher (siehe oben) bei der »Wiederholung« mit dem Sprechstallmeister ein Plastikei folgt.
– »Wetten, daß ich jetzt etwas zeige, was noch nie jemand gesehen hat?« – Nach einem entsprechenden Wortwechsel wird eine Nuß hervorgeholt und geknackt (die Nuß innen hat natürlich noch niemand gesehen).
– Der andere Clown kontert: »Wetten, daß ich etwas spurlos verschwinden lassen kann?« – und ißt die Nuß genießerisch auf (teilweie nach K. HOYER 1986).

Das Publikum spielt mit
Zuschauende Kinder beteiligen sich sehr gerne aktiv am Geschehen in der Manege. Wenn ein Clown herbeigerufen werden muß, oder wenn der Beifall gesteigert oder gesteuert werden soll, machen sie begeistert mit. Aber auch durch das Hereinholen der Kinder in die Manege (siehe Clownszauberei) oder durch Wettbewerbe kann das Publikum zur Aktivität gebracht werden.

Klatsch-Wettbewerb
Zwei Clowns treten gleichzeitig auf. Jeder denkt, sein Auftritt sei dran. Streit. Der eine will jonglieren, der andere zaubern. Das Publikum soll entscheiden: Jeder wählt sich eine Hälfte der Zuschauer. Durch Stampfen, Klatschen, Zurufen soll die stärkste Zustimmung herausgefunden werden. Meistens kommt dadurch keine Ent-

scheidung zustande. Vielleicht zeigt dann einer der beiden eine »Zauber-Jonglage« (vgl. »Clowns-Zauberei«).

Wettsingen

Wettsingen mit dem Publikum. Ein Clown wählt ein flottes Lied. Er springt wild herum und feuert die Leute an. Er freut sich, daß es so laut war.
Der andere Clown singt ein Schlaflied mit den Zuschauern. Er wird dabei so müde, daß er gähnt und fast einschläft. Aber es war sooo schöön.

Geburtstagskanon

Die Clowns können die Geburtstagskinder erfragen und ihnen mit den Zuschauern zusammen ein Ständchen singen und ein Geschenk überreichen.

Clowns und Tiere

Wenn jugendliche Clownspieler eine gute Beziehung zu einem zirkusgeeigneten Tier aufgebaut haben, können sie mit dem Tier kleinere Kunststücke einstudieren. Bei einer Clownsnummer kommt es aber nicht in erster Linie auf die Leistung des Tieres an, sondern auf die Aktionen und Reaktionen des Clowns und des Tieres. Wenn der Clown alle seine Gefühle, die er in diesem Moment dem Tier gegenüber hat, wirklich zeigt, und wenn das Tier sich so verhält, wie es sich eben im Moment verhalten will, dann sind die Zuschauer voll Spannung dabei. Der Clown sollte dabei immer spontan auf das Tier eingehen und das Programm nicht einfach »abspulen« (vgl. das Kapitel »Tiere im Kinderzirkus«).

Hundeclownerei

Augustine kommt in die Manege. Sie schaut sich überall suchend um, auch im Publikum. »Wo ist er denn?« fragt sie immer wieder. Schließlich ruft sie laut: »Krümel!« Keine Antwort.
Das Publikum versteht nicht, wen sie sucht. Augustine bringt aber die Leute dazu, mit ihr nach Krümel zu rufen.

Beim dritten Ruf wird der draußen festgehaltene Hund losgelassen. Er rast in die Manege und springt an seiner Herrin hoch. Natürlich erhält er eine Belohnung.
Nun beginnt ein Spiel zwischen Clown und Hund. Auf Befehl hinsetzen, wälzen, hochspringen, durch den Reifen springen, laut bellen – all das sind Kunststücke, wenn der Clown lebendig mit seinem Hund spielt, ihn lobt, bittet und bettelt, bis er das Kunststück ausführt, verzweifelt und zornig wird, wenn der Hund nicht gehorcht.
Manche Hunde laufen bei diesem Spiel völlig eigenwillig in der Manege herum. Der Clown muß in solchen Situationen improvisieren. Für die Zuschauer sind diese Szenen am ergötzlichsten. Besonders die Kinder fühlen bei diesem Spiel zwischen Hund und Clown sehr stark mit.
Der Clown kann auch noch mit Würstchen jonglieren und dabei dem lauernden Hund immer wieder ein Stück ins Maul werfen. Oder ihn füttern wie ein Baby, Schoppentrinken mit Schlafliedchen ...
Als Abschluß kann der Clown einige Kinder in die Manege rufen, die sich nebeneinander knien sollen, die Hände vorne auf dem Boden, die Arme weit durchgestreckt, so daß unter den Kindern eine Gasse entsteht. Mit Trommelwirbel soll der Hund über die Kinder springen. Natürlich läuft er zunächst unter den Kindern durch oder bleibt vor ihnen stehen. Schließlich gelingt der große Sprung, und der Clown nimmt seinen Hund am Pfötchen. Beide verbeugen sich.

Esel und Clown

Spiele mit dem Esel können meistens nur einen äußeren Rahmen haben. Alles, was sich konkret in der Manege ereignet, hängt vom Eigenwillen des Esels ab. Dieser Wille ist bei Eseln meistens nicht berechenbar.
Auf die Clownspieler kommt deshalb die Aufgabe zu, in jedem Moment das Spiel neu zu gestalten.
Welche Situationen sind möglich?

– Aufsteigen:
  Auf der anderen Seite herunterrutschen, verkehrt herum, der Schwanz ist die Lenkstange.
– Am Boden wälzen:
  Der Clown kann es vormachen oder mitmachen, wenn sich der Esel wälzt.
– Führen:
  Mit dem Esel im Kreis herumlaufen, Formen laufen.
– Herunterfallen:
  Dem Tier einen Klaps auf den Hintern geben; wenn es hinten bockt, herunterfallen.
– Reiten:
  So tun, als ob der Esel mit den Ohren zu lenken ist. Wenn das Tier nicht will, ihm mit Stab und Schnur eine Karotte vor die Nase halten.

Clownszauberei

Beim Durchschauen der Zaubererkataloge finden sich einzelne Tricks, die sich gut mit dem Spiel der Clowns verbinden lassen. Die Zauberei wird dadurch lebendig, und der Clown kann auch einmal die Zuschauer verblüffen. Oft ist er selbst am meisten erstaunt über das Geheimnis.

Ohrenputzen

August bittet acht bis zehn Kinder in die Manege. Er will mit ihnen zaubern. Die Kinder sollen sich nebeneinander stellen und ihre Fäuste so an die Ohren halten, daß alle Ohren fest miteinander verbunden sind. Dann zieht er ein Tuch aus der Tasche und spricht geheimnisvoll: »Zauberei! Ich werde dieses Tuch durch eure Ohren hindurchzaubern. Ich werde euch allen die Ohren ausputzen.« Er hält seine linke Hand an einem Ende der Reihe an das äußerste Ohr, macht die Handöffnung durch den hineingesteckten rechten Daumen größer, steckt dann vorsichtig und gut sichtbar das farbige Tuch in die Handöffnung, stopft mit dem rechten Daumen nach und nimmt dann beide Hände offen weg. Das Tuch ist verschwunden. Durch »Hepp« und eifrige Bewegungen, vielleicht auch durch die Mithilfe des Publikums wird das Tuch von einem Kind unsichtbar zum anderen weiterbefördert. Vielleicht klemmt es irgendwo. Kitzeln löst solche Verkrampfungen. Beim letzten Kind hält der Clown wieder die linke Hand an das äußerste Ohr, vertieft die Öffnung durch den rechten Daumen. Dann zieht er vorsichtig und triumphierend das Tuch heraus.
Die Kinder erhalten vielleicht einen Luftballon als Belohnung für ihre Mithilfe.
Das Zaubertuch und die Zauberhilfe für den Daumen erhält man in Zauberer-Fachgeschäften (vgl. das Kapitel »Manegenzauberei« und dort auch die Adressen der Zauberer-Fachgeschäfte).

Die Zauberblume

Mit einem eingepackten Blumenstrauß treffen Otto und Egon in der Manege zusammen.
Beide wollen gerade auftreten.
Egon: »Was hast du denn da?«
Otto wickelt eine schöne Blume aus: »Meine Zauberblume. Mmm, wie die riecht!« Egon ist ganz neugierig geworden: »Darf ich auch mal riechen?« Otto: »Vorsichtig«. Egon schnuppert. Ein Niesreiz stellt sich ein. Er niest gewaltig auf die Blume. Diese knickt in der Mitte ab. Otto ist ganz traurig. Egon erinnert ihn daran, daß er ja zaubern kann. Während er den Zauberspruch spricht, richtet sich die Blume langsam auf.
Egon will noch einmal riechen. Als seine Nase in die Nähe der Blume kommt, knickt diese beleidigt ab. Auch Egon

ist sauer. Otto riecht in der Zwischenzeit genüßlich und liebevoll daran. Dadurch richtet sich die Blume auf.

Auch beim dritten Versuch Egons knickt die Blume ab. Otto: »Sie hat wohl eine Ab-Neigung gegen dich!« Dann fragt er die Blume: »Mich magst du, gell?« Die Blume nickt natürlich.

Verärgert dreht sich Egon weg. Er will jetzt auch sein Kunststück mit Zauberbällen zeigen. (Die Zauberblume gibt es für wenig Geld in Zaubererfachgeschäften.)

Zauberbälle

Egon jongliert mit unsichtbaren Bällen. Otto wundert sich darüber. Er erfährt, daß es Zauberbälle sind. Er zieht eine zusammengefaltete Tüte heraus. »Da kenne ich auch etwas. Wirf mal einen her!« Der Ball wird geworfen. In der Tüte macht es »plopp«. Sie nehmen den unsichtbaren Ball wieder heraus und werfen ihn hoch in die Luft. Er kommt nicht wieder herunter. Sie schauen sich um. Plötzlich macht es in der Tüte »plopp«. »Genau getroffen!« Jetzt wird der Zauberball einem Zuschauer zugeworfen. Der soll in die Tüte zielen. Es geht aber weit daneben. Die Clowns schauen dem davonhüpfenden Ball hinterher. Beim nächsten Werfer wird der Ball mit einem Hechtsprung in die Tüte eingefangen. Jetzt greift Otto in die Tüte und holt einen großen Ball heraus und sagt: »Du mußt schon genauer zielen. Es ist gar nicht so einfach, mit so einem großen Ball in so eine kleine Tüte zu treffen.« Nicht nur den Zuschauern, auch Egon bleibt vor Staunen der Mund offen, wo dieser »echte Ball« herkommt.

(In Zauberer-Fachgeschäften kann man ihn kaufen – auch die Tüte)

Kuchenzauberei

Egon bringt ächzend einen scheinbar sehr schweren Tisch in die Manege und bedeckt ihn mit einer Tischdecke. Dann ruft er Otto, der mit einem Tablett erscheint, auf welchem verschiedene Backzutaten stehen. Auf die erstaunte Frage von Egon, was er denn damit wolle, erklärt Otto feierlich, er werde einen Kuchen backen. Da Otto jedoch keinen Backofen hat, beschließt er, den Kuchen in seinem Hut zu backen. Er zeigt den leeren Hut und stellt dann seine Backform hinein. Nun kommt Egon auf die Idee, Otto einen Streich zu spielen: er lenkt ihn ab und klaut dann die Backform aus Ottos Hut. Otto ist der einzige, der nicht bemerkt hat, daß die Backform nicht mehr im Hut ist. Zur Freude des Publikums kippt er nun Zucker, Mehl, Milch und ein Ei hinein.

Egon hat unterdessen ein Glas Wasser unter Ottos Backzutaten entdeckt. Da er Durst hat, trinkt er es aus. Otto ist entsetzt, denn das Wasser hätte er unbedingt für seinen Kuchen gebraucht. Was soll nun aus dem Kuchen werden? Zum Glück kann Otto zaubern. Er nimmt einen Trichter und hält ihn Egon unter den rechten Ellbogen. Mit dem linken Arm muß Egon kräftig pumpen. Auf und ab und auf und ab ... und siehe da, aus dem Trichter fließt Wasser, ein ganzes Glas voll. Dieses Wasser kommt ebenfalls in den Hut. Um den Kuchen zu backen, schüttet Otto Benzin dazu und zündet es an. Es entstehen hohe Flammen und Egon freut sich, wie gut doch Ottos Hut brennt. Er zeigt Otto jetzt die Backform, die er die ganze Zeit hinter seinem Rücken versteckt gehalten hatte. Otto erschrickt, er bemerkt erst jetzt, daß die Backzutaten in seinem Hut brennen. Er reißt Egon die Backform aus der Hand und stülpt sie umgekehrt in den Hut, damit das Feuer erlischt.

Einem weiteren Zauberspruch Ottos haben wir schließlich doch noch ein »Happy-end« zu verdanken. Der Hut ist heil und sauber, und auch der Kuchen war noch zu retten.

Backform und Trichter sind in Zauberer-Fachgeschäften erhältlich. Auch Bonbons können darin gebacken und als Abschluß unter den Kindern verteilt werden.

Seifenblasenclownerei

Als ruhiger Abschluß eines Zirkusprogrammes könnte ein weißgekleideter, melancholischer Clown in die Manege kommen.

Eine flache Schüssel und ein Ring liegen bereit. Der Clown läßt große Seifenblasen entstehen, dreht sich damit, bestaunt sie und erschrickt, wenn sie platzen.

Andere Clowns kommen dazu und setzen sich staunend

hin – oder sie erfüllen die Luft mit kleinen Seifenblasen. Eine stimmungsvolle Musik dazu bewirkt eine Beruhigung für die Darsteller und die Zuschauer.

Die Lebensdauer der Seifenblasen hängt ganz entscheidend von Raum- bzw. Lufttemperatur, Luftdruck und vor allem von der Luftfeuchtigkeit ab. Im Zirkuszelt kann durch eine Beregnungsanlage oder eine Clowns-Wasserschlacht die Luft etwas vorbereitet werden.

Seifenblasen-Rezept:
½ kg Zucker wird in 1 l warmem Wasser gelöst und mit 25 g Tapetenkleister (Glutolin) und 0,75 l Neutralseife (Haka-Werke) in 9 l Wasser gerührt, bis die Lauge sämig ist. Über Nacht stehen lassen und vor Gebrauch kurz aufrühren, ohne daß es schäumt.

Der Ring sollte nicht größer als 30 cm im Durchmesser sein und kann aus einem dickeren Draht (z. B. kunststoffüberzogener Gartenzaundraht) gebogen werden. Der Ring wird mit 3 Lagen Mullbinde stramm umwickelt und an einem Stiel befestigt.

Je sauberer die Lauge, der Ring und die Luft sind, um so länger werden die Seifenblasen halten (M. SCHUYT 1988).

Klassische Clownsstücke

Vom Grundaufbau her gehören die folgenden Nummern zum festen Repertoire vieler Clowns. Sie sind zum großen Teil einfach aufgebaut und ohne tieferen Hintergrund. Es wurden nur solche Nummern ausgewählt und bearbeitet, die sich für Kinder- und Jugendzirkus eignen. Ihre Bedeutung liegt darin, daß sie eine Handlung und manchmal auch Texte vorgeben, die durch das Spiel mit Leben erfüllt werden müssen.

Die Beschreibungen sind nur als Anregungen gedacht, als grober Ablauf einer Nummer. Alles kann geändert werden! Eine echte Clownsnummer entsteht dann daraus, wenn der Spieler sich mit seinen Gefühlen darin wiederfindet, und wenn er jede Situation als Szene für sich versteht und sie zunächst voll ausspielt, in aller Länge. Das Raffen und Kürzen, die Dynamik einer Szene sollte später natürlich auch geübt werden.

Das Hereinkommen ist eine ganze Szene, bei der alles echt erlebt und durchgespielt werden sollte. Jede Begegnung, jede Reaktion, jedes neue Gefühl ist eine eigene Szene, die ihre Zeit und ihre Ruhe braucht. Zunächst gibt es kein »Möglichst schnell fertig werden! Die nächste Aktion ist dran!« Der Clownspieler muß einen inneren Atem für Gefühle und Situationen entwickeln. Dafür sind die vielen Übungen wichtig.

Der Spielleiter kann einzelne Situationen aus solchen Nummern als Improvisationsaufgabe geben:
– Ein August will jemand in eine Bienenkönigin verzaubern.
– Zwei Auguste haben Angst vor einem Gespenst in der Tonne.

Die vielen kleinen Situationen sind Nummern für sich. Wenn es gelingt, im Kleinen echt zu spielen, dann kann sich auch in solchen vorgegebenen Nummern der eigene Clown zeigen – dann wird Offenheit, Atem, Leben in der Situation geübt.

Clownsgeschichten als Spielanregungen*

Der kaputte Spiegel
Mit schwärmerischen Gesten kommt Pipo in die Manege. Seinen Worten und seinen schmachtenden Blicken ist zu entnehmen, daß er von einer feinen Dame zum Abendessen eingeladen worden ist. Er will sich dafür schön machen.

August tritt gähnend auf. Sofort schickt ihn Pipo hinaus. August soll schnell den großen Spiegel bringen. Er droht ihm schlimme Dinge an, wenn der Spiegel kaputtgeht. August erfährt von dem Rendezvous und ist darüber sehr traurig, weil er kein »Round-vezu« hat. Er geht hinaus.

Während Pipo übt, wie er der Dame einen Blumenstrauß überreichen will, hört man draußen ein lautes Klirren. Verstört kommt August herein. Er hat nur noch den Spiegelrahmen in der Hand. Verzweifelt überlegt er, wie er

---

* *Die beschriebenen Szenen wurden teilweise angeregt durch: Tristan Remy, Clownsnummern. Köln, Berlin 1964. Durch das Üben mit Schülern veränderte sich aber manche Handlung.*

sich aus dieser schwierigen Situation befreien kann. Als Pipo ruft: »Stell den Spiegel hierher!«, hat er eine Idee. Er verändert seine Kleidung und die Haare etwas, um Pipo ähnlich zu werden und stellt sich selbst als Spiegelbild hinter den leeren Spiegelrahmen. Nun folgen einige Situationen, wo sich Pipo über das Spiegelbild wundert, wo August Essigwasser trinken muß, weil Pipo zur Sektflasche greift, wo August sich mit Marmelade schminken muß, weil Pipo einen Lippenstift benützt usw. Zu guter Letzt erkennt Pipo die Täuschung und jagt dem davonrennenden August schimpfend hinterher.

Der Mann im Mond

Pipo kommt in die Manege geschlendert. In der Hand trägt er einen großen Trichter. Er bläst in den Trichter und benützt ihn als Fernrohr, indem er damit die Zuschauer mustert. Während er so mit dem Publikum beschäftigt ist, tritt August auf. Sobald Pipo merkt, daß der dumme August in der Manege ist, verändert sich sein Verhalten. Er lacht und zeigt seine Vorfreude über einen gelungenen Witz.

Plötzlich ist der Trichter wieder für ihn ein Fernrohr. Er schaut nach oben und bricht in vielerlei Entzückensrufe aus. Er beschreibt mit großen Worten die Pracht, die er da sieht. Er spricht sogar den Mann im Mond an und erzählt ihm etwas.

August steht sprachlos und mit offenem Mund daneben. Er will auch durch den Trichter schauen. Pipo läßt sich lange bitten. Nachdem er August auf die Gefahr von Regengüssen hingewiesen hat, gibt er ihm den Trichter. August sieht nichts durch den Trichter.

Pipo hat inzwischen einen Eimer Wasser geholt. Immer wieder wird er von August im letzten Moment dabei überrascht, wie er das Wasser in den Trichter leeren will. Jedesmal muß er neue Ausreden erfinden, warum er einen Wassereimer in der Hand hält. In dem Augenblick, wo August ganz feierlich wird und etwas zu sehen meint, ruft Pipo: »Vorsicht August, es regnet!« August wehrt ab. Da kommt ihm das Wasser schon durch den Trichter entgegen. Er wird pudelnaß. Weinend und klagend sitzt er mitten in der Manege.

Der lachende Pipo will ihn trösten: »Das war doch nur Spaß! Du kannst jetzt den Trick auch bei anderen anwenden!« Davon ist August begeistert.

In diesem Moment betritt Renzi die Manege. August stürzt sich sofort auf ihn: »Ich will dir meinen neuen Trick zeigen. Spielst du mit?« Während er erklärt, was es mit dem Trichter und dem Mann im Mond auf sich hat, verplappert er sich oft. Doch Renzi merkt, worum es geht. Er läßt sich von August zeigen, wie man durch den Trichter schaut. Schnell gießt er Wasser hindurch. August wird zum zweiten Mal naß. Er ist traurig. Plötzlich strahlt er und fragt Renzi: »Hast du eigentlich die Fische, die in dem Eimer waren, auch ausgeleert?« Bestürzt schaut sich Renzi auf dem Boden um. August nimmt rasch den Eimer und leert ihm das restliche Wasser über den Kopf. Die Szene endet mit einer Verfolgungsjagd.

Der Luftballonschütze

Pepo reitet auf einem Steckenpferd mit knallendem Revolver in die Manege. Er hat eine Kostümkiste entdeckt und sich als Cowboy verkleidet. Jetzt sucht er ein Ziel, um seine Schießkünste vorzuführen. Sein Freund Mop soll ihm dabei helfen. Er ruft ihn. Er vermutet, daß Mop schläft. Das Publikum soll ihm beim Rufen helfen. Er zählt vor: »1, 2, 3, Mo-op!«

Keine Antwort: »Das war viel zu leise! Lauter!«
Nachdem er das Publikum dreimal hat rufen lassen, betritt endlich der gähnende Mop mit einem Wassereimer die Manege.
»Ich war vom Putzen so müde, daß ich mich hingelegt habe.«
Pepo zeigt seine Verkleidung. Mop soll den Luftballon halten, den er am Manegenrand gefunden hat. Das soll seine Zielscheibe sein. Pepo: »Ich bin ein Meisterschütze!«
Jetzt beginnt das Spiel mit den Luftballons: Den ersten verdrückt der vor Angst zitternde Mop. Den zweiten soll er dann nicht mehr so fest drücken, deshalb fliegt er davon. Für den dritten Versuch hat Pepo eine »Luftballonspezialanfertigung«, mit der es sicher gelingt.
Pepo zielt. Es knallt. Der Luftballon zerplatzt. (Mop hatte sich dafür einen Reißnagel an die Hand geklebt). Er war aber mit Wasser gefüllt.
Der pudelnasse Mop schüttelt sich und schwört Rache. Er ergreift seinen wassergefüllten Putzeimer und rennt dem davonreitenden und lachenden Pepo hinterher. Er spritzt nach ihm und trifft das Publikum. Schließlich stolpert er. Der Wassereimer ergießt sich über ihn. Ziemlich naß und traurig verläßt er die Manege.

August als Friseur
Ein Clown kommt mit Friseurhandwerkszeug in die Manege. August, der das sieht, will sein Gehilfe sein.
Ein Kunde fehlt. Aus dem Publikum wird jemand gefunden (ein Mitspieler natürlich).
August versucht, den Friseurkittel anzuziehen und verheddert sich hoffnungslos darin. Der Clown hilft ihm. Der Kunde wird nachdenklich und will wieder gehen. Der Clown hält ihn zurück.
»Was wollen Sie, mein Herr? Bei uns wird rasiert, werden die Haare geschnitten. Wir waschen und massieren den Kopf.« August macht jede der beschriebenen Behandlungsarten in übertriebener Weise nach. Der Clown bringt ihn wieder zur Ruhe.
Schließlich gibt der Kunde seinen Widerstand auf. Er will sich rasieren lassen. Der Clown bietet ihm einen Stuhl an. August in seinem Übereifer will helfen und zieht dem Kunden, der sich gerade setzen will, den Stuhl weg. Er hilft dem Kunden beim Aufstehen und entschuldigt sich.
Nun beginnt ein Spiel mit der Bürste. August bürstet sich seine Schuhe damit. Mit dem Staubwedel staubt er den Kunden ab und beim Umbinden des Handtuchs erwürgt er den Kunden fast.
Der Clown befestigt am Hals des Kunden ein elastisches Band, das August langzieht und daran ein übergroßes Rasiermesser schleift. Aus Unachtsamkeit läßt er das Ende des Bandes los. Es schlägt zurück, der Kunde fällt mit dem Stuhl um.
August entschuldigt sich. Der Clown reicht ihm einen Eimer voll Seifenschaum und dieser beginnt, mit einem großen Anstreicherpinsel den Kunden einzuseifen. Dieser wehrt sich gegen die grobe Behandlung, nimmt einen anderen Pinsel und beginnt, mit August zu fechten. Schließlich wird der Kunde wieder auf den Stuhl zurückgedrängt. Resigniert läßt er die Rasur über sich ergehen.
August sprüht mit dem Gesichtswasser: zuerst sich selbst unter die Achsel, dann den Clown und schließlich auch den Kunden.
Puderwolken und Kämmen mit einem Riesenkamm schließen die Behandlung ab.
Beim Aufstehen tritt der Kunde in den Seifenschaum-Eimer. August verlangt die Bezahlung. Voll Wut nimmt der Kunde den Eimer und stülpt ihn dem August über den

Kopf. Auch der Clown bekommt Schaum ab. Der Kunde geht wütend raus. Clown und August sitzen ziemlich niedergeschlagen da.

Die Tonne

Der Zirkusdirektor betritt die Manege und sagt die nächste Nummer an, die Devil-Stick-Jonglage. Da bemerkt er plötzlich, daß Pipo, mit dem er diese Nummer vorführen will, fehlt. Währenddessen rollt ein Clown eine Tonne (Weinfaß) in die Manege; dann geht er wieder. Nach vielen Bemühungen des Zirkusdirektors, Pipo herbeizurufen (mit Hilfe des Publikums), ertönt ein lautes Gähnen aus der Tonne. Zuerst erscheint ein Fuß, dann eine Hand und schließlich Pipo. Schnell beginnen sie mit der Jonglage. Plötzlich ertönt von weitem die Stimme Karlinchens: »Ich hab' keine Zeit, ich muß für die Olympiade trainieren.« Pipo springt in die Tonne, da er Karlinchen einen Streich spielen will. Er bittet den Direktor, nichts zu verraten. Karlinchen kommt hereingejoggt und macht ein paar Übungen vor der Tonne. Da wird sie plötzlich von Pipo von hinten so gestoßen, daß sie hinfällt. »Aua!« Wütend steht sie auf, dreht sich um und erblickt Irmel, die gerade verschlafen hereinkommt. »Was fällt dir ein, mich einfach zu stoßen?« schreit sie Irmel an, holt aus und gibt ihr eine Ohrfeige, daß sie umfällt. Irmel steht auf und versteht die Welt nicht mehr. »Ich war das doch gar nicht!« Holt auch aus und gibt Karlinchen eine solche Backpfeife, daß diese hinfällt. Da fangen die zwei an, fürchterlich zu streiten. Der Zirkusdirektor, der alles mit ansieht, packt beide am Kragen und zieht sie auseinander. Er sagt ihnen, daß ein schreckliches Ungeheuer in der Tonne sitzt, welches Karlinchen gestoßen hätte. Die zwei Clowns kämpfen mit ihrer Angst. Sie wollen das Ungeheuer packen. In der Zwischenzeit hüpft Pipo aus der Tonne und versteckt sich unbemerkt hinter ihr. Mit einem Schrei rennen die beiden Clowns zur Tonne. Karlinchen beugt sich hinein und sucht das Ungeheuer. Sie erhält von Pipo einen Schlag auf den Hintern und schreit: »Wer hat mich geschlagen?« Beide Clowns drehen sich um und erblicken den Zirkusdirektor. Jetzt denken sie natürlich, daß dieser sie an der Nase herumgeführt und Karlinchen gestoßen und geschlagen hatte. Doch der Direktor wehrt ab: »Das Ungeheuer sitzt doch schon längst hinter der Tonne«. Pipo ist inzwischen wieder unbemerkt in die Tonne gehüpft. Die zwei Clowns, schon etwas ängstlicher, schleichen sich nun an. Als sie gleichzeitig von zwei Seiten hinter die Tonne schauen wollen, schlagen sie mit den Köpfen aneinander und rennen, schreiend vor Angst, zu dem Direktor zurück. Sie denken, daß das Ungeheuer sie geschlagen hat. Da stellt sich Pipo lachend auf die Tonne: »Ätsch, ich war das«. Die beiden Clowns verfolgen den lachenden Pipo.

Der Apfelschuß

Irmel kommt in die Manege. Sie will mit zwei Bällen und einem Apfel jonglieren. Sie freut sich schon darauf, während des Jonglierens den Apfel zu essen. Jodelnd kommt Gecko dazu. Er hat eine Armbrust in der Hand und einen Tirolerhut auf dem Kopf: »Ich bin Wilhelm Tell, der Meisterschütze!« Irmel soll mit ihrem Apfel die Zielscheibe sein und wird ziemlich rücksichtslos in ihre Rolle eingewiesen. Gecko legt den Apfel auf ihren Kopf.
Irmel zittert vor Angst am ganzen Körper, als Gecko zielt. Der Apfel fällt herunter. Das wiederholt sich. Als der Apfel oben liegt, fragt Gecko: »Hast du Angst?« Irmel nickt; der Apfel fällt herunter.

Damit der Apfel besser hält, beißt Gecko ein Stück ab und kaut genüßlich. Da bekommt auch Irmel Appetit.

Während Gecko acht Schritte abzählt und die Armbrust richtet, beißt Irmel gierig vom Apfel ab. Als sich Gecko umdreht legt sie den Rest des Apfels schnell wieder auf den Kopf und steht mit vollen Backen da.

Gecko kommt das komisch vor. Er legt die Armbrust hin, geht ärgerlich auf Irmel zu, erkennt, was geschehen ist – und schimpft.

Während er wieder zurück zu seiner Armbrust die Schritte abzählt, läuft ihm Irmel hinterher, gierig und genüßlich den Rest des Apfels in sich hineinschlingend.

Wenn Gecko sich umdreht, hält Irmel schnell den Rest des Apfels über den Kopf – den Stiel! »Wo ist der Apfel?« Irmel schaut sich völlig unschuldig um. Gecko fragt drohender. Als Antwort erfolgt ein »Da!« – der Apfelbrei aus Irmels Mund landet in seinem Gesicht.

Eine Verfolgungsjagd mit Geschrei durch die Manege beendet die Szene.

Clowns-Musikanten

Drei Clowns kommen mit Instrumenten herein. Sie sind schüchtern und haben Angst vor dem Publikum.

Wer soll ansagen? Jeder will sich drücken.

Endlich gelingt ihnen die Ansage ihres Liedes. Sie haben aber Probleme mit dem Notenständer, mit Noten und Instrumenten.

Endlich fangen sie an zu spielen und zu singen (ein bekanntes Lied). Der Zirkusdirektor kommt und verbietet ihnen das Musizieren. »Ihr seid jetzt nicht dran!«. Als er hinausgeht, erschreckt ihn die Posaune oder ein anderes lautes Instrument. Die drei nehmen sein Verbot nicht ernst:

»Er macht nur Spaß!«

Sie musizieren wieder.

Wütend kommt der Zirkusdirektor herbei. Er will etwas sagen, aber ein Instrument nach dem anderen unterbricht ihn. Als ihn das laute Instrument unterbricht, gibt er dem Spieler einen Fußtritt. Er droht den anderen auch mit Fußtritten. Die Clowns reagieren darauf und springen zurück. Sie machen ihn nach. »Er macht Spaß«, »Geh'n wir lieber!«, »Er hat Angst!« Sie wollen trotzdem spielen. Dabei müssen sie mehrmals Fußtritten ausweichen. Einer hat die Idee: Wenn das Publikum mitsingt, dann tut er uns nichts.

Der Direktor ist ärgerlich und mit der Polizei drohend hinausgerannt.

Das Publikum lernt das Lied und singt mit.

Der Direktor kommt mit der Polizei. Verfolgungsjagd durch das Publikum.

Aus den Zuschauern heraus beginnen sie, erneut zu singen und zu spielen. Die Zuschauer singen mit. Der Polizist ist von der Musik so angetan, daß er mitklatscht und mitsingt. Er winkt dem Zirkusdirektor ab. Dieser stapft ärgerlich hinaus. Polizist und Clowns singen, spielen und tanzen zusammen und nehmen gemeinsam den Applaus entgegen.

Eierbalance

Erna fährt mit einem Einrad in die Manege. In der einen Hand balanciert sie ein Eierbrett, in der anderen hält sie einen Früchtekorb. August ist gerade dabei, mit dem Besen die Manege auszukehren. Erna hält an, legt alles auf den Boden und jongliert mit drei Eiern (aus Plastik). Um das Publikum von der Echtheit der Eier zu überzeugen, legt sie die drei Eier wieder aufs Eierbrett, nimmt dann ein Ei vom Eierbrett und schlägt es in eine Tasse. Dann jongliert sie weiter.

August schaut staunend zu. Er will es auch probieren. Er darf aber nur mit Früchten probieren. Weil ihm das zu langweilig ist, fährt er mit dem Einrad. Er freut sich, daß es so gut gelingt und will noch mehr zeigen. Er balanciert das Eierbrett beim Fahren. Schließlich setzt er das Eierbrett vorsichtig auf seinen Besenstil und balanciert es entweder auf dem Einrad oder auf den Füßen. Schließlich kippt der Besen genau auf das Publikum zu. Die Sitzenden denken, daß sie jetzt mit Eiern bedeckt werden. Die Eier fallen zwar ins Publikum, aber sie sind mit einer Schnur am Eierbrett festgemacht.

Benötigt wird: Plastikeier aus dem Jonglierladen. Der Besenstil und das Eierbrett werden miteinander verschraubt. Selber bauen!

Die elf Finger

Pipo wettet mit Plumps, daß dieser elf Finger habe. Einsatz zehn Mark. Plumps macht mit.

Pipo zählt an Plumps Finger ab: »10, 9, 8, 7, 6 – in dieser Hand sind es sechs Finger.«

»1, 2, 3, 4, 5 – in dieser Hand sind es fünf Finger. Sechs Finger und fünf Finger, das sind zusammen elf Finger.«

Pipo nimmt das Geld und läßt den erstaunten Plumps alleine stehen.

Nachdem Plumps den Trick durchschaut hat, ärgert er sich sehr. Da kommt August herein. Plumps will ihn auch hereinlegen und fragt ihn zunächst, ob er mit ihm Akrobatik machen will. August läßt sich überreden. Als sie beginnen wollen, sagt Plumps überrascht: »Du hast ja elf Finger!« Es erfolgt die Wette mit Einsatz. August verliert natürlich und zählt ratlos seine Finger nach und begreift nicht, was geschehen ist.

Pipo tritt wieder auf. Er will auch mit August wetten. August überlegt einen Moment, zieht seine Handschuhe an, dann willigt er ein. Er hat eine Idee. Mehrmals erhöhen sie die Einsätze. Als Pipo Augusts Finger nach der bewährten Methode durchzählen will, fehlt ein Finger im Handschuh. August hat ihn nicht in den Handschuh gesteckt. Pipo kann nur zehn Finger zählen. Triumphierend steckt August das Geld ein.

*Dialogszenen**

Kein Zeuge, kein Papier

CLOWN *kommt in die Manege:* Guten Tag, Herr Eugen.
HERR EUGEN: Guten Tag, Pipo.
AUGUST *kommt herein:* Guten Tag, Herr Eugen.
HERR EUGEN *wenig erfreut, gibt ihm nicht die Hand:* Hm, Sie!
Er dreht ihm den Rücken zu und geht.

---

* *Die Dialogszenen sind aus: Tristan Remy, Clownsnummern. Köln, Berlin 1964. Sie wurden für die Arbeit mit Kindern und Jugendlichen bearbeitet. Der Abdruck erfolgt mit freundlicher Genehmigung des Verlages Kiepenheuer & Witsch.*
Die letzten drei Nummern sind entnommen aus: Arminio Rothstein, Du wollen Clownspielen. Wien, München 1979.

CLOWN *zum August:* Was hat er denn? Er ist wütend auf dich? Was hast du ihm denn getan?
AUGUST *mit seinem unschuldigsten Gesichtsausdruck:* Ich? Wenn er mich sieht, ist er immer unfreundlich.
CLOWN: Er sieht nicht gerade gemütlich aus.
AUGUST: Oh, der hat doch nur schlechte Laune!
CLOWN: Aber warum denn?
AUGUST: Also gut, ich werds dir sagen. Er hat mir vor einiger Zeit zweihundert Mark geliehen und will sie mir nicht zurückgeben.
CLOWN: Du willst sagen, du willst sie ihm nicht zurückgeben...
AUGUST: Ja. Wenn du so willst.
CLOWN: Du schuldest Eugen also zweihundert Mark. Hm. Soll ich dir einen Rat geben?
AUGUST: Ich brauche kein Rad. Ich hab schon eines.
CLOWN: Ich will dir kein Rad sondern einen Rat geben. Du schuldest Eugen zweihundert Mark. Ich gebe dir die Möglichkeit, hundert Mark zu verdienen.
AUGUST: Du gibst mir die Möglichkeit, hundert Mark zu verdienen... Darüber läßt sich reden!
CLOWN: Ja, aber unter einer Bedingung. Du gibst mir hundert Mark und mit dem Rat, den ich dir gebe, gibst du Eugen seine zweihundert Mark nicht zurück. Einverstanden?
AUGUST: Einverstanden!
CLOWN: Gib mir die hundert Mark.
AUGUST: Gib mir zuerst deinen Rat.
CLOWN: Wirst du mir die hundert Mark geben?
AUGUST: Traust du mir etwa nicht?
CLOWN: Sag mal, als du dir bei Eugen die zweihundert Mark gepumpt hast, war da noch jemand dabei?
AUGUST: Ja.
CLOWN: Au, das ist dumm. *Er kratzt sich am Kopf.* Wer?
AUGUST: Na, Eugen!
CLOWN: Ja, sicher! Aber außer Eugen, war da noch jemand dabei?
AUGUST: Ja, sicher.
CLOWN *ärgerlich:* Wer?
AUGUST: Na, ich!
CLOWN: Nein, versteh mich doch. War ein Zeuge dabei?
AUGUST *kategorisch:* Nein! Es war kein Zeuge dabei!

CLOWN: Um so besser. Also, kein Zeuge!
AUGUST: Kein Zeuge!
CLOWN: Als Eugen dir die zweihundert Mark gegeben hat, hat er dich da ein Papier unterschreiben lassen?
AUGUST: Ein Papier? Wozu?
CLOWN: Ein Papier, eine Quittung, mit der du anerkennst, daß du ihm zweihundert Mark schuldest.
AUGUST: Nein!
CLOWN: Um so besser!
AUGUST: Warum um so besser?
CLOWN: Das wirst du schon sehen. Kein Zeuge? Kein Papier? Wenn du Eugen wiedersiehst, sagst du zu ihm: »Herr Eugen, ich schulde Ihnen nichts. Bestehen Sie nicht darauf, es nützt Ihnen nichts. Kein Zeuge, kein Papier! Hepp! Gehen Sie baden!« Ach, da ist er ja gerade.
AUGUST *wendet sich zu Eugen und begrüßt ihn:* Verzeihung, Herr Eugen, haben Sie einen Augenblick Zeit?
HERR EUGEN: Sie, lassen Sie mich bloß in Ruhe! Ich spreche nicht mehr mit Ihnen. Geben Sie mir lieber die zweihundert Mark zurück, die Sie mir schuldig sind.
AUGUST: Das will ich ja gerade! Nur, Herr Eugen, als Sie mir das Geld geliehen haben, waren da Zeugen dabei?
HERR EUGEN: Zeugen? Zeugen? Braucht man denn Zeugen? Nein, es waren keine Zeugen dabei.
AUGUST *registriert das:* Es waren keine Zeugen dabei. Nun, sagen Sie mir, Herr Eugen, haben Sie mich ein Papier unterschreiben lassen?
HERR EUGEN: Ein Papier? Wozu ein Papier? Sie können doch gar nicht schreiben!
AUGUST *zu sich:* Sehr gut. Er hat kein Papier.
Herr Eugen, entschuldigen Sie, ich bin Ihnen nichts schuldig!
HERR EUGEN: Wie bitte, mein Herr, Sie sind mir nichts schuldig?
AUGUST: Nein, mein Herr!
HERR EUGEN: Und warum nicht?
AUGUST: Bestehen Sie nicht weiter drauf! Kein Zeuge! Kein Papier! Hepp! Gehen Sie baden!
HERR EUGEN *geht wütend weg:* Sie sind ein Spitzbube!
CLOWN, *der sich etwas abseits gehalten hat:* Siehst du, ich habs dir gesagt. Mein Mittel ist unfehlbar. Es wirkt immer.
AUGUST *geht träumerisch auf und ab:* Wirklich großartig!
CLOWN: August, vergiß nicht, daß du mir hundert Mark schuldest.
AUGUST: Wer? Ich? Ich schulde dir hundert Mark? Sag, Pipo, als ich versprochen habe, dir hundert Mark zu geben, waren da Zeugen dabei?
CLOWN *überrascht:* Nein, es waren keine Zeugen dabei!
AUGUST: Und hast du mich ein Papier unterschreiben lassen?
CLOWN: Nein!
AUGUST: Also! – Kein Zeuge! Kein Papier! Geh baden in derselben Wanne wie er.

Klarinettenkonzert
Herr Toni, im blauen Anzug, betritt mit ängstlichem Gesicht die Manege. Er betrachtet die Zuschauer und will eben eine Erklärung abgeben, als ihn der Clown anspricht, der ihm gefolgt ist.
CLOWN: Guten Tag, Herr Toni. Wie gehts? Gut?
HERR TONI *trocken:* Guten Tag. Nein! Nicht gut!
CLOWN: Sie sind wohl ärgerlich?
HERR TONI: Ja. Es ist auch ärgerlich. Ich soll den berühmten Klarinettisten Charlikowski vorstellen – aber der ist natürlich nicht gekommen!
CLOWN: Nur keine Aufregung, Herr Toni! Charlikowski ist nicht gekommen? Na und? Dann vertrete ich ihn eben!
HERR TONI *erleichtert:* Sie? Wirklich?
CLOWN: Ich … natürlich ich, Herr Toni. Nur einen kleinen Augenblick – ich wechsle mein Kostüm und hole mein Instrument.
HERR TONI: Beeilen Sie sich.
Der Clown geht mit Herrn Toni, der ihn zur Eile drängt, zum Eingang.
CLOWN: Und wenn der Charlikowski kommt, lassen Sie ihn nicht herein. Ich vertrete ihn. Klar?
HERR TONI: Ja. Machen Sie sich darüber keine Sorgen. Machen Sie schnell! Wenn Charlikowski kommt, setze ich ihn vor die Tür!
Als der Clown hinausgeht, erscheint Charlikowski, der

August, an einem Aufgang für das Publikum. Er hat eine Klarinette in der Hand, trägt einen schwarzen, eng anliegenden Anzug, die Hosen kleben ihm förmlich an den Beinen, der Rock ist zu eng, die hochstehenden Schöße bilden einen Halbkreis. Sein Zylinder ist wie eine Ziehharmonika zerknautscht. Keineswegs sicher, was für Folgen sein verspätetes Erscheinen haben könnte, betritt er ängstlich die Manege, und zwar genau in dem Augenblick, als sich Herr Toni, der soeben den Clown verlassen hat, umdreht. Der August macht schnell ein paar Schritte rückwärts ... Herr Toni, der erst auf ihn zuging, um ihn zu vertreiben, stellt sich jetzt wieder an den Manegeneingang. Beruhigt steigt der August über den Manegenrand.

HERR TONI: He! Sie da hinten! Wer sind Sie?

AUGUST: Ich bin der Mann von dem Dingsda.

HERR TONI: Was für ein Dingsda?

AUGUST: Der Dingsda, der dieses Dingsda bearbeiten soll.

HERR TONI *gereizt:* Welches Dingsda?

AUGUST *zutraulich, zeigt seine Klarinette:* Ich bin es, die Klarinette.

HERR TONI *ernst und würdevoll:* So? Sie sind Herr Charlikowski?

AUGUST *richtet sich auf:* Ich bin es selbst.

HERR TONI: Und jetzt kommen Sie?

AUGUST: Ich habe nicht langsamer kommen können.

HERR TONI *mustert ihn von Kopf bis Fuß:* Und woher kommen Sie?

AUGUST *sich in die Brust werfend und mit einem Blick auf seine Kleidung:* Vom Bügeln.

HERR TONI *in besänftigendem Tone:* Ja, mein Lieber, ich brauche Sie nicht mehr. Sie werden vertreten. Sie können wieder gehen.

Er geht zum August und stößt ihn weg.

AUGUST *weicht aus, flehentlich:* Ich darf kein einziges Stück spielen? Nicht eines? Nicht ein einziges, kleines, winziges?

HERR TONI: Gehen Sie!

Der August macht eine schlenkernde Bewegung, die Herrn Toni ärgert.

HERR TONI: Gehen Sie!

Der August schaut auf Herrn Toni, dann zum Publikum, ohne sich vom Fleck zu rühren.

Hören Sie schlecht? Ich habe gesagt, sie sollen gehen!

Der August steigt auf den Manegenrand, er will gehen, besinnt sich aber und kehrt wieder um.

AUGUST *provozierend:* Vor Ihnen fürchte ich mich noch lange nicht!

Er springt aus der Manege. Herr Toni entfernt sich. Der August kehrt wieder um.

Machen Sie bloß, daß Sie fortkommen, Sie blauer Hecht, Sie!

HERR TONI *böse:* Und Sie – Sie Unperson!

AUGUST: Machen Sie, daß Sie fortkommen! Sie Schmarotzer!

Herr Toni antwortet nicht und geht ab. Der August nützt das aus und geht wieder in die Manege. Er dreht sich nach allen Seiten und vergewissert sich, wie er im ersten gefährlichen Moment fliehen kann.

AUGUST *wichtigtuerisch:* Es ist ja eine Schande! Erst läßt man mich hierherkommen, und dann schickt man mich wie einen Schmutzfink wieder weg!

CLOWN *kommt herein.* Warum der Krawall?

Er hat jetzt sein Clownskostüm mit einem sommerlichen Anzug vertauscht.

AUGUST *amüsiert:* Heiratest du heute?

CLOWN: Nein! Warum?

AUGUST: Nur so. Weil du ganz in Weiß bist.

CLOWN: Ich vertrete dich.

AUGUST: Du? Mich vertreten? An der Klarinette?

CLOWN: Ja.

AUGUST: Das ist ganz unmöglich!

CLOWN: Warum?

AUGUST: Weil du nicht Klarinette spielen kannst.

Ruft zu Herrn Toni am Eingang: Herr Toni, er kann nicht spielen!

CLOWN *geht auf ihn zu und droht ihm, damit er ruhig ist:* Halt doch den Mund, du dummer Kerl. Ich habe Herrn Toni nur zugesagt, damit die Sache glattgeht. Damit sie dir nicht an den Kragen können. Wir teilen fifty-fifty. Vor ihm spiele ich den, der spielt, und in Wirklichkeit spielst du statt meiner. Du mußt dich aber verstecken.

AUGUST *entschlossen:* Das geht!
Der Clown gibt den Manegendienern ein Zeichen, sie bringen eine große, mannshohe Kiste.
CLOWN: Du versteckst dich in dieser Kiste …
AUGUST *interessiert:* Ah ja?
Sie gehen zu der Kiste, der Clown hebt den Deckel und läßt ihn auf die Hand des August fallen, die dieser unvorsichtigerweise auf den Kistenrand gelegt hat. Au! Au! Au!
Zum Publikum: Er hat mir den Deckel mit der Hand zerschlagen.
CLOWN: Quatsch! Die Hand mit dem Deckel! Das fängt ja gut an! Schau, hier drin hast du Platz.
Der August hängt den Kopf in die Kiste, der Deckel fällt wieder zu.
AUGUST: Au! Au! Au! Du könntest ja schon ein bißchen aufpassen!
Er geht mit größter Vorsicht um die Kiste herum.
Also gut! *Besinnt sich.* Aber wenn ich einmal in der Kiste drin bin, wie soll ich da zu gleicher Zeit mit dir Klarinette spielen?
CLOWN: Das Signal!
AUGUST: Welches Signal?
CLOWN: Dieses. Wenn du spielen mußt, komme ich zu der Kiste und stoße einmal mit dem Fuß dran. *Er tut es.* Bum! Verstehst du?
AUGUST: Ja, das geht! *Er klettert schnell in die Kiste.* Aber wenn ich wieder aufhören soll?
CLOWN: Wenn du wieder aufhören sollst, komme ich zu der Kiste und stoße zweimal mit dem Fuß dran. *Er tut es.* Bum! Bum! Verstehst du?
AUGUST: Gut!
CLOWN *wiederholt:* Bum! Du fängst an. Bum! Bum! Du hörst auf! Verstanden?
AUGUST *schüttelt heftig den Kopf:* Nein!
CLOWN: Ich erkläre es dir noch einmal. Bum! Du fängst an. Bum! Bum! Du hörst auf!
AUGUST: Jetzt hab ichs verstanden. Bum! Bum! Ich fange an. Bum! Ich höre auf.
CLOWN *erschöpft:* Nein! Falsch! Dummkopf! Bum! Ein Schlag, du fängst an. Bum! Bum! Zwei Schläge, du hörst auf!

Herr Toni erscheint am Eingang. Los, schnell, hopp! In die Kiste!
Er hebt den Deckel, der August springt in die Kiste, der Deckel fällt ihm wieder auf den Kopf. Er schreit, hebt den Deckel hoch. Der Clown schlägt den Deckel heftig zu.
HERR TONI *nahe beim Clown stehend, betrachtet die Kiste mitten in der Manege:* Was ist denn das?
CLOWN *treuherzig:* Das ist ein Klarinettenetui …
HERR TONI *zweifelnd:* Ein Klarinettenetui?
CLOWN: Ja. Ich brauche es sehr nötig.
HERR TONI: Gut! Also, sind Sie soweit?
CLOWN: Ja, Herr Toni.
HERR TONI *lauter:* Nun – wenn Sie soweit sind, *Pause,* fangen Sie doch an!
Der August hört »anfangen« und spielt. Der Clown, der seine Klarinette nicht in der Hand hat – sie liegt auf einem Stuhl –, stürzt zu ihr hin, setzt sie an den Mund. In diesem Moment hört der August in der Kiste auf zu spielen. Herr Toni beunruhigt: Was sind das für Töne?
CLOWN *spöttisch:* Was sind das für Töne?
AUGUST *steckt den Kopf aus der Kiste:* Schöne!
CLOWN: Es sind Töne, die im Instrument steckengeblieben waren. Wenn es warm wird, kommen sie heraus.
Er geht zur Kiste. Dummkopf! Schlafmütze!
HERR TONI: Können Sie mir eine Arie aus einer Oper vorspielen?
AUGUST *steckt den Kopf aus der Kiste:* Eine Operation?
HERR TONI: Nein! Aus einer Oper! Zum Beispiel – spielen Sie »Tosca«.
AUGUST *streckt den Kopf heraus:* Die kenne ich nicht!
HERR TONI *zum Clown:* Was, die kennen Sie nicht? »Tosca«?
CLOWN: Natürlich kenne ich sie. *Lauter.* »Tosca«! *Er schaut zur Kiste:* Ich habe gesagt: »Tosca«!
Um Zeit zu gewinnen: Welche Stelle soll ich denn aus »Tosca« spielen?
HERR TONI: Äh, diese Stelle … *Er summt eine Arie.*
Der August schaut aus der Kiste und schüttelt energisch den Kopf.
CLOWN *zum Publikum:* Meine Damen und Herren. Ich habe das Vergnügen, Ihnen etwas aus der Oper »Tosca« vorzuspielen.

Er geht zur Kiste zurück, stößt einmal mit dem Fuß daran und bläst in die Klarinette. Kein Ton! Verwundert schaut ihn Herr Toni an.
HERR TONI *kühl.* Ja, »Tosca«! Spielen Sie jetzt oder nicht?
CLOWN *stößt wütend an die Kiste:* »Tosca«!
Er führt die Klarinette an den Mund: kein Ton!
HERR TONI: Wollen Sie sich eigentlich noch lange über mich lustig machen? Kommt jetzt ein Ton oder kommt keiner?
CLOWN: Es wird schon einer kommen! Er braucht lang, bis er rauskommt! Das Instrument muß erst warm werden.
Er schlägt zum letzten Mal an die Kiste, wütend: »Tosca!«
AUGUST *hebt den Deckel:* Soll ich anfangen?
CLOWN *außer sich vor Wut:* Ja! Idiot!
Der August spielt. Der Clown windet sich, mimt großen Ausdruck, tanzt herum, steigert sich hinein, daß ihm die Luft ausgeht. Der August spielt weiter, ohne sich um seinen Partner zu kümmern. Herr Toni gibt ein Zeichen: aufhören. Der Clown setzt ab, nimmt das Instrument aber gleich wieder an den Mund, weil die Musik unentwegt aus der Kiste tönt.
HERR TONI: Sehr gut! Sehr gut! Sie können aufhören.
Der Clown tanzt auf die Kiste zu und tritt zweimal mit dem Fuß dagegen. Der August kümmert sich überhaupt nicht darum. Hören Sie nicht? Ich habe gesagt, Sie können aufhören!
Der Clown hüpft herum, windet sich wie eine Schlange, immer die Klarinette am Mund, und tritt zweimal gegen die Kiste. In seiner Aufregung ist er mit seinem Fuß in ein Loch in der Kiste geraten. Als er ihn zurückziehen will, bleibt sein Schuh darin stecken. Er läßt die Klarinette fallen, sie zerbricht. Er stürzt sich auf die umherliegenden Stücke, bläst erst in das eine, dann in ein anderes.
AUGUST *steckt den Kopf aus der Kiste:* Kann ich aufhören?
CLOWN *atemlos:* Ja! Du Dummkopf!
Er geht nach vorne, deutlich ist zu sehen, daß er nur einen Schuh und eine weiße Socke trägt.

HERR TONI *höchst amüsiert:* Sagen Sie mal, wo haben Sie denn Ihren Schuh gelassen?
CLOWN *zum August:* Mein Schuh! Du Schlafmütze! Mein Schuh!
Der August hebt den Deckel und wirft einen Schuh heraus, jedoch nicht den richtigen. Es ist ein Schuh vom August. Der Clown zieht ihn an, ohne die Verwechslung zu bemerken.
HERR TONI *schaut auf die Füße des Clowns:* Jetzt begreife ich! Da ist jemand in der Kiste.
AUGUST *hebt den Deckel:* Hier ist niemand!
Herr Toni gibt den Manegendienern ein Zeichen, die Kiste hinauszutragen. Dies geschieht. Auf dem Boden sitzt der August im Schneidersitz.
HERR TONI *ärgerlich:* Was machen Sie denn hier?
AUGUST: Ich warte auf den Autobus!

Der Trichter
CLOWN *zum 1. August:* Hier ist ein Trichter. Willst du fünf Mark gewinnen? Es ist ganz einfach. Du legst die Münze so auf die Stirn. *Er beugt den Kopf nach hinten.* Du hältst den Trichter so.
Er hält den Trichter in Gürtelhöhe. Bei »drei« läßt du die Münze fallen und fängst sie mit dem Trichter. Du hast gewonnen. Verstanden?
1. AUGUST: Verstanden!
CLOWN: Los!
Er legt die Münze auf die Stirn des 1. August, den Trichter bringt er am Gürtel an, die Trichteröffnung steckt er in die Hose.
Achtung! Ich zähle!
Er gibt einem Manegendiener ein Zeichen, dieser bringt ihm eine Kanne Wasser.
CLOWN: Eins!
1. AUGUST: Eins!
CLOWN: Zwei! *Er leert die Kanne in den Trichter.*
1. AUGUST: Zwei!
CLOWN: Drei!
1. AUGUST *reißt den Trichter weg und läuft davon:* Was hast du gemacht? Das ist gemein!

Er geht hinaus, behindert durch seine nasse Hose, die ihm an den Beinen klebt.
2. AUGUST *kommt in die Manege:* Guten Tag!
CLOWN *zum 2. August:* Hier ist ein Trichter. Willst du fünf Mark gewinnen?
2. AUGUST *erfreut:* Fünf Mark gewinnen? Ich will fünf Mark gewinnen! Warum soll ich nicht fünf Mark gewinnen wollen? Fünf Mark gewinnen! Ich will fünf Mark gewinnen!
CLOWN: Du steckst den Trichter in deine Hose.
Der 2. August nimmt den Trichter.
Du legst die Münze …
2. AUGUST *eilig:* Fünf Mark gewinnen! Schnell!
CLOWN: Ich zähle bis drei. Bei drei beugst du den Kopf nach vorne.
2. AUGUST: Fünf Mark! Schnell! Ich will fünf Mark gewinnen!
CLOWN: Bist du soweit?
2. AUGUST: Ja! Fünf Mark gewinnen?
CLOWN. Eins!
2. AUGUST: Fünf Mark gewinnen!
Dem Clown und dem wieder hereingekommenen 1. August werden zwei Wasserkannen gebracht. Sie schütten schnell das Wasser in den Trichter. Der Clown gibt ein Zeichen, er möchte noch mehr Wasser haben. Wieder werden ihnen ein Topf und ein großes Glas Wasser gebracht, beide leeren die Gefäße schnell in den Trichter.
CLOWN: Zwei!
2. AUGUST: Fünf Mark gewinnen!
Er beugt den Kopf nach vorne, die Münze wird durch seine falsche Nase aufgehalten. Er wartet auf das Zeichen »drei«.
2. AUGUST: Was ist denn? Macht doch weiter!
1. AUGUST: Er hat eine Kanalisation!
Die Manegendiener am Eingang geben Zeichen: das Wasser ist aus.
CLOWN: Eine Minute noch!
Der 1. August hat eine Kanne Wasser gefunden und der Clown einen Stalleimer. Sie kommen so schnell wie möglich wieder zurück.
2. AUGUST: Was ist denn? Fünf Mark!
CLOWN: Drei! *Der 2. August streckt die Hand aus, die Münze fällt in den Trichter. Die beiden anderen sehen den 2. August erstaunt an.*
2. AUGUST *zeigt die Münze:* Hier sind die fünf Mark.
Er sucht in seiner Hose und holt eine Flasche heraus, sie ist dreiviertel voll.
Und hier das Wasser!

Die Luftballons
Der Clown betritt die Manege mit drei aufgeblasenen Luftballons. Er bemerkt Herrn Loyal.
CLOWN: Guten Tag, Herr Loyal, wie geht es Ihnen?
HERR LOYAL: Danke, sehr gut! Und Ihnen?
CLOWN: Nicht ganz so gut, wie ich es mir wünsche. Ich brauche jemanden, der mir bei der Arbeit hilft, und ich finde niemanden! Aber Sie, Herr Loyal, sagen Sie, könnten Sie mir nicht ein bißchen zur Hand gehen?
HERR LOYAL: Mit Vergnügen! Was kann ich für Sie tun?
CLOWN: Oh, es ist nicht schwer. Sie haben doch keine Angst davor, einen Luftballon zu halten?
HERR LOYAL: Ich glaube nicht.
CLOWN *befriedigt:* Nun also, halten Sie diesen Ballon so mit Ihren beiden Händen über den Kopf. Stellen Sie sich dorthin und rühren Sie sich nicht.
Er geht an das andere Ende der Manege, stellt sich dort auf, nimmt seinen Revolver und zielt auf Herrn Loyal.
Eins! Zwei! Drei!
HERR LOYAL *abwehrend:* He? Halt! Was wollen Sie denn machen? Sind Sie verrückt? Das gefällt mir nicht!
CLOWN: Das gefällt Ihnen nicht? So etwas ist mir ja noch nie vorgekommen!
HERR LOYAL: Ja, was wollen Sie denn machen?
CLOWN *geht zu ihm hin:* Haben Sie das nicht verstanden? Sie halten den Ballon über Ihren Kopf. Ich gehe dorthin, ich drehe mich um, ich ziele. Peng! Ich lasse den Ballon platzen!
HERR LOYAL: O ja, ich hab genau verstanden! Ich habe sogar sehr genau verstanden – vielen Dank! Wenn Sie den Ballon nicht treffen und mir ein Auge ausschießen, dann ersetzen Sie es mir bestimmt nicht. Suchen Sie sich einen anderen, ich mache da nicht mit! Sie machen sich wohl lustig über mich!

CLOWN *großartig:* Ich treffe immer!
HERR LOYAL. Na, na! Ich habe hier schon bessere Schützen als Sie erlebt.
AUGUST *kommt herein:* Was ist denn hier los? Warum machen Sie denn solchen Lärm?
CLOWN *lächelnd:* Du kennst doch den Herrn Loyal! Er ist groß. Er sieht stark aus. Aber – er ist keineswegs stark. Er hat Angst!
AUGUST: Angst? Wovor?
CLOWN: Vor einem Luftballon!
AUGUST *platzt vor Vergnügen:* Was? Er hat Angst vor einem Luftballon? Hoho!
CLOWN: Vor einem Luftballon und einer Kugel!
AUGUST *dreht sich zu Herrn Loyal, der wieder am Eingang steht:* Vor einem Luftballon und einer Kugel!
CLOWN: Vor einem Luftballon und einer Revolverkugel!
AUGUST *überlegt:* Ah ja? Revolverkugel? Aha!
CLOWN: Sag mal, August, du hast doch keine Angst davor, einen Luftballon so zu halten!
Er nimmt den Ballon und hält ihn mit beiden Händen über den Kopf.
AUGUST *nimmt den Ballon:* Er hat Angst, einen Ballon so zu halten?
CLOWN: Ja! Dabei ist das gar nicht schwer! Siehst du, du hast keine Angst!
AUGUST: Ich habe vor gar nichts Angst! Das kann man sich ja gar nicht vorstellen, vor so was Angst zu haben!
CLOWN. Sehr gut! Also stelle dich dorthin und halte den Ballon.
Der August hält den Ballon.
Halt ihn gut über deinem Kopf!
Der August hält die Hände über seinen Hut. Der Clown macht einige Schritte, dreht sich um und kommt dann zum August zurück.
Halt, tu deinen Hut runter, der macht Schatten.
AUGUST *sieht in die Luft:* Es scheint aber doch keine Sonne!
CLOWN: Eben, drum.
Er nimmt ihm den Hut ab, legt ihn auf den Boden und geht durch die Manege. Als er dem August den Rücken zuwendet, drückt dieser den Luftballon auf die Erde, der fliegt davon. Der August beeilt sich, seinen Hut wieder aufzuheben. Als er nach dem Ballon greift, findet er ihn nicht mehr. Mißtrauisch betrachtet er den ihm am nächsten sitzenden Zuschauer, schüttelt zweifelnd den Kopf. Der Clown will zielen.
CLOWN: Wo ist der Luftballon?
AUGUST: Der Luftballon?
Er fixiert den Zuschauer und zeigt auf ihn.
CLOWN *sieht den Zuschauer böse an und gibt dem August einen anderen Ballon:* Hör mal, mein Lieber, paß auf, was du machst!
Der August klemmt den Ballon unter seinen Arm, der Ballon entgleitet ihm und fliegt in die Kuppel. Er bemerkt es nicht und geht herausfordernd vor dem Zuschauer auf und ab; dann schüttelt er den Kopf, so, als wollte er sagen: Diesmal bekommen Sie den Ballon nicht! Der Clown ist inzwischen auf seinen Platz am anderen Ende der Manege gegangen. Er bereitet sich auf den Schuß vor.
CLOWN: August, wo ist der Luftballon?
AUGUST *zeigt stolz unter seinen Arm:* Hier!
CLOWN *kommt mürrisch zurück:* Wo?
AUGUST *seiner Sache ganz sicher:* Hier!
Er greift nach ihm und findet ihn nicht mehr.
Also so was! Das ist ein starkes Stück! Er war unter meinem Arm.
CLOWN *sarkastisch:* Er war unter deinem Arm! Also bitte, paß jetzt einmal auf, was du machst! Hier hast du den dritten Ballon. Halt ihn diesmal gut fest, mit deinen beiden Händen, so!
Der August drückt den Ballon so heftig zwischen den Händen, daß er platzt.
CLOWN *zu Herrn Loyal:* Hätten Sie vielleicht noch einen Ballon?
HERR LOYAL *eilfertig:* Aber natürlich! Ich möchte doch sehen, wie das ausgeht. Hier, August!
AUGUST *läuft zum Eingang:* Ich habe nämlich keine Angst davor, einen Luftballon zu halten.
Er nimmt den Ballon, läuft an seinen Platz zurück, stolpert über den Teppich und fällt auf den Ballon, der platzt.
CLOWN *zuckt mit den Achseln:* Ist das eine Welt!
Zum August: Hol dir einen neuen!

Der August holt sich einen Ballon, den er an einem Faden hält. Er beobachtet den Clown, der mit dem Revolver in der Hand auf ihn wartet.
CLOWN: Halte den Ballon über deinen Kopf!
Der August versucht es. Er hat Angst. Er sieht den Revolverlauf auf sich gerichtet. Er läßt den Faden los, erwischt ihn aber rechtzeitig wieder; das passiert einige Male. Er will den Ballon über seinen Kopf halten.
AUGUST *beunruhigt:* Was willst du denn mit dem Revolver machen?
CLOWN: Du hast doch keine Angst vor einem Luftballon, wie?
Der August schüttelt den Kopf.
Auch nicht vor einer Kugel, die aus einem Revolver kommt?
Der August schüttelt wieder den Kopf. Er zittert an allen Gliedern und läßt den Faden los. Der Ballon fliegt davon.
CLOWN: Da haben wirs! Er ist wieder davongeflogen!
HERR LOYAL *kommt mit einem Ballon:* Aber so können Sie doch nicht aufhören. Hier habe ich einen ganz besonderen Luftballon, der bestimmt nicht davonfliegen wird. Da Sie ja vor nichts Angst haben...!
Der August bekommt einen Luftballon, der mit Wasser gefüllt ist. Der Clown schießt, der Luftballon platzt, und der nasse August verfolgt den flüchtenden Clown.

Die zwei Bonbons

CLOWN *zeigt auf den August:* Liebes Publikum, ich stelle Ihnen hiermit einen Mann vor, der niemals in die Schule gegangen ist.
AUGUST: Das ist nicht wahr! Ich war in der Schule und kann lesen, schreiben und zählen.
CLOWN: So? Du kannst zählen. Dann sag mir: Wieviel ist zweimal eins?
AUGUST: Zwei!
CLOWN: Siehst du, du kannst eben nicht zählen! Zweimal eins ist nicht zwei, sondern drei. *Der August ist verblüfft.*
CLOWN: Du weißt überhaupt nichts, mein armer August: Schau mal her.
Er zieht aus seiner Tasche ein Bonbon, versteckt es einen Augenblick hinter seinem Rücken. Dann zeigt er es ihm mit der linken Hand.
CLOWN: Hier ist ein Bonbon. Das macht eins.
Er versteckt ein zweites Bonbon und zeigt es mit seiner rechten Hand.
Hier ist noch ein Bonbon. Das macht zwei! So, nun paß auf. Ein Bonbon, *er zeigt seine linke Hand,* plus zwei Bonbons, *er zeigt seine rechte Hand* – das macht zusammen drei Bonbons!
AUGUST *verblüfft:* Ja, das stimmt. Du, leih mir mal deine Bonbons, ich will das dem Herrn Toni vorführen. Hallo, Herr To...
HERR TONI: Ich möchte doch bitten, etwas höflicher zu sein!
Lauter: Was ist denn das für eine Art?
Der August grinst.
Ich liebe es nicht, wenn man sich über mich mokiert!
CLOWN: Regen Sie sich nicht auf, Herr Toni. Es war nicht bös gemeint.
HERR TONI: Was wollen Sie denn?
AUGUST: Wieviel ist zweimal eins? Ich wette, daß Sie nicht zählen können.
HERR TONI: Zweimal eins ist zwei.
AUGUST: Nein, drei!
HERR TONI: Wieso drei?
AUGUST: Warten Sie, ich werde es Ihnen beweisen.
Er zeigt beide Bonbons auf einmal.
Wieviele Bonbons sind das?
HERR TONI: Zwei.
AUGUST *verbirgt die beiden Bonbons und zeigt sie wieder beide auf einmal:* Und zwei Bonbons?
HERR TONI: Sind vier.
AUGUST *macht die gleichen Bewegungen:* Und zwei Bonbons!
HERR TONI: Sechs.
CLOWN *schaltet sich ein:* Nicht doch, das ist doch falsch! So kriegst du ja einen ganzen Süßwarenladen zusammen.
Er zeigt August: erst die eine Hand, dann die andere.
AUGUST: Noch einmal. Ein Bonbon. Wieviel ist das?
HERR TONI: Eines!
AUGUST: Und dieses, das macht zwei. Zwei und eins ist drei. Es sind also drei Bonbons.

HERR TONI: Nicht schlecht, wirklich, August. Du bist ein toller Kerl.
Er geht zum August, nimmt ihm ein Bonbon ab und steckt es in den Mund.
HERR TONI: Es schmeckt wirklich gut!
AUGUST: Nicht wahr, Herr To ... Toni.
Er nimmt das zweite Bonbon und steckt es in den Mund.
CLOWN *wütend:* Und ich?
AUGUST: Zweimal ein Bonbon, wieviel ist das?
CLOWN: Drei.
AUGUST *triumphierend:* Na bitte, dann iß doch du das dritte!

Rübenbalance
Ein Requisiteur stellt einen Stuhl in die Mitte der Manege. Auf diesen Stuhl stellt er ein Glas und einen Unterteller.
Der 1. August tritt auf mit einer riesenhaften Rübe und einem schwarzen Lineal. Er geht zu den beiden anderen Augusten, die schon in der Manege sind.
2. AUGUST: Was ist das?
1. AUGUST: Was, das?
2. AUGUST: Das, was du in der Hand hast.
1. AUGUST *zeigt die Rübe:* Das?
2. AUGUST: Ja, das. Was ist das?
1. AUGUST: Das ist eine winzig kleine Rübe.
2. AUGUST: Was machst du mit dieser winzig kleinen Rübe?
1. AUGUST: Ich mache eine Balance!
3. AUGUST: Das kannst du nicht!
1. AUGUST: Das werdet ihr schon sehen!
2. AUGUST: Das kann er nicht!
Der 1. August versucht, die Rübe im Gleichgewicht auf dem Lineal zu halten. Es gelingt ihm nicht, die beiden anderen freuen sich. Der 1. August versucht es noch einmal, diesmal mit Erfolg.
2. AUGUST: Das ist ja auch nicht schwer!
3. AUGUST: Das ist sogar sehr leicht!
2. AUGUST *zum 1. August:* Ich wette, daß du die Rübe nicht lange im Gleichgewicht halten kannst. Schau so ...
Er mimt die Bewegung.
So! Du gehst um diesen Stuhl herum, du mußt das Glas austrinken, das hier steht, und dabei die Rübe balancieren. Wenn du es schaffst, hast du gewonnen.
3. AUGUST: Abgemacht?
2. AUGUST: Mit deiner winzig kleinen Rübe! Wieviel wetten wir?
1. AUGUST: Fünf Mark.
Sie legen die Einsätze auf den Teller. Der 1. August sucht lange in seiner Tasche.
2. AUGUST: Bist du pleite?
Schließlich zieht der 1. August einen Geldschein aus der Tasche, den er tief unten in seinem Hosenfutter gefunden hat.
3. AUGUST: Zehn Mark!
Die beiden Auguste lachen laut: Welche Freude, wenn der 1. August kein Geld mehr hätte! Man könnte ihn verspotten!
2. AUGUST: Zehn Mark. Gut – zehn Mark!
1. AUGUST: Hier sind zehn Mark!
Die drei sind jetzt aufgeregt und machen großen Lärm. Zum Vergnügen der Auguste mißglückt der Versuch des 1. August.
Herr Loyal kommt herein.
HERR LOYAL: Was ist denn hier los?
2. AUGUST: Hier? Wir haben gewettet. Wenn August um den Stuhl herumkommt, während er die Rübe auf dem Lineal balanciert und dabei das Glas austrinkt, ohne die Rübe fallen zu lassen, hat er gewonnen.
HERR LOYAL: Und? Kann er das nicht?
1. AUGUST *macht einen Luftsprung:* Mit meiner winzig kleinen Rübe!
HERR LOYAL: Kannst du das nicht?
3. AUGUST: Niemals!
HERR LOYAL: Ich wette zwanzig Mark!
3. AUGUST: Ja! Ja! Zwanzig Mark!
2. AUGUST: Donnerwetter! Ja!
Sie legen ihre Einsätze auf den Teller. Der 1. August macht nun ungeheure Verrenkungen, um die Rübe im Gleichgewicht zu halten, mit Erfolg. Er geht um den Stuhl herum, trinkt das Glas aus und steckt das Geld ein.

Die anderen stehen erstarrt. Der 1. August legt das Lineal über seine Schulter. Als er hinausgeht, bemerkt man, daß die Rübe mit einem Nagel am Holz befestigt ist. Die beiden anderen Auguste laufen hinter ihm her, um ihn zu verprügeln.

<u>Die zertretenen Hüte</u>
CLOWN *zum August:* Du liebst doch den Spaß, darum werde ich dir eine kleine Geschichte erzählen. Da hast du was zu lachen. Setz dich hin.
Er bietet dem August einen Stuhl an, dieser setzt sich.
Zunächst mußt du deinen Hut abnehmen.
AUGUST: Warum?
CLOWN: Das wirst du gleich erfahren. Um dich zum Lachen zu bringen.
Er nimmt den Hut vom August, prüft ihn von innen und außen und wirft ihn schließlich verächtlich auf den Boden.
AUGUST *verärgert:* Nicht doch! Geh etwas zarter mit um! Du könntest ja schon ein bißchen aufpassen, es ist mein Sonntagshut!
Er hebt ihn wieder auf, bringt ihn wieder in Form, bläst und wischt mit dem Ärmel den Staub ab.
Ich habe keinen anderen.
CLOWN: Keine Angst! Es ist nur ein Scherz, um dich zum Lachen zu bringen.
AUGUST *beruhigt:* Ach so! Es ist ein Scherz!
Fürsorglich setzt er seinen Hut auf den Boden und betrachtet ihn zärtlich.
CLOWN: Also, paß auf! Es war einmal ein kleiner Junge. Der war ein großes Leckermaul ...
AUGUST *lachend:* Soll ich jetzt lachen?
CLOWN: Nein, gleich ... Eines Tages, als der kleine Junge an einem großen Obstgarten entlangspazierte, sah er einen Baum mit herrlichen Äpfeln. Mit so großen Äpfeln! *Pause.* Und da seine Naschhaftigkeit größer war als seine Vernunft, kletterte er auf den Baum, *der Clown steigt auf den Stuhl,* um sich einen Apfel zu pflücken. *Er macht eine entsprechende Geste.*
AUGUST: Sag, Nino, soll ich jetzt lachen?
CLOWN: Nein, noch nicht ... Wie er gerade den Apfel pflücken will, kommt der Bauer mit einem so großen Prügel. Er sieht den kleinen Jungen und rennt auf ihn zu.
AUGUST *ungeduldig:* Sag, Nino, soll ich jetzt lachen?
CLOWN: Nein! Nicht jetzt! Aber der kleine Junge, der sehr schlau war, sprang vom Baum herunter, *der Clown springt vom Stuhl und mit beiden Füßen auf den Hut des August,* und fing an zu laufen ...
Der Clown trampelt auf dem Hut herum, als wenn er rennen würde, und tritt ihn ganz flach. Der August schaut mit schmerzerfüllter Miene zu.
AUGUST: Und dann?
CLOWN: Jetzt mußt du lachen!
AUGUST *weinend:* Du! Du findest das wohl amüsant, was? Das ist gemein! Wenn du nur solche Geschichten zu erzählen weißt, dann kannst du sie gefälligst für dich behalten.
Der Clown windet sich vor Lachen. Der August hebt seinen Hut auf und versucht, ihn wieder in Form zu bringen. Der Clown amüsiert sich köstlich.
Du hast meinen Hut kaputt gemacht! Du bist ein gemeiner Kerl!
CLOWN: Mein Lieber, ärgere dich doch nicht! Das ist ein Scherz! Du mußt nur jemanden dafür finden, der dümmer ist als du.
AUGUST: Ach! Als wenn das so einfach wäre!
Herr Recordier kommt herein. Er ist im Straßenanzug. Der August hält ihn auf.
Guten Tag, Herr Recordier. Haben Sie nicht eine Minute Zeit? Ich möchte Ihnen eine Geschichte erzählen.
HERR RECORDIER: Lassen Sie mich, ich habe keine Zeit.
AUGUST: Nur eine Minute!
Der August packt Herrn Recordier und setzt ihn mit Gewalt auf den Stuhl.
HERR RECORDIER *ergeben:* So, Sie wollen mir eine Geschichte erzählen. Ist sie wenigstens komisch?
AUGUST: Nein ... äh ... ja, sehr komisch. Sie werden bestimmt lachen!
Er nimmt Herrn Recordiers Hut.
Lachen werden Sie, sage ich Ihnen!
Ungerührt beobachtet ihn Herr Recordier.
Zunächst einmal müssen Sie Ihren Hut auf den Boden legen, weil es ein Scherz ist. Neben meinen, hierher.

Er will auf dem Hut herumspringen.
Also der kleine Junge ... Lachen werden Sie, Sie werden Augen machen ...
Er nimmt einen Anlauf.
CLOWN *hält ihn zurück:* Jetzt noch nicht! Erst die Geschichte!
AUGUST: Ich weiß sie nicht mehr.
CLOWN *zum August, beiseite:* Ich erkläre es dir! Du mußt mit dem Anfang anfangen.
Währenddessen vertauscht Herr Recordier die beiden auf dem Boden liegenden Hüte.
AUGUST *zu Herrn Recordier:* Es war einmal ein kleiner Bauer ...
CLOWN *heftig:* Nein, ein kleiner Junge!
AUGUST: Ja, richtig. Na, Sie werden vielleicht lachen. Es war einmal ein kleiner Junge, der sehr naschhaft war und Äpfel liebte. Eines Tages kam er an einem Obstgarten vorbei. Dort stand ein Apfelbaum. Er kletterte hinauf ...
Der August steigt auf den Stuhl.
HERR RECORDIER *geduldig:* Ja, ich kenne die Geschichte. Er stiehlt einen Apfel und ...
AUGUST *spricht immer schneller:* Und in dem Augenblick, wo er auf dem Baum ist, kommt ein Bauer mit einem Prügel. Er rennt auf den kleinen Jungen zu ... Sie werden vielleicht lachen!
HERR RECORDIER *amüsiert:* Jaja!
AUGUST: Da sprang der kleine Junge – er war schlau – vom Baum herunter. So! *Er springt auf den Hut.* Und dann so! Und noch einmal so! Und dann fing er an zu laufen, so! *Er trampelt auf dem Hut herum.*
CLOWN *stellt sich dicht neben den August und trampelt mit:* So!
AUGUST: Na, Sie werden vielleicht lachen!
HERR RECORDIER *trampelt ebenfalls auf dem Hut herum:* So!
AUGUST: Nun, hat es Ihnen gefallen?
HERR RECORDIER: Es hat mir sehr gefallen.
AUGUST *zeigt ihm den Hut, der flach wie ein Fladen ist.* Das ist Ihr Hut!
HERR RECORDIER *hebt schnell seinen verschonten Hut auf:* Keineswegs! Das ist Ihr Hut!

Flohdressur
PIPO *kommt in die Manege und begrüßt das Publikum:* Meine Damen, meine Herren, liebe Kinder! Ich habe das Vergnügen, das erstmalige Auftreten des großen Dompteurs Abdul Rachil Arom im Zirkus anzukündigen. *Pause.* Der Dompteur Abdul Rachil Arom hat die ganze Welt bereist. Er hat sein Können den berühmtesten Persönlichkeiten vorgeführt. Er wird Ihnen heute abend den akrobatischen Floh in einer sensationellen Luftnummer vorführen. Meine Damen und Herren, liebe Kinder – der Dompteur Abdul Rachil Arom!
AUGUST *kommt in die Manege. Er ist gekleidet wie ein Hinduprinz: Turban, ein wehendes Gewand auf dem nackten Körper, Pluderhosen, Schnabelschuhe. Er geht langsam, mit gekreuzten Armen. Dann holt er aus seiner Tasche eine kleine Schachtel, öffnet sie vorsichtig, zeigt Zeichen von Ungeduld und blickt auf seine Schulter. Er nimmt den Floh von dort weg und setzt ihn auf seinen Handrücken:*
Aruha! Aruha! Abdul Rachil Arom!

Der Flohdompteur

Auf hiesigem Platze

wird der weltberühmte Pariser

Floh-Circus

mit seinen 300 gut dressirten Menschenflöhen die Ehre haben, Vorstellungen zu geben.

Die Vorstellungen fanden in allen' bis jetzt bereisten Städten den größten Beifall des Publikums, weshalb um zahlreichen Besuch auch hierorts ergebenst bitte.

Hauptsächlichstes Programm:

1. Flöhe in Fesseln
2. Die Flöhe ziehen Wagen, Bolzen, Kanonen ꝛc. fast aller europäischen Nationen (1-, 2- und 4-spännig).
3. Ein steyermärkischer Schubkärrner.
4. Die neueste Secundär-Eisenbahn, dargestellt von 4 Flöhen.
5. Ein Contretanz, ausgeführt von Flohdamen im Costüm.
6. Flöhe, maskirt wie Sommervögel.
7. Zwei Pariser Schaukelmänner.
8. Ein Caroussel, besetzt und gezogen von Flöhen.
9. Eine russische Luftschaukel, von Flöhen besetzt und in Betrieb gesetzt.
10. Miß Banda, die berühmte Deckenläuferin.
11. Ein Duell auf Degen, ausgeführt von 2 Flöhen (Sensationsstück).
12. Fräulein Blanche als Seiltänzerin.
13. Ein japanesischer Kugelspieler usw. usw. usw.

Hierbei wird bei jeder Vorstellung eine belehrende Erklärung gegeben über Entwickelung, Leben, Fütterung und Dressur der Flöhe, welche für alle Besucher von großem Interesse sein wird.

Die Vorstellungen finden ohne Unterbrechung sowohl für einzelne Personen, wie für ganze Familien statt und wird zu einem geneigten Besuche hiermit ergebenst eingeladen.

Da ich mit Recht sagen kann, daß ich in dieser Ausführung keine Concurrenz habe, so hoffe ich auch bei dem hiesigen hochgeehrten Publikum Ehre einzulegen und bitte daher um einen recht zahlreichen Besuch.

Hochachtungsvoll

J. Günther, Direktor.

Die Vorstellungen finden von Nachm. 3 Uhr bis Abends 9 Uhr ununterbrochen statt.

Preise der Plätze:

1. Platz 30 Pfg., 2. Platz 20 Pfg. — Kinder und Militär ohne Charge zahlen 1. Platz 20 Pfg., 2. Platz 10 Pfg.

Ohne Concurrenz! *Specialitäten*

PIPO: Meine Damen und Herren, liebe Kinder. Der akrobatische Floh wird jetzt einen Salto mortale nach vorwärts machen.
Trommelwirbel.
AUGUST: Aruha! *Pause.* Und hepp! *Er verbeugt sich.*
PIPO: Meine Damen und Herren, liebe Kinder. Nun kommt ein gefährlicher zweifacher Salto mortale! Dieser Floh ist heute der einzige auf der Welt, der diesen gefährlichen Sprung ausführen kann!
Trommelwirbel.
AUGUST: Aruha! Aruha! *Pause.* Und hepp! *Er verbeugt sich.*
PIPO *großspurig, nimmt seinen Klappzylinder unter den Arm:* Es wird immer schwieriger! Meine Damen und Herren, liebe Kinder! Der Floh wird nun einen dreifachen Salto mortale nach rückwärts machen.
Er wendet sich zum August.
Abdul Rachil Arom ist der einzige Dompteur der Welt, der einen Floh von solcher Kraft besitzt.
Er verbeugt sich gegen den Dompteur. Doppelter Trommelwirbel.
AUGUST: Aruha! Aruha! Aruha!
Er blickt auf seine Hand: der Floh ist nicht mehr da. Er sieht ihn auf dem Teppich und folgt ihm, um ihn zu fangen. Der Floh springt weiter weg. Der August versucht, ihn zu erwischen. Der Floh ist auf den Manegenrand geflohen, dann unter die Zuschauer, wo der August hinter ihm her jagt. Schließlich fängt er ihn wieder und kehrt mit ihm in die Mitte der Manege zurück. Er setzt den Floh auf seine rechte Hand.
PIPO: Achtung! Dreifacher Salto mortale nach rückwärts!
Trommelwirbel.
AUGUST: Aruha! Aruha! Aruha! *Pause.* Und hepp!
Er sieht beunruhigt auf seine Hand, betrachtet den Floh genau und will es noch einmal versuchen.
PIPO *beunruhigt:* Dreifacher Salto mortale!
Trommelwirbel.
AUGUST: Aruha! Aruha! Aruha! Und hepp!
Er runzelt die Augenbrauen, zuckt mit den Achseln, nimmt den Floh mit der linken Hand und geht zu einem Zuschauer.
Entschuldigen Sie, das ist Ihr Floh!

Der Kartoffelsack

Pipo hat mit seinem Partner gestritten und verläßt wütend die Manege.
PIPO *zum August, der ihm lächelnd nachsieht:* Ich hole einen Stock und hau dich grün und blau.
Er geht hinaus und kommt sofort wütend wieder herein.
Ich mach dich in Stücke!
Er geht hinaus und kommt zurück.
Du kannst gleich einen Korb zum Einsammeln holen.

Er geht hinaus.
AUGUST *wird unsicher, zu Sprechstallmeister Toni:* Herr Toni, glauben Sie, daß er böse ist?
HERR TONI: Ich zweifle keinen Augenblick daran!
AUGUST *ganz kopflos:* Dann retten Sie mich doch, Herr Toni! Er wird mich in Stücke hauen! Verstecken Sie mich!
HERR TONI: Wie soll ich denn das machen? Er ist sehr wütend. Immer müssen Sie ihn reizen.
AUGUST: Geben Sie mir etwas zum Verstecken. Eine Kiste, einen Waschkorb ...
HERR TONI: Er wird Sie verprügeln.
AUGUST *im selben Tonfall:* Er wird mich umbringen!
HERR TONI: Das beste für Sie ist, Sie verschwinden – und zwar schnell!
Er deutet auf einen leeren Sack. Nehmen Sie diesen Sack, kriechen Sie hinein, dann kann er Sie nicht sehen.
August kriecht hastig in den Sack und fällt dabei mehrmals hin. Herr Toni ist ihm behilflich. Dabei fallen beide um. August hat sich bäuchlings hineingelegt und macht sich dick, um den Sack ganz zu füllen.
PIPO *kommt wieder, er hat einen Stock in der Hand:* Wo ist er, damit ich ihn prügeln kann?
Er läuft überall herum und schreit zornig: Wo ist er?
HERR TONI: Er hat nicht auf Sie gewartet. Er ist weg.
PIPO: Da hat er Glück gehabt.
Sieht den Sack. Was ist das?
HERR TONI: Ein Geschenk. Es ist ein Sack Kartoffeln, den man eben für Sie gebracht hat.
PIPO: Für mich? Das ist aber nett!
Er schlägt mit seinem Stock an den Sack, um zu prüfen, was drin ist, und wendet sich drohend an Herrn Toni.
Ah, wenn er hier gewesen wäre! Dem hätte ich's aber gegeben!
Er geht zurück zum Sack und bemerkt, daß dieser sich bewegt. August kriecht darin auf allen vieren. Pipo betastet den Sack und legt seine Hand auf Kopf und Hintern des August.
Zu Herrn Toni: Das sind aber große Kartoffeln!
HERR TONI: Ja, aber der Sack muß hier so schnell wie möglich raus. Ich brauche die Manege.
PIPO: Gut. Ich bringe ihn in die Küche.
Pipo setzt sich auf den Sack und denkt nach: Wie mach ich das bloß? Dann steht er verdutzt auf: Der Sack hat sich von rechts nach links bewegt. Er setzt sich wieder auf den Sack. August macht sich flach, und Pipo fällt auf den Rücken. Er steht auf, hebt den Sack hoch und läßt ihn heftig auf den Boden fallen, richtet ihn wieder auf und versucht, ihn um die Mitte zu fassen. August rollt herum und zieht Pipo mit, den er am Boden festzuhalten sucht. Pipo sträubt sich, und es glückt ihm freizukommen. Er richtet den Sack wieder auf, kann aber nicht verhindern, daß er wieder ins Rollen kommt und ihn mitreißt. Er fällt auf den Bauch, der Sack über ihn. Er kann sich freimachen, aber der Sack rollt noch immer. Er läuft hinter ihm her, springt über ihn, läßt sich auf der anderen Seite in den Sitz fallen und bremst ihn so mit seinem Rücken.*
PIPO *zu Herrn Toni:* Das sind keine Kartoffeln! Das sind Kartoffelpuffer!
Er richtet den Sack, der sich windet, wieder auf und tritt ein paar Schritte zurück.
Sehen Sie mal, Herr Toni!
Pipo packt den Sack am Zipfel und dreht sich um, er will ihn auf den Rücken werfen: er rutscht ihm aus der Hand. Er beugt sich zurück, um ihn zu erwischen, aber er fällt dabei hin. Als er wieder aufgestanden ist, ist der Sack wieder an einem anderen Platz ... Jedesmal, wenn Pipo sich bückt oder wieder aufrichtet, wird der Sack kleiner oder länger.
PIPO *zu Herrn Toni:* Der Sack ist verhext! Ich kann ihn nicht packen.
HERR TONI *deutet auf August, der halb aus dem Sack herausgekommen ist:* Halt! Sehen Sie mal!
PIPO: Ah! Du bist das! Wart, ich krieg dich!
Er läuft auf ihn zu, aber August springt hoch, stülpt ihm den Sack über den Kopf, nimmt den Stock und verprügelt ihn. Beide rennen zum Ausgang.

<u>Bienchen, gib mir Honig</u>
PIPO: Los, an die Arbeit!
AUGUST: Arbeit? Ich hab genug von der Arbeit ... Ich will nicht arbeiten! *August legt sich hin.*
PIPO: Das ist ja schlimm! Bist du etwa reich geworden?

AUGUST: Von reich kann keine Rede sein!
PIPO: Ja – wovon lebst du denn dann?
AUGUST: Wovon ich lebe? Ich warte, ob mir jemand etwas gibt.
PIPO: Ach, das ist doch nichts!
AUGUST: Ja, was soll ich denn tun?
PIPO: Ich habe eine Idee. Ich will dir zeigen, wie man trinken und essen kann, ohne zu arbeiten. Du weißt doch, was Bienen sind!
AUGUST: Was?
PIPO: Bienen! Magst du Honig?
AUGUST: Ja! Ich schwärme für Honig!
PIPO: Also gut, die Bienen machen den Honig.
AUGUST: Sehr gut! Das wußte ich nicht.
PIPO: Sie sind sehr kluge Tiere. Sie haben eine Möglichkeit erfunden zu trinken, zu essen und nichts zu tun und dabei noch etwas zu sparen.
AUGUST: So möchte ich auch leben. Aber ich begreife nicht, wie die das machen!
PIPO: Das ist sehr einfach! Das wirst du gleich sehen. Wir machen die Bienen jetzt nach. Also dich verwandle ich in die Bienenkönigin. Du wirst Königin!
AUGUST *geschmeichelt:* Ich Königin? Kannst du dir vorstellen, wie ich Königin bin?
PIPO: Setz dich hierhin. *Er setzt August auf einen Stuhl.* Ich fange an. Ich werde dich durch Zauberei in eine Königin verwandeln.
Er tanzt um August herum: Abracadabra, Simsalabim, werde zur Bienenkönigin. So. Das hätten wir. Von jetzt an bist du eine Königin und sitzt im Bienenstock auf deinem Thron. Jetzt paß gut auf! Ich bin eine kleine Biene, die von Blume zu Blume fliegt und den Saft aus ihnen saugt. Dann bringe ich der Königin den Honig. Weil du die Bienenkönigin bist, mache ich vor dir, wenn ich zurückkomme, drei kleine Verbeugungen, so, *er verbeugt sich dreimal* und du mußt nur sagen: »Bienchen, gib mir Honig«. Und ich geb dir Honig.
AUGUST: Wirklich? Das ist großartig! Das ist wunderbar!
PIPO: Paß auf – ich fange an!
Pipo tänzelt umher und macht ein paar rhythmische Schritte. Er kreist um den reglos sitzenden August und ahmt dabei das Summen der Bienen nach. Er nimmt eine Wasserkaraffe von einem Tischchen, füllt sich den Mund voll Wasser, kreist wieder summend um seinen Partner. Dann grüßt er ihn dreimal.
AUGUST *außer sich vor Freude:* Bienchen, gib mir Honig!
Pipo prustet ihm das Wasser ins Gesicht.

Die »Biene« ist naß!

AUGUST *protestiert:* Nennst du das vielleicht Honig? So ein Blödsinn?
Pipo lacht, August nimmt seinen Schuh und will ihn wütend nach Pipo werfen.
PIPO: Du bist aber ein Dummkopf! Was – hast du wirklich geglaubt, ich bringe dir Honig? Einem Mondgesicht wie dir? Nein – das kannst du doch wohl nicht erwarten!
August geht ein paar Schritte nach vorn, bereit, jederzeit mit seinem erhobenen Schuh zuzuschlagen.
Komm, ärgere dich nicht! Man lernt nie aus! Du siehst

doch genau, daß das ein Scherz sein sollte! Du kannst das ja auch mit anderen machen.
AUGUST: Das mache ich, sofort! Das ist prima!
Ruft: Herr Toni!
Der Sprechstallmeister Herr Toni kommt in die Manege.
Herr Toni, man hat etwas Erstaunliches erfunden. Man hat entdeckt, wie man essen und trinken kann, ohne zu arbeiten.
HERR TONI: Nicht möglich! Na, das möchte ich aber gern kennenlernen!
AUGUST: Eine ganz neue Entdeckung!
HERR TONI: Mit Tabletten?
AUGUST: Nein – ich verwandle Sie in ein Tier ... in ein Kamel!
PIPO: Nein!
AUGUST: In eine Kuh!
PIPO: Nein!
AUGUST: In eine Schwiegermutter!
PIPO: Nein. Was redest du denn für Zeug! In eine Biene verwandelst du ihn! In eine Bienenkönigin.
AUGUST: Ja, richtig. In eine Bienenkönigin! Nehmen Sie bitte Platz, Sie werden jetzt verwandelt.
Er schneidet Grimassen und gestikuliert um Herrn Toni herum, springt und taumelt umher, rollt die vergnügten Augen und grinst bis über beide Ohren.
So! Und ich fliege jetzt auf die Wiesen. Zu den Karotten, zu den Radieschen, zum Kohl!
PIPO: Nein! Zu Blumen!
AUGUST: Ja – zum Blumenkohl!
PIPO: Zu den Blumen! Damit du den Saft heraussaugen kannst, den du der Königin statt dem Honig bringen wirst.
AUGUST: Jawohl, jawohl, so ist's. Und wenn ich vor Ihnen erscheine und mich dreimal verbeuge, *zum Publikum* dann kriegt er was ins Gesicht!
Er zittert in Gedanken an diesen herrlichen Streich.
PIPO: Nein, das ist nicht richtig. Du mußt es ihm genau erklären!
AUGUST: Genau. Wenn ich vor Ihnen drei kleine Verbeugungen gemacht habe, dann müssen Sie sagen: »Bienchen, gib mir Honig«. Und dann gebe ich Ihnen Honig.
HERR TONI: So, ja! Gut – das möchte ich erleben. Die Geschichte gefällt mir.

AUGUST: Der wird was erleben.
Er tanzt eifrig.
PIPO: Sehr gut. Mach das Bienchen, das von Blume zu Blume fliegt!
August gehorcht ihm. Er nimmt den Mund voll Wasser und muß lachen. Er prustet, er kann sich nicht mehr halten. Er geht ein bißchen weiter weg, weil er sich verbergen will. Schließlich begibt er sich an den Eingang und lacht laut. Das Wasser läuft ihm aus dem Mund, und er bespritzt Pipo.
PIPO: Was machst du denn? Los, beeil dich!
AUGUST: Ich kann nicht mehr! *Er lacht mit geschlossenem Munde.* Ich stelle mir sein Gesicht vor!
Pipo gibt ihm ein Zeichen: er soll noch einmal den Mund voll Wasser nehmen. August tut das. Während er sich umdreht, flüstert Pipo Herrn Toni etwas ins Ohr. Dieser nickt und hat verstanden. Pipo rät ihm, nicht zu reagieren. August hat zuviel Wasser in den Mund genommen und droht zu ersticken. Er beginnt wieder mit seinem Tanz und macht drei Verbeugungen vor Herrn Toni. Herr Toni reagiert nicht. Wieder verbeugt sich August. Herr Toni bleibt stumm. August dreht sich um und spuckt das Wasser aus.
AUGUST: Was ist denn mit Ihnen? Sie haben überhaupt nichts begriffen! Ich habe Ihnen doch gesagt, daß ich vor Sie hintrete, drei kleine Verbeugungen mache, so, und daß Sie dann sagen sollen: »Bienchen, gib mir Honig!« Warum sagen Sie nicht: »Bienchen, gib mir Honig«?
HERR TONI *amüsiert:* Ich hatte nicht verstanden, daß ich sagen muß: »Bienchen, gib mir Honig«. Jetzt weiß ich's.
PIPO: Los, mach schnell!
August nimmt wieder den Mund voll Wasser und erscheint hastig vor Herrn Toni. Aber er stolpert, fällt und spuckt das Wasser aus. Pipo geht zu Herrn Toni und gibt ihm ein Zeichen: er soll auch Wasser in den Mund nehmen. August erhebt sich verwirrt.
PIPO *zum August:* Was machst du denn immer?
AUGUST: Ich bin gefallen! Ich habe den Honig verschluckt!
PIPO: So, du hast den Honig verschluckt! Ist ja unglaublich! Paß besser auf!
Pipo nimmt August an der Hand und gibt ihm einige Rat-

schläge. *Unterdessen füllt sich Herr Toni den Mund mit Wasser.*
AUGUST: Jaja – aber es ist sein Fehler! Immer sitzt er so da und bringt mich zum Lachen!
PIPO: Nimm Wasser und flieg herum.
August macht den Bienenflug und erscheint wieder vor Herrn Toni. Dieser dreht seinen Kopf so, daß er sich ihm nicht von vorne zeigt, denn seine Backen sind voll Wasser. August sieht Pipo verwundert an: was hat er denn?
PIPO: Nichts. Mach ruhig weiter!
August beunruhigt sich immer mehr. Er nimmt Herrn Tonis Kopf in seine Hände, schaut mehrmals um ihn herum, dann sticht er mit beiden Zeigefingern zugleich in die aufgeblähten Backen von Herrn Toni. Ein Wasserstrahl spritzt aus seinem Mund. Fragend sieht August Pipo an.
PIPO: Kümmere dich nicht darum. Das Wasser ist ihm im Mund zusammengelaufen. Komm, mach deine Verbeugungen!
Herr Toni sagt kein Wort. August regt sich auf. Er kann sich nicht mehr zurückhalten. Er dreht sich um und spuckt das Wasser auf den Boden.
AUGUST: Hat man schon so etwas Dummes gesehen! Mein Herr, Sie haben ja überhaupt nichts begriffen! Sie müssen zu mir sagen: »Bienchen, gib mir Honig!« Verstehen Sie? »Bienchen, gib mir Honig!«
Herr Toni kann sich nicht mehr halten und prustet das ganze Wasser, das er noch im Munde hat, August ins Gesicht.

<u>Wer nein sagt, hat verloren!</u>
August kommt mit einem Koffer oder einem lustigen Instrument in die Manege. Er schaut zuerst langsam ins Publikum.
AUGUST: Haloooooo … hier bin ich!
Weil nicht sofort ein Applaus ausbricht, dreht er sich wieder um und wiederholt seinen Auftritt.
Halooooo … hier bin ich!
Er verharrt regungslos.
(Entweder die Leute lachen jetzt und klatschen oder der August beginnt selber umständlich zu applaudieren.)
Ahhh … danke … oh … was für ein schöööööner Applaus!
Der Weiße Clown nähert sich der Manege. Er lächelt so, daß auch der dümmste Zuschauer merkt: Der führt etwas im Schilde.
WEISSER CLOWN: Hallo! August!
AUGUST: Jaaaaa? *Schaut in die falsche Richtung.*
Wo … ist … *entdeckt den weißen Clown.* Oh … Emerenzo … guten Tag!
WEISSER CLOWN: He, August, willst du mit mir eine Wette wetten?
AUGUST: Eine Wette wetten … eine Wette wetten … noin … noin … da verliere ich sicher!
WEISSER CLOWN: Nein! Im Gegenteil, ich kenne eine Wette, da gewinnst du auf jeden Fall!
AUGUST: Auf jeden Fall!
WEISSER CLOWN: Auf jeden Fall. Ganz leicht. Paß auf: Wenn du immer ja sagst, gewinnst du. Wenn du einmal nein sagst, hast du verloren!
AUGUST: Wenn ich immer ja sage, gewinne ich, wenn ich einmal nein sage, habe ich verloren! Das ist ganz leicht! Jaja, wetten wir!
WEISSER CLOWN: Also, es geht los: Wir wetten also!
AUGUST: Ja.
WEISSER CLOWN: Um hundert Mark!
AUGUST: Ja.
WEISSER CLOWN: Und du sagst immer ja!
AUGUST: Ja.
WEISSER CLOWN: Und du sagst niemals nein!
AUGUST: N – jaaa!!
WEISSER CLOWN: Gut, seeeehr gut!
Er geht zum August hin und fragt jetzt in einem sehr vertraulichen Ton: Seeeehr gut, sag, kennst du am Ende dieses Spiel?
AUGUST *tappt ahnungslos in die Falle:* Neinnn …
WEISSER CLOWN *triumphierend:* Hahaaaaa … verloren! Du hast nein gesagt … Los … hundert Mark …
AUGUST *flüchtet aus der Manege.*
Tusch

Das Glas Wasser
In der Mitte der Manege steht ein kleiner Tisch, darauf ein Glas mit Wasser. Daneben liegt ein Hut.
Der Weiße Clown kommt in die Manege.
WEISSER CLOWN: Meine Damen und 'erren! Hierr sehen Sie ein Glass gefüllt mit Wasser. Ich bedecke nun dieses Glass Wasser mit einem Mützer – äh – Hutt! *Er tut es.* Das Glass ist jötzt mit einem Hutt überdeckt, Damen und 'erren! Und jetzt eine Fragge! Wer kann diesses Glass Wasser unter meinem Hutt austrinken?
August kommt in die Manege, schlägt auf eine kleine Trommel oder spielt ein Instrument.
WEISSER CLOWN *ärgerlich:* He! Du August! Was fällt dirr ein, meine Vorführung zu stören? *August spielt ungerührt weiter.*
Hast du mich nicht gehört oder willst du mich nicht hörrren?
AUGUST *hört auf zu spielen, schaut den weißen Clown unglaublich dumm an und sagt langsam:* Magst du keine Musik?
WEISSER CLOWN: Natürlich mag ich Musik, aber nicht daaa!
AUGUST: Oh! *Er geht auf die andere Seite der Manege und beginnt wieder zu spielen.*
WEISSER CLOWN: Nein! Auch daaa nicht! Du störrrst meine Ansage!
AUGUST *hört auf zu spielen:* Oh, du machst eine Ansage? Was sagst du an?
WEISSER CLOWN: Ich sagge ein Kunststück an!
AUGUST: Ein Kunststück?
WEISSER CLOWN: Ein Kunststück! Hierr, ich habbe ein Glass mit Wasser drinnen mit einem Hutt übergedeckt.
AUGUST: Das ist doch kein Kunststück! Hahaha! Das kann ich auch!
WEISSER CLOWN: So warte doch!
AUGUST: Warten? Hahahaha! Das kann ich auch!
WEISSER CLOWN: Ja … jaaaa! Das Kunststück kommt doch erst! Paß … auf!
Jetzt zum Publikum: Wer das Wasser aus diesem Glas austrinken kann, ohne diesen Hutt zu begreifen – äh – an-zu-greifen –, der bekommt einen Preiss!
AUGUST: Haha … das Wasser austrinken … das ist ganz leicht!

Er geht zum Tisch und will den Hut nehmen.
WEISSER CLOWN: Haaalt! Ich habbe gesaggt, ohne den Hutt anzugreifen! Verstehst du?
AUGUST: Ja … hahaha … ohne den Hut anzugreifen … hahah … ganz leicht … das kann ich auch!
August stellt sich nun seitlich vom Tischchen auf, mit dem Gesicht zum Publikum. Er nimmt scheinbar ein Glas vom Tisch, führt es an den Mund und trinkt es aus.
Der Weiße Clown hat dieser Pantomime ungläubig zugesehen und das unsichtbare Glas mit deutlichen Kopfbewegungen verfolgt.
WEISSER CLOWN: Haha … und du glaubst jetzt, du hast das Wasser aus dem Glass ausgetrunken?
AUGUST: Ja, ohne den Hut zu berühren!
WEISSER CLOWN: Haha! Das ist gut! Das gibt's doch nicht!
AUGUST: Oooooja, das gibt es.
WEISSER CLOWN: Das gibbbt es nicht!
AUGUST: Das gibt es schon! Schau doch nach!
Der Weiße Clown hebt nun den Hut langsam und vorsichtig auf. Kaum ist das Glas sichtbar, nimmt es August und trinkt es aus.
AUGUST: Hahaha! Ich habe gewonnen! Ich habe das Glas Wasser, ohne den Hut zu berühren – ausgetrunken!
Der Weiße Clown will August den Hut auf den Kopf hauen, doch August flüchtet laut schreiend aus der Manege. Der Weiße Clown ihm nach.
Tusch

Die drei Bonbons
Diese Szene ist eine gute Fortsetzung nach der Szene »Das Glas Wasser«.
Nach dem Applaus und dem Tusch der Kapelle erscheint wie üblich Herr Toni, den Zylinderhut auf dem Kopf, und will ansagen. Von der anderen Seite der Manege kommt August. Er hat drei Bonbons und einen Hut in der Hand.
AUGUST: Herr Toni! Herr Toni! Einen Augenblick! Ich möchte Ihnen ein Kunststück zeigen!
HERR TONI *etwas unwillig:* Soso … aber nur, wenn es ganz kurz ist.

AUGUST: Jaja ... es ist sooo kurz wie ... wie ... ein Bonbon!
Legt ein Bonbon auf den Tisch. Und da ist noch ein Bonbon ... und da ist noch ein Bonbon!
HERR TONI: Drei Bonbons.
AUGUST: Ja, drei Bonbons. Und hier ist ein Hut!
Er legt den Hut daneben.
HERR TONI: Und wo ist das Kunststück?
AUGUST: Haha! Das Kunststück iiiiiist ... das Kunststück iiiiist ... diese unter einen Hut zu bringen, ohne ihn zu berühren!
*(Achtung! Es muß unbedingt heißen: unter **einen** Hut und nicht unter **diesen** Hut.)*
HERR TONI: Also, diese drei Bonbons unter einen Hut zu bringen, ohne den Hut zu berühren. Das ist ganz leicht!
Herr Toni nimmt das erste Bonbon – August zählt mit:
AUGUST: Eiiiins! *Herr Toni nimmt das zweite Bonbon.*
AUGUST: Zweiiii ... *Herr Toni nimmt das dritte Bonbon und steckt alle drei Bonbons in seinen Mund.*
HERR TONI: Fertig! Drei Bonbons unter einem Hut!
Tippt bei dem Wort »Hut« auf seinen Zylinderhut.
AUGUST: Aaiiiiiiiiiii
verläßt enttäuscht die Manege. Herr Toni lacht hinter ihm her.

Dick und Doof

Charly Chaplin

Karl Valentin

Dimitri

Grock

Erfahrungen beim Clownspielen

Das folgende Gespräch fand auf einem Clowns-Wochenende statt. Die jugendlichen Teilnehmer waren zwischen 16 und 18 Jahren alt.

Spät abends, nach intensivem Üben, war es in einer ungezwungenen Atmosphäre möglich, darüber zu reflektieren, was die Schüler und ihr Lehrer seit einigen Jahren beim Clownspielen erlebt haben.

Mit Schülern im Gespräch

Lehrer (L.): Wie war das am Anfang, als wir die Clownsnummern noch mit vorgegebenem Text probierten?

Schüler (Sch.): Eigentlich hatten uns die Texte doch nur zur Orientierung gedient. Ohne Text spielten wir schon damals viel freier; außerdem konnten wir so die Nummern nach Belieben weiter ausbauen.

Sch.: Wir durften die Texte doch gar nicht benutzen!

L.: Stimmt, ihr hattet sie nicht gehabt.

Sch.: Doch, doch, wir hatten sie schon, aber nur für kurze Zeit, denn sonst hätten wir uns zu stark daran festgehalten und sie auswendiggelernt.

L.: Welche der Übungen, die wir über all die Jahre hinweg gemacht haben, waren denn besonders interessant oder haben euch besonders angesprochen?

Sch.: Die Konzentrationsübungen, deren Ziel es war, die Umwelt, unsere Mitmenschen und uns selbst intensiv wahrzunehmen.

Sch.: Also mir gefiel die Hutübung am besten. Wißt ihr noch, wie sie ging? Viele verschiedene Hüte lagen in der Mitte des Raumes. Wir bewegten uns darum herum. Auf ein vereinbartes Zeichen blieb jeder stehen und setzte sich den Hut auf, vor dem er gerade stand. Jetzt mußte jeder ganz spontan einen Charakter zu diesem Hut improvisieren.

Sch.: Dieses Thema fiel mir persönlich sehr schwer. Das ganz freie Improvisieren liegt mir nicht. Mir fiel es schon leichter, wenn ich einen kleinen Spieltip bekam, wie z.B. bei unseren Wasser-, Feuer-, Luft- und Erde-Improvisationen oder beim Hexenwald. Da wußten wir zwar auch nur, daß zwei Clowns sich im Hexenwald verirren, aber es war wenigstens etwas, das einem beim Spielen half.

Sch.: Mir liegt die Übung, bei der kurze Aktionen in einem bestimmten Abstand aufeinander folgen, am meisten. Diese Übung baut allerdings auf unser jetziges Können auf und wäre vor zwei Jahren noch nicht möglich gewesen. Sie erfordert sehr viel Konzentration und ein schnelles Reaktionsvermögen.

Sch.: Durch diese Übung gelang mir der Einstieg ins Clownspiel sehr gut.

Sch.: Andere Übungen, wie z.B. die Spiele mit den Luftballons, sind für mich eher technische Übungen. Sowas wie Gymnastik, einfach damit man zur Sache kommt.

Sch.: All die Lockerungs- und Isolierungsübungen sind Grundlagen, die man braucht, um sich seines Körpers bewußt zu werden.

L.: Wie ist das nun aber mit dem Clownserwachen? Das ist eine ganz zentrale Übung, weil sie das Wichtigste eines Clowns zu Tage ruft.

Sch.: Mir hat diese Übung sehr geholfen. Man liegt einfach auf dem Boden, ganz entspannt, man schläft sogar beinahe ein und dann, ganz langsam, fängt man an, seinen Körper neu zu entdecken. Dadurch erarbeitet man sich ein völlig neues Körperbewußtsein. Man liegt da und bemerkt vielleicht zuerst seinen Atem. Er kann laut, leise, pfeifend oder hauchig sein. Nach und nach bemerkt man vielleicht die Bewegung, das Gefühl, den ganzen Körper und schließlich den Raum um sich herum. Man erwacht sozusagen wie ein neuer Mensch. Wie der Clown, nicht wie das alte Ich, das alles weiß und sofort mit seiner Logik zu durchdringen sucht.

Sch.: Was ich dabei besonders gut fand, war, daß man Zeit hatte und zu nichts gedrängt wurde. Man hatte seine Ruhe und konnte das empfinden, was man eben gerade empfand.

Sch.: Trotzdem aber hatte ich das Gefühl, daß niemand etwas Neues beginnen wollte. Jeder hat auf den anderen gewartet!

L.: Stimmt.

Sch.: Die Fortsetzung zu dieser Übung wäre wohl, daß man nun etwas Bestimmtes entdeckt.

Sch.: Warum ist das Entdecken eigentlich so wichtig für den Clown?

L.: Wenn man etwas Neues entdeckt, weiß man zunächst

nicht, was es ist. Im ersten Moment könnte es alles sein. Der Phantasie sind keine Grenzen gesetzt. Normalerweise wissen wir immer sofort einen Namen für die Dinge, die wir kennenlernen. Der Clown lebt mit dem Grundgefühl, als wenn er alles ganz neu und direkt erfahren würde. Dabei ist seine Phantasie sehr lebendig. Die Dinge verwandeln sich, je nachdem, wie er sie anschaut. Ein Stuhl kann so z. B. ganz plötzlich zu einem Gespenst oder einer Kuh werden!

Sch.: Das ist doch eigentlich wie in der Malerei des Impressionismus, die sich von allem alten löst und plötzlich ganz neue Dinge und Farben in der Natur entdeckt.

L.: Das stimmt. Zu dieser Übung muß jedoch auch noch hinzugefügt werden, daß jeder, dem es gelingt, einen Moment lang eine Sache wirklich neu zu sehen, etwas erlebt, was nicht so häufig vorkommt.

Sch.: Der Clown dagegen darf ständig in dieser Welt leben.

L.: Für ihn ist es das A und O, jede Situation, jedes Gefühl bis zum Ende durchzuleben. Nicht alles schnell hintereinander. Der Clown hat Zeit.

Sch.: Er bringt das Innere nach außen.

L.: Darum ist es auch so wichtig, daß die Nummern »Atem« haben. Jede Aktion muß dann dran sein, wenn der richtige Zeitpunkt dazu gekommen ist. Dies ist sowieso eines der wichtigsten Dinge für das Clownspielen. Der Clown ist nicht nur das Ding mit der roten Nase. Er zeigt uns, daß es wichtig ist, einen Schritt nach dem anderen zu tun, und daß es ebenso wichtig ist, jeden dieser Schritte zu durchleben. Dadurch kann man jeden neuen Schritt sicher auf dem alten aufbauen.

Sch.: Diese Aufforderung finde ich vor allem heutzutage sehr aktuell. Alles geht immer schneller. Der Mensch kennt das Gefühl, z. B. richtig krank zu sein, überhaupt nicht mehr. Und anstatt sich die Zeit zu nehmen und zu fragen: Wo kommt das her? Warum geht es mir so schlecht? stopft er sich mit Medikamenten und Gewissensberuhigern voll.

Sch.: Gut, aber was macht der Clown denn Besonderes? Läßt er sich wirklich nicht auf die Hektik unserer Zeit ein? Es gibt doch auch hektische Clowns!

Sch.: Schon, aber der Clown hat den Mut, so zu sein, wie er sich im Moment fühlt. Er hat es nicht nötig, sich mit Pflästerchen zuzukleben. Er ist wie er ist. Er läßt sich in keine Verhaltensform hineinpressen.

Sch.: Aber wie macht er dies?

Sch.: Der Clown lebt eben ganz im Gefühl.

Sch.: Das tut doch eigentlich jeder! Die meisten können es nur nicht zeigen.

Sch.: Also, wenn ich richtig Clown spiele, dann vergesse ich die Leute um mich herum und dann passieren mir die komischsten Sachen. Die mache ich nicht absichtlich. Ich vergesse einfach meinen Kopf.

L.: Das festgefahrene Alltagsdenken, den Kopf zu vergessen, das ist für die Clowns sehr wichtig. Denkt euch nicht einen bestimmten Clownstypus aus, sondern versucht, eine Situation so zu spielen, daß ihr echt seid! Lacht, weint und rennt so, wie ihr selber seid, nur viel offener und direkter. Wenn es dann gelingt, wirklich spontan zu spielen, dann kann sich der Clown zeigen, der in einem steckt. Das ist bei jedem ein anderer Clown. Es ist ein großer Irrtum, wenn man sich einen Clown vorstellt und ihn dann nachspielen will. Es gibt Leute, die können das. Die führen dann Regie, und wenn sie gut sind, ist auch die Inszenierung gut. Aber alles läuft bei einem zusammen, der es sich ausgedacht hat. Das haben wir im »Circus Calibastra« nie gemacht. Man muß vielleicht etwas schieben, um die Sache ins Rollen zu bringen, aber dann sieht man gute Ansätze, und die müssen geübt und ausgefeilt werden. Dadurch sind Nummern entstanden, wie ihr sie spielen konntet, und dies ist auch der Grund, so denke ich, warum ihr euch heute so frei in der Manege bewegen könnt.

Sch.: Meiner Meinung nach ist gerade das wieder ein Punkt, der unseren Zirkus zu etwas Besonderem macht. Wir machen das, was wir können. Nichts ist uns von Erwachsenen aufgesetzt. Wir spielen einfach das, was aus uns herauskommt. Dadurch entsteht wohl die völlig eigene Atmosphäre des »Circus Calibastra«.

Sch.: Das stimmt! Es ist ja auch so, daß wir nie im voraus wissen, was wir uns auf einem Clownswochenende alles erarbeiten. Einerseits ist das gut, aber andererseits warten viele Leute darauf, Anfang Juli das neue Zirkusprogramm zu sehen. Es ist frappierend, daß einem beim

Üben, und sei es auch an der verrücktesten Idee, mit einem Mal die tollsten Einfälle in den Kopf kommen. So entstehen wohl die meisten unserer Clownsnummern.

L.: Ja, sie leben aus der Situation und dem Prozeß des Ausprobierens neuer Ideen.

Sch.: Also, meine allerersten Nummern waren regelrecht ausgedacht. Ich wußte genau, was ich wann zu tun hatte. Inzwischen ist das anders. Die letzten zwei Nummern sind ganz aus der Situation heraus entstanden.

L.: Daran erinnere ich mich noch gut! Durch das Ausdenken einer Nummer kommt man in die Gefahr, ihr die Lebendigkeit zu nehmen. Lebt die Nummer aber in der Situation, so ist das Üben daran, meiner Meinung nach, ein Üben, das gesund macht. Gesund von der Hektik unserer heutigen Welt. Man nimmt sich auf einmal für alles Zeit. Zeit, zu atmen, zu denken, zu fühlen. Es ist tatsächlich wahr, daß man sich innerlich viel besser fühlt, wenn es einem gelungen ist, eine Situation ganz und gar zu durchleben. Das ist das Wichtigste. Der Clown muß da ankommen, wo sein Spiel, z. B. das Weinen, echt wird. Er darf nicht so tun »als ob«.

Sch.: Ich glaube, der Unterschied liegt darin, ob man ein Clown ist, ob man seinen eigenen Clown gefunden hat oder ob man einen Clown spielt (aus: R. BALLREICH [Hrsg.] 1990).

Literaturhinweise

Hinweise auf weitere Literatur zur Geschichte der Clowns und Gaukler, auch auf Clownsbiographien, finden sich im Anhang.

Ballreich, R. (Hrsg.): Circus Calibastra – Kunterbunt im Manegenrund. S. Hirzel Verlag, Stuttgart 1990.
von Barloewen, C.: Zur Phänomenologie des Stolperns. Ullstein Taschenbuch, Frankfurt/Berlin 1984.
   (Die Gestalt des Clowns in den Indianerkulturen, im griechischen Mythos, im Mittelalter und in der Neuzeit, im Theater, in der Literatur, Malerei und im Film.)
Böning, H. u. a.: Clown-Workshop: Kapriolen in der Schule. In: betrifft Erziehung, Heft 3/83.
Brotbeck, K.: Der Mensch – Bürger zweier Welten, Menschenkunde als Erziehungs- und Führungshilfe. Fischer Taschenbuch, Frankfurt 1986.
Dietl, E.: Clowns. Markus Verlag, München 1966.
   (Eine besonders anschauliche Darstellung der Vorläufer der Clowns.)
Dimitri: Clown. Classen Verlag, Zürich 1980.
Eberstaller, G. u. S.: Clown und August. Ein Beitrag zum Herr- und Knechtverhältnis. Wien 1971.
Erziehungskunst, Heft 11/1991.
   (Themenheft Temperamente.)
Finnigan, D.: Alles über die Kunst des Jonglierens. DuMont Buchverlag, Köln 1988.
Fritsch, U. (Hrsg.): Tanzen. rororo Taschenbuch, Reinbek 1985.
Gilberg, Chr.: Das Clownsbuch. edition aragon, Moers 1988.
Held, U.: Wir spielen Clown. Erfahrungsbericht über ein Projekt in der Heimerziehung. In: Praxis der Psychomotorik, Heft 2/1986.
Hoche, K., Meissner, T., Sinhuber, F.: Die großen Clowns. Athenäum Verlag, Königstein/Ts. 1982.
Hoyer, K.: AOL-Zirkus. AOL-Verlag, Lichtenau 1985.
Kiphard, E. J.: Sportakrobatik – die Wiederentdeckung der Körperkünste. In: Praxis der Psychomotorik, Heft 2/1986.
Kiphard, E. J.: Der Clown und das geistig behinderte Kind. In: Geistige Behinderung, Heft 1/86.
Kiphard, E. J.: Clownerie und Zirkusspiel als pädagogische Elemente. In: Praxis der Psychomotorik, Heft 3/1984.
Kiphard, E. J., Pade, H. J.: Der Clown in dir. Hannover 1986.
Kleinfelder, E.: Eine Turnclownerie mit Sprüngen über den Kasten. In: Turnen und Sport (TuS), Heft 12/1985.
Kühlewind, G.: Vom Normalen zum Gesunden. Wege zur Befreiung des erkrankten Bewußtseins. Verlag Freies Geistesleben, Stuttgart 1983.
Kramer, M.: Pantomime und Clownerie – Anleitung und Vorschläge. Burckhardthaus-Laetare Verlag, Offenbach 1986.
Matiasek, H.: Die Komik des Clowns. Dissertation. Wien 1957.
Mehrtens, L.: Praxishilfen: Akrobatik, Clownerie, Jonglieren. Privatdruck, Oldenburg 1983.
Müller, W.: Körpertheater und Commedia dell'arte. Verlag J. Pfeiffer, München 1984.
Nögge, F.: Nögge und seine vier Temperamente – neue Sensübelitäten. Verlag Urachhaus, Stuttgart 1991.
Passolt, M.: Im Zauberpalast von Clown und Pantomime. In: Motorik, Heft 4/1985.
Passolt, M.: »Du bist ja ganz anders!« Für den täglichen Clown in uns. In: Praxis der Psychomotorik, Heft 2/1986.
Remy, T.: Clownsnummern – Mit hundert Clownsfotos aus hundert Jahren. Verlag Kiepenheuer & Witsch, Köln/Berlin 1989.
   (Die erste Ausgabe von 1964 enthält mehr Nummern und weniger Fotos.)
Rothstein, A.: Du wollen Clown spielen. Jugend und Volk Verlag, Wien/ München 1979.
Schwaner-Heitmann, B.: Clownerien. In: Sportpädagogik, Heft 3/1983.
Seitler, H.: Die lustige Person im Wandel der Zeiten. In: Hoche, K., Meissner, T., Sinhuber, F.: a. a. O.
Steiner, R.: Die Philosophie der Freiheit. Rudolf Steiner Verlag, Dornach 1894/1973.
Stolzenberg, M.: Clown for Circus & Stage. Sterling Publishing, New York 1981.
Usinger, F.: Zur Metaphysik des Clowns. Offenbach/M. 1952.

Die Gestaltung der Aufführungen

Inhaltsverzeichnis

WARUM AUFFÜHRUNGEN WICHTIG SIND

Wirkungen 315
Das Hinarbeiten auf die Vorstellungen . . 315
Die Aufführungen 315

ZIRKUS-ATMOSPHÄRE

Die Umgebung 316
Dekoration 316
Bestuhlung – Manege 317
Gerüche – Genüsse 317
Musik 317
Licht 317
Empfang 317

Werbung 317
Plakate 317
Wer wird eingeladen? 317
Medien 317
Literaturhinweise 317

PROGRAMMGESTALTUNG

Nummernprogramme 319
Auftrittstips 319
Einheitlichkeit – Höhepunkte – Abwechslungen – Länge – Verbeugungen – Plazierung – Präsentation – Auftreten – Abgehen – Finale – Manegenvorhang

Theater – Zirkus 320
Geschichtliche Szenerien 320
Orientalischer Königshof – Römische Gaukler – Mittelalterlicher Markt – Auf einer Ritterburg – Fest der Gaukler – Komödianten in der Stadt – Italienischer Karneval – Jahrmarkt in Paris – Verzauberte Zeiten

Folkloristische Szenen 322
Amerika – China – Orient – Rußland – Fest der Zigeuner

Sagen und Geschichten 323
Der Handlungsrahmen 324

Proben 324
Literaturhinweise 324

MUSIK ZU ZIRKUSNUMMERN

Einleitung 325
Die »passende« Musik 325
Die Aufgabe 325
Das Vorgehen 325
Kriterien für die Auswahl der Stücke . . 326

Wo findet man geeignete Musik? . . . 326
Tänze – Salonmusik – »Charakterstücke« – Opernmusik – Sinfonische Musik – Ballettmusik

Musikbeispiele für bestimmte Zirkusthemen 327
Vier Elemente 327
Luftig – Wässrig – Erdig – Feurig

Länder und Völker 328
Amerika – Asien – Naher Osten (»Orientalisch«) – Rußland – Italien

Szenerien 328
Zirkusstimmung – Karneval – Mittelalterlicher Jahrmarkt – Im Zwergenreich

Artistische Disziplinen 328
Salto-Akrobatik – Jonglieren, Akrobatik – Drahtseilbalance – Seifenblasenmelancholie

Das Orchester 329
Die Instrumente 329
Das Arrangement 329
Die Verständigung 330

KOSTÜME

Kleider machen Leute 331
Die Vorbereitung 331
Stoffeinkauf 331
Veränderbare Schnitte 332
Praktikable Kleidungsstücke 332
Der Umkleideplatz 332
Clownskostüme 333
Literaturhinweise 333
Karnevals- und Festartikel 333

SCHMINKEN

Die Ausrüstung 334
Praktische Schminktips 334
Mitwirkung der Spieler 335
Der Schminkplatz 335
Schminkbedarf 335
Literaturhinweise 335

FINANZIERUNGSFRAGEN

Zirkus kostet Geld 336
Kostenpunkte 336
Grundkosten – Extrakosten – Aufführungskosten

Woher kommt das Geld? 336
Eigenaktivitäten – Eltern – Vereinsgründung – Kommunale Mittel – Kultusministerium – Stiftungen – Banken – Wirtschaftsunternehmungen – Verschiedenes

Der Antrag 337
Die Begründung 337
Fördergründe

Finanzierungsplan 337
Werbung anbieten 337

Nicht verzagen 338
Literaturhinweise 338

Warum Aufführungen wichtig sind Rudi Ballreich

In diesem Buch ist immer wieder die Rede davon, welch' enorme pädagogische und auch therapeutische Möglichkeiten in den Zirkuskünsten verborgen sind. Jedes Kind, das mit Begeisterung über eine längere Zeit Jonglieren, Balancieren, Clownspielen usw. übt, eignet sich ein kleines Stück »äußerer und innerer Zirkusbeweglickeit« an. Das wird sich unterschiedlich stark im späteren Leben bemerkbar machen, aber es hat sich in den unbewußten Bewegungsorganismus eingeprägt und wirkt von dort aus auf das Körpergefühl und das Selbst-Erleben. Auf S. 20ff. und auf S. 28ff. ist das genauer ausgeführt.

Eine ganz andere Ebene sind die Aufführungen. Wodurch rechtfertigt sich überhaupt der enorme Einsatz, der manchmal von den Kindern und Erwachsenen zu leisten ist (Proben, Kostüme, Schminken, Organisation...)?

Wirkungen

Das Hinarbeiten auf die Vorstellungen

Wenn Kinder und Jugendliche ein Ziel vor Augen haben, hat das Üben eine größere Wirkung. Vor allem kurz vor den Aufführungen sind manchmal erstaunliche Entwicklungssprünge möglich. Durch den bevorstehenden Auftritt werden »schlafende« Konzentrations- und Bewegungsfähigkeiten »aufgeweckt«. Dabei handelt es sich aber nicht nur um einen äußeren Druck, der von der bevorstehenden Darstellung vor Zuschauern ausgeht, sondern es geschieht dabei auf verschiedenen Ebenen auch eine stärkere innere Verbindung mit dem eigenen Tun:

- Körperlich werden Bewegungsbeschränkungen durchbrochen; neue Bewegungen gelingen auf einmal.
- Seelisch wird konzentriertes Arbeiten geübt; Ablenkungen sind plötzlich unerwünscht, weil die bevorstehende Aufführung motiviert.
- In der Vorstellung und im Gefühl verbindet sich der Übende mit einer Rolle. Er wird sich bei der Aufführung nicht als Privatmensch, sondern als Akrobat, Jongleur, Clown... fühlen. Und weil man im Kostüm als »ein Anderer« auftritt, sind plötzliche Freiheiten, d.h. Bewegungs- und Ausdrucksfähigkeiten, möglich, die im normalen Leben unter dem Mantel der Gewohnheiten und angelernten Normen verdeckt wären. Je mehr Zirkusatmosphäre beim Üben und bei den Aufführungen entstehen kann, desto besser gelingt dieser innere Verwandlungsvorgang. Aber auch durch die Aufführung selbst entsteht eine starke Wirkung auf die Darsteller.

Die Aufführungen

- Der Beifall des Publikums und die Anerkennung nach der Vorstellung stärken das Selbstbewußtsein. Gerade für Kinder, die sich normalerweise nicht so hervortrauen, können das entscheidende Erlebnisse sein. Auf diejenigen, die immer im Rampenlicht stehen wollen, um sich darin zu sonnen, sollten die Lehrer ein Auge haben. Für sie ist es besonders wichtig, daß sie Aufgaben erhalten, die eine große Anstrengung von ihnen fordern.
- Jede Aufführung ist ein starkes Gemeinschaftserlebnis. Jeder trägt seinen Teil zum Gesamtwerk bei. Gut ist es, wenn nicht einzelne Stars im Mittelpunkt stehen, sondern wenn die »Könner« in Gruppenszenen eingebunden werden.
- Weil sich jedes Kind als Teil des gesamten Zirkus erlebt, verbindet es sich viel stärker mit dem »Können« der anderen. Durch das engagierte innere Mitbewegen prägt sich auch das, was die anderen zeigen, tiefer in das eigene Bewegungsempfinden ein. Es wird viel leichter, diese Bewegungen selbst auch zu lernen. Die eigene Bewegungsfähigkeit wird dadurch enorm angeregt.
- Viele der genannten positiven Auswirkungen lassen sich natürlich auch durch Theateraufführungen erreichen. Zirkus-Spielen unterscheidet sich aber vom Schauspielen dadurch, daß die Körperbewegung viel stärker betont wird (Balance, Kraft, Handgeschicklichkeit...). Auch die sinnlich-vitale Seite des Menschen steht mehr im Vordergrund. Das zeigt sich besonders deutlich bei den Aufführungen. Diese Betonung der Beweglichkeit und Sinnlichkeit ist aber in der heutigen Zeit besonders nötig. Letzlich sind Körperbeweglichkeit und sinnliches Erleben die Grundlage für die seelischen Fähigkeiten (Denken, Fühlen, Sprechen...). Bei den Aufführungen zeigt es sich besonders deutlich, wie stark das Bedürfnis der Kinder und Jugendlichen ist, dieses Fundament zu stabilisieren.

Zirkus-Atmosphäre Rudi Ballreich

Es ist ohne große Probleme möglich, nach einem Zirkus-Wochenende eine improvisierte Vorstellung zu veranstalten. Wenige Tücher, etwas Beleuchtung, Musik – und vor allem gute Ideen ermöglichen es Darstellern und Zuschauern, sich »im Zirkus« zu fühlen.

Auch als Abschluß einer Übungseinheit im Schulturnen oder im Verein läßt sich ohne viel Mühe ein solches Zirkusfest organisieren.

Je nach Verhältnissen kann ein Kinderzirkus seine Vorführungen aber auch stärker vorplanen und gestalten. Je mehr Einsatz dafür geleistet wird, desto leichter wird es sein, echte Zirkusstimmung zu erzeugen. Allerdings nützt auch die schönste Verpackung nichts, wenn der Inhalt nicht gut ist. Die Darsteller müssen natürlich mit ihrem Spiel und ihrem artistischen Können die äußeren Kulissen mit Leben erfüllen. Aber der passende äußere Rahmen hilft enorm dabei, das Geübte und Gelernte spielerisch und phantasievoll zu präsentieren.

Damit die Kinder mit ihren Darstellungen wirklich in die Zirkuswelt »eintauchen« können, ist deshalb außer Kostümen und Schminken auch die stimmungsvolle Gestaltung der Umgebung wichtig. Außerdem gehört auch die entsprechende Werbung zur richtigen Einstimmung für Zuschauer und Spieler. Dazu sollen die folgenden kurzen Hinweise anregen. Genauere Anleitungen z. B. zum Bau eines Kassiererhäuschens, einer Manegenumrandung usw., finden sich in der weiterführenden Literatur.

Dekoration

Die Umgebung

Wenn in einer Turnhalle aufgeführt wird, sollte der Raum durch Luftballons, Bänder, Girlanden, Bilder, Manegenumrandung, Artisteneingang mit Vorhang usw. in einen Zirkusraum verwandelt werden. Am wichtigsten ist die Abgrenzung der Manege von den Zuschauern. Tücher oder Kreppapier über Schnüre gehängt, ergeben schon ein buntes Bild. Auch bei Vorstellungen im Freien läßt sich durch angemalte Bettlaken, Fähnchen, Luftballons auf Schnüren usw. jede Wiese in einen Zirkusplatz verwandeln. Selbst ein gemietetes Zirkuszelt erfordert noch viel Einsatz, bis es innen schön und stimmungsvoll ausschaut.

Circus CALIBASTRA reist um die Welt!

Was tut ein Kinder-Zirkus, wenn er fremde Länder erleben will? Er spielt eine "Reise um die Welt". Von der Phantasie beflügelt, lernen die Kinder tanzend und singend andere Völker kennen. Der Circus Calibastra arbeitet nun schon ein ganzes Jahr an einer solchen "Weltreise".

Die Clowns begeben sich auf große Fahrt. Dabei begegnen sie in Amerika reitenden und lassoschwingenden Cowboys; in China erleben sie Seilartisten, Jongleure und Akrobaten. Auf dem Weg durch den schwarzen Kontinent treffen sie Afrikanerinnen beim Arbeitstanz, Zauberer, Feuerspucker und ein Kamel. Rußland begrüßt sie mit Reitern und tanzenden Kosaken. Immer wieder geraten sie dabei in schwierige Situationen. Ist es doch nicht so leicht, einen Esel zu hüten, Rock'n Roll zu tanzen oder gar auf einem Drahtseil zu balancieren. Wenn die weitgereisten Zirkusleute wieder in ihre schwäbische Heimat zurückkehren, bringen sie nicht nur eine bayrische Schuhplattlergruppe mit; sie selbst haben auf dieser Fahrt neue Kunststücke gelernt, die sie am Schluß zeigen wollen.

Das Zirkusorchester, bestehend aus Eltern, Lehrern und Schülern, begleitet die artistischen Darbietungen, Tänze und Chöre.

Durch die Zusammenarbeit mit der Jugendfarm Elsental entstanden einige Reiternummern. Auch das Ponyreiten für Kinder 1 1/2 Stunden vor Beginn der Vorstellung ist dadurch möglich.

Um die fremden Länder auch schmecken und riechen zu können, werden am Freitag und Samstag nach den Vorstellungen Speisen und Getränke verschiedenster Völker angeboten.

Die Aufführungen finden im Rahmen des "Vaihinger Kinder- und Heimatfestes" statt. Gespielt wird im Zirkuszelt auf dem Festplatz an der Krehlstraße (zwischen Vaihingen und Rohr):

    ✱ am Freitag, 24. Juni, 16.30 Uhr
    ☆ am Samstag, 25. Juni, 16.30 Uhr
    ☺ am Sonntag, 26. Juni, 17.30 Uhr

Am Sonntag sind die Einradfahrer und Akrobaten des Circus Calibastra auch beim Kinderfestumzug um 13.30 Uhr und um 15.00 Uhr mit einigen Darbietungen auf dem Rathausplatz zu sehen. Dort findet um diese Zeit das Kinderfest statt.

Es ist zu empfehlen, sich vorher Karten zu besorgen. Ab Montag, 13. Juni, beginnt der Kartenvorverkauf

    im Vaihinger Rathaus, Tel. 216-4812
    im Vaihinger Buchladen (Robert-Leicht-Str.)
    im Schulbüro, Tel. 687 16 36

Eintritt: Erwachsene DM 8,--; Kinder DM 4,--
Telefonisch vorbestellte Karten werden nur bis Dienstag, 21. Juni, zurückgelegt!

Bestuhlung – Manege
Beim Zirkus ist es wichtig, daß die Zuschauer nahe am Geschehen sitzen, d. h. daß die Artisten fast zum Anfassen sind. Wenn die runde Manege in der Mitte ist und die hinteren Plätze durch Podeste erhöht sind, läßt sich durch Stühle, Turnbänke und Matten eine sinnvolle Anordnung erreichen. Eine solche Manege ist jeder normalen Bühne vorzuziehen.

Gerüche – Genüsse
Wenn Tiere auftreten, sorgt das Sägemehl in Verbindung mit dem Dung für den charakteristischen Zirkusduft. Aber auch der Verkauf von gebrannten Mandeln, Zuckerwatte, Popcorn und Roten Würsten kann dazu beitragen, daß Jahrmarkts- und Zirkusstimmung aufkommt.

Musik
Schon beim Einlaß kann das Publikum durch Musik begrüßt werden. So werden die wartenden Zuschauer schon auf den Zirkus »eingestimmt«. Während des Programms ist es durch entsprechende Musik am leichtesten, charakteristische Stimmungen bei den Spielern und bei den Zuschauern zu erzeugen.

Licht
Die Beleuchtung hat die Aufgabe, die Stimmungen zu unterstreichen, die in der Menge entstehen sollen. Abgedämpftes Licht wirkt beruhigend, grelles Licht weckt auf usw.

Empfang
Die Clowns können die Zuschauer mit Konfettiregen empfangen und ihnen mit Lippenstift Herzchen auf die Backen malen; Artisten können sich auf der Wiese bei den Warteschlangen einturnen; Clowns verkaufen Programmhefte oder verteilen Informationsmaterial; Stelzenläufer mischen sich unter das ankommende Publikum. All dies erzeugt »Zirkusstimmung«.

Werbung

Plakate
Eigentlich beginnt die Einstimmung auf einen Zirkusbesuch für das Publikum schon bevor der Zirkusraum betreten wird. Was wird über den Zirkus erzählt? Wie sieht das Plakat aus? Welches Bild vermittelt die gekauft Eintrittskarte von der Unternehmung? All diese »Kleinigkeiten« erzeugen Erwartungshaltungen, stimmen auf das Ereignis ein. Deshalb sollte keine Mühe gescheut werden, auch hier mit Einfallsreichtum zu gestalten. Zirkus ist bunt, lebendig und verspielt! Das sollte den Plakaten, Programmzetteln und Eintrittskarten anzusehen sein.

Wer wird eingeladen?
Je nachdem, welche Situation vorliegt, wird sich die Werbung an unterschiedliche Personengruppen richten. Nur die Eltern, die ganze Schulgemeinschaft, alle Schüler, der Stadtteil. Wenn man die ganze Öffentlichkeit ansprechen will, ist es nötig, die Medien in die Werbung mit einzubeziehen.

Medien
Anders als manche Unternehmungen im Klassenzimmer sind die Prozesse, die eine Zirkusaufführung vorbereiten, meistens nicht so heikel, daß sie der schonenden Abkapselung bedürfen. Die Öffentlichkeit kann daran teilhaben. An den Aufführungen ganz besonders. Deshalb sollten die zuständigen Zeitungen, Rundfunkanstalten und Fernsehsender ruhig zu den Vorstellungen eingeladen werden. Wenn es möglich ist, empfiehlt es sich, einen persönlichen Kontakt zu den entsprechenden Personen herzustellen. Eltern oder Bekannte, die so etwas vermitteln können, sind dabei sehr hilfreich.

Wenn es um ausführliche Reportagen geht, ist es allerdings nötig, vorher genau zu prüfen, was die Journalisten vorhaben. Man sollte sich auch nicht wundern, wenn hinterher die eigenen Intentionen nur sehr schwach in einem Zeitungsartikel zum Vorschein kommen.

Weil sich die »Öffentlichkeit« heute durch die Medien bildet, ist es wichtig, dort zu erscheinen; und sei es nur in Form eines Hinweises im Veranstaltungskalender. Auch dadurch entsteht ein »Bild« des Zirkus. Dieses Bild wirkt und stimmt die Zuschauer ein.

Literaturhinweise
Hoyer, K. (Hg.): AOL-Zirkus. AOL-Verlag, Lichtenau 1985.
Müller, E.: Manegenzauber – Kinder spielen Zirkus. Don Bosco Verlag, München 1989.

Programmgestaltung   Rudi Ballreich

Artistische und spielerische Fähigkeiten müssen von den Kindern und Jugendlichen über eine längere Zeit erübt werden. Beim Schmücken des Aufführungsortes, beim Schminken und Kostümieren können Erwachsene mithelfen. Die Gestaltung des Programmes dagegen wird in den meisten Fällen ausschließlich in den Händen der Erwachsenen liegen, die das Ganze überschauen und die auch Erfahrungen mit Regie, Theaterspielen und Auftreten vor Publikum haben. Wenn diese Erfahrungen nicht vorhanden sind, können sie nach und nach gemacht werden, indem man mit dem Einstudieren von kleinen Zirkusvorstellungen beginnt.

Die folgenden Anregungen zur Programmgestaltung sollen nur Hinweise sein. Wer sich auf Zirkus-Spielen wirklich einläßt, wird seine individuelle Form finden. Viel hängt auch davon ab, wie kreativ eine Gruppe von Lehrern zusammenarbeitet, wie sich die Kinder und Jugendlichen auf die Anregungen einlassen, und ob sie selbst auch Auftrittsideen haben. Wenn die Übungsatmosphäre anregend ist, dann kommen die Einfälle für das Programm manchmal fast von selbst. Auch Phantasie braucht einen Nährboden, auf dem sie erblühen kann!

Nummernprogramme

Ein Erwachsener oder ein Kind kann als Zirkusdirektor durch das Programm führen. Nummerngirls oder -boys können die einzelnen Aktionen ansagen. Diese Aufführungsweise ermöglicht es, viele separat geprobte Nummern zügig hintereinander zu zeigen. Wenn das Programm abwechslungsreich ist und die Ansagen witzig sind oder Spannung erzeugen, kommt bei den Zurschauern bestimmt keine Langeweile auf. Allerdings sollten die Programmgestalter einige wichtige Punkte beachten.

Autrittstips
Die folgenden Hinweise gelten größtenteils auch für Programme, die verschiedene Nummern durch eine Handlung »aneinanderbinden«.

Einheitlichkeit
Schön ist es, wenn die einzelnen Nummern in sich ein Bild ergeben: Kostüme, Musik, Beleuchtung und vor allem das Agieren der Darsteller sollten eine Einheit bilden (z.B. Seeräuber, Chinesen, Cowboys….). Am interessantesten ist es für das Publikum, wenn nicht nur »artistisches Können« gezeigt wird, sondern wenn das ganze in eine kleine, gespielte Szene »eingepackt« ist.

Höhepunkte
Vor der Pause und am Ende sollte eine Steigerung zu erleben sein, d.h. daß besonders wirkungsvolle Nummern an dieser Stelle als Höhepunkte eingeplant werden.

Abwechslungen
Es sollten auch solche Nummern gezeigt werden, die ruhiger sind und mehr auf einer Stimmung basieren, denn ein Wechsel zwischen ruhigen, stimmungsvollen und schnellen, temperamentvollen Szenen bringt »Atem« in ein Programm. Es wird dadurch nicht eintönig. Auch durch gespielte Szenen (Clowns, Zauberer, Pantomimen) kommt Abwechslung in das Programm. Dabei können die Zuschauer entspannen. Bei allzuvielen artistischen Darbietungen hintereinander ermüden die Zuschauer.

Länge
Die einzelnen Nummern dürfen nicht zu lang sein. Allerdings können durch spielerische Elemente mehrere artistische Aktionen in einer Nummer zusammengefaßt werden. Auch das gesamte Zirkusprogramm sollte eigentlich nicht länger als 2,5 Stunden dauern.

Verbeugungen
Die einzelnen Nummern können durch charakteristische Verbeugungen abgeschlossen werden. Gleichzeitig, nacheinander, durcheinander…

Plazierung
Die Hauptaktionen finden in der Manegenmitte statt. Bei gespielten Nummern kann aber der ganze Raum als »Bühne« benutzt werden.

Präsentation
Die Darsteller müssen sich wirklich dem Publikum präsentieren, d.h. ihre Gesten und Blicke sind nicht scheu und schüchtern, sondern sagen: »Schaut her, was wir euch zeigen!«

Auftreten-Abgehen
Hereinkommen und Hinausgehen gehören mit zur Nummer. Je nach dem, welchen Charakter der ganze Auftritt hat, sollte temperamentvoll, geordnet, witzig.. auf- und abgegangen werden.

Finale
Ein Finale o.ä. kann das Programm abschließen.

Manegenvorhang
Hinter dem Mangegenvorhang darf nur die nächste Auftrittsgruppe stehen. Und die Gruppe muß leise sein! Jedes Geräusch stört die Akteure in der Manege. Auch neugieriges Gucken durch den Vorhang sieht vom Zuschauerraum aus nicht schön aus.

Theater-Zirkus

Schon in einem normalen Nummernprogramm ist es möglich, einzelne artistische Disziplinen in eine gemeinsame Szene einzubinden. Wenn das mit spielerischen Aktionen, mit einer kleinen Handlung, geschieht, schaut das Publikum mit völlig anderem Interesse zu. Dieses Prinzip läßt sich aber auch auf ein ganzes Zirkusprogramm anwenden. Auf Seite 6 ist beschrieben, wie sich ein solches Zirkus-Theaterstück entwickeln kann. Auf Seite 11–17 sind weitere Versuche in dieser Richtung dargestellt. Im folgenden sollen als zusätzliche Anregungen einige Szenerien skizziert werden, die sich als Handlungsrahmen für Szenen oder auch für ein ganzes Zirkusprogramm eignen.

Geschichtliche Szenerien

Gaukler und Komödianten gab es zu allen Zeiten. Es waren aber immer bestimmte Ereignisse und Orte, an denen sie sich trafen und das Publikum mit ihren Künsten erfreuten. Solche Szenerien können in einem Kinderzirkus gut ausgestaltet werden. Gleichzeitig ist das auch ein lebendiges Aneignen der Geschichte. Die als »weiterführende Literatur« genannten Bücher können helfen, die skizzierten Szenen genauer auszugestalten.

Orientalischer Königshof

Die ältesten Bilder von Akrobaten und Jongleuren stammen aus Ägypten. Sie sind ca. 4000 Jahre alt. Die Unterhaltungskünstler hatten schon in diesen frühen Zeiten ihren Platz in der Gesellschaft. Wenn man eine solche Szene im Zirkus gestalten will, bieten sich außer orientalischen Tänzen (israelische, türkische) auch Kamelszenen, Stockkämpfe, Jongleure, Akrobaten jeder Art und Feuerkünstler an.

Römische Gaukler

Weil die Römer die entlegensten Länder beherrschten und die Bevölkerung der eroberten Gebiete teilweise als Sklaven nach Rom brachten, lebten dort die unterschiedlichsten Menschen nebeneinander. Als Lehrer und Unterhalter bei Festen konnten sie sogar zu Ansehen gelangen. Ägyptische Tänzerinnen, Akrobaten, Jongleure gab es dort ebenso zu sehen wie persische und afrikanische Künstler.

Die römischen Zirkusspiele waren zwar größtenteils sehr gewalttätig, aber zwischen den Kämpfen gab es auch andere Darstellungen (Reitervorführungen, gezähmte Elefanten, Seiltänzer, Spaßmacher).

Auf den Marktplätzen und auf den Festen der Reichen traten Komödianten auf, die Tiere und vor allem auch Menschen nachahmten. Diese »Mimen« spielten lustige Szenen und zeigten auch viele artistische Kunststücke.

Römische Komödiantenmaske

Mittelalterlicher Markt

Bauchredner, Artisten, Jongleure, Taschenspieler, Zauberer, Feuerfresser, Dresseure, Jongleure – all diese Gaukler wurden im Mittelalter »Joculatoren« genannt. Bei den großen Jahrmärkten trafen sie zusammen, aber auch die kleinen Wochenmärkte lockten sie an. Überall, wo etwas los war, erschienen sie, um die Leute zu unterhalten und dabei etwas zu verdienen. Dieses fahrende Volk, zu dem auch Tänzer, Schauspieler, Komödianten, Moritatensänger, Bärenführer, Puppenspieler, Marktschreier, exotische Menschen (Riesen, Zwerge, Doppelmenschen), Barbiere, Quacksalber und Narren gehörten, hatte seine eigenen Regeln und Gebräuche. Die Geschichte einer solchen Gauklertruppe könnte den Hintergrund einer Zirkusszene abgeben.

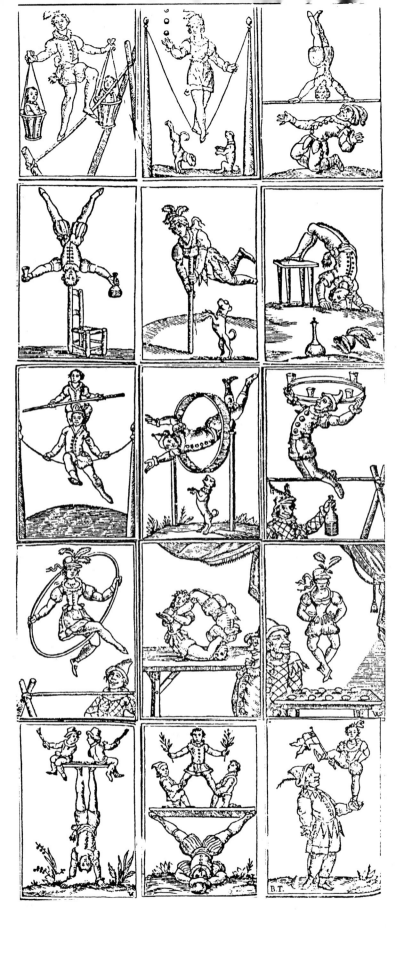

Auf einer Ritterburg

Die Bewohner der einsam gelegenen Ritterburgen waren froh, wenn »fahrende Komödianten« vorbeikamen. Meistens wurden zu der Vorführung Gäste aus der Umgebung eingeladen. Wenn ein offizielles Fest anstand, gingen die schauspielerischen und artistischen Darbietungen über in ausgelassenes Tanzen der Bauern und der Burgbewohner. An mehrtägigen Feiern konnte sich auch ein Ritterturnier anschließen, ebenso Bogen- oder Armbrustschießen, Stock- oder Schwertfechten, sowie Faustwettkämpfe. Lieder wurden gesungen, und der Narr oder die Narren hatten ihre großen Auftritte.

Fest der Gaukler

An den großen Jahrmarktsfeierlichkeiten, Königs- oder Kaiserkrönungen und an anderen großen Festen trafen viele Gaukler an einem Ort zusammen. Sie kamen oft aus verschiedenen Ländern mit anderen Sprachen, Tänzen, Liedern und Gebräuchen. Wenn das neugierige und erlebnishungrige Volk sich verzogen hatte, waren die »Fahrenden Leute« unter sich. Nun wurden nicht mehr für Geld Witze und Kunststücke produziert; jetzt war die Spielfreude, das Temperament und die gegenseitige Anregung die treibende Kraft bei den Darstellungen.

Komödianten in der Stadt
Die Komödianten zogen in kleinen Schauspieltruppen durch das Land. In jeder Stadt mußten sie durch Ausrufen usw. erst die Leute auf sich aufmerksam machen. Die ersten Kunststückchen wurden gezeigt, um die Leute neugierig zu machen. Bei den Vorführungen waren die Handlungen gespickt mit akrobatischen und artistischen Einlagen.

Es läßt sich die Situation vorstellen, daß diese Komödianten die Bevölkerung aufrufen, am nächsten Tag zu einem Wettbewerb der Geschicklichkeit und des Spiels zu erscheinen. Jeder einzelne oder auch Gruppen, die etwas können, sollen ihre Künste zeigen. Bei diesen Darstellungen ist dann die Komödiantengruppe das Bindeglied zwischen den einzelnen »Nummern«. Die Stadtbewohner können alles mögliche zeigen. Freies Nachspielen von H. Sachs »Fastnachtsspielen« ist in diesem Rahmen auch möglich.

Italienischer Karneval
Ausgefallene Masken und Kostüme, temperamentvolle italienische Tänze, wildes und ausgelassenes Karnevalstreiben, Commedia dell'arte-Szenen und alle artistischen, komödiantischen Vorführungen gehörten in früheren Zeiten zum Karneval dazu.

Jahrmarkt in Paris
In Paris, z.B. um die Zeit der Französischen Revolution, trafen sich auf den großen Jahrmärkten italienische und französische Komödiantentruppen, Artisten und Gaukler jeder Art, ähnlich wie auch auf den mittelalterlichen Märkten. Durch die große Stadt, durch das französische Temperament und durch die soziale und politische Situation herrscht aber eine andere Stimmung als im Mittelalter. In dem Film »Kinder des Olymp« von Marcel Camé ist etwas von dieser Atmosphäre eingefangen. Die Entstehung der Pantomime als Ausdruckskunst und die Gestalt des »Pierrot« hängen damit zusammen.

Verzauberte Zeiten
Wie eine Gauklertruppe dazu kam, durch verschiedene Zeiten zu reisen, wurde 1991 vom Circus Calibastra gespielt. Im nachfolgenden Text wird auch deutlich, wodurch den Clowns die Wanderung durch die Zeiten möglich ist: durch »Zauberei«, d.h. durch die Macht der Phantasie: Der Zirkus ist in Not. Das Geld zum Leben ist weg, und auch die Clowns und Artisten verstehen sich nicht mehr richtig miteinander. Sie zweifeln an sich selbst und an ihrem Beruf. Akrobatik und gemeinsames Jonglieren mißlingen, und schließlich endet die Verständigung in einer Sprachverwirrung. So geht es nicht weiter. Wo kann Hilfe herkommen? »Wir können doch zaubern! Wir zaubern uns einfach zurück, in Zeiten, wo der Zirkus und seine Künste entstanden! Dort lernen wir noch einmal neu!« Diese Clownsidee führt die Gruppe auf eine Reise in die Vergangenheit.

In der Zeit der Commedia dell'arte lernen sie Capitano, Columbina, Pantalone und Arlecchino, einen Vorläufer des Clown, kennen. Buntes, italienisches Karnevalstreiben erfüllt die Szene.

Dann betreten sie ein mittelalterliches Ritter- und Bauernfest. Hier geht es deftiger zu. Ein Ritterturnier auf Stelzen, Bauerntänze und Narren sehen sie dort.

Noch tiefer zurück in die Vergangenheit führt sie der dritte Schauplatz. Ein Fest an einem antiken Hof. Orientalische Klänge, Feuerbeherrschung, Akrobaten und Jongleure zeigen ihnen, daß auch schon vor so langer Zeit ihr Beruf wichtig war.

Sie kehren zurück in ihre eigene Zeit und haben erkannt, wie notwendig es ist, die Menschen durch Bewegung und Spiel zu erfreuen. Es gelingen ihnen wieder die schönsten Darbietungen.

Folkloristische Szenen
Auch die Stimmungen, der folkloristische und geschichtliche Hintergrund einzelner Völker oder Länder eignen sich gut, um größere Szenen oder auch ein ganzes Zirkusstück zu gestalten.

Amerika
Cowboys, die auf Pferden durch die Manege reiten, mit Ochsenpeitschen knallen, Lassokunststücke und Akrobatik zeigen, vermitteln sehr schnell »amerikanische« Stimmung.

Gangster, die mit Geigenkästen unter dem Arm in die Manege schleichen, sich wie zum Kampf in zwei Gruppen aufstellen und plötzlich ihre Keulen aus den Kästen holen und miteinander und gegeneinander jonglieren, versetzen die Zuschauer durch die passende Musik und die richtige Beleuchtung sofort in das Chicago der 30er Jahre.

China
In China waren die Künste der Artisten schon immer sehr angesehen und gesellschaftlich geschätzt. Hohe Perfektion und feine Darstellungsweise zeichnen die chinesischen Artisten aus. Tücher-, Ring- und Balljonglieren, Diabolo und Devilstick, Bänderschwingen, Pyramiden und Akrobatik passen sehr schön in eine chinesische Zirkusszene. In »Chinese Akrobatics« finden sich weitere Anregungen.

Orient
Orientalische Zauberer, Feuerkünstler, Geschichtenerzähler (1001 Nacht), Flohdompteure in prunkvollen Gewändern, Artisten und andere Gaukler begegnen sich in einer Karawanserie. Jede Truppe versucht, die anderen zu übertreffen und das Publikum zu entführen in eine Geschichte, die sie durch ihre artistischen und komödiantischen Darstellungskünste erzählt. Dazwischen kann es Streit geben; clowneske Gestalten können sich über andere lustig machen usw.

Rußland
Wehmütige Balaleikaklänge, aber auch temperamentvolle Kosakentänze geben einer »russischen Szene« den geeigneten Hintergrund. Die Kosakentänze können mit vielfältigen akrobatischen Einlagen »durchmischt« werden (Salti, Überschläge, Flugrollen, Wurf- und Schleuderakrobatik...). Reitende Kosaken, Esel in der weiten Steppe und andere Tiere können ebenfalls erscheinen.

Fest der Zigeuner
Ähnlich wie das fahrende Volk der Gaukler, führten auch die Zigeuner ein unstetes Leben. Temperamentvolle Tänze und Musik, ausgelassene Fröhlichkeit und artistische Fähigkeiten kamen bei ihren Festen zum Vorschein. Weil sie Einflüsse von vielen Völkern aufnahmen, waren ihre Ausdrucksmöglichkeiten sehr vielfältig.

Sagen und Geschichten
Die epischen Erzählungen der einzelnen Völker sind vielfach so bunt und bildhaft, daß sich einzelne Elemente daraus sehr gut als Anregungen für Zirkusszenen eignen. Auch durch Märchen und Sagen kann man der eigenen Phantasie auf die Sprünge helfen. Weil all diese Erzählungen durch die Phantasie des gewöhnlichen Volkes lebendig blieben und in früheren Zeiten gerade durch die fahrenden Sänger und Gaukler erzählt und dargestellt wurden, ist die Verwandtschaft mit der direkten und an der Bewegung orientierten Darstellungsweise der Zirkuskünste ganz natürlich vorhanden. Manche Kinderbücher, Theaterstücke und auch literarische Werke können ebenso zu Rate gezogen werden.

Einige Beispiele:
Der Argonautenzug (griechische Sage)
Die Odyssee (Homer)
Das indische Epos »Mahabarata«
Sindbad, der Seefahrer (Märchen aus 1001 Nacht)
Reinecke Fuchs (aus den »Volksbüchern«)
Till Eulenspiegel
Don Quichotte (Cervantes)
Gullivers Reisen
Peer Gynt (Ibsen)
Pinocchio

Viele menschliche Ursituationen sind in diesen Geschichten in bildhafter und dramatischer Form erzählt: Suche nach Heimat, Herkunft, Weisheit, Erlösung; der Kampf zwischen Gut und Böse usw.

Natürlich kann man versuchen, einzelne Bilder aus diesen Erzählungen nachzuspielen und sie mit Artistik usw. zu durchmischen. Es ist aber auch möglich, Themen aus diesen Geschichten nur als Improvisationsanregungen zu nehmen. Daraus kann sich dann eine eigene Handlung entwickeln, die sich vielleicht besser mit den konkreten

Spielern und ihren Darstellungsmöglichkeiten verbinden läßt.

Beispiele aus der Odyssee:
Bei den einäugigen, groben »Riesen«
Schiffbruch und Landung auf einer Insel
Verzauberung durch Kirke
Aiolos, der Herr der Winde
Akrobatik, Jonglieren, Tänze, Pantomime, theatralisches und clowneskes Spiel sind mögliche Mittel, um solche Themen als Zirkus-Theater darzustellen.

Der Handlungsrahmen

Wichtig ist, daß eine durchgehende Handlung das Programm zusammenhält. Das sollte allerdings nur ein grober Rahmen sein, weil viele einzelne »Nummern-Szenen« und meistens auch viele Kinder darin Platz finden sollten: »Eine Suche führt durch verschiedene Reiche.« »Eine Reise in die Zeit oder in einzelne Länder« bietet gute Möglichkeiten, nacheinander zusammenhängende Szenen zu gestalten. Wirklich dramatische Elemente gelingen in einem solchen Zirkusstück aber nur, wenn eine Clownstruppe vorhanden ist, die solche spielerischen Szenen ausdrucksvoll gestalten kann.

Proben

Damit ein Programm zügig ablaufen kann, sind einige Gesamtproben nötig. Nummernprogramme verlangen weniger Proben als Zirkusstücke. Je sicherer die Einzelszenen in den vorhergehenden Übzeiten angelegt werden konnten, desto weniger Zeit und Kraft ist in den Gesamtproben nötig. Idealerweise sollten es Durchlaufproben sein, in denen es um Auf- und Abgänge, um den Anschluß der einen Nummer an die andere und um eventuelle Programmumstellungen geht, weil man auf einmal sieht, daß noch nicht alle Schwerpunkte richtig gesetzt sind. Gut ist es, wenn für diese Proben genügend Zeit vorhanden ist. Es sollte möglich sein, mehrmals zu wiederholen, den Musikeinsatz zu proben usw. Wichtig ist aber, daß die Kinder, die nicht dran sind, angehalten werden, mit Interesse den anderen zuzuschauen. Sobald sie vor Zuschauern spielen, bekommen die Akteure in der Manege eine andere Konzentration. Spontaner Beifall oder auch konstruktive Kritik bei der Nachbesprechung von Seiten der Mitspieler ist sehr wichtig. Erfahrungsgemäß wächst das Gemeinschaftsgefühl durch solche Gesamtproben enorm. In den Aufführungen vor fremdem Publikum findet das dann noch eine gewaltige Steigerung und seinen Abschluß.

Literaturhinweise

Arnold, H.: Fahrendes Volk – Randgruppen des Zigeunervolkes. Neustadt/Weinstaße 1975.
Heller, A.: Begnadete Körper. Großmeister der Akrobatenschulen von Anhui und Peking. Greno Verlag, Nördlingen 1986.
Bose, G./Brinkmann, E.: Circus, Geschichte und Ästhetik einer niederen Kunst. Berlin 1978.
Chinese Akrobatics. Foreign Languages Press Beijing.
Dietl, E.: Clown. München 1966 (Geschichte der Komödianten)
Hampe, Th.: Fahrende Leute. Leipzig 1902
Müller, E.: Manegenzauber – Kinder spielen Zirkus. München 1989.
Müller, W.: Auf die Bühne, fertig, los! München 1988 (11 Theater – Szenerien von der Frühzeit bis heute)
Sachs, H.: Fastnachtsspiele
Saltarino, Signor: Fahrend Volk. Berlin 1978.

Musik zu Zirkusnummern
Christian Giersch

Einleitung

Musik ist seelische Bewegung, die unmittelbar auf die Hörenden wirkt. Innere Stimmungen, Bilder und Phantasien, sogar Gedanken können musikalisch ausgedrückt und verstanden werden. Da sich musikalische Gestalten in rhythmischen, harmonischen und melodiösen Bewegungen äußern, ist die Verbindung mit Körperbewegung und darstellendem Spiel sehr leicht herzustellen. Wenn man sich in die Qualitäten und Charaktere der körperlichen Bewegungsäußerungen und der musikalischen Bewegungen vertieft, kann man das herausfinden, was zueinander paßt. Gelingt es in dieser Weise, den Zusammenhängen von Bewegung und Musik »nachzuforschen«, so können Zirkusnummern in ihrer Wirkung gewaltig gesteigert werden.

Es ist allerdings ein sehr großer Unterschied, ob ein Klavierspieler, ein Orchester oder ein Kassettenrecorder den musikalischen Hintergrund für die Darstellungen eines Kinderzirkus schafft. Live-Musik, die in dem Moment entsteht, in dem auch die Kinder aktiv sind, stützt und trägt die Spieler ganz anders als Musik aus der Konserve. Das liegt vor allem daran, daß die einmal aufgenommene Musik immer gleich bleibt, während der Übprozeß der Kinder bis in die Aufführungen hinein weitergeht und auch weitergehen soll. Nur die lebendige Beteiligung der Musik kann diesen Vorgang wirklich unterstützen. Außerdem wird die Musik meistens von Erwachsenen gespielt, die nicht in den Strudel der kindlichen Aufgeregtheiten hineingezogen werden. Dadurch entsteht ein ruhiger Hintergrund im Zirkuszelt. Andererseits kann z. B. ein Klavierspieler mit Talent zum Improvisieren oder auch der Dirigent eines kleinen Orchesters auf Verzögerungen, Pannen usw. sofort reagieren. Das gibt den Darstellern Sicherheit und entkrampft sie. Dazu kommt, daß durch das Suchen der passenden Musik, durch die Soloproben des Orchesters und schließlich durch die gemeinsamen Proben von Orchester und Zirkusakteuren die musikalisch Mitwirkenden mit den spielenden Kindern und all den Helfern »zusammenwachsen«. Die Kinder sind dadurch mit ihrem Tun eingebettet in einen größeren Zusammenhang. Diese sozialen Prozesse sollte man nicht unterschätzen. Sie ermöglichen manchmal ganz besondere künstlerische »Gesamtkunstwerke«.

Die folgenden Tips stützen sich auf Erfahrungen im »Circus Calibastra«. Sie sind für Musiklehrer und Musiker gedacht, die oft verzweifelt nach passender Musik für Zirkusaufführungen suchen. Wer nicht in der Lage ist, mit »Live-Musik« zu arbeiten, wird über die Hinweise auf spezielle Musikstücke sicher auch froh sein.

Die »passende« Musik

Die Aufgabe

Wer für die »Zirkusmusik« zuständig ist, hat verschiedene Aufgaben zu erfüllen: Einerseits soll heitere, schwungvolle und spritzige Musik erklingen, die das Publikum »in Stimmung« bringt. Andererseits muß die Musik beinahe noch mehr für die jungen Akteure ausgesucht werden. Denn diese verbinden sich bei den vielen Proben und später dann bei jeder Aufführung innig mit ihrer Nummer und ganz besonders auch mit der Musik.

Außerdem sollte nach Möglichkeit jede Zirkusnummer eine Musik bekommen, die in Stimmung, Bewegungsart, Tempo und Klangfarbe möglichst genau den äußeren Ablauf der Aktionen aufgreift und unterstützt. Gelingt dies, dann kann die Zirkusmusik viel mehr darstellen als nur eine »akustische Kulisse«, vor der sich die Darsteller produzieren. Das Agieren der Artisten, ihre Kostüme und ihr spezifisches Auftreten in einer Szene kann dann durch die Musik in eine tragende Grundstimmung eingebettet werden. Die Musik kann die jugendlichen Akteure tragen, anfeuern und ihnen auch über Schwachpunkte und Pannen hinweghelfen.

Wenn ein solches Gesamtbild stimmt, dann werden die Zuschauer unmittelbar davon angesprochen. Denn das Publikum »in Stimmung« zu bringen, bedeutet ja, daß es z. B. jeweils einen Ort, eine Zeit oder eine bestimmte Situation mit dem musikalischen und bewegungsmäßigen Geschehen assoziieren kann (z. B. durch einen Paso doble mit Spanien usw.).

Das Vorgehen

Ein Musiker, der die jeweils »passende« Musik zu einer Zirkusnummer finden will, schaut am besten zuerst den Kindern beim Üben zu, wenn er nicht überhaupt selbst daran teilnimmt! Dadurch lernt er die Bewegungsarten, Rhythmen und Geschwindigkeiten kennen, für die er die Musik suchen soll. Gut ist es, wenn er auch in die Planung für das Gesamtkonzept mit einbezogen wird. Gute musikalische Einfälle führen manchmal zu ausgezeichneten szenischen Ideen!

Je enger der »Gesamtregisseur« und der Musiker zusammenarbeiten, desto »stimmiger« kann die Musik werden. Verschiedene Völker, geschichtliche Zeiten, Aktionen in Tierkostümen, Zwerge, Riesen ... schicken den Musiker auf die Suche nach jeweils völlig anderen Klängen.

Kriterien für die Auswahl der Stücke

Beim Auswählen der Musik für einen Kinderzirkus wird man berücksichtigen, daß die Kinder die Stücke sehr oft hören werden und sich dadurch seelisch tief damit verbinden. Außer den genannten Gesichtspunkten sollte man darum auch das Lebensalter der Zirkusspieler berücksichtigen. Je jünger die Akteure sind, desto wichtiger ist für die Musik eine innere Leichtigkeit, wie sie beispielsweise in Volkstänzen zu finden ist.

In der beginnenden Pubertätszeit können schon »deftigere« Klänge und Rhythmen erscheinen, wie sie die Salonmusik des ausgehenden 19. Jahrhunderts und die Tanzmusik der »Golden twenties« bieten.

Für ältere Schüler ist die Auswahl dann schon sehr frei. Oft äußern sie auch eigene Musikwünsche für »ihre« Nummer.

Auf jeden Fall sollte man die Musik auf folgende Kriterien hin sehr genau überprüfen:

- Paßt die Musik zum Bewegungscharakter der Aktionen?
  Leicht, schwerfällig, schnell, langsam, hüpfend, schwingend, rollend, stampfend, ruhig, rasant, fließend ...
- Paßt die Musik zur allgemeinen Stimmung der Szene?
  Heiter, traurig, hell, düster, feurig, geheimnisvoll, prächtig, spannungsgeladen, besinnlich ...
- Paßt die Musik zum äußeren Rahmen der Szene?
  Ein bestimmtes Land, eine geschichtliche Situation, Gestalten ...

Wo findet man geeignete Musik?

Für das Aussuchen der Musik ist eine große Repertoirekenntnis aus allen Bereichen der Musik von Vorteil.

Es gibt allerdings besondere Bereiche der Musik, in denen man viele geeignete Stücke für Kinderzirkus-Aufführungen finden kann.

Tänze

Klassische und romantische Tänze: z.B. von Mozart, Beethoven oder Schubert.

Märsche und Polkas von Strauß.

Folklore-Tänze: Volkstänze und Volkslieder aller Zeiten und Völker.

Gesellschaftstänze: z.B. Schlager- und Tanzmusik der 20er Jahre.

Salonmusik

Der musikalische Gehalt ist zwar oft nicht groß, aber weil man viel ändern und kürzen kann, ist diese Musik doch sehr geeignet. Bei A. Jensen, E. Köhler, A. Gretschaninoff findet man geeignete Stücke.

»Charakterstücke«

Romantische und nach-romantische »Charakterstücke« geben durch ihren Titel oft schon einen Hinweis, zu welcher Stimmung und Bewegungsart sie gehören.

Beispiele aus der Klaviermusik:

»Album für die Jugend« (R. Schumann)
»Album für die Jugend« (P. Tschaikowsky)
»Die Abenteuer des Iwan« (A. Chatschaturjan)
»Lyrische Stücke« (E. Grieg)
»Peer Gynt Suiten« (E. Grieg).

Opernmusik

Für manche Nummern bieten sich geradezu Parallelen zu Opernszenen an, deren Musik man dann transkribiert.

»Der Fliegende Holländer« (R. Wagner)
   Matrosenchor: Seefahrt, Piraten
»Aida« (G. Verdi)
   Triumphmarsch: Ritter, Helden
   Ballettmusik: orientalische Tänze und Szenen
»Carmen« (G. Bizet)
   Lied des Escamillo: Kampf, Stierkampf
»Die verkaufte Braut« (F. Smetana)
   Komödiantenmusik (3. Akt): schwungvolle Szenen
»Der Bajazzo« (R. Leoncavallo)
   Menuett aus der Komödie: Commedia dell'arte

Sinfonische Musik – Ballettmusik
In der sinfonischen Musik werden oft Stimmungen und Landschaften beschrieben. Sogenannte Programm-Musik eignet sich am besten.
»Die Moldau« (F. Smetana)
»L'Arlésienne-Suite« (G. Bizet)
»Nußknacker-Suite« (P. Tschaikowsky)
»Petruschka« (I. Strawinsky)
»Pulcinella« (I. Strawinsky)

Beim Zusammensuchen der einzelnen Stücke helfen Klavierauszüge aus öffentlichen Musikbibliotheken, Partituren usw. Sogenannte »Sheet-music« ist über den Musikalienhandel in der Regel von allen Stücken der Unterhaltungsmusik für wenig Geld zu bekommen. Aus den Archiven von Musikvereinen lassen sich oft brauchbare fertige Arrangements entnehmen, die man nur noch geringfügig ergänzen oder abändern muß. Manchmal genügt aber ein gutes Gehör, um Stücke von Platten und Bändern abzuhören.

Zirkusmusik-Kassetten kann man über den AOL-Verlag beziehen. Dort wird an einer Zirkusmusik-Sammlung gearbeitet.
AOL-Verlag, Waldstr. 18, W-7585 Lichtenau 2.

Der Schallplattenverlag »Golden Records« vertreibt Zirkusmusik, Drehorgelmusik u. a.
»Golden Records«, Bernd Herion, Alte Landstrasse 23, CH-8942 Oberrieden.

Musikbeispiele für bestimmte Zirkusthemen

Im folgenden werden zu verschiedenen Stimmungen, geschichtlichen Zeiten, Ländern und speziellen artistischen Aktionen einzelne Musikbeispiele vorgeschlagen, die sich für eine Zirkusaufführung eignen.

Vier Elemente
Luftig
Schwebende Bewegung, Flötenklang, ungerade Taktarten (6/8, 3/4, 9/8).
E. Grieg: »Peer Gynt Suiten« – Morgenstimmung
A. Jensen: »Murmelndes Lüftchen« (Flöte und Klavier)
G. Bizet: »Carmen« – Entreacte, Allegretto quasi Andantino (Flötenthema)
P. Tschaikowsky: »Nußknacker-Suite« – Tanz der Rohrflöten
C. Debussy: »L'après-midi d'un faun« (Anfang).

Wässrig
Fließende Bewegung, Streicherklang, Klavier-Arpeggien, ungerade Taktarten (6/8, 9/8, 12/8).
R. Wagner: »Rheingold« – Vorspiel
F. Schubert: »Forellenquintett« – Thema
F. Smetana: »Die Moldau« – 1. Hauptthema
A. Dvořák: »Rusalka«
A. Lortzing: »Undine«
R. Schumann: »Jugendalbum« – Kleine Studie
A. Chatschaturjan: »Die Abenteuer des Iwan« – Im Volkston

Erdig
Schreitende bis stampfende Bewegung mit deutlichen Akzenten, Klavier- und Schlagzeugklänge, gerader Takt.
E. Grieg: »Peer Gynt Suiten« – In der Halle des Bergkönigs, Zug der Zwerge
J. Sibelius: »Finlandia«, »En Saga« – diverse Themen

Feurig
Rasches Tempo, starke Akzente, schwungvolle Bewegung, »punktierter« Rhythmus, Blech- und Schlagzeugklänge.
G. Bizet: »Carmen« – Entreacte 3
A. Chatschaturjan: »Gajanel« – Säbeltanz

Länder und Völker

Amerika
Folksongs:
»Oh, Susanna«, »The Yellow Rose of Texas«

Ragtime-music:
Scott Joplin: »The Entertainer«, »Maple Leaf Rag«
C. Debussy: »The little Negro«, »Golliwag's Cake-Walk« (beide aus: Childrens Corner)

Hillbilly-music, Dixieland und Jazz

Asien
Improvisationen in pentatonischen Reihen; Quart-Parallelen.

Volkslieder »Arirang« (Korea)
R. Allmend: »China Marsch«
F. Lehár: »Das Land des Lächelns« (Ballettmusik)

Naher Osten (»Orientalisch«)
Improvisation in arabischer bzw. Zigeunertonleiter.

Volkstanz »Hava nagila«
A. v. Ketèlbey: »Auf dem persischen Markt«
D. Ellington: »Caravan«
G. Verdi: »Aida« (Ballettmusik)

Rußland
Volkslieder »Katjuscha«, »Ei uchujem«, »Troika«, »Metjeliza«, »Kalinka«

Italien
»Capri-Fischer« (G. Winkler)
»Funiculì-Funiculà« (L. Denza)
»Erinnerungen an Sorrent« (E. de Curtis)
»I Millioni d'Arlecchino« (R. Drigo)
»O Sole mio« (E. di Capua)

Szenerien

Zirkusstimmung
»Erinnerungen an Zirkus Renz«
»Circus-Royal-Marsch«
Viele Beispiele auf der Kassette »Circus-Cirque-Circo« (Golden Records)

Karneval
»Brasil« (A. Barosso)
Sambamusik
H. Berlioz: »Römischer Karneval« (einzelne Themen)

Mittelalterlicher Jahrmarkt
K. Orff: »Carmina Burana«
G. Bresgen: Lieder aus »Uns ist kommen ein Liebe Zeit«

Im Zwergenreich
E. Grieg: »Peer Gynt Suiten«

Artistische Disziplinen

Salto-Akrobatik
»Grüezi wohl, Frau Stirnima«
G. Bizet: »Carmen« – Entreacte
Charleston-Schlager: »Schiebermaxe«, »Was macht der Maier?« »Was machst du mit dem Knie, lieber Hans?« »Wo sind deine Haare?« usw.

Jonglieren, Akrobatik
»Pink Panther« (H. Mancini)
»Sweatheart« (A. Egen)
diverse Ragtimes
Dixieland
Schlager der 20er Jahre

Drahtseilbalance
»O mein Papa« aus der musikalischen Komödie »Das Feuerwerk« (P. Burkhard)

Seifenblasen-Melancholie
L. v. Beethoven: aus den Klaviervariationen »Nel cor più non mi sento« (letzte Variation, als Improvisationsgrundlage)
P. Tschaikowsky: »Schwanensee« – Hauptthema

Das Orchester

Für die Mitspieler im Zirkusorchester gilt als »goldene Regel«:

Die Musik ist nicht für sich wichtig, sondern nur als Unterstützung der Artisten!

Viele Änderungen, Streichungen, Sprünge, Wiederholungen sind notwendig, bis die Musik richtig auf die Bewegungsaktivitäten abgestimmt ist. Bei jeder Probe und manchmal auch bei den Aufführungen kann sich die Länge einer Nummer verändern. Darauf muß das Orchester reagieren. Beweglichkeit und Interesse am Zirkusgeschehen ist für den Orchesterleiter oft entscheidender als musikalische Perfektion. Eine Fünf-Mann-Kapelle, die mit dem Manegengeschehen wirklich »mitgeht«, trägt zum Gelingen einer Aufführung mehr bei als ein großes Orchester, das nicht rasch reagieren kann. Das sollte berücksichtigt werden, wenn man ein Orchester zusammenstellt.

Die Instrumente

Als wichtigstes Instrument für die Zirkuskapelle hat sich das Klavier bewährt. Es kann als Melodie-, Harmonie- oder sogar als Schlaginstrument eingesetzt werden und bei entsprechender Spielart (z.B. Spiel mit gedämpften Saiten, Anschlagen der Saiten mit Schlegeln …) auch reiche Klangfarben hervorbringen. Sehr gut ist es, wenn der Pianist auch improvisieren kann. Oft findet sich nicht gleich eine »passende« Musik, und der Klavierspieler kann aus den Bewegungen der Darsteller heraus improvisierend nach der richtigen Lösung suchen.

Als zweites Instrument ist ein Schlagzeug für den Zirkus unentbehrlich, denn sehr viele Zirkusaktionen haben rhythmische Abläufe, Gliederungen und Höhepunkte. Man denke nur an den traditionellen Tusch und den Trommelwirbel bei besonders spannenden Übungen, die eine deutliche Akzentuierung durch die entsprechenden Instrumente erfordern. Aber auch durch ihre besonderen Klänge (Becken, Schellen, Xylophon, Metallophon, Gong, Holzblocktrommeln) bringen die Schlaginstrumente Farbigkeit in die Musik.

Wenn es möglich ist, eine richtige Kapelle für eine Aufführung zusammenzustellen, so kann, ausgehend von Klavier und Schlagzeug, der Bereich der Melodie- und der Baßinstrumente verstärkt werden. Die folgende Übersicht zeigt ungefähr die Reihenfolge einer sinnvollen Erweiterung des Orchesters:

Klavier	Flöte	Klarinette	Trompete
	3–4 Geigen		Saxophon
Schlagzeug	Cello	Kontrabaß	Posaune, Horn

Das Arrangement

Ein Zirkusorchester rekrutiert sich z.B. aus Lehrern, Eltern und älteren Schülern mit unterschiedlichem instrumentalem Können. Auch sind die verschiedensten Instrumente vertreten, so daß sich ein bunt zusammengewürfeltes »Salonorchester« bildet. Eine Schwierigkeit besteht meistens darin, daß man selten durchgängig alle Mitspieler für die Proben zur Verfügung hat.

Deshalb empfiehlt es sich, unkomplizierte, vollklingende Arrangements zu erstellen. Als Grundgerüst eignet sich ein Klavierauszug, wodurch schon Melodie und Harmonie gesichert sind. Die Oberstimmen (Melodie und parallele Stimmen) schreibt man in C, in B und in Es, Mittelstimmen im Tenorschlüssel (zugleich B-Stimme für Tenorsaxophon unter Korrektur der Vorzeichen), die Baßstimmen im Baßschlüssel. Damit sind nahezu alle Instrumente abgedeckt.

Hat das Orchester eine gewisse Größe erreicht, fängt man an zu registrieren, d.h. verschiedene Instrumente oder Instrumentengruppen pausieren abschnittsweise. Auch das Prinzip der Melodie mit Einwürfen am Phrasenende bietet reizvolle Abwechslung.

Man sollte sich aber davor hüten, zu komplizierte Arrangements zu schreiben, da das musikalische Niveau der einzelnen Mitspieler zu weit auseinander liegen kann und die Probenarbeit meistens nicht lang und intensiv genug ist.

Solche vollklingenden Arrangements setzen sich auch gut gegen die mitunter nicht unerhebliche Lautstärke im Zirkuszelt durch.

Zu Darbietungen, bei denen mit spannungsvoller Aufmerksamkeit des Publikums zu rechnen ist (z. B. Drahtseil, Fakir, Trapez, Balance), eignen sich auch Stücke in solistischer Besetzung oder in kleinen Gruppen. Dies hilft außerdem, den Arbeitsumfang des Notenschreibens und Probens in Grenzen zu halten.

Wegen der oft noch bis zu den Vorstellungen wechselnden Längen der einzelnen Darbietungen ist es empfehlenswert, aus der jeweiligen Musik zwei markante Themen herauszugreifen, etwa nach dem Prinzip von Strophe und Refrain oder Hauptteil mit Zwischenspielen (Rondoform). Man legt dann das Arrangement als »Endlosschleife« an, so daß es beliebig oft wiederholt und auch jederzeit abgebrochen werden kann.

Als roter Faden und zur Überbrückung der unvermeidlichen Umbaupausen eignet sich eine kurzes, markantes Stück (z. B. »Erinnerungen an Zirkus Renz«), das jederzeit auf ein Verständigungszeichen hin eingefügt werden kann. Es ist auch verwendbar, wenn unmittelbar vor einem Auftritt etwas hinter den Kulissen nicht klappt.

Die Verständigung

Mit den Musikern muß der Orchesterleiter unbedingt eine eindeutige Zeichengebung vereinbaren. Auch bei den Proben muß man üben, die Musik an den unterschiedlichsten Stellen zu beenden. Am besten hat sich die erhobene linke Hand als »Achtung« bewährt, zwei oder vier Takte vor dem plötzlichen Abreißen der Musik. Dies unterstützt ein aufmerksamer Schlagzeuger z. B. akustisch mit dem folgenden Rhythmus auf der großen Trommel:

Kostüme Iris Faigle

Kleider machen Leute

Das Kostüm spielt, nebst Maske und Schminke, eine wichtige Rolle bei jeder Art von Darstellung. Das Verkleiden hilft dem Spieler, sich zu verwandeln, sich als ein Anderer zu fühlen und zu bewegen; Ängste werden rascher überwunden, bisher ungenutzte eigene Wesensseiten, oder auch völlig fremde, leichter herausgespielt. Das Kostüm ist gleichsam eine schützende Hülle für die eigene Identität und ermöglicht durch Stil, Farbe und Material, bestimmte Merkmale der gespielten Figur bis ins Extreme hervorzuheben.

Zwischen dem improvisierten Zusammenwürfeln vorhandener Kleidungsstücke und dem luxuriösen Glimmer professioneller Unternehmen liegt eine breite Skala von Möglichkeiten; jeder Kinderzirkus muß sich die ihm angemessene Form selbst suchen. Gewöhnlich bestimmen zunächst praktische und finanzielle Gesichtspunkte den Rahmen für die künstlerische Gestaltung – erst im Lauf der Jahre wächst mit den zunehmenden Mitteln auch die Freiheit bei der Planung.

Immer sollten die Kostüme durch Farbe und Zuschnitt das Thema der dargebotenen Nummer ausdrücken; geschichtliche oder folkloristische Zuordnungen können durch wenige, markante Zutaten erreicht werden. Im Idealfall sollte der Blick ins Programmheft überflüssig sein.

Grundsätzlich wird man beim Kinderzirkus ein »overdressing« vermeiden. Manchmal kann aber auch eine ganz besondere Verkleidung einer noch nicht voll ausgereiften Nummer den nötigen Glanz verleihen, den Auftritt überhaupt erst möglich machen.

Die Vorbereitung

Eine dem Umfang des Spielerkreises entsprechende Gruppe von Eltern, älteren Schülern und anderen Helfern sollte sich zuerst eingehend mit der Grundidee des Programms beschäftigen.

Gemeinsam werden Stil und Ausdrucksform des Gesamtbildes erarbeitet und die einzelnen Nummern in bezug auf schon vorhandene Kostüme durchgesprochen. Hierauf können kleinere Arbeitsgruppen jeweils bestimmte Bereiche übernehmen. Austausch und Absprachen während der Materialbeschaffung und dem anschließenden Zuschneiden helfen mit, den vorhandenen Fundus wirklich voll auszunützen und unnötige Anschaffungen zu vermeiden.

Daß es vieler helfender Hände bedarf, ist die notwendige Folge einer meist großen Zahl mitarbeitender Kinder, deren regelmäßiger Einsatz über eine lange Zeit hin ja auch durch eine wirkungsvolle Kostümierung gewürdigt werden sollte.

Wichtig ist die gelegentliche Begleitung der Proben. Die Ausarbeitung der ursprünglichen Idee bringt, wie jeder kreative Prozeß, Änderungen mit sich. Auch kann eine besonders zündende Kostüm-Idee den vorgesehenen Verlauf der Handlung abwandeln und bereichern.

Das Interesse am Wachsen des gemeinsamen Vorhabens bildet eine wertvolle Grundlage für den Ernstfall der öffentlichen Aufführung. Wenn sich alle Beteiligten gut kennen, wird die unvermeidliche Streßsituation weitgehend entschärft.

Stoffeinkauf

Bei allen Gruppen-Nummern (Tänze, Jonglagen ect.) sollten Stoffe und Schnitte so gewählt werden, daß möglichst alles über Jahre hinweg mit geringfügigen Änderungen oder Zutaten wiederverwendet werden kann. Es empfiehlt sich also, weitgehend einfarbige Stoffe in strapazierfähiger und gut waschbarer Qualität für die Basis der Kostümierung zu besorgen. Hierfür Ausverkäufe und Sondertische rechtzeitig wahrnehmen!

Einen reichen Fundus bieten bei gemeinsamem Sammeln auch die üblicherweise in Altkleidersäcken verschwindenden Dinge. Durch bunte Ergänzungen, Abschneiden oder Einsetzen von Ärmeln, Kragen u.a.m. oder einheitliches Einfärben kann oft großer finanzieller Aufwand vermieden werden. Weiße Herrenhemden gehören zum unschätzbaren Grundstock für viele Ausstattungen. Abgelegte Hosen sind ähnlich vielseitig für Folklore und Phantasiegeschichten mit geringem Einsatz verwendbar. Auch Bettwäsche, bunte Tücher, Stoffreste – es gibt fast nichts, was einem Kinderzirkus nicht nützen könnte. Der Kreativität sind keine Grenzen gesetzt!

Veränderbare Schnitte

Um eine bestimmte Zeit oder Landschaft zu charakterisieren, bedarf es beim Kinderzirkus keiner aufwendigen, kompletten Kostüme. Oft können stiltypische Merkmale mit Hilfe von Borten, Besätzen oder Krägen auf ein bestehendes Kleidungsstück aufgenäht werden. So wird z. B. ein vorhandener, einfarbiger Rock durch Raffung oder Rüschen rasch ins Rokoko transponiert, durch einen breiten, bunten Querstreifen am Saum für einen Folkloretanz umgerüstet. Ein großes Schultertuch oder eine Weste im Stil einer bestimmten Epoche verändert eine bestehende Zusammenstellung.

Wurde eine Weste bereits vorsorglich zweiseitig, also andersfarbig gefüttert gearbeitet, dient sie innerhalb einer Aufführung sogar für zwei Nummern. Günstig ist immer, wenn die nur vorübergehend erforderliche Zutat zur Verwandlung so befestigt ist, daß sie leicht wieder abgetrennt werden kann. Auch beim Zuschneiden der Grundgarderobe ist es hilfreich, wenn schon durch Zugaben an Nähten und Säumen an die Weiterverwendung gedacht wird. Röcke oder Hosen mit Gummizügen und Klettbandverschlüssen sind ohne nennenswerte Änderungsarbeit für jedes Kind passend zu machen.

Praktikable Kleidungsstücke

Nur wer sich in seiner Kleidung wohlfühlt, kann sich natürlich und frei bewegen. Es ist deshalb sehr wichtig, dafür zu sorgen, daß die Kostüme angenehm zu tragen sind und nichts auseinanderrutscht. Besonders schlecht sitzen z. B. breite, Kindern ungewohnte Gürtel. Sie können, ebenso wie Capes, an Hosen bzw. Oberteilen mit einigen Stichen befestigt werden, womit gleichzeitig unnötiges Herumsuchen vermieden wird.

Die einfache Handhabung der ja häufig zu wechselnden Ausstattungen ist außerordentlich wichtig und sollte vorher durch mehrmaliges An- und Ausziehen richtig eingeübt werden. So ist es sinnvoll, wenn die Kinder ihre Kostüme bei den letzten Proben immer tragen, damit eventuelle Probleme erkannt und noch behoben werden können. Für das Fertignähen der vom Helferkreis vorbereiteten Einzelteile sollten die jeweiligen Mütter zuständig sein. So werden die Spieler mit ihrem Kostüm vertraut und sind bei den Aufführungen der hohen Anforderung gewachsen, ständig in immer anderen Nummern aufzutreten. Trotz aller Hilfestellung muß aber jedem Artisten klar werden, daß er selbst, als Teil einer Gruppe, die Verantwortung für sein Aussehen trägt.

Der Umkleideplatz

Die Umkleidesituation während der Aufführung bedarf umsichtiger Planung. Je mehr Platz zur Verfügung steht, desto unkomplizierter kann das manchmal blitzartige Verkleiden von einer Nummer zur andern ablaufen. Alle Kostüme sollten, nach Nummern oder Kindern geordnet, übersichtlich an Kleiderstangen aufgehängt werden, man kann nicht genug Kleiderbügel haben!

In jedes einzelne Teil sollte schon vorher ein Heftpflaster mit vollem Namen geklebt werden, denn in der Aufregung verwechseln die Kinder oft die sich gleichenden Kostüme. Für alle notwendigen Utensilien und Kleinteile bringt jeder Spieler seinen eigenen, bezeichneten Karton mit. Der nicht zu kleine Kreis von Helfern sollte durch die

Teilnahme an den letzten Proben mit Kindern, Kostümierung und Programmablauf vertraut sein.

Bügelmöglichkeit und Frisierplätze dürfen nicht den Durchgang erschweren, Nähzeug und eine Unmenge von Sicherheitsnadeln müssen greifbar sein. Eine große Krabbelkiste mit reichlich zusätzlichen Hemden, Tüchern, Hosen, Strümpfen usw. ermöglicht rasch improvisierte Hilfe bei Verlust oder anderen Mißgeschicken.

Selbstverständlich sollte niemand nach der Aufführung heimgehen, ohne vorher alle seine Kostüme für den nächsten Tag kontrolliert und geordnet zu haben.

Clownskostüme

Besondere Aufmerksamkeit verlangen die Kostüme der Clowns; einmal, weil diese oft alleine oder in ganz kleinen Gruppen auftreten, außerdem, weil sie jeweils ganz bestimmte Charaktere verkörpern. Die Kostüm-Verantwortlichen sollten sich eingehend mit der Nummer und ihrem Ablauf beschäftigen und die Eigenarten des Darstellers und seiner Handlungen beobachten. Optische Gags um jeden Preis können den Spielverlauf durch Untragbarkeit von Schuhen, Hüten oder Kleidung manchmal eher gefährden als erleichtern.

Oft hat ein jugendlicher Clown, der sich zum ersten Mal mit seiner Rolle verbindet, schon eine feste Vorstellung von seinem Kostüm. Ist die Basis hierfür der Faschingstisch im Kaufhaus, ein Vorbild aus der Werbung oder auch ein schon eingespielter, älterer Clown der Truppe, muß einfühlsam beraten werden. Clowns sollten der Rolle gemäß originell und einmalig sein, ohne den Stil der gesamten Aufführung zu durchbrechen oder zu stören.

Bei Clownsgruppen nimmt natürlich die Betonung der Temperamente durch entsprechende Farben einen wichtigen Platz ein. Bei der Clowns-Akrobatik könnte die Verwendung ähnlicher Stoffe oder miteinander korrespondierender Farben die Zusammengehörigkeit der Gruppe ausdrücken.

Das Wesentliche ist, daß ein junger Spieler durch die passende Verkleidung in seine Rolle hineinfindet. Den Glanzpunkt bildet dann noch die typische Bemalung des Gesichts und dazu die Clownsnase.

Literaturhinweise

Anregungen für verschiedenste Kostüme findet man in verschiedensten Zusammenhängen. Fotobände über einzelne Länder enthalten oft auch Abbildungen von Trachten. In Videotheken kann man sich Film ausleihen, die in bestimmten Jahrhunderten oder auch in speziellen Ländern spielen. Wenn man irgendwo ein interessantes Kostüm sieht, sollte man sich sofort eine Notiz machen. In Bibliotheken gibt es verschiedene Kostümbücher. Stellvertretend sei hier ein Standardwerk genannt:

Bruhn, W./Tilke, M.: Kostümgeschichte in Bildern. Parkland Verlag, Wiesbaden, o.J.
   Band 1: Geschichte
   Band 2: Schematische Schnittangaben
außerdem:
Giffei, H. (Hrsg.): Theatermachen. Ravensburg 1982. Ein Kapitel behandelt die »Frage nach dem Kostüm« in Theateraufführungen. Der Schnitt für ein Pierrotkostüm ist auch enthalten.

Karnevals- und Festartikel

Katalog anfordern!

Festartikel Müller	Jofrika
Postfach 1368	Urbacher Weg 66–68
8632 Neustadt bei Coburg	5000 Köln 90
Tel. (09568) 3024	Tel. (02203) 57080

Schminken
Iris Faigle

Wer je auch nur mit einem roten Punkt auf Nase oder Stirn zum Fasching ging, weiß, welch wichtige Rolle dem Schminken als Anregung zukommt. Sowohl optische als auch pädagogische Gründe sprechen eindeutig für diesen künstlerischen Einsatz, der dem lange vorbereiteten Auftritt den letzten Schliff gibt. Zum einen bringt das Kunstlicht eine unschöne, bläßliche Verfärbung des Teints mit sich, Konturen verschwimmen, Augen und Mund sind aus der Entfernung kaum noch zu sehen. Zum andern fühlt sich jeder Spieler, sei er selbst oder seine Rolle noch so klein, durch gekonnt aufgebrachte Farbe verändert, verschönt oder auch so grimmig, wie er eben sein soll. Dadurch kann er sich leichter seiner Rolle gemäß bewegen.

Die Ausrüstung

Ausgangspunkt ist immer die Grundierung, die in mehreren Abstufungen von Hell bis Braun benötigt wird. Die verschiedenen Hersteller bieten hier zweierlei an: Fettgrundierung in Tuben, Stiften oder Dosen und trockene Farbe, die mit einem feuchten Schwamm aufgetragen wird. Beides ist brauchbar, jedes Team wird seine eigene Wahl treffen oder beides verwenden.

Die Fettschminke, dünn und gleichmäßig bis zum Halsansatz aufgebracht, erlaubt ein leichteres Auftragen von Rouge und Konturen, kann aber beim Umziehen die Kleidung verschmieren; auch kommt man darunter leichter ins Schwitzen. Die trockene Grundierung färbt nach dem Antrocknen nicht mehr ab. Sie verteilt sich nicht ganz so leicht gleichmäßig, Konturen und andere Bemalung werden aufgesogen. Dadurch sind stufenlose Übergänge etwas schwerer aufzubringen. Manche Kinder klagen auch über ein Spannen der Haut.

Zum weiteren Grundstock gehören: Wangenrouge in diversen Tönen, verschiedene Stifte und ein Farbset für Lidstriche, Falten und Augenbrauen, Lippen- bzw. Fettstifte von Hell- bis Dunkelrot, Pinsel, Puder und nach Belieben auch Wimperntusche, ein wenig Gold oder Glimmer …, dazu reichlich Vaseline und Papiertücher zum Abschminken.

Praktische Schminktips:

Dem Grundieren folgt die eigentliche Schminkarbeit. Da es sich um Kinder und junge Jugendliche handelt, sollte – außer bei speziellen Charakteren – nichts übertrieben und zu dick aufgetragen werden. Bei allen Gruppenbildern ist es gut, eine Einheitlichkeit anzustreben.

Schwerpunkte sind Augen, Mund und Wangen.

Der Mund wird mit dem entsprechenden Stift sauber nachgezogen, bei den Mädchen heller, bei den Jungen nur die Unterlippe und dunkler.

Die Augen können einen unteren Lidstrich bekommen, passend zum Kostüm oder eben bei den Mädchen in lichter Farbe wie z.B. Türkis, Hellbraun, bei den Jungen dunkler. In besonderen Folklorebildern kann – vor allem bei älteren Schülern – auch das obere Lid miteinbezogen werden, um typische Formen zu betonen. Da der Lidstrich am einfachsten mit Pinsel und Fettschminke aufzubringen ist, schmiert er auch leicht, was man aber mit Puder einschränken kann. Um dem Blick Glanz zu geben, bewährt sich ein hellroter, hirsekorngroßer Punkt neben dem inneren Augenwinkel.

Die Brauen werden nicht einfach nachgezogen: vorher grundiert, deuten hochgelegte, zart geschwungene Bögen einen völlig anderen Charakter an als niedrigliegende, stark betonte, die bei groben Rüpeln sogar fast in der Mitte zusammenwachsen dürfen!

Ebenso ist mit dem Wangenrouge vielfältige Veränderung möglich: tief gesetzte, fast runde Bäckchen in hellen Tönen wirken naiv bis dümmlich, gedämpftes Rot auf den Wangenknochen zur Schläfe hingezogen verleiht Adel und Würde, seitlich am Ohr zart angelegte Wangen machen das Gesicht schmäler...

Maskenbildner erlernen ihren Beruf jahrelang, und es kann sich an dieser Stelle nur um einige kleine Anregungen handeln. So soll auch nicht auf die besondere Charakterisierung von Bösewichten, Zauberern, Alten usw. eingegangen werden. Die verschiedenen Hersteller von Theaterschminke bieten mit ihren Einführungs-Fibeln allen Neulingen in dieser Kunst gute Hilfe an.

Mitwirkung der Spieler

Es ist nicht ratsam, die jungen Darsteller selbst an die Farbtöpfe zu lassen. Einerseits wird durch mögliche Übertreibung das Gesamtbild gefährdet, auch ist es aufwendig und mühsam, Pannen zu beheben. Andererseits ist gute Theaterschminke recht teuer. Eine Ausnahme bilden die Clowns. Sie sollten zuerst einmal daheim in Ruhe mit billiger Faschingsschminke ihren ureigenen Typ suchen und dann dem Leiter der Gruppe das Ergebnis vorführen. Haben sie seine Zustimmung und ihr Gesicht gefunden, können sie sich selbst schminken; die Vorarbeit sollte lange vor der Generalprobe stattfinden, damit wirklich eine Differenzierung der oft zahlreichen Clowns erreicht wird. Auch beim Schminken müssen die Kinder begreifen, daß jeder Mitspieler Teil des Ganzen ist.

Der Schminkplatz

Im Kreis der Menschen, die sich um den Zirkus gruppieren, haben längst nicht alle die Möglichkeit, wochenlang die Kostüme vorzubereiten. Viele helfen aber gerne bei den Aufführungen mit und können das Schminken übernehmen. Ideal ist natürlich, wenn die gleichen Schminkmeister an allen Vorstellungstagen zur Verfügung stehen können. Für die Arbeit eignet sich am besten eine vom Umziehbetrieb etwas abgeschiedene Ecke, wo auch die jungen Artisten zu Ruhe und Sammlung kommen können, während man sich mit ihnen beschäftigt. Sie sollten ihr erstes Kostüm bereits vollständig angezogen haben. Herumstehende und wartende Kinder können die konzentrierte Arbeit sehr behindern, Schminker und zu Schminkende durch Kommentare verunsichern und zudem ihre Kostüme mit Farben bekleckern – sie sollten der Reihe nach einzeln kommen, sobald ein Platz frei wird.

Je nach Anzahl der Einsatzwilligen braucht man genügend Tische für die ausgelegten Utensilien, Stühle für die Spieler – evtl. auch für die Schminker – und einige Spiegel, wobei man die möglicherweise selbständigen Clowns nicht vergessen sollte.

Ein großer Abfallbehälter für die Papiertücher sollte bereitstehen. Findet das Ganze im Freien statt, muß dafür gesorgt werden, daß die Schminke nicht der Sonne ausgesetzt wird und zerläuft. Und selbstverständlich werden die Kostüme vor dem Schminken durch ein umgebundenes Tuch geschützt!

Schminkbedarf:

Kryolan – Spezialfabrik für Theaterkosmetik
1000 Berlin 51
Tel: (030) 491 41 15 und 491 12 49
Telex: 182995 Kry d

Literaturhinweise:

Kryolan: *Theater-Schminkfibel.* Berlin 1984.
Serger, A.: *Masken bilden und Schminken für Amateurtheater und Laienspiel.* Meyer & Meyer Verlag, 1986.
Young, D.: *Theaterwerkstatt. Maskenbildnerei und Schminken.* Bauverlag, Wiesbaden/Berlin, 1988.

Finanzierungsfragen Rudi Ballreich

Zirkus kostet Geld

Ohne Geld läßt sich kein Kinderzirkus betreiben. Aufführungen verlangen einen erheblichen finanziellen Einsatz. Die Phantasie reicht vorher meistens gar nicht aus, was alles bezahlt werden muß, um ein Zirkusprogramm auf die Beine zu stellen.

Kostenpunkte
Grundkosten
Lehrerhonorare, Lehrerfortbildung, Raummiete

Extrakosten
Geräte: Jongliermaterialien, Einräder, Stelzen, Balancierkugel, Drahtseil, Trapez… (je nach finanziellen Möglichkeiten)

Aufführungskosten:
Kostüme: Stoffe, Gymnastikanzüge, Strumpfhosen…
Miete für die Lichtanlage, Strom und evtl. Stromanschluß.
Musik: z. B. Flügelmiete, Transport, Versicherung, Noten für das Orchester, Verstärker, Lautsprecher, Kassettenanlage, usw.
Zelt- oder Raummiete
Werbung: Plakate, Handzettel, Einladungsbriefe…
Fahrt- und Transportkosten
Dokumentation: Fotos, Videoaufnahmen

Woher kommt das Geld?

Es ist sehr schwierig, wenn die Finanzierung eines Kinderzirkus-Unternehmens hauptsächlich von den Einnahmen bei den Aufführungen abhängt. In erster Linie ist ein Kinderzirkus doch eine pädagogische Unternehmung und kein Wirtschaftsbetrieb. Deshalb sollten die Einnahmen allenfalls für die Anschaffung besonderer Geräte oder als Rücklage für das nächste Programm eingeplant werden, aber nicht für den »normalen« Betrieb. Die fehlenden finanziellen Mittel sollten auf andere Weise zusammenkommen. Aber wie?

Eigenaktivitäten
Die Zirkusgruppe kann natürlich außer durch Aufführungen auch an Basaren, Flohmärkten, Straßenfesten usw. Stände aufmachen und etwas verkaufen. Sehr viel wird das aber wahrscheinlich nicht einbringen.

Eltern
Manchmal kann es angebracht sein, daß Eltern regelrecht Beiträge bezahlen, wie bei einem Sportverein. Auf jeden Fall kann man um Spenden bitten.
Manchmal haben Eltern auch Beziehungen zu kommunalen Stellen, zu Banken oder größeren Betrieben. Persönliche Beziehungen wirken oft Wunder. Es ist auch sehr sinnvoll, Eltern, die in entsprechenden Berufszweigen arbeiten, zur Beratung und Mitarbeit dazuzubitten.

Vereinsgründung
Viele Geldmittel werden nur an Schulen oder an außerschulische Sozial- oder Bildungseinrichtungen oder an Sportvereine vergeben. Wenn man sich noch nicht zu diesen etablierten Einrichtungen zählt, lohnt sich die Überlegung, ob ein Verein gegründet werden soll (E. Forster, 1987).

Kommunale Mittel
In den Stadtverwaltungen gibt es verschiedene Stellen, die eine Kinderzirkus-Aktivität unterstützen könnten. Je nachdem, an wen sich der Antrag richtet, sollten die entsprechenden Gesichtspunkte deutlich hervorgehoben werden.
Kulturamt; Jugendamt; Schul- und Sportamt.

Kultusministerium
Manche Projekte werden gefördert. Es lohnt sich anzufragen, ob die eigene Unternehmung dazugehört.

Stiftungen
Es gibt in Deutschland viele Stiftungen, die jährlich mehrere Millionen Mark verteilen. Jede Stiftung hat ihre eigenen Richtlinien. Manche fördern nur kulturelle Großprojekte, andere nur soziale Einrichtungen usw. Es gibt aber auch Stiftungen, die Kinderzirkusunternehmungen unterstützen – wenn sie ihr Anliegen gut begründen können (Neuhoff, Schindler, Zuringmann, 1989).

Banken
Wenn Eltern oder Lehrer, die bei einer Bank als alte Kunden bekannt sind, einen fundierten Antrag vorbringen, besteht mehr Aussicht auf Erfolg, als wenn man nur einen Brief schickt. Oft sind manche Einrichtungen eher bereit, eine konkrete Sache (z. B. Anschaffung einer Balancierkugel oder Finanzierung der Zeltmiete) zu unterstützen, als eine allgemeine Spende für den Kinderzirkus zu geben.

Wirtschaftsunternehmen
Hier gelten ähnliche Gesichtspunkte wie bei den Banken. Wenn keine persönlichen Beziehungen vorhanden sind, empfiehlt es sich, direkt an den Vorstandsvorsitzenden oder an den Direktor zu schreiben. Man erhält dann mit ziemlicher Sicherheit eine Antwort. Oft sind auch kleinere ortsansässige Firmen bereit, etwas zu spenden.

Verschiedenes
Lotterie-Unternehmungen, Verbände, Clubs, wohlhabende Einzelpersönlichkeiten (Deutsches Paritätisches Jugendwerk, 1988).

Der Antrag

Ein Antrag um finanzielle Unterstützung sollte enthalten:
– eine ausführliche und engagierte Begründung der Unternehmung
– einen genauen und übersichtlichen Finanzierungsplan
– ein Angebot, Werbung zu übernehmen
– wenn möglich, eine vom Finanzamt akzeptierte Spendenbescheinigung anbieten.
– Adresse, Telefonnummer für weitere Auskünfte, Kontonummer

Die Begründung
Bei vielen Banken, Firmen und Stiftungen ist man heute gerne bereit, eine »gute Sache« zu unterstützen. Geld ist in Deutschland genügend vorhanden. Alles hängt davon ab, ob man den richtigen Ton trifft, d.h. ob der Antrag gut begründet ist und ob die Gründe die jeweiligen Förderrichtlinien ansprechen. (Über die Richtlinien der einzelnen Unternehmen sollte man sich gegebenenfalls vorher informieren).

Fördergründe
Kinderzirkus spricht verschiedene Bereiche an, die alle wichtige Fördergründe sein können:
– Zirkusaufführungen können ein Beitrag zu einem kommunalen Fest sein (Kinderfest, Heimatfest)
– Zirkusaufführungen sind auch ein Beitrag zum Kulturleben eines Stadtteils
– Eine Kinderzirkusgruppe ist eine starke soziale Schulung für die Beteiligten (vgl. Kapitel: Vom pädagogischen Wert der Zirkuskünste)
– Artistik, Akrobatik usw. schulen die Beweglichkeit und Geschicklichkeit. Das ist ein wichtiger Beitrag zur Erziehung und zur Volksgesundheit (vgl. Kapitel: Zirkus in Schule, Verein und Ausbildung).
– Kinderzirkus-Aufführungen machen den Darstellern und den Zuschauern in gleicher Weise Freude. Phantasie und Kreativität werden bei Kindern und Erwachsenen angeregt. In der heutigen technisierten Welt sind das wichtige Werte.

Jeder sollte sich die Gründe überlegen, die für die eigene Untersuchung wichtig sind. Entscheidend ist, daß die persönliche Begeisterung für die Sache spürbar ist.

Finanzierungsplan
Es sollten alle voraussichtlichen Ausgaben genau aufgeführt werden. Auch die Einkünfte nennen. Der Leser sollte wirklich einsehen können, wofür Geld nötig ist:
Für einige spezielle Geräte?
Für eine bestimmte Veranstaltung?
Für die Anstellung eines Lehrers?
Für die Zeltmiete?

Werbung anbieten
Manche Firmen haben es gerne, wenn sie im Programmheft als Förderer genannt werden. Das sollte man gleich im Antrag anbieten.

Nicht verzagen

Spendenbriefe schreiben ist ähnlich wie Goldwaschen. Viele Absagebriefe landen im Papierkorb, aber immer wieder ist einer darunter, der »Gold« enthält. Man sollte sich also nicht zu schnell entmutigen lassen.

Literaturhinweise

Deutsches Paritätisches Jugendwerk (Hrsg): Zwischen allen Stühlen. Finanzierung von Jugendkulturarbeit. 1988.
Forster, E.: So führe ich einen Verein. Econ-Verlag, Düsseldorf, 1987.
Müller, E.: Manegenzauber. Don Bosco Verlag, München 1989 – In dem Buch sind weitere Anregungen zur Gestaltung eines Antrages enthalten – auch ein ausformulierter Brief. Auch speziellere Adressen für NRW.
Neuhoff, Schindler, Zuringmann: Stiftungshandbuch. Baden-Baden, 1989.

Inhaltsverzeichnis

JONGLIER- UND ARTISTIKLÄDEN
Deutschland 341
Ausland 343

KINDER- UND JUGENDZIRKUSGRUPPEN
Deutschland 344
Schweiz 348
Niederlande 348

KINDER- UND JUGENDZIRKUSFESTIVALS
. . . . 350

WICHTIGE ZIRKUSADRESSEN
. . . . 350

FORTBILDUNGSMÖGLICHKEITEN
. . . . 351

ALLGEMEINE LITERATURHINWEISE
Zirkusgeschichte 353
Geschichte der Clowns und Gaukler . . 353
Anleitungen zum Zirkus-Spielen 353
Bewegung, Körperhaltung,
 Körperausdruck 354
Zirkus-Spielen in Pädagogik und
 Therapie 354
Zeitschriften 355

ÜBER DIE AUTOREN
. . . . 356

Jonglier- und Artistik-Läden

Die folgenden Läden und Versandunternehmen führen alle herkömmlichen Jonglierartikel. Bei einigen größeren Geschäften sind Besonderheiten vermerkt. Es empfiehlt sich, Kataloge anzufordern und die Preise zu vergleichen.

Deutschland

Jonglerie
Werner Rausch & Werner Lüft
Hasenheide 54
1000 Berlin 61
(0 30) 6 91 87 69
Alleinvertrieb von Brian Dubé juggling equipment, New York. Amerikanische Bücher zu verschiedenen Themen, u.a.

Pappnase & Co
Gluckstr. 67
2000 Hamburg 76
(0 40) 2 98 30 54
Das älteste und größte deutsche Fachgeschäft. Mit umfangreichem Katalog und eigener Herstellung von Jongliermaterialien.

Dädalus
Strichweg 14
2190 Cuxhaven

Siegmono-Cycle
Rodenbeker Weg 3
2300 Kiel
(04 31) 64 14 44

Kaskade Jonglierladen
Toosburgstr. 13
2390 Flensburg

Confetti
Fehrfeld 24
2800 Bremen
(04 21) 7 75 09

Drachenschwärmer
Neustadtswall 39/41
2800 Bremen 1

Pöppel + Co
Brückstr. 5
2810 Verden

Heb ab Drachenladen
Schleswiger Str. 12
2850 Bremerhaven

Flic-Flac
Bergstr. 12
2900 Oldenburg
(04 41) 2 77 88

Flic-Flac
Mozartstr. 8
2940 Wilhelmshaven
(0 44 21) 1 27 08

Pegasus
Eckerstr. 3
3000 Hannover
(05 11) 34 80 01

Luftikus
Dompassage
3300 Braunschweig

Drachenladen
Mauerstr. 20
3400 Göttingen

Hannah im Drachenland
Am Königstor 34
3500 Kassel

Werner Lamm
Lilienstr. 21
3540 Korbach

Brot und Spiele
Barfüßerstr. 10
3550 Marburg

Vanny Creative
Kruppstr. 20
4000 Düsseldorf 1
(02 11) 78 65 65

Aragon-Buchladen
Hombergerstr. 30
4130 Moers 1

Drachenwerkstatt
Frohnhauserstr. 144
4300 Essen

Rhinozeros
Holsterhauser Str. 73
4300 Essen 1

Luftikus
F. Bachmair
Warendorfer Str. 5
4400 Münster
(02 51) 4 76 15
Umfangreiche Kataloge zu verschiedenen Gebieten

Aufgeblasen
Johannisstr. 140
4500 Osnabrück

Schabernack
Neuer Graben 20
4500 Osnabrück

Luftikus
Kaiserstr. 96
4600 Dortmund
(02 31) 55 64 27

Fahrrad & Balance
Kortumstr. 5
4630 Bochum 1
(02 34) 1 20 51/52

Drachenwerkstatt
Bochumer Str. 108
4650 Gelsenkirchen

Knallfrosch
Klosterstr. 2
4730 Ahlen
(0 23 82) 8 00 80

Diabolo
Neustädterstr. 2
4800 Bielefeld 1
(05 21) 17 25 72

Ballaballa
Zülpicher Str. 39
5000 Köln 1
(02 21) 24 39 84

Schabernack
Kölner Str. 76
5090 Leverkusen
(0 21 71) 2 86 94

Hedi's Lädchen
Kleinmarschierstr. 39
5100 Aachen

Rapunzel Buchhandlung
Weberstr. 109
5300 Bonn

Schubidu
Knapperstr. 52
5880 Lüdenscheid

Pappnase & Co
Leipziger Str. 6
6000 Frankfurt/M.-Bockenheim
(0 69) 70 94 93

Der Drachendompteur
Alt Nied 4-6
6000 Frankfurt/M.-Nied
(0 69) 38 20 21

Stilbruch
Dieburger Str. 62
6100 Darmstadt
(0 61 51) 78 44 89

Spiele + Jonglier
Am Kornmarkt 3
6330 Wetzlar

Bücherstube
Am Freiheitsplatz 6
6450 Hanau 1

Aja-Laden
Klausenpfad 19
6900 Heidelberg

Keule & Co
Dreikönigstr. 25
6900 Heidelberg
(0 62 21) 1 21 99
Eigene Herstellung verschiedenster
Jongliermaterialien

Chapeauclaque
Weberstr. 86/88
7000 Stuttgart 1
(07 11) 2 36 44 84
Eigene Herstellung von Rollbrettern,
Cigarboxes u.a.

Keule & Co
Bahnhofstr. 33
7100 Heilbronn

»Was ihr wollt«
Bahnhofstr. 33
7100 Heilbronn
(0 71 31) 8 96 00

Fiedler Zweirad
Untere Gerber Str. 9
7410 Reutlingen

Henry's Jonglierbedarf
Adlerstr. 27a
7500 Karlsruhe 1
(07 21) 37 91 45
Herstellung von Keulen u. a.

Pichlerrad
K. Pichler
Steinstr. 23
7500 Karlsruhe
(07 21) 37 61 66

Plinjo & Jojo
Maienstr. 1
7800 Freiburg i. Br.
(07 61) 7 49 91

Die Spielspirale
Kirchstr. 21
7830 Emmendingen

Jan Martin
Mönchhofstr. 40
7830 Emmendingen

Pappnase & Co
Rosenheimer Str. 5
8000 München 80
(0 89) 4 48 17 71

Fidibus
Kirchenwegstr. 35
8229 Ainring 1
(0 86 54) 5 05 11

Der Lindwurm
Johannisstr. 47 b
8500 Nürnberg 90

Arlecchino
Kemptener Str. 19
8997 Hergensweiler
(0 83 88) 12 08

Ausland (Telefon-Vorwahl von Deutschland aus)
<u>Österreich</u>
Angst & Bang
Leopoldsgasse 11/18
A-1020 Wien
(00 43 1222) 3 56 73 05

<u>Frankreich</u>
Unicycle
3, Impasse Jules Dalou
F-9100 Evry
Tel.: (00 33) 1 60 77 37 36
Fax: (00 33) 1 60 78 09 88
Fast alle Artistikgeräte wie Balancierkugel, Trapez, freistehendes Drahtseil. Eigene Herstellung vieler professioneller Zirkusgeräte.

<u>England</u>
Barnaby & Co
72, Elsenham Street
GB-London SW 18 5NT
(00 44 1) 8 74 79 00
Viele Artistikgeräte, u. a. auch Spezialanfertigung von freistehenden Drahtseilen.

<u>Niederlande</u>
Marédidakt
Postbus 1199
NL-8001 BD Zwolle
Tel.: (0031 38) 66 02 16
Fax: (0031 38) 66 03 10
Ein Sportartikel-Vertrieb, der interessante und ausgefallene Geräte führt. Auch Balancierkugeln, Doppeldrahtseil zum Aufstellen, Balancerollen usw.

Showtime
Amsterdamsestraatweg 38
NL-3513 Utrecht

Spotlight-Circus Produkts
W. G. Plein 406
NL-1054 SH Amsterdam
(0031 20) 6 12 53 45
Eigenproduktion von Jongliermaterialien

<u>Italien</u>
Creative
In der Rauschtorgasse 24
I-39100 Bolzano/Bozen
(0039 471) 97 65 29

<u>Schweiz</u>
Vitelli-Einräder
Kraftstr. 5
CH-4056 Basel

Kinder- und Jugendzirkusgruppen

Nachfolgend sind Kinder- und Jugendzirkusgruppen aufgeführt, die schon einige Jahre bestehen und auch weiterhin aktiv sein wollen. Wir haben nur Adressen aufgenommen, die wir überprüfen konnten. Trotzdem können uns natürlich Irrtümer unterlaufen sein. Für die nächste Auflage bitten wir um Rückmeldung an den Autor (Rudi Ballreich, Hopfauer Str. 49, D-7000 Stuttgart 80). Es wäre schön, wenn diese Liste dadurch vollständiger werden könnte.

Die Adressen sind nach Postleitzahlen und Ländern geordnet, damit sich die »benachbarten« Aktivitäten schneller finden lassen. Dadurch können dann auch Erfahrungsaustausch und/oder gemeinsame Aktivitäten (Festivals...) leichter zustande kommen.

Deutschland

Juxcircus Schöneberg
Goltzstr. 7
1000 Berlin 30
(0 30) 2 15 58 21

UFA-Kindercircus
UFA-Fabrik e.V.
Viktoriastr. 13–18
1000 Berlin 42
(0 30) 7 52 80 85

Theatermobil
Markus Pabst
Kiesstr. 45
1000 Berlin 45
(0 30) 7 72 85 80

Zirkus Leben
Gerd Hornig
Bürgermeister-Blaas-Str. 1
2240 Heide
(04 81) 7 28 35

Circus Bambini
Bürgerhaus Mahndorf
z. H. Herrn Credo
Mahndorfer Bahnhof 10
2800 Bremen 45
(04 21) 48 88 44

Tohuwabohu
Bürgerhaus Vegesack
Wolfgang Maschak
Kirchheide 49
2820 Bremen 70
(04 21) 66 38 00

Zirkus Rämmi Dämmi
Zeughausstr. 75
2900 Oldenburg
(04 41) 7 16 86 oder 77 62 02

Zirkusschule Seifenblase
Gesamtschule
Dieter Wiemers
Am Marschweg 38
2900 Oldenburg
(04 41) 50 20 95 oder 68 15 08

Circus Bamm Balloni
Gemeindejugendpflege
Alfred Büngen
Markt 3
2907 Großenkneten
(0 44 35) 60 00

Circus Giovanni
Bert Schwarz
An der Kirche 25
3000 Hannover 91
(05 11) 46 19 92

Zirkus Pepperoni
Freizeitheim Linden
3000 Hannover-Linden
(05 11) 1 68 48 97

Circus Bumm Balloni Schööööön
IGS Garbsen
Klaus Hoyer
Meyenfelderstr. 8–10
3008 Garbsen
(0 51 37) 7 04-603

Zirkus Mima
Evang. Jugend
Dietrich Waldemate
Andreasplatz 6
3200 Hildesheim
(0 51 21) 1 00-305

Kinderzirkus Fidibus
Förderverein
Renate Haase
3410 Nordheim
(0 55 51) 6 27 42

Circus Garatholi
Freizeitstätte Garath
Harald Panzer
Fritz-Erler-Str. 21
4000 Düsseldorf 13
(02 11) 8 99 75 51

Kinderzirkus Firlefanz
Raphaelshaus
Krefelder Str. 122
4047 Dormagen 1
(0 21 33) 5 05-0

Circus Skupidu
Gitti Schwandtes
Warbruckstr. 41
4100 Duisburt 11
(02 03) 5 55 35 21 oder 40 07 24

Jahrmarkttheater Neuhof
Evang. Kindertagesstätte
Helga Henkel
Neuhof 15–17
4300 Essen 12
(02 01) 30 13 60

Kindercircus Alfredo
Thomas Egbers
Föhrenweg 22
4400 Münster
(0 25 01) 1 34 54

Zirkus Regenbogen
Evang. Jugend
Am Kasinopark 5
4504 Georgsmarienhütte
(0 54 01) 3 42 52

Zirkus Fantasia
IGS Fürstenau
Wolfgang Prisken
Gartenstr. 5
4557 Fürstenau
(0 59 01) 6 01

Circus Fritzantino
Barbara Pfannkuchen
Geschwister-Scholl-Str. 33737
4600 Dortmund
(02 31) 54 22 34 61/62

Circus Peppino Poppolo
Jugendamt
Frank Blietz
Postfach 3080
4950 Minden
(05 71) 88 01 52

Zirkus Wibbelstetz
Theaterpädagog. Zentrum
Genterstr. 23
5000 Köln 1
(02 21) 52 17 18

Circus Linoluckynelli
Achim Eschert
Krombacher Weg 29
5000 Köln 71
(02 21) 79 41 13 oder 79 88 58

Zirkus Monte Sandino
Gregor Randerath
Leuchterstr. 32
5000 Köln 80
(02 21) 60 56 97

Zirkus Minimum
Gerd Boese
Eythstr. 7
5000 Köln 91
(02 21) 85 16 51

Circus Zappelino
Paul Büsser
Auf dem Heidchen 17
5068 Odenthal
(0 21 74) 43 52

Zirkus Configurani
Krenne Aymans
Düppelstr. 16
5100 Aachen
(02 41) 53 17 20

Zirkus Jillini
Jugend in Langerwehe e. V.
Pochmühle
5163 Langerwehe
(0 24 23) 57 97

Circusschule Corelli
Hans-Peter Kurtzhals
Am Buschhof 25
5300 Bonn 3
(02 28) 44 10 65

Zirkus Schappo-Klack
Ursula Jagt-Keller
Am Markt 4
5352 Zülpich
(0 22 52) 49 79

Jugendkunstwerkstatt Bambini e. V.
Tom Steinebach
Mayer-Alberti-Str. 11
5400 Koblenz
(02 61) 8 68 73

Circus Bremcampi
Evang. Kirchengemeinde
Joachim Schulz
Bremkamp 42
5600 Wuppertal 1
(02 02) 73 02 87

Naba Circus
Nachbarschaftsheim e. V.
Platz der Republik 9–10
5600 Wuppertal 1
(02 02) 2 45 19-0

Theater Brocoli
Achim Mensing
Schusterstr. 56
5600 Wuppertal
(02 02) 30 08 89)

Kinderzirkus Pusteblume
Diakonissenweg 2
5603 Wülfrath

Circus Quamboni
Evang. Jugendpfarramt Hagen
Rathausstr. 31
5800 Hagen
(0 23 31) 1 60 66

Wiesbadener Kinderzirkus
Jugendamt
Dotzheimerstr. 97–99
6200 Wiesbaden
(06 11) 31 35 19

Zirkus Mimikipusch
Sozialzentrum
Frauensteinerstr. 114 a
6200 Wiesbaden
(06 11) 42 27 39

Circus Bierstadt
Werner Schreiner
Anton-Jäger-Str. 2
6200 Wiesbaden-Bierstadt
(06 11) 50 76 22 oder 50 89 91

Circus Banaba
Hans Wietert-Wehkamp
Van-Meenen-Str. 1
6550 Solingen 1
(02 12) 20 27 63

Kinder- und Jugendzirkus Pepperoni
Petra Meinzer
Hallerweg 284
6764 Becherbach 2
(0 63 64) 2 09

Circus Aladin
Johann-Peter-Hebel-Heim
Viktor Winterhalder
Am Kuhbuckel 43–49
6800 Mannheim 31
(06 21) 75 10 76

Kinder- und Jugendcircus Peperoni
Klaus Tischer
Haus am Harbigweg 5
6900 Heidelberg-Kirchheim
(0 62 03) 4 62 94

Zirkus Klingelini
Kinder- und Jugenddorf Klinge
Klingestr. 18
6966 Seckach
(0 62 92) 7 81

Kinderzirkus Klitzeklein
Kinder- und Jugendzentrum Ostend
Ostendstr. 75
7000 Stuttgart 1
(07 11) 26 46 33

Kinderzirkus Karamba Basta
Kultur von und mit Kindern e. V.
Gabi Schilli
Bergstr. 5–7
7000 Stuttgart 1
(07 11) 48 67 54

Kinderzirkus Mix Max
Evang. Jugendwerk Stuttgart
Gänsheidestr. 29
7000 Stuttgart 1
(07 11) 23 57 48

teatro piccolo
Evang. Jugendwerk Stuttgart
Martin Seeger
Christophstr. 5
7000 Stuttgart 1
(07 11) 24 75 15

Kinderzirkus Lollipop
Kinder- und Jugendzentrum Giebel
Mittenfeldstr. 6
7000 Stuttgart 31
(07 11) 86 45 18

Kinderzirkus Piccolo
Jugendhaus Freiberg
Makrelenweg 9 A
7000 Stuttgart 40
(07 11) 84 39 46

Kinderzirkus Diawolo
AWO Untertürkheim
Lindenfelsstr. 59
7000 Stuttgart 60
(07 11) 33 01 65

Circus Calibastra
Michael Bauer Schule
Rudi Ballreich
Othellostr. 5
7000 Stuttgart 80
(07 11) 6 87 16 36

Circus Piccolino
Robert Koch Realschule
Vischerstr. 21
7000 Stuttgart 80
(07 11) 73 25 73

Kinderzirkus Leporello
Spielmobil
Adolf-Engster-Weg 4
7000 Stuttgart 80
(07 11) 6 87 27 33

Erlebnispädagogische
Projektgruppe
Circus Fun-Fari
Berufsbildungswerk
Jürgen Weber
Steinbeisstr. 16
7050 Waiblingen
(0 71 51) 50 04-2 58

Kinderzirkus Mirabelli
Dieter Buchwitz
Schützenstr. 22
7077 Alfdorf
(0 71 72) 3 12 18

Zirkus Aichhorn
Haus Aichhorn
7242 Dornhan
(0 74 55) 12 51

Kinderzirkus Maroni e. V.
Karl-Heinz Ramminger
Hausgärten 24
7325 Bad Boll
(0 71 64) 21 31

Zirkus Fantanasio
Uli Fischer
Seewiesenstr. 451
7343 Kuchen
(0 73 31) 8 31 47

Circus Harlekin
Jugendbildungswerk
Christoph Cassel
Uhlandstr. 2
7800 Freiburg i. Br.
(07 61) 71 26 00 oder 70 25 36

Circus Rosado
Waldorfschule St. Georgen
Hans-Werner Jäckle
Bergiselstr. 11
7800 Freiburg i. Br.
(07 61) 4 12 14 od. 49 24 75

Kinderzirkus Larifari
Evang. Jugendhilfe
Burgacherweg 12
7800 Freiburg
(07 61) 5 42 50

Circus Ragazzi Furiosi
Schwabenstr. 25
7819 Denzlingen

Circus Pumpernudel
Pädagogische Aktion e.V.
Reichenbachstr. 12
8000 München 2

Zirkus Trau Dich
Landwehrstr. 11
8000 München 2
(0 89) 5 51 16 34

Circusschule im Hansa-Palast
Hansastr. 41
8000 München 21
(0 89) 7 69 36 00

Circus Maroni
Norbert Erhard
Werneckstr. 7
8000 München 40
(0 89) 34 39 37

Circus Bambino
Joschi Frank
Hansastr. 39
8000 München 70

Theatrobil
Fritz Lechner
Ludwig-Feuerbach-Str. 54
8500 Nürnberg 90
(09 11) 55 21 94

Jugendfarmzirkus Lillimo
Berthold Raum
Spardorfer Str. 82
8520 Erlangen
(0 91 31) 2 13 65

Artistenstudio Bautzen
Dieter Hoffmann
Otto-Nagel-Str. 30
8600 Bautzen
(0 35 91) 2 39 25

Circus Blamage
Kinderkulturprojekt
Peter Bethäuser
Finkenstr. 19
8706 Höchberg
(09 31) 4 94 87 oder 4 98 36

Schweiz

Cirque de jeunesse
Une Fois Un Cirque
c/o Renée Pahud
37, chemin du Grand-Puits
CH-1217 Meyrin
(0 22)7 82 90 19

Circus Wunderplunder
Chindertheatercircus
Frau B. Thomet
Postfach
CH-3000 Bern 8
(0 31) 22 63 41 oder 57 53 19

Circus Bombonelli
Chinderchübu Verein von Jugend +
Freizeit Bern Innenstadt
Herr P. Hlouch
Seilerstr. 22
CH-3011 Bern
(0 31) 22 97 97

Jugend Circus Basilisk
c/o Brigitte Grichtling
Altkircherstr. 23
CH-4054 Basel
(0 61) 3 01 63 10

Quartiercircus Bruderholz
Präsident Dr. Claude Berger
Bruderholzrain 52
CH-4059 Basel
(0 61) 35 97 00

Variété Zirkus Robiano
Baselbieter Jugendcircus
c/o Ärnscht Heitz
Hauptstr. 48
CH-4142 Münchenstein
(0 61) 4 11 40 54 oder 9 21 40 33

Kinderzirkus Robinson
Maja Lörtscher
Hofwiesenstr. 225
CH-8057 Zürich
(01) 3 61 80 77

Jugend Circus Otelli
c/o Fritz Zollinger
Landackerstr. 20
Postfach 13
CH-8112 Otelfingen
(01) 8 44 27 67

Kindercircus Eva la Joie
Eva La Joie-Baumann
Arenenberg
CH-8330 Wallikon-Pfäffikon
(01) 9 50 10 85

Circolino Pipistrello
Kinder-Mitspiel-Zirkus
Conni Stüssi
Postfach
CH-8634 Hombrechtikon
(01) 9 35 13 34 oder (0 77) 91 38 80

Jugend Circus Biber
c/o Beat Rhyner
Altweg 4
CH-8905 Arni
(0 57) 34 14 53

Kindercircus Rorspatz
Silvia Alder
Washingtonstr. 13
Ch-9400 Rorschach
(0 71) 41 74 50

Niederlande

Kinderteater Elleboog
Passeerdersgracht 32
NL-1016 XH Amsterdam

Kindercircus De Krakeling
Nieuw Passeerdersgracht 1
NL-1016 XB Amsterdam

Jeugdcircus Acrobatico
Newtonstraat 18
NL-1171 XH Badhoevedorp

Jeugdcircus Atleta
Scheepmakerslaan 2
NL-2361 CE Warmond

Jeugdcircus Kraaiennest
Ferrandweg 4
NL-2523 XT Den Haag

Kindercircus Cascade
Kloosterstraat 5
NL-3401 CR IJsselstein

Kindercircus Bambino
Predikherenkerkhof 13
NL-3512 IJ Utrecht

Jeugdcircus Hogerop
Marykestraat 46
NL.4461 VJ Goes

Jeugdcircus Reinardi
De Vosplantsoen
NL-4561 La Hulst

Jeugdcircus Con Bosco
Plataanstraat 18
NL-CK Oudenbosch

Jeugdcircus Il Grigio
P. Heesterstraat 24
NL-5076 CR Haaren

Kindercircus SimSalaBim
Béziershof 4
NL-5627 Eindhoven

Kindercircus Carantelli
Mercuriuksstraat 66
NL-7891 EZ Klazienaveen

Kindercircus Pinkeltje
Albert Steenbergenstraat 44
NL-7906 BG Hoogeveen

Kindercircus Saranti
Postbus 3037
NL-8901 DA Leeuwarden

Kinder- en Jeugdcircus Bombari
Postbus 124
NL-9400 AC Assen

Jeugdcircus-Revue Fantastini
Postbus 1115
NL-9701 BC Groningen

Jeugdcircus Santelli
Postbus 4255
NL-9701 EG Groningen

Kinder- und Jugendzirkusfestivals / Wichtige Zirkusadressen

Kinder- und Jugendzirkusfestivals
In den letzten Jahren haben sich einige Festival-Veranstalter schon fest etabliert, andere fangen erst an. Sicherlich gibt es auch kleinere, regionale Festivals, die uns nicht bekannt sind. Wer in den nächsten Jahren regelmäßige Treffen organisieren möchte und hier nicht aufgeführt ist, sollte sich melden bei: Rudi Ballreich, Hopfauer Straße 47, D-7000 Stuttgart 80. In der nächsten Auflage kann dann darauf hingewiesen werden.

Niedersächsisches Kinderzirkusfestival
LKJ
Sedanstr. 58
D-3000 Hannover 1
(05 11) 3 36 09 59

Internationales Kölner Kinder- und Jugendzirkusfestival
Evang. Jugend Köln-Kalk
Eythstr. 7
D-5000 Köln 91
(02 21) 85 16 51

Bergisches Kinder- und Jugendcircusfestival
Nachbarschaftsheim e. V.
Platz der Republik 9-10
D-5600 Wuppertal 1
(02 02) 2 45 19-0

Internationales Kinder-Circus-Festival
Haus am Harbigweg 5
D-6900 Heidelberg
(0 62 03) 4 62 94

Internationales Kinderzirkustreffen Freiburg
Kathol. Fachhochschule
Gerhard Veith
Wölflinstr. 4
D-7800 Freiburg i. Br.
(07 61) 2 00-518

Internationales Circus Festival (1994)
Kinderteater Elleboog
Passeerdersgracht 32
NL-1016 XH Amsterdam
(0 20) 26 93 70

Wichtige Zirkusadressen
Die folgende Adressensammlung soll dazu anregen, die vorhandenen Museen, Gesellschaften usw. kennenzulernen. Man erhält dadurch auch viele Anregungen für Kinder- und Jugendzirkusaktivitäten.

Circus-Club-International
Fridel Zscharschuch
Klosterhof 10
2308 Preetz
(0 43 42) 8 31 03
(Informationen über die professionelle Zirkuswelt)

Circus-Museum
Mühlenstr. 14
2308 Preetz
(0 43 42) 8 31 03

Zirkus-Redaktion der AOL
Klaus Hoyer
Zirkonhof 5
3008 Garbsen 1
(0 51 31) 9 54 21
(Informationen über Kinderzirkusaktivitäten: Zirkusspielhefte, Kinderzirkusportraits, Zirkusmusik, Zirkusliteratur; Zeltverleih)

Gesellschaft der Zirkusfreunde
Rosenstr. 118
7512 Rheinstetten
(Informationen über die professionelle Zirkuswelt)

Österreich
Circus- und Clownmuseum
Karmelitergasse 9
A-1020 Wien

Fortbildungsmöglichkeiten

Mit einigem Geschick und mit Ausdauer dürfte es möglich sein, aus diesem Buch Jonglieren, Akrobatik usw. zu lernen. Das Üben macht allerdings viel mehr Spaß, wenn sich Gleichgesinnte zusammenfinden.

In manchen Sportvereinen wird Akrobatik geübt, Jongliertreffs gibt es in vielen Städten (Adressen kann man der Jonglierzeitschrift »Kaskade« entnehmen). Volkshochschulen, städtische und kirchliche Jugend- und Fortbildungseinrichtungen bieten »Zirkuskurse« an. Auch der Deutsche Turnerbund veranstaltet Übungslehrgänge. Im Bereich des Hochschulsports besteht in manchen Städten die Möglichkeit, sich artistisch weiterzubilden. Auch bei Jonglierfestivals gibt es interessante Angebote.

Die angeführten Adressen von Kinderzirkus-Aktivitäten können auch dazu benützt werden, daß man bei einem naheliegenden Kinderzirkus anfragt, ob eine Hospitation möglich ist. Dabei läßt sich viel lernen. Oft wissen die Lehrer und Übungsleiter an diesen Einrichtungen auch Bescheid über weitere Fortbildungsmöglichkeiten. Jonglierläden sind ebenfalls Anlaufstellen, bei denen man Termine von Workshops, Adressen von Kursleitern ... erfahren kann.

Die folgenden Institutionen bieten regelmäßig Kurse an, in denen die wichtigsten artistisch-spielerischen Fertigkeiten erlernt und vertieft werden können.

Pappnase & Co
Andreas Saggan, Claus Dubberke
Gluckstr. 67
2000 Hamburg 76
(0 40) 2 98 30 52
(Workshops, Vermittlung von Referenten)

Zirkus Rämmi Dämmi
Zeughausstr. 75
2900 Oldenburg
(04 41) 7 16 86 oder 77 62 02

Aktionskreis Psychomotorik
Kleiner Schratweg 32
4920 Lemgo

Theaterpädagogisches Zentrum
Genterstr. 17
5000 Köln 1
(02 21) 52 17 18
(Kurse und Informationen: Jonglieren, Bewegungstraining, Kinderzirkus)

Artistikschule Roncalli (geplant)
Kontakt: Newrather Weg 7
5000 Köln 80
(02 21) 64 20 00

Akademie Remscheid für musische Bildung und Medienerziehung
Ulrich Baer
Küppelstein 34
5630 Remscheid
(Kulturdatenbank von Gruppen, Referenten, Spielpädagogen)

Neil Robinson
Bahnhofsanlage 16
6833 Schwetzingen
(0 62 21) 16 06 90
(Jongleur-Kontakte)

Bundesakademie für musische Jugendbildung
Hugo-Hermann-Str. 22
7218 Trossingen

Plinjo und Jojo
Maienstr. 2
7800 Freiburg i. Br.
(07 61) 7 49 91

Jugendbildungswerk
Uhlandstr. 2
7800 Freiburg i. Br.
(07 61) 7 12 60 oder 2 16-4162

Pädagogische Aktion
Schellingstr. 109 a
8000 München 40

Traumfabrik
Gewerbepark
8400 Regensburg
(09 41) 40 10 25 oder 40 10 26

Frosch's Circussammelsurium
P. Bethäuser & W. Fersch
Finkenstr. 19
8706 Höchberg
(09 31) 4 94 87 oder 4 98 36
(Zirkuskurse, Clownerie, Varieté, Zirkuszeltverleih)

Schweiz
Scuola teatro Dimitri
CH-6653 Verscio
(093) 81 25 44
(Sommerkurse: Clown, Commedia dell'Arte, Akrobatik usw.)

Belgien
Ecole de cirque de Bruxelles
104, chaussee de Boondeal
B-1050 Bruxelles
(02) 640 15 71

Frankreich
Les Artistochats
Centre de sensibilisation aux techniques artistiques du cirque
609, Haute Folie
F-14200 Héronville St. Clair
(Normandie)
(00 33) 31 95 26 06

Centre National des Arts du Cirque
1, rue du Cirque
F-51000 Châlons-sur-Marne

Les Elastonautes Lergen
68, rue de Zurich
F-67000 Strasbourg
(00 33) 88 35 48 98

Ecole de Cirque de Chambery le Haut
165, rue Jean-Paul Sartre
F-73000 Chambery
(00 33) 79 72 35 28

Edouard Fixe
64, rue Maurice Ripoche
F-75014 Paris
(00 33) 1 45 43 24 20

Ecole de Formation aux Arts du Cirque
Cirque Municipal d'Amiens
Place Longueville
F-80000 Amiens
(00 33) 22 45 44 05

Ecole de Cirque de Rosny
Stade Pierre Letessier
Rue Jules Guesde
F-93110 Rosny sous Bois
(00 33) 48 54 44 65

Allgemeine Literaturhinweise

Im folgenden sind nur die Bücher zu grundlegenden Bereichen des »Zirkus-Spielens« aufgeführt. Die speziellen Literaturangaben zu den einzelnen Disziplinen und Themen finden sich am Ende der jeweiligen Kapitel.
U. v. Grabowiecki arbeitet an einem umfassenden Literaturverzeichnis zu allen Zirkusbereichen. Wer daran Interesse hat, kann diese Bibliographie beziehen durch:
U. v. Grabowiecki, Institut für Sportwissenschaft der Universität Stuttgart, Allmandring 28, 7000 Stuttgart 80.

Zirkusgeschichte
Althoff, F.: So'n Circus. Ein Buch über Zirkus heute. Dreisam Verlag, Freiburg 1982.
Bose, G., Brinkmann, A.: Circus. Geschichte und Ästhetik einer niederen Kunst. Wagenbach Verlag, Berlin 1978.
Danella, U. (Hrsg.): Circus-Geschichten der Welt. Heyne Verlag, München 1983.
Eberstaller, G., Brandstätter, Chr., Paul, B.: Circus. Verlag F. Molden, Wien/München/Zürich 1976.
Günter, E., Winkler, D.: Zirkusgeschichte. Ein Abriß der Geschichte des deutschen Zirkus. Berlin 1986.
Kommunales Kino Hannover (Hrsg.): Circusfilme- Eine Dokumentation. Hannover 1982.
Kusnezow, J.: Der Zirkus der Welt. Henschel Verlag, Berlin 1970.
Saltarino, S.: Das Artistentum und seine Geschichte. Offenbach 1971.
Saltarino, S.: Fahrend Volk. Leipzig 1895.
Schulz, K., Ehlert, H.: Das Circus Lexikon. Greno Verlag, Nördlingen 1988.

Geschichte der Clowns und Gaukler
Arnold, H.: Vaganten, Komödianten, Fieranten und Briganten. Stuttgart 1958.
v. Barloewen, C.: Clown. Zur Phänomenologie des Stolperns. Ullstein Verlag, Frankfurt/Berlin 1984.
Berg, R.: Varieté. Fackelträger Verlag, Hannover 1988.
Berger, R., Winkler, D.: Künstler, Clowns und Akrobaten. Der Zirkus in der bildenden Kunst. Henschel Verlag, Berlin 1983.
Berthold, M., Rosenlechner, V.: Komödiantenfibel. Gaukler, Kasper, Harlekin. L. Staackmann Verlag, München 1979.
Dietl, E.: Clowns. Markus Verlag, München 1966.
(Signor) Domino: Der Circus und die Circuswelt. Berlin 1988.
Eipper, P.: Zirkus, Tiere, Menschen, Wanderseligkeit. München 1953.
Grimaldi, J.: Ich – der Komödiant (Memoiren). Siedler Verlag, Berlin 1983.
Grock: »Nit möööglich«. Henschel Verlag, Berlin 1992.
Halperson, J.: Das Buch vom Zirkus. Berlin 1991.
Hampe, Th.: Die fahrenden Leute in der deutschen Vergangenheit. Leipzig 1902.
Hera, J.: Der gläserne Palast. Aus der Geschichte der Pantomime. Henschel Verlag, Berlin 1981.
Hoche, K., Meissner, T., Sinnhuber, F.: Die großen Clowns. Athenäum Verlag, Königstein/Ts. 1982.
Jansen, W.: Das Varieté. Die glanzvolle Geschichte einer unterhaltenden Kunst. Edition Hentich, Berlin 1990.
Kober, A.H.: Das Wunder der tanzenden Bälle. Der Lebensroman Rastellis. Heidelberg 1957.
Mariel, P.: Das Leber dreier Clowns. Aufzeichnungen nach Erinnerungen der Fratellinis. Berlin 1926.
Rivel, Ch.: »Akrobat schööön«. F. Ehrenwirth Verlag, München 1972.
Sagemüller, H.: Micheal Kara – König der Jongleure- Jongleur der Könige. Baldingen 1973.
Seitler, H.: Clowns aus zwei Jahrhunderten. Wien 1966.
Sokal, H.G.: Zirkus-Leben und Schicksale im roten Ring. Berlin 1955.

Anleitungen zum Zirkus-Spielen
Borkens, K., Gödde, R., Renneberg, T.: Das kleine Gauklerhandbuch. Ökotopia Verlag, Münster 1989.
Dachale, H., Bleckmann, D.: Manege frei – wir sind dabei. (Kindergarten). Burckhardthaus-Laetare Verlag, Offenbach 1988.
Eschert, A., Küpper, D.: Zirkus selber machen. (Kartei). Kalker Spiele Verlag, Köln 1991.
Hoyer, K. (Hrsg.): AOL-Zirkus. (Arbeitsmappe). AOL-Verlag, Lichtenau 1985.
Müller, E.: Manegenzauber – Kinder spielen Zirkus. Don Bosco Verlag, München 1989.

Bewegung, Körperhaltung, Körperausdruck

Bielefeld, J.: Körpererfahrung. Grundlage menschlichen Bewegungsverhaltens. Verlag für Psychologie Dr. C. J. Hogrefe, Göttingen 1986. (Umfassendes Literaturverzeichnis)

Brooks, C. V. W.: Erleben durch die Sinne. »Sensory Awareness«. dtv, München 1991.

Buytendijk, T. J. J.: Allgemeine Theorie der menschlichen Haltung und Bewegung. Springer Verlag, Berlin/Göttingen/Heidelberg 1956.

Feldenkreis, M.: Bewußtheit durch Bewegung. Der aufrechte Gang. Suhrkamp Verlag, Frankfurt/M. 1978.

Dürckheim, K. G.: Übung des Leibes. Lurz Verlag, München 1981.

Dürckheim, K. G.: Sportliche Leistung – Menschliche Reife. N. F. Weitz Verlag, Aachen 1986.

Jacobs, D.: Die menschliche Bewegung. G. Kallmeyer Verlag, Wolfenbüttel 1985.

Keleman, St.: Dein Körper formt Dein Selbst. Selbsterfahrung durch Bioenergetik. mvg Verlag, Landsberg 1986.

v. Kleist, H.: Über das Marionettentheater.

König, K.: Sinnesentwicklung und Leiberfahrung. Verlag Freies Geistesleben, Stuttgart 1986.

Kurtz, R., Prestera, H.: Botschaften des Körpers. Bodyreading: ein illustrierter Leitfaden. Kösel Verlag, München 1979.

Lukoschek, A., Bauer, E.: Die richtige Körpertherapie. Kösel Verlag, München 1989.

Molcho, S.: Körpersprache. Mosaik Verlag, München 1983.

Petzold, A.: Psychotherapie & Körperdynamik. Jungfermann Verlag, Paderborn 1979.

Plügge, H.: Der Mensch und sein Leib. M. Niemeyer Verlag, Tübingen 1967.

Prömm, P.: Bewegungsbild und menschliche Gestalt. Vom Wesen der Leibesübungen. Verlag Freies Geistesleben, Stuttgart 1965.

Scheurle, H.-J.: Die Gesamtsinnesorganisation. G. Thieme Verlag, Stuttgart/New York 1984.

Zirkus-Spielen in Pädagogik und Therapie

Ballreich, R. (Hrsg.): Circus Calibastra. Ein Zirkusspielbuch. S. Hirzel Verlag, Stuttgart 1990.

Ballreich, R.: Circus in der Waldorfschule. In: Erziehungskunst, Heft 9/1990.

Braun, E.: Schule und Zirkus. Berlin 1980.

Brettschneider, W.-D.: Wir üben für eine Zirkusvorstellung. In: Sportunterricht, Heft 5-10/1983.

Butte, A.: Etwas bewegt sich: Schule macht Zirkus – Zirkus macht Schule. In: Sportunterricht, Heft 7-9/1989.

Butte, G.: Zirkus spielen. In: Sportpädagogik, Heft 1/1980.

Clausen, B.: Lernort Circus. In: Erziehung heute, Heft 1/1981.

Clown Chiko: Zirkusluft in der Schulstube. In: Praxis der Psychomotorik, Heft 3/1984.

Dannhauer, G., Liebisch, R.: Zirkus »Santurzzo«. Sportförderunterricht – ein Ort für zirzensische Lerninhalte? In: Haltung und Bewegung, Heft 3/1988.

Cassel, Ch., Stratz, K.: Circus als erlebnispädagogisches Projekt. Dokumentation. Zu bestellen bei: Arbeitsstelle Gruppenpädagogik, Pädagogische Hochschule, Kunzenweg 21, 7800 Freiburg i. Br.

Hagenow, M. S.: Zirkusschule. In: Betrifft Erziehung, Heft 12/1985.

Held, U.: Wir spielen Clown. Erfahrungsbericht über ein Projekt in der Heimerziehung. In: Praxis der Psychomotorik, Heft 2/1986.

Hesse, M.: Ein Hauch von Circus im Sportunterricht. In: Sportunterricht, Heft 3/1984.

Kiphard, E. J.: Der Clown und seine Bedeutung für das behinderte Kind. In: Motorik, Heft 4/1979.

Kiphard, E. J.: Kinderzirkus – eine Möglichkeit der sozialisation milieugeschädigter Kinder und Jugendlicher. In: Motorik, Heft 4/1982.

Kiphard, E. J.: Clownerie und Zirkusspiel als pädagogische Elemente. In: Praxis der Psychomotorik, Heft 3/1984.

Kiphard, E. J.: Der Clown und das geistig behinderte Kind. In: Geistige Behinderung, Heft1/1986.

Kiphard, E. J.: Artistische Kunstfertigkeiten als alternative Lerninhalte der Motopädagogik. Verbesserung der Auge-Handgeschicklichkeit durch Jonglieren. In: Motorik, Heft 1/1986.

Kiphard, E. J.: Kinderzirkus-Aktivitäten – Chancen einer

zeitgemäßen Erlebnispädagogik. In: Praxis der Psychomotorik, Heft 3/1991.

Kiphard, E. J.: Jonglieren unter therapeutischem Aspekt. Neue Erkenntnisse und Erfahrungen in den USA. In: Motorik, Heft 4/1991.

Kiphard, E. J.: Psychomotorik in Praxis und Theorie. Verlag Flöttmann, Gütersloh und Verlag modernes lernen, Dortmund 1989. (Darin: Zirkusaktivitäten als erweiterte Lerninhalte)

Kretschmer, J.: Manege frei. In: Sportpädagogik, Heft 6/1982.

Landesstelle für Erziehung und Unterricht (Hrsg.): Wir spielen Zirkus. Darstellendes Spiel in der Grundschule. Stuttgart 1979.

Möbius, E.: Die Kinderrepublik (Spanischer Kinderzirkus »Muchachos«). Rowohlt Verlag, Reinbek 1981.

Passold, M.: Im Zauberpalast von Clown und Pantomime. In: Motorik, Heft 4/1985.

Runkel, K.: Zirkus Piccoli. Erfahrungsbericht über ein Zirkusprojekt von geistig Behinderten mit ihren Betreuern. In: Praxis der Psychomotorik, Heft 3/1989.

Woydt, H.: Kinderzirkus – Ein Projekt in der Grundschule. In: Praxis der Psychomotorik, Heft 3/1984.

Zeitschriften

»Circus-Parade«: Circus-Club-International, Klosterhof 10, 2308 Preetz.

»Die Circuszeitung«: Gesellschaft der Circusfreunde in Deutschland e. V., Rosenstr. 118, 7512 Rheinstetten 1. (Organ dieses Vereines)

»Kaskade«: Annastr. 7, 6200 Wiesbaden. (Europäische Jonglierzeitschrift)

»Manege«: Club der Circus-, Varieté- und Artistenfreunde der Schweiz, Winterthur. (Organ dieses Clubs)

»Motorik«: Verlag K. Hoffmann, Schorndorf. (Zeitschrift für Motopädagogik und Mototherapie)

»Praxis der Psychomotorik«: Verlag modernes lernen, Dortmund. (Zeitschrift für Bewegungserziehung)

»Show Business«: Unabhängige internationale Fachzeitschrift für Varieté, Cabaret und Cirkus, Pirmasens.

»Sportpädagogik«: Friedrich Verlag, Seeltze. (Zeitschrift für Sport-, Spiel- und Bewegungserziehung)

Über die Autoren (In der Reihenfolge ihrer Beiträge)

Clown Dimitri, Jahrgang 1935, Verscio/Tessin.
International bekannter Clown; Allround-Artist und Musiker. Viele Tourneen in der ganzen Welt. 1975 Begründung der »Scuola teatro Dimitri«, der einzigen professionellen Ausbildungsstätte für Clowns und Artisten im deutschsprachigen Raum.
Adresse: Scuola teatro Dimitri, 6653 Verscio, Schweiz.

Prof. Dr. E. J. Kiphard, Jahrgang 1923, Frankfurt/M.
Zirkusclown und Artist, Sportpädagoge und Begründer der Psychomotorik (Motopädagogik, Mototherapie...). 1979–1989 Professor am »Frankfurter Sportinstitut«. Er verbindet die artistischen Bewegungs- und Ausdrucksmöglichkeiten mit der Pädagogik und Therapie behinderter und milieugeschädigter Kinder. Viele Sportpädagogen empfingen von ihm wichtige Anregungen.
Adresse: Ginnheimer Stadtweg 119, 6000 Frankfurt 50.

Rudi Ballreich, Jahrgang 1955, Stuttgart.
Ausbildung an der »Schule für Schauspiel und künstlerische Therapie – Gertrud Schneider-Wienecke«. Studium am Priesterseminar der Christengemeinschaft. Ausbildung zum Waldorflehrer. Seit 1980 Unterricht als Klassenlehrer an einer Waldorfschule, Fachunterricht Sport. Initiator des »Circus Calibastra« (seit 1985).
Adresse: Hopfauerstr. 49, 7000 Stuttgart 80.

Udo von Grabowiecki, Jahrgang 1949, Stuttgart.
Studium: Romanistik, Sportwissenschaft, Musik. Unterrichtstätigkeit an Gymnasien. Seit 1978 als Dozent am Institut für Sportwissenschaft der Universität Stuttgart tätig. Seit vielen Jahren ist er auf dem Gebiet der Aus- und Fortbildung von Lehrern und Vereins-Übungsleitern tätig, um die Zirkuskünste »salonfähig« zu machen.
Adresse: Teckstr. 19, 7000 Stuttgart 1.

Martin Bukovsek, Jahrgang 1970, Stuttgart.
Ausbildung zum Jugend- und Heimerzieher. Leiter verschiedener Kinderzirkusprojekte. Mitarbeit im »Circus Calibastra«.
Adresse: Pfullinger Str. 37a, 7000 Stuttgart 70.

Alfred Schachl, Jahrgang 1961, Lüneburg.
Lehre in ländlicher Hauswirtschaft. Gymnastikausbildung an der Graf-Bothmer-Schule für Gymnastik. Freiberufliche Tätigkeit als Lehrer für Jonglieren und Akrobatik. 1990 bis 1992 Mitarbeit im »Circus Calibastra«. Seit 1992 Sportlehrer an einer Waldorfschule.
Adresse: Ostpreußenring 26, 2120 Lüneburg.

Jamen McMillan, Jahrgang 1950, Stuttgart.
Studium der Psychologie. Juniorenfechtmeister in Amerika. Langjährige Erfahrung in Karate, Tai Chi und Aikido. Ausbildung in Bothmer-Gymnastik und Rhythmischer Massage. Seit 1980 Lehrer und Co-Direktor an der Graf-Bothmer-Schule für Gymnastik in Stuttgart. Seit 1989 Leiter des Spatial Studies Institute, Hillsdale NY. Die in diesem Buch beschriebene Form des Stab- bzw. Stockfechtens ist von ihm entwickelt worden.
Adresse: Libanonstr. 5, 7000 Stuttgart 1.

Peter Tschachotin, Jahrgang 1944, Stuttgart.
Studium der Kunstgeschichte, Tätigkeit als Papierrestaurator. Vielfältige Reisen durch die ganze Welt. Seit 1980 Tätigkeit als Waldorflehrer: Buchbinden, Drucken, Bühnentechnik. Mitarbeit im »Circus Calibastra«.
Adresse: Paracelsusstr. 36, 7022 Leinfelden-Echterdingen

Kalle Krause, Jahrgang 1958, Oldenburg.
Lehre als technischer Zeichner, Studium der Sozialwissenschaft mit Schwerpunkt Spiel- und Theaterpädagogik. Veröffentlichungen zu diesem Thema. Derzeit tätig als Schauspieler und Szenograph.
Adresse: Junkerburg 32, 2900 Oldenburg.

Susanne Ballreich, Jahrgang 1952, Stuttgart.
Ausbildung an der »Schule für Schauspiel und künstlerische Therapie – Gertrud Schneider-Wienecke«. Engagement als Schauspielerin. Seit 1983 Kursleiterin für Folkloretanz und Theater.
Mitarbeit im »Circus Calibastra«.
Adresse: Hopfauerstr. 49, 7000 Stuttgart 80.

Mascha Dimitri, Jahrgang 1964
1970–1973 Tournee im »Circus Knie« mit ihrem Vater Clown Dimitri. Ausbildung an der Staatlichen Circusschule in Budapest und an der Scuola teatro Dimitri. Zirkus-Tourneen in verschiedenen Ländern. Mitarbeit in der Compania teatro Dimitri.
Adresse: Scuola teatro Dimitri , 6653 Verscio, Schweiz.

Tilman Antons, Jahrgang 1972, Stuttgart.
Als Schüler Mitbegründer des »Circus Calibastra«. Nach dem Abitur Praktikum als Gitarrenbauer, Zivildienst. Mitarbeit im »Circus Calibastra«.
Adresse: Abraham-Wolf-Straße 30, 7000 Stuttgart 70

Sabine Leibfried, Jahrgang 1958, Stuttgart.
Studium der Sprecherziehung an der Musikhochschule, Ausbildung als Gymnastiklehrerin und Bewegungstherapeutin am Loheland-Gymnastik-Seminar. Zusatzausbildung für heilpädagogisches Reiten. Seit 1986 Leiterin einer Jugendfarm.
Adresse: Jugendfarm »Elsental«, Im Elsental 3, 7000 Stuttgart 80.

Christian Giersch, Jahrgang 1951, Stuttgart.
Studium der Kirchenmusik. 5 Jahre Lehrer an einer Musikschule. Seit 1982 Musiklehrer an einer Waldorfschule. Einige Jahre lang Leiter des »Calibastra-Orchesters«.
Adresse: Brandenkopfweg 21, 7000 Stuttgart 80.

Frank Greiner, Jahrgang 1953, Stuttgart.
Studium der Musik (Posaune). Tätigkeit an verschiedenen Orchestern. Seit 1979 am Staatstheater Stuttgart als Posaunist. Als Dirigent tätig bei verschiedenen Musikvereinen und Orchestern. Seit 1990 Leiter des »Calibastra-Orchesters«.
Adresse: Burghaldenstr. 33, 7056 Weinstadt-Beutelsbach.

Iris Faigle-Volkart, Jahrgang 1930, Stuttgart
Studium der Gebrauchsgraphik an der Kunstakademie, Werklehrerseminar. Freiberufliche Tätigkeit im künstlerischen Bereich (freiberufliche Tätigkeit: Design, Ausstellungsbau, Fotographie im In- und Ausland). Werkstattleiterin in einem Jugendhaus. 1976–1989 Waldorflehrerin für Werken und Handarbeit. Mitarbeit im »Circus Calibastra«.
Adresse: Endersbacher Str. 48b, 7000 Stuttgart 50.

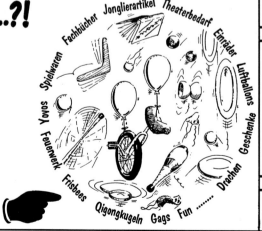

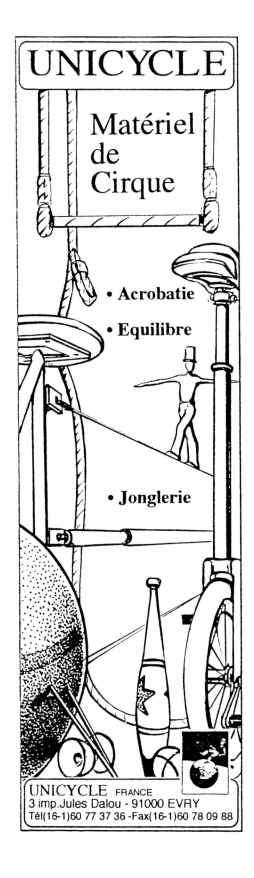

AOL: Der Zirkus-Verlag

Zirkus-Spielen. Der Traum.
- **Zylinder, Frack & Schabernack** Nr A012, 34,50 DM
  Grundschulzirkus: Heft + MC. 3 Mitspielaktionen mit Text und Musik. Tränenrührer für Schulfeste.
- **Zirkus Wibbelstetz (A5)** Nr A501, 10.- DM
  10 Jahre Kinderzirkus Köln. Die Gebrauchsanleitung!
- **AOL-Zirkus. Der Klassiker.** Nr A064, 59.- DM
  Neubearbeitung A4: Artistik, Clown, Jonglieren, Zauber, Dressur, Schminken, Kulissen etc......
  140 Kopiervorlagen, Bilder, Ideen + 18 Projekte.
- **Roncalli-Zirkusmusik-Kassette** Nr A207, 19,80 DM
  Intro, Gladiatoren, Chinesen-Tanz, Frosch-Tango..
- **Es fliegt was in der Luft…(A6)** Nr A392, 8,80 DM
  A6: Mit Bällen, Tüchern, Teufelsstäben & Diabolo
- **Zirkus aus dem Koffer (A6)** Nr A408, 8,80 DM
  Kleine Zirkuswerkstatt für Tiere, Clowns, Akrobaten
- **Das endgültige AOL-Varieté** Nr A078, 38.- DM
  Die Praxis: Akrobatik, Pantomime, Kabarett, Kindertheater, Schattenspiele: Klasse 1-13.
- **Zirkus-Spielen** Nr A044, 86.- DM
  DAS Handbuch für die Kinder- und Jugendarbeit: 4farbig, fester Einband: Kinderzirkus, Circusdisziplinen, Improvisieren & Clownspielen: Nummern.
- **AOL-Zauberei (GS + Sek 1)** Nr A065, 29.- DM
  50 verblüffende Tricks für Menschen von 6-66.

Kabarett/Theater/Musical:
- **Kabarett von Be bis Zett** Nr A405, 10,80 DM
  Tolles Handbuch zum Kabarett-Selber-Machen.
- **Theater aus der Hosentasche** Nr A384, 8,80 DM
  Stegreif, Sketche, Ideen für kleine + große Spieler
- **Dreimal kurz gelacht (ab Kl. 4)** Nr A068, 39.- DM
  Die Fundgrube mit 729 (un)bekannten Witzen, verteilt auf 10 fachbez. Theaterstücke. Kopiervorl. A4
- **TheaterSpiel mit Spaß (A4)** Nr A063, 39.- DM
  7 kompl. Stücke, 4 Stücke zum Weiterschreiben; Aktionen; Ton-Dia-Schau; Schminken/Materialien
- **Die Weihnachtsfrau (A4)** Nr A070, 24.- DM
  Seit 2 000 Jahren fällig! Theaterstück ab Klasse 5.
- **KONRAD: Das Schüler-Musical A4** Nr A170, 49.-DM
  Konrad, Lisa, die Liebe und die Eltern! Come on let's rock! Texte, Tips + Töne: **Für Laien ab Klasse 7!**
- **KONRAD. MC zum Musical** Nr A171, 22.50 DM
  A-Seite mit Stimme, B-Seite nur Musik! Mhhhm!
- **KONRAD. Video-Clip-Musical** Nr A172, 39.- DM
  Original-VHS-Mitschnitt einer rasanten Aufführung

Jonglieren, Gaukeln, Balancieren…
- **Zirkus praktisch: Paket 1** Nr A253, 250.- DM
  9 Bälle (bean-bags) groß, 9 klein; 3 Jonglier-Tücher, 3 Jonglier-Ringe, 3 Jonglier-Keulen (soft + safe), 1 mittleres Diabolo, 3 Jonglier-Teller, 1 Devil-Stick. Umsonst dazu: Nr A392
- **Zirkus praktisch: Paket 2.** Nr A254, 500.- DM
  12 Bälle (bean-bags) groß, 12 klein; 12 Jonglier-Tücher, 9 Jonglier-Ringe, 6 Jonglier-Keulen (soft + safe), 5 Jonglier-Teller, 2 mittlere Diabolo, 2 Devil-Sticks, 3 Cigar Boxes + Nr A392
- **Zirkus praktisch: Paket 3.** Nr A255, 1.000.- DM
  18 Bälle (bean-bags) groß, 18 klein; 15 Jonglier-Tücher, 9 -Ringe, 6 -Keulen (soft + safe), 3 -Keulen (edel), 6 -Teller, 6 Gummi-Bälle, 3 mittl. Diabolo, 3 Devil-Sticks, 3 Cigar Boxes, 1 Rolla-Bolla (Rollwippe), 1 Einrad 20" + Nr A392.

Sport: Spaß, Kondition und mehr.
- **Die Nonsense-Olympiade 1** Nr A056, 39.- DM
  Vom Teebeutelweitwurf bis zum Flossenlauf: der große Schul- und Vereinspaß: drinnen und draußen; zu Wasser, zu Land und in der Luft!
- **Die Nonsense-Olympiade 2** Nr A059, 39.- DM
  56 neue Zimmer- und Flurspiele wie Fußballon, Schlangenzüchter, Murmelmeeting! Der Spaß!
- **Fitneß- & Spielkiste 1** Nr A008, 49.- DM
  129 Arbeitskarten A5 mit klaren Zeichnungen für die Basisausbildung in Schule & Verein. Allgemeine & spezielle Konditionsgymnastik mit Konditionstests.
- **Fitneß- & Spielkiste 2** Nr A009, 49.- DM
  116 Arbeitskarten A5; Zusätzl. mit Aufwärmspielen und Konditionsgymn. im *Freien* und im *Wasser*.

BESTELLABSCHNITT (nur an den AOL-Verlag senden)
Hiermit bestelle ich die oben angekreuzten Unterrichtsmaterialien (zuzüglich Versandkosten).
(Achtung, bitte nehmen Sie die neuen Postleitzahlen!)

Name: _____

Adresse: _____

AOL-Verlag, Lichtenau/Baden, Tel.: 07227-4349